Ägypten und Altes Testament

Band 70

ÄGYPTEN UND ALTES TESTAMENT

Studien zu Geschichte, Kultur und Religion Ägyptens
und des Alten Testaments

Herausgegeben von
Manfred Görg und Stefan Wimmer

Band 70

2010

HARRASSOWITZ VERLAG · WIESBADEN
in Kommission

Manfred Görg

Mythos und Mythologie
Studien zur Religionsgeschichte und Theologie

2010

HARRASSOWITZ VERLAG · WIESBADEN
in Kommission

Bibliografische Information der Deutschen Nationalbibliothek
Die Deutsche Nationalbibliothek verzeichnet diese Publikation in der Deutschen
Nationalbibliografie; detaillierte bibliografische Daten sind im Internet
über http://dnb.d-nb.de abrufbar.

Bibliographic information published by the Deutsche Nationalbibliothek
The Deutsche Nationalbibliothek lists this publication in the Deutsche
Nationalbibliografie; detailed bibliographic data are available in the internet
at http://dnb.d-nb.de.

Informationen zum Verlagsprogramm finden Sie unter
http://www.harrassowitz-verlag.de

© 2010 MANFRED GÖRG, MÜNCHEN
Als Manuskript gedruckt. Alle Rechte vorbehalten, insbesondere die des Nachdrucks und der
Übersetzung. Ohne schriftliche Genehmigung des Herausgebers ist es auch nicht gestattet,
dieses urheberrechtlich geschützte Werk oder Teile daraus in einem photomechanischen,
audiovisuellen oder sonstigen Verfahren zu vervielfältigen und zu verbreiten. Diese
Genehmigungspflicht gilt ausdrücklich auch für die Verarbeitung, Vervielfältigung oder
Verbreitung mittels Datenverarbeitungsanlagen.
Gedruckt auf alterungsbeständigem Papier.
Druck und Verarbeitung: Memminger MedienCentrum AG
Printed in Germany

ISSN 0720-9061
ISBN 978-3-447-05895-7

Inhalt

Zur Orientierung: „Mythos" und „Mythologie" — 7

I. GOTTESBILDER

„Menschenwort" und „Gotteswort"
Die biblische Ursprache als Gegenstand biblischer Theologie — 13

Der Eine als der Andere
Der Gottesname im Alten Testament — 29

YHWH als Toponym? – Weitere Perspektiven — 45

YHWH als Ehemann und als Löwe
Ambivalenz und Kohärenz in der Metaphorik des Hoseabuches — 53

Gott als König
Die Bedeutung einer komplexen Metapher für das Gottesverständnis in den Psalmen — 65

II. SCHÖPFUNGSBILDER

Chaos und Chaosmächte im Alten Testament — 97

Vorwelt – Raum – Zeit
Schöpfungsvorstellungen im ersten Kapitel der Bibel — 109

Das Übersetzungsproblem in Gen 2,1 — 127

Der Granatapfel in der Bildsprache des Hohenliedes
Ein Beitrag zur schöpfungs- und lebensnahen Bibelauslegung — 135

„Gegenwelten" – biblisch und religionsgeschichtlich betrachtet — 141

III. MENSCHENBILDER

„Ebenbild Gottes"
Ein biblisches Menschenbild zwischen Anspruch und Realität — 159

Mensch und Tempel im „Zweiten Schöpfungstext" — 173

Abrahamsbilder in der Bibel
Zum Problem einer interreligiösen Orientierung am „Vater des Glaubens" — 195

Mose – Name und Namensträger
Versuch einer historischen Annäherung — 209

„Schreiten über Löwe und Otter"
Beobachtungen zur Bildsprache in Ps 91,13a   229

IV. GESCHICHTSBILDER

Abraham und die Philister   243

Israel in Hieroglyphen   251

Der sogenannte Exodus zwischen Erinnerung und Polemik   259

Mose und die Gaben der Unterscheidung
Zur aktuellen Diskussion um Jan Assmanns Buch „Moses der Ägypter"   271

Der Dämon im Ritualgesetz des Yom Kippur   283

V. GLAUBENSBILDER

Vom Wehen des Pneuma   293

Die „Heilige Familie"
Zum mythischen Glaubensgrund eines christlichen Topos   297

Die Göttin Isis und die Heilige Maria
Gottesmütter im Vergleich   307

Gottes Sohn und Gottes Kind
Ein Beitrag zum Verhältnis Mythologie und Mystik   317

Offenbarung als Mythos?   325

Nachweis der Erstveröffentlichungen   335

Zur Orientierung: „Mythos" und „Mythologie"

Wenn Johann Wolfgang von Goethe in seinen Tagebuchnotizen zum 5. April 1777 für eine Unterscheidung von Mythos und Mythologie die wegweisende Formulierung gewählt hat: „Da Μυθος erfunden wird, werden die bilder durch die Sachen gros, wenns Mythologie wird werden die Sachen durch die Bilder gros"[1], konnte ihm wohl noch nicht im vollen Ausmaß bewusst sein, wie bedeutsam eine solche begriffliche Trennung[2] für die gegenwärtige und künftige Charakteristik der elementaren Ebene des Mythischen zum Einen und der Ebene einer „Arbeit am Mythos" zum Anderen sein würde, wie letztere in jüngster Zeit von Hans Blumenberg zum Gegenstand einer tiefgreifenden philosophischen Reflexion gemacht worden ist[3]. Bis zur Stunde ist freilich eine theoretische und praktische Scheidung dessen, was den ursprünglichen Mythos charakterisiert von dem, was mit ihm geschieht, ob in Sprache und Literatur, Kunst und Musik, Weltanschauung und Religion oder auch Theologie und Glaube, noch nicht mit wünschenswerter Konsequenz bedacht worden. Die hier gebotene Sammlung eigener Vorarbeiten möge der weiteren Förderung des Studiums beider Ebenen dienlich sein.

Eine erste Gruppe ist den überkommenen Bekenntnissen zur biblischen Gottesidee gewidmet. Die Grundlage für die biblische Glaubensgeschichte stellt die Rezeption des Mythos vom Gotteswort dar, das im Menschenwort vermittelt eine Transformation in eine differenzierte Mythologie erfahren hat. Als Urheber des Nachsinnens über das Bilderspektrum der Erwählung des Volkes gilt ein Israel, das sich auf eine im Mythos verborgene Erwählung beruft und diese in seiner genuinen Mythologie vor allem im Rahmen der vielfältigen literarischen Gestaltungskraft biblischer Texte gestaltet und lebendig erhalten hat. Die biblische Gottesvorstellung selbst, die das Bekenntnis zum Einen und zugleich ganz Anderen zum Ausdruck bringt und vornehmlich im Gottesnamen JHWH artikuliert, basiert auf der elementar-mythischen Wahrnehmung eines das Überleben Israels garantierenden Wetter- und Rettergottes, dessen autonomes Wirken in die mythologische Entfaltung naturbezogener Phänomene gehüllt wird. Diese „Arbeit am Mythos" setzt sich im Verlauf der Religionsgeschichte Israels fort und knüpft die undefinierbare Vorstellung vom Spektrum göttlicher Tätigkeit an vertraute Bilder aus der Welt des Lebens und vor allem menschlicher Einrichtungen und Herrschaftsstrukturen, unter denen das Königtum

---

[1] J.W. Goethe, Werke, 3. Abt. Bd. 1, Weimar 1887, 37. Ich verdanke den Hinweis auf das Zitat Frau Prof. Dr. Strohschneider-Kohrs, Gauting. Näheres zur Geschichte des Mythosbegriffes u.a. bei H. Koopmann (Hg.), Mythos und Mythologie in der Literatur des 19. Jahrhunderts (Studien zur Philosophie und Literatur des neunzehnten Jahrhunderts 36), Frankfurt/Main 1979, 13ff., wobei allerdings die strikte Unterscheidung der jeweiligen Ebenen nicht eigens Gegenstand einer kritischen Betrachtung geworden ist. Von besonderer Bedeutung ist auch die Darstellung von I. Goldziher, Der Mythos bei den Hebräern und seine geschichtliche Bedeutung, Untersuchungen zur Mythologie und Religionswissenschaft, Leipzig 1876, ZA-Reprint, Leipzig-Wiesbaden 1987.
[2] Vgl. dazu bereits M. Görg, Mythos, Glaube und Geschichte. Die Bilder des christlichen Credo und ihre Wurzeln im alten Ägypten, 5. Auflage, Düsseldorf 2005, 27-29 und Ders., Ägyptische Religion. Wurzeln – Wege – Wirkungen (Studienbücher Theologie: Religionen in der Umwelt des Alten Testaments III), Stuttgart 2007, 32f.
[3] H. Blumenberg, Arbeit am Mythos, Frankfurt am Main 1979.

die bekannteste Dimension geworden ist. Spätestens unter dem Eindruck dieser für Israel innovativen Begegnung mit einer ursprünglich fremden Institution begibt sich Israel in die Einflusszone ägyptischer Vorstellungen, die mit der Dignität des Königtums in exemplarischer Weise vertraut sind.

Eine zweite Gruppe von Untersuchungen kann sich daher den differenzierten Modellen einer Schöpfungsordnung zuwenden, die offenbar ihren Ursprung weniger in Vorstellungen aus dem mesopotamischen Raum verraten als in ägyptischen Vorgaben, die sich schon im Vorraum der Staatsbildung Israels auf kanaanäischem Boden etabliert haben mögen. So kennt die Kosmogonie in Gen 1 die Dimensionen vom Chaos und vor allem das ägyptische Grundschema „Vorwelt" – „Lebensraum" – „Lebenszeit", jedoch nicht ohne die Souveränität des Gottes Israels zu betonen. Im Gegensatz zum ungeordneten Zustand vor Beginn der Schöpfung steht der gottgewirkte Kosmos des Geschaffenen, in den sich die Bildsprache vor allem des Hohenliedes einfügt, um auch hier den verborgenen Charakter des Mythos in mythologischer Diktion einzufangen. Diese Apotheose des scheinbar bloß Natürlichen findet ihre Zuspitzung in den Entwürfen zu Gegenwelten, deren die biblische Perspektive nicht zuletzt in den narrativen Darstellungen des menschlichen Urzustands („Paradies") und der endzeitlichen Welt („himmlisches Jerusalem") entspricht. Auch hier tritt exquisite Mythologie als „Arbeit am Mythos" zu Tage.

Von dieser Genese profitieren auch die in einer dritten Gruppe repräsentierten Studien zu biblischen Menschenbildern, die z.T. in Fortführung früherer Ansätze gestaltet worden sind. Neben der geprägten Diktion vom „Bild Gottes" kommt der kultisch-architektonischen Paraphrase des Menschen eine mythologische Gewandung zu, die dem Geheimnis des Menschseins in seiner exzeptionellen Verwirklichung auf Erden gerecht zu werden sucht. Ohne mythologische Transformation ist auch die Erinnerung an den Glaubensvater „Abraham" nicht begreiflich, wie auch immer die geschichtlichen Wurzeln seiner Existenz zu beurteilen sind. Die exemplarische Rollenbestimmung der Väter Israels als der mythischen Ahnfiguren entspricht die ebenfalls mythologische Verarbeitung der Mose-Gestalt, deren nur vorläufige Verbindungsversuche mit historischen Gestalten um so mehr nach dem Geheimnis seiner überragenden Bedeutung für Israel und das Judentum Ausschau halten lassen. Was es heißt, in der Erwählung durch den Allmächtigen zu verweilen, beleuchtet die Kompetenz des Menschen, die nicht zuletzt in den Psalmen in mythologischer Sprachgestalt eindrucksvoll apostrophiert wird.

Mit der vierten Gruppe betreten wir die Interpretationsgeschichte Israels, die in der genuinen Rückschau dem grundlegenden Mythos der gottgeschenkten Präsenz in Palästina seit der geglaubten Väterzeit der bleibenden Gegenwart des Rettergottes gewiss ist und so historische Brüche riskieren kann. So können in einer idealtypischen Weise die Väter Israels mit Philistern zusammengeführt werden, wie auch die Volkwerdung Israels in der Nachbarschaft Kanaans trotz der permanenten Bedrohung seiner Existenz unter der Obhut eines gerechten Gottes vonstatten geht, der sich als paradigmatischer Rettergott erweist[4]. Der Exodus-Mythos hat zweifellos geschichtliche Befreiungserfahrungen Israels zur Grundlage, entfaltet sich aber in narrativer Gestaltung zur Manifestation der Befreiung Israels, wobei gemeinschaftswidrige Untreue extrapoliert und das Heil für das erwählte Volk garantiert wird. Auch hier überzieht die mythologische Gewandung den Basismythos vom obwaltenden Beistandsgott. Dabei kann die scheinbar störende oder gar konterkarierende Überlieferung vom Wüstendämon nur die mythische Grundvorstellung vom gerechten Gott in genuiner Weise illustrieren.

Die mit einem weiteren Blick auf das christliche Credo befasste fünfte Gruppe führt hier dazu, die Pfade der Rückführung zentraler Inhalte des Glaubensbekenntnisses erneut zu begehen. In der Nähe der Lehre von den drei göttlichen Personen in der einen göttlichen Natur bewegen sich Studien zur zweiten und dritten Person in der trinitarischen Union, sowie zur ägyptogenen Volkstradition der Heiligen Familie sowie der besonders in Ägypten heimischen Gestalt der Gottesmutter. Den (vorläufigen) Abschluss dieser Rezeptionsvorgänge mythischer Grundthemen bildet eine Frage zum Verhältnis von Offenbarung und Mythos, deren Beantwortung zugleich die Zusammenstellung der vorliegenden Kollektion fördern möge.

Dem Mitherausgeber der Reihe „Ägypten und Altes Testament", Privatdozent Dr. Stefan Jakob Wimmer, danke ich herzlich für die Umsetzung der hier ausgewählten Publikationen in eine formal einheitliche Präsentation.

Manfred Görg

---

[4] Zur Aufnahme des Beitrags „Israel in Hieroglyphen" verweise ich auf die jüngst erschienene Arbeit von: P. van der Veen, Chr. Theis, M. Görg, Israel in Canaan (long) before Pharaoh Merenptah? A fresh Look at Berlin Statue Pedestal Relief 21687, Journal of Ancient Egyptian Interconnections, Vol 2:4, 2010, 15-25.

I. Gottesbilder

„Menschenwort" und „Gotteswort"
Die biblische Ursprache als Gegenstand biblischer Theologie

1. Humanistischer Archaismus

Auf der Suche nach den Ahnen der Zuwendung zum Wort in der neuzeitlichen Theologie kommt man an Johannes Reuchlins Werk *De verbo mirifico* (1494)[1] nicht vorbei. Hier läßt der vielgerühmte und eigenwillige Humanist den epikuräischen Philosophen Sidonius, den Juden Baruchias und den Christen Capnio in einem dreitägigen Symposium in Pforzheim auftreten[2]. In den Dialogszenen fällt dem Christen zwar die Rolle des „Wissenden" zu, doch nicht die des souveränen und absoluten Sachwalters einer griechisch-abendländischen Kultur, da diese lediglich in der Nachhut der ägypto-israelitischen Kulturbeziehung stehe. Mose als „der ägyptische Priester" sei der Vater der hebräischen Weisheit, wovon auch die *vestigia Mosaicae lectionis* in den Schriften der Klassiker der griechischen Philosophie Zeugnis abgelegt hätten.

Reuchlins energischer Hinweis auf die „chronologische Inferiorität der griechischen Kultur hinter Ägypten und Israel"[3] basiert auf Argumenten, die nicht zuletzt der patristischen Literatur entnommen sind. Die neuplatonischen Philosophen und die christlichen Apologeten „konzentrieren sich dabei auf das Judentum mit seinem sich offenbarenden Gott". Charakteristisch ist das besonders von Marsilio Ficino und Giovanni Pico della Mirandola entworfene Konzept der *prisca theologia*, wobei Reuchlin die Präzedenz dem Judentum zuerkennt, dem die direkte Offenbarung Gottes im Gegensatz zum griechischen Götterolymp zuteil geworden sei. „Die Offenbarung Gottes erfolgt in hebräischer Sprache, die dadurch zur Ursprache mit den Qualitäten einfach, rein, unverdorben, heilig, beständig anvanciert"[4]. Dazu lobt Reuchlin die brevitas der Sprache, die aller demonstrativen Rhetorik abhold sei.

Die von den Befürwortern der *theologia prisca* beschworene „göttliche Einfachheit der Bibel" steht nicht im Widerspruch zu Reuchlins Charakterisierung des Hebräischen als „barbarisch", denn das Barbarische bedeutet für Reuchlin „nicht nur chronologische Priorität, sondern auch und vor allem kulturelle Superiorität", so daß ihm der „jüdische Anfang" ein Teil des humanistischen Ursprungsbewußtseins" ist, „und zugleich die Nobili-

---

[1] J. Reuchlin, De verbo mirifico, Basel 1494 (Neudruck: Stuttgart 1964). Vgl. jetzt auch die kritische Neuedition im Rahmen der von W.-W. Ehlers, H.-G. Roloff und P. Schäfer herausgegebenen Ausgabe sämtlicher Werke Reuchlins: Band I,1: De verbo mirifico. Das wundertätige Wort (1994). Lateinisch und Deutsch, hrsg. von W.-W. Ehlers - L. Mundt - H.G. Roloff - P. Schäfer unter Mitwirkung von B. Sommer, Stuttgart 1996.

[2] Vgl. dazu u.a. S. Rhein, Der jüdische Anfang. Zu Reuchlins Archäologie der Wissenschaften, in: Reuchlin und die Juden, hrsg. von A. Herzig - J. Schoeps in Zusammenarbeit mit S. Rohde, Pforzheimer Reuchlinschriften 3, Sigmaringen 1993, 163-174, hier 167-171.

[3] Rhein, Anfang, 167.

[4] Rhein, Anfang, 169 mit Hinweis auf Reuchlin, De verbo mirifico, 42.

I. Gottesbilder

tierung nicht-klassischer Wissenssysteme"[5]. Mose gilt als erster Literat, der „das grammatikalische Wissen als erster empfangen und den Phöniziern weitergegeben" habe; er hat absolute Priorität in der Geschichte der Verschriftlichung, er ist aber vor allem der „zentrale Gesprächspartner Gottes", weil nur er der unmittelbare Adressat der Offenbarung des Gottesnamens geworden sei[6].

Reuchlins Initiative erschöpft sich nicht in der Zuwendung zum Hebräischen als „his main contribution to humanistic learning", vielmehr geht sein Interesse dahin, zu demonstrieren, daß wir nur in dieser Sprache „possess evidence how God spoke to men and angels and only Hebrew does not lack clarity in conveying the true word of God as spoken to man"[7]. Das in der Reformation so bedeutsame Programm der *sola scriptura* findet bereits bei Reuchlin seine protagonistische Manifestation[8].

Reuchlins bekanntes Engagement für die talmudischen Bücher im Kampf gegen die vom Kaiser befohlene Verbrennung der nichtbiblischen hebräischen Schriften entspricht seiner Vorstellung von der bleibenden Unmittelbarkeit des Hebräischen: „Gott hab nit wollen, das der juden buecher verbrent wurden der christenhait zu gut, darmit durch Hebraische sprach die Christen wider zum rechten verstand ihrs glaubens kummen", ein Satz Reuchlins, den der Ingolstädter Johannes Eck zitiert und heftig kritisieren zu müssen glaubt[9], weil ein solcher Appell an die jüdische Sprache der liturgischen Praxis zuwiderlaufe, ja eine „Gefahr für das Christentum" darstelle[10]. Reuchlins Votum ist denn auch in der Gegenreformation nicht zum Tragen gekommen.

2. Reformatorischer Verbalismus

Melanchthon, von Reuchlins Humanismus beeinflußt, freilich ohne dessen absolute Präferenz des Hebräischen als Ursprache zu teilen[11], versteht sich immerhin als Anwalt reformatorischer Zuwendung zum „einfachen Schriftsinn", der nur durch die Methodik der buchstabengetreuen Auslegung erkannt werden kann, wie sie sich „aus der Einsicht in die Gesetze und Regeln, die einer Rede oder einem Text zugrunde liegen" ergibt[12]. Zugleich geht Melanchthon über das humanistische Prinzip der Anwendung von Grammatik und Rhetorik auf die Schrift hinaus, weil er einen „unlöslichen Zusammenhang zwischen der

---

[5] Rhein, Anfang, 170f.

[6] Vgl. Rhein, Anfang, 171, mit Hinweis auf Reuchlin, De verbo mirifico, 64. Vgl. bereits O. Kluge, Die hebräische Sprachwissenschaft in Deutschland im Zeitalter des Humanismus, in: Zeitschrift für die Geschichte der Juden in Deutschland, 1931, 81-97 (1.Teil), hier 92 mit Anm. 40.

[7] So M. Goshen-Gottstein, Reuchlin and his Generation, in: Herzig-Schoeps (Hg.), Reuchlin und die Juden, 151-160, hier 157.

[8] Vgl. Goshen-Gottstein, Reuchlin, 157.

[9] Hier zitiert nach Kluge, Sprachwissenschaft, 96.

[10] Vgl. dazu Kluge, Sprachwissenschaft, 96.

[11] Vgl. dazu H. Steible, Reuchlins Einfluss auf Melanchthon, in Herzig-Schoeps (Hg.), Reuchlin und die Juden, 123-149, besonders 132-135.

[12] Vgl. dazu u.a. H. Sick, Melanchthon als Ausleger des Alten Testaments, Beiträge zur Geschichte der biblischen Hermeneutik 2, Tübingen 1959, 43-47.

litera der Schrift mit dem ins Fleisch gekommenen Christus" sieht: „Herabgestiegen ins Fleisch ist der Sohn Gottes, auf daß er gewiß erkannt würde. Wieviel mehr will er durch die Buchstaben erkannt werden, die er gleichsam als sein bleibendes Abbild für uns zurückgelassen hat"[13]. Obschon Melanchthon selbst als Hebraist tätig war, hat er doch keine grammatische oder rhetorische Darstellung der Sprache vorgelegt, sich stattdessen darauf beschränkt, empfehlende Hinweise auf einschlägige Lehrbücher zu geben[14]. Bezeichnend ist daher die von ihm gern gewählte Reihenfolge Griechisch-Hebräisch, die zugleich seine reformatorische Präferenz verrät[15]. Melanchthons Votum für das Hebräische als Quellensprache findet in zwei Reden zum Thema „De studio linguae Ebraeae" ihren Niederschlag. Das sola scriptura-Prinzip verschafft der Schrift eine Autorität, die das Hebräische letzten Endes doch in den Schatten des Griechischen als der Sprache des Neuen Testaments stellt. Auch die im Unterschied zu Luthers dynamischem Wortverständnis bei Melanchthon favorisierte Betrachtung der doctrina als der materialen Dimension des Wortes hindert anscheinend eine unvermittelte Rezeption der hebräischen Sprachgestalt[16]. Dennoch gilt, daß eine ausreichende Kenntnis des Hebräischen für Melanchthon gerade im Zuge der mit Luther gemeinsam betriebenen Revision der Bibelübersetzung unverzichtbar blieb.

Kritischer als die christlichen Arbeiten über die reformatorische Zuwendung zur hebräischen Sprache urteilt eine jüdische Stimme, die zugleich den Finger auf die verwundbare Stelle legt, die problematische Perspektivität von der inkarnatorischen Substanz der Schrift. Nach O. Kluge redet bei Melanchthon trotz dessen didaktischer Förderung der Sprache „allein der Theologe, die Attitüde des Erziehers ersetzt die Originalität des Forschers"[17]. Die reformatorische Arbeit habe dem Sprachstudium lediglich eine Dienstfunktion zugestanden: „Das Hebräische blieb weiterhin die Domäne der Theologen". Bezeichnend dafür sei auch das Urteil des Wittenberger Lexikographen J. Forster: „Das Studium der hebräischen Sprache dient dem Verständnis der heiligen Schrift"; es ist sein Ziel, „Christum illustrare, prodesse ecclesiae Dei"[18]. Mit dem halbherzigen Appell an die Rückkehr zu den Quellen, der faktischen Distanzierung von vorurteilslosen Studien der sprachlichen Gegebenheiten und der Gewichtung der christologischen Perspektive geht im Gefolge Melanchthons auch ein gewisser Affront gegen die Rabbinen und den Talmud einher. Kluge bemerkt wohl nicht zu Unrecht in der besitzergreifenden Attitüde der

---

[13] Vgl das Zitat bei Sick, Melanchthon, 45 mit Anm. 17.

[14] So zu den Grammatiken von Johann Böschenstein und Johannes Cellarius, dazu Scheible, Einfluss, 133f.

[15] So vermerkt Melanchthon z.B. „Gratiam dicunt Theologi non tantum pro favore, sed etiam Graeco aut Hebraico more pro beneficio aut munere. Sed in sacris literis multa similia exempla extant, quia Interpretibus non licuit ubique Graecam aut Hebraicam phrasin mutare" (Zitat nach dem mir vorliegenden Band: Quintus Tomvs Operum Philippi Melanthonis, Basileae MDXLI, 265).

[16] Zur doctrina als „Leitbegriff" bei Melanchthon vgl. K. Haendler, Wort und Glaube bei Melanchthon. Eine Untersuchung über die Voraussetzungen und Grundlagen des melanchthonischen Kirchenbegriffes, Gütersloh 1968, 72 und jüngst H. Filser, Philipp Melanchthons Beitrag zur Entfaltung einer systematischen Glaubenswissenschaft, MThZ 48, 1997 (9-36), 11.

[17] Kluge, Sprachwissenschaft, 104.

[18] Nach Kluge, Sprachwissenschaft, 105.

christlichen Theologie die Ursache für das gespannte Verhältnis zwischen Philologie und Theologie: „Seitdem gehen Bibelforschung und Sprachforschung getrennte Wege"[19].

Die in nachreformatorischer Zeit weiterhin gepflegte Orientierung auf die biblische Ursprache hin ist nach wie vor nicht vom philologischen Interesse an der Textgestalt an sich geprägt, sondern lebt von der Zuordnung zur pädagogisch-kirchlichen Bedürfnislage[20]. Die Ausbildung in der hebräischen Sprache wird bestenfalls zum notwendigerweise geduldeten Lehrgegenstand in der Theologie oder gar ganz der Kompetenz der philosophischen Fakultäten zugewiesen.

Die Theologiegeschichte tut sich seither schwer, eine sachgemäße und konstruktive Förderung der hebräischen Sprachstudien im Rahmen der Respektierung der Schriftlichkeit des „Wortes Gottes" als theologische Aufgabe wahrzunehmen. Die Erfassung der literarischen Perspektiven fällt einer unreflektierten Ineinssetzung vom „Wort Gottes" und „Heiliger Schrift" zum Opfer[21], die theologiegeschichtlich verständlich ist, aber einem wissenschaftlichen Quellenstudium nicht entspricht.

3. Sakralisierung der Sprache

Eine grundsätzliche Innovation stellen daher auch jene Versuche zwischen Reformation und Aufklärungszeit nicht dar, die zur Kennzeichnung der unumgänglichen Spracharbeit eine neue Nomenklatur einführen. Einen Annäherungsversuch stellt die *Philologia sacra* dar, die dem genuinen Charakter der biblischen Schriften als „heiliger" Schriften gerecht werden will, ohne die sprachlich-grammatischen Aspekte zu vernachlässigen. Die *Philologia sacra* des Salomon Glassius etwa läßt die *scriptura sancta* als unter der „Theopneustie" stehend begreifen, um zugleich die Grammatik als notwendige Informationsgrundlage zu studieren. Glassius will indessen keine abstrakte Demonstration bieten, sondern konkrete Hilfe zur Deutung der sprachlichen Verfassung der Schrift[22]. Ob freilich die Näherbestimmung „sacra" der biblischen Philologie jene Sonderstellung verleiht, die dem „Wort Gottes" angemessen erscheint, ist schon kritisch vermerkt worden[23]. Den-

---

[19] Kluge, Sprachwissenschaft, 106.

[20] Vgl. hierzu die instruktiven Informationen bei Kluge, Sprachwissenschaft, 107-113.

[21] Vgl. dazu auch G. Hornig, Lehre und Bekenntnis im Protestantismus, in: Handbuch der Dogmen- und Theologiegeschichte I/3: Die Lehrentwicklung im Rahmen der Ökumenizität, Göttingen 1984 (71-146), 78. Zuletzt: B. Seidel, Karl David Ilgen und die Pentateuchforschung im Umkreis der sogenannten älteren Urkundenhypothese, Studien zur Geschichte der exegetischen Hermeneutik in der Späten Aufklärung, BZAW 213, Berlin-New York 1993, 11.

[22] S. Glassius, Philologiae Sacrae qua totius Sacrosanctae Veteris et Novi Testamenti, Scripturae, tum stylus et literatura, tum sensus et genuinae interpretationis ratio expenditur, libri quinque, Frankfurt-Leipzig 1691, fol. b3: „De quo notari velim, non dari hic Grammaticam in Abstracto, seu certae alicuius Linguae, eiusque addiscendae praecepta.., sed in Concreto, ut ita loquar, seu ad Scripturas sacrosanctas applicatam, earumque voces, phrases atque sententias, eruendi sensus genuini (quem literalem vocant) causam expendentem".

[23] Vgl. etwa L. Diestel, Geschichte des Alten Testaments in der christlichen Kirche, Jena 1869 (hier zitiert nach dem Nachdruck Leipzig 1981), 349: „Freilich ward durch die blosse Beifügung sacra der Individualität der Schrift nicht hinlänglich Rechnung getragen". Zur Würdigung der zeitgenössischen Hebraistik vgl.

noch ist wenigstens ein mutiger und entschiedener Schritt zum exakten Sprachstudium hin getan worden, um zugleich zu erfassen „wer die Person des Schreibers ist, welches Ziel seine Schrift verfolgt, aus welchen Motiven, an welchem Ort und zu welcher Zeit die Texte verfaßt sind"[24]. Ähnlich wird die Bezeichnung „Critica sacra" zu beurteilen sein, eine Titulatur, die der „Isagoge" bzw. „Introductio", d.h. der noch heute noch so genannten „Einleitungswissenschaft" vorangeht[25]. Wie sehr hier noch das Hebräische als gottgestiftete Ur- und Offenbarungssprache betrachtet wird, geht aus den einleitenden Worten der *Critica Sacra* von E. Leigh hervor: das Hebräische ist danach „antiquissima atque sancta lingua", „Lingua Adami": „In hac lingua Deus verba fecit ad prophetas atque patriarchas, in hac lingua Angeli alloquuti sunt homines, in hac lingua prophetae conscriperunt Vetus Testamentum; in hac lingua etiam, ut nonnulli putant, sancti in coelis loquentur"[26].

Bei solch erhabener Einschätzung des Hebräischen könnte sich der nüchterne Zugriff auf sprachwissenschaftliche Analysen als hybride Anmaßung verbieten, wenn man sich nicht auf einen der meisten anerkannten Grammatiker und Lexikographen des 17. Jahrhunderts berufen könnte, wie dies auch E. Leigh getan hat. Der „Thesaurus Grammaticus Linguae Sanctae Hebraeae" des älteren und jüngeren J. Buxtorf nämlich liefert geradezu die Argumentationshilfe, um das Studium der hebräischen Sprache und Grammatik als „gottesdienstliches" Bemühen in Wertschätzung des Gotteswortes auszuweisen[27]. Dort findet man im einleitenden Widmungsbrief[28] von 1609 rhetorische Formulierungen wie „Dignitas vero huius linguae quae potest maior esse, quam quod sit lingua prima generis humani, quod sit lingua DEI, lingua Angelorum, lingua Prophetarum?", dann aber die theologische Begründung: „Cognoscitur autem Deus in Verbo suo, quod simul omnis pietatis est regula. Verbi vera ac solida cognitio, in vera linguarum, quibus descriptum est, cognitione, fundamentum positum habet". Der Thesaurus geht vor allem in seinem syntaktischen Teil neue Wege, die gerade angesichts der neueren Grammatikstudien noch zu würdigen sind. Entscheidend ist aber, daß man in der Rezeption der Ansätze Buxtorffs allmählich Zutrauen zur philologischen Gewichtung der biblischen Ursprache gewinnt und hier keine absolute Unverträglichkeit mit der Reverenz vor dem Mysterium des Gotteswortes wahrnimmt.

---

u.a. auch H. Bobzin, Hebraistik im Zeitalter der Philologia Sacra am Beispiel der Universität Altdorf, in: H. Irsigler (Hg.), Syntax und Text, ATSAT 40, St. Ottilien 1993, 151-169 (frdl. Hinweis von Dr. A.R. Müller).

[24] Kraus, Geschichte, 83.

[25] Vgl. dazu die Hinweise bei H.-J. Kraus, Geschichte der historisch-kritischen Erforschung des Alten Testaments, 2. Auflage, Neukirchen 1969, 82-86.

[26] E. Leigh, Critica Sacra Duabus Partibus: Quarum Prima continet Observationes Philologicas atque Theologicas In omnes radices Veteris Testamenti etc., Amsterdam 1679, fol. 1.

[27] Bei den beiden Buxtorfs verbindet sich nach Seidel, Karl David Ilgen, 38 „konservativer Protestantismus (Calivinismus) mit dem Anspruch höchster wissenschaftlicher Akribie".

[28] Zitate im Folgenden nach der Ausgabe: Johannis Buxtorfi Thesaurus Grammaticus Linguae Sanctae Hebraeae duobis libris methodice propositus....Editio Sexta recognita a Johannes Buxtorfio, Filio, Basel 1663, fol 2-6.

I. Gottesbilder

4. Bibelsprache und Ratio

Bis zur Periode der späten Aufklärung hat das Interesse an der sprachlichen Gestalt des alttestamentlichen Gotteswortes zwar auf philologischem Gebiet weitergreifende Vertiefung gefunden, aber die hier zur Debatte stehende Kontroverse nicht thematisiert[29]. Auch der neologische Appell an die Vernunft des Theologen, die Entdeckung der rationalen Verantwortbarkeit des Glaubens an Offenbarung hat zunächst zu keiner Neuauflage des Studiums geführt, da inhaltliche Perspektiven, wie das ungeklärte Verhältnis biblischer Informationen zu den Erkenntnissen fortgeschrittener Einsichten der Zeit über Natur und Welt, im Vordergrund standen. Die durchaus rational begründeten und ausgewiesenen Studien Buxdorfs sind in der Aufklärungszeit offenbar in den Schatten seiner religiösen Verklärung des Hebräischen getreten, so daß man darin auch eine „Buxdorfische Finsternis" erkennen wollte[30]. Diese Charakteristik ist freilich ganz unzutreffend, da die Frage nach dem Proprium des Schriftwortes für die Buxtorfs noch im Licht des Glaubens stand. Für die theologische Aufklärung erschien dieses deckungsgleiche Ineinander von Menschenwort und Gotteswort dagegen nicht mehr ohne weiteres nachvollziehbar. Das Schriftwort konnte nunmehr nicht mehr deswegen einer sprachlichen Analyse zugeführt werden, weil es als „Gottes Wort" geglaubt wurde, sondern weil es zunehmend intensiver als Menschenwort erschien. Durch die Ausklammerung der „Gottesfrage" ist die grammatische Betrachtung in eine bezeichnende Isolation geraten. Die *Philologia Sacra* war gewissermaßen zu einem Etikett erstarrt[31].

Die Apostrophierung des Hebräischen als „Himmelsprache" hat sich freilich bereits zu Beginn der theologischen Aufklärung, in der Periode des Übergangs vom Wolffianismus zur Neologie als nicht mehr vertretbar herausgestellt. Dennoch blieb es zunächst bei Beobachtungen an der Ausdrucksseite der Sprache, die ihre Erwählung als Sprache der Offenbarung legitimieren sollten. Die vermeintliche Einfachheit und Transparenz der Diktion, der klare Satzbau etc. schienen Grund genug, diese Vorzugsstellung zu begründen. Im Vorlesungsmanuskript eines relativ frühen Aufklärungstheologen ist u.a. zu lesen, daß es ein „warscheinlicher Beweiß für ihre Göttlichkeit" sei, daß Gott die für das menschliche Geschlecht „bequemste Sprache genommen habe", um die „Offenbarung des wahren Gottes ohne Wunder bekandt zu machen". Eine „Sprache dieser Art" könne „gewiß leicht verständlich werden; dazu komt noch die Kürze der Regeln des Erlernens"[32]. Man spürt,

---

[29] Seidel, Karl David Ilgen, 38f nennt als „Pendant" zu den Buxtorfs im 18. Jh. Ch.F. Houbigant, B. Kennicott und G.B. de Rossi, um dann noch J. Cocceius als Vertreter für „philologische Fleißarbeit" zu zitieren. Zur Hebraistik im 17.-19. Jh. vgl. auch die Hinweise bei H. Irsigler, Hebräisch, in: M. Görg - B. Lang (Hg.), Neues Bibel-Lexikon II, 1995 (69-81), 77f.

[30] K. Aner, Die Theologie der Lessingzeit, Halle 1929 (Nachdruck Hildesheim 1964), 212.

[31] Die von D.J.A. Dathe bearbeitete Neuauflage der Philologia Sacra des S. Glassius (Leipzig 1776) trägt lediglich die Ergänzung „his temporibus accomodata". Eine theologische Begründung findet sich in der Praefatio nicht.

[32] Das in meinem Besitz befindliche Manuskript einer „Introductio in Theologiam Christianam Theticam" (225 Seiten) kommt ohne Nennung des Autors oder der Jahreszahl aus. Die vorläufige Prüfung der Formulierungen und des Inhalts erlauben die Annahme, daß es sich um eine Darstellung aus der Periode des Übergangs vom Wolffianismus zur Neologie handelt. Die Konzeption steht etwa dem Kreis um den berühmten Abt J.F.W. Jerusalem (1709-1789) nahe; einige Indizien lassen es nicht ausschließen, daß Jerusalem selbst der Autor ist und daß das Manuskript Grundlage seiner Lehrtätigkeit an der von ihm begründeten

daß es nur eine Frage der Zeit sein konnte, um dieser sprachapologetischen Tendenz ein Ende zu bereiten.

5. Entsakralisierung der Sprache

Ein weiterer kritischer Fortschritt war es, Mose nicht mehr als den Erfinder der Schrift auszuweisen[33]. Damit war der Entsakralisierung des Hebräischen in entscheidender Weise Vorschub geleistet worden, zumal die fortschreitende Kritik auch die Verfasserschaft des Mose grundsätzlich in Frage stellte[34]. Freilich konnte dies auch Anlaß sein, den göttlichen Ursprung der Schrift grundsätzlich zu bezweifeln[35]. So wird das Problem im Munde des respektablen und keineswegs hyperkritischen Göttinger Gelehrten F.W. Michaelis auf den Punkt gebracht: „Stehen in Mosis Büchern Geschichte, die nicht auf Gottes Befehl von ihm aufgezeichnet sind, so ist dies genug die ganzen Bücher Mosis für bloß menschlich zu halten, und nicht Philosophen sondern Kindern mag man weis machen, was man etwan in diesen Büchern für alle Zeiten nützlich und bessernd finde, sey göttlich"[36].

Andererseits hat die Zurückhaltung gegenüber der mosaischen Authentizität des Pentateuchs auch zur Bemühung geführt, die geistliche Autorität von den kritischen Erwägungen unberührt sein zu lassen[37]. Es ist klar, daß mit der nunmehr einsetzenden historisch-kritischen Arbeit an der Bibel ein neues Stadium in der Beurteilung des Schriftworts in

---

Carolina in Braunschweig (seit 1745) war. Die Zitate stammen von der Manuskriptseite 94. Zu Leben und Werk Jerusalems vgl. zuletzt W.E. Müller, Johann Friedrich Wilhelm Jerusalem. Eine Untersuchung zur Theologie der „Betrachtungen über die vornehmsten Wahrheiten der Religion", Berlin-New York 1984. Ders., Legitimation historischer Kritik bei J.F.W. Jerusalem, in: Reventlow (Hg.), Historische Kritik, 205-218.

[33] Hierzu weiß der Autor des genannten Manuskripts (Jerusalem?) zu sagen, daß die „Niederschreibung werde geschehen seyn zu der Zeit, da sie ohne durch eine Menge Wunder geschehen konnte, zu der Zeit wo noch die wenigsten Wunder nöthig waren. Das war nun ohne Zweifel die Zeit, wo das Schreiben schon unter den Völkern bekannt war. Einige, die gerne die Wunder ohne Noth häufen, wollen, daß dem Moses die Buchstaben, und die Kunst zu schreiben, überhaupt von Gott eingegeben worden; allein wir haben nicht den geringsten Grund, diß wahrscheinlich zu glauben" (Manuskriptseite 87).

[34] Vgl. hierzu die Ausführungen bei Seidel, Karl David Ilgen, 134-159. Vgl. auch die einschlägigen Hinweise bei E. Zenger in: E. Zenger u.a., Einleitung in das Alte Testament, Kohlhammer-Studienbücher Theologie 1,1, Stuttgart 1995, 64f.

[35] Der Zeitpunkt der ersten publizistischen Infragestellung des göttlichen Ursprungs der Schrift im Zuge der theologischen Aufklärung erscheint noch immer nicht festgelegt. Bisher nicht genügend beachtet erscheint mir eine Stellungnahme, die in dem anonym erschienenen Buch mit dem Titel „Hierokles oder Prüfung und Vertheidigung der christlichen Religion angestellt von den Herren Michaelis, Semler, Leß und Freret" (Halle 1785) zum Ausdruck kommt. Der offenbar fiktive Dialog der vier Disputanten wird von J.A. Nösselt, Anweisung zur Kenntniß der besten allgemeinern Bücher in allen Theilen der Theologie, 4. Auflage, Leipzig 1800, 249f, in die Dokumentation der für den „Unglauben aufgesetzten Schriften" aufgenommen, aber auch als „vielleicht die elendeste unter allen" charakterisiert. In dieser wahrscheinlich einem gewissen Chr. L. Paaczow zuzuweisenden Schrift erklärt der Teilnehmer Freret u.a., daß „die Bibel in keiner Absicht von Gott herrühren könne", was sich daraus ergebe, daß „diese Bücher zu einer Zeit geschrieben worden, da die Juden nach Mosen schon viele Propheten gehabt hatten" (216 bzw. 218). Das Werk muß auf jeden Fall als Zeugnis der frühen Bibelkritik beachtet werden.

[36] Anonymus, Hierokles, 258.

[37] So etwa bei F.K. Fulda, Das Alter der heiligen Schriftbücher des alten Testaments, in: NRBML 3, 1791 (180-256), 182f. nach Hinweis bei Seidel, Karl David Ilgen, 138 mit Anm. 18.

I. Gottesbilder

Relation zur Qualifikation als „Wort Gottes" eintreten mußte. Aus heutiger Sicht kann man sich kaum vorstellen, welche Not sich angesichts der nötigen Differenzierung einstellen konnte[38]. Wie aber sollte die für das Leben mit der Bibel so wichtige Klarstellung der Beziehung aussehen, wenn einerseits dem Studium der Sprache und des menschlichen Schriftworts freie Hand gegeben und andererseits die göttliche Autorität nicht außer Sicht gelassen werden sollte?

6. „Wort Gottes" und Bibelkritik

Die schon bei Melanchthon vollzogene lehrhafte Scheidung zwischen verbum dei und verbum humanum in der Schrift[39] findet in der Theologie des Johann Salomo Semler eine interessante Weiterführung, die zumindest für seine Schüler als Orientierungshilfe gedacht gewesen sein muß und sich möglicherweise weiterhin als theologische Devise empfiehlt. Semler erkennt deutlich genug, daß „der Bibel – zumindest was die Geschichte ihrer Textüberlieferung anbelangt – keine Sonderstellung im Vergleich zu anderer antiker Literatur zugebilligt werden kann", aber auch, daß „es der Befreiung von bestimmten dogmatischen Behauptungen bedurft hatte, um den Weg zur biblischen Textkritik beschreiten zu können"[40]. Die Loslösung von der These einer „unverfälschten Richtigkeit" der Heiligen Schrift erschien als notwendiger Schritt, wenn man darunter verstand, daß „die heilige Schrift noch ganz durch und durch nach allen ihren Teilen eben dieselbe sey, wie sie aus göttlichem Eingeben von den Verfassern derselben niedergeschrieben worden"[41]. Mit Recht ist festgestellt worden, daß Semler als „Prediger und Katechet" der Ansicht gewesen sei, „daß das lebendige und wirksame Gotteswort von der eigenen Bibelkritik gar nicht berührt werde", so daß er sich auch „zur Verteidigung einer inhaltlich verstandenen Bibelautorität aufgerufen" gesehen habe[42].

Wie aber geschieht und gelingt eine Erkenntnis und Anerkenntnis des Gottesworts, das dem vernünftigen Vorgehen standhält und nicht radikal zuwiderläuft? Semler plädiert ohne absolute Scheidung zwischen „Wort Gottes" und „Heiliger Schrift" für die Mög-

---

[38] Die damals empfundene Problematik sei hier mit einem Zitat aus einer ebenfalls anonym erschienenen Schrift „Christus und die Vernunft oder Prüfung der Wahrheit und Göttlichkeit der Lehre Jesu Christi des christlichen Lehrbegrifs und der symbolischen Bücher" aus dem Jahre 1792 (ohne Druckort) belegt, wo es u.a. heißt „Es thut einem vernünftigen Manne wehe, wenn er sieht, wie in der besten Religion, die man bis jetzo unter den positiven Landesreligionen kennt, alle die gut gemeinten Erdichtungen des Wunderbaren sich finden, die jede andere mit Thorheiten angefüllte Religion besitzt. Sie tyrannisiren den vernünftigen Exegeten, der sie nicht in die Reihe der Erdichtungen zu setzen wagt, und sie wenigstens durch Erklärungen erträglich zu machen sucht. Den Schaden stiften sie aber immer, daß sie den karakteristischen Beweis in sich führen, daß es mit der Religion, in der sie sich befinden, wie mit allen Religionen der Welt beschaffen ist, welche nicht göttlich, sondern menschlich waren. Sie wird dadurch eine Religion für Leichtgläubige, für solche, denen Fabeln eben so willkommen sind, wie Wahrheiten; nicht aber für Weise und Denker" (176).

[39] Vgl. dazu zuletzt die Ausführungen von Filser, Beitrag, 11.

[40] G. Hornig, Hermeneutik und Bibelkritik bei Johann Salomo Semler, in: Reventlow u.a. (Hg.), Historische Kritik (219-236) 226f.

[41] J.S. Semler (Hg.), S.J. Baumgarten, Evangelische Glaubenslehre, 3. Bd., Halle 1760, 126; hier zitiert nach Hornig, Hermeneutik, 227, Anm. 15.

[42] Hornig, Hermeneutik, 227f.

lichkeit einer „Wahrnehmung durch das testimonium spiritus sancti internum": „sie geschieht durch die subjektive Erfahrung des Individuums, das vom Worte Gottes im Herzen und Gewissen getroffen und durch dasselbe verändert wird"[43]. Geradezu thesenhaft und programmatisch kann er formulieren: „Das Wort Gottes ist freilich außer und über aller Kritik"[44].

Obwohl nun Semler gewiß zugestanden werden muß, daß er – auch in der Beurteilung des alttestamentlichen Bibeltextes – nicht einfach eine „moralische oder moralisierende Bibelkritik betrieben" hat, vielmehr der Ansicht war, daß „das in der Heiligen Schrift enthaltene Wort Gottes eine ihm innewohnende moralische Qualität und Aktualität besitzt"[45], bleibt es doch weiterhin bei dem diskussionswürdigen Problem, wie sich der Ausdruck „Wort Gottes" im wörtlichen und eigentlichen Sinne rechtfertigen läßt, wenn es im Grunde doch um etwas anderes als um die exklusive Identität eines Menschenwortes in der Heiligen Schrift geht. Gibt es noch ein Proprium der Schrift, das in ihr mehr zu Gehör oder vor Augen bringen läßt als das, was antike oder moderne Literatur zu bieten hat, gerade auch dann, wenn diese die Göttlichkeit in irgendeiner Relevanz und Perspektive zum Thema hat?

Nun hat auch die aufklärerische Abstrahierung des Gottesworts vom dem kritischer Analyse zugänglichen Menschenwort ihre Geschichte. „Die Kritik an der Aufklärung (und an dem Versuch des Idealismus, Geschichte und göttliche Vernunft prozesshaft zu verbinden) hat schließlich zu einer Destruktion des absoluten Wahrheitsbegriffs geführt", während die historisch-kritische Exegese dem Versuch die Wege ebnete, „die biblischen Texte selbst als verschriftete Sprechakte zu verstehen, als Kommunikationsakte mit jeweils in ihrer Entstehungssituation verortbaren Intentionen und Wirkungen – wobei im Gefolge des Historismus die Wahrheitsfrage nur noch historisch, auf den jeweiligen Kontext bezogen, gestellt wurde"[46]. Im Zuge dieser Dynamisierung des Wortes gelangt die neuere protestantische Theologie des 20. Jahrhunderts immerhin zu einem kongenialeren Verständnis des Schriftwortes, dessen Ereignischarakter zur Sprache kommt. „Auf dieses *Wortgeschehen*, das ein Sprechen und Hören als Ereignis, also als mündliche Kommunikation, impliziert, wird nicht nur der schriftliche Text zurückgeführt, sondern das geschriebene Wort wirkt seinerseits als Anrede und Anspruch an den gegenwärtigen Menschen"[47]. Noch ungeklärt blieb freilich weiterhin, wie sich das Wortereignis zu dem Erfordernis der Textanalyse verhalte, konnte sich doch der Verdacht nahelegen, daß die Untersuchung der sprachlich-literarischen Phänomene nur noch um so mehr ins Abseits

---

[43] Hornig, Hermeneutik, 228.

[44] J.S. Semler, Ausführliche Erklärung über einige neue theologische Aufgaben, Censuren und Klagen, Halle 1777, 112, hier zitiert bei Hornig, Hermeneutik, 228.

[45] Hornig, Hermeneutik, 234 mit Hinweis auf H.-E. Heß, Theologie und Religion bei Johann Salomo Semler (Diss. Berlin 1974), Augsburg o.J.

[46] G. Sellin, Das lebendige Wort und der tote Buchstabe. Aspekte von Mündlichkeit und Schriftlichkeit in christlicher und jüdischer Theologie, in: G. Sellin - F. Vouga (Hg.), Logos und Buchstabe. Mündlichkeit und Schriftlichkeit im Judentum und Christentum der Antike, Texte und Arbeiten zum neutestamentlichen Zeitalter 20, Tübingen 1997, 13f.

[47] Sellin, Wort, 14.

gerückt und das Studium der Textbeschaffenheit lediglich auf die „Spielwiese" der Philologie abgeschoben würde.

Erst der Schritt von der theologischen Qualifikation des Wortes in die wissenschaftliche Erfassung von Kommunikation in Linguistik und Exegese hat hier neue Wege eröffnet, die zugleich gegenwärtig zu weiterer Diskussion animieren. Nunmehr werden unter Beachtung und Durchdringung der sprachlichen Gegebenheiten aus den Texten selbst die Kriterien und Signale erhoben, die der vermeintlich toten Sprache zum Leben verhelfen[48].

7. Katholische Perspektiven und Zugänge

Die katholische Verständnislage scheint von der Diskussion des Problems einer Relationsbestimmung von Gottes- und Menschenwort weitgehend unberührt geblieben zu sein, so daß die kritische Zugangsweise eines R. Simon und der in seinen Fußstapfen gehenden Interpreten unbelastet von einer wortgebundenen Schriftorthodoxie operieren konnte. Die jüngste protestantische Rückschau hat die katholische Liberalität des 17./18. Jahrhunderts denn auch mit nicht geringem Erstaunen registriert: „Für die Bibelkritik also sind nur die Katholiken prädisponiert, da sie der Bibel unbefangener gegenüber ständen als die Protestanten", um die Katholiken jedoch auch gleich mit der „mehr oder weniger geheimen Voraussetzung" befrachtet zu sehen: „Eigentlich ginge es auch ohne Bibel"[49]. Daß sich auch katholische Autoren an der literarischen Beurteilung der Schriftwerdung beteiligten, bezeugt etwa die Darlegung des Benediktiners Ildephons Schwarz, der zum 1. Buch Mose bemerkt, daß „dessen Verfasser wahrscheinlicherweise schriftliche Nachrichten von der ältesten Menschengeschichte vor sich hatte, aus denen er eben das auswählte, was den Plan der Gottheit mit dem Volke ins rechte Licht zu stellen, am tauglichsten war"[50]. Daß Schwarz im übrigen an der mosaischen Verfasserschaft der weiteren Teile des Pentateuch festhält, stellt ihn dem bekannten und teilweise selbsternannten Revolutionär der historisch-kritischen Arbeit J.G. Eichhorn nicht nach, der in den frühen Auflagen seiner Einleitung eine ähnliche Konzeption vertreten hat[51].

Natürlich muß mit Bedauern festgestellt werden, daß die katholische Einleitungswissenschaft im Bereich der Erforschung des literarischen Werdegangs der Bibel im 19.

---

[48] Sellin, Wort, 31, meint freilich, man solle sich der „historischen Fremdheit" des „toten Sprechaktes" stellen, um „seinem Produzenten die Andersheit des Du zu belassen". Eine kritisch-analytische Rezeption ist jedoch der größte Respekt, dem man einem Text zollen kann

[49] Seidel, Karl David Ilgen, 59f. Wenn ein Autor wie L. Hug, Die mosaische Geschichte des Menschen, von seinem Ursprunge bis zum Entstehen der Völker, Frankfurt-Leipzig 1793, vormosaische Urkunden annimmt, muß offenbar seine Identität als „Katholik" eigens hervorgehoben werden (so Seidel, Karl David Ilgen, 121 mit Anm. 133).

[50] I. Schwarz, Handbuch der christlichen Religion, Zweyter Band, Dritte Auflage Bamberg-Würzburg 1800, 114f. Die erste Auflage erschien 1793!

[51] Vgl. J. G. Eichhorn, Einleitung ins Alte Testament, Dritte Auflage, Leipzig 1803, 235-434. Dazu auch Seidel, Karl David Ilgen, 139. Nur anmerkungsweise gesteht Eichhorn, Einleitung, 250, zu: „Jerusalem's Briefe über die Mosaische Geschichte und Philosophie enthalten schon manches von dem, was ich in diesem und den nächsten Paragraphen beybringen werde". Vgl. J.F.W. Jerusalem, Briefe über die Mosaische Religion, Braunschweig 1762.

Jahrhundert in einen Dornröschenschlaf gefallen ist, aus dem sie erst in der Nachkriegszeit dieses Jahrhunderts erlöst werden sollte. Die für die katholische Exegese belastenden, nur auf dem Sektor der Textkritik hinreichend toleranten Phasen dieser Lethargie sind mit den Beschlüssen der Bibelkommission von 1905-1914, den Bibelenzykliken der Päpste Leo XIII. (1893), Bendikt XV. (1920), Pius XII. (1943) besetzt, um erst mit *Sancta Mater Ecclesia* (1964) und *Dei Verbum* (1965), vor allem aber mit der jüngsten Dokument der Päpstlichen Bibelkommission zur „Interpretation der Bibel in der Kirche" (23.4.1993) die Wege zu einer umsichtigen und eindringlichen Neuorientierung öffnen zu lassen, so daß den früheren Erklärungen „nur noch historischer Wert zukommt"[52]. Hier ist die Einsicht, daß die „Schrift „gewiß Gottes Wort, aber Gottes Wort durch Menschenwort" sei[53], von erheblicher Relevanz, wenn auch die plakative Statuierung dem Exegeten, der Theologe sein will, nach wie vor außerordentliche Erklärungsnotstände bereitet.

8. Sprach- und Literaturwissenschaft

Die katholische Exegese hat zwar die historisch-kritische Arbeit erst mit Zeitverzug rezipiert, dafür aber in einem Parforceritt der neueren Sprach- und Literaturwissenschaft den Zugang zur Bibelexegese eröffnet. Ausgehend von dem Konzept einer „Exegese als Literaturwissenschaft"[54] und auf der Basistheorie der generativen Transformationsgrammatik und der satzbezogenen Syntax hat W. Richter ein exemplarisches und sicher erst im kommenden Jahrhundert zur vollen Wirkung gelangendes Spektrum von Initiativen vorgelegt, die in der Erstellung einer Basisgrammatik[55] und der Biblia Hebraica Transcripta und deren Release-Fassungen[56] als einer unverzichtbaren Grundlage für die weitere Orientierung und Auseinandersetzung gipfeln. Die Domäne textkritischer Arbeit, wie sie nicht zuletzt vom Münchener Vorgänger Vinzenz Hamp gepflegt und gefördert wurde, findet so in einer „höheren Textkritik" eine würdige und respektable Fortsetzung und Vertiefung, wovon nicht zuletzt die Arbeiten der Schüler ein beredtes Zeugnis ablegen[57].

---

[52] Vgl. dazu die Ausführungen bei L. Ruppert, in: Die Interpretation der Bibel in der Kirche. Das Dokument der Päpstlichen Bibelkommission von 23.4.1993 mit einer kommentierenden Einführung von Lothar Ruppert und einer Würdigung durch Hans-Josef Klauck, Stuttgarter Bibelstudien 161, Stuttgart 1995, 55-59.

[53] Vgl. dazu J. Schreiner, Aspekte heutiger Exegese. Die Bibel – Gottes- oder Menschenwort? Würzburg 1968, 83-111. Ruppert, Interpretation, 55.

[54] W. Richter, Exegese als Literaturwissenschaft. Entwurf einer alttestamentlichen Literaturtheorie und Methodologie, Göttingen 1971. Zur methodologischen Anschlußarbeit vgl. u.a. Th. Seidl, Die literaturwissenschaftliche Methode in der alttestamentlichen Exegese. Erträge – Erfahrungen – Projekte. Ein Überblick, MThZ 40, 1989, 29-37.

[55] W. Richter, Grundlagen einer althebräischen Grammatik, ATSAT 8.10.13, St. Ottilien 1978-1980.

[56] W. Richter, Biblia Hebraica transcripta. Bh^t, das ist das ganze Alte Testament transkribiert, mit Satzeinteilungen versehen und durch die Version tiberisch-masoretischer Autoritäten bereichert, auf der sie gründet, ATSAT 33,1-16, St. Ottilien 1991-1993. Ders., Bh^t-Release 3, München 1996.

[57] Unter der breitangelegten Rezeption seien besonders herausgestellt die Studien von W. Groß zur Satzsyntax, vgl. zuletzt W. Groß (unter Mitarbeit von A. Diße und A. Michel), Die Satzteilfolge im Verbalsatz alttestamentlicher Prosa. Untersucht an den Büchern Dtn, Ri und 2Kön, Forschungen zum Alten Testament 17, Tübingen 1994, von H. Irsigler die Untersuchungen zu Großsatzformen und Sprechakten, von Th. Seidl die intensive Fortführung der Valenzstudien, vgl. zuletzt Th. Seidl, Untersuchungen zur Valenz althebräischer Verben 3. ṬHR – „Rein sein", ATSAT 57, St. Ottilien 1997, sowie die Arbeiten von G. Vanoni an

I. Gottesbilder

Die über alles bisherige Maß hinausgreifende, auf die detaillierte Durchleuchtung der Sprachgestalt orientierte Arbeit vermag nun freilich auch, das anstehende Problem noch radikaler vor Augen treten zu lassen. Wenn schon analysefähiges Menschenwort, bleibt da dem irgendwo verborgenen Gotteswort noch eine schwache Chance? Oder ist es so, daß die Gewalt der rigorosen Textarbeit den Exegeten geradezu mit ihrer Eigendynamik lähmt, schließlich atemlos und damit fragenlos macht? Oder steht dieser am Ende als der Außenseiter da, dem die bescheidene Nachfrage nach dem „Wort Gottes" als unbilliges Interesse angelastet wird, das nichts mehr mit wissenschaftlicher Annäherung zu tun haben und lediglich den „nur-Theologen" beschäftigen soll? Ob sich so der überholte Eindruck einer scheinbaren Suprematie der Theologie über die Philologie, den Richter mit Recht kritisiert hat[58], ins nicht weniger unglückliche Gegenteil verkehrt?

Eine Apologie der textzugewandten Kleinarbeit als einer notwendigen und mit dem Wortlaut von Dei verbum gebotenen Leistung des der Theologie verpflichteten Exegeten hat J. Floss vorgelegt[59]. Sie stellt zu Recht heraus, daß ein Insistieren auf der sprach- und literaturwissenschaftlichen Analyse gerade nicht von der Theologie wegführt, sondern zur unverzichtbaren Basisarbeit des Exegeten gehört. C. Dohmen statuiert darüberhinaus: „Gerade deshalb darf der Exeget sich und andere nicht von der Mühe der Detailarbeit an der Heiligen Schrift befreien, und er kann sich dieser Kleinarbeit – trotz aller Anfragen und Angriffe – auch getrost hingeben, weil er als Theologe eingebunden ist in all die anderen theologischen Disziplinen und die Gemeinschaft der Kirche"[60]. Auch die jüngste Enzyklika läßt ein grundsätzliches Votum zugunsten methodisch-kritischer Arbeit mit offenen Perspektiven für sprach- und literaturwissenschaftliche Studien wahrnehmen[61].

Weisheitstexten, vgl. zuletzt G. Vanoni, „Was verursacht Reichtum?" und weitere Fragen zu Spr 15,16 - mit Hilfe der BH^r-Software zu beantworten versucht, BN 85, 1996, 70-88.

[58] Vgl. Richter, Exegese, 18.

[59] Vgl. J. P. Floss, Sprachwissenschaftliche Textanalyse als Konkretion der hermeneutischen Regeln in der dogmatischen Konstitution „Dei verbum" am Beispiel Gen 2,4b-9*, BN 19, 1982, 59-120, hier besonders 62-64.

[60] C. Dohmen, Muß der Exeget Theologe sein? – Vom rechten Umgang mit der Heiligen Schrift, TThZ 99, 1990 (1-14) 14.

[61] Vgl. dazu Ruppert, Interpretation, 26, der zugleich eine etwas irritierende Bemerkung der Enzyklika zu entschärfen sucht. Dort heißt es im Rahmen der „Bewertung" der „Methoden und Zugänge" u.a. „Jüngst hat eine exegetische Tendenz die Methode im Sinn einer Betonung der Textgestalt auf Kosten des Interesses für seinen Inhalt umgebogen. Doch wurde diese Tendenz durch eine differenzierte Semantik (Semantik der Worte, der Sätze, des Textes) und die Erforschung der pragmatischen Dimension der Texte korrigiert" (Interpretation 101). Es ist möglich, daß der Wortlaut hier auf eine theoriebezogene Kontroverse zwischen W. Richter und H. Schweizer (vgl. dessen Arbeit. Metaphorische Grammatik, Wege zur Integration von Grammatik und Textinterpretation in der Exegese, ATSAT 15, St. Ottilien 1981) anspielt, doch besteht kein Zweifel, daß das Interesse an semantischen und pragmatischen Urteilen mit den Studien Richters und seiner Schüler keineswegs für obsolet erklärt wird. Mit der Konzentration auf elementare Arbeitsvorgänge sind weiterführende Schrittfolgen absolut nicht ausgeschlossen.

9. Textanalyse versus Inspiration?

Dennoch bleibt noch immer die bohrende „Gretchenfrage": Wie hältst du es mit dem Wort Gottes? Die sprach- und literaturwissenschaftliche Textarbeit, noch dazu computergestützt, kann bisher unerreichte und noch unvorstellbare Kontrollen und Erfassungen vornehmen, ohne jedoch je eine Antwort auf die Suche nach dem verborgenen „Wort Gottes" geben zu können. Soll es also bei der Kompetenzverteilung bleiben, daß der „Bibelphilologe" jede erdenkliche Mühe aufwenden darf, den Schrifttext zu erforschen, während der „Bibeltheologe" bei der beständigen (freilich „unwissenschaftlichen") Suche nach dem „Gotteswort im Menschenwort" zu verweilen hat?

C. Dohmen hat dieses Dilemma mit dem Hinweis auf die ekklesiologische Einbindung des Exegeten aufzuheben versucht. Mit dem Glauben an das Zeugnis der „Heiligen Schrift", in der das Gotteswort „festgehalten" sei, soll das Selbstverständnis einer Gemeinschaft zum Ausdruck kommen, die mit der Kanonisierung, d.h. der „Anerkennung der Inspiriertheit einzelner Bücher in dieser Gemeinschaft" einen identitätsstiftenden Akt setzt[62]. Der „Paradigmawechsel" vom „Blick auf den Autor" zum „Blick auf den Leser/Hörer" verlange überdies, daß „nicht nur die Interpretation der Einzelschriften von ihrer Rezeption her beleuchtet wird, sondern rezeptionsgeschichtlich die theologische Bestimmung der Heiligen Schrift vorangetrieben wird, indem soziologisch bei der Gemeinschaft angesetzt wird, die die jeweiligen Schriften tradiert, für heilig hält und in diesem Sinne gebraucht". Von dieser die Literaturwissenschaft transzendierenden und genuinen Perspektive müsse der Exeget bestimmt sein, der „die Produktions- und Rezeptionsinteressen dieses Schriftkorpus vom Endprodukt her wahrnehmen" solle, was wiederum nur durch Rückbindung an die rezipierende und auslegende Gemeinschaft möglich sei: „Exegetische Methode muß folglich literaturwissenschaftlich, historisch und ekklesiologisch orientiert sein, um wissenschaftstheoretisch als ihrem Gegenstand adäquat anerkannt werden zu können"[63].

So zutreffend die Herstellung des kommunikativen Zusammenhangs ist, mag man sich doch nicht damit begnügen wollen, daß es offenbar erst Sache der christlichen Reflexion sei, mit der ekklesiologischen Sicht der „Begegnung des Wortes Gottes im Menschenwort der Schrift" zu entsprechen. Trotz der mit Recht über K. Rahners Vorstellungen zur Schriftinspiration[64] hinausgreifenden und Ansätze von P. Grelot[65] weiterführenden Integration des „Alten Testaments" in die kirchliche Rezeption muß der Blick auf die Perspektiven des Ersteditors der Schrift, dem Judentum, gestattet sein, dessen Identität als das originäre und bleibend erwählte Volk Gottes mit der Anerkenntnis der hebräisch-aramäischen Bibel als des Gotteswortes an Israel unauslöschlich und unüberholbar verknüpft ist.

---

[62] Vgl. Dohmen, Exeget, 9.

[63] Dohmen, Exeget, 12.

[64] Vgl. W. Rahner, Über die Schriftinspiration, QD 1, Freiburg-Basel-Wien 1958. Dazu u.a. K.H. Neufeld, die Schrift in der Theologie Karl Rahners, JBTh 2, 1987, 229-246. Dohmen, Exeget, 7f.

[65] P. Grelot, Zehn Überlegungen zur Schriftinterpretation, in: E. Klinger - K. Wittstadt (Hg.), Glaube im Prozeß (Fs. K. Rahner), Freiburg-Basel-Wien 1984, 563-579. Dazu Dohmen, Exeget, 8.

Kann der christliche Exeget, der über den literarischen Aspekt hinaus die kommunikative Verankerung der Schrift wahrnehmen will, jemals davon absehen, daß seine eigene Rezeptionstätigkeit nicht einem Besitzanspruch gleichkommen darf, der die Gleichzeitigkeit des Judentums übersieht? Was „Wort Gottes" für den christlichen Exegeten bedeutet, muß in der Begegnung mit dem legitimen „Erstgeburtsrecht" Israels und den Judentums auf die Präsentation des „Wortes Gottes" erfragt werden. Eine anderslautende Perspektive würde – auch ohne dies ausdrücklich zu wollen – der geradezu häretischen Konzeption nahestehen, wonach erst der Christ von der neutestamentlichen Botschaft her legitimiert und in der Lage wäre, das „Alte Testament" als Wort Gottes zu verstehen[66].

Eine Rückbesinnung auf die Dimension des Ausdrucks „Wort Gottes" kann und darf nur in primärer Betrachtungsweise der Informationen aus der hebräisch/aramäischen Bibel als der „älteren Bibel" geschehen. Dabei kann es nicht genügen, auf die Möglichkeit einer bloß grammatikalischen Steigerungsform des „Wortes" zum „Wort Gottes" hinzuweisen. Das Sprechen Gottes ist vielmehr eine elementare und konstitutive Redeweise, die nicht umsonst in der Kosmogonie am Anfang der Bibel (Gen 1,3) in der Übernahme religionsgeschichtlicher Vorgaben ihren richtungweisenden Platz hat[67]. Durch das „Wort Gottes" wird die Schöpfung ins Leben gerufen, damit auch die Wirklichkeit des Menschen und das Menschenwort. Die Verschriftlichung hinwieder geschieht grundsätzlich auf Zukunft hin, ist auch von Haus aus unter anderen Voraussetzungen ein „monumentaler Diskurs", der in Israel „die Form eines Buches" angenommen hat[68]. Insofern sollte jede Rede vom „Wort Gottes" der religionsgeschichtlichen Eigenart dieser Metapher unter den Metaphern gerecht zu werden suchen, da sich die „ältere Bibel" als Bibel Israels und des Judentums sowie als Grund-Urkunde auch für den Christen letztlich als Stiftung des göttlichen Schöpferwortes begreifen lassen muß. Nur im Lichte dieser Basisauffassung vom Wort Gottes als schöpferischem Wort, das sich in dem Schriftwort manifestiert, läßt sich verantwortlich weiterdiskutieren, wie dieses geschaffene Menschenwort sich zum Gotteswort verhält.

10. Die Bibel als „Menschheitsspiegel"

Eine weiterführende Perspektive, die sich nicht ausschließlich an die ekklesiologische Sichtweise bindet und so nicht Gefahr läuft, mit dem überkommenen Anspruch Israels

---

[66] Diese Stellungnahme zielt gegen ein höchst problematisches Verständnis, das von G. Gäde, „Altes" oder „Erstes" Testament? in: MThZ 45, 1994, 161-177, vorgetragen wurde, wonach der „Wort-Gottes-Charakter" der „Schrift Israels" „ohne das Neue Testament verborgen" sei (169), vgl. auch Ders., Besprechung von: E. Zenger (Hg.), Der Neue Bund im Alten, Freiburg 1993, in MThZ 45, 1994, 219-222. Siehe auch die kritischen Bemerkungen zu dieser These von C. Dohmen, in: C. Dohmen - G. Stemberger, Hermeneutik der Jüdischen Bibel und des Alten Testaments, Stuttgart 1996, 22, Anm. 2.

[67] Vgl. dazu meine Ausführungen zum Thema: Genesis und Trinität. Religionsgeschichtliche Implikationen des Glaubens an den dreieinen Gott, in: MThZ 47, 1996, 295-313, besonders 305f.

[68] J. Assmann, Das kulturelle Gedächtnis. Schrift, Erinnerung und politische Identität in frühen Hochkulturen, München 1992, 177, der von der Sicht Israels die Entwicklung in Ägypten unterscheidet, wo „der Tempel als das Gehäuse der rituellen Kohärenz" fungiert habe. Zu bedenken und zu untersuchen wäre, ob nicht auch das Buch in Israel eine Art Substitution für den Tempel geworden ist.

auf die Schrift in selbstbezogener Weise zu konkurrieren, läßt sich mit der Einsicht gewinnen, daß wir in der „Heiligen Schrift" einen von Gott in die Hand gelegten „Menschheitsspiegel" vor uns haben, der geeignet ist, die Verteilung von Licht und Finsternis in dieser Welt als Gottes unauslotbare und immerzu irritierende Schöpfungstat zu verstehen (vgl. Jes 45,7). Gerade darin besteht eine religionsgeschichtlich verantwortbare Rede von Inspiration, daß die pneumatische Einhauchung als das Lebenelixier schlechthin aufgefaßt werden muß, das auch jedem menschlichen Denken und Tun, mithin auch seiner in Texte gefaßten Äußerung von Erfahrungen zugrundeliegt. Diese Einhauchung ist zugleich der Garant dafür, daß die Irrungen und Wirrungen auf der Ebene des Menschen nicht das letzte „Wort" behalten. Das Spektrum der Menschlichkeit mit ihren Höhen und Tiefen vor Gott kommt in der Bibel in unvergleichlicher Weise zum Ausdruck.

Das „Wort Gottes" in der Bibel ist demnach jenes Menschenwort, das sich als Illustration des Menschlichen und Allzumenschlichen darstellt und zugleich den geschöpflichen Visionen und Alternativen Raum gibt. Die Verschriftlichung läßt dem Studium der sprachlichen Gegebenheiten freiesten Raum, fordert aber auch die kommunikative Zuordnung heraus, die ihrerseits nur über eine methodologisch begründete Religionsgeschichte Israels, des Judentums und der diesem verpflichteten Strömungen der späteren Zeit erfaßt werden kann. Damit wird die Rede vom „Wort Gottes" von einer exklusiven Verschmelzung mit der Bibel befreit, für außerbiblische Zuordnungen geöffnet und zugleich in ihrer kosmogonischen Dimension wiederentdeckt.

Der Exeget und „Bibeltheologe" bedarf der kontinuierlichen Begegnung mit dem „Bibelphilologen", eine „Personalunion" ist dabei nicht zwingend notwendig, wohl aber eine kritische Solidarität. Beiden Instanzen muß die dialektische Schriftverfassung mit ihrer multifunktionalen Valenz des „Wortes" bewußt sein. Der „Bibelphilologe" betreibt die grammatische Erforschung der Ursprache nicht ausschließlich um ihrer selbst willen; der „Bibeltheologe" verfolgt sein genuines Frageninteresse nicht ohne intensive Rückbindung an das Studium des grundlegenden Wortlauts. Die tragende und verbindende Idee sollte die Erkenntnis einer „Alttestamentlichen Theologie" sein, daß das „Wort Gottes" in der im Judentum gewachsenen und im Christentum rezipierten „Heiligen Schrift" den schöpferischen Prozeß vergegenwärtigt, der sich in der Entfaltung und Differenzierung menschlichen Redens und Schreibens von Gott manifestiert und mit den Sinnen des Denkens und Glaubens empfangen läßt.

Der Eine als der Andere

Der Gottesname im Alten Testament

1. Die Bibel als „Menschheitsspiegel"

Der jüdische Religionsphilosoph Schalom Ben-Chorin hat die Bibel des sogenannten „Alten Testaments" einmal einen „Weltspiegel" genannt[1]. Er tat dies im Anschluß an eine Charakteristik, die schon Goethe im Jahre 1816 vornahm, als er als unwiderstehliches Gebot der reinen Vernunft ansah, „die Bibel als Weltspiegel zu betrachten". Ben-Chorin wollte die Anwendung des Bildausdrucks auf die Bibel im Sinne Goethes freilich nicht nur als ein ihre Zeitgeschichte reflektierendes Werk verstanden wissen, sondern auch so, „daß sich unsere Welt in ihr spiegelt". Die Bibel solle also als eine Manifestation dessen zu sehen sein, was die Welt einst und jetzt darstellt.

Doch Ben-Chorin geht noch ein wenig weiter. Für ihn ist die Bibel ein „Mikrokosmos": „In der relativ kleinen Welt des alten Israel spiegelt sich die ganze Weltgeschichte". Unter diesem Aspekt wird für ihn die „Erwählung Israels" sogar zu einem „Brennspiegel für Gericht und Gnade Gottes". Eine Welle der Identifikation mit Israel sei im Zuge der Befreiungsbewegungen durch die Welt gegangen, dazu seien Ineinssetzungen der leidenden Individuen in aller Welt mit Gestalten wie dem biblischen Hiob oder auch der Schicksale von Liebenden mit dem Paar des Hohenlieds vorgenommen worden. In all diesen Tendenzen zeige sich, wie stark die Bibel dem entspreche, was in der Welt an Wechselfällen des Lebens erfahren werde.

Es lohnt sich, auf dem von Ben-Chorin beschrittenen Weg weiterzugehen. Die Bibel ist in der Tat ein Spiegel, allerdings gefaßt in den Rahmen menschlicher Sprache. Die Bibel, vor allem das ‚Alte Testament' oder die hebräische Bibel als die „Ältere Bibel"[2] ist ein zum Lesen und Hören bestimmtes Kunstwerk, das mit dem bedeutsamsten Mittel der menschlichen Kommunikation arbeitet, indem sie den sprachlichen Ausdruck wählt, schriftlich fixierte Texte enthält, Literatur in einem vielfarbigen Spektrum anbietet. Aus dem literarischen Spiegel schaut der Mensch heraus, äußert sich seine ureigene und variable Vision der Welt in ihrer Beziehung zur göttlichen Wirklichkeit. Insofern mag es zutreffender sein, die Bibel als Spiegel der Menschheit[3] zu betrachten, da nicht über das Sein der Welt an sich Rechenschaft gegeben wird, sondern darüber, wie der Mensch dieses Leben und seinen Schöpfer ansieht. Es ist klar, daß die Weltsicht des Menschen zu

---

[1] Schalom Ben-Chorin, Die Bibel als Weltspiegel. Zum Problem der neueren Bibelübersetzungen. Vortrag, gehalten in der Deutschen Akademie für Sprache und Dichtung in Damstadt am 21.10.1985, in: Ders., Weil wir Brüder sind. Zum christlich-jüdischen Dialog heute, Gerlingen 1988, 14-29.

[2] Wir schlagen hier mit dem Ausdruck „Ältere Bibel" keine Substitution oder auch nur eine Alternative für das nach wie vor unverzichtbare „Alte Testament" vor, sondern versuchen lediglich eine geschichtliche und würdigende Zuordnung, die den jüdischen Tradenten der hebräischen Bibel als der Grundurkunde der älteren Geschwister des Christentums gerecht werden möchte.

[3] Vgl. dazu bereits M. Görg, „Menschenwort" und „Gotteswort". Die biblische Ursprache als Gegenstand biblischer Theologie, in: Münchener Theologische Zeitschrift 48, 1997, 239-253, bes. 252f.

keinem Zeitpunkt unterschiedlos ausfällt oder ein einheitliches Gepräge haben kann, da die Erfahrungen und Perspektiven notwendig auseinanderliegen müssen.

Die „Ältere Bibel" als „Menschheitsspiegel" zeigt näherhin, wie Schriftsteller verschiedenen Formats, aus teilweise weit auseinanderliegenden Perioden und an wechselnden Orten ihre Sichtweise dokumentieren. Kein anderes Buch der Menschheitsgeschichte versammelt in so kompakter Weise schriftlich fixierte Erfahrungen mit Mensch, Welt und Gott, die sich keineswegs so problemlos unter einen Hut bringen lassen, daß man bedenkenlos von *dem* Menschenbild oder gar *dem* Gottesbild der Bibel sprechen könnte. Die hier niedergelegten Auffassungen können zuweilen miteinander konkurrieren, sich überbieten und diametral einander gegenüberstehen. Von daher ist es nicht statthaft, die ganze Bibel ohne weiteres für eine These zu reklamieren, wenn diese These sich auf Äußerungen nur eines Schriftstellers bezieht. Andere Autoren in der Bibel können genau gegenteilige Behauptungen aufstellen, wie Menschen eben gerade in Grenzfragen differerierender Meinung sein können. Nur besonders krasse Mißverhältnisse seien im Folgenden genannt.

Die Position des Menschen vor Gott wird beispielsweise im Buch der Psalmen höchst unterschiedlich charakterisiert. Hat der Mensch nach Ps 8,6 seinen Platz ‚nur um ein Geringes' unterhalb der göttlichen Wirklichkeit, liegt er in den Klagepsalmen vielfach erschöpft und ohnmächtig am Boden. In ein und demselben Psalm 22 kommt die niederdrückende Verlassenheit ebenso zur Sprache wie der Aufruf zu Preis und Dank. Das Hohelied besingt die Dimensionen menschlicher Zuneigung und die Würde der geschöpflichen Liebe, das Hiobbuch präsentiert den leidenden und verzweifelten Menschen, der sich von seiner Familie, seinen Freunden und seinem Gott unverstanden und im Stich gelassen meint. Das Buch Kohelet will scheinbar nichts mehr von altehrwürdigen Traditionen wissen, die Israel und dem Judentum sonst in Erinnerung geblieben sind.

Scheinbar völlig inkompatible Positionen werden gerade auch dort greifbar, wo es um die Verhältnisbestimmung des Menschen zu Gott oder auch vor allem Gottes zum Menschen geht. Hier schwanken die Äußerungen von der ausdrücklichen Erfahrung des in seiner schützenden Nähe gegenwärtigen Gottes hin zu der mit Bitterkeit beklagten Ferne und Unnahbarkeit Gottes. Nähe und Ferne Gottes werden als eine unüberbrückbare Spannung wahrgenommen, insbesondere, wenn mit der Ferne eine unbgreifliche Allmacht des Schöpfergottes suggeriert und mit der Nähe seine unglaubliche Liebe zu jedem Einzelnen, gerade zu den Ohnmächtigen artikuliert wird.

In weiten Kreisen der christlichen Kirchen wird hier noch immer eine Zäsur erkannt. Man möchte in der Bibel Israels einen überwiegenden Hang zur Zeichnung eines strengen, ja der kompromißlosen Rechtsdurchsetzung zuneigenden und vielfach unbarmherzigen Gottes finden, wogegen das Evangelium Jesu im Neuen Testament von jeglicher Gewaltassoziation im Gottesbild frei sei und stattdessen die grenzenlose Liebe Gottes offenbare. Eine sachgerechte Würdigung der Rede von Gott in der „Älteren Bibel" vermag jedoch zu verdeutlichen, daß gerade Israel und das Judentum von Gott in Gegensätzen sprechen können: sie nehmen den liebenden und den fordernden, sogar Leben einfordernden Gott wahr, den schlagenden und den heilenden, den richtenden und den aufrichtenden Gott, den allmächtigen und den leidenschaftlich reuigen Gott, ohne daß durchweg eine Harmonisierung zwischen den Extremen angezielt oder vermittelt wird. Für die Sichtweise der „Älteren Bibel" ist alleiniger Aspekt die geheimnisvolle und verborgene Unbegreiflichkeit der Wirklichkeit Gottes, die sowohl in der liebenden Zuwendung wie auch in der souveränen Gerichtstat offenbar wird.

Die Bibel als unbestechlicher „Menschheitsspiegel" durchleuchtet die zerklüftete Landschaft der geschöpflichen Wirklichkeit nach ihren Höhen und Tiefen. Es kommt alles zur Sprache, was menschliches Dasein und Verhalten charakterisiert. Nicht nur die unübersehbare Gewalt unter den Menschen, gerade auch das Ringen mit dem angreifenden Gott, exemplarisch in der Kurzerzählung vom Kampf Jakobs am Jabbok mit einem ihm unbekannten Gegenüber (Gen 32, 23-33) vorgebildet, ist ein immer wiederkehrendes Thema, das im Hiobbuch seinen literarischen und theologischen Höhengrat erreicht. Selbst das scheinbar gottferne Buch Kohelet kann als literarischer Niederschlag eines geistig-existenziellen Ringens mit Gott betrachtet werden. Die „Ältere Bibel" verschafft so Einblick in die Existenz vor Gott, mit Gott und gegen Gott in all seinen Schattierungen und gewinnt damit überzeitliche Relevanz.

2. Menschenwort als Gotteswort?

Aber ist die Bibel als Ganze nicht „Gottes Wort"? Wie kann derart Heterogenes, Irritierendes, Befremdendes im „Wort Gottes" zur Sprache kommen? Müßte nicht gerade das „Wort Gottes" frei von jeder Indienstnahme oder gar Verherrlichung von Gewalt sein? Dem hier häufig eingebrachten Einwand kann man nur begegnen, wenn mit aller Deutlichkeit bekannt wird, daß die Bibel zunächst in allen ihren Entstehungsphasen und als Gesamtwerk in der kanonischen Gestalt, vom ersten bis zum letzten Buchstaben Menschenwort ist. An dieser fundamentalen Konzeption darf keinerlei Zweifel aufkommen. Eine solche radikale Konzentration auf die menschliche Verfasserschaft läßt uns auch alle Möglichkeiten und Instrumentarien nutzen, um dieses umfassende Zeugnis Israels nach allen Regeln der Auslegungskunst zu studieren, da wir nur so denen gerecht werden, die sich hier äußern und sich gegen Mißverständnisse nicht mehr wehren können. Eine intensive methodisch ausgewiesene Durchleuchtung der Texte ist sogar eine „pastorale" Pflicht, weil wir anderenfalls den Gesprächspartner, der die Bibel nun einmal ist, nicht ernst nehmen würden. Er hat ein primäres Recht auf Gehör.

Trotzdem gilt auch – dies als Aussage des glaubenden Menschen: die Bibel ist ‚Gottes Wort'. Auch hier gilt es nichts zu relativieren. Aber in welchem Sinn ‚Gottes Wort'?

Wenn die Bibel alle Winkel menschlichen Daseins durchforstet und offenlegt, zu welchen Taten und Untaten der Mensch in der Lage ist, betreibt sie eine Diagnose der menschlichen Verfassung, der geschöpflichen Konstitution. Die Einsichtnahme in das Spektrum des Menschlichen, Allzumenschlichen und Unmenschlichen kann im Grunde nur dem gelingen, der den Menschen auf Herz und Nieren zu prüfen versteht und ihn eindringlicher durchschaut, als dies einem irdischen Geschöpf möglich ist. Daß die Karten aufgedeckt werden, ist ein Werk jener Kraft, die die „Ältere Bibel" selbst als „Geist Gottes" beschreibt, der über dem chaotischen Urgrund schwebt (Gen 1,2) und die Lebenswelt vor dem Verfall in die Bodenlosigkeit bewahrt. Die Einsicht in die chaotischen Grundstrukturen ist nur dem Schöpfer vorbehalten, der nach der deuterojesajanischen Sicht auch „Schöpfer der Finsternis" und „Macher des Unheils" ist (Jes 45,7). Der göttliche Arzt (vgl. Ex 15,26)[4], der die gnadenlose Diagnose der menschlichen Wirklichkeit vollzieht und diese entwaffnende Offenlegung seinerseits von Menschen zur Sprache bringen läßt, ist der die Sinne und Organe öffnende Stifter menschlicher Sprache. Der Schöpfer selbst ist der heilende Offenbarer.

Die Diagnose ist bekanntlich der erste Schritt zur Therapie des Kranken. Welcher Art ist nun die Therapie selbst? Biblische Texte kennen Wege zur Überwindung von Gewalt, Zwietracht und Haß. Biblische Texte lassen eine andere Welt erahnen, in der Frieden und Versöhnung ein Heimatrecht haben. Biblische Texte, insbesondere Gegenentwürfe in der gattungsbezogenen Bandbreite der Bibel, in den erzählenden, prophetischen und weisheitlichen Texten bieten Visionen an, die Erinnerungen an Rettergestalten auslösen, auch künftige Hoffnungsträger agieren lassen oder alternative Lebensformen ausmalen, die sich der auf Gewalt beruhenden Gesellschaftspraxis im politischen Bereich gegenüberstellen. So bietet die ältere Bibel nicht einfach Rezepte zur Lösung von Konflikten an, sonern weckt die schöpferische Phantasie zur Überwindung des Bösen.

3. JHWH: der Name

Die Frage nach der Eigenart des biblischen Gottesbildes führt uns zur Rückfrage nach dem Entstehen und Wesen der biblischen Gottesidee überhaupt. Diese Gottesidee ist in einem Namen beschlossen, den der Gott Israels trägt und den die literarische Zitation gern mit dem formalen Ausdruck ‚Tetragramm' belegt, um seine vier tragenden Konsonanten anzuzeigen. Der Name JHWH erfährt eine Art Deutung in der Bibel selbst, und zwar im Verlauf eines literarisch nicht einheitlichen Textes, der in seiner jetzigen Fassung im wesentlichen auf eine Gestaltung im 8./7. Jahrhundert vor Christus zurückgeht. Es handelt sich um die Darstellung der Berufung des Mose (Ex 3), der seinem Gott in einem brennenden, aber nicht verbrennenden Dornbusch begegnet. Die Szenerie umklammert eine Gottesrede, in welcher sich der im augenscheinlich widersprüchlichen Zeichen vergegenwärtigende Gott selbst erklärt und seinen Namen deutend preisgibt. Die Aufklärung über den Gottesnamen ist in eine Konstruktion gehüllt, die im gesamten Bereich des ‚Alten Testaments' keine unmittelbare Parallele hat. In Ex 3,14 erklärt Gott auf die Frage des Mose, wen er als Autorität benennen solle: „Ich bin, der ich bin". Alle Versuche, diese bewußt geheimnisvoll formulierte Redeweise in der Wiedergabe zu erweitern und so zu kommentieren, etwa mit: „Ich bin der ‚Ich-bin-da'" (so die Einheitsübersetzung) o.ä. legen bereits Aspekte hinein, die der knappe Wortlaut nicht eigens legitimiert oder auch

---

[4] Vgl. zu dieser Selbstprädikation u.a. die Studie von N. Lohfink, „Ich bin Jahwe, dein Arzt" (Ex 15,26), in: Stuttgarter Bibel-Studien 100, 2. Auflage 1982, 11-73.

freisetzt. So muß allen Umschreibungsbemühungen widerstanden werden: die biblische Deutung selbst will es bei dem Mysterium belassen. Worin besteht nun das Mysterium?

Wenn die biblische Darstellung hier mit der hebräischen Verbbasis für „Sein" oder „Werden" in fast absoluter Verwendungsweise operiert, sind wenigstens zwei Aspekte maßgebend, die auf den ersten Blick schwer zueinander zu fügen sind. Allgemeine Anerkennung hat die Beziehung auf das göttliche Da-Sein und Mit-Sein gefunden, eben der Beistand, den der Gott Israels seinen Anhängern schenkt. So kann auch die Semitistik u.a. auf die Deutung des Namens JHWH mit „Er ist oder er erweist sich" hinweisen[5]. Im Kontext der Selbsterklärung Gottes wäre damit auf die begleitende, rettende und befreiende Aktivität verwiesen, die die von Mose gewünschte Legitimation seines Auftritts verschafft. Der andere, nicht minder wichtige Aspekt ruht auf der souveränen Position dieses göttlichen „Seins", das sich als ein autoritatives und machtvolles, als erhabenes und kreatives „Sein" zu erkennen gibt. Damit ist deutlich herausgestellt, daß es für den israelitischen Hörer keinen ohnmächtigen Gott geben kann, daß zu diesem Gott von vorneherein die dynamische Präsenz, die Potenz des Schöpfers gehört. Wie aber göttliche Allmacht und göttlicher Beistand im Blick auf Höhen und Tiefen, Ordnung und Chaos, Leben und Tod zusammengehen, bleibt das Mysterium, dem sich der biblische Autor mit der Dichte der von ihm formulierten Gottesrede unterwirft.

Beistand und Macht kennzeichnen den Charakter des göttlichen „Seins" und damit des göttlichen Namens, der seine eigene Wirkkraft hat. Aus dem biblischen Gottesverständnis kann demnach keine der beiden Funktionen ausgeklammert werden. Es ist auch innerhalb des innerbiblischen Rezeptionsprozesses keine Eliminierung einer der „Seinsqualitäten" nachweisbar. Dies gilt auch für die sogenannte Beistandsformel, die in mehreren Varianten auftritt und das Mit-Sein Gottes mit Einzelnen oder dem Volk akzentuiert. Ihre Grundgestalt ist mit dem Gottesnamen, der Präposition „mit" und der Nennung eines menschlichen Partners gegeben. Die christliche Liturgiesprache führt eine Variante der Formel in Gestalt des gottesdienstlichen Grußes „Der Herr sei mit Euch". Diese ‚Beistandsformel'[6] entspricht ihrerseits einer Namensform, die einem der vielen von der Prophetie benannten Hoffnungsträger zukommt, nämlich „Immanuel" (vgl. Jes 7,14), was wörtlich: „Mit uns ist/sei Gott" heißt und ebenfalls die Nähe Gottes anzeigt. Alle diese sprachlichen Ausdrücke realisieren allerdings nicht nur den Aspekt der Gottesnähe, sondern deuten auf den Beistehenden als souveränen Retter hin, der gerade über jene Macht verfügt, die der Ohnmächtige und Bedürftige nicht hat und niemals haben kann. Für den biblischen Autor ist diese Assoziation so selbstverständlich, daß er sie im Gegensatz zu

---

[5] Nähere Informationen zur philologischen Interpretation gibt M. Weippert, Art. Jahwe, in: D.O. Edzard u.a. (Hg.), Reallexikon der Assyriologie und vorderasiatischen Archäologie V, 1976-80, 246-253 (Wiederabdruck jetzt in M. Weippert, Jahwe und die anderen Götter, Studien zur Religionsgeschichte des antiken Israel in ihrem syrisch-palästinischen Kontext, Tübingen 1997, 35-44. Vgl. auch M. Görg, Art. Jahwe, in: M. Görg/B. Lang (Hg.), Neues Bibel-Lexikon II, 260-266.

[6] Zur Gestalt und Deutung vgl. u.a. W. Richter, die sogenannten vorprophetischen Berufungsberichte, Eine literaturwissenschaftliche Studie zu 1 Sam 9,1-10, 16, Ex 3f. und Ri 6,11b-17, Forschungen zur Religion und Literatur des Alten und Neuen Testaments 101, Göttingen 1970, 146-151. M. Görg, „Ich bin mit Dir" - Gewicht und Anspruch einer Redeform im Alten Testament, in: Theologie und Glaube 70, 1980, 214-240.

manch neuerem Empfinden unserer Tage nicht noch eigens zum Ausdruck bringen muß. Für ihn ist die Wesensbestimmung des Gottes Israels als eines unglaublich nahen Gottes trotz seiner souveränen Ferne eine genuine Einsicht.

Trotz der Plausibilität der innerbiblischen Erklärung des Gottesnamens JHWH besteht wenigstens noch eine weitere Möglichkeit, die sich ebenfalls auf semitistischer Basis, diesmal ohne Rückgriff auf biblische Vorgaben, gewinnen läßt. Lautlich leichter vertretbar als die Ableitung vom Verbum „sein" wäre eine Rückführung auf eine im Hebräischen ungleich seltenere Verbbasis mit der Bedeutung „wehen, stürmen". Der Gottesname würde demnach mit „er weht", „er stürmt" zu deuten sein und damit eine Verbindung mit den elementaren Naturmächten zum Ausdruck bringen. Wie der Wind für die Vermittlung von Leben unabdingbar ist, ist auch Vitalität Gottes für die Schöpfung insgesamt konstitutiv. Die Natur erlebt aber auch die durchschüttelnde und zerstörerische Kraft des Sturms, eine Erfahrung, die der gewaltigen und menschliches Planen durchkreuzenden Macht Gottes über Leben und Tod als Bild gedient haben mag. So finden wir auch in der möglicherweise älteren und philologisch exakteren Etymologie des Gottesnamens jene entscheidenden Aspekte wieder, die für das oben gezeichnete Gottesbild der literarischen Ebene von Ex 3,14 maßgebend gewesen ist.

Die Deutung des Namens JHWH als den Naturmächten verbundene Gottheit steht im übrigen den altorientalischen Vorstellungen vom Typ eines „Wettergottes" nahe, der nicht zuletzt in den Israel benachbarten und an Palästina angrenzenden Kulturen und Völkerschaften kultische Verehrung genossen hat und Gottesnamen wie Hadad (Aramäer), Kemosch (Moabiter), Qos (Edomiter) und Milkom (Ammoniter) vorweist. Auch JHWH könnte ursprünglich zu solchen Gottheiten gehört haben, um freilich durch die spezielle und genuine Geschichte seiner Anhängergruppen sukzessiv mit Eigenheiten ausgestattet zu werden, die über das typische Erscheinungsbild eines „Wettergottes" hinausführten.

Neuerdings wird auch die Dimension der im Vorderen Orient beliebten und übergreifenden Gottesbezeichnung „El" als einer fernen und nahen Gottheit ins Gespräch gebracht[7]. Dabei gilt es einem langgehegten Mißverständnis entgegenzutreten. El galt in der älteren Religionsgeschichte immerhin als Gottheit, die auf dem fernen „Berg der Götterversammlung" residiert und außer zu den Mitgliedern der göttlichen Familie um sich herum keine Beziehungen zu den Menschen pflegt. Diese Vorstellung mag in der alten Hafenstadt Ugarit gegenüber der aktiven und kämpferischen Rolle des naturmächtigen Gottes Baal profiliert worden sein, entspricht aber wohl nicht dem Status des El im gesamten vorderorientalischen Raum. Auch El kann eine Gottheit darstellen, der Nähe und Ferne zukommt.

---

[7] Vgl dazu u.a. I. Kottsieper, El – ferner oder naher Gott? Zur Bedeutung einer semitischen Gottheit in verschiedenen sozialen Kontexten im 1. Jtsd. v. Chr., in: R. Albertz (Hg.), Religion und Gesellschaft, Alter Orient und Altes Testament 248, Münster 1997, 25-74; vgl. auch die jüngsten Diskussionsbeiträge von C. Maier/J. Tropper, El – ein aramäischer Gott? in: Biblische Notizen. Beiträge zur exegetischen Diskussion 93, 1998, 77-88 sowie I. Kottsieper, El – ein aramäischer Gott? – Eine Antwort, in: Biblische Notizen. Beiträge zur exegetischen Diskussion 94, 1998, 87-98.

Den konkurrierenden Nachbargöttern gegenüber kann der biblische JHWH wohl nur dank der geschichtlichen Rolle seiner Verehrer im Interessenfeld der damaligen Großmächte zu einer dominierenden Position gefunden haben. JHWH ist allem Anschein nach zuerst in der aus ägyptischen Ortsnamenlisten bekannten Landschaft JHW verehrt worden[8], die wohl in der eindrucksvollen Gebirgslandschaft südöstlich des Toten Meeres im Bereich der Edomiter zu suchen ist, wo später das Nabatäerreich seine Zentrale mit der bekannten Stadt Petra errichtet hat. Um den Aufstieg JHWHs vom Schutzgott der Bergnomaden als regionaler „Wettergott" zum allumfassenden „Rettergott" zu illustrieren bietet sich noch immer folgendes Modell an[9].

4. JHWH: die Geschichte

Unter den JHWH-Anhängern, die Bergnomaden waren und zum Verband der sogenannten Schasu-Beduinen gehörten, mögen auch Stammesmitglieder gewesen sein, die an lokalen Industrieprojekten ägyptischen Ursprungs, nämlich der Kupfergewinnung vor allem in Timna und Punon beteiligt waren und zu Facharbeitern aufgestiegen sein könnten. Diese Facharbeiter können ihrerseits mit ihren ägyptischen Herren über die wirtschaftliche Ausbeutung in Zwist geraten sein, weshalb sie im Zuge ägyptischer Expeditionen verfolgt und teilweise nach Ägypten deportiert worden sein könnten. Es ist anzunehmen, daß JHWH auch weiterhin der Bezugsgott dieser Gruppen war, die fortan in Ägypten angesiedelt wurden und erst im Zuge von politischen Unruhen im östlichen Nildelta in Verbindung mit besser positionierten Asiaten den Weg in die Wüste und zurück zu den Stammesgebieten in Südostpalästina fanden. Im Zuge dieser Prozesse dürfte JHWH in einer weiteren Interpretationsphase vom „Wettergott" zum „Rettergott" geworden sein, da er seinen Anhängern ein Überleben angesichts der ägyptischen Übermacht bescherte. Doch damit war der Profilierungsweg noch längst nicht am Ende. Das Zusammenkommen weiterer Sippenverbände auf palästinischem Boden und die Konföderation mit nichturbanen Stammesorganisationen aus dem Operationsfeld zwischen den Stadtstaaten hat JHWH auch als Gott der Kontakte und Koalitionen im Kampf gegen die Urbanität als der von Ägypten gestützten Machtposition der Stadtstaaten und nach deren Niedergang der Philister in Palästina erfahren und konturieren lassen. Schließlich hat das Aufkommen des Königtums im frühen Israel seinen besonderen Beitrag geleistet, um JHWH nunmehr eine Stellung als dominierender Bezugsgottheit für die sich entwickelnden Reiche in Juda und Israel zukommen zu lassen.

Bei diesen nur hypothetisch greifbaren Frühphasen der JHWH-Verehrung muß bedacht werden, daß der Weg bis zum strengen Ein-Gott-Glauben noch weit und beschwerlich gewesen ist. Bis weit in die Königzeit hinein, vielleicht sogar bis zum babylonischen Exil

---

[8] Dazu u.a. zuletzt M. Görg, Die Beziehungen zwischen dem alten Israel und Ägypten. Von den Anfängen bis zum Exil, Erträge der Forschung 290, Darmstadt 1997, 157f.

[9] Vgl. dazu bereits M. Görg, Wege zu dem Einen. Perspektiven zu den Frühphasen der Religionsgeschichte Israels, in: Münchener Theologische Zeitschrift 37, 1986, 97-115. Ders., Rückschau zur Genese des Monotheismus in Israel, in: K. Kilpert/K.H. Ohlig (Hg.), Der eine Gott in vielen Kulturen. Inkulturation und christliche Gottesvorstellung, Zürich 1993, 59-70, 386-388.

im 6. Jahrhundert hat man JHWH keine isolierte Existenz neben den Fremdgöttern anderer Völker zugedacht, sondern ihn auch Dämonen, Geister, aber auch wohl eine weibliche Begleitgottheit, vielleicht unter der Bezeichnung Aschera, zur Seite gestellt. Freilich ist hier noch nichts bewiesen; die Anzeichen für ein erst allmähliches Wachstum JHWHs in die Position des Einen und Einzigen sind jedoch unübersehbar.

Der JHWH-Verehrung in Israel wohnt so von Anfang an ein soteriologischer Aspekt inne: JHWH ist der autonom rettende und mit seinen Schutzbefohlenen solidarische Gott. Das Bekenntnis zu dieser zentralen Einsicht des JHWH-Glaubens manifestiert sich weiterhin in Namensbildungen, die die biblische Rückschau mit einigen Gestalten an den ‚Schnittstellen' der Geschichte Israels und des Judentums verbindet. Abgesehen von der Vielzahl der mit dem Gottesnamen gebildeten Personennamen, die durchweg der eingreifenden Initiative JHWHs das Wort reden (wie etwa auch der biblische Name Natanjahu „Gegeben hat JHWH"!), sind es die Namen Jehoschua und Jeschua, bei denen der soteriologische Aspekt besonders gut zum Tragen kommt[10].

Der Name Jehoschua (gewöhnliche Wiedergabe: Josua), dessen bekanntester Träger der Vertraute und Nachfolger des Mose ist, bedeutet „JHWH ist Rettung". Es kann kein Zweifel sein, daß dies eine Art Kurzformel des israelitisch-jüdischen Glaubens ist, dem sich auch das Christentum vorbehaltlos anschließen muß, wie nachher zu zeigen sein wird.

Die Traditionen um Jehoschua/Josua entfalten den grundlegenden Bekenntnisinhalt in mehreren Perspektiven. Josua ist vor allem nach Ausweis des nach ihm benannten Buches der mit der Autorität des Mose ausgestattete Führer in das Land Kanaan, er vollendet den Weg, den Mose nur anvisieren, aber nicht mit seinem persönlichen Einzug gestalten konnte. Josua nimmt in göttlichem Auftrag das Land in Besitz und verteilt es an die Stämme Israels. Diese außerordentliche Kompetenz, die nicht historisch-biographisch, sondern theologisch zu gewichten ist, präsentiert eine Gestalt, die das Land bereitet, in dem Israel Heimatrecht genießen soll. Josua agiert als Herrscher, der ausschließlich das Geschäft seines Gottes führt und so als Exemplarfigur dem Königtum Israels gegenüber gestellt werden konnte. Die Zusammenbindung der Stämme zu einer umfassenden Kultgemeinde (vgl. Jos 24), ebenfalls eine in glaubender Erinnerung geformte Vorstellung, erweist das Namensprogramm „Jehoschua", wonach letztlich JHWH den Zusammenhalt und damit Leben und Überleben Israels ermöglicht und garantiert. Nicht Krieg und Strategie sind die entscheidenden Faktoren, sondern die Bindung an JHWH, der selbst mit ureigenen Mitteln die Auseinandersetzung führt. Die einschlägigen Geschichten des Josuabuches[11], die dem ersten Eindruck nach eine Verherrlichung einer Gewalt- und Vernichtungsszenerie darstellen, müssen als Ausdruck der in Israel gewachsenen Erinnerung an den Kampf ums Überleben verstanden werden, dessen Ausgang allein an die Macht

---

[10] Dazu bereits M. Görg, In Abrahams Schoß. Christsein ohne Neues Testament, Düsseldorf 1993, 102-117. S. auch Ders., In Abraham's Bosom. Christianity Without the New Testament, Collegeville, MN 1999.

[11] Dazu vgl. u.a. M. Görg, Josua, in: Die Neue Echter Bibel. Kommentar zum Alten Testament mit der Einheitsübersetzung, Lieferung 26, Würzburg 1991. Ders., Art. Josua, in: M. Görg/B. Lang, Neues Bibel-Lexikon II, 392-394.

JHWHs gebunden wird, wobei auch Elemente altorientalischer Schlachtenschilderungen Eingang finden können, ohne freilich die Substanz der Aussageintention zu gefährden. Auf den Gott, der nach seiner ureigenen Strategie eingreift, gründet auch weiterhin die Hoffnung Israels und des Judentums. Eine weitere Perspektive wird mit Josuas Engagement für das Kultheiligtum in der Mitte Israels greifbar, zugleich die Manifestation der Gegenwart JHWHs. Josua wird damit zum von Gott berufenen Begründer eines Gottesreichs auf Erden. Schließlich darf Josuas Rolle als Befolger der Tora nicht unbeachtet bleiben: das erste Kapitel des Josuabuches will gerade diese Gesetzestreue herausstellen, da Josua mit seinem Namen auch jene Handreichung und Lebenhilfe verbürgt, die mit der Tora als Weisung JHWHs gegeben ist.

Eine weitere Gestalt, deren historisches Profil weit besser erfaßbar ist, deren glaubensgeschichtliche Bedeutung aber von der Erinnerung an Josua überformt worden ist, präsentiert sich mit dem Hohenpriester Jeschua, dessen Namensform eine Kurzbildung von Jehoschua ist und die gleiche Sinngebung enthält. Dieser Jeschua, der bei dem Propheten Sacharja auch mit dem vollen Namen Jehoschua zitiert wird, ist eine führende Persönlichkeit der frühnachexilischen Zeit. Er gilt als profilierter Rückwanderer aus dem babylonischen Exil, als Reformator des Kultwesens und des Priestertums und vor allem als prominenter Anwalt der Wiedererrichtung des Tempelbaus in Jerusalem. Mit diesen Funktionen steht er im Gefolge der idealisierten Erinnerungsfigur des Josua, er ist ebenfalls Führer, oberster Kultdiener und geistlicher Begründer eines erneuerten Gottesreiches. So steht auch der Hohepriester Jeschua mit seinem Namen für das Grundbekenntnis zum gegenwärtigen Gott an der Schwelle einer neuen Periode, dem Beginn des Judentums der nachexilischen Zeit. Welche Bedeutung diese im Neuen Testament nicht eigens reflektierte Linie einer genuinen Heilsgeschichte für das Verständnis Jesu haben wird, wird noch zu erfassen sein.

5. Werbung für JHWH

Die programmatische Namensträgerschaft an den Schwellenzeiten der israelitisch-jüdischen Geschichte auf dem Boden Palästinas ist nicht ohne das Postulat einer Orientierung an JHWH denkbar. In welcher Form dieser Prozeß einer allmählich intensiver werdenden Orientierung bis hin zur quasi-monotheistischen Anerkenntnis der Ausschließlichkeit JHWHs verlaufen ist, steht noch zur Diskussion. Immerhin können einige Signale aus den biblischen Erinnerungen aufgefangen werden, die den Fortgang der Religionsgeschichte beleuchten.

Als erster prominenter und in der biblischen Literatur greifbarer Anwalt der Alleinverehrung JHWHs gilt der Prophet Hosea[12], dessen Wirksamkeit angesichts der Bedrohung durch die Assyrer für die Überzeugung einstand, daß die äußere Gefahr mit der Abwendung von JHWH zu tun haben müßte, die er wiederum unter dem Bild des Ehebruchs

---

[12] Vgl. dazu u.a. M. Weippert, Synkretismus und Monotheismus. Religionsinterne Konfliktbewältigung im alten Israel, in: J. Assmann/D. Harth (Hg.), Kultur und Konflikt, Frankfurt/M. 1990 (143-179), 162 = Ders., Jahwe und die anderen Götter, Forschungen am Alten Testament 18, Tübingen 1997 (1-24), 21.

anprangern mußte. Die Ausgrenzung des kananäischen Kultes sollte zugleich der Profilierung und Vertiefung der Verehrung JHWHs allein dienen. Nicht minder deutlich, wenn auch mit klarer Bezugnahme auf die sozialen Mißverhältnisse wie Ausbeutung der niederen Klassen und offenbare Ungerechtigkeit, hat dann Amos eine unmißverständliche Ausrichtung auf JHWH hin gefordert. Im Mittelteil und zugleich dem kerygmatischen Zentrum des Amosbuches, das erst nach dem Fall Samarias 722 v. Chr. zu wachsen begonnen hat und vielleicht erst in nachexilischer Zeit zum Abschluß geführt wurde[13], steht ein wichtiger Aufruf zur Hinordnung auf JHWH:

> 5,4b Suchet mich,
> c so werdet ihr leben!

Die als Gotterede fomulierte Aufforderung steht formal in Opposition zu der unmittelbar anschließenden, negativ formulierten Warnung „Sucht nicht Bet-El" (5a), womit auf die als solche tradierte Umorientierung des Nordreichs auf die von Jerobeam I. eingeführte Exponierung der alten Kultstätte Bet-El angespielt wird. So gesehen, könnte ebenfalls eine Abgrenzung von konkurrierenden Kulten zur prophetischen Anwaltschaft für den wahren Kult geführt haben. Zu bedenken ist aber auch, daß die Prophetie des Amos im Kern gerade die Destruktion des Sozialen zum Anlaß seines Appells nimmt, wie die nachfolgenden Anklagen und Beschuldigungen erweisen. Gegenüber der verbrecherischen Selbstbedienung der Reichen auf Kosten der Armen soll vielmehr eine Praxis der aktiven Unterscheidung von Gut und Böse geübt werden:

> 5,14a Sucht das Gute und nicht das Böse
> b damit ihr am Leben bleibt

Das Leben und Überleben hängt von einem Tun ab, das Orientierung an JHWH durch Rechtswahrung bezeugt, so daß Amos im weiteren Folgetext dazu mahnen kann:

> 5,15a Haßt das Böse
> b Liebt das Gute,
> c und richtet im Tor das Recht auf!

In dieser Grundhaltung, die sich im sozialen Miteinander bewährt, sieht Amos offenbar eine Möglichkeit einer Weiterexistenz auch gegen den Anschein und sogar gegen die Realität der unabweislichen Katastrophe. Trotz der umgreifenden Totenklage (vgl. 5,16f) gibt es die Chance der Gnade, über deren konkrete Auswirkung sich der Prophet nicht ausläßt:

> 5,15d Vielleicht wird JHWH gnädig sein dem Rest Josefs!

Der vorsichtige Ausblick macht einerseits deutlich, daß die Prophetie des Amos nicht exklusiv als Unheilsprophetie deklariert werden kann, andererseits aber auch, daß es dem Propheten um den geheimnisvollen Überschuß geht, der der Geschichtsmächtigkeit

---

[13] Zu den Einleitungsfragen vgl. vor allem J. Jeremias, Der Prophet Amos, Das Alte Testament Deutsch 24,2, Göttingen 1995, XIX-XXII.

JHWHs innewohnt. Dieser Gott kann auch dort noch Leben bewahren und erzeugen, wo der menschliche Standpunkt kein Leben mehr wahrnimmt.

Dieser Aspekt findet in einem für das ambivalente Gottesbild in der „Älteren Bibel" besonders instruktiven Text eine radikale Bezeugung, in der sogenannten Berufungsvision Jesajas nämlich (Jes 6,1-9), die wohl einer späteren verdichtenden und deutenden Rückschau entstammt[14]. Der Prophet sieht den thronenden Gott in einem imaginären Raum, der die Dimensionen des Tempels zu Jerusalem sprengt und Himmel und Erde verbindet. Die Gestalt des majestätisch Thronenden, von Serafen umgeben, die das dreimalige „Heilig" künden, läßt den schauenden Propheten die Tiefe seiner Geschöpflichkeit erfahren, so daß er seine Unwürdigkeit artikulieren muß. Der „Heilige Israels" aber, eine Bezeichnung, die Jesaja für JHWH wählt, vollzieht von sich aus eine Heilung des Visionärs, indem er einen der Serafen mit einer Glühkohle die Lippen des Propheten berühren läßt. Erst dann kann die Sendung ausgesprochen werden, freilich wiederum mit einer aufs Erste schockierenden Konsequenz. Die Adressaten des Prophetenworts sollen hören, aber nicht verstehen, und sehen, aber nicht erkennen (vgl. 6,9). Der sogenannte Verstockungsbefehl, der scheinbar den Propheten zum Unheilspropheten stempelt, nimmt sich gleichwohl anders aus, wenn man ihn in radikaler Korrespondenz zur Darstellung der unnahbaren Heiligkeit des göttlichen Königs versteht. Dem Volk der Hörer des Prophetenworts muß die gleiche schockierende Grunderfahrung zuteilwerden, wie sie der Prophet spüren mußte. Der tiefgreifende Respekt vor der Autorität JHWHs verlangt seinen Tribut im Form einer bildlichen Verblendung und Taubheit, die auch hier erst JHWH beheben kann, ohne daß dies der Text eigens hervorheben muß. Es liegt in der Linie der Anerkenntnis des „Heiligen Israels", daß Israel sich der Unvergleichlichkeit des Königtums JHWHs unterwirft. Nur JHWH kann auch die Brücken über den Abgrund der Distanz bauen, über die ein Zugang überhaupt erst möglich ist.

6. Die Tora: „JHWH allein"

Der Anspruch JHWHs auf Alleinverehrung steht auch am Anfang der Tora als Wegweisung Israels. Das markanteste Zeugnis für diese weitere Phase im Verlauf der Entwicklung zur Vorstellung der Exklusivität findet sich im sogenannten Privilegrecht JHWHs (Ex 34,11-26)[15]. Diese Ansammlung von Vorschriften zielt in einer möglichen Grundfassung auf die Warnung vor Bündnissen mit den kanaanäischen Landbewohnern, weil dies einer unkritischen Kommunikation und so einer von JHWH wegführenden Assimilation Vorschub leiste. JHWH tritt als „eifernder" Gott in Erscheinung, d.h. als Gott, dessen Leidenschaft es ist, sich für die Seinen zu engagieren. Dieses fundamentale Interesse am Menschen ist zweifellos nicht mit empfindlicher Eifersüchtelei zu verwechseln, die JHWH nicht nötig hätte. Wenn eben JHWH sich aufbietet, um den Menschen am Leben

---

[14] Dazu u.a. M. Görg, Prophetisches Glauben. Empfehlungen aus dem Jesajabuch, in: Entschluss. Spiritualität-Praxis-Gemeinde 47/3, 1992, 16-27.

[15] Vgl. dazu u.a. F. Crüsemann, Die Tora. Theologie und Sozialgeschichte des alttestamentlichen Gesetzes, München 1992, 138-170.

I. Gottesbilder

zu erhalten, sollte es Sache des Menschen sein, sich seinem Gott und nur ihm zu überantworten. Eine solche Beziehung ist noch längst nicht theoretisch oder gar dogmatisch fixiert. Die Tora der „JHWH-allein-Verehrung"[16] entspricht einem praktischen Postulat, ist somit eher auf ein monolatrisches Verständnis angelegt.

Das Privilegrecht JHWHs steht seinerseits in einem engen Verhältnis zur deuteronomisch-deuteronomistischen Gottesidee. Darüber besteht kein Zweifel, obschon die Dependenzfrage bisher noch nicht abschließend geklärt werden konnte. Die deuteronomische Verehrung JHWHs entstammt einer Reforminitiative, die z.Zt. des Königs Joschija im 7. Jahrhundert offizielle Anerkennung und Förderung erhalten hat. Inhaltlich zielte diese Innovationsphase auf eine noch intensivere Bindung des Volkes an den Einen und Einzigen, dessen Handeln an Israel sich als außerordentliche Erwählungstat begreift, die wiederum nur durch die alle Fasern menschlichen Vermögens erfassende auf Gott gerichtete Liebe beantwortet werden kann. Hier ist der Ort des biblischen ‚Hauptgebotes', das im israelitisch-jüdischen Kerntext des „Höre Israel" (Dtn 6,4f) verankert ist. Beginnend mit dem programmatischen Hinweis auf die Einzigkeit JHWHs fordert das Gebot, JHWH zu lieben „mit ganzem Herzen, mit ganzer Seele und mit ganzer Kraft"[17]. Diese Liebe ist das Korrelat zur absoluten Zuwendung JHWHs zu seinem Volk und versteht sich keinesfalls nur als emotional-personale Aufbringung von Leistungen im Gottesdienst, sondern sie vertieft und überbietet die bildhafte Symmetrie, die sich im Alten Orient mit „Erwählung" einstellt: Die Gottheit „erwählt" den König, der seinerseits die Gottheit „erwählt". Die sich nunmehr abzeichnende Idee der Exklusivität JHWHs transformiert das paritätische Verständnis einer zweiseitigen Beziehung zu einem Bindungsverhältnis, bei dem JHWH allein die tonangebende Instanz ist und bleibt. So deutet die deuteronomisch-deuteronomistische Theologie fortan den Ausdruck ‚Berit', der nunmehr den allein von JHWH initiierten und garantierten ‚Bund' anzeigt, der trotz des menschlichen Versagens nicht aufgekündigt wird, stattdessen wohl einer Neustiftung unterliegen kann, so daß Kontinuität in Diskontinuität besteht. Mit dem zentralen Liebesgebot nimmt die deuteronomisch-deuteronomistische Theologie die frühprophetische Werbung „für JHWH" auf und bringt sie auf den Weg zum Bekenntnis zur Ausschließlichkeit.

Inwieweit die erzählenden Texte der Tora, vor allem jene Zyklen, die traditionell der „jahwistischen" Geschichtsschreibung zugeordnet werden, in den Prozeß der Bewegung vom „Pro JHWH" zu „JHWH allein" eingebunden werden können, ist noch immer umstritten, da die sogenannte Pentateuchfrage erneut zur Debatte steht. Dennoch darf man mit einer sukzessiven Fortschreibung von anfänglich knapp gehaltenen JHWH-Erzählungen vom „Menschen" überhaupt, von den „Vätern" (und Müttern) Israels, vom „Exodus" aus Ägypten rechnen, ohne hier unbedingt zu literarischen Abgrenzungen im Detail gelangen zu müssen. Es mag sich empfehlen, statt mit einem „Jerusalemer Ge-

---

[16] Hierzu vgl. B. Lang, Die Jahwe-allein-Bewegung, in: B. Lang (Hg.), Der einzige Gott. Die Geburt des biblischen Monotheismus, München 1981, 47-83. Ders., Art. Monotheismus, in: M. Görg/B. Lang (Hg.), Neues Bibel-Lexikon II, 834-844.

[17] Vgl. hierzu u.a. die Ausführungen von G. Braulik, Deuteronomium 1-16,17, in: Die Neue Echter Bibel. Kommentar zum Alten Testament mit der Einheitsübersetzung, Lieferung 15, Würzburg 1986, 54-56.

schichtswerk" auf dem Wege zu einem „exilischen Geschichtwerk"[18] mit bescheideneren literarischen Entfaltungsstufen zu operieren, etwa mit einem vorexilischen, „jahwistischen" Verschriftlichungsprozeß, der sich elliptisch, d.h. mit zwei Brennpunkten darstellen ließe, wobei eine ältere Schreibergilde (J^1) mit der literarischen und theologischen Verarbeitung der sogenannten Reichsteilung und der ‚Zwei Reiche-Situation' (Juda und Israel) und eine jüngere (J^2) mit der Reaktion auf den Untergang des Nordreiches (722 v. Chr.) befaßt gewesen wäre, um so die politischen Erfahrungen mit einer Proklamation des eigentlichen Protagonisten der Geschichte, nämlich JHWHs, auszudeuten. Die narrativen Teile der Tora wären im ihrem vorexilischen Bestand als JHWH-orientierte Instruktionen „mit anderen Mitteln" zu begreifen, wonach der religionsgeschichtliche Prozeß vom „Engagement für JHWH" zum „Programm ‚JHWH allein'" eine begleitende und stützende Vermittlung erfahren hätte. Den exilischen und nachexilischen Erweiterungen der vorexilischen Textkonstellation mit ihrer Prozedur der allmählichen Zentrierung JHWHs kommt nach diesem Modell die Fixierung auf die Auschließlichkeit JHWHs zu. Die Intention trifft sich mit den Tendenzen der priesterschriftlichen Arbeit, die ihrerseits im Zuge eines visionären Geschichts- und Kultprogramms auf die Verwirklichung einer idealen Gottesdienerschaft zusteuert, in der es um die Universalität des Einen und Einzigen geht.

7. JHWH: der universale Gott

Von der gleichen Überzeugung ist die Prophetie Ezechiels und vor allem die Deuterojesajas getragen, jenes Propheten des Exils mit dem Verlegenheitsnamen, der in einer selbst unvergleichlichen Ausdruckssequenz die Unvergleichlichkeit JHWHs im Rahmen einer Gottesrede namhaft macht:

<blockquote>

Jes 45,6a	Ich bin JHWH
b	und keiner sonst,
7a	der Bildner von Licht
b	der Schöpfer von Finsternis
c	der Macher von Heil,
d	der Schöpfer von Unheil.

</blockquote>

JHWH ist nicht nur der einzige Herr der Geschichte Israels, sondern der umfassende Dirigent der geschaffenen Wirklichkeit überhaupt mit ihrem Licht und ihrem Schatten. Selbst „Finsternis" und sogar das „Unheil" ist in der geheimnisvollen Verborgenheit des Einen und Einzigen beschlossen[19]. Der Prophet versteigt sich nicht zu einem theoretischen Ausgleich der für den Menschen unverträglichen Disparität. JHWH ist für ihn „der Eine", aber auch „der Andere", der menschliche Imaginationen vom Einen wesenhaft

---

[18] Dazu E. Zenger, in: E. Zenger u.a., Einleitung in das Alte Testament, Stuttgart 1995, 112-119.

[19] Vgl. dazu u.a. W. Groß/K.-J. Kuschel, „Ich schaffe Finsternis und Unheil!". Ist Gott verantwortlich für das Übel? Mainz 1992, 43-46. M. Görg, „Bildner von Licht" – „Schöpfer von Finsternis". Deuterojesajas Glaube im Widerstand zum Denken?, in: Entschluß 49/4, 1994, 11-14. Ders., Der un-heile Gott. Die Bibel im Bann der Gewalt, Düsseldorf 1995, 162-166.

transzendiert. Der in seiner Identität immer wieder problematisierte „Knecht JHWHs" bei Deuterojesaja wird vor allem nach dem vierten ‚Gottesknechtslied' (Jes 52,13-53,12) nicht anders denn als Gegenstück und Wahrzeichen des einen Gottes mit den beiden „Gesichtern" betrachtet werden dürfen, da er die Erwählung zum Leben und zugleich Belastung zum Tod austrägt, um letztendlich doch von JHWH gehalten zu werden. Die frühnachexilische Sichtweise des Propheten Sacharja kann denn auch nicht mehr zurück zu einer dem sprachlichen Ausdruck nach der menschlichen Sphäre verhafteten Rede von Gott. Seine Diktion verfolgt den gläubigen Respekt vor dem Mysterium, weswegen der Prophet die Darstellungsebene der Traumgesichte oder Nachtvisionen wählt, um seine Erfahrungen mit JHWH zu äußern. Hier tritt JHWH nicht mehr in die Szenerie ein, ein Deuteengel vermittelt vielmehr seinen Anspruch. Noch verhaltener wird die Rede von Gott in einem vermutlichen Ergänzungskapitel von jüngerer Hand (Sach 3), wo der Visionär den hier schon vorgestellten Hohenpriester Jeschua erblickt, und zwar in Gegenwart des „Engels JHWHs" und eines anderen Mitglieds der Umgebung JHWHs, namens „Satan", womit freilich nicht der Teufel als Repräsentant des Bösen, sondern wohl die Verkörperung des in Gott verborgenen „Anderen", des „schlagenden" Gottes[20] gemeint ist. Damit kehrt in der Frühzeit des Judentums die eigentümliche Ambivalenz im Gottesbild wieder, die wohl schon im Anfang der israelitischen Religionsgeschichte bewußt war und immer virulent gewesen sein wird. Es möge hier nochmals darauf insistiert werden, daß diese Ambivalenz eine Erscheinung der radikalen Unbegreiflichkeit Gottes ist, die selbst dann ihre Gültigkeit behält, wo der Mensch von der reinen Liebe Gottes spricht. Menschliche Idealvorstellungen, wenn auch zu höchster Potenz geadelt, können die unauslotbare Wirklichkeit des göttlichen Mysteriums nicht annähernd erreichen. Der Visionär nimmt Anteil an einer Art Investitut des Hohenpriesters, der analog zur Szene in Jes 6 eine sakrale Sühnung erfahren hat.

Für das vorausblickende Gottesverständnis Sacharjas oder mindestens seiner Jüngerschaft ist ein hintergründiger Teil der weitergehenden Vision und der darin vom Engel vermittelten Gottesrede besonders signifikant. Der Hohepriester soll als getreuer Gefolgsmann der Tora Vorstand des neuen Tempels sein und zugleich in einem Kreis von Männern den Vorsitz führen dürfen, die in einem bestimmten Sinn zu „Wahrzeichen" werden. Sie werden Zeugen für das Hervorkommen einer weiteren Gestalt sein, die mit „Knecht" und „Sproß" bezeichnet wird, aber ohne konkreten Namen bleibt. Diese Gestalt wird vom Visionär einer kommenden Wirklichkeit zugeordnet, die immer noch im Zeichen des Jeschua stehen wird, jenes Trägers des Gottesnamens also, der den rettenden Gott vergegenwärtigt. Der mit Jeschua geheimnisvoll liierte „Sproß" soll dann eine Wende herbeiführen, die sich „an einem einzigen Tag" vollzieht: „Ich tilge die Schuld dieses Landes an einem einzigen Tag" (Sach 3,9). Die Sündenvergebung als Folgeereignis der Erwählung des Jeschua und der Sendung des namenlosen Künftigen, um dessen Identität nach der prophetischen Vision nur Jeschua informiert wird. Die Szenerie schließt mit einer Kunde, die die Erklärung zur allgemeinen Sündenvergebung noch überhöht: Man wird an eben jenem Tag „einander einladen unter Weinstock und Feigenbaum" (3,10). Eine Voraus-

---

[20] Vgl. dazu M. Görg, Der „schlagende" Gott in der „älteren Bibel", in: Bibel und Kirche 51, 1996, 94-100.

schau auf eine Gemeinschaft, in der es ein gemeinsames öffentliches Gastmahl geben wird! Der in seiner prospektiven Dimension und Qualität kaum zu überschätzende Text will offenbar das erahnen lassen, was sich dann eine spätere Urgemeinde zu eigen macht, die Jüngerschaft nämlich, die sich an Jesus als dem für Christen prominentesten Träger des JHWH-Namens orientiert, an Jesus, dessen Name bekanntlich mit Jehoschua und Jeschua etymologisch gleichzustellen und gleichbedeutend ist.

Doch auch dies muß unzweideutig gesagt sein: Die Vorausschau der „Älteren Bibel" kann auch in diesem Fall nicht als Weissagung beschrieben werden, welcher im Evangelium vom Nazarener Jesus die ausschließliche Erfüllung zukomme. Die Ankündigung der allumfassenden „Rettung" gilt auch über das Jesusereignis hinaus, wenn auch der Christenheit nicht verwehrt sein kann, in dem Auftreten und der Botschaft Jesu eine aktuelle Bestätigung für das zu finden, was auch der Name ‚Jesus' meint: „JHWH ist Rettung". Auch „Jesus" ist so eine traditionsgebundene Verkörperung der Kunde vom „Rettergott", deren Gestalt bereits in der „Älteren Bibel" modelliert und deren Erscheinen für den von JHWH bestimmten Tag bestimmt worden ist. Juden *und* Christen warten noch auf das universale Heil.

YHWH als Toponym? – Weitere Perspektiven

Die Suche nach einem Nachweis des alttestamentlichen Gottesnamens in literarischen Dokumenten der Spätbronzezeit hat immer noch ebenso Konjunktur wie die seit jeher diskutierte Frage nach einer überzeugenden Deutung des GN in morphologischer und semantischer Hinsicht. Eine kritische Betrachtung des Spektrums der bisher präsentierten Vorschläge zur Identifikation hat zuletzt R.S. Hess dazu geführt, lediglich in den hieroglyphischen Belegen für ein lautlich mit *YHWH* vergleichbares Toponym des syrisch-palästinischen Raums einen möglichen Hinweis auf eine Beziehung zu sehen: „Only the place name mentioned in the Egyptian topographical lists continues to remain a possible source for the attestation of the divine name in extrabiblical sources of the Late Bronze Age"[1]. Dazu ist soeben erst von M.P. Streck der ältere Versuch, auf dem Wege über keilschriftliche Namensformen einen Deutungszugang zum biblischen GN zu gewinnen, im Vergleich mit dem verbalen Bestandteil amurritischer Personennamen relativiert worden[2]. Das Namenselement *yahwi-* sei demnach als Äquivalent zum verbalen Bestandteil *Ia-ah-wi-* amurritischer PN wie *Ia-ah-wi*-DINGIR / *Yahwi-'el* „lebendig gezeigt hat sich der Gott" zu verstehen.

Wir knüpfen hier an den ersten Beitrag im ersten Heft der BN[3] an, um dem damals geprüften ägyptologischen Anteil an der Erforschung des Gottesnamens noch näher zu treten. Dabei soll zunächst die kritische, auf Nichtidentität der hieroglyphischen Belege mit dem biblischen GN hinauslaufende Bewertung des einschlägigen Materials bei H. Goedicke[4] im Vordergrund des Interesses stehen. Goedicke, der mit Recht geltend macht, dass es sich bei der „Schasu-Land"-Bezeichnung um „an ethnic-geographic and not a political designation" handelt[5] hat unseren Beitrag offenbar nicht eingesehen, obwohl er ihn im Zitat bei S. Ahituv zitiert vorgefunden hat[6]. Von daher erklären sich u.a. einige Ungenauigkeiten und scheinbare Erstbeobachtungen, die ihm beim Studium der Schreibungen unterlaufen sind.

Goedicke will zunächst die Schreibungen der Namengruppe mit dem jeweils vorangesetzten „Land der Schasu" (*t3 š3sw*) in Soleb und in der davon abhängigen Liste von Amarah-West vorstellen, läßt aber gerade bei der Wiedergabe des fraglichen Namens die

---

[1] R.S. Hess, The Divine Name Yahweh in Late Bronze Age Sources, UF 23, 1991 (181-188), 188.

[2] M.P. Streck, Der Gottesname „Jahwe" und das amurritische Onomastikon, WdO 30, 1999, 35-46.

[3] M. Görg Jahwe als Toponym, BN 1, 1976, 7-14.

[4] H. Goedicke, The Tetragram in Egyptian ?, SSEA.J 24, 1994 (published 1997), 24-27.

[5] Goedicke, Tetragram, 24.

[6] So verweist Goedicke, Tetragram, 27, Anm. 9, auf eine von S. Ahituv, Canaanite Toponyms in Ancient Egyptian Documents, Jerusalem/Leiden 1984, 155, Anm. 441 zurückgewiesene Vermutung meinerseits, daß der Eintrag *pyspys* im Kontext des angehenden Namens mit dem biblischen PN *Napis* zu tun haben könnte. In meinem Beitrag habe ich diese Beziehung immerhin nur „mit größtem Vorbehalt" angesprochen. Ahituvs Versuch, den Namen „to a Horite clan of the Seirite confederation" zu beziehen, ist nicht hilfreich, zumal die Horiter/Hurriter trotz Gen 14,6 36,20-30 Dtn 2,12.22 mit den Seiritern historisch-genetisch nichts zu tun haben.

in Amarah-West charakteristische Verschreibung des Zeichens für die Gruppe *w3* in das Zeichen *rwḏ* (T 12) außer Sicht, um zur Bewertung der Liste deren „better preservation" hervorzuheben. Letzteres mag zwar für die Anzahl und Lesbarkeit der Namen der *t3-š3sw*-Gruppe gelten, trifft aber nicht ohne weiteres für die Korrektheit der Schreibungen zu. So muß man über die Verschreibung beim angehenden Namen hinaus wenigstens bei den Wiedergaben für *twrbr* und vielleicht bei dem in Soleb nicht mit einem erhaltenen Gegenstück vertretenen *sᶜrr* (unnötige Doppelschreibung des *r*!) ein textkritisches Fragezeichen setzen.

Die Fehlschreibungen in Amarah lassen nun auch ein bei Goedicke nicht eigens diskutiertes Problem unserer Toponymtradition in ein neues Licht stellen, das in meiner ersten Stellungnahme nur am Rande thematisiert worden ist. Es handelt sich um das im Soleb-Namen auslautende *w*, dem im Amarah-Namen ein *3*-Zeichen gegenübersteht. In der Regel wird trotz der sonst feststellbaren Textfehler in der Amarahversion die Auslautschreibung mit *3* für korrekt gehalten, zumal sie mit der auch sonst belegten Gruppe *w3* den Auslautvokal offen läßt. Das auslautende *w* in der Solebfassung kann dagegen nicht als komplementäre Schreibung für den in der Gruppe *w3* enthaltenen Konsonanten, sondern nur entweder als weiterer Konsonant *w* oder nach den ‚Regeln' der Gruppenschreibung als Entsprechung zum Vokal *u* gelesen werden. Aus diesem Befund sollten sich die Alternativlesungen (*t3 š3sw*) *jj-h-w3-w* = *jhww* bzw. *jhwu* ergeben[7].

Das Problem der Auslautschreibung ist zuletzt von J. Leclant angesprochen, aber mit Hinweis auf die Kompetenz der Spezialisten der Gruppenschreibung suspendiert worden[8]. Mit Leclants Hinweis hat sich bereits E. Edel auseinandergesetzt und in einem Brief vom 14.3.1995 seine Lösung zur Sprache gebracht, die er mir in Kopie seiner Stellungnahme mitgeteilt hat:

„Ich bin mir nicht sicher, ob man Y-h-w3-w lesen sollte. Wenn Sie meinen Aufsatz in SAK 4 (1976), speziell S.94, ansehen, so habe ich dort alle Schreibfehler der afrikanischen Listen I a,b und c u.a.m. zusammengestellt. In drei Fällen wechseln   mit   in Nr. 55.56.59! Ich möchte daher als „natürliche Lesung" Y-h-w3-3 ansetzen" (handschriftlicher Zusatz: „   wie in Amarah West").

Die im Zitat gemeinte Untersuchung Edels zu den Textfehlern in der Texttradition der afrikanischen Thutmosisliste[9] gibt nun in der Tat Anlaß genug, die Möglichkeit von Verlesungen gerade auch von hieroglyphisch/hieratischem *w* in *3* und umgekehrt im Auge zu

---

[7] Vgl. schon Görg, Toponym, 10 mit Anm. 21.

[8] Le „Tétragramme" à L'Époque d'Aménophis III, in: M. Mori (Hg.), Near Eastern Studies Dedicated to H.I.H. Prince Takahito Mikasa on the Occasion of His Seventy-Fifth Birthday, Bulletin of the Middle Eastern Culture Center in Japan V, Wiesbaden 1991 (215-217), 215, Anm. 3.

[9] Vgl. E. Edel, Die afrikanischen Namen in der Völkerliste Ramses' II. auf der Westmauer des Tempels von Luxor (Simons, Liste XXI) und ihre Parallelen in anderen afrikanischen Völkerlisten (mit Tafel I), SAK 4, 1976, 75-101, bes. 82-101. Zur Orthographie in den Afrikalisten Tuthmosis III. vgl. auch Ders., Beiträge zu den afrikanischen Ländernamen, in: D. Apelt / E. Endesfelder / S. Wenig (Hg.), Studia in honorem Fritz Hintze, Meroitica. Schriften zur altsudanesischen Geschichte und Archäologie 12, Berlin 1990, 79-95 (mit Tafel IV), bes. 87f., 95.

behalten. Es ist dabei nicht ohne Belang, daß die sog. Palästinaliste Ia auf der linken Vorderseite des 6. Pylons im Tempel von Karnak eine gegenüber den Varianten Ib und Ic zuverlässigere Fassung zeigt[10] und auch das afrikanische Gegenstück auf der rechten Seite des Pylons ebenfalls die ursprüngliche Lesung wiederzugeben scheint. Man wird deshalb wohl fragen müssen, ob die Solebliste als wenigstens partielle Grundlage für weitere Listenfassungen in Amarah-West und Aksha[11] nicht einen zuverlässigeren älteren und damit besseren Lesungsstand bietet, wenn auch zuzugeben ist, daß die Solebliste ihrerseits auf älteren Vorlagen beruhen muß. In seiner Behandlung der Solebliste hat Edel auch hier Schreibfehler auszumachen gesucht. Er ist aber m.W. nur in einem Fall fündig geworden, nämlich bei der Anlautschreibung von Lullu. Hier aber glaubten wir schon früher zeigen zu können, daß keine Verschreibung oder Verlesung vorliegt, sondern dass lediglich das Hinterteil des *rw*-Löwen erhalten geblieben ist, das die neueren Interpreten fälschlich als *t* gedeutet haben[12].

Gesetzt den Fall, die Namensschreibung in Soleb entspreche einer korrekten Überlieferung, wäre mit dem auslautenden *w*, das jedenfalls nicht nur konsonantisch, sondern ebensogut vokalisch als *u* zu deuten wäre, ein Problem zu lösen, das sich im Blick auf die Verbindung mit dem Gottesnamen ergeben könnte. Die bisher vorgelegten Rekonstruktionsversuche sehen offenbar eine ursprüngliche Endung auf -*u* nicht vor. Das Problem verschärft sich, wenn man eine Identifikation des Solebnamens mit der Schreibung eines wohl in die östlichen Bergbauregionen weisenden ON aus dem Mittleren Reich vornimmt, was nach wie vor allerdings mit Vorbehalten belastet ist.

Wiederum ohne unsere einschlägigen Erwägungen zu Rate zu ziehen, aber auch ohne die Problematik der Auslautschreibung zu erörtern, hat Goedicke diesen aus der 11. Dyn. stammenden ON *j'-h-w-jw* mit den genannten Belegen aus dem sudanesischen Nubien zusammengestellt, wobei er ohne jeden Vorbehalt „no difficulties linking the two terms phonetically or geographically" erkennen will[13]. Unsere Zurückhaltung beim Vergleich basierte vor allem auf der unterschiedlichen Anlautschreibung, die aber auch nicht als unüberwindliches Hindernis aufzufassen sein sollte[14]. Für Goedicke ist indessen die weit frühere Bezeugung des nach ihm identischen ON ein untrügliches Signal dafür, daß von einem GN keine Rede sein sollte, zumal die GN in der Regel die zeitliche Priorität vor den gleichnamigen ON hätten.

---

[10] Vgl. dazu u.a. bereits M. Noth, Die Wege der Pharaonenheere in Palästina und Syrien. Untersuchungen zu den hieroglyphischen Listen palästinischer und syrischer Städte III. Der Aufbau der Palästinaliste Thutmoses III., ZDPV 61, 1938 (26-65), 28 = Ders., Aufsätze zur biblischen Landes- und Altertumskunde (hg. von H.W. Wolff), II, Neukirchen-Vluyn 1971 (44-73), 46.

[11] Vgl. dazu v.a. E. Edel, Die Ortsnamenlisten in den Tempeln von Aksha, Amarah und Soleb im Sudan, BN 11, 1980, 63-79. Zu einer „Urliste" als Teilquelle bzw. mehreren „Urlisten" vgl. Edel, ebd. 65.

[12] Vgl. M. Görg, Zu zwei asiatischen Ländernamen im Tempel von Soleb/Sudan, BN 78, 1995 (5-8), 5f.

[13] Goedicke, Tetragram, 26.

[14] Vgl. Görg, Toponym, 8. Vgl. auch E.A. Knauf, Midian. Untersuchungen zur Geschichte Palästinas und Nordarabiens am Ende des 2. Jahrtausends v. Chr., ADPV, Wiesbaden 1988, 46, Anm. 225.

I. Gottesbilder

Das graphematische Verhältnis der Schreibung der 11. Dynastie zur Soleb-Fassung ist nicht zuletzt wegen des jeweils auslautenden *w* als Andeutung des Vokals *u* von Interesse. Der Vorschlag von Knauf, die ältere Schreibung nicht nach dem Umschreibungssystem des Mittleren Reiches, sondern konsonantisch, d.h. nach Knauf *yhwyw* zu lesen und *Yahwayu* zu vokalisieren, ist wegen der zweifellos ansatzweise gegebenen Gruppenschreibung nicht ganz unproblematisch, so dass man wohl noch bei der Wiedergabe *j'-h-w-jw* und lediglich einer Teilvokalisierung wie *j'hw'u* bleiben muß, die noch immer am ehesten mit *'ahu* interpretiert werden kann[15]. Diese Lesung wäre aber mit einer zentralsemitischen PK-Langform *yahwiyu* zur Basis *HWY* schwer kompatibel. Allerdings könnte die mittelägyptische Schreibung auch einem semitischen *yahu* o.ä. entsprechen, so daß dies auch die Gestalt wäre, mit welcher die Soleb-Schreibung in der Interpretation *yahwu* (= *yahu*) kongruieren würde. Mit beiden Fassungen bzw. Deutungen ließen sich die Variantschreibungen des biblischen GN[16] erst und nur dann in Einklang bringen, wenn man vom Bestand einer Form *yahu* neben einer vielleicht jüngeren und erweiterten Namensbildung *yahw(iy)u > *yahwi* ausgeht. In diesem Kontext müßte die Amarah-Fassung der Ramessidenzeit mit dem auslautenden *-3* nicht einmal zwingend als Verlesung oder Verschreibung betrachtet werden, da die vokaloffene Gruppe *w3* ohne weiteres auch mit einer Vokalisation *wi* vereinbar wäre[17]. Andererseits kann man bei dem möglicherweise jüngsten hieroglyphischen Beleg in der großen Liste Ramses' III. von Medinet Habu in der Form *jj-h-3* (= *yh3*)[18] an eine Verschreibung aus *yhw* denken, wie sie Edel in seiner zitierten brieflichen Mitteilung vorgeschlagen hat, um hier „Yahu oder Yahwa" zu lesen.

Goedickes Einwand gegen die Identität von Toponym und GN sowie gegen die Priorität des ON gegenüber einem GN kann grundsätzlich mit dem Hinweis Knaufs auf vorderasiatische, näherhin v.a. altarabische Namengebung begegnet werden, die isolierte (ohne Subjekt-angabe) PK-Langformen auch als GN kennt[19]. Dennoch ist die Argumention zu würdigen, wonach gegen die Verbindung des ON mit dem GN die prägende Rolle eines GN auf ON in anderen Fällen zu sprechen scheint. Vielleicht ist daher auch mit einem Tertium zu rechnen, auf das sowohl der Gebrauch als ON wie auch als GN zurückzuführen wäre.

Den Anstoß zu solcher Überlegung hat der Kontext mit der Zitation weiterer „Schasu-Länder" gegeben, die u.U. mit Tiernamen in Verbindung gebracht werden können. So ist *S'r* (= Seir) selbst noch im biblischen Hebräisch neben der geographischen Notation Be-

---

[15] Edel, Ortsnamenlisten, 64.

[16] Vgl. dazu jetzt auch H. Irsigler, Von der Namensfrage zum Gottesverständnis. Exodus 3,13-15 im Kontext der Glaubensgeschichte Israels, BN 96, 1999 (56-96), 87f., Anm. 67, der allerdings als Alternative zur Langform auch „eine Deutung als primäre Kurzform" für „möglich" hält.

[17] W. Helck Grundsätzliches zur sog. „Syllabischen Schreibung", SAK 16, 1989 (121-145), 124 kennt für das Gruppenzeichen „Schlinge" offenbar nur die silbische Lesung 'wá', ohne hier dagegen Namensschreibungen wie *w3-r'-t-t* für Ullaza (Urk. IV 685,8) zu bedenken, die er selbst später zitiert (ebd. 138).

[18] Vgl. dazu u.a. Görg, Toponym, 13.

[19] Knauf, Midian, 43-46. Vgl. auch bereits E. Meyer, Die Israeliten und ihre Nachbarstämme, Halle 1906 (Nachdruck Tübingen 1967), 296f.

zeichnung u.a. für den Ziegenbock (vgl. HALAT 1250f). Die merkwürdige Bildung *pyspys* kann lautlich u.a. mit dem akkadischen *paspasu* „Ente" (AHw 839) zusammengestellt werden, worauf bereits B. Grdseloff hingewiesen hat[20], ohne hier aber eine semantische Beziehung herzustellen. Ferner bleibt auch für *r/lbn* die Möglichkeit, über den Vergleich mit hebr. *laban* „weiß" eine die weiße Farbe des Fells eines Lebewesens betonende Tierbezeichnung festhalten zu wollen. Für *smt* kann entsprechend eine Beziehung zum akkadischen *samtu* „Röte" (AHw 1019) versucht werden, wobei es reizvoll wäre, auch an die Semantik des Namens Edom zu denken[21]. Zur Diskussion darf schließlich weiterhin – wenn auch mit vorläufig sehr großer Zurückhaltung – stehen, daß die Bezeichnung *twrbr* in einen Zusammenhang mit *srbl*[22] zu bringen sein und den ‚Hahnenkamm' meinen könnte, so daß auch hier an ein Tiersymbol (als Machtzeichen?) zu denken wäre, das als Stammesname verwendet worden wäre[23].

Sollte nach diesen mehr oder weniger plausiblen Vorgaben auch für *Jhw* eine ehemalige oder ursprüngliche, vielleicht außer Kurs gekommene Tierbezeichnung auszumachen sein? Die Auflistung der im AT belegten Tiernamen[24] kennt eine mit dem GN kompatible Nominalbildung freilich nicht. Die morphologische Gestalt könnte jedoch etwa an eine Parallele zu *yanšup*, einer Bezeichnung für die Eule(?), denken lassen[25]. Die Semantik würde jedenfalls wiederum die Vorstellung eines Vogels suggerieren, der sich hier u.a. durch das plötzliche Herabfallen von oben her bei der Jagd nach Beute oder zum Schutz seiner Jungen charakterisieren sollte. Vögel, wie der Falke, Habicht[26] oder besonders der „Adler", richtiger der Gänsegeier[27] als König der Lüfte, kämen hier in die engere Wahl. Es wäre kein Problem, einem Stamm einen solchen Namen zu geben, der dann von den Ägyptern auch als Toponym aufgefaßt worden wäre. Daß andererseits gerade der Gänsegeier das Bild von JHWH prägt, der Israel aus Ägypten führt und auf seinen Flügeln trägt (vgl. Ex 19,4 Dtn 32,11), muß demnach nicht nur auf imaginärer Assoziation beruhen. Signifikant ist ganz besonders der Umstand, daß „Adler und Geier als altarabische Gottheiten" gelten können[28].

---

[20] Vgl. B. Grdseloff, Édom, d'après les sources égyptiennes, BHJE 1, 1947(69-99), 81. Vgl. Edel, Ortsnamenlisten, 78. Knauf, Midian, 51 denkt u.a. an arabisch *fasfas* „Wanze, Zecke".

[21] Vgl. auch die Tierbezeichnung *yaḥmur* mit der Bedeutung „Es rötet", dazu Knauf, Midian, 45.

[22] Mit Wechsel einer Anlautschreibung von /ṭ/ zu /t/ in der ägyptischen Listentradition?

[23] Dazu vgl. M. Görg, Sirbal, BN 93 1998 (5-8) 8.

[24] Vgl. P. Riede, Glossar der hebräischen und aramäischen Tiernamen / Tierbezeichnungen, in: B. Janowski/ U. Neumann-Gorsolke / U. Glessmer, Gefährten und Feinde des Menschen. Das Tier in der Lebenswelt des alten Israel, Neukirchen-Vluyn 1993, 361-376. Vgl. auch Ders., Tiere, NBL III, Lieferung 14, 2000.

[25] Vgl. dazu Knauf, Midian, 45, Riede, Glossar, 367.

[26] Vgl. die Namensbedeutung des Seir-Nachkommen Ajja Gen 36,24 1Chr 1,40 (dazu u.a. Meyer, Israeliten, 341. M. Noth, Die israelitischen Personennamen im Rahmen der gemeinsemitischen Namengebung, BWANT 10, Stuttgart 1928, 230).

[27] Zum Gänsegeier vgl. u.a. P. Maiberger, Adler, NBL I, 32 mit Lit.; S. Schroer, Die Göttin und der Geier, ZDPV 111/1, 1995, 60-80.

[28] Vgl. W.W. Müller, Adler und Geier als altarabische Gottheiten, in: I. Kottsieper / J. van Oorschot / D. Römheld / H. M. Wahl, „Wer ist wie du, HERR, unter den Göttern". Studien zur Theologie und Religionsgeschichte Israels für Otto Kaiser zum 70. Geburtstag, Göttingen 1994, 91-107.

Der Versuch, den biblischen GN als ursprüngliche Tierbezeichnung zu deuten, ist im Grunde weder abenteuerlich noch neu. Es sei hier an W. Spiegelbergs These erinnert, wonach der Name auf dem ägyptischen Nomen *j3wt* „Vieh" beruhen soll[29]. Spiegelberg hatte sogar angenommen, daß der ägyptische Tierkult in der Namengebung des Gottes Israels nachwirke. Seine Überlegungen sind jedoch mit diversen lautlichen, semantischen und religionsgeschichtlichen Spekulationen behaftet, so daß der These hier nicht näher nachgegangen werden muss. Auf der anderen Seite ist von Interesse, dass die Ägypter gern das Bild einfallender Vögel beschreiben, wobei sie sich des Verbums *h3j* „herabfallen" bedienen[30], das bekanntlich mit der hebräischen Basis *HWH < HWY* zusammengestellt werden kann[31]. Überdies ist ja auch der auch in Südpalästina (Gaza) verehrte Gott Amun in der Gestalt eines Urvogels vorgestellt worden, der vom Himmel her niederschwebt[32]. Der Name der dem Amun geweihten *smn*-Gans wird in Ägypten auch in etymologischem Bezug zum Gottesnamen Amun gesehen. Sollte der mit Amun konkurrierende JHWH des palästinischen Südostens in seiner Frühzeit nicht auch unter dem Bild eines von oben herabsteigenden Vogels gefasst worden sein, dessen Bezeichnung mit der Grundgestalt des israelitischen GN übereinstimmen würde?

Unabhängig von den vorstehenden Erwägungen zur Verbindung des GN mit einer speziellen Tiersymbolik ist es natürlich nach wie vor vertretbar, im Anschluß bereits an Wellhausen an die Naturgegebenheit des fallenden Windes[33] zu denken. Auch bei Seir könnte ja die zusätzlich belegte Bedeutung des fallenden Platzregens (vgl. HALAT 1250) im Hintergrund stehen. Es ist aber unbestreitbar, daß ein Herabsteigen bzw. Herabfallen sich am besten mit einem Lebewesen assoziieren läßt, das eben wie ein Vogel die Eigenheit der übermenschlichen Mobilität und der überraschenden Präsenz für sich hat, um so als Metapher für eine Gottheit dienen zu können. In diesem Zusammenhang ist bemerkenswert, dass das Ägyptische auch eine Vogelbezeichnung aufzuweisen hat, die auf der Basis *h3j* „herabfallen" gebildet ist. Es handelt sich um das im Plural verwendete Nomen *h3j*, das offenbar keiner besonderen Spezies vorbehalten ist und vom Neuen Reich bis in die griechisch-römische Zeit belegt ist[34].

Alles in allem lassen sich im Blick auf den biblischen GN am ehesten sowohl eine frühe Nominalgestalt **yahu* wie auch eine nominalisierte PK-Bildung in Langform vertreten, wobei beide Formen von der semito-hamitischen Basis *HWY* (= ägypt. *h3j*) „herabsteigen, herabfallen" entwickelt worden sein können. Dabei kann primär die Bezeichnung oder

---

[29] W. Spiegelberg, Eine Vermutung über den Ursprung des Namens יהוה, ZDMG 53, 1899, 633-643.

[30] Vgl. A. Erman / H. Grapow, Wörterbuch der Ägyptischen Sprache, II, 473,8.

[31] Vgl. u.a. W. Von Soden Akkadisches Handwörterbuch, I 266f s.v. ewu(m).

[32] Dazu u.a. M. Görg, Nilgans und Heiliger Geist. Bilder der Schöpfung in Israel und Ägypten, Düsseldorf 1997, 97-104.

[33] Vgl. J. Wellhausen, Israelitische und Jüdische Geschichte, Berlin 1904, 25, Anm. 2: „Die Etymologie ist durchsichtig: er fährt durch die Lüfte, er weht". Vgl. auch Meyer, Israeliten, 213, Anm. 2. Knauf, Midian, 43-46. Ders., Midian und Midianiter, NBL II, 802-804.

[34] Vgl. R. Hannig, Großes Handwörterbuch Ägyptisch-Deutsch, Mainz 1995, 487. P. Wilson, A Ptolemaic Lexikon. A Lexicographical Study of the Texts in the Temple of Edfu, Orientalia Lovaniensia Analecta 78, Leuven 1997, 599f.

Vorstellung eines herabfallenden Vogels die Bildung einer Metapher für eine erhabene und doch gegenwärtige Gottheit gefördert haben. Die gleiche Bezeichnung eignete sich jedoch auch als emblematischer Stammesname mit lokal-geographischer Orientierung, so daß man nicht auf eine Prioritäts-Alternative Toponym oder Gottesname angewiesen ist. In Ägypten hat man jedenfalls die im Entstehungsbereich allem Anschein nach 'multifunktionale' Bezeichnung offenbar ausschließlich als Regionalnamen verstanden und dokumentiert.

YHWH als Ehemann und als Löwe

Ambivalenz und Kohärenz in der Metaphorik des Hoseabuches

Insbesondere seit dem Versuch Paul Ricoeurs zur Synthese nachklassischer, philosophischer Reflexionen zur Metapher[1] gilt die Aufmerksamkeit der einschlägigen Forschung der syntaktischen Einbindung nominaler oder verbaler Wortarten, die auf den ersten Blick in semantischer Hinsicht inkompatibel sind. Diese Konzeption der Metapher als „prädikative Interaktion"[2] gelangt, wie Ricoeur selbst gesehen hat, dort an Grenzen, wo es um eine übergeordnete Beanspruchung der Metapher zu einem merkmalhaften und genuinen Ausdruck mit textüberschreitender Identität geht, so daß sie als „kalkulierter Kategorienfehler" erscheinen müsse[3]. Die Metapher wird weiterhin zunächst im Blick auf ihre satzinternen und syntaktisch ausgewiesenen Bezüge betrachtet werden müssen, bevor ihr ein wie immer geartetes Eigenleben als sinntragende und vermittelbare Größe in der Erfahrungswelt attestiert wird: „Der Sinn der Metapher zeigt sich nur in der Erfahrung, die unter der Sprachkruste hervorbricht. Wird die Metapher aus ihrem Text isoliert, dann verflüchtigt sich die wechselseitige Vermittlung zwischen Sprache und Erfahrung"[4].

Metaphern in biblischen Texten unterliegen so dem Postulat, jeweils im syntagmatischen und semantischen Beziehungsfeld der Texte untersucht zu werden, in welche sie eingebettet sind. Dies bedeutet natürlich nicht, auf die Suche nach der Verankerung von vorgefundener metaphorischer Rede in textexternen Äußerungsformen, d.h. auch in ikonographischen Dokumentationen außerhalb der Bibel zu verzichten. Eine solche Überschreitung der Textebene nach vorgängiger Analyse bedarf jedoch in jedem Fall einer methodologischen Legitimation, die sich aus einer nach der Formkritik verbleibenden und über die Prädikatenlogik hinausgreifenden Frage nach dem Sinn der Metapher ergibt. Dabei legt sich eine Einbeziehung des ikonographischen Materials um so eher nahe, als die Metapher ohnehin sowohl in den rhetorischen wie auch in den poetischen Sprachbereich hineinzielt, wenn auch auf unterschiedliche Weise[5]. Als Stilmittel der Ästhetik steht sie insbesondere jener Bildkunst nahe, die sich der Darstellung eben jener Figuren und Konstellationen gewidmet hat, deren sich die Metapher bedient.

---

[1] Ricoeur, Pierre, La métaphore vive, Paris 1975 bzw. Die lebendige Metapher, 2. Auflage, München 1991. Ders., Die Metapher und das Hauptproblem der Hermeneutik, in: Haverkamp, Anselm (Hg.), Theorie der Metapher (WdF 575), Darmstadt 1983, 356-375. Zur „Theorie der Metapher" vgl. vor allem den instruktiven Überblick bei Seifert, Brigitte: Metaphorisches Reden von Gott im Hoseabuch (FRLANT 166), Göttingen 1996, 11-86.

[2] Oskui, Daniel, Der Stoff, aus dem Metaphern sind. Zur Textualität zwischen Bild und Begriff bei Aristoteles. Ricoeur, Aldrich und Merleau-Ponty, in: R. Zimmermann (Hg.), Bildersprache verstehen. Zur Hermeneutik der Metapher und anderer bildlicher Sprachformen (Übergänge. Texte und Studien zu Handlung, Sprache und Lebenswelt, Band 38), München 2000, 91-116, hier 98f.

[3] Ricoeur, Metapher, 187f., dazu u.a. Oskui, Stoff, 99f.

[4] Oskui, Stoff, 102.

[5] Vgl. dazu Rudolph, Enno: Metapher, Symbol, Begriff. Anregungen zu einem möglichen Dialog zwischen Hans Blumenberg und Ernst Cassirer, in: Zimmermann, Ruben: Bildsprache verstehen, 77-89, hier 79.

I. Gottesbilder

Metaphorische Rede ist gerade bei poetischen Texten des Alten Orients, so auch in der Bibel mit einem möglichen Erbe befrachtet, da sie ihrerseits auf mythologischen Wortprägungen, d.h. auf mythischen Vorstellungen und Äußerungsweisen beruhen kann. Eine solche Provenienz muß freilich sowohl mit Hilfe vergleichender Textstudien wie auch besonders über die religionsgeschichtliche Einbindung des Bildmaterials plausibel gemacht werden. Für einen erheblichen Teil der alttestamentlichen Bildsprache ist diese Dependenz bereits aufgezeigt worden[6], so daß die Analyse metaphorischer Rede zu einem bedeutsamen Kapitel im Prozeß der „Arbeit am Mythos" (H. Blumenberg) geworden ist.

Für die Erhebung der Dimensionen metaphorischer Sprache hat sich der Blick auf die Psalmentexte als besonders fruchtbringend erwiesen[7]. Diesem Textbereich gegenüber hat die Untersuchung der Bildsprache in den Prophetentexten noch einen gewissen Nachholbedarf, obschon auch hier gerade in jüngster Zeit Fortschritte zu verzeichnen sind. Es sind vornehmlich Texte aus dem Buch Hosea, die ein noch nicht in allen Teilen erschlossenes Geflecht von Bildsymbolik vorweisen[8], ohne daß es gelungen wäre, die Sequenz der Metaphern vor allem in den ersten Kapiteln in einen inneren Zusammenhang zu stellen. Dies gilt besonders von den vielverhandelten Bildworten zu *YHWH* als enttäuschtem Ehemann einerseits und als brüllendem bzw. reißendem Löwen andererseits. Hier scheint die bisher ungelöste Frage nach einer möglichen Interdependenz der beiden Bilder einer Antwort zu bedürfen.

Die beiden Bildzusammenhänge unterscheiden sich zunächst dadurch, daß die Rede von *YHWH* in der Rolle eines Ehemanns eben diese Funktion nicht als lexematische Metapher bietet, sondern mit verbalen und nominalen Indizien aufwartet, während *YHWH* als Löwe auch mit einem der einschlägigen Tierlexeme verbunden wird, allerdings strenggenommen nicht als Metapher, sondern als Vergleich (mit der Partikel *k*)[9], wobei aber der Kontext für *YHWH* das genuine Verhalten des Löwen direkt in Anspruch nimmt. In beiden Fällen darf man daher von einer indirekten Metapher oder einer Funktionsmetapher sprechen.

Die erstgenannte Funktionsmetapher, die den Textzusammenhang in Hos 1-3[10] dominiert, hat bekanntlich bisher die weitaus größere Aufmerksamkeit gefunden, da sich mit

---

[6] Vgl. hier insbesondere Othmar Keels Arbeiten zur biblischen Bildsprache, nicht zuletzt die methodologischen Erwägungen in: Keel, Othmar: Das Recht der Bilder gesehen zu werden. Drei Fallstudien zur Methode der Interpretation altorientalischer Bilder (OBO 122), Freiburg/Schweiz - Göttingen 1992, 267-273. Vgl. auch Görg, Manfred: Bildsprache, NBL I, 298f.

[7] Vgl. dazu grundlegend Keel, Othmar: Die Welt der altorientalischen Bildsymbolik und das Alte Testament. Am Beispiel der Psalmen, 4. Auflage, Zürich-Einsiedeln-Köln-Neukirchen-Vluyn 1984.

[8] Vgl. dazu Seifert, Metaphorisches Reden; Eidevall, Göran: Grapes in the Desert. Metaphors, Models and Themes in Hosea 4-14, (CB OT 43), Stockholm 1966, zuletzt Nwaoru, Emmanuel O.: Imagery in the Prophecy of Hosea (Ägypten und Altes Testament 41), Wiesbaden 1999, und Baumann, Gerlinde, Liebe und Gewalt. Die Ehe als Metapher für das Verhältnis JHWH – Israel in den Prophetenbüchern, SBS 185, Stuttgart 2000, 91-110.

[9] Zum Unterschied zwischen Vergleich und Metapher u.a. Keel, Othmar, Deine Blicke sind Tauben. Zur Metaphorik des Hohen Liedes (SBS 114/115), Stuttgart 1984. Seifert, Metaphorisches Reden, 61f.

[10] Zum literarischen Werdegang des Buches und der ersten drei Kapitel vgl. zuletzt die Skizzierung der Forschungslage bei Zenger, Erich in Ders., (Hg.): Einleitung in das Alte Testament, Stuttgart 1995, 377f.

ihr in der früheren Auslegungsgeschichte besonders die Auseinandersetzung um einen autobiographischen Anteil der prophetischen Darstellung verband, während die jüngere Diskussion vor allem ein mögliches kanaanäisches Erbe in der Ehemetaphorik des Propheten zu erkennen glaubt, die von dem Bemühen getragen wäre, eine religionsgeschichtliche, göttinorientierte Vorstellung der Umwelt Israels, näherhin sogar die einer „Stadt(gott/göttin)mythologie" aus dem Bereich der „Baalsreligion" zu Gunsten einer Profilierung des *YHWH*-Israel-Verhältnisses zu konterkarieren[11]. Wie auch immer diese Metaphorik in ihrem Entstehungshintergrund zu deuten wäre, bliebe der bisher nicht geklärte Sprung zu der scheinbar völlig disparaten Funktionsmetapher *YHWH*: „wie ein Löwe" rätselhaft. Von daher wird es nötig sein, beide Metaphern in ihrem Kontext nochmals zu erfassen und darzustellen.

Das Bild vom göttlichen Ehepartner mit Efraim als menschlicher Partnerin kommt nur scheinbar erst in Kap. 2 mit seiner Tiefendimension zum Tragen, nachdem zuvor das Verhältnis des Propheten zu einer Dirne/Hure als nur vordergründiger Gegenstand der prophetischen Darstellung erscheinen könnte und so aus einer unmittelbaren Erfahrungswirklichkeit nur ansatzweise auf eine andere übergeordnete Bezugsebene hinüberschreiten ließ. Tatsächlich aber ist das Verhältnis Gott-Israel bereits in Kap. 1 anvisiert, da die Darstellung nicht erst in der Fortschreibung des Textes, sondern schon in der vermutlichen Grundfassung auf die Beziehung *YHWH* – Israel zusteuert[12]. Hier erscheint nicht nur die Bezugnahme auf die politische Zeitlage und das Schicksal Israels auf dem Wege über die Namengebung der Söhne von Interesse, sondern auch die bei aller Orientierung auf das kommende Strafgericht hin grundlegend bestehende Gewißheit des göttlichen Erbarmens, wie es nicht zuletzt in der programmatischen Ambivalenz des Stichwortnamens „Jesreel" („Gott sät") in 1,4 für das paradigmatische Schlachtfeld der Geschichte aufscheint[13]. Der vermutliche Grundtext kommt im Unterschied zur Erweiterung mit der Akzentuierung des großen „Tages von Jesreel" (2,2)[14] noch ohne die explizite Heilszusicherung aus und verbirgt die positive Wende in der Tiefendimension des Namens, eine in Spannung zum Kontext stehende Stilform, die in prophetischer Rede keineswegs singulär ist[15]. Eine weitere semantische Ambivalenz offenbart sich mit dem in 2,5 erstmals verwendeten Nomen „Wüste", das zunächst die Vorstellung der absoluten existenzbedrohenden Notlage auslösen soll und hier zum Vergleichswort für die untreue Frau geworden ist. Von der Negativsemantik dieser Stelle spannt sich ein Bogen über die weiteren Drohworte über die Dirne ob ihrer Hurerei mit den „Liebhabern" willen hin zu einem Gebrauch des Nomens in 2,16, der offensichtlich einer weiteren Perspektive Raum

---

[11] Zu diesem Deutungsversuch vgl. zuletzt die Ausführungen von Wacker, Marie-Theres: Figurationen des Weiblichen im Hosea-Buch, HBS 8, Freiburg 1996, bes. 323-325.

[12] Vgl. dazu Jeremias, Jörg: Der Prophet Hosea (ATD 24/1), Göttingen 1983, 19.

[13] Vgl. dazu Schreiner, Josef: Hoseas Ehe, ein Zeichen des Gerichts (zu Hos 1,2-2,3; 3,1-5), BZ 21, 1977, 163-183, hier bes. 179.182. Jeremias, Hosea, 35f.

[14] Dazu u.a. Wolff, Hans-Werner: Der große Jesreeltag (Hosea 2,1-3), Evangelische Theologie 12, 1952/3, 78-104. Schreiner, Hoseas Ehe, 182. Jeremias, Hosea, 25.35f.

[15] Hier sei nur an den bekanntesten Fall, die Namengebung „Immanuel" in Jes 7,14 erinnert, die ebenfalls im Zusammenhang einer Unheilsankündigung steht.

I. Gottesbilder

gibt, wie sie erst für die Zukunft gelten soll, aber ihrerseits bereits in der Geschichte begründet sein soll. Es ist freilich umstritten, ob die wie in 2,8.11 mit *laken* einsetzende Ankündigung in 16a von vornherein als Heilsansage zu deuten ist. Es scheint daher angemessen, Ort und Wortlaut dieses Redeteils nochmals zu bedenken.

Die Drohrede 2,16 folgt auf eine breiter angelegte Drohrede in 2,11-15, die sich auf die körperliche Entblößung der ungetreuen Frau und – in engster Verbindung damit – auf die Zerstörung ihres Lebensraums und religiösen Kultur bezieht. Die bildhaften Wendungen zur Radikalkur enden mit der weiter im Ich-Stil angesagten Verwüstung von „Weinstock und Feigenbaum", deren Umwandlung „zum Gestrüpp", daß „wilde Tiere sie fressen" (2,14). Damit macht sich der göttliche Sprecher gemein mit einem Wegbereiter für den Einfall jener Tierwelt, die ihrerseits in der alttestamentlichen Metaphorik für lebensfeindliche Aktivitäten stehen.

Unmittelbar vor dem scheinbaren Umschwung in der Gottesrede wird der Vorwurf auf den Baalskult fixiert, der zum Vergessen *YHWH*s geführt haben soll (V.15). In Wiederaufnahme des Blicks auf die statt *YHWH* gesuchten „Liebhaber" (vgl. V.7.9.12.14) erscheint diese mit der Basis *HLK* bezeichnete Anhänglichkeit als die zentrale Verschuldung, auf die dann die angehende Drohrede reagiert, deren Beginn wir wie folgt wiedergeben möchten:

>16a   Darum siehe: Ich (bin) ein sie Anfallender,
>   b   ich bringe sie zur Wüste
>   c   und ich rede in ihr Herz.

Das Gewicht ruht auf dem Nominalsatz mit pronominalem Subjekt und partizipialem Prädikat. *YHWH* stellt sich so nicht nur als die allein gültige Alternative zu den „Liebhabern" vor, sondern vor allem als Opponent der Baale. Die verbalen Folgesätze sind am ehesten als Aussagen mit sicherem Futur zu begreifen, die auch eine präsentische Wiedergabe rechtfertigen können. Die Wahl der Verben mit *YHWH* als erstem Aktanten signalisiert im Blick auf die Semantik eine Divergenz, die aufs erste nicht transparent erscheint oder durch einen gemeinsamen Aspekt überbrückt werden kann, daß er eben der Tatsache, daß *YHWH* nicht nur als Redender, sondern auch als Handelnder präsentiert wird, der dazu seine Einrede selbst artikuliert. Mit der Basis *PTY* im D-Stamm steht eine nicht gerade geläufige Wortwahl den folgenden Stammbildungen von *HLK* (H) und *DBR* (D) gegenüber, denen ein breites Belegspektrum mit einer eingeführten und anerkannten Metaphorik zukommt. Das Besondere dieser Erklärungen liegt jedoch darin, daß die *HLK* (H)-Aussage *h=midbr* als den dritten Aktanten ohne Präposition benennt und die *DBR* (D)-Zusage ein mit der Präpositionsverbindung *'l lb=h* gebildetes Syntagma bietet, das den dritten Aktanten (*lb*) eng an den zweiten bindet. So weist der Befund vor allem auf einen Klärungsbedarf zur Funktion der prädikativen Aussage 16a hin, wo man erhoffen darf, daß sich ein metaphorischer Hintergrund offenlegen läßt, der über die folgenden Bildbeziehungen näheren Aufschluß gibt.

Der Basis *PTY* in 16a wird in der Regel nicht zuletzt wegen der noch nicht befriedigend geklärten Etymologie eine Sinngebung zugesprochen, die ein „Verlocken"[16] zum Ausdruck bringen soll. Offen ist dabei vor allem, ob die Wurzel semiologisch auf die Terminologie der „Liebesprache" angelegt ist[17] oder eher auf die weisheitliche Bereitschaft zum Empfang einer Instruktion. Eine weitere, den weisheitlichen Ansatz vertiefende Dimension ist in einer ausgesprochen theologischen Ausrichtung gesucht worden, derzufolge der Terminus im Kontext von Hos 2,16 eine Rückführung Israels „in den Stand der Formbarkeit und Erziehbarkeit"[18] sowie „jenes Handeln Jahwes an Israel" meine, „durch das Israel so verändert wird, daß es für die verheißenen Heilsgüter empfänglich und für eine neues heilvolles Verhältnis zu Jahwe bereit und fähig ist"[19].

Die letztgenannte Interpretation sieht freilich von der unmittelbar in Rede stehenden Sprache der Kontaktnahme mit der Frau ab, um sich von der kontextgebundenen Ebene allsogleich zu lösen und damit die genuine Metaphorik zu Gunsten einer inhaltlichen Intention beiseite zu schieben. Stattdessen sollte die Bedeutung von *PTY* (D) zuallererst in Verbindung mit der Frau gesucht werden, welche Identität auch immer mit ihr verknüpft sein mag. So ist nach wie vor der Primäraspekt in V.16f. in der Begegnung *YHWH*s mit der Frau auszumachen und zu deuten. Und hier muß es zunächst bei der irritierenden Bedeutung des „Anmachens" durch die Gottheit bleiben. In jedem Fall liegt eine Diktion in „überaus gewagter Sprache" (Jeremias) vor, die gleichwohl noch Konnotationen an eine elementare Beobachtung mit sich tragen dürfte.

Die semiologische Orientierung der Basis *PTY* scheint mit den innerbiblischen Belegen nicht hinreichend erschließbar zu sein, wenn man auch die wohl früheste Verwendung in der Rechtsprache von Ex 22,15 als Signal für die Verankerung des Wortes im Bereich der Erotik ansehen darf, um dann jedoch eine Ausweitung auf diverse Varianten der positiv und negativ[20] gewerteten überraschenden Annäherung seitens eines Menschen bis hin zur „Betörung" durch Gott wahrzunehmen. Wenn eine Verbindung zum ugaritischen *pty/w* besteht, findet man dort mit dem ‚Bespringen' in der Tierwelt (KTU 1, 23.39)[21] den Konnex zur vitalen Verführung, ja Vergewaltigung. Daß ursprünglich ein aggressiver Akt sexueller Annäherung oder zumindest ein erotisch-militanter Überraschungsangriff auf schwächere Gegenüber gemeint sein könnte, mag auch mit der Verwendung des Verbums *ptpt* mit der transitiven Bedeutung „überfallen, niedertrampeln" im Ägyptischen[22] angezeigt sein, dessen Reduplikation der Basismorpheme *p* und *t* auf eine einschlägige Basis-

---

[16] Jeremias, Hosea, 17. Seifert, Metaphorisches Reden, 93.

[17] Vgl. Sellin, Ernst, Zwölfprophetenbuch , KAT XII/1, Leipzig 1929, z.St. und Rudolph, W., Hosea, KAT 13/1, Berlin 1971, z.St.

[18] Mosis, Rudolf: ThWAT VI, 1989, 820-831, hier 831.

[19] Mosis, Rudolf: Die Wiederherstellung Israels. Zur anthropologischen Dimension des verheißenen Heils nach Hos 2,16f, in: Mosis, Rudolf - Ruppert, Lothar (Hg.): Der Weg zum Menschen, Festschrift für Alfons Deissler, Freiburg 1989, 110-133, hier 126f.

[20] Zur Ambivalenz des Gebrauchs vgl. auch Baumann, Liebe, 99.

[21] Vgl. dazu HALAT 925 mit Hinweis auf Gordon, Cyrus: Ugaritic Textbook, Nr. 2129.

[22] Vgl. Hannig, Rainer: Die Sprache der Pharaonen. Großes Handwörterbuch Ägyptisch-Deutsch (2800-950 v.Chr.), Mainz 1995, 298.

I. Gottesbilder

bedeutung[23] der vielleicht semitohamitischen Grundlage schließen läßt. Das Lexem *ptpt* wird gern im Bildkontext der Aktivitäten eines Löwen oder eines Stiers gebraucht, wobei es um die Überwindung der Fremdvölker durch den König mit Unterstützung seines Gottes geht[24]. Überdies kennt das Ägyptische auch die Verbbasis *p3j* mit dem Infinitiv *p3t* und der Bedeutung „begatten, bespringen" (vom Stier oder einer Gottheit ausgesagt)[25], so daß auch dieses Lexem in den einschlägigen Zusammenhang des Wortfeldes gehören kann. Alles in allem kommen wir im Blick auf die wahrscheinlich ursprüngliche Wortbedeutung zu einem anderen Urteil als die These, wonach die „seltene Verwendung von *pty/h* im erotisch-sexuellen Zusammenhang ... als eine Übertragung und Anwendung der genuin weisheitlichen Denk- und Redeweise auf den Bereich des Erotischen anzusehen" sei[26]. Es dürfte vielmehr mit der Inanspruchnahme einer „sexuellen Gewaltmetaphorik für Gott und das Verhältnis *YHWH*s zu Israel"[27] mit all der damit verbundenen Problematik dieses Aspektes zu rechnen sein.

Trotz der wahrscheinlich sexuell-erotischen Konnotation im elementaren Sinnzusammenhang der Basis und deren Bezugnahme auf Verhaltensweisen in der Tierwelt trägt deren überwiegend metaphorische Verwendung dazu bei, zwischen der Vorstellung der sexuellen Aggression und der realen Durchführung zu unterscheiden. Offenbar kommt es auf die stimulierende Wirkung der Idee für sich genommen an, wie sie sich anerkanntermaßen in der einschlägigen Phantasie wiederfindet. Diese imaginäre Bereitschaft zur überfallartigen Sexualhandlung bleibt freilich gerade bei einer Übertragung auf *YHWH* eine Provokation für den Hörer/Leser, ohne daß man den befremdlichen Aspekt ohne weiteres aus dem in Hos 2,16 vorfindlichen Gottesbild heraushalten darf.

Da die Bildsprache mit ihrer Assoziation zur Verhaltensweise in der Tierwelt einen geeigneten Bezugspunkt zu bieten scheint[28], tritt möglicherweise bereits im Bildhintergrund von Hos 2,16a als Begleitphänomen auch das Bild des Löwen vor Augen, dessen besondere Bewegungsart beim Vorgang der Annäherung an die lebendige Beute (ob Mensch oder Tier) gut bekannt ist. Diese Konstellation mag zum so mehr gegeben sein, als im Anschluß an das „Bespringen" von dem Wegbringen des Opfers in die Wüste die Rede

---

[23] Vgl. dazu u.a. Wilson, Penelope: A Ptolemaic Lexikon. A Lexicographical Study of the Texts in the Temple of Edfu, Leuven 1997, 379: "The reduplicated form suggests an intensity of action, though a root *pt* 'to walk' or the like, is not attested". Schon Brugsch, Heinrich: Hieroglyphisch-demotisches Wörterbuch, Leipzig 1867, I. 521 hatte das Verbum *ptpt* auf einen Stamm mit der Sinngebung „die Beine spreizen, rühren, in Bewegung setzen", daher „eilig gehen" u.ä. zurückgeführt, ohne damit zu überzeugen. Eine grenzüberschreitende Beobachtung der Basismorpheme kann hier vielleicht komplementäre Arbeit leisten.

[24] Vgl. Erman, Adolf – Grapow, Hermann (Hg.): Wörterbuch der Ägyptischen Sprache I, 563, 16. Hannig, Handwörterbuch, 298.

[25] Vgl. Hannig, Handwörterbuch, 271. Wilson, Lexikon, 345.

[26] Mosis, Wiederherstellung, 126.

[27] Baumann, Liebe und Gewalt, 104 .

[28] Vgl. hierzu vor allem die neueren Publikationen: Janowski, Bernd – Neumann-Gorsolke, Ute – Gleßmer, Ulrich: Gefährten und Feinde des Menschen. Das Tier in der Lebenswelt des alten Israel, Neukirchen-Vluyn 1993. Janowski, Bernd – Riede, Peter: Die Zukunft der Tiere. Theologische, ethische und naturwissenschaftliche Perspektiven, Stuttgart 1999. Riede, Peter: Im Netz des Jägers. Studien zur Feindmetaphorik der Individualpsalmen, WMANT 85, Neukirchen-Vluyn 2000. Ders.: Im Spiegel der Tiere. Studien zum Verhältnis von Mensch und Tier im alten Israel, OBO 187, Freiburg/Schweiz – Göttingen 2002.

ist. Hier liegt der Vergleich mit dem Jagdverhalten des Löwen ebenfalls nahe, dem im Bereich alttestamentlicher Bildsprache vielfach Rechnung getragen wird[29]. Der Löwe schleicht sich u.a. aus der Steppengegend an sein Opfer im Kulturland heran, überfällt es und trägt es dann an eine sichere Zone in seinem Aufenthaltsbereich zurück, wo er ihm den endgültigen Garaus macht[30]. Insoweit knüpft der Bildhintergrund von 2,16 auch an die Assoziationen zum Einfall wilder Tiere im vorausgehenden Zusammenhang an (vgl. 2,14). Im Übrigen liegt der Übergang von den aggressiven Verhaltensweisen der wilden Tiere als Antwort auf die „Tage der Baale" (V.15) hin zu einer Anspielung auf das Raubgebaren des Löwen auch deshalb nahe, weil die zeitgenössische Vorstellung vom Wirken des kananäischen Baal-Seth mit dem Löwen als Attributtier einhergehen kann[31] und so die Gottheit gewissermaßen mit ihren eigenen Kräften geschlagen wird. *YHWH* ist gegenüber Baal der eigentliche „Herr der Tiere".

Über den Umstand hinaus, daß die Tiersymbolik über eine augenfällige Belegbreite in poetischer Sprache verfügt, wobei den Tieren als den Menschen nächst verwandte Lebewesen eine sowohl schützend begleitende wie auch lebensbedrohende Rolle zuerkannt wird, hat die Löwensymbolik in der Bildsprache des Hoseabuches eine speziellen Signalwert. Offenkundig wird der Bezug auf diese Metaphorik mit Hos 5,14, wo die Löwenmetapher ausdrücklich zum Bild für das Strafgericht *YHWH*s geworden ist[32]:

    5,14a Denn Ich bin wie ein Löwe für Efraim,
         b wie ein Junglöwe für das Haus Juda:
         c Ich, Ich reiße
         d und gehe davon,
         e schleppe fort,
         f ohne daß einer rettet.

Mit der Sequenz des eindeutigen Vokabulars in 14c-f ist der Tatbestand des zerstörerischen Gewaltaktes unabweisbar; von einem Anfallen und Wegbringen in verhaltener Anspielung kann keine Rede mehr sein. Auch von einer erotisch-sexuellen Konnotation findet sich keine Spur mehr. Das nunmehr gewählte Vokabular zielt eindeutig und demonstrativ auf die Bildebene der Verhaltensweise des Löwen[33]. In der Rückschau wirkt 2,16 demnach wie ein erster Tastversuch mit der Metapher ohne nominellen Bezug, im Nachhinein stellt sich diese erste Bezugnahme als eine Art Vorspiel zum eigentlichen Vollzug

---

[29] Vgl. dazu vor allem Riede, Netz, 150-194.

[30] Vgl. die Hinweise bei Riede, Netz, 153f.

[31] Vgl. die eisenzeitlichen Darstellungen des Baal auf dem Löwen in der Miniaturkunst, dazu v.a. Keel, Othmar – Uehlinger, Christoph: Göttinnen, Götter und Gottessymbole. Neue Erkenntnisse zur Religionsgeschichte Kanaans und Israels aufgrund bislang unerschlossener ikonographischer Quellen (Quaestiones Disputatae 134), Freiburg/Schweiz 1992, 130.

[32] Vgl. dazu Jeremias, Jörg: „Ich bin wie ein Löwe für Ephraim..." (Hos 5,14). Aktualität und Allgemeingültigkeit im prophetischen Reden von Gott am Beispiel von Hos 5,8-14, SBS 100, 1981, 75-95., Seifert, Metaphorisches Reden, 158-160. Zum Text zuletzt vor allem Mulzer, Martin: Alarm für Benjamin. Text, Struktur und Bedeutung in Hos 5,8-8,14, ATS 74, St. Ottilien 2003, 70. 87-89.

[33] Immerhin bezeichnet 5,14d wie 2,16b die Fortbewegung mit der Basis *HLK*, freilich im G-Stamm, so daß eine bewußte Entsprechung im strengen Sinn nicht behauptet werden kann.

I. Gottesbilder

des richtenden Eingreifens Gottes heraus. Die Selbstpräsentation *YHWH*s in der Pose eines gewaltsam vorgehenden Ehemanns mit vermutlicher Anleihe bei der Löwenmetaphorik wird nunmehr zur Manifestation der göttlichen Richterfunktion und strafenden Exekutive mit ausdrücklicher Entfaltung der Löwenmetaphorik ohne Vorbehalt.

Diese klimaktische Parallelität zwischen 2,16 und 5,14 erweist sich auch bei der jeweiligen Gewichtung der Folgesätze als bedenkenswert, ja sie offenbart hier erst ihre eigentliche Dynamik. Es bleibt nämlich nicht bei der bloßen Sanktion, vielmehr zeigt sich *YHWH* trotz aller Strafmaßnahmen als versöhnlicher und rettender Gott. Während auf das durchaus noch nicht unzweideutig positiv besetzte „zu Herzen reden" in 2,17ab die Ankündigung einer nunmehr kreativen Aktion *YHWH*s folgt, die – die Frauenmetaphorik sukzessiv verlassend und den Bezug auf Israel verdeutlichend – die Vergabe der Weinberge zum Inhalt hat und die Öffnung des Achortales zur „Pforte der Hoffnung" erklärt, weiß die Fortsetzung des Löwenvergleichs in 6,1 explizit von einer rettenden Umkehr im Verhalten *YHWH*s[34]:

    6,1b   Denn Er hat zerissen,

        c   Er wird uns (auch) heilen.

        d   Er hat geschlagen,

        e   Er wird uns (auch) verbinden.

So zeigt sich die Doppelstrategie im Tun *YHWH*s nach der richterlichen und gnädigen Seite hin[35] sowohl in der ersten Antwort (2,16f) wie auch in der zweiten (5,14-6,1), wobei die zweite offenlegt, was in der ersten angelegt war. Dabei spielt das Bild des Löwen zunächst eine verdeckte, dann eine eklatante Rolle zur Manifestation des gewaltsamen Eingreifens Gottes[36]. Dennoch ist das Bild des Löwen nicht geeignet, ausschließlich auf der militanten Ebene gedeutet zu werden. Auch für ihn gilt, daß er ein apotropäisches Symbol abgibt: er ist ebenso als Übel abwehrendes Tier wie als mächtiges Schutzwesen gedacht, wie sich auch beim Blick auf die sonstige Löwenmetaphorik im AT zeigt[37]. Doch bedarf es gerade bei Hosea (und Amos) einer noch weiterer Differenzierung, wenn die in 2,16f. und 5,14ff. gegebenen Kontraste bedacht werden. In beiden Fällen werden zwar die Grenzen der Metaphern transparent, da das Verhalten *YHWH*s die Rollen des vergeltenden Ehemanns und des angreifenden Löwen transzendiert; beide Bilder jedoch behalten ihre Relevanz, weil sie nicht ausschließlich auf Negativverfahren hin programmiert sind. Die Löwenmetaphern, ob funktional oder nominal gebraucht, werden beidemal im Folgetext nicht entwertet oder gar desavouiert, da die Ambivalenz der Metapher auch den dominanten Schutzaspekt umschließt, so daß auch die Qualifikation *YHWH*s als Geber des Landes und als „Arzt" nicht in Mißkredit gerät, mögen die ihm zugeschriebenen Atta-

---

[34] Zum Text vgl. Jeremias, Hosea, 78. Mulzer, Benjamin, 70, 91-94.

[35] Nach Riede, Netz, 154, Anm. 36 ist hier das „Bild des Raubtieres ... mit dem des für seine Tiere sorgenden Hirten verbunden". Vgl. auch Seifert, Metaphorisches Reden, 162ff.

[36] Zur zentralen Bedeutung der Bilder in 5,12-14 vgl. auch Mulzer, Benjamin, 383, der sich mit Recht gegen eine gegenteilige Einschätzung bei Eidevall, Grapes, 84f. wendet.

[37] Vgl. dazu auch Seifert, Metaphorisches Reden, 159f. mit Bezug auf die außerhoseanische Löwensymbolik und Botterweck, Gerd Johannes: ThWAT I, 417f.

cken auch noch so sehr das Gottesbild strapazieren[38]. Die Verwendung der Löwenmetaphorik im weiteren Verlauf des Hosebuches zeigt im übrigen, daß auch der apotropäischen Dimension des majestätischen Schutzes ausdrücklich Rechnung getragen wird, wie die Vergleiche YHWHs mit dem brüllenden (11,10) und rettenden Löwen (13,7) offenlegen, wie auch immer die literargeschichtliche Ebene zu bestimmen sein mag[39].

Doch noch immer erscheint nicht klar, weshalb die beiden derselben göttlichen Instanz geltenden Metaphern, die vom strafenden Ehemann einerseits und die vom reißenden Löwen andererseits, auf einer vergleichbaren Bildebene interpretiert werden können, obwohl beide Metaphern so eigenwillig weitergeführt werden, um YHWH letztendlich doch den Zug des souverän-rettenden Gottes zu belassen.

Erotisch-sexuelle Konnotation und Löwenmetaphorik gehen hier allem Anschein nach eine eigentümliche ‚Symbiose' ein, für die man gern nach weiterem Vergleichsmaterial Ausschau halten möchte. Um die wohl gemeinte Vorstellung noch etwas stärker ins Bild treten und verstehen zu lassen, mag ein kurzer Ausflug in die kanaanäische Ikonographie gestattet sein. Die Konstellation Löwe + menschliche Gestalt ist nicht zuletzt aus der Miniaturkunst Palästina/Israels bekannt, wo eine Ambivalenz der Rollenbestimmung des Löwen greifbar wird. Entweder geht es um die Darstellung einer dominierenden Herrschergestalt *mit* der begleitenden Figur des angreifenden Löwen oder um die Machtausübung des Herrschers *über* den Löwen als bedrohliches Wüstentier in Vertretung für alle lebensgefährdenden Mächte dieser geographischen Orientierung. Konstellationen mit dem Löwen als Tiersymbol für die Fremdvölker sind ebenso belegt wie Figurationen mit dem Löwen als Ziel des bogenschießenden Pharao. Die unterschiedliche Rollenbestimmung ist vor allem mit kulturgeographischen Gegebenheiten verbunden worden: „Der Löwe ist in Ägypten während des Alten und Mittleren Reiches primär Metapher des Königs und erscheint deshalb auf den sehr zahlreichen Jagdbildern dieser Zeit nie als Beute"[40], während alle die „Stücke, die den Menschen als Bekämpfer des Löwen und als Sieger über den Löwen zeigen", „vorderasiatisch sein" dürften[41]. Unter den Darstellungen, die den Löwen in Siegerpose zusammen mit einer menschlichen Gestalt zeigen, hier insbesondere über

---

[38] Anders etwa Seifert, Metaphorisches Reden, 159f., wonach die Löwenmetaphorik und damit die Präsentation YHWHs im Kontext von 5,14 ausschließlich unter dem Aspekt der absoluten Lebensbedrohung gesehen werden muß, während die Metapher in V.14 selbst „für sich genommen ... auch verheißungsvollen Charakter tragen" könnte. Ob die Löwenmetaphern bei Hosea wie bei Amos im Unterschied zur Betrachtung des „gebändigten Löwen" aus städtischer Sicht dem Hirtenmilieu entstammen und „das Schrecken verbreitende, todbringende Tier aus der Wüste" vor Augen führen sollen, wie Seifert, Metaphorisches Reden, 159f. mit Anm. 22, im Anschluß an Weippert, Helga: Amos. Seine Bilder und ihr Milieu, in: Weippert, Helga – Seybold, Klaus – Weippert, Manfred: Beiträge zur prophetischen Bildsprache in Israel und Assyrien, OBO 64, Freiburg/Schweiz – Göttingen 1985, 1-29 meint, erscheint mir nicht so sicher, da die zugestandene apotropäische Bedeutung der Metapher doch auch den majestätischen Schutz umfaßt. Zum Löwenbild bei Amos und Hosea vgl. jüngst auch Zenger, Erich: „Wie ein Löwe brüllt er..." (Hos 11,10). Zur Funktion poetischer Metaphorik im Zwölfprophetenbuch, in: Zenger, Erich (Hg.), „Wort JHWHs, das geschah..." (Hos 1,1). Studien zum Zwölfprophetenbuch, HBS 35, Freiburg 2002, 33-45.

[39] Vgl. dazu zuletzt Zenger, Löwe, 42f. bzw. Mulzer, Benjamin, 382 mit Anm. 79.

[40] Keel, Othmar: Corpus der Stempelsiegel-Amulette aus Palästina/Israel. Von den Anfängen bis zur Perserzeit. Einleitung, OBO Series Archaeologica 10, Freiburg/Schweiz – Göttingen 1995, 196.

[41] Keel, Corpus, 198.

eine liegende Figur hinwegschreitend[42], überwiegen diejenigen, die einen liegenden bzw. gefangenen Mann wohl als Repräsentant einer feindlichen Bevölkerung v.a. des asiatischen Raums vorweisen.

Auf asiatischem Boden gibt es aber auch Szenen, die einen Löwen in dominantem Verhalten gegenüber einer Frau zeigen, so in einer Konstellation auf einem Skarabäus der Mittleren Bronzezeit II aus Schilo, wobei der Löwe über eine liegende Frau mit dem Gesicht nach unten hinwegzuschreiten scheint (Abb. 1)[43].

Abb.1

Zu dieser für asiatische Symbolik scheinbar ungewöhnlichen Konstellation ist die Frage gestellt worden, „ob der Feind dadurch als ‚Weib' verunglimpft werden soll oder ob wir hier kein kriegerisches Triumphbild, sondern eine erotische Szene vor uns haben, eine von Vorderasien her bestimmte Interpretation des Löwen als Liebhaber"[44]. Zur Assoziation mit einer biblischen Vorstellung wird hier auf Stellen im Hohenlied verwiesen, wo vom Verbringen der Geliebten in die Schlafkammer des königlichen Partners die Rede ist (HL 2,4 3,4)[45]. Dazu stimmen sumerische Zeugnisse, die etwa Inanna, den „Prototyp der sumerischen Geliebten" (Keel) sprechen lassen: „Löwe, ich möchte von dir weggetragen werden zur Bettkammer" bzw. „Der Bruder brachte mich in sein Haus, legte mich nieder auf ein duftendes Königsbett"[46]. So wird allem Anschein nach in dem Belegstück aus Schilo jene Zusammenführung des männlichen (königlichen) Partners mit dem Bild des

---

[42] Vgl. Keel, Corpus, 196f. (§ 539). Zur Pose des Hinwegschreitens vgl. zuletzt Görg, Manfred : „Schreiten über Löwe und Otter". Beobachtungen zur Bildsprache in Ps 91,13a, in: Frühwald-König, Johannes – Prostmeier, Ferdinand R., - Zwick, Reinold (Hgg.): Steht nicht geschrieben? Studien zur Bibel und ihrer Wirkungsgeschichte (Festschrift für Georg Schmuttermayr), Regensburg 2001, 37-48.

[43] Vgl. Keel, Corpus, 196 (§ 539) mit Beziehung auf Brandl, Baruch: Scarab and other Glyptic Finds, in: Finkelstein, Israel (Hg.), Shiloh. The Archaeology of a Biblical Site, Tel Aviv 1993, 211f.

[44] Keel, Corpus, 196 (§ 539).

[45] Keel, Othmar: Das Hohelied (Zürcher Bibelkommentare), Zürich, 2. Auflage 1986, 52.

[46] Zitate nach Keel, Hohelied, 52, dort mit Hinweis auf Kramer, Samuel.N.: The Sacred Marriage Rite. Aspects of Faith, Myth and Ritual in Ancient Sumer, Bloomington – London 1969, 92.

Löwen unter dem Vorzeichen der erotischen Begegnung mit einer Frau (Prinzessin?) vollzogen. Zu dieser Interpretation mag vor allem auch die Beifügung des Zweiges in der linken Bildhälfte zwischen den ‚Partnern' berechtigen, da das Symbol aus der Vegetation in der Miniaturkunst anerkanntermaßen immer wieder für den Kontext der Erotik beansprucht wird[47].

Eben dieser Aspekt einer erotisch-sexuellen Bemächtigung der Frau seitens des königlichen Partners unter dem Bild des Löwen scheint mir auch im Hintergrund der Metaphorik in Hos 2,16 zu stehen. Unter dem prägenden Eindruck der altmesopotamischen und wohl auch noch in Palästina/Israel weiter reflektierten Inanna-Mythologie läßt sich eine solche Verbindung von Löwe und Ehemann im Wirken YHWHs als israelitische „Arbeit am Mythos" verstehen, womit die poetische Sprachweise hier den Charakter einer „mythologischen Metapher"[48] annimmt.

Zur weiteren Unterstützung dieser Sichtweise könnte eine wohl ebenfalls aus dem palästinischen Raum stammende Skarabäendekoration mittelbronzezeitlicher (II) Datierung[49] aus dem Antikenhandel beitragen, die ihrerseits einen Löwen in dominanter Pose, diesmal auf den Hinterbeinen stehend und ihm gegenüber eine ebenfalls stehende, weibliche Person zeigt (Abb.2)[50].

Abb. 2

---

[47] Vgl. besonders Keel, Corpus, 164 (§ 433) mit weiterer Literatur.

[48] Näheres zur Unterscheidung der „mythologischen Metapher" von der gewöhnlichen Metapher demnächst in Görg, Manfred: Gott als König, Zur Bedeutung einer komplexen Metapher in der Theologie der Psalmen, in Quaestiones Disputatae 2004.

[49] Nach Auskunft des Verkäufers soll das Stück aus dem Raum der Golanhöhen bzw. Südsyriens stammen.

[50] Privatbesitz München; genauere Angaben folgen in einem von mir vorbereiteten Katalog. Für die Nachzeichnung der Rückseite danke ich herzlich Frau Dipl.-theol. Nina Redl, München.

Von einer lebensbedrohenden Kampf-Konstellation kann hier noch weniger die Rede sein als beim soeben beigezogenen Stück aus Schilo. Der aufrecht stehende, mit ungeöffnetem Maul zur Frau hin gewendete Löwe, der seine Vordertatzen dem Hals der Frau nähert, kann kaum anders denn als Repräsentant einer erotisch-sexuellen ‚Aggression' verstanden werden, die keineswegs auf Vernichtung des Gegenübers aus ist, sondern auf lustvolles Erfüllen sexueller Bedürfnisse zielt. Der offenbar oberhalb beigefügte Uräus dient hier dem Schutz vor lebensvernichtender Vergewaltigung. Die Frau selbst, ihrerseits mit der Blickrichtung auf den angreifenden Löwen, steht offensichtlich ohne Abwehrhaltung da, mit herunter hängenden Armen, so als wartete sie geradezu auf die Aktivität des Gegenübers. Kein Zweifel dürfte freilich daran bestehen, daß hier eine Bildvorstellung dominiert, die sexuellen Gewaltphantasien relativ vorbehaltlos zuneigt, ohne daß eine exzessive Gewaltausübung suggeriert werden muß.

Beide Bilddokumente, die sich gewiß noch vermehren lassen, vermögen mit hinreichender Deutlichkeit zu erweisen, daß der Löwenmetaphorik eine erotische Dimension innewohnt, die nicht in einem radikalen Gegensatz zur Angriffslust des Tiers zu sehen sein wird, sondern ein dem Menschen eigentümliches Verhalten offenlegt, wie es nicht nur dem Menschen des Alten Orients, sondern einer überzeitlichen Verfassung erotischen Begehrens attestiert werden muß, auch so, daß es sich nicht ausschließlich um Männerphantasien handelt. Dennoch ist es für unser Empfinden problematisch, mit dem biblischen Verfasser eine derartige Übertragung auf Gott nach und mit zu vollziehen. Es hilft hier freilich auch nicht entscheidend weiter, auf ein vermeintlich überlebtes und überholtes Gottesbild abzuheben, dem die Theologiegeschichte längst eine humanere Perspektive entgegengestellt hätte. Es dürfte vielmehr so sein, daß die biblische Sicht im Anschluß an vorderorientalische Bildvorgaben aus der mythischen Vorstellungswelt eine im menschlichen Erfahrungsbereich vorfindliche Verhaltensweise manifest macht und als Teil der Wirklichkeit zum Ausdruck bringt. Die Übertragung eines quasi-agressiven Verhaltens emotionaler Natur auf Gott entspricht ebenfalls einer Denk- und Redeweise, wie sie unter Menschen immer wieder gefunden werden kann. Insofern hat auch diese provozierende Dokumentation ihren Grund in der ‚Offenbarung von unten', die einer unverblümten Aufdeckung menschlichen Fühlens und Denkens entspricht, ohne als sittlicher Maßstab gelten zu können. Das „Wort Gottes" erweist hier seine diagnostische Funktion, indem es über übliche Denkmuster aufklärt, ob sie uns sympathisch sind oder nicht. Auch hier wissen wir zu schätzen, daß die Bibel auch der Vision eines Gottesbildes Ausdruck verleiht, das gerade diese dunklen Züge zurückdrängt, um umso mehr die Tiefendimension göttlicher Zuwendung ansichtig zu machen, wie sie für unseren Zusammenhang in den Folgetexten von Hos 2,16 und 5,14 zur Sprache kommt.

Gott als König

Die Bedeutung einer komplexen Metapher für das Gottesverständnis in den Psalmen

Das Vorstellungsgut um das sogenannte „Königtum Gottes" gehört unbestritten zu den zentralen Themen der Psalmentexte und zur Theologie im Psalter. Dabei geht es nicht nur um diejenigen Psalmen, die explizit von JHWH als König oder vom Königwerden JHWHs in Verbindung mit dem Heiligtum auf dem Zion reden, sondern auch um diejenigen, die die majestätische Dominanz des Gottes Israels mit Phänomenen der Natur oder des Kosmos in Zusammenhang bringen. Von daher ergibt sich eine langanhaltende und wohl noch nicht abgeschlossene Diskussion zur Herkunft und Qualifikation der verschiedenartigen Reden vom Königtum Gottes. Während die genuine Wirkungsgeschichte dieser Reden im Psalter erst jüngst mit Beobachtungen E. Zengers zum 29. Psalm einen aufschlußreichen Zugang erfahren hat[1], darf den prägenden Konstituenten der Vorstellung vom Königtum Gottes hier erneut die Aufmerksamkeit gelten. Der noch offene Fragenkomplex betrifft gerade das spezifische und unverwechselbare Profil der poetischen Rede vom Königtum Gottes mit ihrer Anbindung an das „Symbolsystem" der Gottesthronvorstellung in der Jerusalemer Tempeltheologie.

Die zweifellos gegebene Komplexität der Metapher macht vor allem eine Besinnung auf die religionsgeschichtlichen Vorstufen und die semantische Qualifikation der geprägten Formulierungen nötig, die sich mit den alttestamentlichen Prädikationen im bildhaften Umkreis der Traditionen vom „Königtum Gottes" verbinden. Gerade diese vorzugsweise im Psalter greifbare Rezeption mythischer und mythologischer Vorgaben ist Gegenstand diverser Auseinandersetzungen in der jüngeren Forschung, die denn auch hier zunächst als Ausgangspunkt für eigene Beobachtungen charakterisiert werden soll. Dabei soll ‚Metaphorik' hier von vornerein nicht nur als sprachlich-semantisches Phänomen verstanden werden, sondern als ‚Bild(er)sprache' mit einer „offenen Sinndynamik"[2], die auch zu den mannigfachen Verzweigungen der „Arbeit am Mythos" (H. Blumenberg) gehört.

I. Thronbesteigung

Während mit einem der bekanntesten Werke M. Bubers das „Königtum Gottes"[3] erstmals in eine übergreifende und die Religionsgeschichte Israels von ihren Anfängen an bestimmende Perspektive gestellt wird, ist das Königtum Gottes in den Psalmen in Verbindung mit der Vorstellung einer göttlichen „Thronbesteigung" bereits seit den kultgeschichtli-

---
[1] Vgl. E. Zenger 2003, 183-190 mit einschlägigen Literaturhinweisen.
[2] Vgl. dazu R. Zimmermann 2000, 13-54.
[3] M. Buber 1932 = 1964, 485ff.

I. Gottesbilder

chen Studien S. Mowinckels[4] spezieller Gegenstand monographischer Studien bzw. umfangreicher Beiträge, die in der Nachkriegszeit vor allem von H.-J. Kraus inspiriert worden sind[5]. Die nach einer Phase zurückhaltender Positionen gegenwärtig relevantesten und hier als Ausgangspunkt dienenden Forschungsperspektiven werden mittlerweile in den Arbeiten von J. Jeremias einerseits und B. Janowski exemplarisch vor Augen geführt. Die von beiden Autoren jeweils ausführlich behandelten Thesen sollen hier zunächst kurz in Erinnerung gerufen werden. Angesichts der inzwischen geführten Debatte über die Gültigkeit der jeweiligen Positionen und der Versuche zur Vermittlung sowie über die Rolle kulttheologischer Grundorientierung der sog. Königspsalmen überhaupt[6] scheinen mir einige weitere, bisher nicht eingebrachte Aspekte bedenkenswert, die vielleicht helfen können, dem israelitischen Konzept eines Königtums Gottes noch eher gerecht zu werden. Zunächst also ein kurzes Resumee:

Die Monographie von J. Jeremias mit dem einschlägigen Titel „Das Königtum Gottes in den Psalmen" (Göttingen 1988) will sich mit gutem Grund an den formalen Gegebenheiten der Rede vom Königtum Gottes orientieren. Es geht ihm darum, die Entwicklung der Übertragung der Königstitulatur auf israelitischem Boden mit ihren charakteristischen Stadien nachzuzeichnen. Ausgehend von dem Tatbestand altkanaanäischer Zeugnisse von einer ausgeprägten Vorstellung vom Königtum Gottes nach erfolgreichem Chaoskampf will Jeremias einen innerisraelitischen Prozeß der Umprägung des kanaanäischen Mythos vom Königtum Gottes zu einer genuinen Vorstellung erkennen, die wegen ihrer Orientierung an geschichtlichen Erfahrungen und entsprechendem Reflexionsvermögen die Dimensionen des Mythos grundsätzlich und endgültig hinter sich gelassen und so eine völlig andere Ebene bezogen habe. Der ‚JHWH-König-Psalm' 93 solle demnach im Verbund mit den Pss 97 und 99 die eine Gruppe bilden, die das Königtum Gottes mit dem Satz *YHWH malak* eingangs thematisieren, daher auch „Thema-Psalmen" genannt, und den Prozeß des Emanzipation vom kanaanäischen Mythos widerspiegeln, während eine andere Gruppe, bestehend aus den Psalmen 47, 95, 96, 98 auf der Grundlage der Gattung des Imperativischen Hymnus das fortschreitende Verhältnis von „Mythos und Geschichte" transparent mache.

An Ps 93 wird eine solche Verschränkung von Rezeption und Transformation demonstriert, wobei der ältere Ps 29 als ideologische Vorstufe gelten könne. Jeremias will hier eine sprachlich-syntaktisch aufweisbare Modifikation wahrnehmen, nämlich eine Art „Nominalisierung" des Mythos, was besagen will, daß Aussagen mythischer Provenienz

---

[4] S. Mowinckel 1922, der das „Thronbesteigungsfest" einerseits mit mesopotamischen Vorgaben verbunden und andererseits als Basis der biblischen Eschatalogie verstanden wissen wollte. Zur Konzeption und Wirkung Mowinckels vgl. v.a. B. Janowski 1989, 394 = 1993, 153, Anm. 16.

[5] Das thematische Signal setzt die Arbeit von H.-J. Kraus 1952, die auf dessen Studien zum „königlichen Zionsfest" aufruht, im vielbenutzten Psalmenkommentar ihre Fortsetzung und in „Theologie der Psalmen" 1979 ein integrierendes Resumee finden. Dabei ist bezeichnend, daß das Thema der kultischen Rückbindung der Vorstellung vom Königtum Gottes beim ehemals engagierten Vertreter selbst sukzessiv an Emphase eingebüßt hat. Zur Beobachtung und Kritik an dem Schwinden der kultdramatischen Beziehung vgl. u.a. B. Janowski 1989, 394 = 1991, 153.

[6] Vgl. hierzu die Positionsdarstellung bei E. Zenger, 2001, 319, 321, v.a. die Beiträge in Otto-Zenger, 2002.

nunmehr in „statisch-nominale Aussagen" gegossen werden, um damit einen abgeschlossenen Zustand erkennbar zu machen. So soll in Ps 93,1f ein wesenhaft zeitloser, erstarrter Zustand zum Ausdruck gebracht worden sein.

Hier setzt nun die Kritik von Janowski ein, demzufolge die sprachliche Gestalt von 93,1f eben nicht die Annahme einer bloß konstatierenden Aussage rechtfertige, sondern einen vergangenen, aber doch fortwirkenden oder nachhaltigen Sachverhalt vermittle. Im Anschluß an E. Otto möchte Janowski eher daran denken, daß hier eine „Unableitbarkeit der Königsherrschaft JHWHs" manifest werde. Überdies kann sich Janowski der von J. Assmann an anderem Material erhobenen Beobachtung zur „Stilform der behobenen Krise"[7] bedienen, um klarzustellen, daß es darum gehe, festzuhalten: „JHWH ist Herr über das Chaos, weil er der Königsgott ist". Diese Perspektive schließe keineswegs aus, daß der Beter die Gefährdung durch das Chaos weiterhin kennt; er kann aber darauf setzen, daß sein Gott ein für allemal der Beherrscher des Chaos ist und bleibt.

Für Janowski besteht das „Proprium" des Ps 93 im Anschluß an E. Otto „gerade darin, die beiden Ebenen ‚mythische/s Urzeit/Geschehen' und ‚Erfahrungswirklichkeit' zu vermitteln und den Tempel als den kosmisch dimensionierten Ort in der empirischen Wirklichkeit auszuweisen, an dem die urzeitliche Festigung der Welt als gegenwärtig erfahrbares Geschehen wahrgenommen wird – im Gotteslob der Kultgemeinde"[8].

Eine weitere Präzisierung wird mit der Interpretation des Psalms 93 bei H. Irsigler (1991) angezielt, der den Gedanken an eine einstmalige Thronbesteigung nicht ausblendet und daran festhalten möchte, daß es nach Syntax und Semantik in 93,1f zunächst um den Herrschaftsantritt JHWHs geht, ohne daß man auf der zuerst bezogenen Aussageebene des *YHWH malak* „sogleich an seit Urzeit oder prinzipiell gegebene Sachverhalte" denken müsse[9]. Im folgenden Verlauf präsentiert sich „ein individuell perfektischer Vollzug mit bleibender Wirkung"[10] bzw. ein „konstatiertes urzeitliches (und aktuelles) ‚Gründungsgeschehen' mit bleibender Wirkung"[11], der den göttlichen Regierungsantritt, die „Thronbesteigung" als einen fundamentalen und globalen Akt bestätigt und zugleich empirisch ausweist. Im Verlauf des Psalms wird die anfängliche Sichtweise verdichtet und ausgeweitet, allerdings derart, daß sich der Primärbezug auf das „Thronbesteigung" JHWHs nur in V.1-4, nicht mehr aber in dem nach Irsigler vermutlich redaktionellen und nachexilischen V.5 wahrnehmen läßt. Während Janowski dem Bekenntnis zur Verläßlichkeit der ‚Zeugnisse' in V.5 eine „Schlüsselfunktion" zusprechen möchte[12], will Irsigler einer nachherigen Interpretationsebene das Wort reden.

Neben den sog. Themapsalmen gibt es, wie gesagt, die Psalmengruppe, die vom Königtum JHWHs unter Bezug auf die primären Assoziationen redet, nämlich vom Thron, vom

---

[7] Vgl. J. Assmann 1983, 75, Anm. 71. B. Janowski 1989, 149.167f.
[8] B. Janowski 1998, 417f = 1993, 176f
[9] H. Irsigler 1991,184.
[10] H. Irsigler 1991,184.
[11] H. Irsigler 1991,185.
[12] B. Janowski 1989, 416 = 1993, 175.

I. Gottesbilder

Thronbesteigen und vom Thronen. Als Exemplarfall wird – wiederum in der Kontroverse Jeremias vs. Janowski – der Ps 47 gewählt, der beiden als Thronbesteigungspsalm gilt, allerdings in disparatem Sinn. Während Jeremias wegen der Verbalsätze an einen geschichtlichen Prozeß denkt, nämlich den auch in Ps 68,18f als „engste Sachparallele" beobachteten „‚Aufstieg' JHWHs mit seiner Lade"[13] und an eine kultdramatische Vergegenwärtigung dieses als fundamental empfundenen Ereignisses, will Janowski überhaupt keine Anspielung auf irgendeine Ladeprozession wahrnehmen, sondern eine Interpretation des Epithetons 'aelyon „Höchster" (47,3), um so in dem Psalm eine Verherrlichung JHWHs derart zu sehen, daß, „der in die himmlische Wohnstatt ‚hinaufsteigende' Königsgott auf seinem Thron im Jerusalemer Heiligtum erscheint"[14].

Während für Jeremias der „auffällige Wechsel von Nominal- und Verbalsätzen in der Aussagestruktur traditionsgeschichtlich dem Wechsel zwischen mythischen und geschichtlichen Themen entspricht"[15] und demnach gewissermaßen Mythos gegen Geschichte steht, möchte Janowski auf der Basis der semiologischen Doppelstruktur der ingressiven und der durativen Bedeutungsseite von *MLK* einerseits und *YŠB* andererseits (V.9) von einem Anbruch der Königsherrschaft JHWHs und der Entfaltung der Königsmacht reden. Eine Beziehung auf die Lade oder ein Thronen über der Lade als Wahrzeichen des göttlichen Königtums will Janowski nicht wahrhaben. Stattdessen soll die Genese der Rede vom Königtum Gottes von vorneherein und exklusiv mit schöpfungsbezogenen Ideen und Vorstellungen zu tun haben.

In der Spur einer Anbindung des göttlichen Königtums an die Schöpfungsvorstellungen in Jerusalem geht Janoswki weiter. Zugleich entfernt er sich immer mehr von dem Versuch, die Ladetheologie noch in irgendeinem engeren Zusammenhang mit der Thronvorstellung, die ja mit der Idee des Königtums Gottes unverzichtbar liiert ist, zu bringen. Ein weiterer ausführlicher Beitrag Janowskis zur Relation „Keruben und Zion" (1991/1993) hat an den Tag bringen wollen, daß es kein Thronen auf der Lade gibt, sondern lediglich ein Thronen auf den Keruben, so daß nur die Prädikation des „Kerubenthroners" mit ihren Abwandlungen als geeignet erscheinen könne, die Vorstellung vom Königtum Gottes zu stützen und von ihrem vermeintlich altkaanäischen Erbe her zu tragen. Die Keruben stehen hier mit dem Spektrum vor Augen, das ihre Rolle in der Dekoration des Tempels nahelegt, während die Lade lediglich ein in den Tempel verbrachtes Element darstellen soll, das mit dem wahrscheinlich aus Schilo überkommenen Titel Zebaot verbunden wäre. Soweit ich sehe, hat Janowski die Loslösung der Lade aus der Königgott-Konzeption mit seinem zuletzt publizierten Beitrag zur „Jerusalemer Tempeltheologie" mit ihren kosmologischen Implikationen (2003)[16] auf eine vorläufige Spitze geführt. Um so mehr erscheint es nötig, die Aufmerksamkeit noch einmal auf Position und Funktion der Lade im

---

[13] J. Jeremias 1987, 156.

[14] B. Janowski 1989, 433 = 1993, 192.

[15] J. Jeremias 1987, 50.

[16] Zu dem von Janowski präsentierten „Koordinatensystem" der dort vermittelten Vorstellungsbilder vom Königtum JHWHS wird unten Stellung bezogen.

Symbolsystem der Thronvorstellung zu richten, um damit der Idee vom Königtum Gottes eine plausiblere Verhaftung in der Jerusalemer Tempeltheologie zuzusprechen.

II. Thronmythologie

Das Interesse an einer präziseren Erfassung und Auslotung der Dimensionen der Vorstellung vom göttlichen Thronen führt uns mit einem Symbolsystem zusammen, dessen Gebundenheit an mythische Grundvorstellungen grundsätzlich außer Zweifel steht. Nun ist der geradezu inflationäre Umgang mit den Ausdrücken „Mythos" und „Mythologie" und verwandten Wortbildungen gewiß ein Ärgernis, dem es mit einer Beschränkung auf vorläufige Differenzierungen zu begegnen gilt. Vielleicht hilft hier eine unprätentiöse Unterscheidung von „Mythos" und „Mythologie", die den „Mythos" auf eine elementare „Äußerung" oder „Ur-Sprache" bezieht, in die sich eine Gottesprädikation hüllt, um dann in der „Mythologie" als einer „Arbeit am Mythos" (H. Blumenberg) eine vielseitig verzweigte Reflexion zu finden. In der Vorrede zu ersten Auflage seiner oben erwähnten Schrift zum „Königtum Gottes" nennt M. Buber den Mythos „die spontane und rechtmäßige Sprache des erwartenden wie des erinnernden Glaubens"[17]. Diese Art „Definition" des Mythos erscheint angesichts der vielfältigen Annäherungsversuche deswegen noch immer attraktiv, weil sie sowohl die Ursprünglichkeit und damit die Partizipation an der elementaren Verborgenheit[18] des Mythos reflektiert wie auch die überzeitliche Verbindlichkeit seines Anspruchs. Das „*eigentlich* Mythische" ist „eine Art Grenzbestimmung, unerreichbar und da nicht aussagbar, nur im Schweigen erfahrbar"[19]. Wie bei allem Reden über den „Mythos" seit Beginn der Wortbildung „Mythos" selbst in der Antike handelt es sich bei jedem Versuch um Näherbestimmung um „Arbeit am Mythos", d.h. um eine Beschäftigung mit ihm, die das Unbewußte des Mythos in den Prozeß des Bewußtwerdens hineinzieht, den Mythos auf seinem Weg aus der Verborgenheit begleitet[20]. In der Konsequenz der Unterscheidung zwischen Mythos und Mythologie möge auch die Differenzierung der jeweiligen Elemente in „Mytheme" und „Mythologeme" stehen, die sich als „Konstellation" darstellen können.

---

[17] M. Buber im Vorwort zur ersten Auflage 1932, vgl. Buber 1964, 490. Der Kontext der Formulierungen macht deutlich, daß Buber gegen die zeitgenössische Überschätzung des Mythos zur Wehr setzt, dessen grundsätzliche Relevanz für das Geschichtsbewußtsein aber nicht negiert. Bemerkenswert sind auch die Ausführungen Bubers in seiner älteren Schrift „Der Glaube des Judentums" (1929), wo es u.a. heißt: „Nur ein abstrakt-theologischer Monotheismus kann des Mythus entraten, ja darf in ihm seinen Feind sehen; der lebendige braucht ihn, wie alles religiöse Leben ihn braucht, als die spezifische Gedächtnisform, in der sich seine zentralen Ereignisse bewahren und dauernd einverleiben" (hier zitiert nach Buber 1933, 41).

[18] Zur Verborgenheit des Mythos vgl. u.a. J. Assmann 1977, 7-43. Vgl. auch H. Sternberg 1985, 15-19. Die von uns getroffene Scheidung zwischen Mythos und Mythologie berührt sich mit Assmanns Trennung von „Mythos" und „mythischer Aussage". Die letztgenannte Bestimmung gilt nach Assmann 1977, 38 für „realisierte Texte, wie sie uns in Papyri und Steininschriften überliefert sind". „Mythische Aussagen" sind damit aber bereits Gegenstand der Mythologie.

[19] C.-F. Geyer 1996, 91.

[20] Eine verwandte Konzeption und Differenzierung zwischen „Mythos" und „Mythologie" finde ich u.a. bei C.-F. Geyer 1996, 92, der überdies auf die Gefahr einer Remythisierung des Mythos aufmerksam macht, wie sie mit der Erhebung der „wirkungsgeschichtlich relativen Mythologien" auf die Ebene des eigentlich nicht wahrnehmbaren „Mythos an sich" gegeben sei

I. Gottesbilder

Die Vorstellung von einem göttlichen Thronen als signifikatives Erscheinungsbild des Königtums eines Gottes stellt eine mythische Konstellation vor, ein Mythem, das in biblische und nichtbiblische Sprache, sowie außertextliche, mannigfaltige künstlerische Darstellungsformen, d.h. in textsprachliche und bildsprachliche Äußerungen, in mythologische Metaphern oder Mythologeme gehüllt werden kann. Des Näheren gibt es neben den biblischen Wendungen mit der Basis *MLK* vor allem geprägte Ausdrucksformen und Formelgut mit *YŠB*, das Niederlassungsmythologem und das Thronsitzmythologem. Diese Differenzierung operiert mit der semantischen Doppelstruktur der Basis *YŠB*, die sich in eine „sedative" und eine „mansive" Bedeutungsseite aufteilen läßt[21].

Einer weiteren vorsichtigen Abklärung bedarf das Verhältnis zwischen „Mythos" und „Geschichte". Die hier angehende Grundfrage lautet: Wo hört mythische Rede auf, wo beginnt die Sprache der Erfahrungswirklichkeit? Gibt es überhaupt ein Kriterium, Mythos und Geschichte so zu unterscheiden, daß hier zwei strikt voneinander abhebbare Wirklichkeiten definiert werden können? Kann die Syntax ein solches Kriterium sein? Ohne die Kompetenz der Syntax in diesem Bereich auszuloten, verlegt sich Janowski in seiner Kritik an Jeremias einschlägigen Versuchen eher auf grundsätzliche Vorbehalte. Das „Spezifikum israelitischer Mythosrezeption" ist nach Janowski zum einen „Vermittlung von mythischer Urzeit und Erfahrungswirklichkeit"[22], zum anderen eine *„Durchbrechung des mythischen Zeitbewußtseins"*, wenn dieses als „absolute Vergangenheit" gilt, d.h. als Vergangenheit, „von der man immer gleich weit entfernt ist, wie weit die geschichtliche Zeit auch voranschreiten mag". Ist aber das Kennzeichen israelitischer Begegnung mit dem Mythos nach und mit Buber ein Erwarten und Erinnern im Glauben, inspiriert allerdings von einem „echten geschichtlichen Glaubensleben", dringt der keineswegs schlichtweg ‚überwundene' und durchaus positiv besetzte Mythos auch in die „Erfahrungswirklichkeit" ein, insofern diese eine Zukunftsperspektive der Geschichte impliziert. Der Mythos prägt die Geschichte und die Geschichte prägt den Mythos. Die sprachliche Gestalt der Mythenrezeption grenzt den Mythos nicht aus, sondern läßt ihn bildsprachlich weiter präsent und zukunftswirksam erscheinen. So gibt es auch in den Psalmen eine Mythosrezeption als sprachliche „Arbeit am Mythos" in Gestalt der Generierung variabler Ausdrucksformen (Mythologeme), die u.a. mit einer oszillierenden Semantik einhergehen kann: „die Erde wankt nicht" (93,1) – „es wankt die Erde" (Ps 99,1). Der Mythos kann somit im Zuge der Mythologisierung, d.h. im Sinne einer ‚Arbeit am Mythos' u.a. einer Versprachlichung unterzogen werden, er kann sowohl ‚nominalisiert' wie ‚verbalisiert' werden. Das bedeutet also nicht, daß etwa Nominalsatzformen im Psalter für sich genommen ein Kriterium für Kritik am erzählenden Mythos seien oder gar die Überwindung desselben signalisierten, während zugleich Verbalsätze als Kriterium für genuin israelitische Bekenntnisaussagen zu gelten hätten. Stattdessen sind nur auf der Bedeutungsebene Metaphern und Mythologeme wahrnehmbar.

---

[21] Vgl. dazu M. Görg 1982, 1016-1032.
[22] B. Janowski 1989, 417 = 1993, 176 mit Anm. 102.

Ich kehre zum mythischen Fundus und zur „Arbeit am Mythos" in der Rede vom Königtum Gottes zurück. Hier erscheint es nötig, daß wir der scheinbaren Alternative ‚Thronbesteigung von unten', d.h. mit Lade (Jeremias) – ‚Thronbesteigung von oben', d.h. ohne Lade (Janowski) begegnen und dabei der Rolle der Lade noch ein Stück gerechter werden müssen, um nicht das Kind mit dem Bade auszuschütten. Die Lade darf auch nicht aus dem Gesichtskreis verschwinden, nur weil von ihr nicht permanent die Rede zu sein scheint. Ähnlich wie im Islam die mekkanische Kaaba mit dem schwarzen Stein unverzichtbar bleibt, obwohl die Texte des Koran von diesem nicht unablässig reden.

An Stelle eines Rekurses auf altkannanäische Vorgegebenheiten, deren Bedeutung ich nicht in Frage stellen, aber doch in ihrer Exklusivität in Frage stellen möchte, sei es überdies erlaubt, auch im Blick auf die nachfolgende Argumentation auf die zur staatlichen Zeit Israels/Judas zeitgenössische Entfaltung des Königtum Gottes im Nachbarland Ägypten aufmerksam zu machen. Ich weise hier hin auf die Theologie des Königtums v.a. des Amun-Re, wie sie sich in der bis in den griechischen Sprachbereich erhaltenen Gottesbezeichnung „Amonrasonther" (*Jmn-Rʿ-njswt-nṯrw* „Amun-Re, König der Götter") eindrucksvoll manifestiert. Eine Präsentation und Durchleuchtung der den Hochgöttern gewidmeten Hymnen ab der 18. Dynastie[23] leisten ein Übriges, um die Theologie vom Königtum eines Hochgottes in Ägypten zu profilieren. Nicht zu übersehen ist auch die Dimension der Königlichkeit Gottes im Totenkult, wenn dem „Todesgott" Osiris zugleich die Inthronisation zum Herrscher über Tod und Regeneration zuerkannt wird, welche Funktion er sozusagen in autorisierter Stellvertretung des Sonnengottes vollzieht. Wir haben es also auch mit einer synchronen Gegenwärtigkeit des Mythos, zeitgenössisch zu den einschlägigen Gehversuchen Israels zu tun, eine alternative Mythologie zu gestalten.

Basierend auf vergleichenden Beobachtungen möchte ich im Folgenden die These vertreten, daß die Lade im Tempel zwar nicht ausschließlich konstitutiv für das Königtum Gottes ist, daß sie aber als ein elementares Begleitphänomen in der Entwicklung einer genuin israelitischen Thronidee gelten muß, die ihrerseits zur Ausbildung eines Vorstellungszusammenhangs vom Königtum Gottes beiträgt. Dabei möge die besondere Aufmerksamkeit für zwei mit der Basis *YŠB* verbundene Formulierungen beansprucht werden, die aufs erste miteinander nicht kompatibel erscheinen und so noch einmal das Problem der Kompetenz der Rede vom Königtum Gottes exemplarisch und fokussierend darstellen. Es soll um die Fügung *yošeb k rubim* in Ps 99,1 einerseits und die Formulierung *yešeb lam=mabbul* Ps 29,10 andererseits gehen, Wendungen, die jeweils daraufhin zu prüfen sind, ob sie als Mythologeme oder mythologische Metaphern einen Zusammenhang mit der Lade kategorisch ausschließen, zulassen oder gar zu fordern vermögen.

---

[23] Vgl. hier die Zusammenstellung der ägyptischen Hymnen ab der 18. Dynastie an den „Schöpfer und Weltgott" bei J. Assmann 1999, 263-365, insbesondere die theologischen Hymnen an Amun-Re aus der Ramessidenzeit, Assmann 1999, 282-297.

III. Kerubenthron

Der Psalm 99, der letzte der sog. Thema-Psalmen zum Königtum Gottes, kennt mit der Fügung *yošeb k'rubim* (V.1) eine Gottesprädikation, die mit ihren Varianten[24] u.a. auch im Psalter (vgl. etwa Ps 80,2: *yošeb hak=k'rubim*) in der Regel auf die Präsenz des unsichtbar über der Lade thronenden Gottes bezogen worden ist. Zur Sicherung dieser Auffassung verweist man vor allem auf die in 1Kön 8,6 offerierte Konstellation eines Kerubenthrons mit einem irgendwie darunter befindlichen Ladekasten, dazu v.a. aber auf die sogenannte Ladegeschichte mit der bekannten programmatischen Prädikation *'rwn bryt-YHWH ṣb'wt yšb h-krbym* (1Sam 4,4 vgl. 2Sam 6,2) und auf die priesterschriftliche Sicht[25].

Daß dies nicht nicht ohne weiteres selbstverständlich so gesehen werden muß, hat Janowski zeigen wollen[26]. Nach ihm ist die Titulatur des ‚Kerubenthroners' auch ohne Bezug auf die Lade erklärbar. Ein gegebener oder originärer Zusammenhang des Kerubenthrons mit der Lade ist für ihn nicht gegeben, gerade auch nicht im Blick auf 1Kön 8,6. Auch darf die P-Anweisung zur Herstellung von Keruben oberhalb der ‚Kapporaet'[27] Ex 25,10-22 gewiß nicht ohne weiteres eine objektgeschichtliche Konstellation mit der Lade suggerieren lassen, wenn man nicht weiterhin mit Vorlagen rechnet, die eine derartige Kombination voraussetzen[28], aber gleichfalls nicht in frühe Relationen zurückführen müssen.

Der Kerubenthron ist in der Tat nicht zu lösen von Vorstellung und Darstellung der Sphingenthrone, wie sie im phönizisch-syrischen (libanesischen) und ägäischen Raum bezeugt sind[29]. Der Kerubenthron ist allerdings anscheinend näherhin aus der Gestalt des nicht nur in Ägypten, sondern auch in der Miniaturkunst Palästinas gut bezeugten Löwenthrons, d.h. des mit Löwenbeinen bzw. löwenbewehrten Armlehnen ausgestatteten Fürstenthrons[30], und dem Sphingenthron herausgewachsen und seiner Idee nach zunächst mit dem Schutzcharakter der Sphingen engstens verknüpft. Dieser apotropäische Charakter scheint mir mit den Keruben viel intensiver verbunden zu sein als etwa eine ausschließlich naturmächtige Assoziation, die in den kanaanäischen Raum weisen würde. Die Herausbildung des Sphingenthrons, der, soweit erkennbar, für Götter oder ‚Gottkönige' vorgesehen ist[31], signalisiert allerdings auch einen wesentlichen Überschritt hin zur Repräsentation des Spenders von Vegetation, Nahrung und Leben, wie Martin Metzger und Bernd Janowski mehrfach und mit Recht betont haben.

---

[24] Zu den Belegen vgl. u.a. M. Görg 1982, 1027. Th. Hieke 1997, 141.

[25] Zu den einschlägigen Angaben vgl. u.a. M. Görg 1994, 577.

[26] B. Janowski 1991, 231-264 = 1993, 247-280.

[27] Dazu v.a. Janowski 1982, 279f.295ff. Görg 1995, 467f.

[28] Vgl. dazu K. Koch 1959, 11-13.

[29] Vgl. v.a. M. Metzger 1994, 75-90, dazu die Literaturhinweise bei Janowski 1991, 248f = 1993, 264f, Anm. 66f.

[30] Vgl. dazu K. Kuhlmann 1977, 85-89.

[31] Vgl. u.a. O. Keel 1985, 34. Janowski 1991, 249 = 1993, 265. Metzger 1994, 83.

Ein qualifizierter Sphingenthron, der Kerubenthron, soll nun auch im Debir gestanden haben. Die Beschreibung in 1Kön 6,23-28[32] mutet nach einem begrifflichen Unterscheidungsversuch eher wie ein ‚Denkbild' als wie ein ‚Sehbild'[33] an, obwohl beide Perspektiven nicht strikt oder absolut getrennt werden können und die beiden Bezeichnungen nicht sehr gücklich sind. Es soll überdies und vor allem die Meinung vermittelt werden, daß ein besonders ausladender und spezifizierter Kerubenthron mit der Lade nach ihrer Überführung in den Tempel (1Kön 8,6f) kombiniert worden sei. Noch immer umstritten ist, wie man sich das Arrangement zu denken habe, da die Informationen zu dürftig sind und über die Motive nichts Eindeutiges verlautet. Nach der Meinung Janowskis hat die in V.7 angedeutete Schutzfunktion der Keruben sekundären Charakter, da sie aus der untergeordneten Position der Lade „herausgelesen" sei[34], so daß es lediglich um eine „Akzentverschiebung" gehe, wobei „hinter dem Bericht 1 Kön 8,1ff so etwas wie ein Konflikt zwischen kanaanäisch-phönikischer Keruben- und israelitischer Ladetradition sichtbar" werde, der freilich, „nicht von Dauer gewesen zu sein" scheine[35]. Dieser Lösungsversuch erweckt den Eindruck, als handele es sich bei der literarischen Darstellung des Throngebildes im Debir um eine bloß konstruierte Vergesellschaftung, um eine Art Verlegenheitsmodell, ein politisch-religiöses Arrangement oder Kunstprodukt ohne substanzielle Bezogenheit seiner Elemente aufeinander. Es seien Zweifel angemeldet, ob man sich mit der These einer Heterogenität von Keruben und Lade abfinden sollte, nur um die Idee eines ‚Ladethrons' vom Jerusalemer Debir fernzuhalten.

Die untere ‚Etage' eines Sphingenthrons ist anderwärts durch den stilisierten und von Tieren flankierten Baum ausgewiesen. Nimmt im Debir nunmehr die Lade eben die Position und Funktion eines Leben fördernden oder garantierenden Symbols ein? Die Frage bleibt und ist bislang nicht beantwortet worden: Gibt es nicht doch irgendein plausibles Konzept, nach dem das (schon von Schilo her programmierte Zueinander?) von Kerubenthron und Lade[36] geordnet sein könnte, und weiter, welche theologische Vorstellung verbirgt sich dahinter, etwa sogar eine solche, die zugleich geeignet wäre, die genuine Idee vom Königtum Gottes in Jerusalemer Theologie besser ins Bild zu setzen?

Das Problem verschärft sich, wenn man eine weitere Perspektive einbezieht, nämlich die gern bemühte Vision des „Heiligen" JHWH in Jes 6,1-5, die doch allem Anschein nach einer ganz anderen Art von Throngebilde das Wort redet. Der „hohe und erhabene Thron" dieser Vision ist von Serafen, nicht von Keruben umgeben; die untere Etage, wenn man so will, wird lediglich mit den Gewandsäumen, die den Hekal erfüllen sollen, angesprochen, aber eben nicht unter Bezug auf die Keruben oder gar die Lade[37]. Es scheint daß

---

[32] Dazu v.a. Keel 1977, 15ff.

[33] Vgl. M. Görg 1990, 398. Zu der Unterscheidung vgl. u.a. Keel 1975, 69, allerdings mit Bezug auf Jes 6.

[34] Janowski 1991, 251f = 1993, 267f.

[35] Janowski 1991, 255 = 1993, 271.

[36] Vgl. u.a. Metzger 1985, 309-35. Zur Schilo-These vgl. bereits die kritischen Überlegungen bei H. Schmidt 1923, 120-144, eingehend dazu v.a. Janowski 1991, 237 = 1993, 253.

[37] Vgl. dazu v.a. O. Keel 1977, 46-124, H. Irsigler 1991, 140ff und jüngst Janowski 2002, 34 mit Anm. 40, der die Rede von den Serafen und das Schweigen von den Keruben und vom ‚Kerubenthroner' für „bedeutungsvoll" hält und „mit der singulären Raum- und Thronvorstellung" zusammenbringen möchte.

hier eine ganz andere Thronidee zu Wort kommt. Auf jeden Fall nicht die für den Debir üblicherweise und mit Recht reklamierte Form des Kerubenthrons. Überhaupt besteht die Möglichkeit, daß in Jes 6 ein alternatives Thronkonzept zur Geltung kommen soll, schon um dem Königtum JHWHs eine noch größere Erhabenheit im umfassenden Sinn zu vermitteln. Einer erst in jüngster Zeit vorgetragenen Perspektive Janowskis zufolge beruht das in Jes 6,1-5 greifbare „kosmologische" Konzept „auf einem vertikalen Weltbild, demzufolge ‚Höhe' (Gottesthron) und ‚Tiefe' (Tempelschwellen) einander gegenübergestellt werden und das im Tempel von Jerusalem sein ‚Gravitationszentrum' hat"[38]. Bei aller grundsätzlichen Zustimmung zu dieser Sicht dürfen doch gerade die „Tiefe" und die Funktion der „Tempelschwellen" weiter ausgelotet werden, weil sie u.E. zum „Symbolsystem" des Gottesthrons gehören.

IV. Thronsockel

In der Tat gründet die Thronidee bei Jesaja auf einer anderen Thronvorstellung, und zwar offenbar der eines Throns, der einer verbreiteten Form des Blockthrons näher zu stehen scheint, wie dieser in Ägypten in erster Linie den Göttern zugemessen ist. Allerdings wäre dieser Gottesthron von vornherein den allzu sichtbaren Maßstäben enthoben und ins Überirdische erhöht, freilich so, daß der Tempel bereits als „Himmel" gilt[39]. Um sich dennoch eine Vorstellung von der Struktur und Symbolik eines solchen Gottes-Throns und seiner Elemente zu machen, dürfen wir uns zwei Beispiele vor Augen führen, das erste aus der klassischen Zeit der 18. Dynastie, das zweite aus der griechisch-römischen Zeit.

Abb. 1[40]

---

[38] Janowski 2002, 41.
[39] Dazu bereits O. Keel 1975, 52.
[40] Vgl. die farbige Wiedergabe in E. Otto - M. Hirmer 1966, 113. Die hier gegebene Nachzeichnung ist aus O. Keel 1972, 254 (Nr. 375) übernommen.

Abb. 2[41]

Die Darstellung des thronenden Hochgottes Amun-Re von Theben mit dem vor ihm räuchernden und libierenden König Tuthmosis III. auf der Rückwand der Hathorkapelle des Tempels der Hatschepsut in Deir el Bahari zeigt den zur Gattung des Blockthrons (ägypt. ḥwt)[42] gehörigen Göttersitz, der lediglich mit einer kurzen Rückenlehne in Gestalt eines gefalteten Tuchs bzw. Polsters und einem rechteckigen Winkel an der hinteren unteren Ecke der Seite ausgestattet ist, so daß eine direkte Nähe der Dekoration zum Aussehen der ḥwt-Hieroglyphe gegeben ist. Die mit dem ḥwt-Zeichen dekorierten Throne können zwar sowohl Göttern wie Königen zugedacht sein, sind aber „eigentlich Göttersitze, sie symbolisieren in erster Linie die ‚Besonderheit' ihres Besitzers und weisen beim Herrscher auf dessen in Vertretung der Königgötter ausgeübtes Amt hin"[43]. Sowohl der Blockthron wie auch die Füße des Thronenden ruhen auf einer dekorierten Thronmatte, die wiederum auf einem trapezförmigen Thronsockel aufliegt. Die Thronmatte (ägypt. pj?)[44] wird als „traditionelles Herrschersymbol" aufgefaßt, das auch nach üblicher Einführung des Blockthrons seine anscheinend archaische Funktion behalten hat und die Gottheit sogar als „Du auf Deiner Matte Erhobener" adressiert sein läßt[45]. Bezeichnend ist hier auch, daß die Thronmatte über den Tod hinaus als „Würdezeichen" gilt, insofern der Tote u.a. mit der Rede angesprochen werden kann: „Du sitzt auf der Matte des Osiris, Re hat deine Standorte vorne sein lassen"[46]. Auf den Thronsockel allerdings kommt es uns insbesondere an. Er ist hier einem der Hieroglyphenzeichen für ägypt. m3't („Maat") entsprechend gestaltet, einem der am meisten verbreiteten und zitierten Grundbegriffe der

---

[41] Ausschnitt aus der Nachzeichnung in: Mariette 1870-80, III. Pl. 69h.

[42] Vgl. dazu K.P. Kuhlmann 1977, 51-60. Weitere Informationen zum Blockthron bei Kuhlmann 1986, 524f.

[43] Kuhlmann 1977, 83. Vgl. auch Kuhlmann 1986, 525.

[44] Zum Problem der Terminologie Kuhlmann 1977, 70.

[45] Vgl. Kuhlmann 1977, 90.

[46] Wiedergabe nach Kuhlmann 1977, 90.

I. Gottesbilder

ägyptischen Religion überhaupt, der für eine Art „Sinngefüge" oder die Grundordnung des Weltgeschehens steht und nur vorläufig mit „Wahrheit", „Gerechtigkeit" etc. wiedergegeben werden kann[47]. Die mit dem *m3't*-Zeichen gebildete Thronsockel trägt demnach die genuine Symbolik einer Basisgarantie für den Bestand des göttlichen Königtums. In der gegebenen Konstellation verbürgt Amun-Re eben diese elementare und universale Stabilität der Weltordnung.

Auch die nachpharaonische Darstellung des thronenden Osiris aus dem Hathor-Tempel in Dendera[48] zeigt den vorzugsweise Göttern reservierten Blockthron mit den oben genannten Kennzeichen. Allerdings fehlen bei diesem Ensemble sowohl die Thronmatte wie auch die trapezförmige Gestaltung des Thronuntersatzes. Dieser wird in der vereinfachten Form eines Quaders ausgeführt, was den Gedanken an einen symbolisch entwerteten Sockel nahe legen könnte, den eigentlichen Sinn des tragenden Unterbaus aber nicht vergessen lassen sollte. Daß der ‚Maat'-gestaltige Unterbau die Form eines Quaders oder eines Kastens erhalten hat, ist für die weitere Argumentation durchaus relevant.

Ein gewisses Zwichenstadium zwischen den Darstellungen von Götterthronen im Neuen Reich und in der griechisch-römischen Zeit nimmt eine spätzeitliche Konstellation aus den Illustrationen zum Totenkult ein, wie sie auf einem Papyrus der 21. Dynastie begegnet. Hier sitzt wiederum Osiris auf einem Blockthron, der mit einer ausladenden Thronmatte unterlegt ist. Deutlich davon abgetrennt erscheint darunter das trapezförmige Gebilde, dessen Zugehörigkeit zur Throndarstellung zwar unbestreitbar ist, jedoch möglicherweise bewußt in der Schwebe gehalten wird, als sollte damit hervorgehoben werden, daß Osiris in erhabener Weise „über" dem Gebilde thront. Wichtig ist hier auch, daß die Szenerie, die eine Priesterin als Opfernde vor Osiris zeigt, von einer Beischrift begleitet wird, die sie als „Sängerin des Amun-Re, Königs der Götter" bezeichnet. Damit ist klar, daß Osiris als jenseitiger Repräsentant des höchsten Gottes fungiert, der die letzte und souveräne Kontrolle über Leben und Tod behält. Die exponierte Maat-Grundlage des Throns erweist zugleich, daß es sich um ein ideelles Arrangement handelt, ein Art ‚theologischer Architektur', die zeitgleich zur Nationwerdung Israels in ägyptischer Kunst probiert wurde[49]. Von der Möglichkeit eines vergleichbaren Konstrukts sollte man wohl auch bei der Jerusalemer Tempel- und Throntheologie ausgehen. Diese vorläufige Vermutung bedarf noch weiterer Stützung.

---

[47] Näheres zum Spektrum und Gewicht dieses Ausdrucks bei J. Assmann 1990.

[48] Der hier gebotene Ausschnitt entstammt einer Repräsentation des thronenden Osiris mit den assistierenden Göttern Isis und Nephthys sowie u.a. mit dem Horussohn *Iwnmutef*, der in der Beischrift als Rächer des Vaters Osiris angesprochen wird, weil er dessen Feinde „zurückhält" (*sdnj*). Diese Funktion des Begleitgottes des Osiris als des Herrn über Leben und Tod haben wir seinerzeit zur versuchsweisen Erklärung des biblischen Titels *Stn* „Satan" genommen, vgl. Görg 1996, 9-12.

[49] Wie sehr es sich bei der angesprochenen Darstellung um ein symbolisches Ensemble handeln muß, bezeugt u.a. auch eine weitere Illustration des Osiristhrons, die statt des Maat-Zeichens die Festeshieroglyphe zeigt, was deutlich über jede statisch-funktionale Bedeutungsebene hinausgeht, vgl. dazu das Frontispiz bei A. Piankoff - N. Rambova 1957 mit einem Ausschnitt aus dem wiederum der 21. Dyn. zugehörigen Papyrus der Sängerin (ebenfalls des Amun-Re) Gaut-sushen A und den Kommentar dazu (185).

Gott als König

Eine Absicherung der These kann m.E. auf philologischem Weg erfolgen. Dazu gilt es zu bedenken, daß die bisher behandelte Maat-Hieroglyphe in Gestalt des trapezförmigen Gebildes auch als Ideogramm für ein anderes Nomen im Gebrauch ist, dessen Semantik eindeutig den Thronsockel erfaßt, nämlich die Femininbildung ḏb3.t (‚Djebat'), die seit dem Mittleren Reich auch als offenbares Synonym das Nomen nst zur Seite hat[50]. Das Nomen ḏb3.t, entweder von der Verbalwurzel ḏb3 mit der Bedeutung „bekleiden, schmücken" u.ä.[51] oder eher wohl von einem Homonym mit der Bedeutung „einnehmen (lassen)" (sc. einen „Sitz" oder Thron)[52] abzuleiten, begegnet bereits in Texten des Alten Reichs mit der angenommenen Bedeutung „Ankleideraum im Palast, ‚Sakristei'"[53], hat aber ebenfalls im Alten Reich ein Nomen ḏb3w „Kasten" zur Seite[54]. Das mythische Thronen des Sonnengottes Re kann in den Sargtexten mit der Basis ḏb3 ausgedrückt werden[55]. Ebendort erscheint das Nomen ḏb3.t als Terminus für den Thronsockel, wie es etwa von einer Toten heißt: Ptah hat gemacht, daß sie „auf dem Sockel", dem trapezförmigen „Unterbau der Götterkapelle" sitzt[56]. Im Mittleren Reich kann ḏb3.t auch in Inschriften vom Amun-Tempel in Karnak für einen „aus Granit hergestellten Untersatz für den Götterschrein im Tempel (sog. ‚Altar')" stehen[57]. Spätestens in der griechisch-römischen Zeit kann ḏb3.t dann ausdrücklich die Bedeutung „shrine, coffin" tragen und genauer „the outermost chest in which the anthropoid coffins could be placed"[58] verwendet werden. Im Koptischen ist ḏb3t in der Form ⲦⲀⲒⲂⲈ u.ä. „Kasten, Schrein" erhalten, wobei näherhin eine „Kontamination" von ḏb3.t mit dem Nomen tb.t „Kasten" vorliegen wird[59]. Diese Sinngebung „Sarg", „Schrein" bzw. „Kasten" wird auch noch für weitere Überlegungen von Bedeutung sein.

An dieser Stelle möchte ich nun, einen früheren Vorschlag wieder aufgreifend[60], eine Beziehung zwischen der in der 21 Dynastie Ägyptens gepflegten Vorstellung von dem über der ‚Maat' thronenden Gott und der für das Jerusalemer Adyton reklamierte Arrangement eines erhabenen Throns mit der „Lade als Thronsockel" vermuten und begründet sehen. Überdies sei hier die ebenfalls vor längerer Zeit geäußerte Hypothese zur Erklärung des weitverbreiteten Gottesepithetons ṣb'wt[61] erneut zur Geltung gebracht, da sie geeignet erscheint, den Zusammenhang der Thronvorstellung in der Tempeltheologie Israels mit der etablierten Thronidee der altehrwürdigen Nachbarkultur und damit die

---

[50] K.P. Kuhlmann 1977, 58 unter Bezug auf CT III 114c (A. de Buck 1947, III, 114). Vgl. u.a. auch H.-W. Fischer-Elfert 1986, 126.

[51] Zu diesem Verbum vgl. zuletzt R. Hannig 2003, 1500 mit Belegstellen.

[52] Zu diesem Verbum R. Hannig 2003, 1501 mit Belegstellen.

[53] Vgl. R. Hannig 2003, 1500 mit Belegstellen.

[54] Vgl. R. Hannig 2003, 1501 mit Belegstellen. Vgl. auch P. Wilson 1997, 1231.

[55] Vgl. U. Lu 1978, 113.

[56] Wiedergabe im Anschluß an K.P. Kuhlmann 1977, 38, Anm. 9.

[57] A. Erman - H. Grapow 1931 (1971), 561,13.

[58] P. Wilson 1997, 1231.

[59] Vgl. dazu W. Westendorf 1965/1977, 225.

[60] Vgl. Görg 1976, 29f. 1982, 1028

[61] Görg 1985, 15-18. Vgl. auch Görg 2001, 1174-1175.

I. Gottesbilder

Interdependenz der Vorstellungen um das „Königtum Gottes" auf eine plausiblere Grundlage zu stellen, als dies bis dahin möglich erschien und noch immer erscheint, wenn man bei den traditionellen und divergierenden Deutungsversuchen verbleibt[62]. Der Hoheitstitel „Zebaot" ist danach u.E. als hebraisierende Umsetzung des ägyptischen Gottestitels *Ḏb3.tj* (,Djebati')zu verstehen, der als Nisbebildung vom Nomen *ḏb3.t*[63] abgeleitet ist und so den „Thronenden" meint.

Für unsere religionsgeschichtlich vergleichende Interpretation der Ladeposition unterhalb des Gottesthrons analog zur Positionierung der ‚Maat' unterhalb des Götterthrons hat bereits die Beobachtung H. Brunners zur „Gerechtigkeit als Fundament des Thrones"[64] den entscheidenden Impuls geben können, da Brunner auf die tragende Symbolik des Maat-Zeichens u.a. in ägyptischen Throndarstellungen verweisen konnte, um zugleich die biblische Rede von der fundierenden ‚Gerechtigkeit' zu illustrieren. Die ideelle Verbindung des Ladekastens mit der Funktion des Thronuntersatzes ist darüber hinaus einer rezeptiven Leistung israelitischer Heiligtumstheologie zu danken, die sich im übrigen wie in zahlreichen Fällen sonst in der Innenarchitektur, Ausstattung und Dekoration des Tempels von Sakralelementen ägyptischer Provenienz inspirieren ließ[65]. Die m.E. gegenüber der ursprünglichen Bedeutung „Thronender" sekundäre, innerisraelitische Deutung von „Zebaot" als „Heerscharen" steht im übrigen nicht im semantischen Widerspruch zum mythischen Bild des „Thronenden", wozu im übrigen auch die mythische Assoziation der Feindüberwindung bei der Dekoration der Außenseiten des Blockthrons oder des Fußschemels paßt. Die späten Texte der Tempel von Edfu und Dendera kennen u.a. als mythologische Prädikation des Osiris: *Ḏb3tj* „Thronender" genauer: „Der, zu dem ein *ḏb3.t* gehört" oder auch *ḫntj ḏb3.t* „Der über dem *ḏb3.t* gegenwärtig ist"[66]. Mit der hier wahrscheinlichen Beziehung auf den Sargkasten oder Schrein wird zugleich ein Bezug zum Totenkult offenbar, dessen nachwirkende Rolle nachher noch einmal bedacht werden muß. Auf der Ebene der ‚oberweltlichen' Relevanz des Thronsockels als kosmischer Machtbasis kann sich nunmehr auch die Symbolik der Thronmatte verstehen lassen, die nicht nur als Ruheplatz für die Füße der Gottheit, sondern auch als Abdeckung oder Auflage für den darunter befindlichen Kasten verstanden werden konnte.

Die nach allem mit ägyptischen Thronillustrationen kompatible Perspektive des Ensembles im Debir des Tempels fügt sich problemlos zu der von uns bereits vorgetragenen These, daß die sogenannte *Kapporaet*, welchen Ausdruck wir nach wie vor als Hebraisierung und Univerbierung der ägypt. Fügung *kp n rdwj* „Fußfläche" deuten möchten, von Haus aus als das israelitische Gegenstück zur Thronmatte oberhalb des Thronsockels zu verstehen sei[67], ohne daß auch nur im Ansatz bestritten werden sollte, daß die

---

[62] Zur Diskussion unseres Vorschlags vgl. zuletzt v.a. H. Irsigler 1991, 136f mit Anm. 20. Weitere Beobachtungen dazu in einer demnächst erscheinenden Abhandlung.

[63] Zur lautlichen Gegenüberstellung vgl. neben der wahrscheinlichen Wiedergabe des GN *Ḏḥwtj* mit hebr. *Ṭuḥot* „Ibis" Hi 38,36 u.a. auch die Wiedergabe des ägypt. ON *Ḏ'n.t* „Tanis" mit hebr. Ṣo'an „Tanis"

[64] H. Brunner 1958, 426-428 = 1988, 393-395.

[65] Vgl. M. Görg 1992c, 467f.; W. Zwickel 2001, 802.

[66] Vgl. die Belege bei Wilson 1997, 1231f.

[67] Dazu Görg 1976, 27f. Ders., 1977, 115-118.

Rezeptionsgeschichte in der Sühnetheologie Israels ihre genuine Entwicklung genommen hat.

Nach allem legt sich folgendes Bild einer Entwicklung der Jerusalemer Perspektive des Gottesthrons im Tempel nahe. Die Konstellation im Debir könnte offenbar sowohl Elemente des Sphingenthrons als auch des Blockthrons mit seinem Thronsockel aufgenommen und zu einem Ensemble genuiner Art geformt haben. Des Näheren wird der Sphingenthron zusammen mit der Lade in ein Throngebilde transformiert und integriert, das beide Thronformen (Sphingenthron bzw. Kerubenthron und Sockelthron) vereinigt. Dies ist der interpretatorische Aspekt, eine Art ‚Denkbild', entwickelt auf der Basis einer Zusammenschau. Dabei tritt die Lade allem Anschein nach an die Stelle des stilisierten und flankierten Baums, nicht um diesen Aspekt zu verdrängen, sondern um die ohnehin vorhandene und erkennbare Symbolik im Tempel (Vorcella) zu komplementieren und mit einer genuin israelitischen Perspektive zum Königtum Gottes zu versehen. Mit der Lade zu Füßen des Throns wird der Naos des Tempels zum Ort der Garantie für die gottgesetzte Ordnung und das allein und letztlich von JHWH ermöglichte und garantierte Bestehen der Schöpfung und der Geschichte.

Die hier vom Programm her skizzierte Konstellation muß freilich nicht erst in der Geschichte des Jerusalemer Tempels entwickelt worden sein, wenn auch erst von dort ihre genuine Wirkungsgeschichte ausgegangen sein wird. Grundsätzlich spricht nichts dagegen, den narrativen, wenn auch natürlich (noch) nicht religionsgeschichtlich dokumentierbaren Informationen der Ladegeschichte zu folgen und den Vorgängertempel in Schilo als ältere Manifestation der ins Bild gesetzten Vorstellung vom Königtum Gottes zusammen mit der Titelführung „Zebaot" anzusehen. Wenn wir unserer Rückführung des Titels Zebaot auch von daher eine Stütze geben sollten, mag etwa auf die Namengebung des Priestertums von Schilo verwiesen werden, da doch die Söhne Hofni und Pinchas zweifelsfrei ägyptische Namen tragen[68]. Wie die hier möglicherweise gegebenen Kontaktstellen aussehen, muß vorerst noch im Dunklen bleiben. Es muß daher auch weiterhin[69] mit der Möglichkeit gerechnet werden, daß die Rezeption des Titels „Zebaot" zusammen mit den ägyptischen Priesternamen aus dem Repertoire der Jerusalemer Priesterschaft stammt, die aus ihrer ägyptophilen Beziehung keinen Hehl machen. Von der Entscheidung über den möglicherweise älteren Hintergrund bleibt freilich unsere Version der ideellen Sichtweise des Thronarrangements im Jerusalemer Debir unberührt.

Wenn der Titel *YHWH Ṣb'wt* so weiterhin als Hoheitsprädikation des Gottes, der über der Lade „thront", gelten darf, ist damit keineswegs einer Inkompatibilität mit dem Titel des ‚Kerubenthroners' das Wort geredet, im Gegenteil: nur so wird man der ohne Zweifel bewußt geprägten Kennzeichnung der Lade zu Beginn der ‚Ladegeschichte' gerecht, wenn man in der signifikanten Formulierung *'rwn bryt-YHWH-Ṣb'wt yšb h=krbym* (1Sam 4,4, vgl. 2Sam 6,2) eine Art theologisches Programm sieht, nicht bloß eine eher aufgenötigte Zusammenführung von an sich voneinander unabhängigen Elementen (Lade, Zebaot

---

[68] Zu Hofni vgl. u.a. Görg 1992b, 179; zu Pinhas vgl. Görg 1997b, 151f.
[69] Vgl. u.a. Görg 1982, 1027ff. Ders., 1995, 467. Janowski 1991, 237 = 1993, 253.

und Keruberthroner), sondern eine ‚Kurzformel' der Ladetheologie überhaupt und zugleich auch eine konzentrierte Proklamation dessen, was die Residenz JHWHs als König in seinem ‚Palast' charakterisiert. Es geht um die Präsentation der Herrschaft JHWHs, dessen Verbindlichkeit über den Tempel hinaus mit der Präsenz der Lade verbürgt ist.

Mit diesen möglichen Einsichten ist jedoch der Prozeß einer Integration der Lade in das Allerheiligste längst nicht erschöpft. Zum Einstieg in eine weitere Perspektive darf noch ein weiterer Blick auf die sogenannte Denkschrift Jesajas und auf weitere Illustrationen gestattet sein.

V. Thron und Unterwelt

Neben der Thronvision in Jes 6 bietet das Folgekapitel, das zwar die sog. Denkschrift (Jes *6,1-8,18) weiterführt, nicht aber eben zwingend auf gleicher literarischer Ebene[70], ein visionäres und merkwürdiges Zeichenangebot in 7,14-17[71], das nach unten und nach oben ausholt: „tief in der Scheol oder hoch oben in der Höhe" (V.11). Diese Perspektive nach unten und nach oben erlaubt m.E. auch die Frage nach einer kosmischen Orientierung des Naos insgesamt, wie sie ja schon von Janowski für den Tempel in den Blick genommen wurde. Vielleicht kann man den Vorstellungszusammenhang noch weiter präzisieren. Ich möchte dies nunmehr mit der zweiten Formulierung tun, die der Basis YŠB in eigenwilliger Weise mit einem merkwürdigen Nomen zusammenführt, nämlich mit *mabbul* in Ps 29,10, in jenem Psalm nämlich, der u.a. von Jeremias als eine Art Vorstufe von Ps 93 und früheste Manifestation des Königtums Gottes in der Poesie des Psalters angesprochen wird: Der vielverhandelte Wortlaut des Textes

| 10a | YHWH l-mbwl yšb | JHWH hat sich zum ‚Urquell' niedergelassen |
| b | w=yšb JHWH mlk l-'wlm | und JHWH thront (jetzt) als König in Ewigkeit |

kann zunächst als Beispielstück für die bereits angesprochene Differenzierung zwischen der „sedativen" und „mansiven" Bedeutungsseite der Basis YŠB dienen, die hier syntaktisch manifestiert wird[72]. Dabei kommen die beiden in der „Arbeit am Mythos" vom göttlichen Königtum produzierten Mythologeme, das Niederlassungsmythologem und das Thronsitzmythologem zur Sprache. Das besondere Problem liegt freilich in der Bestimmung des Ortes der Niederlassung, aus der das Thronen resultiert. Das vielverhandelte Nomen *mabbul* stellt sich noch immer als crux interpretum dar, sowohl, was seine Etymologie und semantische Orientierung betrifft, als auch, was seine literarische und religionsgeschichtliche Relevanz ausmacht. Die bisher greifbaren Versuche lassen sich auf

---

[70] Zu den literarischen Problemen der ‚Denkschrift' vgl. zuletzt u.a. J. Barthel 1997, 66ff. K. Berges 1998, 87ff.

[71] Vgl. dazu H. Irsigler 1985, 75-114 = 1989, 155-197.

[72] Dazu Görg 1982, 1031. Eine Wiedergabe hingegen, wie sie etwa von F. Hartenstein 1997, 59, Anm. 117 vertreten wird: „JHWH hat ureinst seinen Thron bestiegen und thront seitdem ‚in Richtung auf' die unten befindliche Flut ... d.h. ‚angesichts' der (Ur)flut, über die er so ständig Kontrolle ausübt", verkennt die im Text angelegte zweifache Bedeutungsseite von YŠB: die Thronbesteigung stellt das ‚sedative', das Thronen selbst das ‚mansive' Moment dar.

zwei Lösungsversuche konzentrieren, denen sich auch Janowski gewidmet hat[73]. Eine lokale Sichtweise läßt JHWH „über der Flut" thronen, wobei diese den himmlischen Ozean darstellen soll, wie er auch in Gen 1 anvisiert sei[74]. Eine kosmographische Absonderung ist freilich nicht gemeint. Die ‚temporale' Interpretation zielt hingegen auf eine Deutung des Nomens als Bezeichnung für die große Flut der Urgeschichte, traditionell ‚Sintflut' genannt und zugleich auf ein zeitbezogenes Verständnis des Lamed. Entsprechend soll die Niederlassung JHWHs „seit der Sintflut" geschehen sein. Diese Deutung wird mit der These von O. Loretz über eine zweistufigen Prozeß in der Textgeschichte erweitert: zunächst sei eine kannanäische Thronbesteigungaussage in „jahwisierte" Fassung gebracht worden (*YHWH l=kś' yšb*), um später in die Jetztgestalt mit Ersatz des Nomens *kś'* durch *mbwl* überführt zu werden: „Denn Jahwe erscheint jetzt nicht mehr als König aufgrund eines Sieges in einem mythischen Kampfgeschehen, sondern als König seit den Tagen der Sintflut"[75]. Eine noch weiter gesteigerte „temporale" Deutung gibt Tsumura, wenn er die Wiedergabe „since before the Deluge" empfiehlt[76], ein Vorschlag, den Janoswski selbst für „bedenkenswert" hält[77], ohne selbst freilich eine eigene Interpretation zu geben.

Die „temporale" Auslegung kann schon deswegen nicht überzeugen, weil ein solcher Gebrauch mit der sonstigen Verwendungsweise der Präposition nicht nachweisbar kompatibel ist. Eine Substitution des Nomens *kś'* durch *mbwl* wäre dazu durch keinererlei literarisches oder formales Indiz gestützt. Überdies ist *hammabbul* in den Fluttraditionen nicht einfach der ursprüngliche Terminus für die „Sintflut"[78], sondern, wie der Textbestand des ersten Vorkommens in Gen 6,17 erweist, eine Bezeichnung, dem ein wohl „erklärender Zusatz"[79] oder eine Glossierung nach Art einer „Definition"[80] mit der Pluralform *mayyim* beigefügt ist, die schon in Gen 1,2 P die „Urwasser" meint. Näherhin darf in Sachen Etymologie von *mabbul* auf eine Feststellung O. Rößlers zurückgegriffen werden, der eine semitohamitische Basis *WBL „hervorquellen" benannt hat, die etwa für das hebräische Nomen *ybl* „Wasserstrom" relevant sei[81], ohne jedoch den Bogen zu dem Nomen *mabbul* zu spannen. Es sei daher vorläufig vorgeschlagen, *mabbul* als Bildung von *WBL mit dem Nominalpräfix *m-* zu verstehen[82], was zur Annahme der Bedeutung „Quelle"

---

[73] Janowski 1989, 421 = 1993, 180.

[74] So z.B. M. Metzger 1970, 142. Gegen eine entmächtigende Verortung des „Himmelsozeans" vgl. etwa jüngst E. Zenger, 2003, 574, Anm. 22.

[75] O. Loretz 1987, 415-421.

[76] D.T. Tsumura 1988, 351-355.

[77] Janowski 1989, 421 = 1993, 180, Anm. 170.

[78] Zur deutschen Fassung des Wortes vgl. bereits die Bemerkungen von F. Delitzsch 1860, 628.

[79] So C. Westermann 1976, 527. L. Ruppert 1992, 291.

[80] Vgl. schon H. Gunkel 1922 = 1964, 142, der allerdings die Fügung „Wasser auf der Erde" als „Definition" des nach ihm von P wohl „als Fremdwort empfundenen Wortes" *mbwl* versteht.

[81] O. Rößler 1971, 282, 309. 311.

[82] Vgl. dazu auch P. Stenmans 1984, 634, der sich zwar im Anschluß an Rößler zur Basis WBL bekennt, aber nicht über die Nominalbildung und deren Primärbedeutung äußert. Fairerweise muß hier u.a. auch auf Yahuda 1929, 204 hingewiesen werden, der bereits eine semitische Basis WBL und in semantischer Hinsicht ein ägyptisches Äquivalent zu *mabbul* im ägypt. Nomen *ḥwḥw* „Überschwemmung" benannt hat. Bei der noch immer partiellen Kenntnis des ägyptischen Lexembestandes ist überdies keineswegs ausgeschlos-

bzw. „Flut" führt und die semantische Steigerung zu „Großer Flut" bzw. „Überschwemmung" auslösen kann. Ob es sich damit auch um ein „Kunstwort" handelt, das hier sozusagen in den Wortschatz der Bibel eingeführt worden sei (B. Jacob)[83], sei dahingestellt. Es kann immerhin eine gelehrte Wortschöpfung vorliegen, die freilich in der Jerusalemer Tempeltheologie beheimatet sein wird[84].

Da es also bei der Originalität des Wortlauts *YHWH yšb l=mbwl* bleiben muß, sollte diese besondere Art, das Mythem der Thronbesteigung in dem Mythologem der Niederlassung auf dem ‚Mabbul' auszudrücken, auf ihre Beziehung zur Vorstellung und Rede vom Königtum Gottes hin untersucht werden. Hier scheint es wiederum erfolgversprechend zu sein, um der Gewichtung der Phraseologie willen den Blick auf die mythologische Sprache des benachbarten Ägypten zu richten.

Eine interessante Variante des Niederlassungsmythologems wird etwa in einer ägyptischen Wendung aus den Texten des Tempels von Edfu greifbar, wonach Horus als eine Gottheit gilt, „who settles himself down as the flood"[85]. Hier geht die Gottheit selbst in die Überschwemmung ein, eine Vorstellung, zu der sich die biblische Version begreiflicherweise nicht versteht. Tragfähiger sind jedoch weitere Hinweise auf Assoziationen mit dem Gottesthron.

Wir dürfen erneut bei dem schon verhandelten Grundwort für den „Thronsockel" *db3t* und der Grundgestalt eines trapezförmigen Unterbaus ansetzen. Die nähere Betrachtung der Form im kritischen Vergleich der ägyptischen Kunstgeschichte hat erwiesen, daß die äußere Form lediglich eine Art Kompaktausführung einer Estrade darstellt[86]. Diese wiederum spiegelt die fundamentale Begründung des Götter- und Königsthrons analog zur Symbolik des Urhügels des Schöpfungsgeschehens wider, um so dem erhabenen Sitz eine kosmologische Beziehung zuzusprechen. Für die Estrade findet sich im ägyptischen Vokabular das Lexem *tnt3t*[87], das allem Anschein nach ein im Ägypten des Mittleren Reichs aus dem vorderasiatischen Raum entlehntes Wort und wohl eine Nominalbildung von der semitischen Basis *SLL* „aufschichten, auftürmen" u.ä.[88] darstellt, vgl. das im AT belegte

---

sen, daß es sich bei *mabbul* um ein ägyptisches Fremdwort handelt, da auch im Ägyptischen zahlreiche Nominalbildungen mit *m*-Präfix bezeugt sind, vgl. dazu u.a. Grapow 1914, 1-33, Osing 1974, 321-323. Als weitere Möglichkeit könnte man auch erwägen, *mabbul* für ein hebraisiertes Lehnwort zu halten, das eine Univerbierung aus den ägyptischen Elementen *mw* „Wasser" und *wbn/l* „aufquellen" darstellen würde, was für das priesterschriftliche Vokabular nicht ungewöhnlich wäre. Die Sache soll noch in der Diskussion bleiben.

[83] Vgl. B. Jacob 1934, 194, nach dem freilich der „erklärende Zusatz" *mym* zeigen soll, daß in dem Wort *mabbul* die „Wasserflut" nicht angedeutet sei, für welche Annahme jedoch keine Handhabe vorliegt.

[84] An früherer Stelle (Görg 1982, 1031) habe ich wie auch P. Stenmans die Bedeutung „Himmelozean" vertreten. Daß hier nicht notwendigerweise ein Widerspruch zur Bedeutung „Große Flut" u.ä. zu sehen ist, kann u.a. die ägyptische Ikonographie belegen (s.u.).

[85] P. Wilson 1997, 496.

[86] Dazu K.P. Kuhlmann 1977, 93-95.

[87] Dazu A. Erman - H. Grapow 1931, 384f mit Belegstellen. P. Wilson 1997, 1168f.

[88] Zur Basis *SLL* vgl. H.-J. Fabry 1986, 867-872. Vgl. aber auch C. Uehlinger 1990, 233.

Nomen *sllh*[89]. Das Ursprungwort, etwa in der pluralischen Lautgestalt *silsilot*, wird die Bedeutung „Stufen" bzw. „Rampe", eventuell gar „Stufenturm" gehabt haben, um dann nach der Rezeption im ägyptischen Sprachraum als Fachausdruck für den treppenartigen Unterbau eines Throns, aber auch einer Kapelle oder eines Tempels mit seinem abgestuften Innenraum und den „Tempelschwellen" zu dienen, in all diesen Fällen jedoch zugleich in Adaptation und Erinnerung an das grundlegende mythische Modell des „Urhügels" als der Erstaufschüttung eines Lebensraums im Urmeer der Schöpfungszeit. Schon hier legt sich der Gedanke nahe, daß auch der Tempelberg in Jerusalem als natürlicher und zugleich mit mythischer Erinnerung versehener Unterbau des Gottesthrons verstanden worden sein könnte, wie der Jerusalemer Tempel und der Gottesthron im Debir im Besonderen als „religiöses Symbolsystem"[90] aufzufassen sein werden.

Der Tempelberg ist neuerdings ins Blickfeld einer „kosmologischen" Interpretation getreten, deren Dimension im Kontext des religionsgeschichtlichen Zusammenhangs zwischen Tempel und Schöpfung zu sehen ist[91]. Dabei spielt auch die Vorstellung von der Quelle am unteren Hang des Berges eine Rolle, wie auch jene in den Zweiten Schöpfungstext hineinkomponierte Passage zur „Paradiesesgeographie", die uns schon mehrfach beschäftigt hat und deren lokale Beziehung an den Gihonquell von Jerusalem geknüpft ist[92]. Dieser Gihonquell dürfte auch nach wie vor mit dem ezechielischen Tempelgewässer der Vision in Ez 47 zusammengehören, wie auch immer die literarische Interdependenz zu bestimmen sein wird[93]. Für unseren Zusammenhang ist es wichtig, auch diesen Bezug im Auge zu behalten, dies um so mehr, da die im Mythos vom Gottesthron angelegte Konstellation mit dem Urquell noch nicht zur Genüge ausgelotet zu sein scheint.

Mit der Konnotation Thronunterbau – Urhügel – Urquell gelangen wir nämlich auch tiefer in den Bereich der unterweltlichen und jenseitigen Vorstellungen, die in der ägyptischen Vorstellungswelt insbesondere mit dem „Todesgott" Osiris verknüpft ist. Es lohnt sich auch hier, einen Blick auf einschlägige Illustrationen aus der zur frühen Königszeit Israels zeitgenössischen 21. Dynastie zu werfen, um dann freilich auch den Versuch einer Abgrenzung von der ägyptischen ‚Todeszone' in israelitischer Rezeption zu wagen.

Hier bieten sich drei Beispiele an, die allesamt den treppenartigen Unterbau unterhalb des Gottesthrons erkennen lassen, der sich jeweils auf der Wanderung durch die Unterwelt

---

[89] J. Hoch 1994, 368f möchte in zwei Belegen aus dem späten Neuen Reich das hebr. *sllh* „siege-mound" erkennen, ohne zu bemerken, daß die (unterschiedlichen) Schreibungen ihrerseits auf dem schon im Mittleren Reich entlehnten Lexem *tnt3t* zu basieren scheinen.

[90] Dazu Janowski 2002, 26-32, vgl. jetzt auch E. Zenger 2003b, 163.

[91] Vgl. zuletzt Janowski 1990, 37-69 =1993, 214-246. 2001, 229-260. 2002, 24-68.

[92] Den Ausführungen des in jüngster Zeit unternommenen Rettungsversuchs von M. Dietrich 2001, 281-323, die Namen Pischon und Gihon erneut mit mesopotamischem Sprach- und Sachmaterial zu erklären und so das Paradies wieder ausschließlich mit dem Zweistromland zu verbinden, habe ich angesichts des argumentativen Aufgebots nur mit ungläubigem Staunen zu folgen vermocht. Eine Auseinandersetzung muß ich mir hier ersparen, zumal die von mir vorgetragene Position zur Sache offenbar nicht verstanden worden ist.

[93] Vgl. dazu zuletzt Zwickel 1995, 140-154. Janowski 2002, 56, Anm. 128, der m.E. seine Zweifel an der Beziehung des Jerusalemer Gihon zum gleichnamigen Paradiesesfluß (Gen 2,13), vgl. u.a. Görg 1977b, 30-32. Ders., 1991, 842f. Ders. 1992, 1018f nicht überzeugend begründet.

befindet, wobei sich der Leib der den Blockthron tragenden Riesenschlange zwischen Thronmatte und Estrade hindurchzieht. Die erste Szene (Abb. 3[94]) zeigt den thronenden „Todesgott" mit Assistenz in Begleitung des falkenköpfigen Gottes Horus vor ihm. Die Thronestrade, die zugleich die Vorstellung einer Stufenpyramide assoziieren läßt[95], weist

Abb. 3

zwei an die Vereinigungshieroglyphe gebundene Gefangene vor, die für die Vorstellung der Feindüberwindung und Überwindung des lebensbedrohenden Chaos stehen. Eine zweite Szene (Abb. 4[96]) bietet ebenfalls eine Inthronisation des Osiris mit einer Estrade unterhalb der Thronmatte, die diesmal innen mit der „Schen"-Hieroglyphe über dem Firmament-Zeichen und darunter mit Uräen und Sternen dekoriert ist. Im Vordergrund

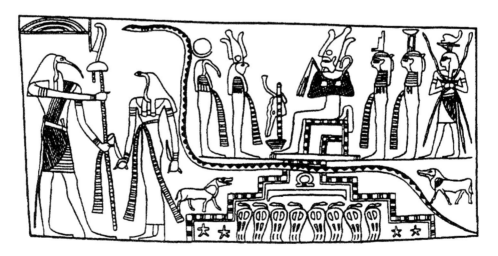

Abb. 4

---

[94] Nachzeichnung der Darstellung auf dem Papyrus des Khonsu-Renep bei Rambova 1957, 58, Fig. 44.
[95] Vgl. dazu Rambova 1957, 59.
[96] Nachzeichnung der Darstellung auf einem Sarg des Metropolitan Museums New York bei Rambova 1957, 59, Fig. 45. Vgl. Dazu auch Görg 1998, 67-69. 2001, 157f.

dieser Ausstattungsymbolik des Unterbaus steht offenbar die Vorstellung der kosmischen Erneuerung wiederum verbunden mit der allen Seiten geltenden Abwehr chaotischer Mächte. Das dritte Beispiel (Abb. 5[97]), zugleich wohl das sprechendste für unseren Zusammenhang, zeigt den von den Gottheiten Thot und Isis verehrten Gott Horus (?) auf seinem Blockthron, der auf einem mit schwarzer Innenfärbung gekennzeichneten Treppenaufbau aufruht. Die Dunkelheit deutet zweifellos auf die Unterwelt[98], die hier überdies ausdrücklich als Ort der Mumie erscheint, bewacht von der Sonnenscheibe, den Horusaugen und geflügelten Uräen (Serafen). Die doppelte hieroglyphische Beischrift *pr nfr* „Gutes Haus", wohl eine der Bezeichnungen für das „Haus im Totenreich", verweist auf

Abb. 5

die Bestimmung des Leichnams zur Auferstehung, die der thronende Gott garantiert. Weitere Beispiele der 21. Dynastie illustrieren „the basic Egyptian belief in the mysterious interplay of the forces of Life and Death personified by the two complementary figures of Re and Osiris"[99]. Die kosmographische Dekoration der Region innerhalb der Estrade mit den zur ‚Oberwelt' des Himmels analogen Symbolen (Sonnenscheibe etc.) signalisiert überdies, daß die gemeinte Sphäre eine Art „Gegenhimmel" darstellt[100]. Die so benannte Sphäre ist keineswegs nur als Raum chaotischer und lebensbedrohender Mächte gefaßt, sondern in dialektischer Weise auch als Vorraum der Erneuerung und Verlebendigung, die der Schöpfergott vollzieht[101]. Das Wasserdunkel bedeutet so zugleich Unheil und Heil. Der besondere Zusammenhang zwischen dem Gott Osiris und der Nil-Überschwemmung ist erst soeben ins Licht gesetzt worden[102]. Der „Todesgott" kann die Chaoswasser transformieren. Erst recht verliert der ‚Mabbul' durch den „Lebensgott" JHWH seine Schrecken.

---

[97] Nachzeichnung der Darstellung auf einem Sarg des Kairiner Museums bei Rambova 1957, 60 Fig. 46.

[98] Zur Ambivalenz des Wasserdunkels vgl. u.a. E. Hornung 1990, 108f. Görg 2001, 26.

[99] N. Rambova 1957, 61. Görg 1998, 85-88.

[100] Zur Bezeichnung des „Gegenhimmels" vgl. K. Sethe 1928, 260 und jüngst Görg 2001, 188.

[101] Vgl. dazu u.a. J. Assmann 2001, 243. Görg 2001, 26f.

[102] Vgl. S. Wiebach-Koepke 2003, 285.

Die spekulative Vertiefung der Thronvorstellung in die Sphäre der Unterwelt mit ihrer ambivalenten Funktion komplementiert das Modell des in die Höhe des Himmels reichenden Gottesthrons mit dessen Fundierung in der Tiefe des „Gegenhimmels". Die vertikale Orientierung präsentiert so ein Gesamtbild des imaginären Gottesthrons, der die Herrschaft über Leben und Tod symbolisiert. Von dieser Sichtweise ist die des Ps 29 nicht grundsätzlich verschieden, da auch hier die göttliche Macht über Leben und Tod in der Herrschaft über die Chaoswasser in Gestalt des ‚Mabbul' zum Ausdruck kommt. Der Psalm tritt überdies in die Lebenswelt Israels ein, da er allem Anschein nach aus dem „Gegenhimmel" eine „Gegenwelt"[103] erstehen läßt, die der Angst vor den Mächten des Chaos den rettenden Schöpfer gegenüberstellt. Mit dieser königszeitlichen Perspektive ist auch die Sichtweise der sog. Denkschrift Jesajas vereinbar.

Die ‚jesajanische' Sicht (Jes 6f) scheint sogar noch eindrucksvoller auf dem Hintergrund eines solchen umfassenden und integrierenden Modells begreifbar zu sein, das die längst beobachtete Dimension der Höhe mit der der Tiefe verbindet, und zwar hier über die Symbolik der „Tempelschwellen"[104], d.h. m.E. die möglicherweise analog zum ägyptischen Tempelinneren stufengestaltige Fundierung des Tempels und wohl des Debir im besonderen hinaus, da die Welt der Scheol als tiefste Ebene des göttlichen Zeichenangebots angesprochen wird. Noch klarer wird so die Funktion des Tempels als ‚Gravitationszentrum' vor Augen geführt, freilich so, daß der Gottesthron *mit* der Lade als seinem Unterbau und der diesem innewohnenden Symbolik im eigentlichen Blick des Visionärs verbleibt. Die schöpfungstheologische, kosmische Sicht ist mit qualifizierten Sichtweisen des thronenden Gottes nicht nur über den Keruben und über dem Thronsockel mit seiner ordnungsschaffenden und vegetationsstützenden Symbolik, sondern auch über der Urflut im Grunde der Unterwelt kompatibel[105].

Daß es allerdings gerade die im Jesajabuch und in Ps 29 nicht erwähnte Lade ist, die den Kontakt der göttlichen Erhabenheit mit der Welt des Todes herstellt, kann dann nicht mehr verwundern, wenn man Funktion und Symbolik des *db3.t* in der Gestalt des komprimierten Thronunterbaus im Auge behält, um so die Titulatur des „Zebaot" als Ausdruck seiner umfassenden Wirkmacht nach oben und unten, über Leben und Tod zu würdigen. Ein weiteres Mal wird der Doppelsinn der Lade sichtbar, die ja bekanntlich nicht nur als Ort und Hort der Grundordnung in Israel gilt und demgemäß u.a. als *'rwn h=bryt* und als *'rwn h='dwt* bezeichnet werden kann, sondern auch in einem scheinbar völlig disparaten Sinnzusammenhang als ‚Totenlade' des Josef in die Überlieferungsgeschichte Israels eingegangen ist[106]. Während im ägyptischen ‚Djebat' die „Gerechtigkeit als Fundament des Thrones" (Brunner), d.h. freilich gerade auch die ‚Rechtfertigung' des Toten im jenseitigen Leben angezeigt ist, kommt der Lade in Israel mit ihrer Beziehung auf das

---

[103] Zur „Gegenwelt" in Ps 29 vgl. E. Zenger 2003a, 580f.

[104] Vgl. Janowski 2002, 36-41 u.a. mit Hinweis auf die Diskussion bei F. Hartenstein 1997, 123ff.

[105] Die vertikale Sicht mit der unten befindlichen Flut betont F. Hartenstein 1997, 59, Anm. 117 zu Recht (vgl. auch Zenger 2003a, 579 = 2003b, 167), es fehlt aber der Versuch, diesen Befund mit der sakralen Konzeption des Thrones auf dem ‚Sockelthron' im Tempel zu verbinden.

[106] Vgl. dazu zuletzt Görg 2000, 5-11.

göttliche „Zeugnis" insbesondere die Rolle des „Wegweisers für das Diesseits" zu[107]. Überdies aber wird deutlich, daß die Lade Gottes eine göttliche Administration und Leitungsgewalt verbürgt, die zugleich die Schatten des Todes souverän kontrolliert und überwindet. All dies führt hin zu dem *Mysterium der Raum und Zeit übergreifenden Gottesnähe im Tempel*, das nunmehr abschließend zu bedenken ist.

VI. Mysterium

Die zur Bezeichnung der „Bundeslade" attributiv hinzugestellte Fügung *YHWH Ṣb'wt yšb h-krbym* (1Sam 4,4, 2Sam 6,2) kann nach allem m.E. als sprachliches Konzentrat der Vorstellungen um das Königtum Gottes in der Jerusalemer Tempeltheologie verstanden werden, wobei die Lade das eigentliche und unverzichtbare Wahrzeichen der Gegenwart JHWHs ist. Ja selbst die Gottesprädikation *JHWH 'lhym* erscheint in einem neuen Licht, wenn man sie als alternativ gedachtes Gegenstück zum ägyptischen „Amonrasonther" auffassen würde: JHWH hat in Israel den göttlichen Königsthron bestiegen und sich so als der wahre und verbindliche Herrscher präsentiert. Damit sind die Dimensionen noch nicht ausgeschöpft.

JHWHs Königtum manifestiert sich nach Aussage der behandelten Psalmenfügungen oberhalb und auch unterhalb der Anhöhe des Tempelbergs unter Einschluß der Tiefen mit den Grenzzonen am Rande der Lebenswelt, die auch in Israel nicht als Todeszone schlechthin begriffen werden, sondern sowohl als Bereiche der Lebensbedrohung und zugleich als erneuernder Urquell zur Neubelebung des Geschaffenen, wobei JHWHs Königtum die Garantie für den Bestand der lebensfördernden Wirkmacht hergibt. Insofern berührt sich die Theologie vom Königtum JHWHs auch mit der Theologie der Klagepsalmen, da in der Orientierung an dem Gott, der „aus den Tiefen" holt und befreit (vgl. Ps 130), eben ein göttlich-königlicher Machterweis in den Abgrund hinein ersichtlich wird. Der Psalm 80, der bekanntlich ebenfalls den Titel des ‚Kerubenthroners' und des ‚Zebaot' zusammenführt, kann zugleich der fundamentalen Klage und dem Ruf nach Rettung Ausdruck geben und ist so ein Appell an die göttliche Dominanz über Leben und Tod, jene Instanz also, die sich im Debir des Tempels thronend präsentiert.

Mit der grundsätzlichen Orientierung des Psalmbeters an dem maßgebenden Vorstellungsgut in Jerusalem, dem Bekenntnis zum Throner über die oberirdische und unterirdische Welt, wird dann wohl auch zusammenzuführen sein, was die poetische Psalmensprache über den „Jerusalemer Gottesstrom" (vgl. v.a. Ps 46,5f.) zu sagen hat. Hier möchte B. Ego eine „Art Gegenmotiv zu den Chaoswassern"[108] erkennen: „In der unmittelbaren Gegenwart Gottes, in seiner Stadt und seinem Wohnsitz, sind die Chaoswasser in kosmische Wasser verwandelt. Die Wasser der Gottesstadt symbolisieren die Präsenz Gottes, die ihrerseits die Sicherheit der Stadt vor den Feinden begründet" und „Jerusalem die Gottesstadt, wird zu einem Ort konnotiert, der in direkter Opposition zu den chaotischen

---

[107] Vgl. dazu die vorläufigen Erwägungen bei Görg 2000, 10f.
[108] B. Ego 2001, 368.

I. Gottesbilder

Todeswassern steht". So zutreffend diese Beobachtungen auch sein mögen, es gilt nicht aus dem Gesicht zu verlieren, daß die Wasserdunkel in der Tiefe des Berges unterhalb des Gottesthrons im Tempel von Haus aus ambivalenter Natur sind und erst durch den Thronenden in Schach gehalten und transformiert werden. Diese Gewißheit begründet letztlich die Zuwendung des Klagenden und Vertrauenden zum Heiligtum (vgl. auch Ps 36,8-10)[109]. Selbst die auswärtige und vom Tempel scheinbar distanzierte Erfahrung der Verwandlung des Chaos (vgl Ps 65) steht mit dem, was im Jerusalemer Tempelberg exemplarisch geschehen ist und geschieht, in einem „Korrespondenzverhältnis", indem „das Bild von den Wassern in der Gottesstadt bzw. im Tempel als Symbolisierung verdichteter Ordnung und Idealform aller Chaosbewältigung verstanden werden kann"[110]. So ist auch die Konfrontation mit der bedrohlichen „Tiefe" in geographischer Ferne (vgl. Ps 42, 8) nur deswegen auszuhalten, weil sich vom Thronenden in Jerusalem her die gläubige Überzeugung nährt, daß JHWH von der Mitte her das Chaos allüberall beherrscht, selbst wenn der Klagende sich im „Leib der Scheol" wähnt (vgl. Jon 2,3-5)[111]. Das im Jerusalemer Debir verehrte Mysterium der Gegenwart Gottes wird dem Glaubenden auf besondere Weise ansichtig und hilfreich, in welcher Notlage auch immer er sich befindet.

Ich habe mit dem strittigen Psalm 93 begonnen und will mit ihm schließen, da er auch im Sinne unserer Erwägungen weiterhin diskussionswürdig bleibt, wenn er auch gerade die beiden Epitheta JHWHs nicht enthält, die uns hier etwas mehr beschäftigt haben. Von einer Rezeption im strengen Sinn kann man daher nicht reden, wohl aber von einer Verträglichkeit des Königsbildes von Ps 93 mit dem von Ps 80 im Sinne einer übergreifenden Theologie vom Gottesthron. Ps 93 verstehe ich als komprimierte Dichtung, die sowohl den gegebenen Traditionen Rechnung trägt als auch den Perspektiven entspricht, die sich mit der Symbolik des Thronsockels verbinden.

Als „nachhaltige Gewißheit" (*YHWH malak*) steht das Königtum Gottes, symbolisiert durch den urzeitlichen Gottesthron, empirisch fest, manifestiert im Debir des Tempels V.1f. Die tobenden Fluten V.4, der Angriff aus der Tiefe, also das Drohpotential des Überschwemmungswassers, können den thronenden Gott nicht tangieren, da seine urzeitliche Thronbesteigung auch die end-gültige Kontrolle über das Chaos bedingt.

Die „Setzungen" oder „Bestimmungen" (hebr. *'edot*, wohl von *Y'D* „zielführend bestimmen", N-St.: „zweckgerichtet begegnen"[112]) in V.5 entsprechen nicht nur nachexilischer Tora-Theologie, sondern erinnern primär an die Lade als Hort der „Grundordnung" Israels (*'rwn ha-'edut*)[113], ihre Apostrophierung gehört also zu einem Duktus der Psalmentheologie, die sich aus der maßgebenden und inspirativen Orientierung am Gottesthron im Debir speist. Diese Kontinuität gilt unabhängig von der Literargeschichte des Psalms, so

---

[109] Dazu B. Ego 2001, 369.
[110] B. EGo 2001, 373.
[111] Dazu B. Ego 2001, 375.
[112] Vgl. dazu Görg 1980, 697-706.
[113] Dazu bereits Görg 1977, 13-15.

daß auch eine interpretierende Hinzusetzung von V. 5 mit der Grundorientierung des Psalms kompatibel ist.

VII. Theologisches Fazit

1. Das Arrangement von Kerubenthron und darunter befindlicher Lade im Debir des salomonischen Tempels beruht auf einer Kontamination von Kerubenthron und Sockelthron, wie sie wohl erst im Tempel von Jerusalem zum Tragen gekommen ist. In Analogie zur außerisraelitischen Position und Funktion des Thronsockels gewinnt die Lade die Symbolik einer göttlichen Fundierung und Bewahrung des Königsthrons.

2. Die Verschränkung von ‚Kerubenthron' und ‚Sockelthron' führt zu einer Ausweitung der Vorstellung von einer übergreifenden Dominanz Gottes. Die Theologie vom Königtum Gottes nährt sich von der Idee des über den Keruben thronenden Schöpfungsgottes ebenso wie von der Idee des die Ordnung in Israel bestimmenden Gottes einer genuinen ‚Gerechtigkeit'.

3. Die Einbeziehung der Konzeption vom Tempelberg als Urhügel läßt das Königtum Gottes in den Psalmen schließlich zur tragenden Grundlage für die soteriologischen Aspekte werden, die Rettung „aus der Tiefe" und die eigentliche und end-gültige Bewahrung vor den chaotischen Mächten des Todes zu Gunsten einer Garantie des Überlebens.

Literatur

Assmann J. 1977: Die Verborgenheit des Mythos in Ägypten, Göttinger Miszellen. Beiträge zur ägyptologischen Diskussion 25, 1977, 7-43.

Assmann, J. 1983: Re und Amun. Die Krise des polytheistischen Weltbilds im Ägypten der 18.-20. Dynastie, OBO 51, Freiburg Schweiz - Göttingen 1983.

Assmann, J. 1990: Ma'at. Gerechtigkeit und Unsterblichkeit im Alten Ägypten, München 1990.

Assmann, J. 1999: Ägyptische Hymnen und Gebete, 2. Auflage, Freiburg Schweiz - Göttingen 1999.

Assmann, J. 2001: Tod und Jenseits im Alten Ägypten, München 2001.

Barthel J. 1997: Prophetenwort und Geschichte. Die Jesajaüberlieferung in Jes 6-8 und 28- 31, FAT 19, Tübingen 1997.

Begrich, J., Mabbul. Eine exegetisch-lexikalische Studie, ZS 6, 1928, 135-153. wiederabgedruckt in: ThB 21, 1964, 39-54.

Berges, U. 1998: Das Buch Jesaja. Komposition und Endgestalt, HBS 16, Freiburg 1998.

Brunner, H., 1958: Gerechtigkeit als Fundament des Thrones: VT 8, 1958, 426-428. wiederabgedruckt in: ders., Das hörende Herz. Kleine Schriften zur Religions- und Geistesgeschichte Ägyptens, hrsg. von W. Röllig, OBO 80, Freiburg Schweiz - Göttingen 1988, 393-395.

Buber, M. 1933: Kampf um Israel. Reden und Schriften (1921-1932), Berlin 1933.

Buber, M. 1964: Königtum Gottes, in: M. Buber, Werke II: Schriften zur Bibel, 485-723.

Buck, A. de 1947: The Egyptian Coffin Texts III. Texts of Spells 164-267, The University of Chicago. Oriental Institute Publications, Vol. LXIV, Chicago 1947.

Delitzsch, F. 1860: Commentar über die Genesis, Leipzig 1860.

Dietrich, M. 2001: Das biblische Paradies und der babylonische Tempelgarten. Überlegungen zur Lage des Gartens Eden, in: B. Janowski - B. Ego (Hrsg), Das biblische Weltbild und seine altorientalischen Kontexte, FAT 32, Tübingen 2001, 281-323.

Ego, B., 2001: Die Wasser der Gottesstadt. Zu einem Motiv der Zionstradition und seinen kosmologischen Implikationen, in: B. Janowski - B. Ego (Hrsg.), Das biblische Weltbild und seine altorientalischen Kontexte, FAT 32, Tübingen 2001, 361-389.

Erman, A. – Grapow, H., 1931: A. Erman – H. Grapow, Wörterbuch der Ägyptischen Sprache, V. Band, Berlin 1931, Nachdruck Leipzig 1971.

Fabry, H.-J. 1986: *salal* etc., ThWAT V, 1986, 867-872.

Fischer-Elfert, H.-W. 1986: Die satirische Streitschrift des Papyrus Anastasi I. Übersetzung und Kommentar, Ägyptologische Abhandlungen 44, Wiesbaden 1986.

Geyer, C.-F.1996: Mythos. Formen, Beispiele, Deutungen, München 1996.

Görg, M. 1976: Die Lade als Thronsockel, BN 1, 1976, 29-30.

Görg, M. 1977a: Zur „Lade des Zeugnisses", BN 2, 1977, 13-15.

Görg, M. 1977b: „Wo lag das Paradies?" – Einige Beobachtungen zu einer alten Frage, BN 2, 1977, 23-32.

Görg, M. 1982: *ja'ad* etc., ThWAT III, 697-706.

Görg, M. 1982: *jašab* etc., ThWAT III, 1982, 1012-1032

Görg, M. 1990: Debir, NBL II, Lieferung 3, 1990, 398.

Görg, M. 1991, Gihon, NBL I, Lieferung 5, 1991, 842f.

Görg, M. 1992a: Gihon, ABD II, 1992, 1018-1019.

Görg, M. 1992b: Hofni, NBL II, Lieferung 7, 1992, 179.

Görg, M. 1992c: Kerub, NBL II, Lieferung 8, 1992, 467-468.

Görg, M. 1994: Lade II: Lade als Gottesthron, NBL II, Lieferung 9, 1994, 576-578.

Görg, M. 1996: Der „Satan" – der „Vollstrecker" Gottes?, BN 82, 1996, 9-12.

Görg, M. 1997a, Paradiesesgeographie, NBL III, Lieferung 11, 1997, 65f.

Görg, M. 1997b: Pinhas, NBL III, Lieferung 11, 1997, 151f.

Görg, M. 1997c: Pischon; NBL III, Lieferung 11, 1997, 152.

Görg, M. 1998: Ein Haus im Totenreich. Jenseitsvorstellungen in Israel und Ägypten, Düsseldorf 1998.

Görg, M. 2000: Die Lade als Sarg. Zur Traditionsgeschichte von Bundeslade und Josefssarg, BN 105, 2000, 5-11.

Görg, M.: Die Barke der Sonne. Religion im alten Ägypten. Kleine Bibliothek der Religionen 7, Freiburg - Basel - Wien 2001.

Grapow, H. 1914: Über die Wortbildungen mit einem Präfix *m*- im Ägyptischen, Aus den Abhandlungen der Königl. Preuss. Akademie der Wissenschaften. Jahrgang 1914. Phil.-Hist. Klasse. Nr. 5, Berlin 1914.

Gunkel, H. 1922: Genesis, 5. Auflage Göttingen 1922 , Nachdruck: 6. Auflage 1964.

Hannig, R. 2003: Ägyptisches Wörterbuch I: Altes Reich und Erste Zwischenzeit, Mainz 2003.

Hartenstein, F. 1997: Die Unzugänglichkeit Gottes im Heiligtum. Jesaja 6 und der Wohnort JHWHs in der Jerusalemer Kulttradition, WMANT 75, Neukirchen-Vluyn 1997.

Hieke, T. 1997: Psalm 80 – Praxis eines Methodenprogramms. Eine literaturwissenschaftliche Untersuchung mit einem gatttungskritischen Beitrag zum Klagelied des Volkes, ATSAT 55, St. Ottilien 1997.

Hoch, J.E. 1994: Semitic Words in Egyptian Texts of the New Kingdom and Third Intermediate Period, Princeton 1994.

Hornung, E. 1990: Tal der Könige. Die Ruhestätte der Pharaonen, 5. Auflage, Zürich - München 1990.

Irsigler, H.: Thronbesteigung in Psalm 93? Der Textverlauf als Prozeß syntaktischer und semantischer Interpretation, in: W. Groß - H. Irsgiler - Th. Seidl (Hrsg.), Text, Methode und Grammatik. Wolfgang Richter zum 65. Geburtstag, St. Ottilien 1991, 155-190.

Irsigler, H., Zeichen und Bezeichnetes in Jes 7,1-17. Notizen zum Immanueltext, BN 29, 1985 75-114 = U. Struppe (Hrsg.), Studien zum Messiasbild im Alten Testament, SBAB 6, Stuttgart 1989, 155-197.

Irsigler, H.: Gott als König in Berufung und Verkündigung Jesajas, in: F.V. Reiterer (Hrsg.), Ein Gott Eine Offenbarung. Beiträge zur biblischen Exegese, Theologie und Spiritualität (Festschrift für Notker Füglister OSB zum 60. Geburtstag, Würzburg 1991, 127-154.

Jacob, B.1934: Das erste Buch der Tora. Genesis, Berlin 1934.

Janowski, B. 1989: Rettungsgewißheit und Epiphanie des Heils. Das Motiv der Hilfe Gottes „am Morgen" im Alten Orient und im Alten Testament. Band I: Alter Orient, WMANT 59, Neukirchen-Vluyn 1989.

Janowski, B. 1990: Tempel und Schöpfung. Schöpfungstheologische Aspekte der priesterschriftlichen Heiligtumskonzeption, JBTh 5, 1990, Neukirchen-Vluyn 1990, 37-69 = B. Janowski, Gottes Gegenwart in Israel. Beiträge zur Theologie des Alten Testaments, Neukirchen-Vluyn 1993, 214-246.

Janowski, B.: Das Königtum Gottes in den Psalmen. Bemerkungen zu einem neuen Gesamtentwurf (1989), ZThK 86, 1989, 389-454 = B. Janowski, Gottes Gegenwart in Israel. Beiträge zur Theologie des Alten Testaments, Neukirchen-Vluyn 1993, S. 148-213.

Janowski, B.: Keruben und Zion. Thesen zur Entstehung der Zionstradition, in: D.R. Daniels - U. Glessmer - M. Rösel (Hrsg.), Ernten, was man sät (Fs. K. Koch), Neukirchen-Vluyn 1991, 231-264 = B. Janowski, Gottes Gegenwart in Israel. Beiträge zur Theologie des Alten Testaments, Neukirchen-Vluyn 1993, S. 247-280.

Janowski, B. 2001: Der Himmel auf Erden. Zur kosmologischen Bedeutung des Tempels in der Umwelt Israels, in: B. Janowski - B. Ego (Hrsg.), Das biblische Weltbild und seine altorientalischen Kontexte, Tübingen 2001, 229-260.

Janowski, B., Die heilige Wohnung des Höchsten. Kosmologische Implikationen der Jerusalemer Tempeltheologie, in: O. Keel - E. Zenger (Hrsg.), Gottesstadt und Gottesgarten. Zu Geschichte und Theologie des Jerusalemer Tempels, Quaestiones Disputatae 191, Freiburg - Basel- Wien 2002, S. 24-68.

Jeremias, J. 1987: Das Königtum Gottes in den Psalmen. Israels Begegnung mit dem kanaanäischen Mythos in den Jahwe-König-Psalmen, FRLANT 141, Göttingen 1987.

Keel, O. 1972: Die Welt der altorientalischen Bildsymbolik. Am Beispiel der Psalmen, Zürich - Neukirchen 1972.

Keel, O. 1977: Jahwe-Visionen und Siegelkunst. Eine neue Deutung der Majestätsschilderungen in Jes 6, Ez 1 und 10 und Sach 4, SBS 84/85, Stuttgart 1977.

Koch, K. 1959: Die Priesterschrift von Exodus 25 bis Leviticus 16. Eine überlieferungsgeschichtliche und literarkritische Untersuchung, FRLANT NF 53, Göttingen 1959.

Kraus, H.-J. 1951: Die Königsherrschaft Gottes im Alten Testament. Untersuchungen zu den Liedern von Jahwes Thronbesteigung, BHTh 13, Tübingen 1951.

Kraus, H.-J. 1979: Theologie der Psalmen, BK XV/3, Neukirchen-Vluyn 1979.

Kuhlmann, K.P. 1977: Der Thron im Alten Ägypten. Untersuchungen zu Semantik, Ikonographie und Symbolik eines Herrschaftszeichens, Abhandlungen des Deutschen Archäologischen Instituts Kairo. Ägyptologische Reihe 10, Glückstadt 1977.

Liss, H., Die unerhörte Prophetie. Kommunikative Strukturen prophetischer Rede im Buch Yesha'yahu, Arbeiten zur Bibel und ihrer Geschichte 14, Leipzig 2003.

Lortez, O., 1987: KTU 1.101:1 und 1.2 IV 10 als Parallelen zu Ps 19,10, ZAW 99, 1987, 415-421.

Luft, U. 1978: Beiträge zur Historisierung der Götterwelt und der Mythenschreibung, Studia Aegyptiaca IV, Budapest 1978.

Mariette, A., Dendérah. Description Genéral du Grand Temple de cette ville, Paris 1870-1880.

Metzger, M. 1970: Himmlische und irdische Wohnstatt Jahwes, UF 2, 1970, 139-158.

Metzger, M. 1985: Königsthron und Gottesthron. Thronformen und Throndarstellungen in Ägypten und im Vorderen Orient im dritten und zweiten Jahrtausend vor Christus und deren Bedeutung für das Verständnis von Aussagen über den Thron im Alten Testament, AOAT 15,1/2, Kevelaer-Neukirchen Vluyn 1985.

Metzger, M., 1994: Jahwe, der Kerubenthroner, die von Keruben flankierte Palmette und Sphingenthrone aus dem Libanon, in: I. Kottsieper - J. Van Oorschot - D. Römheld - H.M. Wahl (Hrsg.), „Wer ist wie du, HERR, unter den Göttern". Studien zur Theologie und Religionsgeschichte Israels für Otto Kaiser zum 70. Geburtstag, Göttingen 1994, 75-90.

Mowinckel, S. 1921-1924: Psalmenstudien I-VI, Kristiania 1921-1924.

Osing, J., 1976: Die Nominalbildung des Ägyptischen, Mainz 1976.

Otto, E. – Hirmer, M. 1966: Osiris und Amun. Kult und heilige Stätten, München 1966.

Otto, E. – E. Zenger (Hrsg.), „Mein Sohn bist du" (Ps 2,7), Studien zu den Königspsalmen, SBS 192, Stuttgart 2002.

Piankoff, A. 1957: Mythological Papyri, Egyptian Religious Texts and Representations, I. Texts, II. Plates. Bollingen Series XL.3, New York, N.Y. 1957.

Rambova, N. 1957: The Symbolism of the Papyri, in: A. Piankoff; Mythological Papyri, I. Texts, Bollingen Series XL.3, New York, N.Y. 1957, 29-65.

Rößler, O. 1971: Das Ägyptische als semitische Sprache, in: F. Altheim - R. Stiehl, Christentum am Roten Meer I., Berlin-New York 1971, 264-326.

Ruppert, L. 1992: Genesis. Ein kritischer und theologischer Kommentar. 1. Teilband: Gen 1,1-11,26, FzB 70, Würzburg 1992.

Schmidt, H. 1923: Kerubenthron und Lade, in: Eucharisterion (Fs. H. Gunkel), FRLANT NF 36, Göttingen 1923.

Schmitt, R. 1972: Zelt und Lade als Thema alttestamentlicher Wissenschaft. Eine kritische forschungsgeschichtliche Darstellung, Gütersloh 1972.

Sethe, K. 1928: Altägyptische Vorstellungen vom Lauf der Sonne. Sitzungsberichte der Preußischen Akademie der Wissenschaften. Phil.-Hist. Klasse 22, Berlin 1928, 259-284.

Stenmans, P. 1984: *mabbul*, ThWAT IV, 1984, 633-638.

Sternberg, H. 1985: Mythische Motive und Mythenbildung in den ägyptischen Tempeln und Papyri der griechisch-römischen Zeit, GOF IV, 14, Wiesbaden 1985.

Tsumura, D.T. 1988: „The Deluge" (*mabbul*) in Ps 29: 10, UF 20, 1988, 351-355.

Uehlinger, C. 1990: Weltreich und „eine Rede". Eine neue Deutung der sogenannten Turmbauerzählung (Gen 11,1-9), OBO 101, Freiburg Schweiz – Göttingen 1990.

Westendorf, W., 1965/1977: Koptisches Handwörterbuch, Heidelberg 1965/1977.

Westermann, C. 1967: Genesis. I. Teilband. Genesis 1-11, BK I/1, 2. Auflage, Neukirchen-Vluyn 1976.

Wiebach-Koepke, S. 2003: Phänomenologie der Bewegungsabläufe im Jenseitskonzept der Unterweltbücher Amduat und Pfortenbuch und der liturgischen „Sonnenlitanei", ÄAT 55, Wiesbaden 2003.

Wilson, P., 1997: A Ptolemaic Lexikon. A Lexicographical Study of the Texts in the Temple of Edfu, OLA 78, Leuven 1997.

Yahuda, A.S. 1929: Die Sprache des Pentateuch in ihren Beziehungen zum Aegyptischen, Berlin - Leipzig 1929.

Zenger, E. 2001: E. Zenger u.a., Einleitung in das Alte Testament, 4. Auflage, Stuttgart 2001.

Zenger, E. 2003a: Psalm 29 als hymnische Konstituierung einer Gegenwelt, in: K. Kiesow - Th. Meurer (Hsrg.), Textarbeit. Studien zu Texten und ihrer Rezeption aus dem Alten Testament und der Umwelt Israels. Festschrift für P. Weimar, AOAT 294, Münster 2003, 569-583.

Zenger, E. 2003b: Theophanien des Königsgottes JHWH. Transformationen von Psalm 29 im Psalter, in: E. Zenger (Hrsg), Ritual und Poesie. Formen und Orte religiöser Dichtung im Alten Orient, im Judentum und im Christentum, HBS 36, Freiburg 2003, 163-187.

Zenger, E. 2002: s. Otto, E., - Zenger, E.

Zimmermann, R. 2000: Einführung: Bildersprache verstehen oder: Die offene Sinndynamik der Sprachbilder, in: R. Zimmermann (Hrsg.), Bildersprache verstehen. Zur Hermeneutik der Metapher und anderer bildlicher Sprachformen. Mit einem Geleitwort von H.-G. Gadamer, München 2000.

Zwickel, W. 1995: Die Tempelquelle Ezechiel 47. Eine traditionsgeschichtliche Untersuchung, EvTh 55, 1995, 140-154.

II. Schöpfungsbilder

Chaos und Chaosmächte im Alten Testament[1]

Wollten wir das Wort „Chaos", bekanntlich ein Wort griechisch-indogermanischen Ursprungs[2], im biblischen Urtext suchen, werden wir gerade dort nicht fündig, wo wir sein Vorkommen aufgrund seines Belegspektrums in der altgriechischen Literatur mit der genuinen Bedeutung „gähnender Abgrund" zur Kennzeichnung des präkosmischen Status[3] am ehesten vermuten würden, nämlich dort, wo von der Schöpfung die Rede ist, insbesondere zu Beginn des ersten Buches Mose. Doch zum einen scheint das Hebräische der Bibel ein semantisch voll vergleichbares Nomen nicht zu kennen, zum andern ergehen sich die Schöpfungstexte in knappen Skizzierungen eines Primärzustands mit einer Kollektion von Einzelphänomenen, die als Defizite gegenüber dem Jetztzustand der Welt in Raum und Zeit charakterisiert werden. Dennoch ist der Ausdruck „Chaos" in der Geschichte der Forschung an den biblischen Schöpfungstexten immer wieder ins Spiel gebracht worden und mittlerweile so fest verankert, daß es fast aussichtslos erscheint, ihn zu vermeiden oder durch einen sachgemäßeren ersetzen zu wollen. So steht der Titel der Schrift „Schöpfung und Chaos" aus der Feder des prominenten Begründers der biblischen Formgeschichte, H. Gunkel[4], paradigmatisch für ein stereotypes Kontrastpaar: Schöpfung beginnt dort, wo das Chaos aufhört. Die Charakterisierung des Urzustandes der Erde als „Chaos" beschreibt der ältere und von Gunkel nicht zitierte Genesiskommentar von F. Delitzsch: „Die Erde in ihrem Urzustand war eine wüste und dumpfe, leb- und bewusst-lose Masse *rudis indigestaque moles*, mit einem Worte: ein Chaos"[5]. Delitzsch versteht den Ausdruck genauer im Anschluß an den orphischen Sprachgebrauch und in Analogie zu altindischen wie altnordischen Entsprechungen als „der gähnende Abgrund" und trifft damit etymologischsemantisch das Richtige. Gehen wir in der Geschichte der Exegese weiter zurück.

---

[1] Manuskript eines Vortrages, der bei einer Tagung zum Thema „Chaos und Struktur" in Bad Saarow (19.-21. November 1993) gehalten wurde.

[2] Das Wort meint von Haus aus „leerer Raum, Luftraum, Kluft", steht in Beziehung u.a. zu ahd. *goumo* u.ä. „Gaumen" und ist abgeleitet von der Wurzel *gheu/*ghu u.ä. „klaffen, gähnen": Näheres dazu u.a. bei J.B. Hofmann, Etymologisches Wörterbuch des Griechischen, Darmstadt 1966, 412. Vgl. auch H.G. Liddell - R. Scott, A Greek-English Lexicon, Oxford 1973, 1976, wo als Bedeutungen u.a. notiert werden: *"the first state of the universe", "space, the expanse of air", "the nether abyss, infinite darkness", "any vast gulf or chasm"*.

[3] Vgl. zur ersten Information die Angaben von W. Fauth, in: Der Kleine Pauly 1979, 1129f.

[4] H. Gunkel, Schöpfung und Chaos in Urzeit und Endzeit. Eine religionsgeschichtliche Untersuchung über Gen 1 und Ap Job 12, Göttingen 1895. Gunkels Gebrauch und Charakterisierung des Ausdrucks „Chaos" (ein „uralter Zug" sowie „Dunkel und Wasser am Anfang der Welt" 7) entspricht der Sichtweise J. Wellhausens, Prolegomena zur Geschichte Israels, 5. Aufl., Leipzig 1905, 295: „Im Anfang ist das Chaos; Dunkel, Wasser, brütender Geist, der lebenzeugend die tote Masse befruchtet". Dennoch äußert sich Gunkel vor allem in seinem Genesiskommentar kritisch zu Wellhausens Meinung, das Chaos sei „im Anfang von Gott geschaffen" (Prolegomena, 296), so u.a.: „Der Gedanke einer Schöpfung des Chaos ist in sich widerspruchsvoll und wunderlich, denn Chaos ist die Welt vor der Schöpfung" (Göttinger Handkommentar zum Alten Testament 1/1, 5. Aufl., Göttingen 1922, 102).

[5] F. Delitzsch, Commentar über die Genesis, 3. Aufl., Leipzig 1960, 93.

II. Schöpfungsbilder

Eine Stellungnahme des 18. Jahrhunderts möge hier zu Wort kommen. Im Kommentar von Chr. Starke zum ersten Buch Mose liest man Kritisches zur Meinung, das „primum chaos" sei „für ewig" zu halten[6]: „Es heisset aber chaos seiner eigentlichen bedeutung nach nicht ein vermengter klumpen, sondern es ist so viel als chasma, eine kluft, eine tiefe. und also soviel als der ersterschaffene grosse weltraum mit der ersten weltmaterie erfüllet". Starke zitiert auch die Meinung, „es sey das chaos nicht ohne alle gestalt gewesen, sondern es hätte nur noch nicht die rechte volkommene gestalt gehabt". Die deutschsprachige Auslegung hat also das „Chaos" nicht kontinuierlich und ausschließlich als Negativgröße schlechthin betrachtet. Trotzdem hat sich ein Verständnis durchgesetzt, das im „Chaos" in erster Linie nicht nur einen präkosmischen Zustand der abgründigen Tiefe sondern „Chaos" auch als Verfassung der Orientierungslosigkeit und Verlorenheit schlechthin begreift. Nur für den erstgenannten Aspekt hat uns das antike Schrifttum eine Rechtfertigung hinterlassen. Dürfen wir uns erlauben, den Ausdruck in einem weiteren Sinn zu fassen?

Nun ist auch in der Bibelwissenschaft Widerspruch gegen die Verwendung des Ausdrucks „Chaos" im Zusammenhang mit der Kosmogonie in Gen 1 laut geworden. So beklagt W. Richter in seinem Werk „Exegese als Literaturwissenschaft" gerade auch am Beispiel des verbreiteten Verständnisses von Gen 1,2 als „Chaosschilderung" ein „methodisch unsauberes Vorgehen", da das Wort eine Vorstellung suggeriere, obwohl der Begriff dafür fehle[7]. Schon Joh. Clericus meint in seinem Kommentar zur Genesis von 1733 gegenüber der Auffassung, Gen 1,2 mit seinem bekannten Ausdruck Tohuwabohu handele doch offensichtlich vom Chaos, dies sei durch die eigene und ursprüngliche Wortbedeutung nicht gedeckt[8].

Obwohl auch in der Religionsgeschichte insgesamt bisher reichlich unkritisch mit dem Ausdruck „Chaos" umgegangen wurde, indem vor allem die Darstellungen der vorderasiatischen und mediterranen Religionsgeschichte und Theologie den Ausdruck „Chaos" mit großer Selbstverständlichkeit verwenden, ist gerade erst mit einer „Problemanzeige" reagiert worden, die den „Chaoskampfmythos" weder in der Umwelt Israels noch im Alten Testament selbst im engen Zusammenhang mit kosmogonischen Traditionen sehen will. Die Weltschöpfung könne nicht als „Folge oder Resultat eines Chaoskampfes verstanden werden"[9]. Eine ähnlichlautende These hat freilich schon Ch. Westermann zu Beginn seines voluminösen Genesiskommentars ausgesprochen[10]: „Das Drachenkampf- oder Cha-

---

[6] Chr. Starke, Synopsis Bibliothecae Exegeticae in Vetus Testamentum. Kurzgefaßter Auszug der gründlichsten und nutzbarsten Auslegungen über alle Bücher Altes Testaments, 1. Theil, Biel 1749, 65.

[7] W. Richter, Exegese als Literaturwissenschaft. Entwurf einer alttestamentlichen Literaturtheorie und Methodologie, Göttingen 1971, 188.

[8] Genesis sive Mosis Prophetae liber primus ex translatione Joannis Clerici, cum ejusdem paraphrasi perpetaa, commentario philologico...., Tubingae 1733, 4.

[9] Th. Podella, Der „Chaoskampfmythos" im Alten Testament. Eine Problemanzeige, in. M. Dietrich - O. Loretz, Mesopotamica – Ugaritica – Biblica. Festschrift für Kurt Bergerhof zur Vollendung seines 70. Lebensjahres am 7. Mai 1992 (Alter Orient und Altes Testament 232), Kevelaer/Neukirchen-Vluyn 1993, 283-329, hier 319.

[10] Cl. Westermann, Genesis (Biblischer Kommentar I/1), 2. Aufl., Neukirchen-Vluyn 1976, 43.

oskampf-Motiv gehörte ursprünglich nicht mit dem der Schöpfung zusammen" und „Die für Gunkel noch ganz sichere Verbindung von Schöpfung und Chaoskampf in der Weise der Ermöglichung der Schöpfung durch Besiegung der Chaosmacht im Kampf ist dann nur eine Darstellungsweise neben vielen anderen, keineswegs aber schlechthin die mythische Schöpfungsdarstellung".

Nach dem besonderen Vorbehalt in der Anwendung des Ausdrucks „Chaos" angesichts der Befunde in der Religionswissenschaft und Bibelwissenschaft könnte es sich empfehlen, ganz auf den Gebrauch des Wortes im Zusammenhang mit den diversen Schöpfungsvorstellungen zu verzichten und damit eine Gunkels Intention geradezu entgegengesetzte Richtung anzusteuern. Mit einer entschiedenen Zurückhaltung gegenüber einer Bindung des Chaoskampfmythologems an die kosmogonischen Traditionen sollte jedoch nicht das Kind mit dem Bade ausgeschüttet und die Bezeichnung „Chaos" als solche ausgeklammert werden. Es sollte vielmehr versucht werden, ob sich nicht im Sinne des vom griechischen Wort angezielten Sinnhorizonts doch eine Anwendung auf den präkosmischen Zustand im Sinne von Gen 1,2 rechtfertigen läßt. So hieße es auch das methodisch-kritische Prinzip Richters zu Tode reiten, wenn man sich für alle semantischen Deskriptionen ausschließlich des im Kontext genannten Begriffsinventars bedienen müßte, um den gemeinten Sachverhalt zutreffend zu beschreiben. Es muß erlaubt sein, weiterhin mit dem Ausdruck „Chaos" zu operieren. Es sei hier gestattet, auch die besondere Perspektive M. Luthers ins Spiel zu bringen. In seinen Vorlesungen zur Genesis setzt er sich bekanntlich auch mit Nikolaus von Lyra und der aristotelischen Philosophie auseinander. Ohne den auch von ihm bemerkenswerterweise zitierten Ausdruck Chaos kritisch zu befragen, bemängelt er lediglich die fehlende Qualifikation des Chaos, worin die Bibel den Philosophen voraus sei[11]. Insoweit stehen wir nicht viel anders da. Wir finden den langerprobten Terminus vor und können gar nicht anders als ihn semantisch neu zu definieren und plausibel zu vermitteln.

Das Wort „Chaos" kommt nun freilich in der Bibel vor, allerdings in der griechischen, auf ägyptischem Boden in der Stadt Alexandria entstandenen Übersetzung des Alten Testaments in das Griechische, der sog. Septuaginta. In Micha 1,6 und Sacharja 14,6 steht das griechische Wort für das hebräische Nomen *gy'*, das gewöhnlich mit „Niederung, Tal" wiedergegeben wird[12]. Während in Mi 1,6 lediglich auf eine Bergschlucht bei Samaria Bezug genommen wird, steht in Sach 14,4 deutlich ein metaphorischer Aspekt im Vordergrund. Es geht hier um die kommende Epiphanie JHWHs, dessen Auftreten auf den Höhen im Osten Jerusalems die Berge spaltet und einen Abgrund offenlegt. Damit ist ein

---

[11] „Quod autem Lyra putat necessariam cognitionem sententie Philosophorum de materia, quod ex ea dependeat intellectus operationis sex dieru, nescio an Lyra intellexerit, quid Aristoteles uocauerit materiam. Neque enim Aristoteles, sieut Ouidius, materiam uocat informe & rude illud chaos; Quare omissis istis non necessarijs accedamaus ad Mosen, tanquam meliorem Doctorem, quem tutius possimus sequi, quam Philosophos sine uerbo de rebus ignotis disputants" (zitiert im Anschluß an die mir vorliegende Erstausgabe des Kommentars: In primvm librvm Mose enarrationes Reuerendi Patris D.D. Martini Lutheri, plenae salutaris & Christiane eruditionis, Bona fide & diligenter collectae, Vvitenbergae M.D. XVLIIII, fol. II vs.).

[12] Vgl. zuletzt R. Meyer - H. Donner (Hg.), Wilhelm Gesenius: Hebräisches und Aramäisches Handwörterbuch über das Alte Testament, 18. Aufl., Berlin etc. 1987, 212.

II. Schöpfungsbilder

wesentlicher Aspekt des Sinnhorizonts von „Chaos" angesprochen, nämlich die abgründige Welt dessen, was der ordnenden Gewalt Gottes als Widerpart gegenübersteht, oder – um im Bild zu bleiben – als „ein sehr großes Tal"[13] unterhalb seiner Füße liegt[14]. Das griechische Wort bedeutet eben nicht nur „empty space"[15], sondern gerade auch die verlorene Tiefe. Vor allem aber steht die Bezeichnung doch mindestens auch für eine „mythische Größe"[16], wie sie die prophetische Verwendung des Nomens *gy'* in Sach 14,4 ebenfalls im Blick zu haben scheint[17].

Im sogenannten priesterschriftlichen Schöpfungstext Gen 1, 1-2,4a, in der jetzigen Fassung ein Werk jüdischer Autoren zur Zeit des babylonischen Exils, ist nun in der Tat von einem Chaoskampf vor oder zu Beginn des Schöpfungsgeschehens keine Rede. Das hindert jedoch nicht, nach der Rolle des „Chaos" bei der hier befürworteten Beibehaltung des Ausdrucks zu fragen. Es geht um eine sinn- und sachgemäße Einordnung insbesondere von Gen 1,2, allgemein als Chaosbeschreibung m.E. zu Recht charakterisiert[18]. Hiervon wird zu unterscheiden sein, was das Alte Testament an „Chaosmächten" kennt, ohne wiederum das Vorhandensein oder Nichtvorhandensein dieser begrifflichen Kennzeichnung zum Kriterium der Bejahung oder Negation einschlägiger Vorstellungen zu machen. Bevor wir uns also dem Phänomen des Chaos in Gen 1,2 und den priesterschriftlichen Folgetexten befassen, soll ein Blick auf die Konturen der „Chaosmächte" geworfen werden.

---

[13] Das Nomen steht im ungewöhnlichen Status absolutus, vgl. dazu u.a. W. Rudolph, Haggai – Sacharja 1-8 – Sacharja 9-14 – Maleachi (Kommentar zum Alten Testament XIII 4), Gütersloh 1976, 231; zur Wiedergabe zuletzt H. Graf Reventlow, Die Propheten Haggai, Sacharja und Maleachi (Das Alte Testament Deutsch 25,2), Göttingen 1993, 122. Ein vergleichbares Bild bietet sich auch im Kontext von Mi 1,6, da in 1,3f. von der Spaltung der Täler zu Füßen des epiphanen Gottes die Rede ist. Eine Spur der bildhaften Vorstellung, nach der das tiefe Tal die Zerstörung beherbergt, ist auch noch in 1,6 erkennbar.

[14] Die Situierung des „Chaos" unterhalb der Füße JHWHs entspricht einem kanonischen Darstellungsmodus in der altorientalischen und ägyptischen Bildsprache und Ikonographie, vgl. dazu u.a. M. Görg, „Alles hast du gelegt unter seine Füße". Beobachtungen zu Ps 8,7b im Vergleich mit Gen 1,26, in: E. Haag - F.L. Hossfeld (Hg.), Freude an der Weisung des Herrn (Festschrift für H. Groß), Stuttgart 1986, 125-148 = Ders., Studien zur biblisch-ägyptischen Religionsgeschichte (Stuttgarter Biblische Aufsatzbände 14), Stuttgart 1992, 117-136. O. Keel - Chr. Uehlinger, Göttinnen, Götter und Gottessymbole. Neue Erkenntnisse zur Religionsgeschichte Kanaans und Israels aufgrund bislang unerschlossener ikonographischer Quellen (Quaestiones Disputatae 134), Freiburg etc. 1992, 129f. u.ö.

[15] Gegen D.T. Tsumura, The Earth and the Waters in Genesis 1 and 2. A Lingusitic Investigation (Journal of the Study of the Old Testament. Supplement Series 83), Sheffield 1989, 20, der offenbar nur diese Bedeutung zu kennen scheint.

[16] Gegen Richter, 1971, 188.

[17] Über die angezeigte metaphorisch-mythologische Beziehung hinaus wird man bei dem „sehr großen Tal" östlich von Jerusalem auch an das im folgenden Vers (Sach 14,5) genannte *ge-harim* („Bergetal") denken dürfen, das gelegentlich, wenn auch nicht zwingend, zu *ge' hinnom* („Tal Hinnom") emendiert worden ist (vgl. dazu die Angaben in W. Baumgartner, Hebräisches und aramäisches Lexikon zum Alten Testament, Lieferung 1, Leiden 1967, 181; Meyer - Donner, Handwörterbuch, 212). Das Tal Hinnom ist bekanntlich zum Ort der „Hölle" geworden (*ge'hinnom* = Gehenna), vgl. dazu zuletzt M. Görg, Ge-Ben-Hinnom, in: M. Görg - B. Lang (Hg.), Neues Bibel-Lexikon, Lieferung 5, 1991, 738f., und M. Reiser, Hölle, in: Neues Bibel-Lexikon, Lieferung 7, 1990, 173f.

[18] Vgl. u.a. E. Würthwein, Chaos und Schöpfung im mythischen Denken und in der biblischen Urgeschichte, in: Zeit und Geschichte. Dankesgabe an Rudolf Bultmann zum 80. Geburtstag, Göttingen 1964, 317-327 (= Ders., Wort und Existenz. Studien zum Alten Testament, Göttingen 1970, 28-38), zuletzt vor allem L. Ruppert, Genesis. Ein kritischer und theologischer Kommentar. 1. Teilband: Gen 1,1-11,26 (Forschung zur Bibel 70), Würzburg 1992, 66f.

Die Bezeichnung „Chaosmacht"/„Chaosmächte" suggeriert eindeutiger als die Bezeichnung „Chaos" einen Zusammenhang mit dem „Chaoskampf". Es geht hier um Agitation und Opposition der das Leben zerstörenden und behindernden Kräfte, die von einer mächtigeren Instanz überwunden werden sollen, die ihrerseits ein Verbleiben in der Sicherheitszone, die zugleich Lebenszone ist, garantiert. Es ist schon seit längerem und erst jüngst erneut beobachtet worden[19], daß das „Chaoskampfmythologem" in mesopotamischen (vor allem im Epos *Enuma elis*) und ugaritischen Texten (etwa in dem Baalmythos) eine besondere Rolle in der mythologischen Transformation geschichtlicher Konfrontationen spielt, aber eben nicht unmittelbar auf den Schöpfungsprozeß rekurrieren läßt. Auch für die ägyptischen Texte und Illustrationen gilt, daß ein urzeitlicher oder primordialer Chaoskampf am Anfang des Schöpfungsgeschehens nach den Entwürfen der Kosmogonien nicht situiert werden kann. Stattdessen kommt dem „Chaoskampfmythologem" in den Nachbarkulturen Israels, soweit dies bisher zu beobachten ist, die Funktion eines Ausdrucksmittels zu, das in verschiedenen Bereichen, wie etwa in der Liturgie oder in der Bildsprache zur Charakteristik einer existentiellen Krisensituation und Noterfahrung in Auseinandersetzung mit einer lebensbedrohenden Gegnerschaft dienen kann. Man sollte allerdings bedenken, daß in gewissem Unterschied zu den mesopotamisch-ugaritischen Sprachspielen die Demonstration eines Konnexes zwischen gegenwärtiger Chaosüberwindung und dem kosmischen Prozeß der Neuschöpfung in ägyptischen Darstellungen schriftlicher und szenischer Art viel eindringlicher geschieht[20]. Das „Chaoskampfmythologem" ist hier unmittelbar mit der zyklischen Regeneration der Schöpfung verbunden, indem jede Auseinandersetzung des Königs mit seiner Gegnerschaft als Konfrontation des Sonnengottes mit den „Chaosmächten" zu Beginn und im Verlauf der täglichen Sonnenbahn am Himmel begriffen wird. Hier wird also die bleibende Potenz des „Chaos" als lebensbedrohender Wirklichkeit nicht nur als phraseologische Umschreibung der aktuellen Gefährdung verstanden, sondern vor allem auch als unmittelbare und wirksame Provokation.

Auch das Alte Testament verwendet das „Chaoskampfmythologem", um aktuelle Bedrängniserfahrungen in ihrer Dimension eines Kampfes auf Leben und Tod auszuweisen und zu bekennen. Zu diesen in Bildern des Elementaren und Fundamentalen gehaltenen Reflexionen gehören Texte, die immer wieder als Bezugnahmen auf präkosmische und primordiale Auseinandersetzungen gedeutet worden sind, wie z.B. Jes 51,9-11:

    51,9a   „Erhebe dich,
       b   erhebe dich,
       c   bekleide dich mit Macht, Arm JHWHs
       d   erhebe dich wie in den Tagen der Vorzeit,
            der Generationen von Ewigkeit!

---

[19] Vgl. hierzu und zum Folgenden zuletzt Podella, Chaoskampfmythos, 289ff.

[20] Vgl. hierzu vor allem J. Assmann, Königsdogma und Heilserwartung. Politische und kultische Chaosbeschreibungen in ägyptischen Texten, in: D. Hellholm (Hg.), Apocalypticism in the Mediterranean World and in the Near East. Proceedings of the International Colloquium on Apocalypticism, Uppsala, August 12-17, 1979, Tübingen 1983, 345-377. S. auch Podella, Chaoskampfmythos, 297f., der der ägyptischen Perspektive im Rückgriff auf Assmann (nur) eine längere Anmerkung (54) widmet.

e Bist du nicht der Schlächter Rahabs,
   der Durchbohrer Tannins?
10 Bist du nicht der Trockenleger des Meeres,
   der Wasser des großen Tehom,
   der die Meerestiefen zum Weg gemacht hat,
   damit die Erlösten hindurch ziehen konnten?
11 a Die von JHWH Geretteten kehren zurück
   b und kommen voll Jubel nach Zion.
   c Ewige Freude ruht auf ihren Häuptern,
   d Wonne und Freude stellen sich ein,
   e Kummer und Notschrei entfliehen."

Der Text verbindet die Erinnerung an die Auseinandersetzung Israels mit den Ägyptern, gekleidet in die mythologische Sprache des Chaoskampfes mit aktuellen Erfahrungen, d.h. konkret mit der Bewältigung des babylonischen Exils und dessen Folgen. Die dramatische Beschwörung des Vergangenen zielt aber nicht auf eine primordiale Konfrontation, sondern orientiert sich an der Tradition des Geschehens der Errettung Israels am Meer vor den ägyptischen Verfolgern. Die Exodusüberlieferung, nicht das Schöpfungsgeschehen, wird zum exemplarischen Beispiel eines Chaoskampfes, das zugleich Hoffnung für ein wirksames und erfolgreiches Eingreifen JHWHs in die bedrohte Gegenwart vermittelt. Die Rückkehr aus dem Exil soll ein neuer Exodus werden. Die Überwindung der Exilssituation wird dabei ins Bild einer kosmischen Chaosüberwindung gesetzt.

In durchaus ähnlicher Weise sind die ebenfalls mythologischen Aussageelemente in Ps 89,11-13 und 74,13-17 orientiert. Wiederum sind Rahab (Ps 89,11) und Tannin (Ps 74,13 im Plural) die Personifikationen des „Chaos" als lebensbedrohender Wirklichkeit. Dazu treten in Ps 74,16 die „Häupter Leviatans". In Ps 74 kommt freilich zur Bemühung des „Chaoskampfmythologems" auch die Erinnerung an die Kosmogonie hinzu, jedoch ohne unmittelbare Verflechtung. Die bemerkenswerte Koordination mit Aussagen über den Schöpfergott (16f.) spricht für die These: „Chaoskampfmythologem und Schöpfungsaussagen sind Themenbereiche, die JHWHs Königsmacht entfalten"[21]. Dennoch bleibt gerade dies nicht ohne Bedeutung, daß sich hier eine Konstellation findet, die zwar nicht den Chaoskampf in die Kosmogonie versetzt, wohl aber daran erinnert, daß die Ordnungsgewalt JHWHs in seiner souveränen Erstellung des Kosmos aufgehoben ist. Auf diese Einsicht wird noch zurückzukommen sein. Immerhin kann das primäre Schöpfungshandeln Gottes auch sonst Anhaltspunkt für eine Neuorientierung und Hoffnung auf Neuschöpfung sein. So zeigt sich Hi 26,8ff. 38, Ps 104, Spr 8 und Jer 5 eine Bezugnahme auf die göttliche Konstituierung des Lebensraums, ohne daß Kriterien für die Ansetzung einer Chaoskampfvorstellung gegeben sind. JHWH wird hiernach lediglich als Chaoskämpfer gedacht und beschworen, nachdem die grundlegende Setzung der Schöpfungsrealität längst geschehen ist, aber immer wieder unterminiert zu werden droht. Solchen „chaotischen" Zerstörungstendenzen tritt JHWH als absolute Hoffnungsinstanz entgegen.

---

[21] Podella, Chaoskampfmythos, 307.

Die Diskussion um einen Zusammenhang zwischen Kosmogonie und „Chaosmächten" wirkt auch in die Auslegung von Ps 104 hinein. Gerade in diesem in gewisser Analogie zu den ägyptischen Sonnenhymnen der Amarnazeit stehenden Dichtwerk[22] scheint der Eindruck einer Interdependenz unabweislich zu sein. Dennoch beschreiben die Anfangsverse die Qualität der hoheitlichen Dominanz JHWHs vom Himmelsthron aus, indem die kosmischen Realitäten sozusagen selbst ihre Grenzen erkennen und festlegen, so daß JHWH „wie ein Regisseur im Hintergrund" bleibt[23]. Ähnlich liegen die Dinge in Spr 8,27-29, wo JHWHs Schöpfungshandeln als eingrenzende und zuweisende Setzung in unvergleichlicher Autorität gesehen wird. Schließlich darf auch noch im Blick auf Ps 93 und 46 der Überwindung von Krisensituationen im Sprachgewand der Überwindung von „Chaosaggressionen" gedacht werden. Hier der Wortlaut des kurzen Ps 93:

93,1a		„JHWH ist König,
	b	Hoheit hat er angezogen.
	c	JHWH hat (sich) angezogen,
	d	(Mit) Macht hat er (sich) umgürtet.
	e	Fest gegründet steht die Erde.
	f	Nicht schwankt sie.
2a		Fest gegründet ist dein Thron seit jeher.
	b	Seit Ewigkeit bist du.
3a		Es erhoben Ströme, JHWH,
	b	Es erhoben Ströme ihre Stimme,
	c	Es erheben Ströme ihren Schlag,
4		Gewaltiger als das Tosen vieler Wasser,
		gewaltiger als das Brausen des Meeres
		ist gewaltig JHWH in der Höhe.
5a		Deine Zeugnisse sind fest und verläßlich,
	b	deinem Haus kommt Heiligkeit zu, JHWH, für alle Zeiten!"

Der Text redet von der Aggression der Chaosmächte, hier unter dem Bild der unkontrollierbaren Wasserfluten. Ohne daß ein Chaoskampf vorgeführt wird, erscheint die Souveränität JHWHs im hellsten Licht. Die „Gewalt" JHWHs besteht in seiner Dominanz, die jede Gefährdung seines Thrones über der Welt ausschließt. Der Tempel ist das irdische Wahrzeichen der kosmischen Repräsentanz JHWHs. Die Stilform ist analog zu ägyptischen Darstellungsformen in Literatur und Szenerie als „behobene Krise" bezeichnet worden[24], d.h. die Perspektive des Tempelsängers geht von der erfolgreichen Dominanz

---

[22] Vgl. dazu zuletzt Chr. Uehlinger, Leviathan und die Schiffe in Ps 104,25-26, in: Biblica 71, 1990, 499-526. Th. Krüger, „Kosmo-theologie" zwischen Mythos und Erfahrung. Psalm 104 im Horizont altorientalischer und alttestamentlicher „Schöpfungs"-Konzepte, in: Biblische Notizen. Beiträge zur exegetischen Diskussion 68, 1993, 49-74

[23] Podella, Chaoskampfmythos, 311.

[24] B. Janowski, Das Königtum Gottes in den Psalmen. Bemerkungen zu einem neuen Gesamtentwurf, in Zeitschrift für Theologie und Kirche 86, 1989, 409f. Es sei hier daran erinnert, daß die Rede von der „behobenen Krise" auf J. Assmann, Liturgische Lieder an den Sonnengott. Untersuchungen zur altägyptischen Hymnik I (Münchener Ägyptologische Studien 19), Berlin 1969, 77, zurückgeht.

II. Schöpfungsbilder

der Gottheit aus, deren Überlegenheit zu keinem Zeitpunkt ernsthaft in Frage gestellt ist. Stattdessen kommt der Manifestation des selbstverständlichen Triumphierens über das „Chaos" die zentrale Bedeutung zu. „Dargestellt wird nicht der Kampf JHWHs gegen das Chaos, sondern der Triumph des Königsgottes, der den siegreich überstandenen Kampf gegen das Chaos (die ‚Fluten') bereits zur Voraussetzung hat"[25]. Der Aufstand der „Chaosmächte", wohl eher präsentisch als perfektiv zu verstehen[26], zeigt an, daß die Aggression in die Gegenwart reicht, aber gegenüber der „Gewalt" JHWHs nichts ausrichten kann. Hier deutet sich bereits ein Verständnis der Fortwirkung des kosmischen Urprozesses in der Geschichte an, ohne daß eine chaoskampfähnliche Auseinandersetzung im Detail demonstriert werden muß.

Kehren wir zum ersten Schöpfungstext aus der Tradition der Priesterschrift zurück. Die Situierung des Chaos und dessen „Schicksal" hat man auf der Ebene des Ps 104 zu deuten versucht: in beiden Fällen bleibe das Chaos vor der Tür des Lebensraums. Es steht zur Debatte, ob die Priesterschrift nicht doch eine eingehendere Perspektive bewahrt hat. Dazu ist zunächst ein Blick auf den vermutlichen Werdegang des ersten Schöpfungstextes nötig.

Die literaturwissenschaftliche Analyse des Textes Gen 1, 1-2,4a kann Indizien erarbeiten, die von einem zweistufigen Entstehungsprozeß des Textes reden lassen. Anders ausgedrückt: hinter der Jetztfassung des Textes kann eine Vorstufe, sozusagen ein erster Entwurf vermutet werden, der nach einem bestimmten Schema gegliedert ist. Ein erstes Kriterium zur Annahme einer vorausgehenden Textfassung ist das komplizierte Gefüge der Einleitung. Die langwährende Diskussion, ob der Anfang der Genesis in V. 1 als selbständiger Satz zu fassen sei: „Im Anfang hat erschaffen Gott den Himmel und die Erde" oder ob es sich um einen sogenannten Hintergrundsatz handelt, der erst in V.2 oder V.3 einen Hauptsatz beginnen läßt, sollte wohl zugunsten der letzteren Auffassung entschieden werden[27]. Dann aber stellt sich die Frage, ob mit V.2 nicht ein älterer, einstmals selbständiger Bestand aufgenommen worden ist, der sich jetzt nur sperrig im Kontext einfügt, zumal er über die Verfassung „der Erde", aber nicht auch über den vorgenannten Himmel Informationen bietet. So kann V.2 mit gutem Grund als ein eigenes, nicht sonderlich gut integriertes Relikt aus der vermutlichen Erstfassung angesehen werden. Das wichtigste Kriterium für die hypothetische Ansetzung einer Erstfassung oder Vorstufe ist freilich die Erwähnung der Lichtschöpfung in 1,3-5 einerseits und der Leuchtkörper in 1, 14-19 andererseits. Der erste Tag konkurriert mit dem vierten Tag. Da erst in 1,14-19 die

---

[25] Janowski, Königtum Gottes, 414.

[26] Podella, Chaoskampfmythos, 315, will hier „perfektiver Akzentuierung" das Wort reden, um sich zugleich gegen eine Deutung zu wenden, die eine Wiederholung des Schöpfungsprozesses unterstelle. Für eine solche Abgrenzung von einer Vorstellung, die nach Podella ägyptischen Konzeptionen ähnlich sei, steht das Kriterium der Verbrektion jedoch auf zu schwachen Füßen. Ich möchte daher bei der gegenwartsbezogenen Wiedergabe bleiben, vgl. auch Janowski, Königtum, 414. Eine vertretbare iterative Wiedergabe wählt Krüger, Kosmo-theologie, 70.

[27] Vgl. dazu W. Groß, Syntaktische Erscheinungen am Anfang althebräischer Erzählungen: Hintergrund und Vordergrund, in: Congress Volume Vienna 1980 (Vetus Testamentum Supplements 32), Leiden 1981, 131-145.

Funktion des Lichtes zur vollen Begründung, Entfaltung und Bestimmung kommt, darf man die Mitteilung über das „Licht" gegenüber der „Finsternis" in 1,3-5 auf das Konto des priesterschriftlichen Bearbeiters einer Vorlage setzen. Dieser Bearbeitung kommt es auf die demonstrative und exemplarische Herausstellung der Lichtschöpfung durch das Wort an. Die versuchsweise Rekonstruktion des älteren Bestandes ergibt vorläufig, daß einer kurzgehaltenen, immerhin aber in drei Aussagen präsentierten Satzfolge über den präkosmischen Zustand der Erde gehandelt wird, daß dann aber zunächst von der Einrichtung und Abgrenzung der Zone die Rede war, die zugleich der geschützte Raum für das Leben ist. In einer dritten Phase schließlich kommt die Lebenszeit zur Geltung, die in der Urfassung also erst nach der Erschaffung des Raumes ihren Platz findet. Für unseren Zusammenhang kommt es auf die Position und Funktion der Kurzsatzfolge in 1,2 an. Hier geht es um drei Kernaussagen:

1,2a Die Erde aber war *Tohuwabohu*,
   b Finsternis (war) über *T^ehom*,
   c und Gottes *Ruah* (war) flatternd über den Wassern.

Zur Bestimmung der Terminologie mag es hier genügen, auf die Problematik einer zutreffenden Übersetzung der drei übernommenen Nomina bzw. Nominalverbindungen hinzuweisen. Aufgrund eigener Studien zum Vokabular neige ich dazu, im Wortpaar *tohu wabohu* eine Kombination zweier Wörter ägyptischen Ursprungs zu sehen, nämlich von Derivaten der Basen *th3* „das Ziel verfehlen" und *bh3* „kopflos fliehen"[28]. Zusammengenommen wäre dies ein singulärer Ausdruck für eine Wirklichkeit „ohne Halt und Gestalt" oder (vielleicht besser) „ohne Ziel und Stil". Auch das Nomen *t^ehom*, meist in Verbindung mit dem Namen der babylonischen Göttin Tiamat gedeutet, kann ein frühes „Erbwort" aus dem Kanaanäisch-Ägyptischen sein und eine Art Durchbohrung meinen, eine abgründige Vertiefung[29]. Schließlich ist die Ruach Gottes kaum anders als unter der Vorstellung eines Urvogels zu begreifen, der über den Wassern flattert[30]. Tohuwabohu, d.h. die Ziel- und Stillosigkeit, manifestiert sich in Finsternis, Untiefe und Urgewässer, d.h. in den Phänomenen des präkosmischen Zustandes, wie ihn auch die ägyptische Kosmogonie von Hermopolis in Gestalt der Urgötterpaare dargestellt hat[31]. In das Ensemble der ägyp-

---

[28] Vgl. dazu M. Görg, Tohu wabohu – ein Deutungsvorschlag, in: Zeitschrift für die alttestamentliche Wissenschaft 92, 1980, 431-434. Die Einwände Tsuuras, Earth, 22 muten etwas beckmesserisch an, wenn er die Existenz der von mir hypothetisch angesetzten Nominalentsprechungen in Zweifel zieht. Wäre das Wortpaar auch als solches im Ägyptischen nachweisbar, was Tsumura einfordern will, lägen die Dinge natürlich leichter zutage. Tsumuras Ableitung des Wortpaars aus dem Ugaritischen hat ihrerseits keine Gegenliebe gefunden, vgl. dazu u.a. W.G. Lambert, A Further Note on *tohu wabohu*, in: Ugarit-Forschungen 20, 1988, 135f.

[29] Vgl. dazu M. Görg, Komplementäres zur etymologischen Deutung von *thwm*, in: Biblische Notizen. Beiträge zur exegetischen Diskussion 67, 1993, 5-7.

[30] Dazu M. Görg, Religionsgeschichtliche Beobachtungen zur Rede vom „Geist Gottes", in: Wissenschaft und Weisheit 43, 1980, 129-148 = Ders., Religionsgeschichte, 165-189. Vgl. auch Ders., Vom Wehen des Pneuma, in: Biblische Notizen. Beiträge zur exegetischen Diskussion 66, 1993, 5-9.

[31] Vgl. dazu zuletzt M. Görg, Zur Struktur von Gen 1,2, in: Biblische Notizen. Beiträge zur exegetischen Diskussion 62, 1992, 11-15. Ders., Religionsgeschichte, 14. Vgl. jetzt auch O. Keel, Altägyptische und biblische Weltbilder, die Anfänge der vorsokratischen Philosophie und das Arche-Problem in späten biblischen Schriften, in: M. Slivar - St. Kunze (Hg.), Weltbilder, Bern etc., 1993, 127-156.

II. Schöpfungsbilder

tischen Urgötter tritt auch Amun ein, der spätere Hochgott von Theben, in Gen 1,2 repräsentiert durch die Ruach Gottes, d.h. den göttlichen Urvogel, der die primordiale Welt überwacht.

Das „Chaos" wird nicht mit einem göttlichen Kraftakt nach Art eines spektakulären Kampfes außer Wirkung gesetzt, sondern verliert mit dem göttlichen Wort der Scheidung des bewohnbaren Raums vom unbewohnbaren seine universale Präsenz. Das „Chaos" ist gewissermaßen in die Außenzonen abgedrängt, die schützende Trennwand bewahrt die Lebenszone vor dem Einbruch der lebensbedrohenden Sphäre. Diese Trennwand, hebräisch *raqia'*, gewöhnlich mit „Firmament" übersetzt, entspricht ägyptischem *bj3* und meint die dünne, aber stabile Außenwand der Lebenszone, die allem Anschein nach in der Gestalt eines überdimensionalen Eies gedacht ist[32]. Außerhalb des Eies gibt es neben dem brütenden Urvogel als Manifestation der göttlichen Wirklichkeit nur noch die chaotischen Mächte, die von Gott selbst in Schach gehalten werden, freilich „lediglich" durch sein gebietendes Wort und die Kraft seiner Scheidung. Analog zu dem von J. Assmann herausgestellten Schema einer „Transformation" des Schöpfergottes von der Sphäre der „chaotischen" Urgötter in die Raum- und Zeitdimension vor allem nach der hermopolitanischen Kosmogonie geschieht in der Urfassung von Gen 1 eben diese Ausgrenzung des „Chaos" zugunsten einer räumlichen Lebenszone, der die zeitliche Orientierung nachgeordnet wird[33]. In den nunmehr hergestellten Kategorien von Raum und Zeit kann nach den Pflanzen und Tieren schließlich auch der Mensch seinen Platz finden, dem die Bearbeitung der Erstfassung dann eine eingehende Qualifikation als „Bild Gottes" widmet (1,26-28). Gegenüber der ägyptischen Grundlage des Transformationsschemas stellt der biblische Text die von vornherein geltende Souveränität Gottes in allen Phasen des Werdens von Raum, Zeit und Leben formal und inhaltlich außer Frage.

Das Schema einer dreiphasigen Entwicklung oder Transformation kann im Gesamtwerk der Priesterschrift noch an den drei folgenden großen Erzählkomplexen der Priesterschrift beobachtet werden, die jeweils ebenfalls auf ein älteres Textstadium zurückschauen[34]. Da ist eine ältere Flutgeschichte, die analog zum präkosmischen Zustand die frustrierende Ausgangssituation mit der überbordenden Gewalt (*hamas*) unter Menschen zeichnet, um dann der Arche als dem Lebensraum und dem Bund unter dem Zeichen des Regenbogens eine Zukunft des Überlebens zu geben (Gen 6-9*). Nicht anders verläuft im Prinzip die Geschichte Abrahams, dem eine Heimat im südlichen Mesopotamien attestiert wird, und der, wiederum nach der postulierten Urfassung von Gen 11-17*, mit dem Tod seines Vaters einen Einschnitt in der Bewegung auf Kanaan zu erfährt, der aber dann den Lebensraum in Kanaan erreicht und hier mit dem bundesstiftenden Gott Schaddaj zusammen-

---

[32] Näheres dazu in meinem Artikel raqia in: H.J. Fabry - H. Ringgren (Hg.), Theologisches Wörterbuch zum Alten Testament VII, Lieferung 6/7, Stuttgart 1992, 668-675.

[33] Vgl. dazu bereits M. Görg, Das Menschenbild der Priesterschrift, in: Bibel und Kirche 42, 1987, 21-29, hier 29 = Ders., Religionsgeschichte, 137-151, hier 150f. mit Bezug auf J. Assmann, Primat und Transzendenz. Struktur und Genese der ägyptischen Vorstellung eines „Höchsten Wesens", in: W. Westendorf (Hg.), Aspekte der spätägyptischen Religion, Wiesbaden 1979, 7-42, hier 30f.

[34] Dazu vorläufig M. Görg, Menschenbild, 21ff. (137ff.).

kommt³⁵. Schließlich und endlich ist es das Volk Israel in Ägypten, das nach der Grundfassung der priesterschriftlichen Exodusgeschichte zunächst eine Phase der Bedrückung hinnehmen muß, um aber dann in den Neuen Lebensraum des gelobten Landes hinübergeführt zu werden und eine Zeit der kultischen Hinordnung auf den innerhalb seines Volkes „wohnenden" Gott erleben zu dürfen. In den drei zentralen Erzählkomplexen der Priesterschrift also finden sich die Frühfassungen des dreiphasigen Prozesses, der einen ungeordneten und frustrierenden Ausgangspunkt kennt.

Für unseren Zusammenhang gilt, daß die Priesterschrift vom Erstentwurf ihrer Darstellungen her eine „Chaosbeschreibung" liefert, die nicht nur den präkosmischen Zustand charakterisiert, sondern analog dazu auch chaotische Vorgänge in der Geschichte Israels beobachtet, die in den von JHWH initiierten Prozessen zu Erlebnissphären transformiert werden, die Raum und Zeit mit immer intensiverer Konzentration auf den kultischen Raum und die gottesdienstliche Zeit verdichten. Es ist dies das außerordentlich fein gesponnene Programm priesterschriftlicher Zukunftsschau, in der das Wohnen Gottes inmitten einer Gemeinde von Gottesdienern anvisiert wird. Nur dann kann dem „Chaos" in Kosmos und Geschichte wirksam widerstanden werden, wenn die Gegenwart Gottes anerkannt und geglaubt wird. Der Darstellungsbefund verdeutlicht indirekt den Erlebnishorizont, in dem die Priesterschrift für ihre Zeitgenossen die „chaotische" Zeit sieht. Es ist das babylonische Exil mit seinen zerstörerischen Implikationen. Exil bedeutet den Bruch in der Gemeinschaft des Volkes, den Beginn des Auseinanderfallens, vornehm gesprochen der Diaspora des Judentums. Die Priesterschrift vertraut darauf, daß das erlebte „Chaos" nur vorläufiger Natur ist: Noah, Abraham und das alte Israel sind Hoffnungsträger und Garanten für eine Zukunft, in der das „Chaos" ausgesetzt wird und die „Chaosmächte" zurückgehalten werden können. Die einzige Bedingung für die Bewahrung des beginnenden Judentums vor erneutem Rückfall in „chaotische" Existenz ist die umfassend gelebte Treue zu JHWH.

Das „Anti-Leben" von Auschwitz ist eine ungeahnte und unbegreifliche Zuspitzung einer Perversion des Weges von der ungeordneten Welt zur Welt der Ordnungen. Die Katastrophe der Schoah ist eine vom Abendland verschuldete, vom Christentum mitgetragene und in unserem Land exekutierte Katastrophe. Wir sind hier zu Handlangern eines lebensfeindlichen Chaos geworden. Werden wir es je schaffen, als Hoffnungsträger für eine veränderte, in der Hand Gottes ruhende Weltlage in Frieden und Sicherheit dazustehen?

---

³⁵ Dazu M. Görg, Abra(ha)m – Wende zur Zukunft. Zum Beginn der priesterschriftlichen Abrahamsgeschichte, in: Ders. (Hg.), Die Väter Israels (Festschrift J. Scharbert), Stuttgart 1989, 61-71 = Ders., Religionsgeschichte, 152-163.

Vorwelt – Raum – Zeit

Schöpfungsvorstellungen im ersten Kapitel der Bibel[1]

1. Schöpfung als Hoheitsakt

Seit geraumer Zeit ist das Verhältnis des Schöpfungstextes am Anfang der Bibel zu den Erkenntnissen der Naturwissenschaft vom Weltbeginn kein Thema mehr. Hatte man sich bis in die Mitte dieses Jahrhunderts hinein noch heftig über Kongruenz und Diskongruenz gestritten, ob die Einsichten auf beiden Seiten kompatibel oder inkompatibel seien, ist mittlerweile eine abstandwahrende Neutralität wirksam geworden, die jeder Seite ihr Spiel überläßt. Von einem bewußten Verstehenwollen oder gar einer Anerkennung der jeweiligen Perspektiven kann nur im Ansatz die Rede sein.

So mag es denn auf den ersten Blick für den Naturwissenschaftler selbstverständlich, den Bibeltheologen und Religionswissenschaftler aber als eine Zumutung erscheinen, wenn folgende Erkenntnisse eines prominenten Kosmologen wie Paul C.W. Davies über Vorgänge in einem „pulsierenden Universum mit immer neuen Eigenschaften" zu Wort kommen:

„Wenn etwa die Stärke der Kernbindungskräfte bei jedem Zyklus zufällig anders ausfällt, muß sie früher oder später auch einmal den Wert annehmen, der gerade die Bildung von Deuteronen, nicht aber die von Protonen-Paaren erlaubt. Und wenn die Explosionsbewegung von Urknall zu Urknall ebenso lebendig wechselt, muß nach zahllosen Zyklen chaotischer Expansion rein zufällig auch einmal eine Expansion einsetzen, bei der die Bewegungen aller Raumregionen einander entsprechen. Aber nur in diesen äußerst seltenen, ebenso zufällig zustandegekommenen wie ‚atypischen' Zyklen könnte Leben entstehen und könnten intelligente Beobachter heranwachsen. Und diese stünden dann staunend vor der unerklärlich scheinenden Tatsache, daß die Natur sich von allen denkbaren und möglichen Konstanten offensichtlich gerade für die ‚entschieden' hat, die allein ihre eigene Entstehung ermöglichten. Denn nur in einem Universum mit Wasser und stabilen Sternen könnte sich etwas dem Menschen entfernt ähnliches entwickeln, und nur ein Universum, in dem anstelle eines galaktischen Chaos eine gleichförmige und regelmäßige Expansion erfolgt, könnte gleichbleibende Bedingungen für eine Besiedlung mit Leben in irgendeiner Form bieten"[2].

Einer solchen Sichtweise scheint sich aufs erste der erste Schöpfungstext der Bibel zu widersetzen, der den Eindruck einer planvollen und allumfassenden Gestaltung der Welt bis hin zur Erschaffung des Menschen vermittelt. Hier ist offenbar rein gar nichts dem Zufall überlassen.

---

[1] Die nachstehenden Ausführungen stellen einen erweiterten und modifizierten Teil eines Beitrags dar, der unter dem Titel „Zeit als Geburt aus Chaos und Raum" in K. Weis (Hg.), Was ist Zeit? Teil Zwei: Entwicklung und Herrschaft der Zeit in Wissenschaft, Technik und Religion, Faktum 12, München 1996 (2. Auflage 1997), 89-116, erschienen ist.

[2] P. C. W. Davies, Geburt und Tod des Universums, in: Mannheimer Forum 83/84. Ein Panorama der Naturwissenschaften, zusammengestellt und redigiert von Prof. Dr. Hoimar von Ditfurth, Mannheim 1984 (9-78), 76.

II. Schöpfungsbilder

Versteht man den ersten Vers der Bibel als eine Art Überschrift, werden „Himmel und Erde" als Produkt des souveränen göttlichen Schaffens präsentiert, so daß jedem Verdacht, es könne sich um eine uranfängliche Ordnung handeln, ein Riegel vorgeschoben wird. Nur widerwillig fügt sich in dieses Konzept ein Vers 2, der von dem „Tohuwabohu" der irdischen Welt spricht, von Finsternis und Urwasser, so daß man alsbald daran gedacht hat, diesen Vers aus dem Kontext auszuklammern oder gar als literarische Zutat auszuschließen. Und erst die dann folgende Sequenz der Tage im Wochenschema mit der Lichtschöpfung am ersten Tag, wie die anschließenden „Werke" aufgrund göttlichen Redens, der Erstellung des ominösen „Firmaments", der Gestirne usw. Wenn der Prozeß der Schöpfung so vonstatten gegangen sein soll, daß am ersten Tag durch Scheidung zwischen Licht und Finsternis die „Zeit" verwirklicht worden sei, erst dann mit der Abtrennung der Chaoswasser mittels des „Firmaments" der „Raum", scheint es in der Tat keine brauchbare Brücke zwischen der biblischen Perspektive und dem modernen kosmologischen Modell zu geben. Soll man sich also damit begnügen, bestenfalls einen riesigen Aspektunterschied wahrzunehmen?

Die jüngste Diskussion zum sogenannten „deterministischen Chaos" hält immerhin Aspekte bereit, die einen neuen Brückenschlag versuchen lassen können. Die Welt wird nicht mehr als eine durch und durch berechenbare, strengen Gesetzmäßigkeiten gehorchende Realität begriffen, sondern als eine höchst komplexe Wirklichkeit, in der die Ordnung durchaus nicht als eine von jeher bestehende Größe mit allumfassender Kompetenz zu fassen ist. Oder um mit R. Treumann zu sprechen: „Das Chaos, das Tohuwabohu, aus dem der alten Mythologie zufolge die Welt hervorgegangen ist, hat sich als der elementare Ursprung bewahrheitet: Die Schöpfung nahm ihren Ausgang in einer gewaltigen Walpurgisnacht des Ungeordneten, um sich von dort auf den abenteuerlichen Weg der geordneten Form zu begeben"[3]. So ist zumindest im Blick auf die hypothetischen Anfänge eine Annäherung der überkommenen und so unterschiedlichen Betrachtungsweisen denkbar, steht doch gerade die Rede von der ungeordneten Welt als eine Art erratischer Block gleich im zweiten Vers der Bibel.

Gewiß ist mit gutem Grund immer wieder herausgestellt worden, daß die Gestalt des ersten Schöpfungstextes nichts mit einer naturwissenschaftlichen Darstellung modernen Zuschnitts zu tun habe. Die Bibel ist ohnehin kein Formelwerk. Gen 1,1-2.4a – die mittlerweile anerkannte Definition des Textbereichs – gibt sich nach Art eines „Bilderbuchs", in dem man sich nacheinander die Szenen der Schöpfungstage vor Augen führen kann. Das Ganze mündet in einer Glorifizierung des 7. Tages, des „Schabbat", der dem am 6. Tag geschaffenen Menschen als Gottestag präsentiert und anempfohlen wird. Sprachstil und theologische Intention lassen erkennen, daß es sich bei der jetzigen Fassung des ersten Schöpfungstextes um ein Teilstück der sogenannten Priesterschrift handelt, die im babylonischen Exil Israels (6. Jh. v. Chr.) geschaffen wurde. Die Autoren dieses in den fünf Büchern Mose („Tora" oder „Pentateuch" genannt) enthaltenen und am ehesten eruierbaren Literaturwerks haben sich freilich Jeru-

---

[3] R. Treumann, Die Elemente. Feuer, Erde, Luft und Wasser in Mythos und Wissenschaft, München, Wien 1994, 265.

salemer Traditionen bedienen können, was in ihrer Arbeit allenthalben zu spüren ist. Im Textmaterial des weitgespannten Oeuvres werden immer wieder Spannungen und Brüche sichtbar, die mehr oder weniger deutlich auf ein Wachstum der Texte schließen lassen. Bei der hier anstehenden Szenenfolge einer Illustration des Geschehens am Anfang der Geschichte muß man ohnehin nicht um detaillierte Konsequenz und Ausgeglichenheit verlegen sein. Dennoch lohnt es sich, auch hier Signale im Textverlauf zu beachten, die auf ein sukzessives Werden der jetzigen Verfassung des Textes hindeuten.

Da ist zunächst der komplizierte „Anfang" des Anfangs der Bibel[4]. Ein Blick in die deutsche Wiedergabe der sogenannten „Einheitsübersetzung" macht bereits einen Teil der Schwierigkeiten deutlich. Da heißt es in V.1: „Im Anfang schuf Gott Himmel und Erde", dann aber in V.2 ohne Bezug auf den eben genannten Himmel: „die Erde aber war wüst und leer. Finsternis lag über der Urflut, und Gottes Geist schwebte über dem Wasser". Wiederum ohne sprachliche und inhaltliche Überleitung fährt der Text in V.3 fort: „Gott sprach: Es werde Licht. Und es wurde Licht...". Danach scheint es, als sei Gott mit der Schöpfung noch nicht der perfekte Wurf gelungen, denn das Werk des „Anfangs" wäre ja ein Produkt mit gravierenden Mängeln. Die Sprachforschung in jüngster Zeit lehrt uns, energischer als bisher mit der Möglichkeit zu rechnen, daß Vers 1 nicht als selbständiger Satz oder gar als Überschrift[5], sondern als Vorsatz zu einem folgenden Hauptsatz zu verstehen ist. Dieser Hauptsatz wäre entweder in der „Chaosbeschreibung" von Vers 2[6] oder in der Erklärung zur Lichtschöpfung des Verses 3[7] zu suchen. Obwohl beide Fortsetzungsmodelle syntaktisch vertretbar sind, ist doch der letzteren Lösung der Vorzug zu geben, wonach der eigentliche Beginn der Schöpfungsaussage in der Aussage „Da sprach Gott: Es werde Licht" zu sehen ist. Diese Interpretation hat freilich zur Folge, daß Vers 2 mit der Schilderung des „chaotischen" Urzustands der Erde sozusagen in Parenthese gesetzt werden müßte[8], so daß Vers 1 mit Vers 3 als Rahmenkonstruktion zu betrachten wäre, die sich zur Aufgabe gestellt hätte, einen mit dem Wortbestand von Vers 2 gebildeten älteren Anfang der Schöpfungsgeschichte zu überformen[9]. Dies bedeutet freilich, daß wir mit einem ursprünglichen Anfang der ersten Schöpfungsgeschichte zu rechnen hätten, der sich auf die Schilderung eines „chaotischen" Urzustandes beschränkt hätte.

---

[4] Zum Folgenden vgl. auch M. Görg, Chaos und Chaosüberwindung in religionsgeschichtlicher Sicht, in: Anthropos. Journal for Psychology, Philosophy and the Cooperation of the Humanist Sciences, Ljubljana, Slovenia 26, 1994, 26-36.

[5] So zuletzt noch E. Jenni, Erwägungen zu Gen 1,1 „am Anfang", in: Zeitschrift für Althebraistik 2, 1989, 121-127.

[6] So etwa W. Gross, Syntaktische Erscheinungen am Anfang althebräischer Erzählungen: Hintergrund und Vordergrund, in: Supplements to Vetus Testamentum 21, 1981, 131-145.

[7] Vgl. W. Richter, Genesis, Biblia hebraica transcripta 1, Arbeiten zu Text und Sprache im Alten Testament 33.1, St. Ottilien 1991, 16.

[8] Vgl. etwa K. Beyer, Althebräische Syntax in Prosa und Poesie, in: G. Jeremias, H.W. Kuhn, H. Stegemann, (Hg.), Tradition und Glaube. Das frühe Christentum in seiner Umwelt (Festschrift für K.G. Kuhn), Göttingen, 1972 (76-96), 81f. Dazu u. a. E. Zenger, Gottes Bogen in den Wolken. Untersuchungen zur Komposition und Theologie der priesterschriftlichen Urgeschichte, Stuttgarter Bibel-Studien 112, Stuttgart 1983, 63f.

[9] Dazu M. Görg, *tohu*, in: Theologisches Wörterbuch zum Alten Testament, VIII, 1995 (555-563), 561.

Ein kurzer Kommentar soll den Wortlaut und die merkwürdigen Ausdrücke in diesen Anfangssätzen der vermutlichen Vorlage verdeutlichen. Es präsentieren sich drei syntaktisch leicht differierende Kurzsätze, die jeweils einen Ausdruck enthalten, den wir in der nachfolgenden Textwiedergabe unübersetzt gelassen haben, hier aber knapp erläutern sollten. Das bekannte Wortpaar „Tohuwabohu", gewöhnlich mit „wüst und leer" u.ä. wiedergegeben, ist sprachlich wahrscheinlich auf ägyptische Wortwurzeln zurückzuführen, die hier zusammengenommen die totale Orientierungslosigkeit anzeigen[10]. Das Nomen „Tehom" – früher so gut wie ausschließlich mit dem mesopotamischen (akkadischen) Wort *tiamtu* „Meer, See" oder auch dem Namen der Göttin Tiamat verbunden – stellt im Konnex mit kanaanäisch-ägyptischer Worttradition die bedrohliche Tiefe dar[11], geradezu das „schwarze Loch", das sich dem abmessenden Einblick verwehrt und verschlingend öffnet. Schließlich ist es die in der hebräischen Sprache weibliche Bezeichnung „Ruach" für den über den Urwassern flatternden Windvogel, dessen mythologisches Verständnis noch im jetzigen Wortlaut transparent wird[12]. Alle drei Phänomene gehören ihrer Herkunft nach in das Vorstellungsgut ägyptischer Kosmogonien, wo gerade die uranfängliche Wirklichkeit des keineswegs nur negativ oder nur passiv gedachten „Chaos" mit deckungsgleichen und verwandten Bildern charakterisiert wird. Die hebräische Fassung manifestiert also eine heterogene Vorstellung, die in einen Erstentwurf zur Kosmogonie aus israelitischer Sicht integriert wurde.

Das eigentliche und entscheidende Indiz für eine ältere Fassung des jetzigen ersten Schöpfungstextes liefert ein Vergleich zwischen Formulierungen zum Schöpfungswerk des ersten Tages (V. 3-5) und den Angaben zum Schöpfungswerk des vierten Tages (V. 14-19). In beiden Fällen geht es um eine Lichtschöpfung. Während indes in V. 4 von einer Scheidung zwischen Licht und Finsternis durch Gott die Rede ist, der auch die Benennung als Tag und Nacht vornimmt, läßt V. 14 eigens geschaffene Leuchten am „Firmament" mit der Funktion der Scheidung zwischen Tag und Nacht ausgestattet sein, um zugleich als Signale für die Festdaten und Kalender wirksam zu sein. Wenn wir uns demnach Gedanken machen über mögliche Spannungen im Text, um auf die Grundlage zu kommen, werden wir uns vor allem daran stoßen, daß bei dem ersten Schöpfungswerk am 1. Tag Licht und Finsternis voneinander geschieden werden, um Tag und Nacht zu verwirklichen (V.3-5). Bald darauf hören wir aber bei der Darstellung des Schöpfungswerks am 4. Tag, daß Sonne und Mond die gleiche Funktion haben sollen, nämlich Tag und Nacht zu scheiden (V.14) – das ist eine merkwürdige Diskrepanz. Dieser Widerspruch kann dadurch gelöst werden, daß wir in der älteren Fassung zunächst die Beschreibung eines „vorweltlichen" Zustands vor uns haben, eines quasi chaotischen Zustands, in dem ‚Ungeordnetes' (vgl. den hebräischen Ausdruck „Tohuwabohu") und ‚Geordnetes' (der göttliche ‚Geist' als eine Art Ur-Vogel) nebeneinander zu existieren schei-

---

[10] Auch dazu im einzelnen M. Görg, *tohu*, 560-562.

[11] Dazu u. a. M. Görg, Komplementäres zur etymologischen Deutung von *thwm*, in: Biblische Notizen. Beiträge zur exegetischen Diskussion 67, 1993, 5-7. Vgl. jetzt E.-J. Waschke, Theologisches Wörterbuch zum Alten Testament, VIII, 1995, 563-571.

[12] Dazu vgl. u. a. M. Görg, Religionsgeschichtliche Beobachtungen zur Rede vom „Geist Gottes", in: Wissenschaft und Weisheit 43, 1980, 129-148 = Ders., Studien zur biblisch-ägyptischen Religionsgeschichte (Stuttgarter Biblische Aufsatzbände 14), Stuttgart 1992, 165-189.

nen. Die damit in Konkurrenz zueinander stehenden Informationen können nur so zum Ausgleich gebracht werden, daß eine Darstellung die zeitliche Präzedenz vor der anderen haben muß. Annahmen etwa wie die, daß das „ersterschaffene Licht" sich nicht hätte auf der Erde ausbreiten können[13], wirken angesichts dieser Spannung allzu künstlich und verlegen. Die geschlossenere Angabe ist die erste Nachricht über die Schöpfung des Lichtes (V. 3-5), sie wird als programmatisch, geradezu als Beispielstück eines Schöpfungswerkes an einem Tag an den Anfang gesetzt worden sein. Dagegen sollte in V. 14 eine ältere Darstellung erkannt werden können, die die Schöpfung der „Zeit" einer fortgeschrittenen Phase im Schöpfungsprozeß zugeschrieben hat.

In unmittelbarem Anschluß an die Formulierung von V. 2, und damit an den älteren Bestand, ist vielmehr das in V. 6f. geschilderte Schöpfungswerk zu verstehen, da es das Stichwort „Wasser" (2c) aufnehmend von der Erschaffung eines „Firmaments" spricht. Mit diesem „Firmament" ist im Blick auf das hebräische Wort des Urtextes (*raqia'*) eine dünne, aber stabile und konsistente Trennwand gemeint, die im Zusammenhang mit der Vorstellung einer riesigen und sich über eine bewohnbare Welt wölbenden Eierschale steht. Diese Trennwand ermöglicht ihrerseits eine Lebenszone, indem sie die „chaotischen" Urwasser vom Eindringen in eine Welt abhält, in der das erste Leben in Gestalt des Pflanzenwuchses entsteht, wie dies mit der Szenerie des (nunmehr) dritten Tages (V. 9-13) illustriert wird.

Diese Abfolge der ersten „Seiten" als Szenen im Bilderbuch der Schöpfung hat nach unserem Befund zunächst eine Entwicklung vorgesehen, in der auf die Anfangswirklichkeit des umfassenden „Chaos" (V. 2) ein „Raum" als Lebenszone folgt, in der sich bereits die ersten Spuren des pflanzlichen Lebens zeigen, die aber unabdingbar und substantiell wichtig für den weiteren Prozeß bis hin zur Menschenschöpfung ist. Erst dann hat in der von uns angesetzten Grundfassung des Textes die Verwirklichung der „Zeit" als einer Lebenszeit ihren Platz, wobei die in der Umwelt Israels als göttliche Wesen fungierenden Gestirne zu Orientierungspunkten für die zeitgebundenen und in die Zukunft gerichteten Entfaltungsformen des Lebens im kultischen und außerkultischen Bereich werden. Erst die priesterschriftliche Bearbeitung, d. h. unsere heutige Textlage, setzt eben diese Lichtschöpfung als erstes Tagewerk an (V. 3-5), zweifellos um damit einen programmatischen Akzent zu setzen, dem wir noch nachzugehen haben. Die bisherige Analyse ergibt nach allem ein Bild, das die nachstehende Textdarstellung verdeutlichen möge:

1,1	Im Anfang, als Gott schuf den Himmel und die Erde,	
2a	**– die Erde aber war >Tohuwabohu<,**	
b	**Finsternis war über >Tehom<,**	CHAOS
c	**und die >Ruach< Gottes flatterte über den Wassern –**	
3a	da sprach Gott:	

---

[13] Vgl. etwa O. H. Steck, Der Schöpfungsbericht der Priesterschrift. Studien zur literarkritischen und überlieferungsgeschichtlichen Problematik von Genesis 1,1-2,4a, Forschungen zur Religion und Literatur des Alten und Neuen Testaments 15, Göttingen, 1975, 112.

II. Schöpfungsbilder

    b   Es werde Licht,
    c   und es wurde Licht.
4a   Gott sah,
  b   daß das Licht gut war.
  c   Gott schied das Licht von der Finsternis.
5a   Und Gott nannte das Licht Tag
  b   und die Finsternis nannte er Nacht.
  c   Es wurde Abend
  d   und es wurde Morgen:
  e   Tag eins.

6a   Da sprach Gott:
  b   Ein >Firmament< sei inmitten der Wasser
  c   und sei (so) eine Scheidewand
        zwischen Wassern von Wassern.   RAUM
7a   Und Gott machte das >Firmament<
  b   und schied zwischen den Wassern ...

14a   Da sprach Gott:
  b   Es seien Leuchten am >Firmament< des Himmels,
        um Tag und Nacht zu scheiden.
  c   Sie sollen Zeichen sein   ZEIT
        zur Bestimmung von Festzeiten,
        von Tagen und Jahren ...
16a   Und Gott machte die beiden großen Leuchten ...

Was wir heute in Gen 1 vor uns haben, ist demnach bereits aller Wahrscheinlichkeit nach eine redaktionelle Bearbeitung einer Vorlage oder Erstfassung, die allerdings nicht mehr in allen Details rekonstruierbar ist. Der heutige Text arbeitet mit dem Wochenschema: er kleidet das Schöpfungsgeschehen in die sieben Tage der Woche. Das ist nicht die ursprüngliche Gewandung. Dann aber ist damit zu rechnen, daß als erstes Schöpfungswerk ursprünglich die Einrichtung eines Lebensraums vorgesehen war. Das im Text genannte „Firmament" ist wohl als eine dünne Schale zu denken, die das Leben, den Lebensbereich umgibt und schützt. Da haben sich die Verfasser gewissermaßen am ‚Mikrokosmos' orientiert und eine überdimensionale Eierschale beschrieben: das ist das ‚Welt-Ei', in dem sich das Leben entwickelt. Hier wird ein Lebensraum greifbar, der durch eine dünne Außenwand geschützt ist. Die lebensgefährlichen Mächte des ungeordneten Chaos, bildlich unter den ‚Wassern' angesprochen, werden ausgegrenzt und ferngehalten, ein Zeichen der göttlichen Souveränität gegenüber dem, was lebensbedrohend ist. Dann erst wird mit den Gestirnen die Instanz geschaffen, die den Wechsel von Tag und Nacht, d.h. die Zeiten regelt. Die Ermöglichung einer Lebenszeit folgt also der Einrichtung des Lebensraums, und zwar so, daß nunmehr die Chance gewährt wird, dem entstehenden Leben auch eine Zukunft zu vermitteln, eine Zukunft, die sich nicht zuletzt mit der Orientierung an festlichen Zeiten verbindet.

Bleiben wir aber noch bei der vermutlichen Erstfassung. Die Sequenz „Chaos" – „Raum" – „Zeit" ist nach allem ein Schema, das die ältere Fassung des priesterschriftlichen Schöpfungstextes konstituiert. Eine weitere Betrachtung dieses Schemas im Vergleich mit außerbiblischen Kosmogonie-Konzeptionen zeigt freilich, daß Israel mit diesem Entwurf nicht allein im Vorderen Orient dasteht, daß es vielmehr mit den ägyptischen Schöpfungslehren eben diese Idee eines geprägten Ablaufs im Urgeschehen teilt.

2. Schöpfung als Prozeß

Das den ägyptischen Kosmogonien zugrundeliegende Schema ist in besonderer Weise von dem Ägyptologen Jan Assmann vorgestellt worden, nachdem wichtige Vorarbeiten geleistet worden sind. Nach Assmann ergibt sich im Rahmen einer Gesamtschau der kosmogonischen Modelle der drei Kultzentren Ägyptens, Heliopolis-Memphis-Theben, eine geprägte Sequenz des kosmogonischen Prozesses[14]. Als erste Phase (in ägyptischen Texten „erste Verkörperung" genannt) wird die Situation des „präexistenten Chaos" erkennbar, wobei die „Acht Urgötter" (oder vier Urgötterpaare) als Repräsentanten dieser noch ungeordneten Welt auftreten und wirksam sind[15]. Im Anschluß an eine Dokumentation zu der Urgötterlehre in Ägypten von K. Sethe[16] konnte bereits R. Kilian eine grundsätzliche Entsprechung im Wortlaut von Gen 1,2 wiederfinden[17]; mit einigen Modifikationen sind ihm u.a. M. Görg und zuletzt O. Keel darin gefolgt[18]. Der Befund stellt klar, daß die drei Kurzsätze in Gen 1,2 ihr eigenes Gewicht in Korrespondenz zur ägyptischen Kennzeichnung der Primärphase der Weltentstehung tragen; der Unterschied besteht freilich darin, daß von einer generellen Divinisation der Phänomene im israelitischen Kontext keine Rede mehr sein kann, daß jedoch der ‚Ruach Elohim' eine mit der spirituellen Kraft des ägyptischen Urgottes Amun weiterhin vergleichbare Dimension zugesprochen wird[19]. Hier wird zugleich spürbar, wie mit der monotheistischen Konzeption auch die Intention verbunden ist, den Charakter des Unberechenbar-Verborgenen mit der Vorstellung des die Schwingen ausbreitenden Urvogels zu verknüpfen, der die unge-

---

[14] Vgl. dazu J. Assmann, Primat und Transzendenz Struktur und Genese der ägyptischen Vorstellung eines „Höchsten Wesens" In: W. Westendorf (Hg.), Aspekte der spätägyptischen Religion, Wiesbaden 1979, 30f. Ders., Re und Amun. Die Krise des polytheistischen Weltbilds im Ägypten der 18.-20. Dynastie, Orbis Biblicus et Orientalis 51, Freiburg, Göttingen 1983, 222-226.

[15] Vgl. Assmann, Re und Amun, 223.

[16] K. Sethe, Amun und die acht Urgötter von Hermopolis, in: Abhandlungen der Preußischen Akademie der Wissenschaften, Phil.-Hist. Klasse, Berlin 1929 (= Ders., Leipziger und Berliner Akademieschriften [1902-1934], Opuscula XI, Leipzig 1976, 281-410).

[17] R. Kilian, Gen 1,2 und die Urgötter von Hermopolis, Vetus Testamentum 16, 1966, 420-438.

[18] Vgl. V. Notter, Biblischer Schöpfungsbericht und ägyptische Schöpfungsmythen, Stuttgarter Bibel-Studien 68, Stuttgart 1974, 15ff, 46ff. M. Görg. Ptolemäische Theologie in der Septuaginta, Kairos 20, 1978, 208-217 (= Ders., Studien zur biblisch-ägyptischen Religionsgeschichte, Stuttgarter Biblische Aufsatzbände 14, Stuttgart 1992, 225-238). Ders., Chaos und Chaosüberwindung, 33f. O. Keel, Altägyptische und biblische Weltbilder, die Anfänge der vorsokratischen Philosophie und das Arche-Problem in späten biblischen Schriften, in: M. Svilar, St. Kunze (Hg.), Weltbilder, Bern 1993, 127-156.

[19] Vgl. dazu jetzt auch M. Görg, Nilgans und Heiliger Geist. Bilder der Schöpfung in Israel und Ägypten, Düsseldorf 1997, 39-110.

II. Schöpfungsbilder

ordnete Wirklichkeit vor dem totalen Abrutschen in die Bodenlosigkeit bewahrt. Die der ‚Ruach Gottes' zugedachte Funktion des „Flatterns" über dem Urgewässer drückt ebenso die Nähe zum chaotischen Urzustand der rätselhaften und unzugänglichen Tiefe Gottes aus wie die nicht minder gültige Bereitschaft dieses Gottes, dem Chaos den Anspruch auf bleibende Vorherrschaft zu versagen.

Das zweite Stadium der ägyptischen Kosmogonie[20] wird mit dem Bild eines aus dem Chaosgewässer auftauchenden „Urhügels" beschrieben, mit dem die „zweite Verkörperung" als eine Art Übergang in einen stabilen Aggregatzustand vollzogen wird. Die ehemals fehlende Ortsbindung wird nunmehr durch eine „Selbstverfestigung" des sich vom Chaos emanzipierenden Urgottes abgelöst, so daß die eigentliche Durchführung des Schöpfungswerks geschehen kann. Mit der Ausgrenzung des Chaotischen wird eine Zone eingegrenzt, die Leben in seinem ganzen Spektrum ermöglicht. Der „Raum" ist als Lebensraum geboren. Die Mythologie verbindet diesen Vorgang mit der besonderen Rolle des Gottes Ptah, der mit seinem Beinamen Tatenen eben jenen Prozeß des Hervorgangs aus der umfassenden Urtiefe in Erinnerung ruft. Der zweiten Phase entspricht im ersten Schöpfungstext die Bildung einer Lebenszone durch Ausgrenzung der chaotischen Wassermassen mittels einer Scheidewand, die unter der Bezeichnung *raqia'* ein Gegenstück zur ägyptischen Himmelsschale (*bj3*) darstellt und die innere Stabilisierung eines Bereiches garantiert, in dem sich zunächst das Wachstum der Pflanzen entfalten kann. Auch in Ägypten ist es ja eine Pflanze, die das Erstlingsleben auf Erden symbolisiert, die Lotuspflanze als Inbegriff der Vitalität und generativen Existenz.

Schließlich kommt in Ägypten die Verwirklichung der „Zeit" als dritte Phase mit dem Aufstieg des Urgottes in die Sphäre der Lichtspender am Himmel in den Blick. Hier weist die Kosmogonie auf den Höhepunkt der ‚Selbstverwirklichung' des Urgottes hin: „Mit der Erschaffung des Himmels und der Entfernung an ihn schafft sich der Gott eine Sphäre, in der er allein ist, getrennt von denen, die aus ihm hervorgegangen sind"[21]. Damit eröffnet sich die Funktion der Gestirne, insbesondere der Sonne selbst als Sinnmitte der Schöpfung insgesamt, da sich der Schöpfergott nunmehr im Zenit seines Schaffens befindet. Zugleich aber wird die „Zeit" als Garant für das Fortbestehen des Geschaffenen begriffen, indem das jetzt wirksame Licht der göttlichen Leuchten am Himmel das Auge des Schöpfers auf der Welt ruhen läßt. Die „Zeit" als Signal der Zukunft weist aber nicht einfach auf Unveränderlichkeit des Geschehens hin, sondern zeigt auf die Vollendung in zyklischer Wiederkehr des Prozesses der immer aufs Neue verwirklichten Schöpfung. Es ist so wie nach dem täglich erlebten Weg der Sonne aus der chaotischen Finsternis der Nacht zum Aufgang am Morgen, der lichtspendenden Überflutung des irdischen Raums bis zur Wanderung der Sonne zum Zenit und zum abendlichen Westen, ein ebenso elementarer wie exemplarischer und typologischer Vorgang als Bild des kosmogonischen Geschehens überhaupt. Auch hier kann die Darstellung des ersten Schöpfungstextes ein Pendant anbieten: die Gestirne mit der großen Leuchte, der Sonne, sind Zeichen der Zeit, sie verweisen auf die göttliche Vollmacht, dem Ablauf der Geschichte

---

[20] Vgl. dazu u.a. Assmann, Re und Amun, 223f.
[21] Assmann, Re und Amun, 224.

die Bahnen und Phasen zuzuordnen. Die „Zeit" wird hier als Ermöglichung der Existenz in die Geschichte hinein verstanden, in der Gott Maßstab allen Handelns, vor allem des Gottesdienstes ist. Hier tun sich allerdings auch die genuinen Aspekte auf, die dem biblischen Schöpfungstext sein spezifisches Gepräge geben.

Der biblische Gott erweist sich auch nach der Urfassung des Schöpfungstextes in erhabener Souveränität, der kraft seines Wortes nicht nur das „Firmament" setzt, sondern auch die Lichtspender verwirklicht, die ihrerseits keine göttliche Qualität haben, sondern geschaffene Realitäten sind. Sie verweisen auf den Gott, der selbst anscheinend keinen Wandlungen oder Transformationen unterliegt, vielmehr in eigener Regie den Ablauf der Geschehnisse dirigiert[22]. Zwar ist es schon in der memphitischen Theologie Ägyptens Sache des Ptah, seine Schöpfertätigkeit durch das Wort zu vollziehen, doch bleibt nach der biblischen Sicht der Schöpfergott immer ein und derselbe Gestalter, dem sich alle Initiativen und Innovationen verdanken. Der biblische Gott muß sich nicht in den Zenit erheben, um seine Erhabenheit zu präsentieren: er ist unverrückbar der Höchste von Anfang an. Es kann kein Zweifel sein, daß sich der vermutete Erstentwurf des Schöpfungstextes mit der jetzigen Textfassung in dieser Gottesidee eins weiß. Die Redaktion tut ein übriges, um die souveräne Kreativität Gottes wortwörtlich ins Licht zu setzen, hat sie doch gerade mit der Addition von Vers 3-5 der Lichtschöpfung am ersten Tag eine herausragende und programmatische Rolle eingeräumt.

Der Hervorgang der „Zeit" aus „Chaos" und „Raum" nach ägyptischer Perspektive erfährt in einschlägigen Illustrationen eindrucksvolle Kommentare, die zugleich verdeutlichen, daß auch äußerlich divergierende Szenen benachbarte und verwandte Vorstellungen zum Ausdruck bringen können. Aus der großen Auswahl sei hier zunächst auf eine Darstellung des Neuen Reichs verwiesen, die mit vielen Varianten belegt ist (Abb. 1)[23].

---

[22] Zur „trinitarischen" Struktur der Kosmogonien in Ägypten und Israel, die der Orientierung zum Einen hin nicht grundsätzlich widerspricht, vgl. zuletzt M. Görg, Genesis und Trinität. Religionsgeschichtliche Implikationen des Glaubens an den dreieinen Gott, in: Münchener Theologische Zeitschrift 47, 1996, 295-313.

[23] Teil einer Nachzeichnung in O. Keel, Die Welt der altorientalischen Bildsymbolik und das Alte Testament. Am Beispiel der Psalmen, Zürich 1972, 35. Zu einem weiteren Beispiel vgl. M. Görg, Bythos und Nun: Zur ägyptischen Basis einer altchristlich-gnostischen Gottesidee, in: S. Timm, M. Weippert (Hg.), Meilenstein. Festgabe für Herbert Donner, Ägypten und Altes Testament 30, Wiesbaden 1995 (52-59), 57.

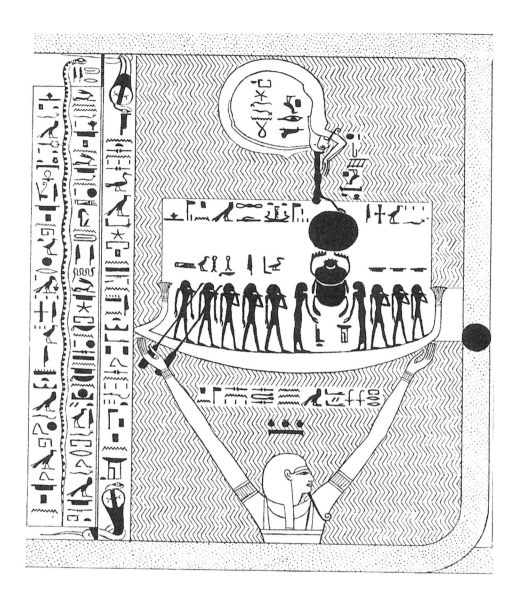

Abb. 1

Auf einem Relief der Zeit des Pharao Sethos I. in Abydos erscheint als Untergrund der Szenerie das ausgedehnte Urwasser, dessen Personifikation in Gestalt der Urgottheit Nun die Barke mit der Sonnenscheibe als Vergegenwärtigung des Sonnengottes und dessen Gefolge emporhebt. Mit diesem Vorgang wird der vom höchsten Gott geschützte Raum des Lebens mit dem ausdrücklich bezeichneten Erdgott Geb der Sphäre des Chaos entzogen und der Fahrt über den Taghimmel überantwortet[24]. Der „Motor" der Überfahrt über den Himmel ist der seinerseits erhaben dargestellte Käfer als Symbol des ständigen Werdens und der Auferstehung. Mit der Überfahrt über den Taghimmel beginnt der Prozeß der Selbstdarstellung des Sonnen-

---

[24] Die Barke stellt also nicht ausschließlich die Himmelssphäre dar, wie o. Keel, Bildsymbolik, 34 meint, sondern erfaßt die ganze das Leben tragende und bergende Wirklichkeit des Himmels und der Erde. So erscheinen auf der Barke linksseitig die Gottheiten Sia, Hu, Heka, Schu und Geb, die für den irdischen Lebensraum stehen, vgl. dazu u.a. E. Hornung, Nachtfahrt der Sonne, 198.

gottes, der die Zeit des Tagesablaufs bestimmt. Im Bilde auf dem Kopf stehend empfängt die Himmelsgöttin Nut die Sonnenscheibe, die am Abend in den Bereich des Unterwelts- und Auferstehungsgottes Osiris eintaucht. Dieser Gott, dessen Körper einen Kreis beschreibt und dessen Kopf als Stütze der Himmelsgöttin dient, ist zugleich Garant der zyklischen Wiederholung des Geschehens. Die kreisrunde Form des Osiris berührt sich mit der bekannten Symbolik des Uroboros, der Schlange, die sich in den Schwanz beißt. Nach Assmann ist der Uroboros „ein ägyptisches Symbol der kosmischen Zeit, der schlechthinnigen Zeitfülle, außerhalb derer nichts gedacht werden kann. Der Uroboros symbolisiert die Zeit als den Lebensvollzug des lebendigen Kosmos, der zugleich alles belebt und am Leben läßt, was in ihm ist"[25]. Osiris ist der Garant für den immer erneuerten Übergang vom Tod ins Leben, von der Nacht ins Licht, vom Chaos in die Ordnung. Immer wieder kehrt die Sonne in den Bereich zurück, der sie über Nacht behält, um sie am Morgen wieder freizugeben. Der Prozeß der Entstehung der „Zeit" aus „Chaos" und „Raum" beginnt jeden Tag aufs neue. Von daher versteht sich gut, daß die Szenerie auch das Schlußbild des Pfortenbuches als eines repräsentativen Teils der Unterweltsliteratur darstellt[26].

Eine weitere Szene, weitaus häufiger belegt, ist die Darstellung der Himmelsgottheit Nut, die mit ihren Füßen und den Händen den Boden berührt. Das auf der folgenden Seite gegebene Beispiel (Abb. 2) entstammt einem Sarkophagdeckel der griechisch-römischen Zeit aus Saqqara[27]. Die Sonne wird am Abend von der Göttin verschlungen; sie wandert des Nachts durch deren Körper und wird am Morgen wieder geboren. Hier ist der Körper der Himmelsgöttin eine Tiefe, in die der Sonnengott nach seiner abendlichen Vereinigung mit der Himmelsgöttin immer wieder eintaucht. Die geheimnisvolle Tiefe des Mutterleibs bedeutet den bildlichen Urgrund für die Verjüngung; sie ist dem Mysterium des Chaos verbunden, von dem der Sonnengott periodisch entbunden wird. Sie ist zugleich aber schon der „Raum", in dem das neue Leben wird. Der Beginn der „Zeit" des Tagesablaufs und der stets sich wiederholenden Präsenz am Himmel ist hier ausdrücklich als Geburt bezeichnet. Der Ägyptologe W. Westendorf spricht denn auch mit Recht von der „Geburt der Zeit aus dem Raum"[28].

---

[25] Assmann, Das Doppelgesicht der Zeit im altägyptischen Denken, in: Die Zeit. Dauer und Augenblick. Mit Beiträgen von Jürgen Aschoff u.a., München, Zürich 1989 (189-223), 219. Zitiert auch von W. Westendorf, Die Geburt der Zeit aus dem Raum, in: Göttinger Miszellen. Beiträge zur ägyptologischen Diskussion 63, 1983, 71-76, 75.

[26] Vgl. dazu E. Hornung, Ägyptische Unterweltsbücher, Die Bibliothek der Alten Welt, Zürich, München 1989, 307 Abb. 75 mit Kommentar 307f.

[27] Nachzeichnung aus Keel, Bildsymbolik, 30.

[28] W. Westendorf, Geburt, 71. Vgl. auch ders., Raum und Zeit als Entsprechungen der beiden Ewigkeiten, in: M. Görg (Hg.), Fontes atque Pontes. Eine Festgabe für Hellmut Brunner, Ägypten und Altes Testament 5, Wiesbaden 1983, 422-435.

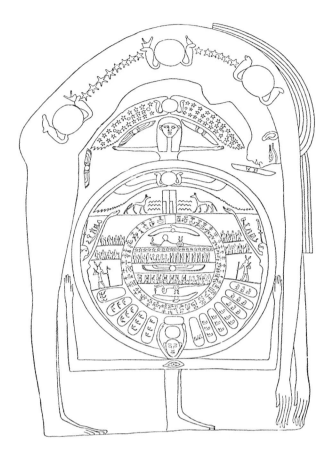

Abb. 2

Der anfangs zitierte Naturwissenschaftler P. Davies hat seinen Beitrag mit „Geburt und Tod des Universums" überschrieben und damit seinerseits Bezeichnungen aus dem organischen Leben übernommen. Die Ägypter und in ihrem Gefolge der Autor der vermutlichen Erstfassung des priesterschriftlichen Schöpfungstextes der Hebräischen Bibel haben den Aufstieg der Sonne als „Geburtsstunde" der „Zeit" verstanden. Der biblische Verfasser bleibt mit seiner Sprache und Vorstellung einer mythologischen Redeweise verhaftet, auch wenn er der Einzigkeit seines Gottes durch Entgöttlichung der Gestirne Ausdruck gibt. Die Jetztfassung des Textes setzt mit der vorangestellten Lichtschöpfung einen unübersehbaren Akzent, der jedem Gedanken an einen Aufstieg des transzendenten Gottes widersteht. Während der Sonnengott in Ägypten den zyklischen Vorgängen des Aufstiegs und Abstiegs unterworfen ist und so die „Zeit" immer wieder neu geboren wird, steht der biblische Gott in gleichbleibend souveräner und rätselhafter Autorität da, um jedoch sich selbst und dem Schöpfungsgeschehen eine Dynamik zu belassen, die auf sein Wort hin aus dem geheimnisvollen „Chaos" den Lebensraum und die Lebenszeit werden läßt. Der das Chaos kennende und zugleich beherrschende Schöpfergott spricht das lebensstiftende und lebenserhaltende Wort und schaut dem Werden zu.

3. Schöpfung als „Geburt"

Die Rede von der „Geburt der Zeit" steht in einem eigentümlichen Licht da, wohnt ihr doch eine Vorstellung inne, die die Nähe des Mythos oder zumindest mythologischer Sprache heraufbeschwört und damit scheinbar ein Abtauchen in die Welt des Unwirklichen, Phantasievollen, Unaufgeklärten suggeriert. Könnte die Herleitung der elementaren Struktur des biblischen Schöpfungstextes aus dem ägyptischen Schema des kosmischen Werdens und des göttlichen Aufstiegs nicht gerade dem immer wieder vorgebrachten Verdacht Vorschub leisten, als sei hier die genuine Konzeption der Bibel relativiert worden, um zugleich einer heterogenen Tradition mehr Kredit zu geben als dem Wortlaut der „Offenbarung"? Hier muß sofort daran erinnert werden, daß sich „Offenbarung" nicht einfach nach Anfang und Ende oder gar chronologisch fixieren läßt, daß vielmehr die gesamte Tradition der religiösen Ausdrucksformen in der Menschheitsgeschichte zu ihrer vollen Würdigung finden muß, da biblische „Offenbarung" ohne die „Offenbarung" an die Menschheit undenkbar ist. Die Bibel ist „Raum und Zeit" des Alten Orients und Ägyptens verbunden; ihre genuine Sichtweise verläßt diese Dimensionen nicht, auch wenn sich die abendländische Rezeption mit eigenen Fragestellungen meldet und dabei nicht selten Gefahr läuft, biblische Texte ihrem angestammten Horizont zu entreißen und ihre primäre Aussageintention zu verfremden. Die Rede von der „Geburt" ist zwar mythologisch, aber damit nicht wirklichkeitsfremd. Sie ist eine der bildlichen Ausdrucksformen, die menschliche Erfahrungsbereiche zur symbolischen Erfassung weitertragender Vorstellungen nutzt. Das „Bilderbuch" des ersten Schöpfungstextes mündet nun in der Tat in einer Darstellung der Menschenschöpfung, die das Werden des „Adam" auf den Willen des im Wir-Stil redenden Schöpfergottes zurückführt (Gen 1,26): „Wir wollen den Menschen machen...". Auch hier bricht sich die eine zunächst originell erscheinende Denkweise Bahn, da „Gott" – hebräisch ʾaelohim, ein Ausdruck, der das gemeinsemitische Wort für Gott, El, ohnehin durch seine pluralähnliche Erhabenheitsbezeichnung in eine hoheitliche Dimension transferiert – nunmehr erstmals im Rückbezug auf sich selbst zur Geltung kommt. Denkbar ist, daß die Nachwirkung der außerbiblischen Vorstellung von der multiplen Schöpferkraft des Hochgottes soweit reicht, daß der biblische Gott dem „Vater der Götter" gegenübergestellt wird, zumal sich bereits im Verhältnis des Schöpfergottes zu seiner „Ruach" die ägyptische Zweieinheit des Universalgottes Amun-Re widerspiegelt. Die Vorstellung vom Schöpfergott als dem „Macher" schlechthin entspricht der semantisch parallelen ägyptischen Idee vom „Machen" (jrj) der bewohnbaren Welt und des Lebens darin. Mit „Adam" ist zunächst nicht der Eigenname des ersten Menschen, sondern die Gattung Mensch gemeint, so daß alle Menschen in der geschaffenen Welt so auftreten sollen, wie der Text dann fortfährt: „als unser Bild und gemäß unserer Ähnlichkeit". Diese kompliziert anmutende Doppelbestimmung, deren erstes Glied wohl ursprünglicher als das zweite sein wird, läßt sich zweifellos auf einschlägige Vorgaben aus ägyptischem Sprach- und Vorstellungsgut zurückführen, da die Rede von der „Gottebenbildlichkeit" des Menschen nirgendwo im Alten Orient so ausgebildet und breitflächig bezeugt ist wie in Ägypten[29]. Hier meint sie eine spezielle Qualifikation des Kö-

---

[29] Vgl. dazu vor allem B. Ockinga, Die Gottebenbildlichkeit im Alten Ägypten und im Alten Testament, Ägypten und Altes Testament 7, Wiesbaden 1984.

nigs, insbesondere seine Befugnis zur sinnvollen Gestaltung seiner Welt in Kooperation mit dem Schöpfergott. In der Perspektive der Priesterschrift stehen alle Menschen unter dieser Würde und Bürde, sie sind alle, ob Mann oder Frau, gleichrangig Bilder Elohims. Der Kontext der biblischen Aussage liefert auch die Information über die Funktion der Gottebenbildlichkeit des „Adam": er soll „herrschen" über die Tiere[30], eine Aufgabe, die dann als Vollmacht zur Weltordnung und Lebensgestaltung betrachtet werden kann, wenn man wiederum auf die metaphorische Bedeutung der Tierwelt aus ägyptischer Sicht rekurriert, wo sie zur Umschreibung der umfassenden Wirklichkeit des Lebens dienen können[31]. In Israel wird der Mensch so auf die Ebene königlicher Kompetenz gehoben. Die so häufig mißverstandenen und mit entsprechenden Folgen behafteten Formulierungen zur Konkretion dieses Herrscherauftrags[32], wie „Tretet auf die Erde und beherrscht sie", besser bekannt mit der Wiedergabe: „Macht euch die Erde untertan" haben zunächst nichts anderes im Sinn als eben diese königliche Befugnis zur sinnvollen Ordnung der Welt, zur Herstellung und Bewahrung des Gleichgewichts in der Schöpfung, wie sie sich – bildlich gesprochen – im Schützen und Schlagen vollzieht[33]. Diese jedem Gedanken an eigensüchtige Ausbeutung und Vergewaltigung von Boden und Leben abholde Vorstellung ist bereits in der ägyptischen Ikonographie vom thronenden König eingefangen. Das „Thronen" ist nicht als Ausdruck willkürlicher Despotie zu fassen, sondern im Gegenteil als die gelassene Souveränität, die das Königtum in eine überzeitliche Sphäre hineinversetzt und ihm eine exemplarische Rolle zur Stabilität gegenüber dem Chaos sichert. Gerade darum geht es auch in der biblischen Perspektive: der Mensch, in der Zeit und für die Zeit geschaffen, erlangt mit der ihm verliehenen Vollmacht die Befugnis, als Bild des über allem thronenden Gottes stellvertretend über das Leben in der Zeit zu wachen. Der Mensch ist so auch zum „Pantokrator" auf Erden berufen. Mit der Verwirklichung des Adam auf Erden beginnt gerade eine neue Zeit in der schon gesetzten Zeit: das kosmische Licht gewinnt in der Gestaltungskraft des Adam die spezielle Konkretion der lebenserhaltenden und lebensfördernden Funktion. Erst das Licht läßt das „Bild" wahrnehmen: in den Strahlen des kosmischen Lichtes gewinnt das „Bild Gottes" seine Konturen. Dem vergleichenden Betrachter wird auch hier das aus Ägypten, wenn auch aus einer Übergangszeit stammende, wohlbekannte Bild des Pharao Echnaton mit seinen Angehörigen gegenwärtig sein, das die

---

[30] Zu dieser Funktionsbestimmung im Kontext vgl. W. Groß, Die Gottebenbildlichkeit des Menschen im Kontext der Priesterschrift, in: Tübinger Theologische Quartalschrift 161, 1981, 244-264. Ders., Die Gottebenbildlichkeit des Menschen nach Gen 1,26.27 in der Diskussion des letzten Jahrzehnts, in: Biblische Notizen. Beiträge zur exegetischen Diskussion 68, 1993, 35-48. Zur Diskussion vgl. auch M. Görg, „Ebenbild Gottes" – Ein biblisches Menschenbild zwischen Anspruch und Realität, in: J. Kügler, R.M. Bucher, O. Fuchs (Hg.), In Würde leben. Interdisziplinäre Studien, Luzern 1998 (im Druck).

[31] Anders jetzt B. Janowski, Herrschaft über die Tiere. Gen 1,26-28 und die Semantik von RDY, in: G. Braulik - W. Groß - S. McEvenue (Hg.), Biblische Theologie und gesellschaftlicher Wandel (Festschrift Norbert Lohfink), Freiburg-Basel-Wien 1993, 183-198. Dazu vgl. Görg, Ebenbild.

[32] Vgl. dazu u.a. M. Görg, „Alles hast du gelegt unter seine Füße". Beobachtungen zu Ps 8, 7b im Vergleich mit Gen 1,26, in: Freude an der Weisung des Herrn (Festschrift H. Groß), Stuttgart 1986, 125-148 = Ders., Studien zur biblisch-ägyptischen Religionsgeschichte 14, Stuttgart 1992, 117-136.

[33] Dieses Verständnis des sogenannten *dominium terrae* sollte nicht exklusiv als „despotische Seite der ambivalenten Königsideologie" charakterisiert werden, wie es bei H. Lambert-Zielinski, Lynn White und das dominium terrae (Gen 1,28b). Ein Beitrag zu einer doppelten Wirkungsgeschichte, in: Biblische Notizen. Beiträge zur exegetischen Diskussion 76, 1995 (32-61), 55, geschieht.

Vorwelt – Raum – Zeit

ganze intime Atmosphäre in den Sog der strahlenden Aton-Sonnenscheibe versetzt. Hier ist die Wirksamkeit des kosmischen Lichtes noch zuallererst auf die königliche Familie bezogen; die priesterschriftliche Perspektive hebt dagegen auch diese Einschränkung auf und läßt alle Menschen als „Bilder" Gottes vom Licht Gottes umfangen sein und selbst als Leuchtende erscheinen. Dies ist letzlich Inhalt des göttlichen Segens (Genesis 1, 28a), der das Leuchten des Angesichts Gottes über dem Menschen bedeutet (vgl. Numeri 6, 23-27).

Mit der „Geburt" des Menschen beginnt eine Sonderkategorie der Zeit, ein neuer Äon. Auch dies gilt bereits für das Werden des ägyptischen Königs. Seine Thronbesteigung und in deren Licht sein ganzes Vorleben einschließlich seines physischen Werdens im Mutterleib stehen unter der Erwartung eines neuen Zeitabschnitts, der für die Zeitgenossen Wohlfahrt und Sicherheit nach außen und innen erbringen sollte. Die Zeremonien zum Regierungsantritt eines Pharao bekunden einhellig, wie sehr die Partnerschaft mit den Göttern und in erster Linie mit dem Hochgott für die Regierungszeit konstitutiv ist. Die Tempelwände in den noch erhaltenen spätzeitlichen Heiligtümern Ägyptens sprechen hier eine lebendige Sprache, da sie das Erwähltsein eines Gottes in jahrtausendealten geprägten Szenen präsentieren. Von besonderem Eindruck ist nach wie vor die Szenenfolge von der „Geburt des Gottkönigs"[34], die unter anderem auch die Darstellung der Empfängnis der Gottesmutter durch den Geistgott Amun kennt (vgl. Abb. 3[35]). Hier wird mit den Möglichkeiten der bildlichen Gestaltung ein geglaubtes Geschehen auf die höhere Ebene gehoben, die ihm zukommt. Die zwei göttlichen Wesen sitzen auf einer Liege und unterfangen ein weiteres Paar, das ebenfalls auf einer nunmehr freischwebend erscheinenden Liege sitzt: die Königsmutter neben dem Geistgott Amun, zärtlich einander mit den Händen berührend. Hier wird die irdische Sphäre transzendiert zugunsten der überzeitlichen Begegnung, die im göttlichen „Ratschluß" der Götter verborgen ist. Das Zusammenspiel des Königs mit seinem geheimnisvollen Schöpfergott erinnert an die Kräfte der kosmischen Geburt des Sonnengottes, da dieser aus der Nacht der chaotischen Tiefe oder der Finsternis des Mutterleibes der Himmelsgottheit hervortritt. Im Vorfeld der Geburt liegt auch hier die zyklische Verbindung des Sonnengottes mit der Nut, in die er am Abend eingeht, um am Morgen regeneriert aus ihr hervorzugehen. Nach Assmann „verkörpert sich in der Konstellation von Re und Osiris die duale Einheit der kosmischen Zeit. Re ist das ‚ewige Morgen', dem alles Werden und aller Wandel entspringt, Osiris ist das ‚ewige Gestern', dem alles Vollendete zu unwandelbarer Fortdauer anheimfällt"[36].

---

[34] Vgl. dazu die grundlegenden Beobachtungen von H. Brunner, Die Geburt des Gottkönigs, Studien zur Überlieferung eines altägyptischen Mythos, Ägyptologische Abhandlungen 10, Wiesbaden 1964. Jüngste Rezeption bei J. Kügler, Pharao und Christus? Religionsgeschichtliche Untersuchung zur Frage einer Verbindung zwischen altägyptischer Königstheologie und neutestamentlicher Christologie im Lukasevangelium, Bonner Biblische Beiträge 113, Bodenheim 1997, 33-38.

[35] Nachzeichnung aus Keel, Bildsymbolik, 226.

[36] J. Assmann, Das Doppelgesicht der Zeit im altägyptischen Denken, in: Die Zeit. Dauer und Augenblick. Mit Beiträgen von J. Aschoff, J. Assmann u.a., Veröffentlichungen der Carl Friedrich von Siemens-Stiftung 2, München-Zürich 1989 (189-223), 209.

Abb. 3

Die beiden Zeitaspekte „vereinen sich im lebenden König, der immer zugleich Sohn und Verkörperung eines Gottes ist: Sohn in Bezug auf den toten Vater, der als Osiris die resultative Fortdauer des Gestern, des geschichtlich Gereiften darstellt, Inkarnation in Bezug auf den virtuellen König Horus, der in ihm zur Welt kommt wie das ewige Morgen im jeweiligen Heute"[37]. Die so vollzogene „Autogenese" des Licht-Gottes ist so sehr in ägyptischer Vorstellungswelt begründet, daß sie auch noch in das gnostische Denken hineinwirkt[38]. Der jeweils neue Tag als Bestätigung einer jeweils neuen „Zeit" des Aufstiegs des Sonnengottes zur um-

---

[37] Assmann, Doppelgesicht, 211.

[38] Dazu u.a. R. Van den Broek, Autogenes und Adamas. The Mythological Structure of the Apocryphon of John, in: M. Krause (ed.), Gnosis and Gnosticism. Papers Read at the Eighth International Conference on Patristic Studies, Nag Hammadi Studies 17, Leiden 1981, 16-25. A. Böhlig, Zum >Pluralismus< in den Schriften von Nag Hammadi. Die Behandlung des Adamas in den Drei Stelen des Seth und im Ägypterevangelium, in: Ders., Gnosis und Synkretismus. Gesammelte Aufsätze zur spätantiken Religionsgeschichte, Wissenschaftliche Untersuchungen zum Neuen Testament 47, Tübingen 1989, (229-250) 242. Ders., Autogenes. Zur Stellung des adjektivischen Attributs im Koptischen, ebd., 399-413. Ders., Die Bedeutung der Funde von Medinet Madi und Nag Hammadi für die Erforschung des Gnostizismus, in: A. Böhlig - Chr. Markschies, Gnosis und Manichäismus. Beihefte zur Zeitschrift für die neutestamentliche Wissenschaft 72, Berlin-New York 1994, (113-242) 188f.

fassenden Herrschaft über den Kosmos hat sein „irdisches" Gegenstück im Tag des Regierungsantritts eines neuen Königs. Kraft des „Doppelbezugs zur Vitalität des Horus und zur Resultativität des Osiris kommt auch im Königtum, genau wie im Sonnenlauf, die kosmische Zeitfülle in voller Präsenz zur Erscheinung"[39].

Ein Übergreifen solcher Vorstellungen von der im Mythos verwurzelten Zeit des Königs auf die Königsideologie Israels ist auch im Alten Testament zu konstatieren. Während freilich in Ägypten im Gegensatz zum König „der einzelne Mensch an dieser kosmischen Zeit erst nach dem Tode Anteil" gewinnt, gehört es nach Genesis 1,28 zur Grundausstattung jedes Menschen, daß er unter der unmittelbaren Bestandsgarantie des kosmosumgreifenden und überzeitlichen Gottes steht. Der „Segen" meint letztlich jene schöpferische Zuwendung, die göttliche Zeit in menschliche Zeit einmünden läßt[40]. So ist die Geschichte nichts anderes als die in menschliche Dimensionen gehüllte kosmische Zeit Gottes.

Die Blickrichtung des ersten Schöpfungstextes Gen 1,1-2,4a geht nach allem nicht in das All um seiner selbst willen, nicht in die allerersten Anfänge der Schöpfung oder des sogenannten Kosmos, sondern sie gilt dem Menschen, dem Menschen auf dieser Erde, genauer noch, den Adressaten, die sich im babylonischen Exil befinden. Unter dieser Perspektive muß der ganze Schöpfungstext verstanden werden; er will nämlich sinnfällig machen, daß der Gott, der diese Menschenwelt ins Leben gerufen hat, auch eben jene, die im Exil sind und eine gebrochene Beziehung zu ihrer Identität vor Gott haben, zu neuen Menschen formt, sie gewissermaßen neu schafft. Eben der Gott, der über die innovative Kraft verfügt, die Welt insgesamt in Szene zu setzen, dem gelingt es auch, das Israel des babylonischen Exils als des bis dahin äußersten Tiefs in der Geschichte des auserwählten Volkes, in eine neue Zukunft hineinzuschaffen.

In der Folge von Szenen eines Bilderbuches, gekleidet in das Wochenschema, wollen die Autoren dem Menschen vor Gott einen Standort vermitteln, der letztlich in der Feier des siebenten Tages, des Schabbat, einen Ausdruck der „Erinnerung" findet, und zwar dem fundamentalen Gedenken an den schaffenden, souverän schaffenden Gott. So wie der Exodus aus Ägypten in der Erinnerung Israels als Rettungstat Gottes gefaßt und im Pesach-Fest begangen wird, so besteht nunmehr die Chance, die Rückkehr aus dem babylonischen Exil als eine solche neue Schöpfungstat zu begreifen. Das Stichwort am Anfang der Bibel, das hebräische Verbum *bara'*, das seinen Platz zu Beginn der Erinnerung an das Schöpfungswerk in seiner Gesamtheit (Himmel und Erde: Gen 1,1) und auch bei den Werken des sechsten Tages (Tiere und Menschen: Gen 1,21.27) hat, signalisiert diesen Akt der souveränen Befreiung zur menschenwürdigen Existenz.

Dabei geht es noch nicht darum, ob dieser Gott irgendwelche Materialien genutzt hat, um das Schöpfungswerk zu realisieren. Der Gedanke an eine „Schöpfung aus Nichts" ist dem Verfasserkreis des Textes durchaus fremd – im Grunde ist es eine griechische Idee, die erst in den

---

[39] Assmann, Doppelgesicht, 211.
[40] Zur Funktion des Segens sowohl für die Schöpfung wie auch für die Geschichte vgl. u.a. J. Scharbert, in: Theologisches Wörterbuch zum Alten Testament I, 841.

deuterokanonischen (apokryphen) Schriften zur Geltung kommt. Der Schöpfungsakt beginnt im eigentlichen und ursprünglichen Sinn mit dem Wort des Schöpfers, nicht mit einer materiallosen Wundertat. Die eigentliche Souveränität manifestiert sich im schöpferischen Wort!

Wir haben mit der Abfolge Vorwelt (Chaos) – Raum – Zeit ein uraltes kosmogonisches Schema vor uns, das tief hinab in die Geschichte des Menschheitswissens reicht. Das dreistufige Modell beruht auf einer mythologischen Perspektive, die bereits im alten Ägypten entwickelt worden ist und in den einschlägigen Tempeltheologien bis in die griechisch-römische Zeit weitertradiert wurde. Damit ist uns ein Gegenstück zur naturwissenschaftlichen Sichtweise aus jahrtausendealter Menschheitstradition erhalten, bei der es immer um den Menschen und seine Grundbefindlichkeit in dieser Welt gegangen ist.

Die biblischen Versionen legen ihrerseits im Unterschied zu den aus Ägypten bekannten Kosmogonien Wert darauf, daß es immer ein und derselbe Gott ist, der die Schöpfung von Anfang an inszeniert, begleitet und mit seinem Schutz versorgt hat. Dieser verwandelnde und doch selbst unwandelbare Gott greift ohne Verlust seiner Omnipotenz in seine Schöpfung ein, der sich auch die menschliche Geschichte öffnet. Im Menschen schafft und findet er sein ‚Ebenbild', das an der elementaren Kreativität dieses Gottes partizipieren darf.

Dies scheint mir das wichtigste Ergebnis neuerer Perspektiven zu sein, daß die spezielle Sicht des ersten Schöpfungstextes den Menschen auf den majestätischen Gott verweist, der der sich jedem Zugriff entziehende ferne Gott bleibt und in einem ‚unzugänglichen Licht' wohnt, andererseits jedoch der unglaublich nahe Gott ist, der in der Schöpfung erfahrbar und in jedem einzelnen Menschen als dem Bild Gottes ansichtig wird

Das Übersetzungsproblem in Gen 2,1

Der Wortlaut von Gen 2,1 in seiner masoretischen Fassung:

וַיְכֻלּוּ הַשָּׁמַיִם וְהָאָרֶץ וְכָל־צְבָאָם׃

und der griechischen Wiedergabe in der LXX:

καὶ συνετελέσθησαν ὁ οὐρανὸς καὶ ἡ γῆ καὶ πᾶς ὁ κόσμος αὐτῶν

offenbart bekanntlich ein Übersetzungsproblem, das seit eh und je die Exegese beschäftigt, aber bisher doch nur zu halbherzigen Lösungen geführt hat. Es geht um das erweiterte grammatikalische Subjekt des passivisch gehaltenen Verbalsatzes, dessen erste beiden Nomina jener Fügung nahestehen, die in 1,1 als Objekt genannt war. Dagegen folgt nunmehr eine wiederum syndetisch angeschlossene Nominalangabe mit enklitischem Personalpronomen, das sich nicht anders als auf die zuvor genannten Nomina beziehen kann. Im Folgenden soll es um die Frage der Identität und Wiedergabe des Nomens *ṣb'* gehen[1].

Das Problem der Wiedergabe des letzten Syntagmas ist in der älteren Exegese auf dem Wege semantischer Harmonisierung gelöst worden. Der Humanist und Theologe Augustinus Steuchus[2] kommentiert in seinem Werk *Veteris Testamenti ad veritatem Hebraicam recognitio* die Vulgata-Wiedergabe *Et omnis ornatus eorum*[3] durch einen kritischen Vergleich der Vulgata- bzw. LXX-Fassung mit dem hebräischen Text. Er stellt die lexikographisch differierende Bedeutungsebene gegen die sonstige Wiedergabepraxis fest, will aber die Bedeutung „Heer" mit hebräischem Sprachgebrauch erklären, wonach das Universum als „Heer" gelte, wie ja auch der Titel ‚Zebaot' auf den Herrn der Heere = Himmelsheere zu deuten wäre. Die im An-

---

[1] Teile der nachstehenden Erwägungen waren bereits Gegenstand eines Vortrags, den ich zum Thema „JHWH ‚Zebaot'. Zur Vorstellung vom thronenden Gott in Israel und Ägypten", auf Einladung der Theologischen Fakultät Erlangen an der Universität Erlangen am 12.7.1996 gehalten habe. Das Problem war ebenfalls Teil eines Vortrags, der ich zum Thema „Ägyptische Fremdwörter im Alten Testament" anläßlich der Konferenz der Hebräisch-Dozenten in Benediktbeuern am 1.5.1998 halten konnte.

[2] Augustinus Steuchus (Steuco), 1496-1548, Bischof von Kissamos (Kreta) und Bibliothekar der Vatikanischen Bibliothek, nach K. Schottenloher, Art. Steuchus, in: LThK IX, 1964, 1063, u.a. auch ein bedeutender Exeget und Textkritiker, ein „guter Kenner des Hebräischen", der 1535 auch einen Kommentar zum Schöpfungsbericht verfaßt habe, der jedoch 1538 indiziert worden sei.

[3] Nach der 1531 in Lyon erschienenen Ausgabe (Erstausgabe Venedig 1529), p. 73f.:

וְכָל־צְבָאָם, id est, omnis militia eorum, zaua igitur Hebraice, non ornatum proprie sonat, sed militiam aut exercitum, et quod Graece est στρατια, sicut in ecclesijs canitur, dominus deus sebaot, id est exercituum. Quo epitheto maxime utuntur sancti prophetae. Hieronymus autem putavit hoc loco ornatum esse vertendum. Phrasis enim et consuetudo Hebraica est, ut in ea lingua, universa stellarum multitudo, militia, atque exercitus appelletur, propterea militiam coeli adorare prohibentur Hebraei, id est stellas ipsas. Coeli ergo ornatus sunt ipsa sydera, totusque coeli apparatus, atque opificium. Quod ut facilius perciperetur, Hebraica loquendi consuetudine dimissa, exercitum vertet ornatum, quod tamen non fecit alibi:simul etiam Septuaginta secutus est, qui et ipsi vertunt κοσμος αυτων, id est, ornatus eorum. Vitarunt nimirum et ipsi Hebraismum. Cum ergo deus a prophetis dominus exercituum vocatur, innuunt eum coeli, coelestiumque syderum autorem ac parentem esse. Etiam et illud mystice significant, quod sit dominus angelicae multitudinis, qui in divinis literis appellantur etiam militia, sive exercitus coelestis. Ac praeter alia testimonia, in evangelio legitur, facta est cum eo multitudo coelestis exercitus: haec inquam omnia innuuntur eo nomine a prophetis. Itaque militia coeli, tam omnes stellae, quam universa angelorum multitudo vocatur: sicut etiam scribit quodam in loco Hieronymus.

schluß an die LXX gewählte Wiedergabe der V sei um der leichteren Verständlichkeit willen gewählt worden.

Auch der Theologe und Exeget Aloisius Lipomanus[4], Verfasser eines Catenenkommentars zum Buch Genesis, versucht im Anschluß an Zitate aus den Werken des Chrysostomus, Eucherius und Augustinus eine eigene Interpretation, die dem hebräischen Text und der lateinischen Wiedergabe gerecht werden soll[5]. Auch dieser Kommentar sieht in der lateinischen Fassung eine Erleichterung für den Leser, da das Himmelsheer und die Sternenwelt als Dekoration aufzufassen seien. Im Anschluß an seine eigene Sicht gibt er noch eine an Beobachtungen zum hebräischen Text gewonnene Deutung des zeitgenössischen Kardinals Cajetan[6], wonach „in allen Schöpfungswerken, selbst in den Pflanzen", ein wohlgeordnetes „Heer" zu erkennen sein soll.

Eben diesen Kommentar Cajetans zitiert auch die Abhandlung von V. Zapletal, um ihm allerdings zu bescheinigen, daß er aus seinen Beobachtungen „die Konsequenzen nicht gezogen" habe[7]. Es sei vielmehr so, daß der Schöpfungsbericht im Unterschied zu der scholastischen Einteilung „opus distinctionis et opus ornatus" das Schema „productio regionum et exercituum" enthalte, d.h. daß an den ersten Tagen „die Regionen für die

---

[4] Aloisius Lipomanus war nach der Verfasserangabe des Werkes *Catena in Genesim ex authoribus ecclesiasticis plus minus sexaginta, iisque partim Graecis, partim Latinis, connexa*, Paris 1546 u.a. Bischofskoadjutor von Verona. Unter dem Stichwort ‚Lippomani (Lippomano, Lipomanus)' erscheint im LThK VI, 1961, 1071, lediglich ein Exeget und Apologet namens Luigi L., der 1544 Koadjutor und 1548 Bischof in Verona geworden sein soll.

[5] Lipomanus, *Catena in Genesim*, p.49:

Quod nos, Et omnis ornatus eorum legimus, et Septuaginta και πας κοσμος αυτων Hebraice וְכָל־צְבָאָם, vecol zebaam, habetur, quod magis et omnis exercitus eorum, sicut et Chaldaica, habet, quam ornatus tranferri potest. Phrasis enim et consuetudo Hebraica est, ut in ea lingua, universa stellarum multitudo, millitia atque exercitus appelletur, propterea militiam coeli adorare prohibentur Hebraei, id est stellas ipsas. Coeli ergo ornatus sunt ipsa sydera, totusque coeli apparatus atque opificium. Quod ut facilius perciperetur, Hebraica loquendi consuetudine dimissa, exercitum vertit interpres ornatum, quod tamen non fecit alibi. Cum ergo deus a prophetis dominus exercituum vocatur, innuunt eum coeli, coelestiumque syderum auctorem atque parentem esse. Etiam et illud mystice significant, quod sit dominus angelicae multitudinis, qui in divinis literis appellantur etiam militiasive exercitus coelestis, iuxta illud evangelii, Et facta est cum angelo multitudo militiae coelestis laudantium deum et dicentium, et caetera.

[6] Vel appelat omnia a luce usque ad hominem inclusive producta, exercitus coelorum et terrae, eo quod tam coelestia, quam aerea, quam aquatica, quam terrestria vegetabilia, quam terrestria animantia usque ad hominem inclusive, sunt gradatim ordinata inter se ad similitudinem exercituum. Itaque astra sunt sic condita et ordinate disposita, quemadmodum si essent exercitus corporum coelestium, et similiter volatilia sunt a deo sic disposita ordinate, ut constituant velut exercitum inferiorum coelorum, hoc est, aeris, et simitier pisces sunt inter se sic ordinate dispositi adeo, ut constituant velut exercitum aquarum, et similiter hebrae, virgulta et arbores sic a deo ordinata sunt gradatim, ut constituant velut exercitum vegetabilium terrae, et demum animalia terrestria sunt sic disposita, ut constituant alterum exercitum terrae. Intendit siquidem ex ordinibus secundum singulas universi partes insinuare, ipsum universum esse ordinatissimum, ut pote quod ex valde ordinatis integratur, propter huiusmodi enim ordinem metaphora exercitus usus est, ordinem siquidem multitudinis magnae, et multitudinis graduum, maxime apparet in exercitu.

[7] V. Zapletal, Der Schöpfungsbericht der Genesis (1,1-2,3) mit Berücksichtigung der neuesten Entdeckungen und Forschungen, 2. Auflage, Regensburg 1911, 108, Anm. 2. Der bei Zapletal zitierte Wortlaut des Cajetan-Textes aus der Ausgabe: *Cardinalis Cajetani eminentissimi in s. Scripturam commentarii*, Lyon 1639 I,14, weicht von unserer Wiedergabe des letzten Satzes *Intendit etc.* ab und bringt stattdessen: „Et propter tantam diversitatem exercituum dixit in plurali numero, et omnis exercitus eorum' ad significandum, quod universum, quod est valde bonum, est unum ordine constante ex multis exercitibus suarum partium; hoc est, ex ordinatissimis gradibus in singulis partibus integratur summus ordo unius universi". Den Gründen für diese variierende Textwiedergabe soll hier nicht nachgegangen werden.

Heere" gebildet worden seien, während die Werke der drei letzten Tage „als Heere aufzufassen" sein sollen[8]. Bei der Terminologie hätte eine semitische Konzeption von den Gestirnen als „Heer" Pate gestanden, so daß (mit Hinweis auf Ri 5,20 und Jes 40,26) die „Israeliten die Sterne als Krieger" gedacht hätten[9]. Das „Schema der Regionen und der Heere" sei indes dem „biblischen Schöpfungsberichte eigen".

Mit seinem Versuch, die Wiedergabe des Nomens ṣb' mit „Heer" gebührend zu rechtfertigen, hat Zapletal offenbar auch H. Gunkels Kommentar überzeugt, der das Nomen ṣb' „hier poetisch-archaistisch auf alle Klassen der lebendigen Wesen bezogen" sieht[10]. Allerdings hat schon F. Delitzsch einen exzeptionellen Gebrauch bemerkt, da das Wort „hier ausnahmsweise, nach der gewöhnlichen Annahme *per zeugma*, nicht blos von den Sternen des Himmels (wie Deut. 4,19. 17,3), sondern zugleich von den Creaturen der Erde" (gegenüber Ex 20,11 Neh 9,6) verwendet sei[11]. Überdies setze der Bibeltext „wie das gesamte Alterthum, Engel und Sterne ... durchweg in eine nicht blos redebildliche vergleichende, sondern reale, obwohl uns undurchschaubare nahe Beziehung, so daß die Sterne „mit Einschluss der Engel an dem Kampfe des Lichts und der Finsterniss betheiligt" seien, „dessen Schauplatz die in solche Umgebung lichter Gestirne hineingeschaffene Erde ist".

Die neueren Stellungnahmen bieten ein unterschiedliches Bild, ohne aber die Wiedergabe des angehenden Nomens mit „Heer" mehrheitlich in Frage zu stellen[12]. Keine Bedenken hat B. Jacob, für den der „gehobene Ausdruck" „wie in einem weltweiten Panorama mit Einem Blick den ganzen wohlgeordneten belebten Kosmos umfassen" will[13]. Während G. von Rad darin „eine technische Bezeichnung priesterlicher Klassifizierung" sehen oder die „oberen Wesen" erkennen möchte, die „nach altisraelitischer Anschauung die Sphäre Gottes umgeben und gelegentlich den Verkehr zwischen ihm und den Menschen vermitteln"[14], erklärt C. Westermann ohne sonderliche Diskussion des semantischen Problems im Anschluß u.a. auch an Zapletal, daß eine „Zusammenfassung aller Wesen des Himmels und der Erde gemeint" und somit der Sinn „klar" sei, zumal auch in Jes 34,2 die Sinngebung „ähnlich weit" sei[15]. Für W.H. Schmidt ist die Wendung *w=kl ṣb'-m* ohne weitere Begründung ein „Zusatz", der Ausdruck „das ganze Heer (des Himmels)" im AT „stehender Ausdruck für die Sterne", obwohl er zugeben muß, daß „die vorhergehende Schöpfungsgeschichte selbst keinen sprachlichen Anhalt für diesen Namen" biete[16]. Auch O.H. Steck betont, es sei „überaus unwahrscheinlich, daß mit dieser ganz ungewöhnli-

---

[8] Zapletal, Schöpfungsbericht, 109-111.

[9] Zapletal, Schöpfungsbericht, 112f.

[10] H. Gunkel, Genesis, 5. Auflage, 1922, hier zitiert nach dem Nachdruck, Göttingen 1964, 114.

[11] F. Delitzsch, Commentar über die Genesis, Leipzig 1860, 128.

[12] Vgl. auch die knappen Hinweise in HALAT 934.

[13] B. Jacob, The First Book of the Torah. Genesis, Berlin 1934 (hier zitiert nach Nachdruck o.J.), 64.

[14] G. von Rad, Das erste Buch Mose. Genesis, ATD 2/2, 7. Auflage, Göttingen 1964, 49.

[15] C. Westermann, Genesis, BK I/1, Neukirchen-Vluyn, 2. Auflage, Neukirchen-Vluyn 1976, 233.

[16] W.H. Schmidt, Die Schöpfungsgeschichte der Priesterschrift. Zur Überlieferungsgeschichte von Genesis 1,1-2,4a und 2,4b-3,24, 2. Auflage, Neukirchen-Vluyn 1967, 155.

chen Wendung die Einzelheiten der voranstehenden Schöpfungswerke, gar unter Einschluß der dort nicht ausdrücklich genannten, besonders herausgestellt werden sollen"[17]. Man werde allerdings die Wendung „auf die Aufgaben und Funktionen deuten müssen, die die einzelnen Schöpfungswerke für die Ganzheit der Schöpfungswelt haben...".

Nach E. Zenger, der sich im Unterschied zur Mehrheit der Kommentatoren zur Wiedergabe: „und all ihr Dienst" entschließt, läßt sich 2,1 „durchaus als Werk einer Redaktion begreifen"[18]. Auch könnten die Sterne nicht gemeint sein, zumal diese bereits in 1,16 nicht zur Grundschrift von P zu rechnen seien. Zuletzt diskutiert H. Seebass die Schwierigkeit der Wiedergabe von ṣb'-m: „Weil die Erde mitgenannt ist, kann es nicht das ‚Heer des Himmels = Sterne' bezeichnen"[19], so daß auch der ‚Hofstaat' Gottes nicht gemeint sein kann, zumal dieser unter den zuvor genannten Geschöpfen keinen Platz erhalten hat. Es lasse sich nur mit dem Bedeutungsspektrum: „das, was in den einzelnen Werken detailliert vorkam", „Dienst" (vgl. Num 4,3 u.ö.) oder auch „auferlegte Mühsal, Fron" (Jes 40,2 Hi 7,1 10,17 14,14 Dan 10,1) „im Sinne von Auftrag o.ä." operieren. Seebass bleibt bei der Übertragung mit „Heer", weil dies der „neutralere Begriff im nunmehr präzisierten Sinn: Erschaffung samt seinem Auftrag" sei.

Über die angemessene Deutung der Wendung wird nach allem bis zur Stunde gestritten, wobei die Mehrheit der Exegeten die Bedeutungsebene von „Heer" auszuloten und zu rechtfertigen sucht. Besonders deutlich wird die Verlegenheit im ThWAT greifbar, wonach hier wahrscheinlich ein „archaistischer Ausdruck" vorliege „für das, was sonst ‚alles, was darin ist' genannt wird"[20]. Die Übersetzung der LXX ist dagegen weitgehend aus dem Blick geraten. Schon der Genesiskommentar des Johannes Clericus[21] will immerhin erkennen, daß bei der griechischen Wiedergabe das Nomen צְבִי mit der klaren Bedeutung „Schmuck" Pate gestanden haben müsse, entscheidet sich aber für die Bedeutung „exercitus" und gegen „decus et ornamentum", weil „vix est ut in hac phrasi eam obtineat notionem", zumal er in den griechischen Wiedergaben eine Kontinuität vermißt. Westermann nimmt dagegen ohne weitere Bezugnahme auf die einschlägige Diskussion an, daß LXX „wahrscheinlich עֲדִי gelesen" habe[22], während die Übersetzungen nach Schmidt „ein Äquivalent für צְבִי" geben: „Ihnen sagte wohl der hebräische Text nichts mehr, vielleicht weil sie keinen Zusammenhang mit dem Vorhergehenden erkannten"[23].

---

[17] O.H. Steck, Der Schöpfungsbericht der Priesterschrift. Studien zur literarkritischen und überlieferungsgeschichtlichen Problematik von Genesis 1,1-2,4a, FRLANT 115, Göttingen 1975, 182, Anm. 772.

[18] E. Zenger, Gottes Bogen in den Wolken. Untersuchungen zu Komposition und Theologie der priesterschriftlichen Urgeschichte, SBS 112, Stuttgart 1983, 70. Warum Zenger die angehende Wendung, die er in der zugehörigen Anm 62 alternierend mit „und all ihr Gefüge/Dienst/Heer" wiedergibt, entgegen der Syntax in 2,1 dreimal als „Objekt" bezeichnet, wird allerdings nicht deutlich.

[19] H. Seebass, Genesis I. Urgeschichte (1,1-11,26), Neukirchen-Vluyn 1996, 87.

[20] H. Ringgren, ThWAT VI, 1989, 874.

[21] Hier zitiert nach der Ausgabe: J. Clericus, Genesis sive Mosis Prophetae Liber Primus, Tübingae 1733, 16.

[22] Westermann, Genesis, 233.

[23] Schmidt, Schöpfungsgeschichte, 155, Anm. 5.

Die neuerliche Studie zur Septuagintaüberlieferung von M. Rösel sieht denn auch im Anschluß an A. Schmitt in der griechischen Fassung lediglich eine innergriechische Interpretationsfrage, die auf dem Hintergrund der platonischen Weltsicht gelöst worden wäre, ohne daß eine andere als die gegebene hebräische Fassung vorausgesetzt werden müßte[24]. Über Schmitt hinaus, nach dem κοσμος gewählt wurde, weil „eine wörtliche Übersetzung im hellenistischen Raum unverständlich, zumindest unklar, bleiben mußte" und mit der „aufsteigenden Linie" von ακατασκευαστος (V.2) zu καλος und schließlich zu κοσμος „griechisches Denken transparent" werde[25], möchte Rösel „eine Bedeutungsaufweitung auf ‚Weltordnung' und schließlich, vor allem durch Plato, auf ‚Weltall, Kosmos'" feststellen[26]. Auf diesem Hintergrund sei die LXX-Fassung „gut verständlich: Himmel und Erde wurden mit ihrer ganzen Ordnung, also als einheitlicher Kosmos, vollendet".

Schmitt und Rösel sind sicher im Recht, wenn sie Westermanns Annahme zurückweisen, LXX habe עֲדִי gelesen. Auf die immerhin lautlich und semantisch besser passende Alternative צְבִי gehen beide allerdings nicht ein. So möge denn zunächst noch einmal gefragt werden, ob das angehende Nomen in der Überlieferung des Konsonantentextes bedeutungsmäßig korrekt erfaßt worden ist, um dann erneut nach dem Hintergrund der LXX-Wiedergabe Ausschau zu halten.

Das Nomen ṣb' hat eine kulturübergreifende Geschichte. Als kanaanäisches Lehnwort ist es auch in den Sprachbereich der Ägypter einbezogen, wo es in der sogenannten Gruppenschreibung als ḏb' erscheint, die in der Regel als Ausweis fremder Wortbildungen dienen kann[27]. Das Interessante ist nun, daß es auch im Ägyptischen ein schon in den Pyramidentexten und danach häufig belegtes Verbum ḏb3 gibt, das „schmücken" bzw. „versehen" bedeutet[28]. Während sowohl das „Wörterbuch der Ägyptischen Sprache" wie auch das „Große Handwörterbuch Ägyptisch-Deutsch"[29] beide Bedeutungen wohl zu Recht unter dem gleichen Lexem subsumieren, führt das jüngst erschienene Lexikon zur Sprache der ptolemäischen Inschriften von Edfu unter den Homonymen ḏb3 zwei Lexeme gesondert an, eines mit der Sinngebung „to clothe, adorn", ein weiteres mit der Bedeutung „to provide, equip (fill up)"[30]. Der Unterschied zwischen beiden Lexemen wird jedoch lediglich darin gesehen, daß es sich bei der Bedeutungsebene „to provide" etc. nur

---

[24] Vgl. M. Rösel, Übersetzung als Vollendung der Auslegung, Studien zur Genesis-Septuaginta, BZAW 223, Berlin-NewYork 1994, 52f.

[25] A. Schmitt, Interpretation der Genesis aus hellenistischem Geist, ZAW 86, 1974 (137-163) 152.

[26] Rösel, Übersetzung, 53.

[27] Vgl. dazu zuletzt J.E. Hoch, Semitic Words in Egyptian Texts of the New Kingdom and Third Intermediate Period, Princeton NJ 1994, 382. Leider setzt Hoch hier wie auch sonst eine Vokalisation an, hier ḏa=bi='i/u, wobei die Form „seems to be a participle". Die Gruppenschreibung definiert jedoch die Vokale nicht eindeutig, so daß Hochs Wiedergabe angesichts der Konsequenzen den Außenstehenden in die Irre führen muß. Zu ṣb' als einem kanaanäischen Fremdwort im Ägyptischen vgl. auch M. Görg, BN 30, 1985, 16 (= ÄAT 11, 1991, 208).

[28] A. Erman - H. Grapow, Wörterbuch der ägyptischen Sprache, V, 556-558.

[29] Vgl. R. Hannig, Die Sprache der Pharaonen, Großes Handwörterbuch Ägyptisch-Deutsch (2800-950 v.Chr.), Mainz 1995, 1002f.

[30] P. Wilson, A Ptolemaic Lexikon, A Lexikographical Study of the Texts in the Temple of Edfu, Orientalia Lovaniensia Analecta 78, Leuven 1997, 1228f.

um eine Nuancierung von „bekleiden", „schmücken" handele, deren früheste Bezeugung aus der 18. Dynastie stamme. Man darf daher davon ausgehen, daß die Bedeutung „ausstatten" eine Ausweitung einer ursprünglichen und weiterhin relevanten Sinngebung signalisiert.

Die umfassende Orientierung des ägyptischen Verbums ḏb3 als des Terminus für „Ausstattung" scheint insbesondere das Kultgeschehen zu betreffen, wobei sowohl der Bekleidung der priesterlichen Funktionsträger wie auch der Dekoration des Tempels ein erhebliches Potential der Bezüge zukommt. So kann sich etwa Ramses II. wegen der Ausstattung der Heiligtümer der Götter rühmen[31].

$$qd.j\ \underline{h}wt=sn\ \underline{db3}.j=sn\ zp\ 4$$

„Ich erbaute ihre (d.h. der Götter) Heiligtümer, ich stattete sie viermal aus"

Desgleichen kann der Tempel von Edfu mit dem, was er zur Versorgung braucht, ausgestattet werden[32]. Besonders interessant ist eine Formulierung, die Osiris unter dem möglicherweise mit ḏb3 etymologisch verwandten Titel ḏb3tj („Thronender") als eine Gottheit nennt, die „Edfu mit seiner Schönheit füllt".

Nach diesem knappen Blick auf das einschlägige Spektrum der Verwendung des Verbums ḏb3 im Ägyptischen kann eine Verbindung mit dem angehenden Nomen ṣb' geprüft werden. Dabei muß die ägyptische Gebrauchsweise als Verbum nicht in Widerspruch zur nominalen Verwendung in Gen 2,1 gestellt werden, da ṣb' (= ḏb3) ohne weiteres als substantivierter Infinitiv (Nominalbildungstyp saḏam[33]) im Sinne von „Ausstattung" zu verstehen ist.

Im Blick auf die lautliche Vergleichbarkeit mit dem Lautbestand des hebr. Nomens ṣb' ergeben sich überhaupt keine Probleme. Die semantische Frage läßt sich nun dadurch lösen, daß man in der Verwendung des Nomens eben jene Bedeutung zu erkennen hat, die zugleich am besten paßt, nämlich die dekorative Ausstattung von Himmel und Erde. Das Wort ṣb' wäre in diesem Fall lediglich ein Homonym zum Lexem ṣb' „Heer" und mit diesem Nomen weder etymologisch noch semantisch verwandt.

Wenn also unsere These lautet, daß dem hebräischen Lexem ṣb' „Heer" ein Homonym ṣb' „Schmuck" oder „Ausstattung" als Fremdwort aus dem Ägyptischen zur Seite zu stellen ist, kann Gen 2,1 vollkommen zu Recht und im Einklang mit dem Urtext durch den griechischen Ausdruck κοσμος wiedergegeben werden. Dabei ist es gut möglich, daß dem griechischen Übersetzer in Alexandria das ptolemäische Äquivalent ḏb3 geläufig war, so daß er den hebräischen Ausdruck mühelos und korrekt identifizieren konnte. Auch hier zeigt sich, daß man den LXX-Autoren nicht von vornherein unterstellen darf, sie hätten lediglich auf dem Hintergrund einer undifferenzierten Vorstellungswelt des Hellenismus

---

[31] Vgl. K.A. Kitchen, Ramesside Inscriptions. Historical and Biographical, II, Oxford 1979, 717, Z.2. Ders., Ramesside Inscriptions. Translated & Annotated, Translation, Vol. II, Oxford 1996, 472.

[32] Belege bei Wilson, Lexikon, 1229.

[33] Zu diesem Typ vgl. J. Osing, Die Nominalbildung des Ägyptischen, Mainz 1976, 46-48.

nordmediterraner Herkunft und Prägung operiert und sich der Terminologie der platonischen Philosophie bedient. Vielmehr gilt, daß sie sich sehr wohl zu einem nicht unwesentlichen Teil an der spätägyptischen Theologie orientiert haben können[34].

Nun könnte es doch so sein, daß die Übersetzer entsprechend der schon von J. Clericus angegebenen (aber von ihm nicht unterstützten) Möglichkeit auf das hebräische Lexem ṣby zurückgegriffen haben, um sich aus der Verlegenheit zu helfen. Nach HALAT 936 wird dieses mit dem Wort für „Gazelle" gleichlautende Lexem mit der Bedeutung „Zierde, Herrlichkeit" zu versehen sein. Auch für dieses Nomen ist bereits mit besonderer Beziehung auf Jes 28,1.4f eine Verwandtschaft mit dem ägyptischen ḏb3 erwogen worden, so daß hier ein semitisches Wort (vgl. akk. ṣibûtu) vom ägyptischen ḏb3 her „eine semantische Anreicherung erfahren" hätte[35]. Einschränkend zu dieser Idee muß freilich bemerkt werden, daß sich auf der Ebene der Nominalbildung (Vokalisation) keine eindeutige Verträglichkeit ausmachen läßt. Nach wie vor gilt auch, daß das hebräische ṣby nirgendwo sonst in der LXX mit κοσμος wiedergegeben worden ist[36].

Die Herleitung unseres Wortes ṣb' aus dem ägyptischen Sprachbereich steht bei der Analyse des Vokabulars in Gen 1,1-2,4a keineswegs isoliert da. Es sei hier nur auf eine Folge von eigenen Beobachtungen und Studien hingewiesen, die insbesondere dem Sprachgebrauch und der Semantik in den Kurzsätzen von Gen 1,2 gewidmet waren. Die Lexemfügung tohuwabohu in 2a kann nach wie vor als Kombination aus Elementen verstanden werden, die mit den ägyptischen Lexemen th3/j „das Ziel verfehlen" und bh3 „kopflos fliehen" verbunden werden dürfen und so ein gemeinsames Szenario der kompletten Orientierungslosigkeit vermitteln[37]. Auch das Nomen tᵉhōm „Untiefe"[38] und nicht zuletzt das Nomen mīn „Art"[39] können mit phonetischen und semantischen Äquivalenten aus dem ägyptischen Wortbestand zusammengestellt werden. Vor allem aber ist es die Struktur des priesterschriftlichen Schöpfungstextes in seinem vermutlichen Grundbestand, der mit seinem Schema Chaos – Raum – Zeit eine Sequenz aufgreift, wie sie ägyptischen Kosmogonien bis in die griechisch-römische Zeit zugrundeliegt[40].

Die Beziehung des Ausdrucks auf die Priester und den Tempel erleichtert die Suche nach den Wegen der Vermittlung aus dem ägyptischen Sprachbereich in denjenigen Juda/Jerusalems, dem die priesterschriftlichen Autoren von Haus aus zuzuordnen sind. Dabei kommt der Exegese auch zustatten, daß die Fassung des P-Schöpfungstextes (Gen 1,1-2,4a) nicht ohne den Blick auf eine Konzeption von Tempelwirklichkeit und Ausstat-

---

[34] Vgl. dazu bereits M. Görg, Ptolemäische Theologie in der Septuaginta, in: H. Maehler/V.M. Strocka, Das ptolemäische Ägypten, Akten des Internationalen Symposions 27.-29. September 1976 in Berlin, Mainz 1978, 177-185.

[35] Vgl. M. Görg, Die Bildsprache in Jes 28,1, BN 3, 1977 (17-23) 23. Vgl. auch H. Madl, Art. ṣᵉbî I und II, in: ThWAT VI, 1989 (893-898), 893.

[36] Vgl. die Angaben bei Madl, ṣᵉbî, 893f.

[37] Vgl. dazu u.a. M. Görg, Art. tohû, in: ThWAT VIII, 1995, 555-563. Ders., „Chaos" in ägyptischen und biblischen Kosmogonien, in: D. Kessler/R. Schulz (Hg.), Gedenkschrift für Winfried Barta, Münchener Ägyptologische Untersuchungen 4, Frankfurt am Main 1995, 159-163.

[38] Vgl. dazu M. Görg, Komplementäres zur etymologischen Deutung von thwm, BN 67, 1993, 5-7.

[39] Vgl. dazu M. Görg, mīn – ein charakteristischer Begriff der Priesterschrift, BN 24, 1984, 12-15.

[40] Zum Nachweis dieser Zuordnung vgl. u.a. M. Görg, Zeit als Geburt aus Chaos und Raum. Religionsgeschichtliche Entwicklungsschemata in Ägypten und der Bibel. – Oder: Warum führen uns Weihnachtsmythos und Chaostheorie nach Altägypten?, in: K. Weis (Hg.), Was treibt die Zeit? Entwicklung und Herrschaft der Zeit in Wissenschaft, Technik und Religion, 3. Auflage, München 1998, 131-158.

tung zu verstehen sein wird[41]. Schöpfungtheologie ist mit der Tempeltheologie untrennbar verbunden. Daß diese Korrelation am ehesten unter Beachtung der aus der ägyptischen Religionsgeschichte bekannten Phänomene und Perspektiven zustandegekommen ist, konnte erst vor kurzem eindrucksvoll verdeutlicht werden[42].

Unser Versuch eines Neuverständnisses des Nomens ṣb' fügt sich ohne Probleme dem syntaktischen und semantischen Kontext von Gen 2,1 ein, so daß jedenfalls von der Ausdrucksseite kein schwerwiegender Grund für die Annahme besteht, in dem Syntagma w=kl ṣb'=m handele es sich um einen redaktionellen Zusatz. Es besteht vielmehr begründeter Anlaß zu der Vermutung, daß sich 2,1 auf der gleichen literarischen Ebene wie 1,1 bewegt.

Die vorstehende Diskussion über die Einflußnahme des ägyptischen ḏb3 kann nicht ohne einen weiteren Blick auf den Ausdruck geschehen, der u.E. die prominenteste Weiterführung der fremden Basis auf israelitischem Boden darstellt, nämlich das Gottesepithet „Zebaot". Dieser Titel ist von uns mehrfach als hebraisierte Umsetzung des ägyptischen Titels ḏb3tj verstanden worden[43], der sich unmittelbar auf das Nomen ḏb3t „Götterschrein" bzw. „Thronsockel" bezieht und mittelbar auf das Grundwort ḏb3, dessen Bedeutung gelegentlich sogar mit „thronen" veranschlagt worden ist[44], was freilich nur als semantische Interpretation der besonderen ‚Ausstattung' einer Gottheit im Sinne des Verfügens über einen „Thron" zu verstehen sein wird. Über eine weitergehende Interpretation, die die Lade und den Götterschrein in eine noch engere Beziehung zueinander setzt, als es bisher dargestellt wurde[45], soll in einem der folgenden Beiträge in BN die Rede sein. Für den anstehenden Zusammenhang genügt es, noch einmal festzuhalten, daß man dem Verständnis und der Übersetzungstradition in Gen 2,1 am ehesten gerecht wird, wenn man ein Homonym zu ṣb' „Heer", nämlich ein ägyptisches Fremdwort (besser: Lehnwort) mit der Bedeutung „Schmuck" oder „Ausstattung" ansetzt.

---

[41] Vgl. dazu vor allem P. Weimar, Sinai und Schöpfung. Komposition und Theologie der priesterschriftlichen Sinaigeschichte, RB 95, 1988, 337-385. B. Janowski, Tempel und Schöpfung. Schöpfungstheologische Aspekte der priesterschriftlichen Heiligtumskonzeption, in: Ders., Gottes Gegenwart in Israel. Beiträge zur Theologie des Alten Testaments, Neukirchen-Vluyn 1993, 214-246, besonders 232-240.

[42] Vgl. Janowski, Tempel, 240-244.

[43] Vgl. M. Görg, Ṣb'wt – ein Gottestitel, BN 30, 1985, 15-18. Ders., Sabaoth, the "enthroned" God, in: the XII Congress of the International Organization for the Study of the Old Testament (IOSOT) under the auspices of The Hebrew University of Jerusalem (24.8-2.9. 1986), Programm and IOSOT Abstracts, Jerusalem 1986, 49. Vgl. auch unseren noch unpublizierten Vortrag in Erlangen (s. oben Anm. 1).

[44] Vgl. etwa K.P. Kuhlmann, Der Thron im Alten Ägypten. Untersuchungen zu Semantik, Ikonographie und Symbolik eines Herrschaftszeichens (Abhandlungen des Deutschen Archäologischen Instituts Kairo, Ägyptologische Reihe 10), Glückstadt 1977, 16. Görg, Gottestitel, 16.

[45] Vgl. bereits unsere Beobachtungen zum Thema: „Die Lade als Thronsockel" in: BN 1, 1976, 99f. und „Zur ‚Lade des Zeugnisses'" in: BN 2, 1977, 13-15 (beide Beiträge wieder und nacheinander abgedruckt in: ÄAT 11, 1991, 99-102).

Der Granatapfel in der Bildsprache des Hohenliedes
Ein Beitrag zur schöpfungs- und lebensnahen Bibelauslegung

Das Hohelied (Hld) zählt bekanntlich nicht zu den Schriften des sogenannten Alten Testaments, die in der Sammlung der neutestamentlichen Urkunden eine bemerkenswerte Rezeption aufzuweisen haben. Wenn etwa unter Hinweis auf Mt 9,15 22,2 Joh 3,29 2Kor 11,2 Apk 19,7-9 eine christliche Einvernahme des Hld „im Lichte des NT" beobachtet werden darf[1], kann diese sich gewiß nicht auf entsprechende Schriftzitate oder gar Schriftbeweise berufen, die von einer unmittelbaren Kommentierungshilfe des Bestandteils der jüdischen Bibel für die altkirchliche Literatur der Jesustradition reden lassen könnten. Bekanntlich hat erst die übertragene Auslegung des Buches in der Alten Kirche im methodischen Anschluß an die jüdische Deutungsweise dem Hld zu einem spezifischen Einstieg in die christliche Rezeptionsgeschichte verholfen.

Allegorese und Typologie als Interpretationsmethoden, ergänzt um eine mystisch-dogmatische Sichtweise haben die Auslegungsgeschichte bis in die Neuzeit beherrscht[2], so dass etwa die Deutung des Hld als profane erotische Poesie in der antiochenischen Schule (Theodor von Mopsuestia) für lange Zeit eine Ausnahme blieb. Erst auf dem Umweg über ein kultmythologisches Verständnis in Analogie zu altorientalischen Vorstellungen konnte sich allmählich eine Exegese Gehör verschaffen, die das Hld als Kollektion von Liebesliedern verstehen wollte. In neuester Zeit hat sich ein klarer Trend zu einer lebens- und schöpfungsbezogenen Interpretation bemerkbar gemacht, vor allem unter dem Eindruck vielfältiger bildlicher Zeugnisse aus dem kulturellen Umfeld des 1. Jahrtausends v. Chr. Es besteht nunmehr keinerlei Scheu mehr, dem Wortlaut des Hld ein Votum für die Würde der Körperlichkeit, Sexualität und Menschlichkeit überhaupt zu entnehmen.

Dieses auch gerade für die Katechese wichtige Resultat der Forschungsarbeit am Hld kann durch viele Einzelbeobachtungen bereichert werden, die vor allem dem Inventar der bildsprachlichen Textelemente gewidmet sind. Noch immer sind nicht alle Fragen der Wortsemantik gelöst, wenn auch nicht zuletzt mit Hilfe der vergleichenden Sprachbeobachtungen und der Beiziehung ikonographischen Materials Fortschritte erzielt werden konnten. Gerade die verbreitete Verwendung von Metaphern und Vergleichen im Hld[3] in

---

[1] Vgl. dazu bereits das zurückhaltende Urteil im Art. „Hoheslied" im älteren Bibellexikon (hg. von H. Haag), Einsiedeln 1956, 730-733. Der Artikel „Hoheslied" von O. Keel im Neuen Bibel-Lexikon (hg. von M. Görg - B. Lang), I, Lieferung 7, Zürich 1992, 183-191 lässt mit gutem Grund erkennen, dass das NT nicht ohne weiteres zum Erweis der Rezeption des Hld bemüht werden kann.

[2] Zur Deutungsgeschichte vgl. etwa die Übersichten in den Kommentaren von G. Gerleman, Biblischer Kommentar Altes Testament, Band XVIII, Neukirchen-Vluyn 1963, S. 43-51 und besonders O. Keel, Das Hohelied (Zürcher Bibelkommentare), Zürich 1986, 14-20.

[3] Vgl. hier besonders die wichtigen Beobachtungen von O. Keel, 1986, 35-39 und Ders., Deine Blicke sind Tauben. Zur Metaphorik des Hld, SBS 114/115, Stuttgart 1984. Weitere Lit. bei Keel, 1992, 190f.

Verbindung mit dem jeweiligen Kontext gibt genügend Anlass zu weiteren Nachforschungen.

Unter den Vergleichen und Metaphern scheinen sich manche einer besonderen Beliebtheit zu erfreuen, da sie mehrfach gewählt werden. Zu diesen Bildworten gehört etwa der Granatapfel, der im Alten Orient und in Ägypten seit den ältesten bis in die spätesten Perioden zu den begehrtesten Früchten zählt und zur Symbolik des Wohlergehens und der Lebensfreude gehört[4]. Im Hld findet der Granatapfel (4,3 6,7 8,2) bzw. der Granatapfelbaum (4,13 6,11 7,13), darunter gleich zweimal in sprachlich deckungsgleichen Sätzen Erwähnung, die jeweils in einem „Beschreibungslied" für die Partnerin enthalten sind, zunächst in 4,3c, dann in 6,7. Die hebräischen Fassungen mit der Transliteration

$$k=plḥ \; h=rmwn \; rqt=k \; mb\,'d \; l=ṣmt=k$$

werden in der ‚Einheitsübersetzung' trotz der im Urtext gleichlautenden Gestalt leicht differierend wiedergegeben:

4,3c: Dem Riss eines Granatapfels gleicht deine Schläfe hinter dem Schleier
6,7: Dem Riss eines Granatapfels gleicht deine Schläfe hinter deinem Schleier

Wichtiger als das Fehlen der Suffixwiedergabe in 4,3c ist gleichwohl die beide Mal gewählte Übersetzung des Nomens *rqh* mit „Schläfe", als wenn diese Deutung unstrittig wäre. Ein Blick in die Wiedergaben der jüngeren Kommentarliteratur zeigt, dass etwa W. Rudolph diese Erklärung für die „gewöhnliche Auffassung des Worts wegen Jdc 44,21f.; 5,26" hält, wenngleich er auch auf die These von A. Hazan verweist, wonach „das Innere des Mundes" gemeint wäre[5]. Zu den „Schläfen" gehören nach ihm „wohl auch die oberen Wangen"[6]. Auch G. Gerleman hat sich für diese Bedeutung entschieden[7], ohne sie in seiner Kommentierung auch nur im Ansatz in Zweifel zu ziehen, obwohl er zur Textüberlieferung vermerkt, dass die LXX hier melon habe, „das gewöhnlich ‚Apfel' bedeutet, ... das aber in den Papyri ziemlich häufig und sonst vereinzelt für ‚Wange' steht", während die Peschitta dafür die Bedeutung „Hals" angesetzt habe[8]. O. Keel geht von einer Grundbedeutung „Weiche" aus, weist auf die meistvertretene Beziehung auf die „Schläfe" hin und findet die Wiedergabe mit dem Plural „Wangen" in LXX und Vulgata „signifikant"[9]. Seine eigene Deutung zielt jedoch „auf den offenen Mund, den Gaumen der Geliebten", „an dessen Weichheit gemessen Schläfen und selbst Wangen hart erscheinen müssen". Während Keels Wiedergabe von 4,3c und 6,7 („Wie ein Riß im Granatapfel ist dein Gau-

---

[4] Vgl. u.a. die Hinweise in P. Maiberger, Neues Bibel-Lexikon I, 949f.

[5] W. Rudolph, Das Buch Ruth. Das Hohe Lied. Die Klagelieder (KAT XVII/1-3), Gütersloh 1962, 144 mit Hinweis auf A. Hazan, Le Cantique des Cantiques enfin expliqué, Paris 1936, 3ff..

[6] Rudolph, 1962, 146.

[7] Gerleman, 1965, 144.147.181

[8] Gerleman, 1965, 83.

[9] Keel, 1986, 136.

men(?) hinter deinem Schleier hervor") immerhin noch ein Fragezeichen setzt, haben S. Schroer/Th. Staubli die Übersetzung definitiv übernommen[10].

Keels Erklärungsversuch steht indessen nicht zuletzt unter dem besonderen Einfluss des Vergleichs mit dem „Riss im Granatapfel", der „sich bei der vollreifen Frucht bildet". Beispiele für diesen Befund findet Keel bei ägyptischen Illustrationen der Granatäpfel auf Speisetischen[11], wonach sich ihm der „einladende Riß im Granatapfel mit seinen dunkel- und hellroten Partien" am ehesten auf den „Gaumen" beziehen lasse, um so die erotische Wirkung und die Leidenschaft zu akzentuieren. Eine genauere etymologisch-semantische Erklärung des angehenden Lexems gibt Keel allerdings nicht, obwohl sein Deutungsweg durchaus attraktiv erscheint, zumal hier die Abfolge der Beschreibung von oben nach unten führt. Die Erklärung berührt sich im übrigen, ohne dass Keel dies vermerkt, mit einer Alternative, die unter den Kommentatoren schon Rudolph im Anschluss an die Worterklärung von Hazan zum Ausdruck gebracht hat: „Der Vergleichspunkt zwischen dem Innenmund und dem Granatapfel liegt wieder in der Farbe: der Granatapfel ist dunkelrot, sein Inneres, das entweder durch Aufplatzen am Baum („Riß") oder durch Zerschneiden („Schnitz") hervortritt, ist von zarterer Farbe ... es ist also ... auf den Unterschied zwischen dem zarteren Rot des Innenmundes (Zahnfleisch) und dem stärkeren Rot der Lippen angespielt"[12]. Keel macht hier freilich deutlich, dass der Granatapfel „sinnvoll weder in Scheiben noch in Schnitze geschnitten werden" kann: „Man reißt ihn auf und klaubt oder saugt die süßen ‚Beeren' heraus"[13]. Bevor wir hier weitere Erwägungen anstellen, seien noch einige Beobachtungen zur Illustration des Granatapfels erlaubt.

Das von Keel gebotene Vergleichsmaterial darf hier noch um zwei Zeugnisse der Miniaturkunst erweitert und womöglich vertieft werden, die Granatäpfel in verschiedenen Konstellationen zeigen. Da bisher offenbar keine Beispiele für Granatapfeldarstellungen auf Skarabäenunterseiten bekannt geworden sind[14], mögen die aus eigener Kollektion stammenden Stücke hier kurz präsentiert werden[15].

Das erste Beispiel (Abb. 1) zeigt einen einzelnen Granatapfel in relativem Großformat links und rechts einen nach rechts knienden König (ohne Namen!) mit verehrend erhobenen Armen[16]. Ausführung des Stempelsiegels und Dekoration lassen an vorderasia-

---

[10] S. Schroer - Th. Staubli, Die Körpersymbolik der Bibel, Darmstadt 1998, 154.

[11] Keel, 1986, 135 mit Abb. 78.

[12] Rudolph, 1962, 146f.

[13] Keel, 1986, 136.

[14] Vgl. hier vor allem O. Keel, Corpus der Stempelsiegel-Amulette aus Palästina/Israel. Von den Anfängen bis zur Perserzeit. Einleitung, OBO.SA 10, Freiburg Schweiz - Göttingen 1995. Zur Darstellung des Granatapfels auf jüdischen Münzen vgl. zuletzt O. Keel - S. Schroer, Schöpfung. Biblische Theologien im Kontext altorientalischer Religionen, Göttingen - Freiburg/Schweiz 2002, 91.

[15] Für die Nachzeichnung der Rückseiten (Maßstab 1:4) danke ich herzlich Frau M.C. Reginek MA, München. Eine nähere Dokumentation mit Beschreibung und Zuordnung der aus dem Antikenhandel stammenden Stücke folgt in einem in Vorbereitung befindlichen Katalog.

[16] Auch die Präsentation von Szenen mit dem Pharao von A. Wiese, Zum Bild des Königs auf ägyptischen Siegelamuletten, OBO 96, Freiburg Schweiz - Göttingen, 1990, 41-50 führt unsere Konstellation nicht an, da er das Motiv des kniend verehrenden Königs nicht dokumentieren wollte.

tisch-palästinische Produktion wohl noch in der Mittleren Bronzezeit denken. Die Adoration gilt hier offenbar dem Symbol des vitalen Wohlergehens, die Kennzeichen der Herrschaft des Regenten sein soll, um ihre Wirksamkeit auf den Amulettträger auszustrahlen.

Abb. 1

Von größerer Signifikanz für unseren Zusammenhang dürfte das zweite Beispiel sein, das einen von zwei Granatäpfeln gerahmten Göttinnenkopf zeigt (Abb. 2). Auch dieses Belegstück scheint im Rahmen der bisherigen Konstellationen des Göttinnenkopfes singulär zu sein[17]. Da dieses Exemplar den charakteristischen Besonderheiten der Gestaltung in der MB II-Zeit des palästinischen Raums entspricht, dürfte seine Herkunft unstreitig sein, womit auch die räumliche Nachbarschaft zur biblischen Bildsprache von Interesse sein wird. Ein näherer Blick auf den rechtsseitigen Granatapfel kann u.a. wohl auch den senkrechten Schnitt wahrnehmen lassen, der im Abdruck deutlich hervortritt. Die Beziehung zum Göttinnenkopf wird die ideelle und mythologische Verbindung von Vegetation, Fruchtbarkeit und Vitalität mit der Göttinnenverehrung zum Ausdruck bringen wollen, wie sie dem Träger des Amuletts zugute kommen soll. Dabei ist die absolut überwiegende Konzentration auf den palästinischen Raum von besonderer Signifikanz. Ein Vergleich dieser Illustration mit der Bildsprache in Hld 3,4c und 6 legt sich daher sehr nahe.

---

[17] Vgl. hierzu die Sammlung der Belege für den Göttinnenkopf bei S. Schroer, Die Göttin auf den Stempelsiegeln aus Palästina/Israel, in: O. Keel - H. Keel-Leu - S. Schroer, Studien zu den Stempelsiegeln aus Palästina/Israel, Band II, OBO 68, Freiburg Schweiz - Göttingen, 89-207, bes. 186ff. Vgl. dazu auch die weiteren Informationen bei Keel, 1995, 212f. mit § 577-579.

Abb. 2

Nach diesem Kurzausflug in die Ikonographie sei nochmals ein Blick auf die kontextuelle Bedeutung des Lexems *rqh* erlaubt, dessen etymologische Klärung noch immer aussteht und auch von Keel nicht befriedigend erfasst zu sein scheint. Die ältere Lexikographie präferiert die Annahme einer Nominalbildung von einer dreiradikaligen Basis. Bei J. Fürst findet sich eine Ableitung von einer Basis *RQQ* III, so dass mit einer Grundbedeutung „das Pulsirende, Schlagende, dah(er) Schläfe" zu rechnen sei, auch „mit Inbegriff der obern Wange"[18]. Für GesB 774 steht die Derivation von *RQQ* I („dünn sein") und die Bedeutung „Schläfe" außer Frage. Auch nach HALAT 1202 ist eine Basis *RQQ* II mit der Bedeutung „dünn, fein sein, schmal sein" anzusetzen, wobei auf die Möglichkeit einer Abstraktbildung zum Adjektiv *rq* „das Dünne" verwiesen wird. Die Etymologie wird gestützt durch den Vergleich mit akk. *raqqatu(m)* mit den Bedeutungen „ein dünnes Gewand" und „ein dünnes Schmuckplättchen". HALAT verbleibt danach bei der Bedeutung „Schläfe", um sich zugleich dafür auch auf E.W. Nicholson zu stützen, der für *rqh* die Wiedergabe „temple" ansetzt[19]. Nicholson setzt sich freilich mit G.R. Driver auseinander, der eine in unserem Zusammenhang interessante These vorgelegt hat. Driver sieht für sämtliche Vorkommen des Nomens folgende Entwicklung vor: „A root denoting what is thin or fine has been extended to denote what is yielding or soft, squashy or mushy; and the suggestion may then be hazarded that the Heb. *raqqa* means the soft parts within the head, i.e. > the soft palate and with it the whole interior of the mouth< and also >brain< as the Targ.'s *mwh'* suggests"[20]. Speziell zu den angehenden Hld-Belegen denkt Driver an den geöffneten Mund der Geliebten „as resembling a gash in a pomegranate where a slice has been removed so as to reveal the read flesh of the fruit"[21]. Schon Drivers Deutung kommt demnach der Auffassung Keels sehr nahe, bemüht sich jedoch um eine etymologische Klärung, die für alle Belege vertretbar wäre.

Vielleicht kann ein Blick auf die Ableitungen von *raqaqu* „dünn, schmal sein, werden" im Akkadischen noch einen weiteren Aspekt erschließen helfen. Über die Angaben in

---

[18] J. Fürst, Hebräisches und Chaldäisches Handwörterbuch II, Leipzig 1861, 387.

[19] E.W. Nicholson, ZAW 89, 1977, 260-262.

[20] G.R. Driver, Problems of Interpretation in the Heptateuch, in: Mélanges bibliques rédigés en l'honneur de A. Robert, 1957, 66-76, hier 73.

[21] Driver, 1957, 73.

II. Schöpfungsbilder

HALAT hinaus zitiert das Akkadische Wörterbuch noch ein *raqqatu* II mit der Bedeutungsangabe „Uferwiese, -streifen"[22]. Es liegt nahe, auch dieses Nomen auf die Basis *raqaqu* bzw. auf das Adjektiv *raqqu* „dünn, schmal, fein" zurückzuführen, wobei man etwa einen Bedeutungszusammenhang in den schmalen Uferstreifen erkennen könnte. Damit ergäbe sich eine semantische Nähe zu der hebräischen Bezeichnung *sph*, die zunächst Lippe, dann aber auch im metaphorischen Sinn ‚Uferrand' bedeuten kann (HALAT 1256)[23]. Die Lippen sind aber Gegenstand des angehenden Beschreibungsliedes mit einem besonderen Vergleich in Hld 4,3a, dann folgt der zunächst nicht eigens mit einem Vergleich ausgestattete Mund (3b), worauf nach unserem Vorschlag recht gut die edle und reizvolle Feinheit der leicht geöffneten Mundpartie insgesamt angesprochen sein könnte, um sie mit dem Riss im Granatapfel zu vergleichen. Diese m.E. etymologisch und semantisch vertretbare Sicht steht natürlich der hintergründigen und metaphorischen Beziehung auf die vitale Begegnung im Kusserlebnis und der sexuellen Konnotation nicht im Wege, im Gegenteil, sie zeigt, dass das Beschreibungslied ausgesprochen feinfühlig vorgeht, ohne direkt das Innere des Mundes ins Bild zu setzen. Mit Recht haben Keel-Schroer jüngst hervorgehoben, dass die Bildsprache des Hld nicht zur „Vergegenwärtigung" von ‚Formen' dient, zumal „schon die hebräischen Körperteilbezeichnungen" „auf Haltungen und dynamische Vorgänge, nicht auf Formen" gerichtet sind[24]. Die Sprache lässt also mehr erahnen als sie unmittelbar ausdrückt. Dazu trägt nicht zuletzt die sowohl in 4,3c wie in 6,7 angefügte Angabe „unter deinem Schleier hervor" bei, die die erotische Wirkung auf genuine Weise verstärkt, wie Keel zutreffend festgestellt hat[25], freilich so, dass gerade die verhaltene Beschreibung den Betrachter animiert.

Für die Auslegung des Hld und für die Vermittlung in Pastoral und Katechese ergibt sich aus unserer Betrachtung eines einzigen Bildwortes eine wichtige Perspektive, nämlich das Augenmerk auf das biblische Interesse an der Leiblichkeit und Körperlichkeit zu richten. Ohne jede falsche Scheu, dafür aber mit aller Sensibilität für das Intime sollte auch die Vermittlung derjenigen biblischen Texte probiert werden, um die man in vielen Bereichen der praktischen Orientierung eher einen vorsichtigen Bogen gemacht hat. Dass gerade die poetische Sprache, die Verwendung von Vergleichen und Metaphern auch zu reizvollen Versuchen einer ‚Exegese von unten' ohne die ausgiebige ‚fachmännische' Instruktion oder gar eine innerkirchliche Deutungsvorgabe animieren könnte, dürfte zu mindesten erwogen werden. Vor allem aber sollte die fundamentale Empfänglichkeit für die Bibel als Dichtung geweckt werden, indem die Dimensionen des bildsprachlichen Redens von Gott und seiner Schöpfung, vom Menschen und dem Leben überhaupt in attraktiver Weise zur Geltung kommen. Die Überzeugung, dass diese Intention der Gemeinschaft der Glaubenden zutiefst dienlich ist, teilt der Verfasser dieser Zeilen mit dem Jubilar mit herzlichem Dank für die mannigfachen Erweise kollegialer und menschlicher Solidarität.

---

[22] W. von Soden, Akkadisches Handwörterbuch II, Wiesbaden 1972, 958.
[23] Vgl. dazu auch B. Kedar-Kopfstein, ThWAT VII, Lieferung 6/7, 1992, 842.
[24] Keel - Schroer, 2002, 225, Anm. 17.
[25] Keel, 1986, 136.

„Gegenwelten" – biblisch und religionsgeschichtlich betrachtet

1. Kritik der „Speculation"

Die Orientierung auf diverse Alternativen zur Gegenwartserfahrung hin könnte von vorneherein unter den Verdacht geraten, sie bedeute eine unvertretbare Ausflucht aus dem notwendigerweise mit Mühseligkeiten befrachteten Dasein, um so mehr wenn sich jene Aussichten als weitestgehend illusionär erweisen müßten. Nicht von ungefähr ist denn auch auf philosophischer Ebene kritisch bedacht worden, ob es grundsätzlich statthaft sei, sich auf Spekulationen über Gewicht und Wirksamkeit einer irgendwie transzendenten Sphäre, gar der Welt eines Gottes einzulassen, wo es dem Menschen doch eigentlich verwehrt bleiben müsse, sich mit bloßem Glauben über Wasser zu halten. So kann etwa Johann Gottlieb Fichte in seinen bereits im Jahre 1790 verfaßten „Aphorismen über Religion und Deismus" eine solche „mit heisser Sehnsucht" vollzogene Hinwendung zu einer entfernten und sich immer weiter entfernenden Instanz nur als eine zu behandelnde Krankheit diagnostizieren:

„Wie soll man einen solchen Menschen behandeln? Im Felde der Speculation scheint er unüberwindlich. Mit Beweisen der Wahrheit der christlichen Religion ist ihm nicht beizukommen; denn diese gesteht er so sehr zu, als man sie ihm nur beweisen kann: aber er beruft sich auf die Unmöglichkeit, sie auf sein Individuum anzuwenden. Die Vortheile, die ihm dadurch entgehen, kann er einsehen; er kann sie mit der heissesten Sehnsucht wünschen; aber es ist ihm unmöglich, zu glauben. – Das einzige Rettungsmittel für ihn wäre, sich jene Speculationen über die Grenzlinie hinaus abzuschneiden. Aber kann er das, wann er will? Wenn ihm die Trüglichkeit dieser Speculationen noch so überzeugend bewiesen wird – kann ers? kann er es, wenn ihm diese Denkungsart schon natürlich, schon mit der ganzen Wendung seines Geistes verwebt ist? - -"[1].

Bezeichnend ist, daß das Fichtesche Fragment mit diesen Worten abbricht, um so einiges über die verzweifelt kritische Verfassung des Autors zu verraten, der sich einerseits im Anschluß an Kant an der Grenzlinie einer „deterministischen Weltansicht" bewegen zu müssen glaubt, andererseits nicht umhin kann, das ‚Fühlen' gegen den ‚Glauben' zu setzen, wie er dies in einem Brief zum Ende des gleichen Jahres an seine Verlobte äußern kann:

„Überhaupt denke ich jetzt über geistige Dinge um Vieles anders, als sonst. Ich habe die Schwachheit meines Verstandes in Dingen der Art nur seit Kurzem so gut kennen gelernt, dass ich ihm hierüber nicht gern mehr trauen mag, er mag sie bejahen oder verneinen. Ich habe seit meinem Aufenthalte in Leipzig wieder wunderbare Spuren der Vorsehung erfahren! – unser Verstand ist eben so hinlänglich für die Geschäfte, die wir auf der Erde zu betreiben haben: mit der Geisterwelt kommen wir nur durch unser Gewissen in Verbindung. Zu einer Wohnung der Gottheit ist er zu enge; für diese ist nur unser Herz ein würdiges Haus. Das sicherste Mittel, sich von einem Leben nach dem Tode zu überzeugen, ist das, sein gegenwärtiges so zu führen, dass man es wünschen darf. Wer es fühlt, dass, wenn ein Gott ist, er gnädig auf ihn herabschauen

---

[1] Zitat nach der Ausgabe von J.H. Fichte, Johann Gottlieb Fichte's Religionsphilosophische Schriften, Berlin 1846, 7f.

müsse, den rühren kein Gründe gegen sein Daseyn, und er bedarf keiner dafür. Wer so viel für die Tugend aufgeopfert hat, dass er Entschädigungen in einem anderen Leben zu erwarten hat, der beweist sich nicht, und glaubt nicht die Existenz eines solchen Lebens; er fühlt sie"[2].

2. Urstand und Selbstand

Angesichts des geistes- und ideengeschichtlichen Umfeldes der Äußerungen Fichtes verwundert es nicht, daß es gerade auch jene Auffassungen und Vorstellungen waren, die aus der altehrwürdigen Tradition der Bibel stammten, Deskriptionen einer anderen, freilich vergangenen Lebenswelt darboten und so ins Gesichtsfeld der Kritik treten konnten. Die Texte zum Ort und zur Gestalt des „Paradieses" (Gen 2f.) gerieten um so mehr in die Fänge der rationalistischen und deistischen Skeptiker, da sie so augenfällig fern der Realität und des vernünftigen Denkvermögens erschienen, daß sie dem seinerzeit modernen Betrachter alles andere als „wirklich" und damit glaubwürdig vorkommen konnten. Im Zuge der historisch-kritischen Arbeit ging man allmählich auf Distanz zu einer geschichtsbezogenen Wertung, um dafür bei einer mehr oder weniger abschätzig beschiedenen Zuweisung zur Welt eines altorientalischen oder gar menschheitsgeschichtlichen Mythos zu landen[3], dem keinerlei Verbindlichkeit für gegenwärtiges Denken und Glauben innewohne. Immerhin hat hier einer der einflußreichsten Exegeten jener Tage, Johann Gottfried Eichhorn, die These verlauten lassen, die Paradieserzählung stelle eine philosophische Erwägung „über den Verlust der seligen Tage der ersten Welt" dar, überliefert in einer Gestalt, die ihre Konkurrenten aus alter Zeit bei weiterem übertroffen habe[4].

Das Interesse der Auslegungsgeschichte ging indessen selbst noch bei den Wortführern des deutschen Idealismus[5] noch nicht entscheidend über eine Einschätzung des ‚Paradieses' als einer ein für allemal vergangenen Welt hinaus. Diese erschien nun keineswegs als faktischer Idealzustand des Menschengeschlechts bis zum Moment der Vertreibung und deren anhaltenden Folgen, sondern eher im Gegenteil als gewissermaßen heilsam verlorener Status, da der „Sündenfall" mit Kant den Überschritt von der „Vormundschaft der Natur in den Stand der Freiheit"[6] bedeuten sollte, eine Position, der nicht zuletzt Friedrich Schiller in seiner Vorlesung von 1792 über „das erste Menschengeschlecht nach dem

---

[2] Zitat nach der Vorrede des Herausgebers J.H. Fichte zu der in Anm. 1 genannten Schriftensammlung J.G. Fichtes (VIIf). Es gilt freilich zu bedenken, daß die sich mit der Kollation verbindende Interpretation des frühen Fichte durch den Sohn nicht zwingend auch der denkerischen Gespaltenheit des Vaters gerecht zu werden vermag. Zur geistesgeschichtlichen Orientierung des Sohnes vgl. zuletzt die Hinweise bei M. Schröder, RGG^4 III, 2000,112.

[3] Näheres dazu bei M. Metzger, Die Paradieseserzählung. Die Geschichte ihrer Auslegung von J. Clericus bis W.M.L. de Wette (Abhandlungen zur Philosophie, Psychologie und Pädagogik 16), Bonn 1959, 117-127.

[4] Hinweis bei Metzger, Paradieseserzählung, 123.

[5] Vgl. Metzger, Paradieseserzählung, 150.

[6] Vgl. I. Kant, Muthmaßlicher Anfang der Menschheitsgeschichte (1786), in: Kants Werke Bd. VIII, Berlin und Leipzig 1923, 109ff. Metzger, Paradieseserzählung, 150.

Leitfaden der mosaischen Urkunde"[7] gefolgt ist. Für Schiller ist der „Abfall des Menschen vom Instinkte" nichts anderes als „die glücklichste und größte Begebenheit der Menschengeschichte". Der „Philosoph" könne ihn mit Fug und Recht „einen Riesenschritt der Menschheit" nennen, „denn der Mensch wurde dadurch aus einem Sklaven des Naturtriebes ein frei handelndes Geschöpf, aus einem Automaten ein sittliches Wesen, und mit diesem Schritt trat er zuerst auf die Leiter, die ihn nach Verlauf von vielen Jahrtausenden zur Selbstherrschaft führen wird".

Mit dieser zweifellos folgenreichen Interpretation hat man der einstmals so geschätzten Anhänglichkeit an den idealen Urzustand der Menschheitsgeschichte als einem vermeintlich so kostbarem Status geradezu kindlicher Unschuld jede Attraktivität aufgekündigt, um statt des Sündenfalls den Aufstieg in die Mündigkeit des erwachsen Gewordenen zu feiern. Mit der Verlagerung des Interesses auf den Weg aus dem ‚Paradies' sollte der allmähliche Einzug in eine Region der Autonomie vorbereitet und legitimiert werden, der einer anthropozentrischen Konstituierung der zukünftigen Lebenswelt die Türen öffnen würde. Theologie und Philosophie fanden sich zwar zu einer ‚konzertierten Aktion' zusammen, um der natürlichen Einbindung des Menschen in seinen primär geschaffenen Lebensraum Lebewohl zu sagen, ja die Verhaftung mit der Natur als etwas potenziell Verderben Bringendes zu disqualifizieren. Diese Entfremdung von einem uranfänglichen Wohlstand im Einvernehmen mit angeblich instinktivem, tierähnlichem Verhalten sollte nach dem Willen der Aufklärung und des Idealismus allerdings nunmehr zu einer Entdeckungsreise des Menschen auf dem Wege zu sich selbst und zur eigenen Verständigkeit umgestaltet werden. Die neue Moralität sollte eine selbstbestimmte sein, beherrscht von einem Fortschrittsgedanken, der eine zur Autarkie ermunterte Menschheit im Visier haben mußte, also ein zukünftiges ‚Paradies', das nicht mehr unter der Obhut eines gebietenden Gottes zu gestalten war.

3. Gegenwart und „Gegenwelt"

Die Umdeutung der Paradiesestexte zu einem Plädoyer für eine radikale Ermächtigung des menschlichen Selbstbewußtseins und Gewissens stellte wohl den entscheidenden Bruch mit einer Auslegungstradition dar, die in der Theologiegeschichte der Alten Kirche und des Mittelalters bis in die frühe Neuzeit bestimmend war. Idealer Urzustand und Sündenfall bildeten den verbindlichen Kontrast, der einst auch in der endzeitlichen Periode sein Gegenstück haben würde, nämlich den Absturz der ungerechten und bösen, sündhaften Selbstherrlichkeit in das ewige Unheil einerseits und die Erhebung der Gerechten in die Freuden des jenseitigen und ewigen Lebens. Hölle und Himmel waren so im Geschick des menschlichen Weges in seinem Anfangsstadium bereits vorgezeichnet. Die Ursünde verlangte ihren Sold, während die Hoffnung der Getreuen um so intensiver auf

---

[7] Vgl. F. Schiller, Etwas über die erste Menschengesellschaft nach dem Leitfaden der Mosaischen Urkunde (1792), in: Schillers Sämtliche Werke, Säkularausgabe, Bd. 13, Stuttgart und Berlin 1849, 24ff. Metzger, Paradieseserzählung, 151.

die Errichtung des neuen Himmels und der neuen Erde fixiert worden war und hier der schöpferischen Phantasie allen Raum gewährte.

Die Verherrlichung des Raums der Seligen war denn auch der bevorzugte Gegenstand der künstlerischen und dichterischen Vision gewesen, nicht ohne der negativen Alternative den Charakter einer beeindruckenden und abschreckenden Folie für das Objekt der Sehnsucht zu geben. Das ‚Inferno' der Divina Comedia bekam seinen Ort, um das ‚Paradiso' letztendlich um so strahlender erscheinen zu lassen. Exemplarisch für diese Scheidung zwischen Heil und Unheil steht etwa das berühmte Altarbild zum „Weltgericht" von Fra Angelico aus dem Jahre 1431[8]. Die Darstellung komplettiert das Szenario des Jüngsten Gerichts um eine eigenwillige Präsentation des Paradiesgartens über die ganze rechte Flügelseite des Gemäldes hin, wobei sich Engel und Selige zu einem bunten Reigen zusammenfinden und tanzen. Dabei mag eine „rührende Sentimentalität und Menschlichkeit" durchaus beabsichtigt sein[9], das gelöste Miteinander der Himmelsbewohner steht gleichwohl im Dienste einer Verklärung des jenseitigen Lebens, da zwar „irdische Seligkeit in himmlische" übertragen wird[10], nicht ohne indessen das Defizit aller Erdenschwere in der himmlischen Sphäre und in der Leichtigkeit jenseitigen Seins aufgehoben sein zu lassen.

Hier drängt sich die Typisierung des jenseitigen Paradieses als „Gegenwelt" geradezu auf, eine Bezeichnung, die mehr und mehr zur umfassenden ‚Verortung' alternativer Raum- und Zeitimaginationen genutzt wird. „Der Begriff der Gegenwelt erlaubt am ehesten transkulturelle Vergleichsmöglichkeiten, denn Gegenweltskonzepte sind in irgendeiner Weise wohl in allen religiösen Symbolsystemen vorhanden"[11]. Für radikale Skeptiker mögen solche „Gegenwelten" von vornherein als als ‚fiktive' oder ‚virtuelle Räume' erscheinen, die als eine Art typischer ‚Spielwiese' religiöser Illusionen fungieren, von einer unhinterfragten Zuweisung an neurologisch-assoziative Vorgänge nicht eigens zu reden, deren elementare Relevanz hier keineswegs geleugnet werden soll. Doch gilt es hier, zunächst behutsam mit der Nomenklatur umzugehen, da eine „Gegenwelt" naturgemäß auch als reine Kontrastsphäre aufgefaßt werden und so auch das gerade Gegenteil einer paradiesischen Lebenswelt darstellen könnte. Dennoch eignet sich der Ausdruck grundsätzlich um der Charakteristik des ganz Anderen willen, um „Konzepte von alternativen Welten" anzubieten, die „im Verhältnis zur gegenwärtigen Welt beschrieben" werden[12]. Das Urteil freilich, daß „die Welt, die zweideutig ist", in diesen anderen Welten desambiguiert" werde[13], trifft freilich nicht ohne weiteres den zentralen Aspekt der alternativen Modelle einer zu erwartenden Wirklichkeit. Auch wenn „die Desambiguierung der gegenwärtigen

---

[8] Abbildung u.a. in RGG[4], 2000, 918 (Ausschnitt). Vgl. auch B. Lang - C. McDannell, Der Himmel. Eine Kulturgeschichte des ewigen Lebens, Frankfurt am Main 1990, 178f. mit Abb. 24 und 25.

[9] Lang-McDannell, Himmel, 180.

[10] H.A. Stützer, Malerei der italienischen Renaissance, Köln 1979, 92. Lang-McDannell, Himmel, 180.

[11] F. Stolz, Art. Paradies, in: Theologische Realenzyklopädie 25, 1995, 705-708, hier 705. Dazu bereits Ders., Paradiese und Gegenwelten, Zeitschrift für Religionswissenschaft 1, 1993, 5-24, bes. 19,21.

[12] D. Pezzoli-Olgiati, Paradies: religionswissenschaftlich, RGG[4], 2000, 909-911, hier 911.

[13] Pezzoli-Olgiati, Paradies, 911f.

Welt als Ort von Leben und Tod" „durch mehrere Gegenwelten realisiert werden" kann, geht es bei der christlichen Jenseitserwartung nicht nur um bloße Überwindung einer empirischen Zerissenheit zwischen Leben und Tod, sondern um endgültige Scheidung der Geister mittels der anderen Gerechtigkeit Gottes, die für den glaubenden Menschen bereits in der Gegenwart realisiert ist. Die visuelle Trennung der beiden Lager für „Gerechte" und „Ungerechte" bei der ekstatischen Schau der Ewigkeit steht für die gläubige Überzeugung, daß der göttliche Ratschluß die „Desambiguierung" bereits vollzogen hat. Nach dieser Vorstellung hat der Glaubende bereits das ewige Leben, während der Nicht-Glaubende schon gerichtet ist (vgl. Joh 3,14-21).

Es ist darüber hinaus in jüngster Zeit mit gewissem Recht versucht worden, in den bisherigen Spekulationen zwischen einer anthropozentrischen und einer theozentrischen Sicht vornehmlich des „Himmels" zu unterscheiden, um zugleich keiner permanenten Präferenz oder Präzedenz einer dieser Perspektiven das Wort zu reden:

„Zwar findet man oft die theozentrische und die anthropozentrische Vorstellung nebeneinander, aber in der Regel kann nur eine als die vorherrschende Sicht einer bestimmten Zeit und eines Milieus gelten. Auf die Dauer kann freilich weder das eine noch das andere Modell seinen Vorrang behaupten. Sobald die theozentrische Sicht kompromißlos ausgearbeitet ist, setzt eine Bewegung ein, die ihre Härte auszugleichen sucht. Da sich menschliche Liebe und Sehnsucht nie völlig unterdrücken lassen, behält auch die entschiedenste theozentrische Theologie noch etwas Menschliches. Daran kann die anthropozentrische Alternative anknüpfen und sich Gehör verschaffen. Sobald aber die menschliche Seite das Göttliche zu schwächen oder zu verdrängen droht, schwingt das Pendel wieder auf die andere Seite. Wie menschliche Leidenschaft, so kann auch die Liebe zu Gott niemals unterdrückt oder vergessen werden. Selbst jene Theologen, die den Menschen ganz in den Mittelpunkt ihres Himmels stellen, vernachlässigen das göttliche Element nicht völlig. So finden wir eine grundlegende Spannung im christlichen Bewußtsein, eine Spannung, die bereits in Jesu Forderung der Gottes- und Nächstenliebe anklingt"[14].

Eine formale Zuordnung beider Modelle zu den Entwürfen von „Gegenwelten" macht es wohl notwendig, auch über die Eigendynamik solcher Konstellationen nachzudenken. Wie wirkt eine anthropozentrische „Gegenwelt", wie eine theozentrische „Gegenwelt" auf den Betrachter zurück? Sie bestätigen in jedem Fall bei allem Zugeständnis des Andersseins gegenüber der Gegenwart eine hintergründige Kontinuität oder Konstante, die von einer endogenen oder heterogenen Autorität herrührt und garantiert wird. Dieses bleibende Konzentrat ist das im Menschen essenziell vorhandene Ferment Hoffnung, die so oder so Gestalt annimmt, je nachdem der Mensch sich als Bild seiner selbst oder als Bild Gottes versteht. Die vom Menschen kreierten Bilder von „Gegenwelten" verbleiben immer auf der Ebene der Menschlichkeit, selbst wenn sie die Zeichnung nach Menschenart vermeiden und die göttliche Autonomie ins Spiel bringen wollen. Auch die biblischen, in den einschlägigen Zusammenhängen auf göttliche Eingebung oder „Inspiration" zurückgeführten Konzeptionen alternativer Räume und Zeiten müssen zunächst als schriftstellerisch-literarische Produktionen begriffen werden, gerade dann, wenn sie als Träume oder Visionen deklariert werden. Sie sind also „Menschenwort" und partizipieren an der

---
[14] Lang-McDannell, Himmel, 477.

Begrenztheit irdisch-lebendiger Aussagen überhaupt. Ihren eigentlichen und weiterführenden Charakter als „Gotteswort" gewinnen die biblischen Entwürfe von „Gegenwelten" nicht dadurch, daß sie Menschen als Verfasser haben, sondern dadurch, daß die Schriftsteller selbst geschaffene Wesen sind und sich der Wortschöpfung durch ihren einer universalen Sprache mächtigen Gott verdanken[15]. Die biblischen „Gegenwelten" werden ihrer Substanz nach nicht als bloße Imaginationen stehen bleiben müssen, obwohl sie dem Charakter der Bibel als „Menschheitsspiegel" gemäß durch und durch mit menschlichen Komponenten und Strukturen verwoben sind. Sie sind als Emanationen einer Art Providenz dessen zu begreifen, der die menschlichen Vermittler ins Leben gerufen hat. Diese heterogene Ursprünglichkeit spiegelt sich in Traum und Nachtgesicht, ohne das Kolorit des Geschöpflichen zu verleugnen. Die so aus der Fülle des Lebens herrührende Zeichnung der „Gegenwelten" macht nicht nur „Menschenwort" zu „Gotteswort", sondern auch „Gotteswort" zu „Menschenwort", insofern die Zukunftsperspektive des von Gott ausgesprochenen und zugesagten Lebens durch Menschenmund weitergetragen wird.

4. Paradies und Heilige Stadt

Die angesprochene Konstante zwischen der menschlich geformten und göttlich dynamisierten „Gegenwelt" ist in Fra Angelicos Darstellung des Paradiesgartens die Stadt Jerusalem[16], deren offene Tore und rettende Mauerzüge ebenso wie die Lichtfülle und die Besucherzahl aus aller Welt vor allem im Psalter und in der Prophetie des Jesajabuches zur künftigen Völkerwallfahrt nach der ‚Friedensstadt' mit unterschiedlicher Zielsetzung vor Augen treten (vgl. u.a. Ps 68,30.32f. Jes 60,3-7.10f. 61,5)[17]. Das irdische Jerusalem, Gründung Davids und ausgebaut durch Salomo und die Könige Judas, wächst mit seinem Zentrum des Tempelberges zu einem internationalen Anziehungspunkt heran, um schließlich zu einer Vorgabe für das ‚himmlische Jerusalem' zu werden, in dem sich die Verherrlichung der Getreuen Gottes vollendet. In apokalyptischer Sichtweise konnte dann dieses himmlische Jerusalem sogar als „heilige Stadt" erscheinen, „wie sie von Gott her aus dem Himmel herabkam, erfüllt von der Herrlichkeit Gottes" (Apk 21,10f).

Doch da ist ja auch das andere, realexistierende Jerusalem mit all den erlittenen Belagerungsstürmen, den Eroberungen und Deportationen, dessen Zustand zu keinerlei euphorischer Zukunftssicht Anlaß geboten hatte. Nicht zuletzt jedoch dürfte es auch das Ambiente der Stadt mit seinen Tälern und Höhen sowie den dortigen Grabanlagen gewesen sein,

---

[15] Vgl. dazu etwa die Erwägungen in M. Görg, „Menschenwort" und „Gotteswort". Die biblische Ursprache als Gegenstand biblischer Theologie, in: Münchener Theologische Zeitschrift 48, 1987, 239-253.

[16] Vgl. Lang - Mc Dannell, Himmel, 180.

[17] Zur differenzierten Beleglage im Alten Testament vgl. vor allem K. Bieberstein, Der Ort des Jüngsten Gerichts. Die eschatologische Konnotierung von Zeit und Raum im kollektiven Gedächtnis (Manuskript: Fribourg - Jerusalem 1998), 76-81. S. auch Chr. Auffarth, Himmlisches und irdisches Jerusalem. Ein religionsgeschichtlicher Versuch zur „Kreuzzugseschatologie", in: Zeitschrift für Religionswissenschaft 1, 1993, 25-49 und 91-118.

die dem Gesamtbild der Stadt mit ihrer Peripherie den Charakter einer ambiguierten Manifestation des Nebeneinanders von Leben und Tod vermittelt haben[18]:

„Gerade hinsichtlich der Konnotierung der Peripherie aber scheint in Jerusalem eine an anderen Orten unbekannte Entwicklung abgelaufen zu sein. Denn während die Semiotisierung anderer Städte der Alten Welt auf die Verankerung des täglichen Erfahrungsraums in der Schöpfungsordnung und eine Verankerung der Gemeinschaft in ihrer Gründungsgeschichte begrenzt blieb, läßt sich in Jerusalem ein sukzessiver Wandel in der Semiotisierung der Landschaft verfolgen, in dessen Rahmen Jerusalem nicht nur in der Schöpfungsordnung verankert, sondern im Zuge der entstehenden Eschatologie auch unter einen eschatologischen Horizont gestellt und im Mikrokosmos der Erinnerungslandschaft Jerusalems der Makrokosmos des ‚mythischen Raumes' und der ‚mythischen Zeit' in seiner ein Bild der unbegrifflichen Totalität der Wirklichkeit vermittelnden Ganzheit vergegenwärtigt wurde".

Auf diesem Hintergrund ist es vielleicht doch eher das doppelbödige Jerusalem, das sich als Exemplarbild menschlich-zwiespältiger Existenz auf Erden eignete, um sich in der Vision zu einem desambiguierten Zeit-Ort des Jenseits hochstilisieren zu lassen. Auch nach der späten Rezeption auf dem Altarbild Fra Angelicos darf man damit rechnen, daß das Jerusalem des Todes, des Molechkultes und der Nekromantie, insbesondere das Hinnomtal, später das Kidrontal[19], seine einstige Entsprechung in der Folterkammer der Hölle finden soll. Die „Gegenwelten" haben ihren irdischen Auslöser in der Provokation des bitteren Alltags, in dem nicht nur die Todeserfahrung „mitten im Leben", sondern auch der Notstand der Gerechten auf Erden reflektiert wird, Fragen und Erwartungen auslöst. Wenn noch die Jenseitsschau des Renaissance-Künstlers die himmlische Leichtigkeit der irdischen, wohl unmittelbar erfahrenen Erdenschwere der Zeitgenossen gegenüberstellt, gilt dies um so mehr bereits von den Betroffenen des gebeutelten Jerusalem in biblischer Zeit.

Wir dürfen daher nochmals jene Texte der Paradiesestradition mit der Frage konfrontieren, was denn zu der Schilderung des zunächst optimalen Lebensraums geführt habe, der dann auf so schmähliche Art aufgegeben werden mußte, wie sie seither die Mühsal des Lebens geprägt hat. Dabei geht es uns nicht um eine deutende Rekapitulation der erzählerisch-mythischen (besser: mythologischen) Konstellation, sondern um eine Anbindung an eine mögliche geschichtliche Konstitution in Raum und Zeit Palästina-Israels, die zu einer kritischen Rückschau im Rahmen einer Nachzeichnung der ‚Gegenwelt' des einstmaligen ‚Paradieses' geführt hätte.

Daß hier der raumzeitliche Kontext mit Jerusalem in Verbindung zu bringen wäre, ist seit längerem wahrscheinlich gemacht worden, so daß die spätere Tradition durchaus ihr Gewicht behalten würde. Hinreichend obsolet scheint indessen der Versuch zu sein, den Ort des ‚Paradieses' mit lokalen Befindlichkeiten aus dem mesopotamischen Raum zu verbinden[20]. Am allerwenigsten eignet sich hierzu die Beschreibung der ‚Paradiesesgeogra-

---

[18] Bieberstein, Ort des Jüngsten Gerichts, 40.
[19] Dazu vgl. vor allem die Ausführungen von Bieberstein, Ort des Jüngsten Gerichts, 134-151 bzw. 162ff.
[20] Dies gilt gerade auch angesichts des m.E. unglücklichen und mißlungenen Rettungsversuchs von M. Dietrich, Das biblische Paradies und der babylonische Tempelgarten. Überlegungen zur Lage des Gartens

phie' mit namentlicher Bezeichnung der sogenannten Paradiesesflüsse (Gen 2,11-14), da diese offenbar mit dem „Pischon" d.h. dem Nil, dem Gihon als dem Stadtfluß von Jerusalem und dann erst mit dem östlichen Tigris und dem gut bekannten Eufrat eine Integration der gesamten damaligen ‚Ökumene' in ein Weltbild mit Jerusalem in der Mitte dem Leser und Betrachter anbietet. Das Stichwort „Assur" verrät u.a. einen *terminus a quo* dieser bloß scheinbar nur geographisch orientierten Deskription, da die Zeit der wachsenden und bedrohlichen Dominanz der Assyrer im Hintergrund aufscheint und Vorstellungen über ein greifbares ‚Paradies' relativiert. Die Herausstellung des bescheidenen Gihonquells am Tempelberg steht überdies möglicherweise in traditionsgeschichtlicher Verbindung mit der prophetischen Vision des Stroms, der unter dem Tempel hervorkommt und sich mit seinem lebendigen Wasser über das Jordantal ins „Salzmeer" ergießt, um das „Wasser gesund" zu machen (Ez 47,1-12).

Bei alledem wird deutlich, daß Jerusalem jener von Anfang an erwählte Ort ist, von dem die wahre Befruchtung und Erfrischung ausgeht und die Welt beschenkt wird, ein Bekenntnis, das wohl nicht nur unter dem Signal der Dominanz Assurs, sondern auch noch unter dem Zeichen des Babylonischen Exils seine vertröstende Botschaft ausgestrahlt hat: die Belebung ist Jerusalem in die Wiege gelegt und wird wieder vollzogen werden. Das idealisierte Jerusalem ist hier als „Gegenwelt" im paradiesischen Kontext den Dimensionen von Raum und Zeit entwachsen.

Die mythologischen Erzählstücke des ‚Zweiten Schöpfungstextes'[21], noch immer und wohl zu Recht überwiegend als der ältere Zusammenhang gegenüber der sogenannten priesterschriftlichen Fassung des ‚Ersten Schöpfungstextes' angesehen, können nun ihrerseits als ein Spektrum von szenischen Teilen aufgefaßt werden, die Werden und Wirken des Menschen aus der Perspektive dessen beleuchten, der in eine noch heile Welt hineinschauen lassen möchte, bevor er der bitteren Erfahrungswelt eine mühsame Erklärung abringt. Der primäre Lebensraum, dargeboten als eine Art Oase mit umgebender Wüstenei, als ein vom Schöpfer gepflanzter Garten, dessen Name „Eden" wohl nichts anderes als ein Symbolname für seine Eigenheit als überaus fruchtbares Gelände gelten darf, ist gewiß als eine ‚Gegenwelt' anzusehen, die dem bedrohten Lebensraum der Zeitgenossen des Textdichters entgegensteht. Vielleicht ist dies doch noch die Zeit des geteilten Landes in einander widerstreitende Königreiche des Südens (Juda-Jerusalem) und des Nordens (Israel), die die gestaltende Sehnsucht nach einer Wiederkehr oder Heimkehr zu einem Ort gesicherten Wohnens programmatisch festhält. Aber selbst eine spätere Ansetzung

---

Eden, in: B. Janowski - B. Ego (Hg.), Das biblische Weltbild und seine altorientalischen Kontexte, Forschungen zum Alten Testament 32, Tübingen 2001, 361-389. Ders., in: M. Bauks - K. Liess - P. Riede (Hg.), Was ist der Mensch, dass du seiner gedenkst? (Psalm 8,5). Aspekte einer theologischen Anthropologie, Festschrift für Bernd Janowski zum 65. Geburtstag, Neukirchen-Vluyn 2008. Von einer religionsgeschichtlichen Vergleichbarkeit der biblischen Erzählung mit dem sumerischen Dilmun-Mythos, so F. Stolz, Paradies, 5-24, kann man m.E. nur im Blick auf die gemeinsame Zeichnung einer „Gegenwelt" reden, von einer formalen Dependenz jedoch wohl nicht.

[21] Vgl. dazu auch meine Ausführungen „Mensch und Tempel im ‚Zweiten Schöpfungstext'", in: K. Kiesow - Th. Meurer (Hg.), Textarbeit. Studien zu Texten und ihrer Rezeption aus dem Alten Testament und der Umwelt Israels, (Festschrift für Peter Weimar), Alter Orient und Altes Testament 294, Münster 2003, 191-215 mit Lit.

kommt wohl nicht umhin, den in die Vergangenheit gepflanzten Gottesgarten zum Wunschbild einer exilischen oder nachexilischen Generation zu machen, die das Pendant zum Idealbild des kommenden Jerusalem zu bilden vermag.

Der Mensch schließlich findet seinen Ort inmitten des Wonnegartens ausgestattet mit dem Auftrag, diesen zu bebauen und zu pflegen. Seine Beauftragung ist die eines Gärtners, freilich königlicher Art, da er einem Garten nach dem Muster eines Königsparks oder einer herrschaftlichen Baumpflanzung vorsteht[22]. Man geht gewiß nicht fehl, wenn man die wohlgeordnete Anlage aus der Anschauung eines Areals in der Nachbarschaft des Palastes oder des Tempels in Jerusalem herausgewachsen sehen möchte.

Die vom Mythos von der Geburt des Gottkönigs und der Vorstellung von der Formung des Königskindes auf der Töpferscheibe beeinflußte Formulierung zur göttlichen Bildung des Menschen (Gen 2,7) läßt auch bei dieser bezeichnenden Umsetzung der Idee von einem Zusammenwirken verschiedener Götter in eine Rede vom alleinigen göttlichen Subjekt des Handelns daran denken, daß nunmehr jedem Menschen die königliche Würde von Anfang an zukommt, wie dies auch die Priesterschrift auf ihre Weise mit der Adaptation verwandten Vorstellungsmaterials probiert (Gen 1,26-28). Auf beiden literarischen Ebenen geht es um die göttliche Modellierung des Menschen, dessen ursprüngliche Bestimmung eine königliche, nämlich die Teilhabe am göttlichen Leben ist. Ob der Mensch nun ein „lebendiges Wesen" (hebr. *naefaesch chaja*) wie in Gen 2,7 oder aber „Bild Gottes" (hebr. *Ṣaelaem 'aelohim*) wie in Gen 1,26 genannt wird, beidemal wird eine Urheberschaft des menschlichen Lebens aus unmittelbarer Wirksamkeit Gottes insinuiert, woraufhin auch die Funktion des Menschen bleibend orientiert sein muß, der in dieser Ambivalenz von herrscherlicher Bevollmächtigung und tiefgreifenden Verwiesenheit auf seinen Schöpfer geschaut werden muß.

Der Mensch des Anfangs erscheint hiernach als ‚personifizierte Gegenwelt' zu einer politischen Prominenz, die nicht mehr Antwort auf den Erschaffer zu geben scheint, nicht mehr zur Verantwortung bereit ist und so ihren Anteil an Schuld am Niedergang der Gemeinschaft trägt. Der Rekurs auf die elementare Ausstattung des Menschen profiliert sein königliches Erwähltsein gerade angesichts bitterer Erfahrungen mit tyrannischen Ambitionen des Herrschertums nicht nur in der Umwelt Israels, sondern auch in den beiden Reichen Israel und Juda. Es meldet sich eine basisorientierte Kritik am Königtum, die nicht die Dignität des Königtums an sich angreift, sondern die Praxis der Ausübung anficht, ein Verhalten, das den Menschen überhaupt in seiner prädestinierten Würde mißachtet, und ein fundamentales Versagen, wie es u.a. in dem deuteronomischen Königsgesetz Dtn 17,14-20 eindringlich thematisiert und verworfen wird.

Stattdessen ersteht der von Gott erwählte Mensch als Garant einer geschützten und Schutz gewährenden Rückbeziehung vor Augen, um in dieser ‚Gegenwelt' ein alternatives Menschenbild so zu etablieren, daß es als bleibender Maßstab für eine Rückbesinnung des

---

[22] Vgl. dazu u.a. M Hutter, Adam als Gärtner und König (Gen 2,8.15), Biblische Zeitschrift 30, 1986, 258-262. Ders., Art. Garten, in: M. Görg - B. Lang (Hg.), Neues Bibel-Lexikon II, 729f. Görg, Mensch und Tempel, 198.

II. Schöpfungsbilder

Menschen auf seine Herkunft gelten kann. Diesem Ziel dient nun offenbar auch, daß der Mensch alsbald mit einer Partnerschaft ausgestattet wird, die als „Hilfe" (*'aezaer*) bezeichnet auf eine für die Zukunft und das Überleben relevante Dimension zielt (Gen 2,18). Hier kommt „eine Art Bestandsgarantie" für das Menschliche zur Sprache[23], die der Frau die Verkörperung einer zu sich selbst kommenden und futurischen Selbstversicherung der Menschlichkeit zuerkennt. Als weitere Phase in der Entwicklung des Humanen grenzt sich der zu „Mann und Frau" gewordene und gereifte „Mensch" von der Tierwelt ab, die jedoch nicht einer zerstörerischen Willkür preisgegeben wird, sondern weiterhin analog zur Menschheit mit der Bezeichnung „lebendige Wesen" beehrt bleibt, mag ihr auch nicht eigens der göttliche Lebenshauch eingeflößt worden sein. Alles in allem bleibt den Tieren eine dienende, die Einbindung des zu einer qualifizierten Zweisamkeit berufenen Menschen in die Lebenswelt begleitende und so keineswegs entwürdigende Funktion. Stellt man nun einen Bezug zur tatsächlichen Position der Frau, aber auch der tierischen Lebewesen in den altorientalischen Gesellschaften her, kann man auch hier nicht umhin, in der biblischen Darstellung eine „Gegenwelt" wahrzunehmen, die sich nicht zuletzt auch der innerisraelitischen Sozialordnung entgegenstellt, wie sie vielfach von der Prophetie beklagt wird, wobei freilich das Geschick der „Waisen und Witwen" eher der Kritik unterliegt als die gesellschaftliche Positionierung der Frau insgesamt. Hier sind es bezeichnenderweise gerade die Frauen, deren bestimmende Bedeutung für die Herausbildung des wahren Menschseins und somit für die Menschwerdung überhaupt allzusehr verkannt worden ist. Das Beziehungsfeld vom Mensch zum Tier ist mit der Namennennung der Tiere durch den Menschen schon in Gen 2 als verantwortete Fürsorge ausgewiesen, wie sie im realen Leben, auch im Gottesdienst (Opferkult) keineswegs die Regel gewesen sein konnte. Keel spricht mit gutem Grund nicht nur von einer „Mitgeschöpflichkeit" der Tiere, sondern auch von einer „Schicksalsgemeinschaft" von Mensch und Tier[24], sieht aber die „Hoffnung auf eine künftige Heilszeit" lediglich in der Vision der Friedenszeit für Mensch und Tier in Jes 11,4-9 65,25. Die „Gegenwelt" tritt hingegen schon mit der göttlichen Lebensvergabe an Mensch und Tier ins Gesichtsfeld, so daß das gewünschte Ideal schon der eigentlich gemeinte und von vornherein anvisierte Zustand des Miteinander und Füreinander ist. Im ‚Urzustand' gibt es analog zum verheißenen Friedensreich keine Scheidung zwischen aggressiven und zahmen Lebewesen. Mit dem „Sündenfall" ist jedoch auch diese ideale Konstellation oder Symbiose der ‚lebendigen Wesen' Mensch und Tier auseinandergebrochen. Dennoch ist die Paradiesesgeschichte bei allem unglücklichen Ausgang auch um der hoffenden Neuorientierung willen geschrieben.

Wenn man die Erschaffung der Frau, in Gen 2,22 ausdrücklich als „Bau" bezeichnet, im Anschluß an unsere Beobachtungen zum Vokabular und einer einschlägigen Semantik als mit einer „Architektursprache" verwandt betrachtet, wie sie im Zusammenhang mit dem

---

[23] Vgl. Görg, Mensch und Tempel, 202.

[24] O. Keel, Allgegenwärtige Tiere. Einige Weisen ihrer Wahrnehmung in der hebräischen Bibel, in: B. Janowski - U. Neumann-Gorsolke - U. Glessmer (Hg.), Gefährten und Feinde des Menschen. Das Tier in der Lebenswelt des alten Israel, Neukirchen-Vluyn 1993, 155-193, hier 170f. Vgl. zuletzt auch Chr. Dohmen, Mitgeschöpflichkeit und Tierfriede, in: Bibel und Kirche 60, 2005, 26-31.

Tempelbau entwickelt worden sein mag, kann sich eine Brücke zu einem Neuverständnis gerade auch dieser eigenartigen Illustrationen zur Verwirklichung der Frau erstellen lassen. Die Körperlichkeit des Menschen kann auch außerhalb der Bibel in Vergleich mit dem Bau und Ausbau eines Tempels gesetzt werden, so daß es nicht verwundern muß, daß sich der biblische Verfasser dieser Analogie bedient, die auf eindrucksvolle und nachvollziehbare Weise verstehen lehrt, daß der „Mensch" (hebr. *'adam*), der sich zu Frau und Mann ausbilden läßt, zu seiner Eigentlichkeit „ausgebaut" wird, so wie erst die Bauphasen eines Tempels mit seinen wesentlichen Bestandteilen das ganze Bauwerk konstituieren und für den Gottesdienst funktionsfähig machen. Der Mensch wird so erst durch den „Bau" der Frau zukunftsfähig.

Auch dieses Element kann als Teilaspekt einer ‚protologischen Gegenwelt' betrachtet werden, da der Beitrag des Weiblichen in der biblischen Anthropologie einerseits unbestreitbar von außerordentlicher und im umfassenden Sinn fruchtbarer Relevanz ist, mit dem negativen Urteilsspruch in Gen 3 aber eine verhängnisvolle Einschätzung erfahren hat, die dem positiven Bild des Weiblichen in der Bibel und ihrer Nachgeschichte nicht zuträglich war. Um so mehr verleiht der Blick auf die Anfänge der ursprünglichen Intention Gewicht, zumal sie mit der hintergründigen Vision des Tempels und Zionsheiligtums als der tragenden und einbindenden Grundlage des erwählten Volkes liiert zu sein scheint.

5. Tempelvision und Zukunft

Gerade auch der Tempelbau hat es der spekulativen Vorstellungswelt Israels angetan. Vor allem sind es ja die großen Entwürfe zum priesterschriftlichen Heiligtum in der Mitte der Kultgemeinde (Ex 25-40) und der noch gradiosere Verfassungsentwurf Ezechiels mit der idealisierten Konzeption von großem Gottes-Tempel und kleinem Herrscher-Palast (Ez 40-48), von der phantastischen Ausgestaltung des künftigen Tempelheiligtums in der Tempelrolle von Qumran ganz zu schweigen, Texte, die von der in Israel fest verankerten Sehnsucht nach der Nähe zur göttlichen Wohnstatt Zeugnis geben. Mit der akuten und zugleich kontemplativen Schau des Zionsheiligtums auf dem Tempelberg in Jerusalem geht auch eine Vergegenwärtigung des dort im Zentrum angesetzten „Symbolsystems" von Lade- und Kerubenthron einher[25], wovon der Beter speziell in den Psalmen eine grundsätzlich heilvolle Orientierung angesichts der Bedrohungen für Leib und Leben ringums erwartete und im gläubigen Judentum noch immer erwartet. Die Vorstellung, daß der Gott Israels vom Zion her Anwalt einer umfassenden „Gerechtigkeit" wird, kann auch der priesterlichen Reformbewegung zur Installation einer ‚gegenweltlichen' Sozialordnung zugrunde liegen, die sich u.a. in Programmen wie zum „Jobeljahr" Lev 25,8-55 ma-

---

[25] Zu der Symbolik des Ensembles mit der Lade als Thronsockel vgl. zuletzt M. Görg, Gott als König. Die Bedeutung einer komplexen Metapher für das Gottesverständnis in den Psalmen, in: H. Irsigler (Hg.), Mythisches in biblischer Bildsprache. Gestalt und Verwandlung in Prophetie und Psalmen, Quaestiones Disputatae 209, Freiburg 2004, 64-102. Den Ausschluß der Lade aus diesem Symbolsystem halte ich nicht für vertretbar.

II. Schöpfungsbilder

nifestiert[26] und wohl mit der Zielsetzung der priesterlichen Heiligtumsordnung verbunden werden darf.

Das „Symbolsystem" des Tempels und des Tempelberges stellt für sich eine eigene „Gegenwelt" dar, da es der Vorstellung einer eingreifenden Gegenwart Gottes Raum (und Zeit) gibt, ohne seine Universalität als Schöpfergott zu tangieren. Auch der Raum der erwählten Stadt außerhalb des Tempelbaus vor allem mit dem Königspalast und den zu ihm gehörigen Anlagen hat eine symbolische Signifikanz für das Bild eines idealisierten Terrains gewonnen, der sich als Zentrum eines künftigen Gottesstaates mit einem Herrscher als getreuem und gerechtem Gottesdiener ausweist, wie dies vor allem die visionären Perspektiven zur Rolle des „Fürsten" im Ezechielbuch (Ez 45,9-17 46,16-18) zu erkennen geben. In gewisser Beziehung zu dieser Sicht steht der „Garten Eden" im Libanon als ein „Edelsteingarten"[27], dem nach Ez 28,13-15 der Fürst von Tyrus entstammt, der freilich seiner eigenen Selbstherrlichkeit zum Opfer fällt, um so aus seinem ‚Paradies' vertrieben zu werden. Besteht hier eine Beziehung zum Jerusalemer Tempel- oder Königsgarten, wie dies vom „Garten Eden" vermutet wurde[28]? Der Libanon genießt in altorientalischer Literatur den Ruf als exemplarische „religiöse Landschaft"[29]. Möglicherweise wird im Ezechieltext unter dem Eindruck des Exils und der Trennung von Jerusalem einer weiteren Phase in der Typisierung des einstigen Gottesgartens das Wort geredet, wobei nicht zuletzt die Erinnerung an das „Libanonwaldhaus" im Palastbereich Jerusalems (vgl. 1Kön 7,2-5) eine vermittelnde Rolle gespielt haben könnte.

Einen besonderen Rang nimmt hier die prophetische Schau eines jüngeren Autors im Jesajabuch ein, der dem kommenden Friedensreich und dessen Regenten das ungestörte Miteinander wilder und zahmer Tiere mit der menschlichen Lebenswelt in Aussicht stellt (Jes 11), ein Text, der immer wieder und zu Recht mit den paradiesischen ‚Ansprüchen' verglichen worden ist[30]. Die Präsentation dieser ausgesprochenen ‚Gegenwelt in Reinkultur' stellt freilich auch das ursprüngliche ‚Paradies' noch in den Schatten, da das eigentlich Unvereinbare vereint werden soll, die bestehende Welt radikal auf den Kopf gestellt wird: ein Kind spielt gefahrlos mit einer Schlange. Aber ist all dies nicht schon vorgezeichnet in Anlage und Dekoration der Mitte Jerusalems? Der dort thronende und verehrte Schöpfergott und Herr des Tempelberges bedient sich immerhin der „Keruben" (Gott als der „Kerubenthroner"), jener Mischgebilde zwischen Mensch, Löwe und Flügelwesen, die doch neben ihrer umfassenden Symbolik auch dem Glauben nahestehen, daß es vor

---

[26] Zu diesem Sozialprogramm vgl. u.a. die differenzierte Übersicht bei R. Albertz, in Görg-Lang (Hg.), Neues Bibel-Lexikon II, 346f.

[27] F. Stolz, Paradies und Gegenwelten, 19.

[28] Nach F. Stolz, Die Bäume des Gottesgartens auf dem Libanon, in: Zeitschrift für die Altestamentliche Wissenschaft 84, 1972, 141-156 soll Jerusalem der Ort der Begegnung mit dem Baumgarten des Libanon gewsen sein: „in Jerusalem also machten die Israeliten offenbar Bekanntschaft mit dem Gott des Libanon-Gottesgartens".

[29] Dazu zuletzt H.-P. Müller, Der Libanon in altorientalischen Quellen und im Hohenlied. Paradigma einer poetischen Topographie, in: Zeitschrift des Deutschen Palästinavereins 117, 2001, 116-128.

[30] Vgl. dazu u.a. R. Bartelmus, Die Tierwelt in der Bibel II: Tiersymbolik im Alten Testament – exemplarisch dargestellt am Beispiel von Dan 7; Ez 1/10 und Jes 11,6-8, in: B. Janoswki, Gefährten, 283-306, hier 304-306. Chr. Dohmen, Mitgeschöpflichkeit, 26-30.

den Augen Gottes ein geheimnisvolles und gefahrloses Mit- und Ineinander von Mensch und Tier in einem Ausmaß gibt, wie es die leibhaftige und erfahrbare Lebenswelt nicht kennt. Und die gefährlichen Kobraschlangen, in deren zusätzlich mit Flügeln bewehrten Gestalt die „Serafen" vorzustellen sein werden, sind in der Vision Jesajas (vgl. Jes 6) im Ambiente des in einem ‚Über-Tempel' thronenden Gottes gegenwärtig, und einer von ihnen nähert sich gar dem Propheten selbst, ohne ihm zu schaden, sondern im Gegenteil, um ihn zu heilen. Der vor Gott klein gewordene Prophet und das spielende Kind, beide sind in ihrer je eigenen ‚Gegenwelt' vor Gott auf jeweils besondere Weise der Gefahr für Leib und Leben enthoben. Hier hat die „Schlange" keine unheilstiftende Macht mehr, wie sie das Negativbild des Sündenfallgeschichte Gen 3 suggeriert, um dann aber auch deren Finalität anzuzeigen (Gen 3,14f).

Die von dem thronenden Gott regierte ‚Gegenwelt' in Jes 6 zeichnet sich trotz solcher Parallelen durch eine andersartige Dimensionierung aus, da sie neben der Darstellung des den Propheten „aufrichtenden" Gottes den „richtenden" Gott präsentiert, der mit der Berufung des Propheten auch dessen totalen Mißerfolg in der Nichtannahme durch das Volk zu proklamieren scheint, will man nicht die „Verstockung" ebenfalls als notwendiges Tief verstehen, das der von Gott Getroffene zu durchlaufen hat. Das zwiespältig erscheinende Gesicht Gottes als das eines Schöpfers und Richters ist zugleich das eines Herrn über Leben und Tod.

6. Liebesparadies und Himmelsgarten

Ganz anders wiederum kommt nach dem ersten Eindruck eine hochpoetische Schilderung im Hohenlied daher, die sich dem „Paradies der Liebe" widmet (Hld 4,12-5,1)[31]. Es ist ein wasserreicher, mit phantastischem Pflanzenwuchs ausgestatteter Garten, wie er u.a. gerade auch dem Idealbild altorientalischer Königs- und Tempelgärten zu entsprechen scheint und die Fülle der Vegatation in der Schöpfung ausstrahlt. So gibt sich diese Wunderoase als Evokation paradiesischer Verhältnisse, die auch ihrerseits die Assoziation zum herrlichen Garten des Libanon auslöst (4,15). Dennoch stellt sich die Frage, ob eine solche nahezu überbordende und schier unmäßige Preisung eines Teils der Schöpfungswirklichkeit nicht auch Ausfluß einer Sehnsucht nach einer absolut heilen Welt sein könnte, die in einer Zeit äußerster Defizite und Gefahren für das Leben und Überleben in Jerusalem oder in einer Zeit der Enttäuschung über ausgebliebene Wunschvorstellungen geboren worden wäre. Das „Paradies der Liebe" hätte so Ausdruck einer bleibend attraktiven ‚Gegenwelt' friedlichen und lebenerfüllten Wohnens in Sicherheit werden wollen und können, die nicht zuletzt von ihrem möglichen Konzeption in Jerusalem her und in einer übergreifenden Intention alles andere als eine gottferne Welt offenbaren würde, wenn auch der Name Gottes in ihrer Deskription nicht vorkommt. Trotz dieser Deu-

---

[31] Vgl. dazu vor allem O. Keel, Das Hohelied. Zürcher Bibelkommentare, Zürich 1986, 156-173. Vgl. auch Müller, Libanon, 120-125, dessen deutliche Skepsis gegenüber „Versuchen, einem poetischen Text religionspolitische oder sozialkritische Intentionen zu unterstellen" (124) ich grundsätzlich nicht teilen möchte.

tungswege soll es niemandem benommen bleiben, sich dem „Paradies der Liebe" vorbehaltlos zu öffnen, ohne einen politischen Kontrast bemühen zu müssen.

Ein Ausflug in die künstlerische Darstellungwelt alternativer ‚Zeit-Räume' oder ‚Raum-Zeiten' im Alten Orient und in Ägypten kann den Hintergrund derjenigen Entwürfe, die aus der Binnenschau Israels erwachsen sind, weiter ausleuchten helfen. Unumstritten ist, daß gerade die Bildsprache des Hohenliedes ohne den Blick auf die exzessive Darstellungsvielfalt v.a. in der ägyptischen Bilderwelt nicht zu verstehen ist. Gerade die ägyptische Kunst kennt in breitangelegter Vielfalt „Gegenwelten", vor allem dort, wo die jenseitige Sphäre mit der Offenlegung all dessen, was den Weg zu und den Zustand nach der Rechtfertigung des Toten betrifft, zu illustrieren ist. Dabei ist gewiß von Bedeutung, daß speziell die paradiesischen Szenen des Wandels oder Fahrens durch das Elysium allem Anschein nach Spiegelungen diesseitiger Vorbilder sind und in ihrer Intention nicht nur dem Toten, wohl auch den Lebenden dienlich sein wollen. Einschlägiges Interesse verdienen etwa die Szenen vom Spaziergang königlicher Gestalten in einem paradiesischen Garten entsprechend den Vorstellungen der Amarnazeit oder auch die vielgezeigte Darstellung des sogenannten „Binsengefildes" im Grabe des Sennedjem in Deir el Medine (Oberägypten), die der Vorstellung eines wohlbewässerten und mit exotischen Pflanzen ausgestatteten Paradieses außerordentlich nahe kommt. Gerade diese Darstellung einer Gegenwelt darf um so mehr Interesse finden, als hier der Name der idealen Landschaft allem Anschein nach eigentlich „Gottesland" bedeutet[32]. Zwischen der Amarnadarstellung und der Jenseitsikonographie scheint gleichwohl ein gewaltiger Graben zu liegen, da erstere auf ein Diesseits fixiert und an Anlagen im Palastbereich orientiert ist, während die Grabdekoration auf eine Jenseitsvorstellung zielt. Dennoch hat J. Assmann wohl mit gutem Grund darauf aufmerksam gemacht, daß auch die Idealtopographie im Vorstellungsbereich zur Welt der Toten auf irdische Vorlagen Bezug nehmen und sogar die Funktion gewinnen konnte, auf eine Gestaltung irdischer Räume nach dem idealen Muster hinwirken zu lassen, wobei Ägypten sich „schon in der Vorstellung seiner Bewohner in ein Land" umbildet, „in dem nicht nur Menschen wohnen, sondern in das auch die seligen Toten zurückkehren, um sich in ihren Teichgärten zu ergehen"[33]. Nicht zuletzt sei auf die erstaunlichen und irritierenden Szenen einer „verkehrten Welt" im gleichen Kulturbereich verwiesen, in welcher Tiere als eigenwillige Aktanten im Jenseits erscheinen, um die langtradierten und etablierten Vorstellungen einer radikalen Neudeutung zu unterziehen, eine Vorstellung, die der biblischen Idee von allgemeinem Tierfrieden nicht so ferne steht, wie man zunächst meinen mag. Auch hier darf eine kritische Weisung im Blick auf allzumenschliche Zukunftsvisionen wahrgenommen werden.

---

[32] Zu dieser Deutung und zur möglichen Übernahme der Bezeichnung in die hebräische Terminologie für die Totenwelt („Scheol") verbunden mit einer radikalen Uminterpretation vgl. zuletzt M. Görg, Die Barke der Sonne. Religion im alten Ägypten, Freiburg 2001 (Neudruck 2003), 171f.

[33] Vgl. dazu J. Assmann, Tod und Jenseits im alten Ägypten, München 2001, 317.

7. Gegenwelt und Gotteswelt

Eben die besondere Situierung des religionsgeschichtlichen Vergleichmaterials in der Welt des Lebens nach dem Tode mit Auswirkungen ins Diesseits führt uns noch einmal zurück zur Rolle der ‚Gegenwelten' im biblischen Kontext. Dazu möge ein Blick auf eine ‚Gegenwelt' gerichtet sein, wie sie in dem bekannten Visionstext zur Wiederbelebung der Gefallenen (Ez 37,1-14) aufscheint. Hier ist es die göttliche Lebenskraft (hebr. *ruach*), die die zerteilte Körperlichkeit restituiert und so das Totenfeld in eine Landschaft erstarkter Lebewesen umgestaltet, ein Prozeß, der die Neubelebung Israels nach dem Exil symbolisiert und präfiguriert. Der Prophet selbst kann mit seinem eigenen Vermögen die ‚Gegenwelt' weder erahnen noch gar herbeizitieren. Die Neukonstituierung Israels verdankt sich einer geist-göttlichen Initiative, wie eine solche dem Propheten auch das neue Heiligtum vor Augen stellt. Ein göttlicher „Lebenshauch" ist es ja gewesen, der den Menschen am Anfang zu einem Lebewesen hat werden lassen (Gen 2,7). Wie sich das Buch des „Predigers" im seinem Schlußgedicht dazu erklärt, kehrt der Atem des Menschen einst zu dem zurück, „der ihn gegeben hat" (Koh 12,7). Die Wirklichkeit des ur-vitalen Gottes vereint demnach in sich grundsätzlich die allursächliche Potenz zum Entwurf von „Gegenwelten". Nach biblischer Sicht bleibt es sein Geheimnis, mit Leben und Tod so umzugehen, daß keine imaginäre Instanz mehr dem allseitigen und allumfassenden Licht widerstreitet. Seine „Gegenwelt" ist vollkommen anders, d.h. anders *und* vollkommen.

III. Menschenbilder

„Ebenbild Gottes"

Ein biblisches Menschenbild zwischen Anspruch und Realität

In seiner behutsamen, aber unmißverständlichen Kritik an G.E. Lessings theologiekritischer Programmschrift „Die Erziehung des Menschengeschlechts"[1] hat Moses Mendelssohn in seinem Werk „Jerus alem oder über religiöse Macht und Judenthum"[2] den unverwechselbaren Weg des Einzelmenschen zur „Glückseligkeit" bekannt und zugleich dem Fortschrittsvermögen der ganzen „Menschheit hinieden" eine Absage erteilt:

„Ich für meinen Theil habe keinen Begriff von der Erziehung des Menschengeschlechts, die sich mein verewiger Freund Lessing von, ich weis nicht, welchem Geschichtsforscher der Menschheit, hat einbilden lassen. Man stellt sich das collektive Ding, das menschliche Geschlecht, wie eine einzige Person vor, und glaubt, die Vorsehung habe sie hierher gleichsam in die Schule geschickt, um aus einem Kinde zum Manne erzogen zu werden. Im Grunde ist das menschliche Geschlecht fast in allen Jahrhunderten, wenn die Metapher gelten soll, Kind und Mann und Greis zugleich, nur an verschiedenen Orten und Weltgegenden. Hier in der Wiege, saugt an der Brust, oder lebt von Ram und Milch; dort in männlicher Rüstung und verzehrt das Fleisch der Rinder; und an einem andern Orte am Stabe und schon wieder ohne Zähne. Der Fortgang ist für den einzelnen Menschen, dem die Vorsehung beschieden, einen Theil seiner Ewigkeit hier auf Erden zu zubringen. Jeder gehet das Leben hindurch seinen eigenen Weg; diesen führt der Weg über Blumen und Wiesen, jenen über wüste Ebenen oder über steile Berge und gefahrvolle Klüfte. Aber alle kommen auf der Reise weiter, und gehen ihres Weges zur Glückseligkeit, zu welcher sie beschieden sind. Aber daß auch das Ganze, die Menschheit hinieden, in der Folge der Zeiten immer vorwärts rücken, und sich vervollkommnen soll, dieses scheinet mir der Zweck der Vorsehung nicht gewesen zu seyn; wenigstens ist dieses so ausgemacht, und zur Rettung der Vorsehung Gottes bey weitem so nothwendig nicht, als man sich vorzustellen pflegt."[3]

---

[1] Vgl. G.E. Lessing, Die Erziehung des Menschengeschlechts in: Gotthold Ephraim Lessing Werke, Achter Band: Theologiekritische Schriften III. Philosophische Schriften, Lizenzausgabe für die Wissenschaftliche Buchgesellschaft 1996, 489-510 mit 706-711. Zur Entstehungsgeschichte dieser vollständig im Frühjahr 1780 in Berlin erschienenen Schrift, deren erste 53 Paragraphen Lessing schon 1777 in seinen „Gegensätzen des Herausgebers" zum Fragment des H.S. Reimarus „Daß die Bücher A.T. nicht geschrieben worden, eine Religion zu offenbaren", veröffentlicht hatte, vgl. H. Göbel, in: Lessing Werke VII, 906f. und VIII, 706f., I. Strohschneider-Kohrs, Vernunft als Weisheit. Studien zum späten Lessing, Tübingen 1991, 148. Nach Göbel, Lessing Werke VIII, 707 „darf wohl angenommen werden, daß 1777 bereits die gesamte Schrift mit den 100 Paragraphen fertig war". Zu Lessings Begegnung mit der Theologie und den Herausforderungen an die theologische Arbeit vgl. A. Schilson, Gotthold Ephraim Lessing und die Theologie. Zum Stand der Forschung, Theologie und Philosophie 47, 1972, 409-428. Ders., Geschichte im Horizont der Vorsehung, Mainz 1974. Ders., Lessings Kritik der Vernunft. Versuch einer Aufklärung über die Aufklärung, TThQu 162, 1982, 24-30. Ders., Kommentar, in: W. Barner u.a. (Hg.), Lessing: Theologiekritische Schriften I (1774-1778) VIII: Werke und Briefe, Frankfurt 1989. Nach H. Mayer, Der Widerruf. Über Deutsche und Juden, Frankfurt 1994, ist „der Einfluß des Philosophen Moses Mendelssohn auf das Denken seines Freundes Lessing ... bisher im mindesten noch nicht gründlich untersucht worden"; vgl. dazu jedoch die detaillierten und weiterführenden Beobachtungen von Strohschneider-Kohrs, Vernunft, 123-186.

[2] M. Mendelssohn, Jerusalem oder über religiöse Macht und Judenthum, Berlin 1783. Jüngste Edition: Moses Mendelssohn: Gesammelte Schriften. Jubiläumsausgabe, VIII, Stuttgart-Bad Canstatt 1972ff.

[3] Hier zitiert nach der Ausgabe: Moses Mendelssohn's sämmtliche Werke. Fünfter Band, Ofen 1819, 120. Im Unterschied zu dieser Edition, die sich als „wörtlich nach der Original-Auflage" kennzeichnet, ist eine

III. Menschenbilder

Die offenbare Skepsis gegenüber einem umfassenden Progreß in der Vervollkomnung der Menschheit[4] scheint aufs erste mit dem aufklärerischen Trend zu einer universalen Humanität nicht vereinbar zu sein, jedenfalls nicht dem exemplarischen Bild eines toleranten Sittenlehrers zu entsprechen, den Mendelssohn unter dem Gewande des weisen Nathan Lessings[5] darstellt. Was bewegt Mendelssohn überdies zu einer derartigen Qualifikation des Individuums, wo doch jüdische Tradition in unverkennbarer Weise mit Geschichte und Geschick des erwählten Volkes verwoben ist, zumal Lessing selbst in seiner Erziehungsschrift gerade die Juden als „die künftigen Erzieher des Menschengeschlechts"[6] angesprochen hat?

Die Antwort muß wohl zunächst in einer Reaktion Mendelssohns auf die primitive Einschätzung des frühen Israel durch Lessing zu suchen sein, der einen allmählichen Aufstieg des Judentums aus einer rohen Barbarei erkennen will. Stattdessen darf sich Mendelssohn mit Recht auf die elementare Ausstattung Israels mit einem prägenden Gottesglauben berufen, dessen genuine Individualität auch dann nicht Schaden leidet, wenn man mit der neueren Religionsgeschichte einen allmählichen Weg Israels zu seinem monotheistischen Gottesbild annimmt. Schon die vorexilische Religiosität Israels weist sich durch eine im Wachstum begriffene alternative Gottesidee aus, die in der Namengebung des für Israels Selbstverständnis verbindlichen Bezugsgottes zum Ausdruck kommt. Nach der jüngeren Reflexion konstituiert sich das Volk unter den Völkern in der Verwiesenheit auf diesen sowohl souveränen wie auch begleitenden Gott, dessen Einzigartigkeit und Unvergleichlichkeit im frühen Judentum zum Dogma erhoben wird.

Auch wenn Mendelssohn dieser genetischen Sicht des jüdischen Monotheismus noch fern steht, ist doch sein jüdischer Traditionsglaube von einem Menschenbild inspiriert, das sich nicht einfach kollektiv vereinnahmen läßt und für generell verbindlich erklärt werden könnte. Gerade im Gegenüber zur staatlichen Kompetenz wird zwar festgehalten, daß die beiden Instanzen, der Staat und die Religion, darauf zielen, „die menschliche Glückseligkeit in diesem und jedem Leben, durch öffentliche Vorkehrungen, zu befördern", doch behandele der Staat den Menschen als „unsterblichen Sohn der Erde", die Religion dagegen als „Ebenbild seines Schöpfers"[7]. Mit dieser Charakteristik der religiösen Dimension des Menschen bewegt sich Mendelssohn natürlich auf der Ebene, die durch Gen 1,26-28 vorgezeichnet ist, ohne dies eigens verdeutlichen zu müssen. Im unmittelbaren Kontext seines Jerusalem-Buches spielt die Exegese der Schriftstelle keine weitere Rolle.

---

mir ebenfalls vorliegende ältere Ausgabe: Frankfurt und Leipzig 1791, 113f. mit orthographischen Differenzen behaftet. Vgl. auch Strohschneider-Kohrs, Vernunft, 150 (mit teilweisem Zitat).

[4] Aus einem Brief Mendelssohns 1782 an August Hennings: „Nicht die Vervollkommnung des Menschengeschlechtes ist die Absicht der Natur. Nein! die Vervollkommnung des Menschen, des Individui. Jeder einzelne Mensch soll seine Anlagen und Fähigkeiten entwickeln, und dadurch immer vollkommener werden, und eben deswegen weil jedes Individuum dieses soll, muß das ganze Geschlecht immer diesen Kreislauf wiederholen, darüber wir uns so sehr beschwehren" (hier nach Zitat bei Strohschneider-Kohrs, Vernunft, 151).

[5] Vgl. dazu u.a. J.F. Oppenheimer u.a. (Hg.), Lexikon des Judentums, Gütersloh 1967, 419 bzw. 498. Zu Mendelssohns Begleitung des Lessingschen „Nathan" vgl. Strohschneider-Kohrs, Vernunft, 161-167.

[6] Lessing Werke VII, 479 § 18 und VIII, 493 § 18.

[7] Mendelssohn, Jerusalem, 72f.

Fragt man daher nach der näheren Motivation oder gar Funktion der ebenbildlichen Verfassung des Menschen nach Mendelssohn, stößt man erst im zweiten Teil des Werkes auf Beobachtungen zur Menschennatur, die ebenfalls in ihrem jetzigen Kontext nicht ohne weiteres erklärbar sind. Der Autor legt offenbar großen Wert darauf, einen wesentlichen Unterschied zwischen der menschlichen Befähigung wahrzunehmen, bei der Begriffsbildung zu abstrahieren, und der ebenfalls menschlichen Neigung, Vorstellungsbilder zu nutzen. Die Entwicklung von der visuellen Benennung der geschaffenen Dinge, von Mendelssohn „Hieroglyphik" genannt, bis zur buchstabenorientierten Verschriftlichung und sprachlichen Definition wird als qualitativer „Sprung" gekennzeichnet, der „mehr als gemeine Menschenkräfte zu erfordern" scheint. Alle Indienstnahme von Objekten, vor allem der tierischen Bilder, bleibt hingegen vertretbar, solange diese im Zeichenhaften verbleiben:

„Wenn die Menschen die Dinge selbst, oder ihre Bildnisse und Umrisse Zeichen der Begriffe seyn lassen; so können sie zur Bezeichnung moralischer Eigenschaften keine Dinge bequemer und bedeutender finden, als die Thiere. Die Ursachen sind eben dieselben, die mein Freund Lessing, in seiner Abhandlung von der Fabel, angibt, warum Aesop die Thiere zu seinen handelnden Wesen in der Apologue gewählt hat ... Noch itzt können in den bildenden Künsten die Personen der Götter und Helden nicht besser angedeutet werden, als vermittelst der thierischen oder leblosen Bilder, die man ihnen zugesellt ... Daher wird man zuerst auch die Eigenschaften des Anbetungswürdigsten durch dergleichen Zeichen haben anzudeuten und sinnlich zu machen gesucht. In der Nothwendigkeit diese abgezogensten Begriffe an sinnliche Dinge zu haften, und an solche sinnliche Dinge die am wenigsten vieldeutig sind, wird man thierische Bilder haben wählen, oder aus ihnen welche zusammensetzen müssen."[8]

Die Vorzugsstellung des Menschen erweise sich gleichwohl gerade darin, von einer exklusiven Anhänglichkeit an die Bilder Abstand nehmen zu können. In seiner Hand können zwar die „thierischen Bilder" in „Abgötterey übergehen", zumal „alle ursprüngliche Abgötterey mehr Thierdienst, als Menschendienst" sei. Eben die „priesterliche" Nation Israels ist jedoch nach Mendelssohn dazu ausersehen, „lautere, von aller Abgötterey entfernte Religionsbegriffe" zu bewahren. Die Orientierung am „Thierbild" widerspreche dem wahren Gottesdienst:

„Schon in den ersten Tagen der so wundervollen Gesetzgebung fiel die Nation in den sündlichen Wahn der Aegyptier zurück, und verlangte ein Thierbild. Ihrem Vorgeben nach, wie es scheinet, nicht eigentlich als eine Gottheit zum Anbeten, hierinn würde der Hohepriester und Bruder des Gesetzgebers nicht gewillfahret haben, und wenn sein Leben noch so sehr in Gefahr gewesen wäre. – Sie sprachen blos von einem göttlichen Wesen, das sie anführen und die Stelle Moses vertreten sollte, von dem sie glaubten, daß er seinen posten verlassen hätte. Aron vermochte des Andringen des Volks nicht länger zu widerstehen, goß ihnen ein Kalb, und um sie bey dem Vorsatze festzzuhalten, dieses Bild nicht, sondern den Ewigen allein göttlich zu verehren, rief er; morgen sey dem Ewigen zu Ehren ein Fest! Aber am Festtage, beym Tanz und

---

[8] Mendelssohn, Jerusalem, 151f.

Schmause, ließ der Pöbel ganz andere Worte hören: dieses sind deine Götter, Israel, die dich aus Aegypten geführt haben!. Nun war das Fundamentalgesetz übertreten, das Band der Nation aufgelöset."[9]

Gerade das Tierbild verstellt also den Blick auf den unbildbaren Gott, dessen Tora die Darstellung seiner Einzigkeit und Einzigartigkeit ist. Auch hier bewegt sich Mendelssohn auf einer Linie, die von seinen biblischen und jüdischen Wurzeln her vorgezeichnet ist. Die Gottebenbildlichkeit des Menschen kann auf keinen Fall als Möglichkeit verstanden werden, auf dem Wege über den Menschen zu einer Ansichtigkeit Gottes vorzustoßen. Die unendliche und unausschöpfliche Wirklichkeit Gottes läßt es ihrerseits nicht zu, über das Bild, insbesondere das Tierbild, dem Mysterium nahezutreten. Der Mensch kann also nur darin Gottes Ebenbild sein, daß er ebenfalls eine Souveränität in sich trägt, die ihn über alles dominieren läßt, was der Sogkraft der Verbildlichung erliegt. Das Stehen unter der Tora ist mit der Auslieferung an den Weisungsgeber so verbunden, daß es hier keine Konkurrenz geben kann.

Die Aversion gegenüber dem Tierbild ist demnach die eine Seite der Medaille, deren andere die herausragende Stellung des Menschen signalisiert, der seinerseits das einzig gültige „Bild" seines Schöpfers darstellt. Die dominante Position und Funktion des Menschen gegenüber der Tierwelt überhaupt scheint nun bereits nach dem Kontext von Gen 1,26f. wie selbstverständlich an die Aussage von der Gottebenbildlichkeit geknüpft zu sein:

1,26a   Und Elohim sagte:
     b   Wir wollen Menschen machen als unser Bild und wie unsere Gestalt,
     c   damit sie herrschen über die Fische des Meeres
                 und über die Vögel des Himmels
                 und über das Vieh und über alles <wilde Getier> der Erde
                 und über alles Kriechgetier,
                 das auf der Erde kriecht.

27a   Und Elohim schuf den Menschen als sein Bild,
     b   als Bild Elohims schuf er ihn,
     c   als Mann und Frau schuf er sie.

„Gottebenbildlichkeit" ist freilich bereits ein theologisches Interpretament, das nicht ohne Vorbehalt an das vielfältig diskutierte Ausdruckspaar „als unser Bild" (*b=ṣalm-e=nu*) und „wie unsere Gestalt" (*k=dmut-e=nu*) in V.26b herangetragen werden darf. Der Kontext lehrt ohnehin keine Informationen über abstrakte Gegebenheiten, sondern stellt in allen seinen Teilen konkrete Figuren und Lebewesen vor Augen. Es geht darum auch schon in Gen 1,26f. und eine fundamentale Klassifikation: der Mensch ist Werk eines „machenden" bzw. „schaffenden" Gottes und als „sein Bild" (27a) bzw. als „Bild Elohims" (27b) vom Niveau der Tierwelt abgehoben. Und mehr als dies: die Tierwelt der

---

[9] Mendelssohn, Jerusalem, 166f.

drei genannten Lebensbereiche Meer, Himmel, Erde ist dem Menschen unterstellt, der über sie eine mit der hebräischen Basis *RDY* umschriebene Dominanz ausüben soll.

Im Jahre 1981 hat W. Groß eindeutig klarzustellen gesucht, daß es bei der inhaltlichen Bestimmung der „Gottebenbildlichkeit" nur um die letztgenannte Perspektive gehen könne. Nach ihm ist der Mensch „dazu erschaffen, über die Tiere zu herrschen. Das ist die einzige inhaltliche Füllung der Gottebenbildlichkeit, die P nennt ... Die Gottebenbildlichkeit ist selbst eine funktionale Aussage. Der Mensch ist nicht kraft unbekannter Qualität Gottes Bild und soll infolgedessen u.a. über die Tiere herrschen, sondern der Mensch ist Gottes Bild, insofern er ermächtigt ist, über die Tiere zu herrschen ... Der Mensch ist somit Gottes Bild, insofern er sich verantwortlich handelnd zu seinem Lebensraum samt den Lebewesen darin, nicht, indem er sich zu Gott verhält. Die Blickrichtung geht vom Menschen zu den Wesen unter ihm, nicht vom Menschen zu Gott. Das erlaubt P, ohne theologische Probleme Mann und Frau die Funktion zuzuerkennen, als Bild Gottes tätig zu sein".[10] Über die spezielle Konnotation des „Herrschens" über die Tiere gibt der Kontext scheinbar nichts her, so daß die Funktionsbestimmung als verantwortliches Handeln des Menschen gegenüber „seinem Lebensraum samt den Lebewesen darin" beschrieben wird, obwohl doch offenbar nur ein Teil der Lebewesen d.h. weder Pflanzen noch Menschen erwähnt zu sein scheinen und der menschliche Lebensraum nur indirekt (über die Räume der Tiere) angesprochen ist. Gerade hier hat sich mittlerweile ein Klärungsbedarf eingestellt, dem noch zu entsprechen sein wird.

Ohne die grundsätzlichen Ergebnisse seiner einschlägigen Beobachtungen zu relativieren, hat Groß zehn Jahre später im Zusammenhang einer kritischen Stellungnahme zur Diskussionslage[11] einige weitere Aspekte benannt, die vor allem gegenüber einer allzu eilfertigen Beibringung religionsgeschichtlichen Vergleichsmaterials gelten sollen. In der Auseinandersetzung mit B. Ockingas Übertragung von phraseologisch-semantischen Befunden aus Texten zur ägyptischen Königsideologie[12] möchte Groß auf der „Verschiedenheit" der Kontexte bestehen: „dort Aussagen über den König ohne Schöpfungskontext, hier Aussagen über alle Menschen im Schöpfungszusammenhang". Dazu gebe es „keinerlei terminologische Verbindung", „konkrete traditionsgeschichtliche Abhängigkeiten" seien „nicht erwiesen". Lediglich in der „Doppelung der Aspekte im Verständnis der amtsmäßigen Gottebenbildlichkeit des Königs" der beiden einschlägigen Ausdrücke von Gen 1 könne eine mögliche Parallele zu ägyptischem Sprachgebrauch beobachtet werden, wobei nicht „ausgeschlossen" sei, daß P hier eine Übertragung auf alle Menschen vorgenommen hätte; die Nachbarschaft biblischer Phraseologie bei Ez vor allem aber mache es jedoch „höchst wahrscheinlich", daß P „das Gegenteil bezweckte": „nicht die Betonung

---

[10] W. Groß, Die Gottebenbildlichkeit des Menschen im Kontext der Priesterschrift, ThQ 161, 1981 (244-264), 259-261.

[11] W. Groß, Die Gottebenbildlichkeit des Menschen nach Gen 1,26.27 in der Diskussion des letzten Jahrzehnts, in: N. El-Khoury - H. Crouzel - R. Reinhardt (Hg.), Lebendige Überlieferung. Prozesse der Annäherung und Auslegung (Fs. H.-J. Vogt), Beirut - Ostfildern 1992, 118-135. Auch erschienen in: BN 68, 1993, 35-48.

[12] B. Ockinga, Die Gottebenbildlichkeit im Alten Ägypten und im Alten Testament, ÄAT 7, Wiesbaden 1984, hier besonders 127f.

III. Menschenbilder

göttlicher Qualitäten des Menschen, sondern die Abschwächung seiner Repräsentanz Gottes im Sinn einer nur ungefähren Vergleichbarkeit"[13].

Zu dieser Beurteilung der Vergleichsbemühungen Ockingas muß zugestanden werden, daß eine formale Korrespondenz der Ausdrucksformen auf ägyptischer und biblischer Seite nicht evident ist. Dennoch gibt es nicht zu unterschätzende Signale, die einer apodiktischen Abgrenzung widerraten. Auch ohne ausdrückliche Schöpfungslehre im Kontext ist die semantische Valenz des „Königs" in offiziellen Texten des Alten Ägypten durchgehend kosmisch orientiert, d.h. er ist Partner des Schöpfergottes und nur so als Aktant begreifbar, eine Perspektive, die für Ägypten selbstverständlich, im Alten Testament jedoch nur im poetisch-priesterlichen Kontext erkennbar ist. Die terminologische Nachbarschaft des hebräischen ṣaelaem „Statue, Bild" zu ägyptischen Nomina wie twtw oder ḫntj ist unabweislich; für die semantische Äquivalenz von twtw mit dem gr. εἰκών kann beispielsweise auf die entsprechende Wortwahl im Stein von Rosette hingewiesen werden, wo der hieroglyphischen Königsprädikation pꜣ twt ꜥnḫ (n) Jmn („Das lebendige Bild des Amun", vgl. den Königsnamen Tutanchamun) mit εικονος ζωσης του διος entsprochen wird[14]. Die traditionsgeschichtlichen Beziehungen des priesterschriftlichen Schöpfungstextes zu kosmogonischen Darstellungsformen Ägyptens müssen ohnehin in einem neuen Licht gesehen werden[15]. Die „Doppelung" der Ausdrucksformen muß hingegen nicht als „ägyptische Spezialität" aufgefaßt werden; die terminologische und phraseologische Anbindung des Ausdrucks k=dmut-e=nu an zeitgenössische Sprachformen der israelitischen Literatur der Exilszeit ist naheliegend genug, um hier auswärtigen Einfluß zumindest zu relativieren.

Von größerem Gewicht ist aber das Urteil über die Position und Funktion des Ausdrucks b=ṣalm-e=nu, dessen Grundwort ṣaelaem den Kontext beherrscht (V.27ab), mit dem die Frage nach der Intention von P in besonderer Weise verbunden ist. Gewiß kann es nicht um Hervorhebung „göttlicher Qualitäten des Menschen" gehen, wohl aber um die Erinnerung an königliche Grundausstattung, die in den Fügungsvarianten mit dem Nomen ṣaelaem keine augenscheinliche Entwertung der menschlichen Person wahrnehmen läßt. Nicht eine „Abschwächung seiner Repräsentanz Gottes im Sinn einer nur ungefähren Vergleichbarkeit" ist das erste Ziel der priesterlichen Darlegung, sondern die Grundcharakteristik des Menschen als eines in königlicher Dignität stehenden Geschöpfes, zunächst noch unabhängig davon, ob der Mensch diese Würde zu tragen imstande war oder nicht.

Die Stellungnahme von Groß zu Chr. Dohmens Versuch einer semantischen Differenzierung zwischen ṣaelaem und dmut angesichts der Verwendung beider Nomina in der Inschrift von Tell Fekheriye kann hier nur insoweit bedacht und geteilt werden, als die in der Tat schwer nachvollziehbare Aspektverschiedenheit nicht von tragender Relevanz für

---

[13] Groß, Gottebenbildlichkeit (1993), 39f.

[14] Vgl. K. Sethe, Hieroglyphische Urkunden der griechisch-römischen Zeit, Leipzig 1904, 170, Z. 6.

[15] Vgl. dazu zuletzt M. Görg, Genesis und Trinität. Religionsgeschichtliche Implikationen des Glaubens an den dreieinen Gott, MThZ 47, 1996, 295-313.

die Auslegung in Gen 1,26f. sein kann. Mit Recht notiert Groß: „Beide Wörter bezeichnen synonym den Menschen als die Gott repräsentierende (aber natürlich lebendige) Statue Gottes", er will aber bei der „Abschwächung" bleiben, die „wohl auch auf dem Hintergrund des terminologisch abweichend formulierten Bilderverbots gesehen werden" müsse[16]. Im Kontext erweise sich die Abwehr von „zu ungeschützten Ineinssetzungen von Gott und Mensch" gerade in der Setzung der Präposition $k=$, in der „Numerusdifferenz *als unser Bild, als sein Bild*" in V.27ab, die „den Bezug auf den einen Gott sprachlich verunklart" und schließlich in dem Hinweis auf die „Zweigeschlechtlichkeit der Menschheit" nach V.27c.

Der Nachweis der „Abschwächung" bedarf jedoch auch nach dieser vertieften Sicht noch kritischer Rückfrage. Nach wie vor kann es nicht um den Primäreindruck einer Reduktion der Dimensionen des Titels „Bild Gottes" ($\d{s}aelaem$ '$aelohim$) beim Menschen gehen, da in ihm eine unzweifelhaft königliche Prädikation vorliegt. Der Mensch ist ohne Einschränkung als „Bild Gottes" geschaffen. Gegen das priesterschriftliche Bekenntnis zu dieser Wirklichkeit spricht die kontextbedingte Variation mit dem Numeruswechsel nicht. Das „Wir" der Gottesrede im Verhältnis zum „Er" des Ausführungsteils kann wohl kaum als sprachliche Verunklarung der Idee vom einen Gott gelten. Schließlich kann die Zweigeschlechtlichkeit des Menschen nur artifiziell als Signal einer Abschwächung des „Bild Gottes"-Charakters aufgefaßt werden. Man könnte im Gegenteil eher fragen, ob die Pluralität in der Gottesrede und in der Differenzierung der Menschheit nicht einer gewollten Korrespondenz zuzuordnen ist, die ihrerseits die Ausweitung des ehemals exklusiv königlichen Titels auf die Menschheit unterstützt.

Nach allem bleibt als einzig brauchbares Kriterium für eine Abschwächung der „Gott-Mensch-Beziehung" in priesterlicher Perspektive das Syntagma $k=dmut-e=nu$, das lediglich in Gen 5,3b eine gewisse formale Entsprechung hat, wobei dort das Nomen $\d{s}aelaem$ gewählt ist: nicht zuletzt ein Signal dafür, daß die semantische Reduktion nicht an dem gewählten Nomen, sondern an der Wahl der Präposition $k=$ hängt[17], die in beiden Fällen eine Zurücknahme des Vergleichs akzentuiert. In den anderen einschlägigen Nominalfügungen[18] mit der Präposition $b=$ (Gen 5,1 5,3a 9,6) ist eine solche Abschwächungstendenz nicht evident.

Wenn davon ausgegangen werden darf, daß mit dem Ausdruck b-$\d{s}alm$-$e=nu$ und den in V.26f. folgenden Fügungsvarianten auf eine im vollen Umfang übertragene Königstitulatur, nämlich auf das „Ebenbild Gottes" Bezug genommen wird, darf auch die Funktionsbestimmung des Titels in Analogie zu königlichen Funktionsbestimmungen betrachtet werden. Der Blick darauf verschließt sich allerdings vollständig, wenn die semantische Prägung des Titels „Ebenbild Gottes" und seines religionsgeschichtlichen Hintergrundes

---

[16] Groß, Gottebenbildlichkeit (1993), 44f. Von einer Diskussion der Beziehungen zum „Bilderverbot" muß hier abgesehen werden.

[17] Vgl. auch L. Ruppert, Genesis. Ein kritischer und theologischer Kommentar. 1. Teilband: Gen 1,1-11,26, FzB 70, Würzburg 1992, 92.

[18] Zitiert u.a. bei Groß, Gottebenbildlichkeit (1993), 35.

keine gebührende Beachtung findet oder vorschnell ins Reich der Spekulation verbannt wird.

Die „Herrschaft über die Tiere" ist in jüngerer Zeit Gegenstand einer Untersuchung geworden, die B. Janowski mit einer umsichtigen Studie zur Semantik der hebräischen Basis *RDY* verknüpft hat[19]. Dabei kommen ihm auch die Vorschläge in den Blick, die bisher zur Deutung der offenbaren Funktionsbestimmung auf den Tisch der Forschung gelangt sind. Die Auseinandersetzung mit dem von Janowski zu Recht charakterisierten „Deutungsmodell 1", der Herrschaft unter dem Aspekt nahezu schrankenloser Despotie, und mit dem „Deutungsmodell 2", der „Hirten- oder Domestikationshypothese" mit ökologischer Perspektive muß hier nicht erneut vorgenommen werden, zumal eine eigene Untersuchung dazu bereits veröffentlicht worden ist[20]. Die in der damaligen Studie vorgebrachten Beobachtungen und Thesen sollen hier zunächst mit den Aspekten Janowskis zusammengeführt werden, da sie auf diese Weise in einem neuen Licht präsentiert werden können.

In der Funktionsbestimmung, über die Tiere zu „herrschen" ist von uns seinerzeit eine mythologische Aussage vermutet worden, die Vorstellungen aufgreift, wie sie mit den in Ägypten weit verbreiteten Fischfang-, Vogeljagd und Tierkampfszenen verbunden sind. Bei diesen Illustrationen handelt es sich um „bildliche Umsetzungen gerade der im Mythos beheimateten Idee vom Sieg über die Chaosmächte", so daß die Darstellungen „keineswegs um der Verherrlichung etwa der Jagdleidenschaft der im Mittelpunkt stehenden Person willen gestaltet sind, sondern eben deren Mächtigkeit angesichts der verwirrenden und herausfordernden, das kosmische Gleichgewicht (Maat) gefährdenden Vielfalt der symboltragenden Tierwelt (Chaos) demonstrieren sollen"[21]. Die somit anvisierte Funktion ist von uns näherhin als die „Rolle des aggressiv-militanten Schützers oder auch des fürsorglichen Chaosbändigers" beschrieben worden[22], um deutlich zu machen, daß es um eine „apotropäische" Kompetenz geht, die die Befähigung zum Schützen und Abwehren impliziert.

Nach Janowski zielt die Verwendung der Basis *RDY* auf eine „Herrschafts-/Leitungskompetenz" über die „Bereiche der Wirklichkeit, „die von den entsprechenden Tierklassen (Wassertiere – Flugtiere – Landtiere) bevölkert werden"[23], ohne daß die Differenzierung nach den Arten im Vordergrund stehe. Dennoch sollen die Fügungen „Fische des *Meeres*", „Vögel des *Himmels*" und „Vieh/wildes Getier/Kriechtiere der *Erde*" einen Be-

---

[19] B. Janowski, Herrschaft über die Tiere, Gen 1,26-28 und die Semantik von RDH, in: G. Braulik - W. Groß - S. McEvenue, Biblische Theologie und gesellschaftlicher Wandel (Fs N. Lohfink), Freiburg-Basel-Wien 1993, 183-198.

[20] M. Görg, Alles hast du gelegt unter seine Füße. Beobachtungen zu Ps 8,7b im Vergleich mit Gen 1,28, in: E. Haag - F.-L. Hossfeld (Hg.), Freude an der Weisung des Herrn. Beiträge zur Theologie der Psalmen (Fs H. Groß), Stuttgart 1986, 125-148 = Ders., Studien zur biblisch-ägyptischen Religionsgeschichte, SBAB 14, Stuttgart 1992, 117-136 (nach dieser Ausgabe wird im Folgenden zitiert).

[21] Görg, Alles hast du gelegt, 133f.

[22] Görg, Alles hast du gelegt, 135.

[23] Janowski, Herrschaft, 190f.

zug zum Gesamtrahmen des Schöpfungstextes Gen 1 zeigen, so daß mit dem *RDY*-Auftrag auf eine „universale Ordnungsfunktion" des Menschen hingewiesen wird.

Da die letztzitierte Funktionsbestimmung prinzipiell anerkannt werden muß und auch hier nicht in Frage steht, muß es um so mehr erlaubt sein, auf die Begründung und die zugleich vollzogenen Abgrenzungen in der Argumentation zu achten. Daß mit den zitierten „Wendungen" (auch mit kursiver Hervorhebung der Stichwörter „Meer", „Himmel", „Erde") eine klare Bezugnahme zum „Gesamtrahmen von Gen 1" greifbar sei, ist so selbstverständlich nicht, wenn man auf die Unterschiede in den Nominalfügungen achtet. Immerhin wird auf den „metaphorischen Charakter der Tierwelt in Gen 1,26.28"[24] aufmerksam gemacht, so daß eine genuine semantische Ebene wahrgenommen wird.

Janowski sagt mit Recht, daß durch *RDY* „nicht ein realer Vorgang, eine spezielle Herrschaftsmaßnahme" signalisiert sei, um dann aber unter den angeführten Gegenbeispielen auch den von uns eingebrachten Vorschlag „(das Chaos) bändigen" zu zitieren. Der Kontext meiner Ausführungen hat jedoch unzweideutig klargestellt, daß es in der Tat nicht um ein realpolitisches Programm, sondern um eine metaphorische Diktion geht, die eine grundsätzliche Charakteristik menschlichen Verhaltens angesichts der geschaffenen und erfahrbaren Wirklichkeit zum Inhalt hat. Nichts anderes ist mit dem „Chaosbändiger" gemeint, der natürlich nicht mit einem Despoten verwechselt werden darf. Es handelt sich um eine mythologische Dimension, die strikt von der augenfälligen Praxis der akuten Machtausübung zu trennen ist. Selbst die äußerlich friedfertigste Aktion des Menschen kann demnach im Dienst der Disziplinierung und Zurückweisung des Chaotischen stehen. Die von uns eingebrachte Analogie zu den Jagdillustrationen in der ägyptischen Ikonographie entspricht nach Janowski nicht „dem Gesamtduktus von Gen 1, speziell von V.20-31", da dort „weder tierische Repräsentanten des Chaos (wie Behemoth oder Lewjathan) noch überhaupt einzelne Tiere genannt" seien[25]. Die Intention der ägyptischen Jagdszenen kommt jedoch ebenso wie Gen 1,26 mit gutem Grund ohne ausschließliche Herausstellung bestimmter Tiergestalten aus, so daß das einer eigenen die Gefahren des lebensbedrohenden Chaos auf genuine Weise anzeigenden Symbolik zugeordnete „Paar" des Behemoth/Lewjathan überhaupt nicht zitiert werden muß. Es geht ja nicht ausschließlich um den Aspekt der militanten Auseinandersetzung mit den Gefahren für Leib und Leben innerhalb der Schöpfung, sondern zugleich und im gleichen Maße auch um die Wahrung und Sicherung der vorhandenen Lebenswelt, die im Bild in ihrer Gesamtheit erfaßt wird. Dazu ist es absolut plausibel, die Konstellation der tierischen Lebensräume zur bildlichen Illustration der Schöpfung überhaupt zu wählen, da der Kosmos in seiner Gesamtheit drohendes und bedrohtes Potential in sich birgt. Hier hat der Mensch dem priesterschriftlichen Konzept zufolge seine ursprüngliche Kompetenz zum Schützen und Schlagen wahrzunehmen und auszuüben.

Die Beiziehung ägyptischer Tierdarstellungen soll hier noch mit einem Blick auf weitere ikonographische Informationen ergänzt werden. O. Keel hat mit gutem Grund den Tier-

---

[24] Janowski, Herrschaft, 191, Anm. 46.
[25] Janowski, Herrschaft, 191f. mit Anm. 49.

szenen in der Miniaturkunst, d.h. vor allem der einschlägigen Dekoration von Skarabäenunterseiten, immer wieder sein besonderes Interesse zugewandt[26]. Der Amulettcharakter als das grundlegende und durchgängige Interpretament der Darstellungen verhilft zu der Einsicht, daß die vorgeführte Tierwelt – in welcher zoologischen oder transzoologischen Gestalt auch immer – sowohl die bedrohte als auch die bedrohende Lebenswelt symbolisieren kann. Im Ganzen geht es dabei um die apotropäische Stabilisierung der Schöpfungs- und Lebensbereiche, in die der Mensch hineingestellt ist. Selbstverständlich umfassen die Tierdarstellungen nicht ausschließlich die jeweils erfaßte zoologische Spezies, sondern stehen auch repräsentativ für menschliches Leben, das seinerseits als bedrohend und als bedroht erfahren wird.

Diesem Konzept dient u.a. die Darstellung der sog. *rḫjt*-Vögel, die zwar zoologisch der Spezies „Kiebitz" zuzuordnen sind, seit dem Alten Reich aber schon auf Lebewesen bezogen werden, die der göttlichen und königlichen Dominanz unterstellt sind[27]. Dazu zählen zwar zunächst die Bewohner Unterägyptens, dann aber auch und zunehmend die Fremdvölker, die dann auch als *rḫjt*-Vögel gemeinsam mit dem sogenannten Neunbogensymbol zur sinnträchtigen Dekoration des Sockels „unter den Fußsohlen" des Königs erscheinen können[28]. Die *rḫjt*-Vögel haben also längst jede Assoziation zu zoologischer Bedeutung verloren, um nunmehr als Symboltiere für die belebte Welt schlechthin zu dienen, die der schützenden und abwehrenden Kontrolle durch den Pharao überantwortet ist.

Wenn auch nicht auf direktem Wege vergleichbar, so ist doch die metaphorisch-mythologische Dimension der Tierwelt unter der Direktive des Menschen nach Gen 1,26f. in einer analogen Ambivalenz zu begreifen wie dies für die eigendynamische Perspektive der bildlichen Darstellung der Lebenswelt unter der Befugnis des Pharao gilt. Die Text- und die Bildebene treffen sich im bildsprachlichen (metaphorisch/mythologischen) Ausdruck, der die semantische Valenz von *RDY* am ehesten als ein „Herrschen" nach Art eines umsichtigen und agilen Wächters bestimmen läßt.

Gegenüber der bleibenden Problematik der Integration ikonographischen Fremdmaterials in die Exegese und der Gefahr einer Ebenenvermengung soll das Hauptaugenmerk zur Klärung der Funktion der „Bild Gottes"-Aussage weiterhin dem Kontext gelten. Hier scheint mir eine Beziehung noch nicht ausgelotetet zu sein, die sich an die Gestalt der Nominalfügung *ṣaelaem 'aelohim* (V.27b) knüpft. Es handelt sich hier um eine Kombination mit dem Appellativum, die im Bereich des Schöpfungstextes nur in der Bezeichnung *ruaḥ 'aelohim* (V.2c) ein Gegenstück hat. Auch ohne eine syntaktische Relation ist ein

---

[26] Vgl. u.a. O. Keel, Der Bogen als Herrschaftssymbol. Einige unveröffentlichte Skarabäen aus Ägypten und Israel zum Thema „Jagd und Krieg", ZDPV 93, 1977, 141-177 mit Taf 10-13. Nachdruck mit Nachträgen in: O. Keel - M. Shuval - C. Uehlinger, Studien zu den Stempelsiegeln aus Palästina/Israel, Band III: Die Frühe Eisenzeit. Ein Workshop, OBO 100, Freiburg/Schweiz-Göttingen 1990, 27-65 bzw. 263-279. Ders., Das Recht der Bilder gesehen zu werden. Drei Fallstudien zur Methode der Interpretation altorientalischer Bilder, OBO 122, Freiburg/Schweiz-Göttingen 1992, mit Kap. I. und III.

[27] Vgl. dazu v.a. P. Kaplony, Kiebitz(e), in: Lexikon der Ägyptologie III (Wiesbaden 1980), 417-422.

[28] Eine instruktive Darstellung liefert das Statuenfragment des Königs Djoser (3. Dynastie), vgl. die Nachzeichnung u.a. bei O. Keel, Bogen, 168, Abb. 28.

Konnex auszumachen, der sich auf die beidseitige Verwendung des Appellativs als nomen rectum stützt. Wo aber wäre ein Funktionszusammenhang zwischen dem „Geist Gottes" und dem „Bild Gottes" zu sehen?

Die bisherigen Studien zu Position und Intention von Gen 1,2c haben die Verankerung des Satzes innerhalb der Vorweltschilderung verdeutlichen können, die ihrerseits von Haus aus den ersten Teil eines Schöpfungs-Schemas bildet[29]. Die Rede von der „Ruach Elohim" steht zugleich an der Schwelle des Übergangs zur Schöpfung des Lebensraums, die mittels des göttlichen Wortes geschieht. Die „Ruach Elohim" ist mit einem partizipialen Prädikat versehen, dessen Semantik eine mythologische Konnotation zu erkennen gibt. Als Funktionsbestimmung konnte das Überwachen der tosenden Urwasser ausgemacht werden, das im Kontrast zur Position der Finsternis über der trägen Urflut (V.2b) steht. Der „Geist Gottes" hat also nach dieser frühpriesterschriftlichen Perspektive die Rolle übernommen, die in den älteren Kosmogonien Ägyptens in erster Linie dem Ur-Gott Amun zukommt. Er ist der „Protagonist" im Prozeß der Distanzierung von der chaotischen Verfassung des Tohuwabohu und zugleich der Garant für die Souveränität des wortschöpfenden Gottes. Auf israelitischer Ebene ist natürlich keine Rede mehr von einer autonomen göttlichen Wirklichkeit, die neben oder außerhalb der höchsten Schöpfungsinstanz ihren Platz hätte. Israels Elohim unterliegt auch keiner substanziellen Transformation, da sich seine absolute und verborgene Existenz bei aller kosmischen Prozedur durchhält und bewahrt.

Eine vergleichbare, wenn auch nicht entfernt gleichrangige Funktion kommt anscheinend dem „Adam" als „Bild Elohims" zu, der nach unserer Sicht ebenfalls über eine Wirklichkeit zu wachen hat, die nicht nur der Universalität der Lebenswelt entspricht, sondern sowohl deren Protektion umfaßt wie aber auch auch deren gefährliches Potential erfaßt. Diese zutiefst apotropäische Rollenbestimmung des „königlichen" Menschen kann ihn als Sachwalter der Interessen des höchsten Gottes erscheinen lassen, der mit seinem „Geist" eben diese Instanz der Bewahrung vor der Ausuferung und Überbordung des Chaotischen darstellt, um zugleich die göttliche Initiative zur Gestaltung und Bewahrung der Lebenswelt zu unterstützen. Nicht umsonst hat schon die Königsphraseologie Ägyptens mit der bevorzugten Bindung der königlichen Bildprädikation an die Göttergestalt des „Geist-Gottes" Amun („Tutanchamun") bis in die griechisch-römische Zeit den Sinnzusammenhang zwischen der Dimension des verborgenen „Geistes" und der Verbildlichung im Herrscher zum Ausdruck gebracht.

Die im ersten Schöpfungstext programmierte Vorstellung von der Kompetenz der königlichen Menschen ist in jüngster Zeit mit der ernüchternden Einsicht konfrontiert worden, daß der Mensch mittlerweile kaum noch legitimiert sein könne, regulierend und ordnend in die Schöpfung einzugreifen, da hier jede Autorität verspielt sei und die Schöpfung sich selbst mit den noch vorhandenen Resourcen gegen die überdimensionale Vereinnahmung zur Wehr setze. Die Natur könne eben auch ohne den Menschen ihre Zukunft haben. So hat etwa O. Keel zu bedenken gegeben, ob man nicht genötigt sein müsse, den biblischen

---

[29] Vgl. zuletzt M. Görg, Genesis, 298-300.

III. Menschenbilder

Herrschaftsauftrag „für einige Zeit in die große Truhe der Schrift zurückzulegen und durch andere biblische Texte zu ersetzen oder Gen 1 wenigstens energisch andere, weniger imperialistische Texte an die Seite zu stellen"[30]. C. Uehlinger hat deswegen empfohlen, an die Stelle der Konzeption vom dominium terrae ein „Ethos der Selbstbeschränkung" zu setzen[31].

Jede Auslegung der einschlägigen Passagen zum ‚Herrschaftsauftrag' in Gen 1 wird sich jedoch bewußt sein müssen, daß die Priesterschrift selbst die Vorläufigkeit dieses ‚königlichen Menschen' erfahren und reflektiert hat. Die im Generalkonzept der priesterschriftlichen Geschichtsdarstellung folgenden Modelle[32] vom „noachitischen" und „abrahamitischen" führen erst im Entwurf des „priesterlichen" Menschen der gottesdienstlichen Sphäre zur Überwindung der Defizite, die der Mensch seit der königlichen Ausstattung des Anfangs offenbarte und zu spüren bekam. Die „Gewalttat" der Menschen und die verderbte Erde ist das chaotische Kontrastprogramm, das den Rückfall in die Finsternis und geradezu eine Revision des Schöpfungsgeschehens nach sich gezogen hat, wie dies die priesterschriftliche Flutgeschichte (Gen 6-9*) eindruckvoll demonstriert. Die Priesterschrift selbst hat also gesehen, daß die königliche Ausstattung eine außerordentliche Würde und Bürde ist, die nun keineswegs ad acta gelegt wurde, wohl aber der Komplementierung bedarf. Die königlichen Menschen in der Nachfolge des „Abraham" sind eben andere Könige, nämlich ausgesprochene Gottesdiener (vgl. Gen 17,6). Auch der priesterliche Mensch, wie der sich nicht zuletzt in der Gestalt des Hohenpriesters manifestiert, hat königliche Züge, die nunmehr seiner außerordentlichen Beziehung zum im Heiligtum gegenwärtigen Gott zugeordnet sind.

Insoweit vertieft sich auch das Vorstellungsgut vom „Bild Gottes", dessen der Mensch nicht einfach verlustig geht; es bedarf aber der erneuten Konturierung und Prägung von seiten des Gottes. „So kommt die Grundausstattung des Menschen in der Schöpfung, seine Identität als ‚Bild Gottes', erst in der Idee des priesterlichen Menschen im ‚Volk Gottes' zu einer programmatischen Erfüllung: die priesterliche Kultgemeinde ist die Garantie für ein chaosfernes Verbleiben in der Schöpfungsordnung, weil JHWH selbst in ihr Wohnung genommen hat"[33].

Die Faszination des „Bild Gottes"-Seins läßt die bleibende Würde menschlichen Lebens als eine „königliche" Ausstattung bestehen, selbst wenn die Schatten des Allzumenschli-

---

[30] O. Keel, Anthropozentrik? Die Stellung des Menschen in der Bibel, Orientierung 51, 1987 (221-222), 221. Vgl. Ders., Vernachlässigte Aspekte biblischer Schöpfungstheologie, KatBl 86, 1986, 168-179.

[31] C. Uehlinger, Vom dominium terrae zu einem Ethos der Selbstbeschränkung? Alttestamentliche Einsprüche gegen einen tyrannischen Umgang mit der Schöpfung, BiLi 64, 1991, 59-74. In eine ähnliche Richtung weisen die bedenkenswerten Ausführungen von H. Baranzke - H. Lamberty - Zielinski, Lynn White und das dominium terrae (Gen 1,28b). Ein Beitrag zu einer doppelten Wirkungsgeschichte, BN 76, 1995, 32-61. Die mir in diesem Beitrag angetragene (und angelastete) „despotische Seite der ambivalenten Königsideologie" (55) vertrete ich allerdings nicht.

[32] Näheres dazu einstweilen bei M. Görg, Das Menschenbild der Priesterschrift, BiKi 42, 1987, 21-29 (= Ders., Studien zur biblisch-ägyptischen Religionsgeschichte, SBAB 14, Stuttgart 1992, 137-151). Vgl. auch die Rezeption bei H.D. Preuß, Theologie des Alten Testaments II: Israels Weg mit JHWH, Stuttgart 1992, 125.

[33] M. Görg, Menschenbild, 29. Zustimmend zitiert von Preuß, Theologie, 126.

chen das „Bild" der Menschheit zu verdunkeln scheinen. Das „Bild Gottes" ist schon nach der priesterschriftlichen Konzeption auf weitere Konturierung angelegt und daher nicht bloß dem königlichen Ornat vergleichbar. Insofern bewegt sich Moses Mendelssohn auf den Pfaden seiner religiösen Ahnen, indem seine Reverenz vor dem Menschen ihn nicht in eine euphorische Prognose der Chancen einer ‚Erziehung des Menschengeschlechts' geraten, dafür aber in Menschen immer wieder jene Dignität erkennen läßt, die ihn in eine unvergleichliche Nähe zum Schöpfergott rückt. Diese gründsätzliche Achtung läßt ihn in einem Brief an seinen Freund Lessing bekennen:

„Wenn wir an einen Menschen gute Eigenschaften gewahr werden, die unsere Meinung, die wir von der ganzen menschlichen Natur gehabt haben, übertreffen, so gerathen wir in einen angenehmen Affekt, den wir Bewunderung nennen. Da nun eine jede Bewunderung ungemein gute Eigenschaften zum Grunde hat, so muß dieser Affekt schon an und für sich selbst, und ohne in Absicht des Mitleidens, dessen die bewunderte Person entbehren kann, in dem Gemüthe des Zuschauers ein Vergnügen zuwege bringen. Ja es muß sogar der Wunsch in ihm entstehen, dem bewunderten Helden, wo es möglich ist, nachzueifern: denn die Begierde zur Nacheiferung ist von der anschauenden Erkenntniß einer guten Eigenschaft unzertrennlich, und ich werde nicht nöthig haben, Ihnen die Erfahrung anzuführen, daß diese Begierde öfters die vortrefflichste Wirkung gehabt hat.[34]

---

[34] Mendelssohn an Lessing (23. November 1756). Zitat aus: Moses Mendelssohn's sämmtliche Werke, Neunter Band. Enthält: Briefwechsel. Wörtlich nach der Original-Auflage. Ofen, u. Groß=Wardein 1820, 79f.

Mensch und Tempel im „Zweiten Schöpfungstext"

Die sogenannte Paradies- und Sündenfallerzählung (2,4b-3,24), die hier als ‚Zweiter Schöpfungstext' firmieren soll, wird in der gegenwärtigen Exegese im zunehmenden Maße als eine Art Komplementärtext gehandelt, der gegenüber der priesterschriftlichen Darstellung im ‚Ersten Schöpfungstext' (Gen 1,1-2,4a) jüngere Perspektiven einbringt, wie sie erst unter spätnachexilischen Konditionen nachvollziehbar sein sollen[1]. Der früher so gut wie unbestritten als vorexilisch eingestufte und seinerseits mehrheitlich als gewachsen qualifizierte Textzusammenhang wird so einem übergreifenden „Endtext" nähergeführt, dem nach ebenfalls zunehmender Neigung die eigentliche Basisqualität für die exegetisch-theologische Gewichtung zugemessen wird[2].

Die älteren Positionen hatten für den angehenden Teil der nicht-priesterschriftlichen Urgeschichte, somit auch und gerade für den angehenden Textzusammenhang im wesentlichen eine Zuordnung zu dem Erzählfaden J vorgesehen, nicht ohne hier für eine jüngere Bearbeitung durch einen „jehowistischen" Autor einen gebührenden Anteil abzuzweigen. In der Forschungsgeschichte ist darüber hinaus im Rahmen der jahwistischen Arbeit auch die Rezeption vorjahwistischen Textmaterials bedacht und definiert worden, dessen zeitliche Zuordnung mittlerweile im Zuge einer möglichst konsequent betriebenen redaktionsgeschichtlichen Betrachtungsweise zu Gunsten einer Spätansetzung des Jahwisten schrittweise aus der Diskussion genommen wurde. Bestenfalls begnügt man sich mit der Annahme literarischer Konstellationen, die frühestens in die Zeit der Bedrohung im 8. Jahrhundert datiert werden[3]. So wird in einem neueren Entwurf im Vorfeld der Urgeschichte eine „knappe Anthropogonie" vorexilischen Ursprungs erkannt, die bezogen auf Gen 2f immerhin bereits die wesentlichen Formulierungen zur Erschaffung des Menschen (2,7) und der Frau (19-22) enthalten haben soll[4]. Näherhin werden hier die Verse 2,5a*.7a*8.19a*.20a*21.22a*.b als „vorjahwistisch", 2.5a*.7*.9ab*.15-18.19a*.20b. 22a*.23.25 als „jahwistisch" eingestuft, während 2,20a*.24 als „nachjahwistisch" und 2,4b.7b.19b als „endredaktionell" betrachtet werden[5]. Eine noch jüngere Analyse verzichtet ganz auf eine vorexilische Verortung eines vorjahwistischen Bestandes, um dafür lediglich einer „protojahwistischen" Fassung das Wort zu reden, deren Entstehung in „(früh)nachexilischer" Zeit angesetzt wird[6]. Diese „protojahwistische" Quelle wird hier in V.19-22 ausgemacht, die der „jahwistische" Erzähler „mittels der Ergänzungen in

---

[1] Vgl. vor allem Otto, 1996, 167-192. Weitere Studien mit ähnlicher Orientierung nennt Schmid, 1999, 166, Anm. 673.

[2] Eine Kommentierung mit dem bewussten Blick auf den „Endtext" verfolgt zuletzt Seebass, 1996, 96-142. Dazu vgl. die Diskussion um die holistische bzw. kanonische Exegese.

[3] Zur Datierung des „Jahwisten" und seiner angenommenen Vorlagen vgl. vor allem Levin, 1993, 389-398. Levin beruft sich mit Recht ausdrücklich auf die einschlägige Differenzierung an anderem Material bei Kilian, 1966, ders., 1989, 155-167.

[4] Vgl. Levin, 1993, 86.

[5] Vgl. die genaueren Zuteilungsvorschläge bei Levin, 1993, 82-90.

[6] Vgl. vor allem Witte, 1998, 158-171, hier 325.

III. Menschenbilder

2,18.20b-23-25 kommentiert und im Blick auf die Schuldverhaftung von Mann und Frau in 3,1ff theologisiert" haben soll[7].

Peter Weimar hat in seinen Arbeiten immer wieder die redaktionsgeschichtliche Perspektive gewählt und zugleich seine Analysen mit der Abgrenzung literarischer Vorstufen zu verbinden gesucht, so auch in dem angehenden Textbereich, den er u.a. zum Gegenstand seiner Habilitationsschrift gewählt hat[8]. Mit seiner Definition vorjahwistischer und jahwistischer Textbestände auch in der Urgeschichte verbleibt er in dem traditionell gesetzten Rahmen einer Zuweisung in vorexilische Zeit. Auch wenn sich immer mehr herausstellen sollte, dass insgesamt mit einer zeitlichen Verschiebung des Textspektrums zu rechnen sein könnte, darf doch mit ihm weiterhin an der versuchsweisen Rekonstruktion vorexilischer Vorgaben späterer Redaktionsprozesse gearbeitet werden, um zugleich auch eine Anbindung an zeitgeschichtliche Motivationen und Rahmenbedingungen zur Literaturbildung ins Auge zu fassen.

Mit Weimar möge deswegen erneut der Weg nach einer vorexilischen Einbettung des jahwistischen Kernbestandes beschritten werden. Dabei soll es uns auf die kritische Sichtung des sprachlichen Bestandes unter besonderer Berücksichtigung der semantischen Orientierung der gewählten Wortarten ankommen, deren bisherige Bestimmung noch Fragen offen lässt. Dies gilt in erster Linie von den Implikationen und Modalitäten der Aussagen über die Erschaffung des Menschen (2,7) und der Frau (2,20f).

Weimars Analyse gemäß ist 2,18 „ursprünglich einmal die unmittelbare, erst sekundär abgetrennte Weiterführung von 2,7* gewesen", während „der mit 2,18 eröffnete Abschnitt, der bis 2,23 reicht" „im wesentlichen einheitlich" sei. In der Tat sind die Kriterien, die der These einer Wiederaufnahme eines älteren Erzählfadens erst ab V.19 zuraten sollen, nicht gerade zwingend, da zwischen V.18 und dem Kontext keine gravierende Spannung auszumachen ist. Es kann vielmehr gezeigt werden, dass die semantische Dimension des gesuchten ^{c}ezaer, welcher Ausdruck in 20b wiederkehrt, über eine bloße Kommentierung hinaus den genuinen Sachverhalt in der Bildsprache des Kontextes umfasst. Um für diese noch ausstehende Wortdeutung den Boden zu bereiten, ist es nötig, den vermutlich älteren Textzusammenhang mit den beiden Schwerpunkten in 2,7 und 2,20f in ihrer metaphorischen und mythologischen Sinngebung genauer zu erfassen.

Für die bekannte Satzfolge zur Menschenschöpfung in 2,7:

    7a   *w=yṣr YHWH 'LHYM 't h='dm 'pr mn h='dmh*
     b   *w=yph b='py=w nšmt ḥyym*
     c   *w=yhy h='dm l=npš ḥyh*

kann die gut begründete Erweiterung um das Appellativum *'lhym* ebenso akzeptiert werden wie diejenige um das Nomen ^{c}*pr*, das der Angabe in 3,19 vorgreifend Genüge tut. In welcher Weise die letztgenannte Ergänzung den Charakter der Bildaussage modifiziert,

---

[7] Witte, 1998, 159.
[8] Weimar, 1977, 112-131.

wird freilich erst deutlich, wenn nochmals auf die ursprünglich mythologische Darstellung rekurriert wird.

Die besondere, hier als „mythologisch" eingestufte Diktion ist zur Zeit der forschungsgeschichtlichen Hochblüte des J als frühestem Erzählwerk geradezu als Ausweis der älteren Abfassung betrachtet worden. Dabei hat man freilich kein Augenmerk auf die Umstände einer zeitgeschichtlichen Rezeptionsweise gerichtet.

Hier scheint es nun erforderlich, nochmals auf die grundlegende Beziehung zur mythologischen Diktion und deren Integration in die Jetztfassung des zweiten Schöpfungstextes einzugehen, zumal der Tatbestand mythologischer Formulierungen in Verbindung mit einem entsprechenden Vorstellungshorizont allem Anschein nach im Zuge der Spätansetzung des als einheitlich bestimmten Gesamttextes in den Hintergrund tritt bzw. nur noch als mesopotamische Erblast betrachtet wird. Zusammen mit dem nicht unproblematischen Trend zur Aufwertung der kanonisch-holistischen Sichtweise geht der Versuch zur Verjüngung des Verschriftlichungsprozesses eine Allianz ein, der auch die kritische Frage nach den konkreten Konditionen zur Rezeption mythologischer Vorgaben weitgehend zum Opfer gefallen ist.

In einer der jüngsten Thesen zur nachexilischen Abfassung des ‚zweiten' Schöpfungstextes wird von vorneherein eben jene babylonische Inspiration für so selbstverständlich gehalten und erklärt, dass keine genauere Erprobung oder irgendein Nachweis von Dependenz mehr am Platze zu sein scheint: „Schon lange war gesehen worden, dass die biblische Paradieserzählung in Gen 2-3 in Einzelzügen wie der Formierung des Menschen aus Lehm, dem Lebensbaum, der Schlange und Cheruben, aber auch in Formelementen wie der Eröffnung der Schöpfungserzählung oder im Zusammenspiel von Mythos und Antimythos Verwandtschaft mit Überlieferungen des syrisch-mesopotamischen Raumes erkennen lässt"[9].

Als Referenz gelten Studien, die allem Anschein nach einer einschlägigen und ausschließlichen Dependenz das Wort reden[10], obwohl kein einziger der mesopotamischen Belegtexte zur Menschenschöpfung über das allgemeine Bild des Abkneifens von Ton hinausgreift, von einer Parallelität zu den biblischen Bildern ganz zu schweigen[11]. Von einer anderslautenden Inspiration und bis in die Syntax hinein greifenden Prägung der biblischen Szenerie scheint trotz einschlägiger Hinweise in der Forschungsgeschichte keine Rede mehr zu sein.

---

[9] Otto, 1996, 167.

[10] Vgl. v.a. Mayer, 1987, 55-68. Müller, 1972, 259-289 = 1991, 3-42, ders, 1989, 61-85 = 1991, 3-42.

[11] Auf die Existenz von ägyptischem Vergleichsmaterial gegenüber dem mesopotamischen Befund hat bereits Yahuda, 1929, 115, aufmerksam gemacht, indem er nicht nur die zweifellos gegebenen Beziehungen in Gen 1, sondern auch das Fehlen einer Parallele zur Rede vom Einblasen von Lebenshauch in den geformten Menschen benennt, vgl. dazu Bauks, 1997, 154 mit Anm. 39, wo sie allerdings anmerkt, dass es für den letztgenannten Zug im Atranchasis-Epos ein „Äquivalent" gebe. In den einschlägigen Passagen zur Menschenschöpfung im Atramchasis (vgl. von Soden, 1994, 612-645, bes. 623f. zu Z. 190ff.) vermag ich jedoch keine direkte Parallele zu erkennen.

Trotz aller Versuche nämlich, die Szenerie mit Hilfe altorientalischer Texte in die Nähe mesopotamischer Schöpfungsvorstellungen zu rücken, muß nach wie vor auf der plausibelsten Entsprechung der primären Deskription zur ägyptischen Darstellung des Bildens eines Königskindes auf der Töpferscheibe des Gottes Chnum insistiert werden. Immerhin hat noch der bisher umfangreichste Kommentar zur Genesis die Beziehung zur ägyptischen Illustration besonders herausgestellt[12], wenn diese Orientierung auch im Kontext wiederum mit dem Hinweis auf eine breite Vertretung des „Motivs" relativiert wird und dazu vermutet wird, „dass die schon erwähnte ägyptische Darstellung des Schöpfergottes Khnum eine stark rationalisierte Spätform der Vorstellung ist, bei der die urgeschichtliche Erschaffung des Menschen nur noch aus der Ferne anklingt und zum Mittel der Darstellung einer Geburt und Erschaffung des Königskindes geworden ist"[13]. In Wahrheit liegen die Dinge jedoch umgekehrt: die mythische Konstellation der ägyptischen Szenerie geht der biblischen Textfassung in ihrer Primärgestalt als nächstliegende Entsprechung voraus, wie ein Vergleich der bildsprachlichen Sequenz mit der Illustration zu zeigen vermag[14].

Die dreigliedrige Satzfolge in 2,7 kommt dabei den Elementen der geprägten Töpferszene bis ins Detail nahe. Dazu sei hier wiederum auf die klassische Darstellung der Menschenformung in der VI. Szene innerhalb des Zyklus zur ‚Geburt des Gottkönigs'[15] hingewiesen, der auch mit Beischriften versehen ist, ohne dass diese als exakter Kommentar zur Szenenfolge zu verstehen sind. Dabei gilt es zu beachten, dass die ägyptische Szenenfolge dem Königskind[16] gewidmet ist, so dass die biblische Version eine Rezeption und Ausweitung eines königlich-mythischen Geschehens in die Vorstellung der Menschenschöpfung überhaupt darstellt. Auf ‚jahwistischer' Ebene gilt demnach grundsätzlich die gleiche Übertragungsmodalität wie in der P-Fassung (vgl. Gen 1,26-28), wobei in beiden Fällen nicht von einer „Demokratisierung" o.ä., sondern von einer Generalisierung einer königlichen Ausstattung die Rede sein sollte.

Die erste bildsemantische Nachbarschaft ergibt sich aus der textlichen Darstellung des Töpfervorgangs in 7a, da die einschlägige Vorstellung auch der Basis *YṢR* zugrunde liegt[17]. Dazu kommt als weiteres Vergleichsmoment die Kennzeichnung der Nase als Empfangsorgan des *nšmt ḥyym* nach 7b, im Dekorationsprogramm dargestellt mit der

---

[12] Westermann, 1967, 277.

[13] Westermann, 1967, 278f. Im Anschluß daran auch Seebass, 1996, 106.

[14] Auf die einschlägige Beziehung hat v.a. Notter, 1974, 148-158, mit wünschenswerter Deutlichkeit aufmerksam gemacht, ohne die verdiente breite Resonanz zu finden. Immerhin hat Ruppert, 1992, 128f, Notters Beobachtungen gewürdigt.

[15] Vgl. dazu die nach wie vor grundlegende Dokumentation und Interpretation bei Brunner, 1964, dazu Assmann, 1982, 13-61. Zur Szene VI vgl. Brunner, 1964, 68-74. Kügler, 1997, Blumenthal 1999, 18f.

[16] Dieser Unterschied wird leicht übersehen. Ruppert, 1992, 128, lässt den Gott Chnum „die Menschen (individuelle Menschenschöpfung!)" formen, obwohl Bild und Beischrift nur das Königskind im Visier haben.

[17] Hier u.a. mit Westermann, 1976, 277 nicht an die Arbeit des Töpfers denken zu wollen, um dafür das Formen oder Modellieren eines Kunstwerkes zu postulieren, ist durch die Annahme veranlasst, dass das Wort *ᶜpr* zum originären Wortlaut zu rechnen sein müsse, was aber nicht erforderlich ist. Selbst wenn *ᶜpr* ursprünglich sein sollte, wäre dies kein Grund, von der Anbindung an die einschlägige Bildvorgabe abzusehen.

Froschgöttin Heket, die das Lebenszeichen (ägypt. ᶜnḫ) an die Nase des Königskindes hält[18]. Die dritte Parallelität liegt in der deutenden Demonstration des Vorgangs[19], der gewordenen Identität des Menschen als *npš ḥyh* nach 7c, wofür die szenische Darstellung des Königskindes neben seinem Ka d.h. dem ‚zweiten Ich' als „Lebenskraft"[20] des Menschen bezeichnend ist. Dazu gilt, dass als ägyptisches Äquivalent für *npš ḥyh* am ehesten die Fügung *k3 ᶜnḫ* „lebendiger Ka" zu gelten hat[21]. Dieser mehrteiligen Entsprechung kann bisher der altorientalische und vorderasiatische Raum in bildsprachlicher und ikonographischer Hinsicht nichts Vergleichbares zur Seite stellen.

Es bedarf keiner weiteren Demonstration, dass der Unterschied zwischen dem ägyptischen Darstellungsmodus und der jahwistischen Szenenfolge in der Identität des agierenden Schöpfers besteht, dessen Funktionen in Ägypten mehrere Assistenzgottheiten übernehmen, während die Aktivität nach J ausschließlich bei *YHWH* liegt. Diese Konzentration auf den göttlichen Protagonisten tut aber der mythologischen Konnotation keinen Abbruch. Auch die charakteristische Ausdehnung des königlichen Schöpfungsmodells auf den Menschen schlechthin, die dem Humanum den Stempel königlicher Verfassung aufdrückt, lässt die mythologische Verankerung in keiner Weise ausgeblendet sein. Die jahwistische Interpretation steht im Blick auf ihre genuine „Arbeit am Mythos" der priesterschriftlichen Transferleistung nicht nach.

Zur bildsemantischen Nachbarschaft tritt nun ein weiterer Befund, der für die weitere Beurteilung des Hintergrundes relevant ist. Das szenische Programm zur „Geburt des Gottkönigs" findet sich im Ägypten des Neuen Reichs und der griechisch-römischen Zeit ausschließlich im Kontext der Dekoration von Tempelwänden. Die 18. Dynastie nutzt dazu bei den weitgehend erhaltenen Tempelanlagen die Geburtshalle (Tempel der Hatschepsut in Deir el Bahari, Szenenfolge von links nach Rechts verteilt auf Süd-West- und Nordwand der Halle) bzw. Geburtskammer (Tempel Amenophis III. in Luxor, Westwand von Raum XIII)[22], die griechisch-römische Zeit (vgl. die Tempel von Edfu, Denderah und Philae) wählt die sog. Mammisis als ‚Geburtstempelchen' außerhalb des Hauptraums bzw. des Pronaos eines Tempels, jedoch innerhalb der Umfassungsmauern, so dass die Zugehörigkeit zum Sakralbauensemble außerhalb jeden Zweifels steht. E. Blumenthal schreibt über die Konnexion zwischen Tempel und Geburtszyklus:

---

[18] Das Halten des Lebenszeichens an die Nase ist nach Westermann, 1976, 279 „offenbar eine stark abstrahierende Abwandlung der älteren Form, nach der der Schöpfergott dem Gebilde Leben einhaucht". Dies ist eine ebenso irreführende Vermutung wie die Behauptung, in Ägypten würde das Lebenszeichen an „Mund und Nase" geführt. Mit dem ägyptischen Mundöffnungsritual hat die Szene entgegen Müller, 1972, 131f = 1991, 20f nichts zu tun.

[19] Für die Annahme Ottos, 1996, 184, dass 7c als *w=yhy*-Satz lediglich ein Ergebnis statuiere und so mit der sog. „Geschehensformel" bei P (vgl. 1,3.7.9.11.15.24.30) vergleichbar wäre, ja sogar eine dort bei der Menschenschöpfung (1,26) fehlende Komplementierung darstelle, sehe ich aus formkritischen und semantischen Gründen keinerlei Anhalt.

[20] Vgl. dazu Notter, 1974, 153 mit Referenzen.

[21] Zur Bezeichnung des Königs als „lebender Ka" vgl. Kaplony, 1980, 277. Eine Anbindung von *npš ḥyh* an den lebenden „Ba" als der dynamischen Wirkkraft im Menschen, wie sie Yahuda, Sprache, vorgeschlagen hat, erscheint dagegen nicht hilfreich.

[22] Zu weiteren Anlagen mit Szenen des Zyklus aus der Ramessidenzeit vgl. u.a. Gaballa, 1967, 299-304.

„Da die bisher bekannten Geburtszyklen in Tempelräumen aufgezeichnet sind oder waren, die niemand außer ausgewählten Priestern betreten durfte, ist immerhin sicher, dass sie keine politische oder religiöse Propaganda betreiben, sondern Sinnzusammenhänge herstellen sollten, die vorrangig im theologischen System der jeweiligen architektonischen Kontexte gültig waren. Hier konnte der Nachweis für eine Gotteskindschaft bei Amun von Geburt an dazu beitragen, dass die Könige dauerhaft in die Gemeinschaft der Götter einbezogen wurden, was in den Totentempeln der Hatschepsut und Ramses' II. in West-Theben vor allem für ihre Existenz im Jenseits gelten sollte, im Amuntempel von Luxor auf die Bestätigung des königlichen Amtsträgers Amenophis' III. als Gottessohn und auf seine Teilhabe an den rituellen Erneuerungen des Gottes gerichtet war, die dort alljährlich begangen wurden"[23].

Die Verortung des Geburtsgeschehens macht näherhin deutlich, dass es eine Beziehung zwischen dem Geschehen der göttlichen Formung des Königs und dem sakralen Raum gibt, der seinerseits als das architektonische Ambiente eines Erneuerungsvorgangs gilt, indem der König im Kultbau seine eigene Regeneration feiert. Dabei wird auch von Interesse sein, dass die Anbringung des Geburtszyklus nach Ausweis einschlägiger Grabdekorationen im Alten und Mittleren Reich von Haus aus mit dem Jenseitsglauben in Verbindung steht, d.h. die Wiedergeburt und Weiterexistenz des Grabinhabers vorsieht[24].

Was für den offenbaren Hauptsatz in 2,7 gilt, darf auch für den expliziten Vorderteil in Anspruch genommen werden, der in scheinbar ausschließlicher Analogie zu vorderasiatischen Schöpfungsdarstellungen die Phase des „Noch nicht" thematisiert. Auch hier ist – wiederum ohne breitere Resonanz – auf den reichlichen Befund an ägyptischem Textmaterial hingewiesen worden[25], wonach auch hier mit vergleichbaren Negativformulierungen der vorweltliche Zustand charakterisiert werden konnte.

Aus der Reihung der Negativerklärungen sticht bekanntlich die positiv gehaltene Aussage über das ‚Aufsteigen' des 'ed heraus, die zuweilen als störend empfunden und für sekundär erklärt worden ist. Schon früher ist dagegen gezeigt worden, dass sich diese Notiz sehr wohl mit dem Kontext verträgt, zumal gerade auch in dem umstrittenen ‚Schlüsselwort' 'ed ein Lehnwort erkannt werden kann, das sich am ehesten aus ägyptischem Lexembestand (j3dt „Tau") herleiten läßt[26]. Über das bisher dazu Gesagte hinaus mag angemerkt werden, dass der ‚Ur-Tau' der Vor-Welt im Kontext nicht nur die Konditionen für die Formbarkeit des Erdbodens (bzw. des Staubs) bietet, sondern auch den göttlichen „Duft"[27] der Schöpfung in Erinnerung bringt, der nach der ägyptischen Mythologie das Werden des Königskindes begleitet[28]. Auch hier fügt sich so eine weitere Beobachtung in

---

[23] Blumenthal, 1999, 44f.

[24] Vgl. dazu Altenmüller, 1996, 1-17.

[25] Vgl. zuletzt Bauks, 155-160.

[26] Vgl. dazu Görg, 1986, 19-24, ders., 1989, 9f. Zur positiven Rezeption dieser These vgl. zuletzt Hasel-Hasel, 2000, 321-340.

[27] Zum „Duft" in Ägypten vgl. Kügler, 2000, 25-47.

[28] Dazu zuletzt Görg, 2001a, 88f.

ein Kolorit ein, dem man eine beachtliche Nähe zu ägyptischen Vorstellungen attestieren muß.

Der bisherige Einblick in die mythologische Sprache von V.4b-7 hat einen semantischen Sinnzusammenhang in Erscheinung treten lassen, der nicht nur Vor-Welt und Ur-Welt, sondern auch den Beginn des menschlichen Lebens mit Vorstellungen assoziiert, die einer Verbindung kosmogonischer und anthropologischer Ideen mit dem Tempel als Repräsentation des Kosmos nahestehen. Eine Auswirkung dieser „auf der Analogie von Kulturordnung und Weltordnung" beruhenden Symbolik in Ägypten auf die jüngere Nachbarkultur ist bisher im wesentlichen nur im Vergleich mit priesterschriftlichen Texten konnotiert worden[29]. Ein gleichgerichteter Hintergrund auch im ‚Zweiten Schöpfungstext', der speziell auch den menschlichen Organismus in Entsprechung zum architektonischen ‚Organismus' des Tempels sehen lässt, möge auch im weiteren Kontext näher bedacht werden.

Zunächst führt die Mitteilung zur Anlage eines Gartens „in Eden"[30] und „von Osten her" (V.8) die gewählte Sprache der mythologischen Ebene fort, indem nicht nur die namentliche Qualifikation, sondern auch die Kategorisierung als raum-zeitliches Urgeschehen[31] vorgenommen und so eine weitergreifende ‚Verortung' erzielt wird, die wiederum mit Anlage und Konstitution eines Tempels zusammengeschaut werden kann. Die richtige Einsicht, dass der „Mensch" als „Gärtner und König" vorgestellt werde, kann sich zwar auf altorientalische Vorgaben berufen[32], findet aber in Ägypten einen noch deutlicheren Rückhalt. Tempel- und Palastgärten[33] gehören nämlich vorzugsweise nach ägyptischer Vorstellung zur architektonischen Vergegenwärtigung kosmogonischer Prozesse, da sie den geordneten Status einer zuvor ungeordneten Welt widerspiegeln und beständig vor Augen führen. Nur aus diesem Grund haben derlei Anlagen im Bereich der königlichen Residenz und des zugehörigen Heiligtums ihren Platz. Gerade der Garten beim Tempelbau „holt den Kosmos des pflanzlichen Lebens in das Weltmodell eines Heiligtums und wird in Perioden besonderer Sonnenverehrung selbst zum heiligen Raum unter offenem Himmel"[34]. Auf der mythologischen Ebene sind Gartenillustrationen zur Welt des Diesseits und Jenseits Wegweisungen in eine ‚paradiesische' Verfassung[35]. Ob sich zu allem noch eine sprachliche Beziehung zur ägyptischen Idee eines idealen Lebensraums über die Bezeichnung „Eden" oder auch über die in Gen 2f nicht gewählte Lexem „Paradies"

---

[29] Vgl. v.a. Janowski, 1989, 389-454 (= 1993, 214-246), hier besonders 41-46 (218-223).

[30] Es sei hier vorläufig auch offen gelassen, ob ein „Beth *essentiae*" vorliegt, so dass der Garten selbst als „Eden" bezeichnet worden wäre (vgl. V.15). Daß der Garten schon in V.8 als „Wonnegarten" ausgewiesen werden soll, scheint mir jedenfalls nach wie vor die nächstliegende Einsicht (anders Dohmen, 1988, 59).

[31] Vgl. dazu Görg, 1977, 13-15 (= 1991, 3-12). Die semantische Beschränkung des Ausdrucks *m=qdm* auf bloß „lokale Bedeutung" (Dohmen, 1988, 58) kann nicht hingenommen werden. Der kritische Hinweis auf eine vermeintlich verspätete Mythologisierung erledigt sich mit der Feststellung einer mythologischen Diktion des vorangehenden Textes.

[32] Vgl. dazu Hutter, 1986, 258-262.

[33] Vgl. dazu u.a. Helck, 1977, 378-380. Hugonot, 1989.

[34] Wildung, 1977, 376.

[35] Vgl. dazu zuletzt Assmann, 2001, 302-307. Görg, 2001, 168-173.

finden lässt, sei hier noch offen gehalten[36]. Auf jeden Fall kann sich die Darstellung des elementaren Lebensraums des „Menschen" in Gen 2 auf Vor-Bilder aus dem ägyptischen Vorstellungsgut berufen.

Die in V. 9-14 folgende Kommentierung des Gartens sowohl im Blick auf dessen Ausstattung mit einer spezifischen Baumanpflanzung wie vor allem auch dessen geographische Zuordnung lässt sich vor allem auf Grund des wiederholenden Bezuges von V.15 auf V.8b als eine Art Fortschreibung innerhalb der jahwistischen Schriftstellerei[37] begreifen, die sich u.a. auch auf der einmal bezogenen mythologischen Sprachebene weiter bewegt, um auch hier Anregungen aus der Nachbarkultur aufzunehmen. Dies gilt zunächst für die Darstellung in V.9, dessen literarische Geschlossenheit mit syntaktischen Kriterien nicht auflösbar erscheint, obwohl eine längere Forschungstradition in dieser Richtung operiert hat. Die beiden zur „Mitte des Gartens" gehörigen Bäume „des Lebens" sowie „der Erkenntnis von Gut und Böse", zueinander in „gespaltener Koordination" stehend[38], beziehen ihre semantische Prägung freilich nicht primär aus einer dichterischen Schöpfung des Jahwisten, sondern beruhen bei aller Originalität ihrer jetzigen Position und Funktion im Kontext auf einer weiteren „Arbeit am Mythos", insofern auch in diesem Fall Verbindungslinien nach Ägypten greifbar sind. Der Ausdruck ʿṣ h=ḫyym, eigentlich „Holz des Lebens", entspricht der gleichsinnigen Fügung ḫt n ʿnḫ „Holz des Lebens", die schon in den Pyramidentexten als zentraler Bestandteil des jenseitigen ‚Gabengefildes' (sḫt ḥtpw) gilt (Pyr. 1216)[39] und noch in den späten Inschriften des Tempels von Philae begegnet, hier sogar mit dem Baumdeterminativ[40]. Ein Kairener Hymnus auf Amun-Re nennt den höchsten Gott „Herr des Seienden, der den ‚Lebensbaum' (ḫt n ʿnḫw) schuf, der die Kräuter macht und die Herden am Leben erhält"[41], wobei sogar der Plural ʿnḫw zum hebr. ḫyym in Beziehung gesetzt werden kann[42]. Der „Baum der Erkenntnis von Gut und Böse" hat zwar kein eindeutiges Gegenstück in der ägyptischen Terminologie, kann aber seinerseits als literarische Kompositschöpfung begriffen werden, die die Pflanzenbezeichnung mit einer hebräischen Entsprechung zur ägyptischen Phrase rḫ nfr bjn „Gutes und Böses wissen"[43] verbindet. Überdies darf aber auch eine Analogie zu jenem Baum gesehen wer-

---

[36] Die lexikographischen Informationen scheinen hier eindeutig zu sein. Dennoch soll wenigstens angefragt werden, ob sich ʿdn nicht auch vom ägyptischen Lexem ʿd „wohlbehalten" mit lokalorientierter n-Erweiterung her verstehen und das Nomen pardes als ägyptische Nominalfügung pꜣ rd njswt „der Königsgarten" (vgl. auch Görg, 1997, 65) interpretieren ließe.

[37] Ich verstehe hier „Fortschreibung" nicht im Sinne eines literarkritisch begründbaren Wechsels der Autorschaft, sondern als jüngere Fortsetzung eines Textes, die sich selbstverständlich um möglichst nahtlosen Anschluß bemüht. Nicht jede jüngere Weiterführung eines Textes muß durch literarkritisch relevante Spannungen ausgewiesen sein. Formkritische Erwägungen, wie die syntaxvergleichenden Beobachtungen zum Verhältnis von 8b zu 15b, können natürlich nur hypothetisches Gewicht haben.

[38] Zur Syntax von 2,9 vgl. jetzt die umsichtige Diskussion bei Michel, 1997, 1-22.

[39] Vgl. Sethe, 1962, 117. Vgl. hierzu und zu weiteren Belegstellen bereits Yahuda, 1929, 185f, dessen einschlägige Texthinweise leider im Zuge einer übereifrigen Kritik an seinen zweifellos vielfach überzogenen Vergleichsbemühungen weitestgehend unbeachtet geblieben sind.

[40] Vgl. Erman-Grapow, 1957, III, 342,4 mit Erman-Grapow, 1940-59, III, 101.

[41] Wiedergabe nach Assmann, 1999, 196 (Nr. 87,16f; vgl. auch 78,7).

[42] Auch darauf hat bereits Yahuda, 1929, 186 aufmerksam gemacht.

[43] Vgl. dazu bereits Yahuda, 1929, 186.

den, der als Sykomore einen bevorzugten Platz in einem „diesseitigen Teichgarten" hat und die schattenspendende Baumgöttin[44] aus sich heraus dem Toten zugewandt sein lässt[45]. Hier mag eine Variante besonderes Interesse finden, wonach die 21. Dynastie auch die Göttin Maat als göttliche Verkörperung des umfassenden Sinngefüges ($m3^ct$) in der Funktion einer Baumgöttin präsentiert[46]. Die Maat kann geradezu als die ägyptische Verdichtung eines universalen Wissens um das richtige Verhalten verstanden werden, zugleich als „eine vom Tod her gedachte Ethik", so dass die Brücke von der Vorstellung eines Baums mit der Maat mit der biblischen Kennzeichnung des Baums der „Erkenntnis von Gut und Böse" nicht allzu weit gespannt werden muß.

Auf dieser Grundlage muß man nicht unbedingt befürchten, einem „interpretive overkill" anheimzufallen[47], wenn man Lebensbaum und Erkenntnisbaum in 2,9 nicht nur auf syntaktischer Basis zusammenführt, sondern in ihnen sukzessiv „eigentlich die zwei Seiten einer Medaille"[48] zu sehen bereit ist, die bereits auf der mythologischen Ebene, d.h. schon von vornherein Leben und Erkenntnis weitaus näher beisammen sein lassen, als es die sprachliche Differenzierung zunächst suggerieren mag. Im übrigen ist wohl auch kein Anlaß gegeben, 2,9 als Verbalsatz gegenüber die Annahme eines Nominalsatzes (in *9b)[49] aller „mythischen Dimensionen" entkleidet zu sehen, so dass die Satzfassung eine „entmythologisierende" Intention offenbare[50], da die Sprache vielmehr trotz der Beziehung auf JHWH weiterhin mythologisch bleibt.

Über die Gestalt und Funktion des weiteren Kommentars zur Paradiesesgeographie (V.10-14) und deren Bezug zur Tempelanlage in Jerusalem ist das Nötige bereits gesagt worden[51], da die Versuche zur rein geographischen Verortung allesamt einer metaphorisch-mythologischen Interpretation weichen müssen. Insbesondere ist die Bedeutung des Pischon hervorzuheben, in dem wir einen Kryptonamen ägyptischer Herkunft ($p3\ šnj$ „der Umgehende") mit folgender hebräischer ‚Übersetzung' mit Hilfe der Basis *SBB* zu erkennen glauben[52]. Dieser Name bezeichnet letztendlich den weltumspannenden Okeanos, der als Nun in Verbindung mit dem Nil zu sehen ist und so mit vollem Recht am Anfang der Reihung der Paradiesesflüsse steht[53]. Die ägyptischen Nilmesser in oder am Tempel manifestieren diesen elementaren Zusammenhang aufs deutlichste, so dass wiederum Tempel und Paradies assoziiert erscheinen.

---

[44] Vgl. hierzu die ansprechende Dokumentation von Keel, 1992, 61-138.
[45] Vgl. Assmann, 2001, 306f.
[46] Vgl. dazu Keel, 1992, 90f. mit Anm. 305-307.
[47] Vgl. Michel, 1997, 7.
[48] Dazu Michel, 1997, 44-45.
[49] Vgl. die Diskussion bei Michel, 1997, 14-21.
[50] Michel, 1997, 21.
[51] Vgl. zuletzt Görg, 1997a, 65f. mit Literatur.
[52] Vgl. dazu v.a. Görg, 1987, 11-13 (= 1991, 13-15). Ders., 1997b, 152.
[53] Diese meine jüngere Interpretation ist offenbar Seebass, 1996, 110f. entgangen, wie er m.E. auch Gestalt und Intention von V.10-14 im Anschluß an Westermann nicht recht erfasst und irrtümlich eine „recht primitive geographische Grundvorstellung" unterstellt hat. Vgl. dagegen die zutreffende Interpretation bei Witte, 1998, 263-268, bei der lediglich die nachexilische Datierung kritischer Diskussion bedürfte.

III. Menschenbilder

Pflanzliche Ausstattung und verzweigte Bewässerung ergeben zusammengenommen einen Eindruck, wie er sich u.a. auch bei der bekannten Darstellung des ägyptischen Jenseitsgefildes einstellt, das unter der Bezeichnung š-j3r/lw (d.h. wohl „Gottesland") steht und am klarsten im Grabe des Sennedjem in Deir el Medineh repräsentiert ist[54]. Dort liegt eine visionäre Idealisierung vor, die wohl nicht ohne Wechselwirkung zwischen irdischen Erfahrungen und Wunschvorstellungen betrachtet werden kann. Auch die „Paradiesdarstellung" unseres Kontextes bewegt sich grundsätzlich in diesem Spannungsfeld zwischen Realbefund und geschauter Idealwelt, wenn auch in ausschließlich irdischer Retrospektive.

Während die VV.16f mit ihrer erneuten Zuwendung zu den Bäumen und dem Essverbot an den Menschen die Ereignisschilderung in Kap. 3 vorbereiten, wird die frühjahwistische Textfassung allem Anschein nach wieder in dem den Prozeß der Menschenschöpfung vertiefenden Erzählbereich V.18-22 greifbar, der sich allerdings gegenüber nahezu allen bisher vorgebrachten Vergleichsbemühungen um die Semantik der Wortwahl erfolgreich zur Wehr gesetzt hat. Um so eher ist es nötig, wenigstens einige neue Perspektiven anzumelden.

Die Gottesrede 18b benennt das Alleinsein des Menschen als negativen Anlaß zur Schöpfung einer Alternative, die als $^c zr$ und als gleichgewichtiges ‚Gegenüber' nominiert wird. Das Nomen $^c zr$ wird in der Regel als „Hilfe" verstanden, zuweilen gar als „Abhilfe"[55], so dass man den Verdacht nicht los wird, als sei manche Interpretation eher von dem Gedanken der Behebung eines vorgängigen Defizits des „Menschen" geleitet, das ausschließlich im „Alleinsein" unter dem Aspekt des Fehlens der „Geselligkeit" bestünde. Das Verwendungsspektrum der Basis BDD[56] und der Fügung $l=bd=w$ zeigt freilich an, dass es beim „Alleinsein" auch um die potenzielle Gefährdung geht, wie dies z.B. beim Zurückbleiben Jakobs „für sich allein" ($l=bd=w$) gegenüber seinen Angehörigen auf der anderen Seite des Jabbok (Gen 32,25) konnotiert werden darf. Das „Alleinsein" kann in besonderer Weise als Bedrohung empfunden werden (vgl. u.a. Mi 7,14 Jes 27,10 Kl 1,1), so dass es „etwas Bestürzendes hat, dass es gefährlich, oder, wie es Gen 2,18 (J) formuliert, ‚nicht gut' ist"[57]. Insofern fordert eine Alternative auch die „Hilfe" in der semantischen Dimension des „Schutzes" ein, so dass $^c zr$ die Sicherstellung einer Existenz auf Zukunft hin impliziert. Dazu stimmt, dass die Basis $^c ZR$ dem „Helfer" die Potenz eines Protagonisten zuerkennen, ja in der göttlichen Instanz die eigentliche „Hilfe" (vgl. u.a. Ex 18,4 Dtn 33,7.29 Ps 20,3 115,9-11 121,1) wahrnehmen kann. Diese Dimension ist bereits in vorbiblischer Zeit interkulturell bekannt gewesen, so dass in Ägypten nicht nur

---

[54] Dazu zuletzt Assmann, 2001, 317f und Görg, 2001a, 168-173.

[55] Vgl. Dohmen, 1988, 77, der an eine „Abhilfe des in V. 18a genannten Zustandes denkt", mit Beziehung auf Ska, 1984, 233-238.

[56] Dazu u.a. Zobel, 1973, 514-516.

[57] Zobel, 1973, 515.

menschliche Protektoren, sondern auch der ägyptische Hochgott Amun mit dem semitischen Fremdwort $^c\underline{d}r = {}^c zr$ „Helfer" als ‚Hoheitstitel' belegt werden konnte[58].

Die Bezeichnung $^c zr$ ist noch aus einem anderen Grunde bemerkenswert. Eine weitere Nominalbildung von der Basis $^c ZR$, nämlich $^c azara$, begegnet im Kontext der Beschreibung des Tempelinventars im Verfassungsentwurf des Ezechiel (Ez 43,14.17.20 45,19) und meint dort speziell eine Art Einfassung des Altars[59], die zweifellos dem besonderen Schutz dienen soll. Überdies kann das Nomen auch in noch jüngeren Texten den Vorhof des Tempels bezeichnen (2Chr 4,9 6,13 Sir 50,11). Es soll hier genügen, darauf hinzuweisen, dass die Vorstellung einer „Hilfe" auch im architektonischen Bereich eine Entsprechung hat[60], was für die weiteren Perspektiven des Folgetextes nicht ohne Relevanz sein wird.

Das „Gegenüber" oder „Gegenstück" des „Menschen" muß demnach nicht nur unter der Rücksicht der unterstützenden Partnerschaft oder gar einer die Einsamkeit heilenden Vergesellschaftung betrachtet werden, sondern wäre als eine Art Bestandsgarantie für den „Menschen" zu betrachten, die allem Anschein nach der Gattung „Mensch" zum Überleben verhilft. Die nachfolgend in V.19f erzählte und retardierend wirkende Bemühung um eine „Hilfe" in der Tierwelt zeigt, dass eine umfassende „Hilfe" für den „Menschen", d.h. die nötige Orientierung auf Zukunft hin, in dem Bereich der Fauna nicht gefunden werden kann, wie V.20b in Rekurs auf 18b abschließend notiert. Unabhängig von der Frage, ob die auch den Tieren zugemessene Bezeichnung *npš ḥyh* im Grundtext verankert ist und ob ihnen ebenfalls von Anfang an ein *nšmt ḥyym* zukommt, wie dies nach Gen 7,22 gilt[61], darf daran erinnert werden, dass auf der mythologischen Ebene auch die Tiere ‚beseelt' sind. In der ägyptischen Qualifizierung der Tiere spielt auch der Ka der Tiere eine Rolle.

Mit V.21 setzt dann die Darstellung jenes zweiten Schwerpunkts des Schöpfungsprozesses an, dessen sprachliche Gestaltung wieder besonderes Interesse verdient:

21a   *w=ypl YHWH 'lhym trdmh $^c l$ h='dm*

   b   *w=yyšn*

   c   *w=yqḥ 'ḥt m=ṣl^{c}t-y=w*

   d   *w=ysgr bśr tḥt-n=h*

22a   *w=ybn YHWH 'lhym 't-h=ṣl^c*

           'šr-lqḥ mn-h='dm

---

[58] Vgl. Erman-Grapow, 1957, I, 242,5-7. Hoch, 1994, 88f., wo allerdings eine übereilte Festlegung hieroglyphischer Schreibformen auf Vokalisation betrieben wird. Zu $^c\underline{d}r$ als Fremdwort zuletzt Quack, 2001, 179, Anm. 116., mit berechtigter Kritik an Darnell, 1985, 17-21, der eine defektive Variantschreibung des angehenden Nomens finden will. Im einschlägigen Artikel von Lipinski/Fabry, 1989, 14-21 werden die ägyptischen Belege der semitischen Basis nicht behandelt.

[59] Vgl. Lipinski/Fabry, 1989, 17 bzw. 21.

[60] Zur möglichen Entsprechung der technischen Bedeutungsrichtung im Bereich semitischer Fremdwörter im Ägyptischen vgl. Hoch, 1994, 90, der u.a. das hebr. Nomen mit der Bedeutung „enclosure" zur Klärung einer ebenfalls mit der semitischen Basis gebildeten Bezeichnung für „Parts of a Chariot", vielleicht „the breastwork brace" in die Diskussion einbringt.

[61] Zur Diskussion vgl. u.a. Dohmen, 1988, 79f.

III. Menschenbilder

               l='šh
   b   *w=yb'=h 'l-h='dm*

Die älteren Deutungsversuche kulminieren in der ernüchternden Erkenntnis, dass der Text „Vorgänge wiedergibt, die jenseits der Möglichkeiten unseres Vorstellens liegen; er setzt auch bei seinen Hörern ein Wissen davon voraus, dass er selbst diese Vorstellung nicht geprägt hat, sondern sehr alte, längst geprägte Traditionen weitergibt"[62]. Demgegenüber ist neuerdings mit dem Hinweis auf eine Äquivalenz des Nomens *ṣl^c* „Rippe" mit akkadisch *selu* und der Basis *BNY* „bauen" mit akkad. *banu*[63] eine Perspektive wiederbelebt worden, die bereits mit dem Vergleich des hebräischen Nomens *ṣl^c* mit dem sumerischen Göttinnennamen Nin-ti gewählt wurde, ein Name, der sowohl „Herrin, die belebt" wie auch „Herrin der Rippe" bedeuten kann[64], um so erneut zu statuieren, dass der „biblische Erzähler oder seine Quelle ... – jedenfalls bei dieser Episode – auf eine akkadische Quelle zurückgegriffen" haben müsse[65]. Mit dieser Sichtweise sei am ehesten auch die Deutung des Namens der Frau *ḥawwa* in 3,20 als „Mutter aller Lebendigen" zu vereinbaren[66].

Die These einer sprachlich-semantischen und traditionsgeschichtlichen Beziehung zu akkadischem Material mag auf den ersten Eindruck überzeugend klingen, ist aber schon früher nicht zu Unrecht in Zweifel gezogen worden[67]. Sowohl das Nomen *ṣl^c* wie auch das Verbbasis *BNY* begegnen im AT sonst nur im Zusammenhang architektonischer Fachsprache, warum sollte der Sprachgebrauch in 2,20 hier von vorneherein zu einer Ausnahme erklärt werden? Auch ist eine literarische Bezugnahme von Gen 2,20f auf 3,20 oder umgekehrt nicht gerade mit Händen zu greifen, selbst wenn man der einigermaßen kühnen Annahme folgt, 3,20 sei als „Wissensstoff" in direktem Anschluß an 2,21-24 zu verstehen[68]. Für den Leser/Hörer wird ein Zusammenhang zwischen der spezifischen Ausdrucksweise in 2,20f und der Namenserklärung in 3,20 jedenfalls nicht transparent gemacht, zumal das hebr. *ṣl^c* im Gegensatz zum akkadischen *selu* absolut nichts mit der Bedeutung „Leben" zu tun hat.

Nun sind im gleichen Zusammenhang auch Argumente realienkundlicher Provenienz geltend gemacht worden, wonach die eigentümliche Darstellung in Gen 2,20f auf die Arbeit eines „mit Ton arbeitenden Kunsthandwerkers" rekurriere, um gleichwohl „eine etwas andere Technik" vorauszusetzen[69]. Die Frau wäre demnach als eine „lebendige Statuette" zu verstehen[70], ein Deutungsversuch, der nachträglich dahingehend modifiziert

---

[62] Westermann, 1976, 313; aufgenommen von Ruppert, 1992, 141.

[63] Uehlinger, 1988, besonders 96f.

[64] Zur Forschungsgeschichte vgl. Uehlinger, 1988, 97, Anm. 45 mit Hinweis auf Kramer, 1945, 8f., ders., 1963, 149.

[65] Uehlinger, 1998, 31-34, hier 32.

[66] Vgl. Uehlinger, 1988, 97 mit Referenzen in Anm. 45.

[67] Vgl. u.a. Haag, 1970, 44. Ruppert, 1992, 140. Fabry, 1989, 1061.

[68] Uehlinger, 1988, 97 mit Anm. 44.

[69] Uehlinger, 1988, 98 mit Hinweis u.a. auf Amiran, 1962, 23-25. Keel, 1975, 74-76.

[70] Uehlinger, 1988, 99.

wird, daß näherhin an eine „Knochenfigurine oder Knochenkernstatuette"[71] zu denken sein solle, die erst durch die „numinose Lebenskraft (ḥawwa)" aus der Hand des Schöpfers vitalisiert worden sei. Das Problem besteht auch hier darin, dass der Wortlaut von V.20f keine unzweideutigen Indizien hergibt, um über die Terminologie zu einer Bestätigung dieser These zu gelangen. Vor allem wird nicht einsichtig, wieso nicht schon in V.21 von der Belebung z.B. in Analogie zu V.7 die Rede ist, da das Knochengebilde doch nicht bereits die Frau darstellt. Kann man bei der Erschaffung der Tiere angesichts der V.7 folgenden Wahl des Verbums YṢR notfalls noch eine verkürzende Darstellung unterstellen, versagt sich diese Lösung jedoch bei der ganz anderen Art der ‚Operation' in V.21, wo gerade eine „Breviloquenz" doch wohl nicht erwartet wird[72].

Es mag sich daher empfehlen, nach einer anderen Erklärung Ausschau zu halten, die der bildlichen Ebene des erzählten Geschehens gerechter werden könnte. Dazu lohnt es sich vielleicht, nochmals in die westliche Himmelsrichtung zu schauen und wiederum von Ägypten her eine Anregung zum besseren Verständnis der umstrittenen Tetxpassage zu gewinnen. Ein einschlägiger Versuch ist m.W. noch nicht unternommen worden, so man sich der Vorläufigkeit auch dieser Erwägungen bewusst sein wird.

Der Beginn der Szene ist mit dem göttlichen Fallenlassen (NPL H-St.) einer *trdmh* auf den „Menschen" markiert. Das Lexem[73] wird in der Regel von einer Basis RDM abgeleitet und als „Tiefschlaf" gedeutet[74]. Problematisch ist dabei einerseits, dass bisher für das Nomen und das nur im N-Stamm verwendete Verbum (jeweils 7mal im AT belegt) keine gesicherten lautlich-semantischen Äquivalente aus Nachbarsprachen benannt werden konnten[75], so dass eine innerhebräische Wortartbildung angenommen wird, ohne dass man noch eine Grundbedeutung zu benennen wagt[76]. Andererseits bringt die angenommene Bedeutung „Tiefschlaf" einige Verständnisschwierigkeiten im Kontext der weiteren Belege mit sich. Bei einem Vorschlag der Beziehung des Vorgangs auf mesopotamisch-syrische Vorstellungsmodelle jedoch und besonders der angeblichen Entlehnung von Fachtermini aus diesem Bereich sollte man gerade für den Zustand der *trdmh* ein einschlägiges Gegenstück erwarten dürfen. Eine Rückführung des Ausdrucks auf ägyptisches Lexemmaterial scheint bei erster Durchsicht ausgeschlossen, da sich kein Nomen oder ein Verbum unmittelbar anbietet. Trotzdem scheint ein Ausdruck wenigstens in die engere Wahl kommen zu dürfen, der seit der Pyramidenzeit bis in die griechisch-römische Periode belegt ist, nämlich *wrḏ jb* mit der Bedeutung „ermatten, müde werden"[77]. Eine zugehörige Nominalbildung lautet *wrḏ.t* „Müdigkeit"[78]. Vermehrt um den

---

[71] Uehlinger, 1998, 34.
[72] Anders Uehlinger, 1998, 34.
[73] Zum Folgenden ausführlicher Görg, 2001a, 5-10.
[74] Vgl. v.a. HAL 1111.1645.
[75] Dazu, hier Oeming, 1988, 358f.
[76] Vgl. Nach GesB 746 wird die Grundbedeutung „wohl" durch arab. *rdm* „verstopfen" angezeigt. HAL 1111; vgl. Oeming, 1988, 359.
[77] Erman-Grapow, 1957, I, 338.
[78] Erman-Grapow, 1957, I, 338, Hannig, 1995, 207.

ägyptischen femininen Artikel *t3* und Ausdruck *jb* „Herz" liegt dann eine Form *t3-wrd.t jb* vor, die soviel wie „Mattigkeit des Herzens" bedeutet, die ägyptischer Symbolik entsprechend dem Todesschlaf entspricht[79]. So kann der Todes- und Auferstehungsgott Osiris die Prädikation *wrd-jb* „one whose heart is tired" tragen, wobei *wrd* als „euphemism for death" qualifiziert worden ist[80]. Mit der Fügung *t3-wrd.t jb* sollte hier nun die lautliche Gestalt des hebr. *tardema* unter Beachtung phonetischer Gesetze und Entsprechungen (v.a. Wegfall der Femininendung und Labialwechsel[81]) bei der Rezeption bzw. Hebraisierung von ägyptischen Fremdausdrücken verbunden werden dürfen. Dabei würde gerade die semantische Seite in einem spezifischen Sinn bereichert werden, da sie nicht nur eine tiefe Bewusstlosigkeit, sondern eine mythologische Verbindung zum Tod als Prozeß einer bevorstehenden Verwandlung[82] anzeigt. Auf dieser Grundlage wäre *trdmh* als unbewußter Phase des Übergangs zu einer neuen Konstitution zu deuten, die sich nach biblischer Perspektive allerdings nicht im Jenseits sondern im Diesseits vollzieht.

Dazu kommt noch eine weitere Beobachtung. Eine religiöse Dimension ist auch mit dem Heil- oder Tempelschlaf gegeben, der in Ägypten u.a. in „zellenähnlichen Inkubationsräumen" eines „Sanatoriums" ausgeübt wird, wie dieses etwa in der Nachbarschaft des bisher frühesten Geburtshauses der ausgehenden Pharaonenzeit in Tempelbereich von Dendera nachweisbar ist[83]. Die besondere Intention des Heilschlafes im Tempelbereich liegt gerade auch in der Befähigung zur Nachkommenschaft. Damit kommt auch dieser Praxis sowohl eine kultisch-sakrale wie auch anthropologische Bedeutung zu, so dass wiederum das Gelände des Tempelareals ins Blickfeld des Interesses am Prozeß der weiteren Menschwerdung rücken kann, wenn auch der angehende Terminus bislang für diese Art des Schlafes keine Anwendung gefunden zu haben scheint.

Im Zentrum der erzählten Welt von Gen 2,21f steht freilich das Lexem *ṣlʿ*, dessen Bedeutung bekanntlich vielfach außerhalb des Kontextes diskutiert worden ist[84]. Natürlich muß zunächst die scheinbar unüberbrückbare Bedeutungsdifferenz zwischen Gen 2,21f und den sonstigen Vorkommen verwundern. Immerhin meint das wie in Gen 2,21c fast durchweg im femininen Plural verwendete Nomen (Ausnahme: *ṣlʿm* 1Kön 6,34) v.a. kleinere und größere Bestandteile der Holzkonstruktion in der Architekturbeschreibung des Libanonwaldhauses und des Tempels (vgl. 1Kön 6,5.8.15f; 7,3 Ez 41,5ff), aber auch des Zeltheiligtums (Ex 25,12.14 26,20.26f 36,25.31f 37,3.5)[85], ohne dass es zu gelingen scheint, zu einer exakten Definition der Objekte zu gelangen. Dennoch kann eine Näherbestimmung von *ṣlʿ* bzw. *ṣlʿwt* in Gen 2,21f nicht ohne die Suche nach einem tertium

---

[79] Vgl. u.a. Assmann, 1996, 148f.

[80] Wilson, 1997, 247.

[81] Vgl. etwa den hebräischen Titelnamen TḤPNYS, der auf ägypt. *t3 ḥmt njswt* zurückzuführen ist, dazu u.a. Görg, 1999, 767f. Zur hebräischen Wiedergabe eines auslautenden *b* vgl. u.a. auch die Bezeichnung *ḥartom* „Zauberer" für ägypt. *ḥrj idb* (*ḥry tp*), dazu u.a. Quaegebeur, 1985, 162-172.

[82] Vgl. Assmann, 2001, 159: „Der Schlaf ist kein Ziel-, sondern ein Ausgangszustand".

[83] Vgl. Wildung, 1977, 1101f.

[84] Vgl. die informative Strukturierung der Deutungsversuche bei Fabry, 1989, 1060f.

[85] Nähere Differenzierung bei Fabry, 1989, 1062-1064.

comparationis auskommen. Wie bereits mit vollem Recht vermutet wurde, ohne leider umfassender bedacht zu werden, muß ein semantischer Vergleichspunkt zur Architektursprache jener Texte gefordert werden, die sowohl den monumentalen Bauvorhaben (vgl. v.a. 1Kön 6f) und den Zusagen der David-Dynastie (vgl. u.a. 2Sam 7) zugeordnet sind[86]. Dennoch wird auch der Blick über die biblischen Belegstellen hinaus unverzichtbar sein. Die unübersehbare und überwiegende Zuordnung der alttestamentlichen Belege zur architektonischen Terminologie findet allerdings in den akkadischen Belegstellen für das Nomen *selu* „Rippe" bzw. „Seite" keine Entsprechung[87], wohl aber in den ägyptischen Nachweisen des Lexems *ḏrww*, das sowohl „Rippe" wie auch „Seite" bedeutet und dazu „Seite" und „Wände" von Bauanlagen meinen kann[88], so dass sich aus ägyptologischer Sicht eine Sinngebung in ganz anderer Weise aufleuchten kann, wenn man diese Ebene der phonetisch-semantischen Vergleichbarkeit erst einmal betreten hat. Während das semitische Femininum *ṣlʿt* als Fremdwort ins Ägyptische eingegangen ist und dort in der sog. „Gruppenschreibung" zitiert wird[89], hat umgekehrt das maskuline *ṣlʿ* mit dem ägyptischen Lexem *ḏrww*, mit dem es auf semito-hamitischer Substratebene laut- und bedeutungsverwandt ist, gerade den anthropologischen und architektonischen Aspekt gemein. Überdies hat auch die feminine Form *ṣlʿt* ihr Gegenstück in dem ägyptischen Nomen *ḏrw.t/ḏryt*, das seinerseits zum ‚Wortfeld' von *ḏrww* „Rippe, Seite" gehört, einen Raum im Inneren des Tempels meint, namentlich in den Tempelinschriften der griechisch-römischen Zeit, „a general word for a chamber or chambers within the temple", auch mit einer „specific reference to the sanctuary"[90]. Die Funktion der Seitenkammern im Tempel, etwa der Sakristeien, Magazinräume, Schatzkammern, insbesondere diejenige der Kammern in engster Nachbarschaft des Sanktuars[91] sind auf nichts anderes als auf die Sicherung der liturgischen Abläufe bezogen, die den Fortbestand des Kultes stabilisieren und damit die Institution des Tempelheiligtums selbst. Auch beim Jerusalemer Tempel sind die *ṣlʿwt* kaum anders denn als Seitenkammern zu verstehen, die im Zuge des Tempelausbaus erstellt worden sein müssen und auch beim Tempelkult unentbehrlich sind, ja die Funktionsfähigkeit des Kultbetriebes auf Zukunft hin garantieren. Dabei ist nicht ausgeschlossen, dass es sich beim Jerusalemer Tempelausbau wenigstens teilweise um additive Holzkonstruktionen handelt, die den ursprünglichen Steinbau erweitern. Dies entspräche der monumentalisierenden Ausbauweise ägyptischer Tempel, wo ebenfalls hölzerne Anbauten zum steinernen Sakralbauensemble hinzu treten können.

Der ägyptische Glaube an die Vorstellung von der Bedeutung der Frau in Verbindung mit dem Tempel findet den vielleicht sprechendsten Ausdruck in der bekannten Hieroglyphe für die Göttin Hathor, deren Name (*ḥwt Ḥr*) als „Haus des Horus" zu deuten ist.

---

[86] Vgl. dazu bereits Haag, 1970, 45.127-134. Fabry, 1989, 1062.
[87] Vgl. Uehlinger, 1988, 96.
[88] Vgl. Erman-Grapow, 1957, V, 602.
[89] Vgl. Görg, 1977, 14-16; Hoch, 1994, 394.
[90] Vgl. Wilson, 1997, 1241f.
[91] Vgl. dazu Arnold, 1986, 360.

Was trägt diese bereits für das Verständnis von Gen 2,21f im biblischen Kontext naheliegendste Beziehung auf die Seitenkammern im Tempel[92] bzw. benachbarter Holzkonstruktionen im Residenzialbereich für das Verständnis von Gen 2,21f aus, wenn man die Hinweise zur Terminologie der Sakralarchitektur in Ägypten entschieden genug zu Rate zieht? Zunächst müsste man sich vor Augen führen, dass der Tempel nach ägyptischer Vorstellung einem lebendigen Organismus entspricht, der in vielfacher Vergleichbarkeit zum menschlichen Organismus steht. Der Tempel ist nicht nur ein Mikrokosmos in seiner Repräsentation der Weltschöpfung, sondern auch ein Gegenstück zu Gestalt, Position und Funktion des exemplarischen Menschen, nämlich des Königs[93]. Diesem Verständnis steht die Verwendung des Lexems ṣlʿ im AT allem Anschein doch nahe genug, um die These wagen zu dürfen, dass auch die bildhafte Rede von der Erschaffung der Frau im mythologisch begründeten Zusammenhang mit der Funktion der Seitenkammern im Tempel zu sehen wäre. Hier wird also ein möglicher Hintergrund ersichtlich, der über eine bloße metaphorische Assoziation hinausgreift, da nunmehr der „Mensch" in der in und durch ihn geschaffenen „Frau" eine Garantie seiner Zukünftigkeit erhält, die ihn zugleich mit dem ausgebauten Tempel als bleibendes Erscheinungsbild einer kosmischen Wirklichkeit verstehen lässt, des Schöpfers selbst nämlich, dessen Tätigkeit in alleiniger Aktivität mit *BNY* beschrieben wird und so den Zusammenhang mit der Architektursprache aufs deutlichste bestätigt. Der Verfasser orientiert sich allem Anschein nach an der allmählichen Erweiterung des Tempelbaus, um so das Werden des Menschen insgesamt zu illustrieren und zugleich in den Schöpfungsprozeß einzubinden. Der königliche Mensch wird mit der „Frau" in ihm und aus ihm selbst zum gestaltenden und kreativen Träger einer Dynastie.

Die Bezugnahme auf die Architektursprache im ‚Zweiten Schöpfungstext' findet schließlich mit der in 2,21 verwendeten Verbbasis *SGR* eine weitere Akzentsetzung, da *SGR* überwiegend[94] einem bautechnischen Verständnis entspricht, indem es besonders um das Schließen und Verschließen von Räumen geht. Das Verschließen von Räumen gehört auch nach den Informationen aus Ägypten u.a. zu den besonderen Um- und Ausbaumaßnahmen im Tempelareal, nicht zuletzt im Zusammenhang mit dem Zugang zum Sanktuar[95].

In die Reihe der Hinweise auf Architektursprache fügt sich zum Abschluß gerade auch jene Basis *BNY* „bauen" ein, die analog zum Verwendungsspektrum in der Fachterminologie sonst am besten mit „ausbauen" wiedergegeben wird. Daß sich bei diesem Verständnis von *BNY* in Gen 2,22 kein nennenswerter Dissens zum absolut überwiegenden Gebrauch der Basis sonst im AT ergibt, versteht sich nach allem von selbst. Auf den ak-

---

[92] Vgl. bereits Fabry, 1989, 1062.

[93] Vgl. hierzu vor allem die einschlägigen Arbeiten von Schwaller de Lubicz, 1957, ders., 1981. Mit diesem Hinweis soll nicht der Hang des Autors zu ausgreifenden und problematischen Einzelthesen bestätigt werden, sondern nur die grundsätzliche Überzeugung von einer strukturellen Vergleichbarkeit von Mensch und Tempel.

[94] Vgl. dazu u.a. Ringgren, 1986, 753-756. Zum technischen Gebrauch in der Goldschmiedekunst vgl. Görg, 1984, 250-255.

[95] Zu entsprechenden Baumaßnahmen im südlichen Bereich des Tempels von Luxor vgl. etwa Murnane, 1985, 135-148.

kadischen Sinngehalt von *banu* („schaffen") braucht man nach allem nicht unbedingt zurückzugreifen. Für die Koordination der zwei Handlungsverben könnte dagegen eine mögliche innerbiblische Analogie von weittragendem Interesse sein, da die Basen *BNY* und *SGR* im Zuge einer Mitteilung über bauliche Aktivitäten Salomos in 1Kön 11,27b und 27c aufeinander folgen, wobei sowohl das „asyndetische Nebeneinander der beiden Prädikate"[96] in wechselnder Wortstellung (27b: x-qatal bzw. 27c qatal x 27c)[97] wie auch die jeweiligen Objekte „Millo" (27b) und „Bresche der Stadt seines Vaters David" zu denken geben. Nach wie vor erscheint ungeklärt, in welchem literargeschichtlichen Verhältnis die beiden Nachrichten, „Salomo baute den Millo" und „er schloß die Bresche..." zueinander stehen[98]. Immerhin würde das Bauobjekt für unseren Zusammenhang unmittelbar relevant sein, wenn sich eine eigene frühere These erhärten ließe, dass „Millo" als lautlich-semantisches Äquivalent zum ägyptischen „Maru" (*m3rw*) zu verstehen sei, welcher Ausdruck am ehesten den Bezirk der Königin betreffe[99]. Immerhin weiß auch die Notiz in 9,15 von einem direkten Nebeneinander der Nachrichten über den Hinaufzug der „Tochter Pharaos" in das für sie errichtete „Haus" und dem Bau des „Millo" durch Salomo. Sollte etwa eine Erinnerung an die erfahrene oder überlieferte Bauleistung Salomos der äußere Hintergrund gewesen sein, um zu der bildhaften Aussage finden zu lassen, dass JHWH die Frau gebaut habe? Ob dazu mit dem „Verschließen" einer „Bresche" an die abschließende Sicherung der Stadtmauer zu denken ist, um so eine gewisse Entsprechung zur urgeschichtlichen Formulierung über den Verschluß der Körperstelle des „Menschen" nach Entnahme der „Rippe" erkennen zu lassen und zugleich eine Schutzperspektive in Gestalt der „Frau" für „den Menschen" ins Bild zu setzen? Möglicherweise hat der jahwistische Verfasser doch sehr viel eindringlicher als bisher bewusst auf Jerusalemer Lokaltraditionen zur Anlage und Funktionalität des Ensembles der ‚Großbauten' in der Davidsstadt Bezug genommen.

Natürlich wird sich am Ende der Erwägungen wieder um so dringlicher die Frage nach dem Entstehungszeitraum der jahwistischen Arbeit einstellen. Würde sich die These einer frühen Abfassungszeit noch einer generellen Akzeptanz erfreuen, könnte die Antwort leichter ausfallen. Der Verfasser würde unter dem offenbaren Eindruck des salomonischen Tempelbaus und seiner allmählichen Monumentalisierung zu einer urzeitorientierten und anthropologischen Konzeption gefunden haben, die er in einer Rezeption der mythologischen Vorstellungen aus Ägypten für seine Verhältnisse umgestalten konnte zu einem Bild des Schöpfers JHWH, der ohne weitere Assistenz den Menschen „formt" und „ausbaut". Man könnte diese Darstellung sogar als eine Art zeitgenössischer Kritik auffassen wollen, wie diese für das jahwistische Erzählwerk immer wieder veranschlagt worden ist. Vielleicht handelt es gar um eine um kritische Perspektive des frühen Jahwisten zum Tempelbau und den Bauprojekten Salomos überhaupt, die in der Gestal-

---

[96] Noth, 1968, 257.
[97] Zur Syntax vgl. Vanoni, 1984, 99f.
[98] Zur Diskussion vgl. Vanoni, 1984, 99f . 217f. mit Anm. 55, der 27c für eine möglicherweise sekundäre Explikation zu 27b hält, sieht mit Recht, dass diese Möglichkeit nicht ein historisches Negativurteil über einen sachlichen Zusammenhang impliziert. Zur sprachlichen Gestaltung vgl. auch Görg, 1991, 12-16.
[99] Vgl. Görg, 1976, 29-30. Ders., 1995, 814.

tung der „Frau" als der exponierten ‚Bauleistung' JHWHs und dem eigentlichen Wohnort Gottes kulminieren würde[100]. Auf jeden Fall wird man dem Autor eine außerordentliche Vertrautheit und einen kritisch-souveränen Umgang mit einem heterogenen Vorstellungsgut bescheinigen dürfen, das in vorexilischer Zeit auch im Ambiente des Jerusalemer Tempelheiligtums heimisch werden konnte. Sollte das Gesamt an Referenzen, Anspielungen und mythologischen Konnexionen erst aus der nachexilischen Retrospektive heraus produziert worden sein? Vielleicht darf man hier doch dem Strom der scheinbar absoluten Spätdatierung entgegen schwimmen. Was den vorliterarischen und literarischen Prozeß betrifft, kann man den jahwistischen Arbeitszeitraum guten Gewissens flexibler definieren und weiterhin einen Produktionsweg unterstellen, der in nachsalomonischer Zeit ansetzt, in nachhiskijanischer Zeit weitergeführt worden ist, um einer späteren (vor- und nachexilischen) Redaktionsarbeit ein gehöriges Textmaterial zuzuspielen. Dem ‚Zweiten Schöpfungstext' sollte in seinem Hauptbestand ein vorexilischer Werdegang grundsätzlich nicht abgesprochen werden. Die vorstehenden Ausführungen wollen daher nicht mehr als ein Votum sein, um die jahwistische Konzeption des „Menschen" als königliches Geschöpf JHWHs und als zukunftsträchtiges ‚Gesamtkunstwerk' verstehen zu lassen, gewachsen unter dem Eindruck einer älteren Nachbarkultur, deren Faszination das vorexilische Jerusalem begleitet und zu kritischer Kreativität herausgefordert hat.

Literatur

Altenmüller H., 1996: Zu Isis und Osiris, in: M. Schade-Busch (Hg.), Wege öffnen. Festschrift für Rolf Gundlach zum 65. Geburtstag, ÄAT 35, Wiesbaden.

Amiran, R., 1962: Myths of the Creation of Man and the Jericho Statues, BASOR 167, 23-25.

Arnold, D., 1986: Tempelarchitektur, in: Lexikon der Ägyptologie VI, Wiesbaden.

Assmann, J., 1982: Die Zeugung des Sohnes. Bild, Spiel, Erzählung und das Problem des ägyptischen Mythos, in: J. Assmann/ W. Burkert/F. Stolz, Funktionen und Leistungen des Mythos. Drei altorientalische Beispiele, OBO, Freiburg Schweiz / Göttingen.

Assmann, J., 1996: Zur Geschichte des Herzens in Alten Ägypten, in: G. Berkemer / G. Rappe (Hg.), Das Herz im Kulturvergleich, Berlin, 143-172.

Assmann, J., 1999: Ägyptische Hymnen und Gebete, 2. Auflage, Freiburg Schweiz / Göttingen.

Assmann, J., 2001: Tod und Jenseits im Alten Ägypten, München.

Bauks, M., 1997: Die Welt am Anfang. Zum Verhältnis von Vorwelt und Weltentstehung in Gen 1 und in der altorientalischen Literatur, WMANT 74, Neukirchen-Vluyn.

---

[100] Vgl. Fabry, 1989, 1062.

Blumenthal, E., 1999: Die biblische Weihnachtsgeschichte und das alte Ägypten (Bayerische Akademie der Wissenschaften. Phil.-Hist. Klasse, Sitzungsberichte 1999/1, München.

Brunner, H., 1964: Die Geburt des Gottkönigs Studien zur Überlieferung eines altägyptischen Mythos, Ägyptologische Abhandlungen 10, Wiesbaden.

Darnell, J.C., 1985: The Harried Helper, pPushkin 127: 4,15-16, Göttinger Miszellen. Beiträge zur exegetischen Diskussion 92, 17-21

Dohmen, C., 1987: Schöpfung und Tod. Die Entfaltung theologischer und anthropologischer Konzeptionen in Gen 2/3, SBB 17, Stuttgart.

Erman A., - Grapow H., 1957: Wörterbuch der ägyptischen Sprache, 6 Bände, 2. Auflage Berlin und Leipzig. 1940-59 Die Belegstellen, 5 Bände, Berlin und Leipzig.

Fabry, H.-J., 1988: $sela^c$, in: ThWAT VI, 1059-1064.

Gaballa, G.A., 1967: New Evidence on the Birth of Pharaoh, Or 36, 1967, 299-304 mit Taf. LXIII- LXV.

Görg, M., 1976: „Maru" und „Millo", Göttinger Miszellen. Beiträge zur ägyptologischen Diskussion 20, 29-30.

Görg, M., 1977: „Wo lag das Paradies?" – Einige Beobachtungen zur einer alten Frage, BN 2, 13-15 (= 1991, 3-12).

Görg, M., 1977a: Ein Fachausdruck israelitischer Architektur, BN 3, 14-16.

Görg, M., 1984: Ein Ausdruck der Goldschmiedekunst im Alten Testament, BZ 28, 250-255.

Görg, M., 1986: Eine heterogene Überlieferung in Gen 2,6? BN 31, 19-24.

Görg, M., 1987: Zur Identität des Pischon (Gen 2,11), BN 40, 11-13 (= 1991, 13-15).

Görg, M., 1989: Noch einmal zu 'ed (Gen 2,6), BN 50, 9-10.

Görg, M., 1991: Aegyptiaca–Biblica. Notizen und Beiträge zu den Beziehungen zwischen Ägypten und Israel, ÄAT 11, Wiesbaden.

Görg, M., 1991a: Zur Darstellung königlicher Baumaßnahmen in Israel und Assur, BN 59, 12-16.

Görg, M., 1995: Millo, in: NBL II, Lieferung 10, 814.

Görg, M., 1997: Paradies, in: NBL III, Lieferung 11, 65.

Görg, M., 1997a: Paradiesesgeographie, in : NBL III, Lieferung 11, 65-66.

Görg, M., 1997b: Pischon, in: NBL III, Lieferung 11, 151.

Görg, M., 1998: Tachpenes, NBL III, Lieferung 14, 767-768.

Görg, M., 2001: Die Barke der Sonne. Religion im alten Ägypten, Freiburg.

Görg, M., 2001a: Tardema, BN 110, 5-10.

Haag. E., 1970: Der Mensch am Anfang. Die alttestamentliche Paradiesvorstellung nach Gn 2-3, TTSt 24, Trier.

Hannig, R., 1995: Die Sprache der Pharaonen: Großes Handwörterbuch Ägyptisch-Deutsch (2800-950 v.Chr.), Mainz.

Hasel, G.F.,- Hasel, M.G., 2000: The Hebrew Term '*ed* in Gen 2,6 and Its Connection in Ancient Near Eastern Literature, ZAW 112, 321-340.

Helck, W., 1977: Gartenanlage, -bau, in: Lexikon der Ägyptologie II, 378-380.

Hoch, J.E., 1994: Semitic Words in Egyptian Texts of the New Kingdom and Third Intermediate Period, Princeton, New Jersey.

Hugonot, J.-C., 1989: Le jardin dans l'Égypte ancienne, EHS 38/27, Frankfurt/Main 1989.

Hutter, M., 1986: Adam als Gärtner und König (Gen 2,8.15), BZ 30, 1986, 258-262.

Janowski, B., 1989: Tempel und Schöpfung. Schöpfungstheologische Aspekte der priesterschriftlichen Heiligtumskonzeption, in: JBTh 86, 389-454.

Janowski, B., 1993: Gottes Gegenwart in Israel. Beiträge zur Theologie des Alten Testaments, Neukirchen-Vluyn.

Kaplony, P., 1980: Ka, in: Lexikon der Ägyptologie III, 275-282.

Keel, O., 1975: Die Stellung der Frau in der Erzählung von Schöpfung und Sündenfall, Genesis 2 und 3 (Erzählung des Jahwisten), Orientierung 39/7, 74-76.

Keel, O., 1992: Ägyptische Baumgöttinnen der 18.–21. Dynastie. Bild und Wort, Wort und Bild, in: Ders., Das Recht der Bilder gesehen zu werden. Drei Fallstudien zur Methode der Interpretation altorientalischer Bilder, OBO 122, Freiburg Schweiz / Göttingen, 61-138.

Kilian, R., 1966: Die vorpriesterlichen Abrahamsüberlieferungen literarkritisch und traditionsgeschichtlich untersucht, BBB 24, Bonn.

Kilian, R., 1989: Nachtrag und Neuorientierung. Anmerkungen zum Jahwisten in den Abrahamserzählungen, in: M. Görg (Hg.), Die Väter Israels (Fs J. Scharbert), Stuttgart, 155-167.

Kramer S.N., 1945: Enki and Ninhursag. A Sumerian „Paradise" Myth, BASOR Suppl. 1, New Haven 1963 The Sumerians, Their History, Culture and Character, Chicago.

Kügler, J., 1996: Pharao oder Christus? Religionsgeschichtliche Untersuchung zur Frage einer Verbindung zwischen altägyptischer Königstheologie und neutestamentlicher Christologie im Lukasevangelium, BBB 113, Bodenheim.

Kügler, J., 2001: Die religiöse Bedeutung des Dufts im Alten Ägypten: Medium der Gottesnähe, in: Ders. (Hg.), Die Macht der Nase. Zur religiösen Bedeutung des Duftes. Religionsgeschichte – Bibel – Liturgie, SBS 187, Stuttgart, 25-47.

Levin, C., 1993: Der Jahwist, FRLANT 157, Göttingen.

Lipinski, E., / Fabry, H.J., 1989: ^{c}*zar* etc. in: ThWAT VI, 14-21.

Mayer, R., 1987: Ein Mythos von der Erschaffung des Menschen und des Königs, Or 56, 55-68.

Michel, A., 1997: Theologie aus der Peripherie. Die gespaltene Koordination im Biblischen Hebräisch, BZAW 257, Berlin – New York.

Müller, H.P., 1972: Mythische Elemente in der jahwistischen Schöpfungserzählung, ZThK 69, 259-289 = 1991, 3-42.

Müller, H.P., 1989: Eine neue babylonische Menschenschöpfungserzählung im Licht keilschriftlicher und biblischer Parallelen. Zur Wirklichkeitsauffassung im Mythos, Or. 58, 61-85 = 1991, 43-67.

Müller, H.P., 1990: Mythos – Kerygma – Wahrheit. Gesammelte Aufsätze zum Alten Testament in seiner Umwelt und zur Biblischen Theologie, BZAW 200, Berlin- New York, 3-42.

Murnane, W.J., 1985: False Doors and Cult Practices inside Luxor Temple, in: Mélanges Gamal Eddin Mokhtar II, Bibliothèque d'Étude CCVII/2, Kairo, 135-148.

Notter, V., 1974: Biblischer Schöpfungsbericht und ägyptische Schöpfungsmythen, SBS 68, Stuttgart.

Oeming, M., 1990: *rdm, trdmh* ThWAT VII, 358-361.

Otto, E., 1996: Die Paradieserzählung Gen 2-3: eine nachpriesterschriftliche Lehrerzählung in ihrem religionshistorischen Kontext, in: A.A. Diesel u.a. (Hg.), „Jedes Ding hat seine Zeit...". Studien zur israelitischen und altorientalischen Weisheit (Fs. D. Michel), BZAW 241, Berlin/New York.

Quack, J., 2002: Ein neuer Versuch zum Moskauer literarischen Brief, ZÄS 128, 167-181.

Quaegebeur, J., 1985: The Egyptian Equivalent of *ḥartummim*, in: S.I. Groll, Pharaonic Egypt. The Bible and Christianity, Jerusalem, 162-172.

Ringgren, H., 1986: *sagar, masger, misgaeraet*, in: ThWAT V, 754-756.

Ruppert, L., 1984: Genesis. Ein kritischer und theologischer Kommentar. 1. Teilband: Gen 1,1-11,26, FzB 70, Würzburg.

Schmid, K., 1999: Erzväter und Exodus. Untersuchungen zur doppelten Begründung der Ursprünge Israels innerhalb der Geschichtsbücher des Alten Testaments, WMANT 81, Neukirchen-Vluyn.

Schwaller de Lubicz, R.A., 1957: Le Temple de l'Homme. Apet du Sud à Louqsor I-III, Paris.

Schwaller de Lubicz, R.A., 1981: The Temple in Man. Sacred Architecture and the Perfect Man, Rochester, Vermont.

Seebass, H., 1996 Genesis I. Urgeschichte (1,1-11,26), Neukirchen-Vluyn.

Sethe, K., 1962: Übersetzung und Kommentar zu den altägyptischen Pyramidentexten V: Spruch 507-582 (§§ 1102-1565), Hamburg.

Ska J.L., 1983: „Je vais lui faire un allié qui soit son homologue" (Gn 2,18). A propos du terme ^{c}ezer – «aide», Bibl 65, 1984, 233-238.

Von Soden, W., 1994: Der altbabylonische Atramchasis-Mythos, TUAT III/4, Gütersloh.

Uehlinger, C., 1988: Eva als „lebendiges Kunstwerk". Traditionsgeschichtliches zu Gen 2,21- 22(23.24) und 3,20, BN 43, 90-99.

Uehlinger, C., 1998: Nicht nur Knochenfrau. Zu einem wenig beachteten Aspekt der zweiten Schöpfungserzählung, BiKi 53, 1998, 31-34.

Vanoni, G., 1984: Literarkritik und Grammatik. Untersuchung der Wiederholungen und Spannungen in 1Kön 11-12, ATSAT 21, St. Ottilien.

Weimar, P., 1976: Untersuchungen zur Redaktionsgeschichte des Pentateuch, BZAW 146, Berlin / New York.

Westermann, C., 1977: Genesis. Biblischer Kommentar/Altes Testament I/1, 2. Auflage, Neukirchen-Vluyn.

Wildung, D., 1977 Garten, in: Lexikon der Ägyptologie II, Wiesbaden 376.

Wildung, D., 1977a: Heilschlaf, in: Lexikon der Ägyptologie II, Wiesbaden, 1101f.

Wilson, P., 1997: A Ptolemaic Lexikon. A Lexicographical Study of the Texts in the Temple of Edfu, OLA 78, Leuven.

Witte, M., 1988: Die biblische Urgeschichte. Redaktions- und theologiegeschichtliche Beobachtungen zu Genesis 1,1-11,26, BZAW 265, Berlin / New York.

Yahuda, A.S., 1929: Die Sprache des Pentateuchs in ihrer Beziehung zum Ägyptischen I, Berlin/Leipzig.

Zobel, H.-J., 1973: *badad, bad, badad*, in: ThWAT I, 511-518.

Abrahamsbilder in der Bibel*

Zum Problem einer interreligiösen Orientierung am „Vater des Glaubens"

Bis in die jüngere Gegenwart schien es unbestritten, dass man im Blick auf die drei Religionen „Judentum", „Christentum", „Islam" von den „drei monotheistischen" oder auch von den „drei abrahamitischen bzw. abrahamischen Religionen" sprechen konnte[1]. Zu deutlich erschien die Vorstellung von dem „Vater des Glaubens" in den drei Religionen ebenso wie die Idee des einen und einzigen Gottes als verbindende Klammer, als dass man die Dreizahl relativieren und noch irgendeine andere Religion mit ins Boot hätte nehmen wollen.

Seit kurzem ist hier eine Warntafel aufgestellt worden. Es mehren sich die Stimmen, man solle doch lieber Abstand von einem Konsens in zentralen Fragen des Gottesglaubens nehmen und auch der Relevanz des „Vaters des Glaubens" als des prägenden Urvaters der Religionen kritisch begegnen[2]. Es sei allemal sinnvoller, zunächst das Trennende festzuhalten, um sich dann in wechselseitigem Respekt vor dem jeweiligen Anderssein zu tolerieren. Gerade Abraham erweise sich doch mehr und mehr als eine jeweils höchst eigenwillig und disparat gedeutete Gestalt, die es nicht erlaube, in den Mittelpunkt eines Bemühens um gemeinsame Orientierung gestellt zu werden. Und schon gar nicht sei Abra-

---

* Die nachstehenden Ausführungen beruhen auf einem Vortrag: „Abrahambilder in der Bibel. Mythos – Erinnerung – Glaube", der zu Beginn einer gemeinsam von der Katholischen Akademie in Bayern und der Evangelischen Akademie Tutzing veranstalteten Tagung zum Thema „Der eine Stammvater Abraham? Zum Verhältnis von Juden, Christen und Muslimen" (27. und 28. Juni 2008 in Tutzing) gehalten wurde (vgl. die vorab eingesandte Vortragsfassung in: zur debatte. Themen der Katholischen Akademie in Bayern 6/2008, S. 10-12, ausführlichere Fassung des Vortrags mit Anmerkungen in: Blätter Abrahams. Beiträge zum interreligiösen Dialog 7, 2008, S. 34-48). Da die Relevanz der biblischen Befunde im Fortgang der Tagung einseitig zu Gunsten einer kritischen Distanzierung von den Chancen eines konstruktiven Dialoges über „Abraham" im Hintergrund verblieb, sei hier der Wortlaut erneut gegeben, in den nachträglichen Anmerkungen vermehrt um eine knappe Erörterung der ‚abrahamkritischen' Positionen. Vorab ist zu vermerken, dass das Medienecho unterschiedlich ausfiel. Während der Bericht über die Tagung von B. Buchner, Ganz koscher war Abraham nicht. Eine Tutzinger Tagung zu den Ursprüngen der drei monotheistischen Weltreligionen, Kirchliche Nachrichten Agentur/Ökumenische Information Nr. 28 (8. Juli 2008) S. 17-19 den Grundgedanken des Vortrags in einer eigenen Spalte (S. 19) korrekt herausstellt und der Vortrag selbst in einer Beilage zur Ausgabe der KNA/ÖKI Nr. 34 (19. August 2008), S. 1-11 vollständig abgedruckt wurde, ist die kürzlich erfolgte Aufzeichnung im BR-Alpha/Campus (in zwei Folgen) den biblisch-theologischen Perspektiven der Bedeutung „Abrahams" und der damit gegebenen inspirierenden Relevanz der Glaubensgestalt leider überhaupt nicht gerecht geworden.

[1] Vgl. A.-Th. Khoury, Abrahamitische Religionen, in: RGG[4] 1, 1998, Sp. 78, der festhält, dass Abraham trotz des Streitens über ihn in den drei Religionen „eine Brücke zwischen ihnen bilden" könnte. Zur Terminologie auch M. Görg, Abraham als Ausgangspunkt für eine „abrahamitische Ökumene", in: A. Renz – St. Leimgruber (Hg.), Lernprozess Christen Muslime. Gesellschaftliche Kontexte – Theologische Grundlagen – Begegnungsfelder: Forum Religionspädagogik interkulturell 3, Münster 2002, S. 142-151, bes. 141-144 und zuletzt vor allem die voluminöse Darstellung von K.J. Kuschel, Juden – Christen – Muslime. Herkunft und Zukunft, Düsseldorf 2007.

[2] Vgl. u.a. R. Brague, Schluß mit den „drei Monotheismen", in: Internationale Katholische Zeitschrift Communio 36, 2007, 98-113. M. Bauschke, Der Spiegel des Propheten. Abraham im Koran und im Islam, Frankfurt am Main 2008. Ausgewogenere Perspektiven bietet immerhin U. Bechmann, Chancen und Risiken der Berufung auf Abraham in den „abrahamitischen Religionen", in: Blätter Abrahams. Beiträge zum interreligiösen Dialog 4, 2005, S. 7-25.

ham geeignet, im gegenwärtigen Dissens der religiösen Kulturen mit ihrer politischen Gegnerschaft die Rolle eines verbindenden Friedenssymbols zu übernehmen. Hebron sollte hier ein abschreckendes Beispiel sein[3]. Dort wo die Religionen des Judentums und des Islam in Disharmonie nebeneinander die Verehrung der Erzväter und Erzmütter streitig machen, habe man doch den absoluten Kältepunkt in Sachen interreligiöser Toleranz vor Augen.

1. Abraham: Mythos und Geschichte

Da im Zentrum meiner Ausführungen der biblische Abraham steht, möchte ich mit der These beginnen, dass Abraham eine mythische Gestalt ist und eine mythologische Interpretation vor allem im sogenannten „Alten Testament" erfahren hat. „Mythos" ist in meinen Augen – eine der jüngsten Akademietagungen in München hat mir dies bestätigt[4] – nicht einfach eine eher unwirkliche und fabulöse Darstellungsweise, der man den Logos eben als Weg zur adäquaten und vernunftbezogene Wirklichkeitserfassung gegenüberstellen könnte, sondern ein Gefüge von Vorstellungsbildern, denen eine genuine, das Grundverhältnis zwischen der Erlebniswelt und eine übergeordnete oder auch transzendenzbezogenen Bestimmungwelt berührende Überzeugung innewohnt.

Wenn ich so auch den biblischen Mythos und die biblische Mythologie als Spiegelbild der Auffassungen vom Menschen vor Gott und von Gott oder den Göttern vor den Menschen ansehe[5], ist mir gerade die Gestalt und Deutungsvielfalt Abrahams in der Bibel ein Musterbeispiel für eine tiefere Orientierung, der eine noch so ausgefeilte Kritik gegenüber der historisch-geschichtlichen Frage nicht beikommen kann. Andererseits ist auch die in der gegenwärtigen Forschung am Alten Testament so gut wie nicht mehr betrachtete Frage nach der geschichtlichen Existenz keineswegs einem unmythischen Denken zuzuordnen, denn Mythos und Geschichte lassen sich nicht zu einem unüberbrückbaren Gegensatz ausbauen.

Es ist deshalb immer noch legitim, zunächst einen Blick auf ein historisches Fundament und die geschichtlichen Grundlagen zu richten. Hier möchte ich daran festhalten, dass „Abraham" im Gefüge der sogenannten Väterzeit als Erinnerungsgestalt in eine kulturgeschichtliche Phase des Alten Orients hineinverwoben ist, die wir die 2. Stufe der Mittleren Bronzezeit nennen und die uns mittlerweile in einer Fülle epigraphischer und ikonographischer Zeugnisse zugänglich geworden ist.

---

[3] Dazu jüngst U. Bechmann, Gestörte Grabesruhe. Idealität und Realität des interreligiösen Dialogs am Beispiel von Hebron / al-Khalil: Kleine Texte 24, Berlin 2007.

[4] Vgl. die Dokumentation in: zur debatte. Themen der Katholischen Akademie in Bayern 37, 2007.

[5] Der gegen einen interreligiösen Rekurs auf eine gemeinsame Orientierung an Abraham gerichtete Zweifel im Vortrag von W. Beinert, Was eint und trennt die abrahamitischen Religionen aus christlicher Sicht?, man könne sich doch kaum „durch eine weitgehend von den Nebeln der Vorzeit verwaberte, halb mythische Gestalt auf Gemeinschaftskurs bringen lassen" (vgl. die Wiedergabe in: zur debatte. Themen der Katholischen Akademie in Bayern 6, 2008, S. 15-17, hier S. 16) verrät wenig Sympathie mit den Dimensionen des Mythos und ist somit m.E. nicht in der Lage, einen plausiblen Zugang zur archetypischen Relevanz der Glaubenshaltung Abrahams für alle drei Religionen und darüber hinaus zu vermitteln.

Zunächst ist der Name „Abraham" bzw. dessen (ältere?) Kurzform „Abram" ohne sonderliche Probleme mit dem bekannten Inventar von Namensformen aus dem Alten Orient und Ägypten kompatibel. Im westsemitischen Bereich Palästina-Syriens kann man auf Bildungen wie *Abi-ram* "(Mein) Vater (auch als Gottheit?) ist erhaben" verweisen, im keilschriftlichen Material der Texte aus dem obermesopotamischen Mari zu Beginn des 2. Jt. v. Chr. u.a. auf die Namensform *Abiram* in amoritischen Texten mit der wahrscheinlichen Bedeutung „Mein Vater ist ein *ramum*" d.h. ein „Steinmonument"[6], was man als frühen Hinweis auf eine ehrwürdige Traditionsfigur deuten könnte. Im Raum Kanaans ist uns aus einer in ägyptischen Hieroglyphen gehaltenen Inschrift aus Beth-Schean aus der Zeit des Pharao Sethos I. (13. Jh. v. Chr.) bekannt, die eine Sippe mit den Konsonanten *RHM* im östlichen Mittelpalästina nennt, die wiederum in einer wohl noch auf eine Stammesbildung deutenden Namensgestalt mit der Basis *RHN* bereits in den viel älteren sogenannten „Ächtungstexten" d.h. ägyptischen Listen mit zahlreichen Orts- und Fürstennamen Kanaans aus dem 18. Jh. v. Chr. vorkommt[7]. Die Bildung „Abraham" ließe sich so leicht auch als Komposition aus dem semitischen Wort für Vater (*abu*) und dem Stammesnamen *RHN/M* erklären. Über die individuelle Existenz und Deutung des Namensträgers ist damit zumindest soviel erkennbar, dass wir mit gutem Grund an die Gestalt eines Sippenführers denken dürfen, dessen Funktion sich in einem Titel niederschlägt, wie er dann als Name eines Ahnherrn in die Traditionsgeschichte des kanaanäisch-israelitischen Raums eingegangen ist. Ein reizvoller Gedanke wäre es überdies, wenn sich auch der biblische Titel Abrahams als „Hebräer" vom Verbum *ḫabarum* aus den Mari-Texten herleiten ließe, das so viel wie „emigrieren" bezeichnet, so dass Abraham als „Emigrant" bezeichnet wäre[8].

In den letzten Jahren hat uns vor allem die Erforschung der Miniaturkunst der 2. Phase der Mittleren Bronzezeit Kanaans („MB II-B": ca. 18.-16. Jh. v. Chr.) ein Bild von der religionsgeschichtlichen Situation des alten Palästina verschaffen können, bevor es zur Herausbildung Israels aus den kanaanäischen Bevölkerungsformationen gekommen ist[9]. Die Dekoration von Skarabäen d.h. kleinen Amuletten aus der fraglichen Zeit, die wir insbesondere mit der Herrschaft der Hyksos und deren Vorläufern in Palästina und Ägypten verbinden, zeigt uns nicht nur Belegstücke mit Namensnennungen wie der an den

---

[6] Vgl. dazu D. Charpin, „Ein umherziehender Aramäer war mein Vater". Abraham im Lichte der Quellen aus Mari, in: R.G. Kratz und T. Nagel (Hg.), „Abraham, unser Vater? Die gemeinsamen Wurzeln von Judentum, Christentum und Islam, Göttingen 2003, S . 40-52, hier S. 43f. mit Anm. 13.

[7] Vgl. dazu M. Liverani, Un'ipotesi sul nome di Abramo, in: Henoch 1, 1979, S. 9-18. H. Engel, Abraham bei Beth-Schean, in: Bibel und Kirche 38, 1983, S. 53. M. Görg, Abraham – Historische Perspektiven, in: Biblische Notizen 41, 1988, S. 11-14 = Ders., Beiträge zur Zeitgeschichte der Anfänge Israels. Dokumente – Materialien – Notizen: Ägypten und Altes Testament 2, Wiesbaden 1989, S. 171-174. Ob jedoch ein seinerzeit beigezogener Fürstenname aus den jüngeren Ächtungstexten (E 55) mit Abraham verbunden werden kann, hängt von den noch nicht abschließend geklärten Transliterationsverhältnissen ab.

[8] Vgl. dazu Charpin, 2003, S. 44 mit Anm. 14.

[9] Vgl. hierzu besonders die instruktive und innovative Darstellung von O. Keel – Chr. Uehlinger, Göttinnen, Götter und Gottessymbole. Neue Erkenntnisse zur Religionsgeschichte Kanaans und Israels aufgrund bislang unerschlossener ikonographischer Quellen: Quaestiones Disputatae 134, Freiburg – Basel – Wien 1992, S. 21-54, sowie zahlreiche weitere Dokumentationen und Kommentare O. Keels zum Skarabäenmaterial und -befund.

III. Menschenbilder

biblischen Erzvater Jakob erinnernden Personennamen *Jaqub-Haddu* („Jakob" mit beigefügtem Gottesnamen) in mancherlei Varianten[10], sondern immer wieder die figürliche Ausprägung eines männlichen Typs mit einer charakteristischen Gewandung, einem Wulstsaum an dem wohl aus Schafswolle gefertigten Mantel, und der deswegen als „Wulstsaummantelträger" in die altorientalische Kunstgeschichte eingegangen ist[11]. Ein besonders schönes Beispiel – auch gerade für unseren Zusammenhang wichtig – zeigt uns eine solche Gestalt, die offenbar einem Würdenträger begegnet, der auf einem Thron sitzt und eine Art konisch zulaufender Krone trägt[12]. Kopfbedeckungen dieser Art sind etwa vom Fürsten von Byblos bekannt, einer in der Mittel- und Spätbronzezeit besonders bedeutenden Fürstenmetropole des kanaanäisch-syrischen Raums. Die Komposition, die anscheinend die Überreichung eines Blumenstraußes an den Fürsten oder auch an eine Gottheit bzw. einen vergöttlichten Vorfahren präsentiert, kann Szenen nahe stehen, die in der Bibel mit der Begegnung von Erzvätergestalten wie Jakob und Isaak, aber auch Abraham mit zeitgenössischen oder überlieferten Regenten damaliger Stadtstaaten vor Augen gestellt werden, die möglicherweise in eine Art Verhältnis „bündnishaften Charakters" eintreten[13]. Außerbiblische Darstellungen solcher Begegnungen belegen natürlich nicht die Historizität der Kontakte eines Abraham oder Jakob zu zeitgenössischen Regenten, können aber zur Illustration des Ambiente der Väterzeit durchaus beitragen.

Es wäre gewiss lohnend, die Fülle der außerbiblischen Illustrationen hier auszubreiten, um sich über Grundlagenprozesse zu vergewissern, die allen weitaus jüngeren Erinnerungstraditionen des alten Israel zugrunde liegt. Die sogenannte Väter-, oder richtiger Erzeltern-Zeit Israels ist nach der Bibel in eine gesellschaftliche Ordnung gestellt, die einem System von Sippen und Großfamilien entspricht. Die ikonographischen Befunde liefern uns ein Bild von einer lebens- und schöpfungsnahen Gesellschaftsordnung, in der die Geschlechter offenbar nahezu auf gleicher Ebene gestanden haben mögen, was in der historischen Nachgeschichte nicht mehr auch nur annähernd vergleichbar bezeugt ist[14]. Auch in der Bibel unterscheidet sich ja die Stellung der Geschlechter in den Erzähltraditionen von Abraham, Jakob, Isaak mit den dominanten Frauengestalten Sara, Hagar, Rebekka, Lea und Rachel erheblich von den Überlieferungen zur Rolle der Mosegestalt und auf diesen zurückgeführten Exodusgruppe, wo im wesentlichen nur noch Mirjam als Schwester des Mose namentlich und aktiv hervortritt.

---

der Mittelbronze IIB-Zeit.

[10] Dazu vor allem Th. Schneider, Ausländer in Ägypten während des Mittleren Reiches und der Hyksoszeit, Teil I: Die ausländischen Könige: Ägypten und Altes Testament 42, Wiesbaden 1998, S. 128.

[11] Vgl. u.a. Keel-Uehlinger, Göttinnen, Götter und Gottessymbole, 48-50.

[12] Weitere Informationen vorerst in M. Görg, Abraham und die Philister, in: Blätter Abrahams 4, 2005, S. 26-35, hier besonders S. 31-33 mit Abb. 1.

[13] Zur Motivklasse „Dreifigurige Kompositionen" vgl. O. Keel, Corpus der Stempelsiegel-Amulette aus Palästina/Israel. Von den Anfängen bis zur Perserzeit. Einleitung: Orbis Biblicus et Orientalis. Series Archaeologica 10, Freiburg Schweiz – Göttingen 1995, S. 223-226, hier besonders S. 223 § 606.

[14] Nach Keel-Uehlinger, Göttinnen, Götter und Gottessymbole, S. 21 signalisiert die Mittelbronze II B-Zeit ein „Gleichgewicht der Geschlechter".

Mit diesen Bemerkungen soll lediglich darauf hingewiesen werden, dass Abraham durchaus als Repräsentant einer kanaanäischen Kulturperiode betrachtet werden kann, der in die biblische Tradition von den präisraelitischen Bevölkerungsstufen im palästinischen Raum eingegangen sein wird.

2. Abraham: Gestalt biblischer Erinnerung

Das Spektrum biblischer Texte, die Abraham als Hauptakteur in narrativem Kontext sehen, konzentriert sich auf das 1. Buch Mose (Genesis), näherhin Kap. 11-25,11. Der erste Eindruck ist der einer vielfältigen Szenenfolge und eines vielfarbigen Spektrums, ohne dass sich aufs Erste ein durchsichtiger Erzählzusammenhang im übergreifenden Ausmaß wahrnehmen lässt. Die kritische Forschung hat seit ihrem Beginn wahrgenommen, dass die Abrahams-Texte von verschiedenen Autoren verfasst und in einem komplizierten literarischen Prozeß miteinander verbunden und zur heutigen uneinheitlichen Komposition gewachsen sind. Das Judentum des Zweiten Tempels hat die Zusammenfügung der Erzählungen zu einem narrativen Bilderzyklus werden lassen, der dann ohne weitere Sondierungen in die Rezeptionsgeschichte des Christentums eingegangen ist. Gegenüber der seit der Aufklärungszeit bis in unsere Tage zu sehr differenzierten, aber auch zu schwankenden Urteilen und Positionen führenden historisch-kritischen Arbeit ist gegenwärtig ein Bemühen zu spüren, wieder zu einer ganzheitlichen Lektüre im Anschluss an die jüdische und vorneuzeitliche Auslegung zurückzufinden. Beide Positionsstränge stehen nunmehr in einem Konkurrenzverhältnis. Wir versuchen hier, beiden Interessen gerecht zu werden, indem wir sowohl die Wachstumsprozesse wie auch die übergreifenden Zusammenhänge in den Darstellungen Abrahams in den Blick zu nehmen suchen[15].

Unter literargeschichtlichem Aspekt lassen sich zwei Blöcke unterscheiden, die jeweils wiederum einen verzweigten Verschriftlichungsweg aufzuweisen haben[16]. Am ehesten lässt sich eine priesterschriftliche Textgeschichte rekonstruieren, die sich von einer Kette nicht-priesterlicher Textfassungen unterscheidet, welche indes ein weit umfangreicheres Material anbietet.

---

[15] Die biblischen und koranischen Darstellungen zu Abraham zeigen jeweils ein breites Spektrum von narrativen Details, die sich in der absolut überwiegenden Mehrzahl inhaltlich und intentional nicht zur Deckungsgleichheit bringen lassen (so zuletzt M. Wolffsohn in seinem Tagungsreferat „Was eint uns, was trennt ‚die abrahamitischen Religionen' aus jüdischer Sicht" (vgl. die Fassung in: zur debatte. Themen der Katholischen Akademie in Bayern 6/2008, S. 12-14). Für unseren Zusammenhang ist aber entscheidend, dass die jüdische Perspektive des in Gen 12,1-4 geschilderten Vorgangs im Koran mit einer durchaus parallelen Version einer Glaubensprovokation verbunden wird, wobei die Motivverwandtschaft noch deutlicher im Verhältnis der jüdischen Traditionsliteratur und der islamischen Überlieferung zutage tritt. Es geht hier jeweils um die Ablösung der Vielgötterei bei Abrahams Vorfahren und die Neuorientierung Abrahams an dem einen Gott. Gerade die verbale Konzentration auf die Glaubenshaltung Abrahams ist es, was jüdische, islamische und auch christliche Sichtweise verbindet, in den Ausführungen Wolffsohns gleichwohl völlig ausgeblendet wird (s. dazu unten).

[16] Zur gründlichen Information über die exegetische und theologische Beurteilung der Abrahamstexte vgl. weiterhin L. Ruppert, Genesis. Ein kritischer und theologischer Kommentar. 2. Teilband: Gen 11,27-25,18, Forschung zur Bibel 98, Würzburg 2002.

III. Menschenbilder

Der priesterschriftliche Textbereich (Abkürzung: P), nach allgemeiner Auffassung von gelehrten Theologen aus der ehemaligen Priesterschaft am Jerusalemer Tempel im babylonischen Exil verantwortet und nachexilisch ausgeweitet, findet sich innerhalb der Kap. 11, 13 und 17 und kann hier relativ leicht aus dem jetzigen Bestand eruiert werden. Er lässt sich in drei Abschnitte teilen. Der erste Text betrifft den Stammbaum Abrahams und die ersten Stationen seiner Wanderung, der zweite erzählt Abrahams Zug nach und Verbleib in Kanaan, der dritte – zugleich der bedeutsamste – führt Abrahams „Bund" mit seinem Gott vor Augen, dem die Forderung der Beschneidung als Bundeszeichen zugeordnet ist. Die Priesterschrift lässt Abraham aus „Ur in Chaldäa" kommen, einer uralten Kultmetropole im südlichen Mesopotamien, hier freilich mit der Intention eingeführt, Abraham aus einem Land kommen zu lassen, das auch den Judäern im babylonischen Exil bekannt war, wohl um einen ehrwürdigen Vorgänger als Hoffnungsträger für die Rückkehr zu zitieren. Die Namen der Verwandten Abrahams sind z.T. als Ortsnamen belegt (wie Haran und Nahor), so dass auch hier ein geographisches Kolorit angestrebt wird. Alles in allem erkennen wir das Bemühen der Schriftsteller, die Gestalt Abrahams in den Horizont altmesopotamischer Geschichtsentwicklung hineinzustellen, soweit es ihr Einblick in die erinnerte Vergangenheit vermochte[17].

Für meine Person möchte ich hinter dem jetzigen Bestand noch eine kurzgefasste Fassung einer P-Abrahamsgeschichte als ältere Vorstufe erkennen, die ebenfalls bereits dreiteilig war und zunächst einen vergeblichen Versuch erzählte, nach Kanaan zu kommen, und den Vater Terach in Haran sterben lässt, um dann Abrahams Teilung des Landes zwischen ihm und seinem Verwandten Lot darzustellen, schließlich den Gottesbund mit dem Bundeszeichen[18]. Der Struktur dieser Kurzerzählung mit drei Szenen ähnelt den drei anderen von der Priesterschrift aufgenommenen Vorstufen ihrer Gesamtdarstellung der Geschichte der Menschheit und Israels, nämlich beginnend bei der Schöpfung, dann zur großen Flut, der Sintflut, zur Väterzeit und zum Exodus aus Ägypten. In allen diesen vier übergreifenden und konzentrischen Kreisen der Geschichtsdarstellung der Priesterschrift lässt sich ein frustrierender Ausgangszustand von der Gestaltung eines neuen Lebensraums unterscheiden, welcher dann eine von Gott inaugurierte Verwirklichung einer zukunftsweisenden Lebenszeit folgt. Nehmen wir nur das Beispiel des bekannten Ersten Schöpfungstextes zu Hilfe. Dort beobachten wir einen unbefriedigenden Ausgangszustand in Gestalt des lebensfeindlichen Chaos, hören dann von der Erschaffung des Lebensraums und schließlich der Licht- und Zeitinstanzen als Zeichen für das kultisch geprägte Jahr. Parallel dazu gibt die P-Abrahamsgeschichte einen frustrierenden Zustand vor Eintritt in den neuen Lebensraum Kanaan wieder, der wie in der Schöpfungsgeschichte durch eine Teilung ermöglicht wird, um schließlich in der Bundesschließung mit dem

---

[17] Diese Beobachtung gilt auch für den Erzähler in Gen 14, wo von Abrahams Auseinandersetzung mit Königen des Ostens die Rede ist. Die hier genannten Herrschernamen können z.T. mit einiger Wahrscheinlichkeit mit altmesopotamischen Königsnamen in Verbindung gebracht werden, dazu zuletzt Charpin, Aramäer, S. 48-52.

[18] Vgl. M. Görg, Abra(ha)m – Wende zur Zukunft. Zum Beginn der priesterschriftlichen Abrahamsgeschichte, in: Ders., (Hg. unter verantwortlicher Mitwirkung von A.R. Müller), Die Väter Israels. Beiträge zur Theologie der Patriarchenüberlieferungen im Alten Testament. Festschrift für Josef Scharbert zum 70. Geburtstag, Stuttgart 1989, S. 61-71.

Bundeszeichen der Beschneidung eine neue Lebensqualität für die Nachkommen Abrahams zu definieren. Mit den vier konzentrischen Kreisen um die zentralen Figuren wie Adam. Noah, Abraham und Mose kann die Priesterschrift nach Adam und Noah in steigender Sequenz eben auch Abraham als exemplarischen Menschentyp vorführen, die nur noch von Mose als des Vermittlers der Tora für Israel überboten wird[19]. Mit dieser Abfolge stellt die Priesterschrift auch ihre eigene Interpretation des Weges in und aus dem Exil dar, da sie im Menschen als „Bild Gottes" (Gen 1,26-28) die vorexilische Idealgestalt des Königtums reflektiert, deren Suspension nach dem Untergang des Königtums in Juda und Israel im Blick auf die Heilsgestalten Noah und Abraham neue Hoffnung im Exil schöpfen lässt, um schließlich in Mose die für Israel letztgültige Orientierung an der kultischen Ordnung der Tora als Garantie für das Überleben zu erkennen. Soweit in aller Kürze das Wesentliche zum Abrahamsbild der Priesterschrift.

Viel umfang- und scheinbar inhaltreicher ist die Szenenfolge nicht-priesterschriftlicher Herkunft. Um die Intentionen dieser Textsequenzen zu erfassen, scheint es mir hilfreich, die wichtigsten Themen zu erläutern, ohne dass wir derzeit imstande wären, eine überzeugend gesicherte Datierung all dieser narrativen Textstücke in der Literargeschichte vor und nach dem Exil vorzulegen[20].

Ich möchte eine Siebenzahl thematischer Komplexe erkennen, die früher meist dem sogenannten Jahwisten, dem Elohisten und dem Jehowisten zugeordnet wurden, ein Positionierungsversuch, der heute keine ungeteilte Zustimmung mehr findet. Ich verzichte daher auf eine Erörterung der Datierungsfrage im einzelnen, unterstelle aber, dass sich im gegenseitigen Verhältnis der thematischen Erzählzusammenhänge ein Kaleidoskop von Abrahamsbildern ausmachen lässt. Darüber hinaus ist aber auch eine m.E. kontinuierliche Charakteristik Abrahams als einer archetypischen Traditionsfigur möglich, die sie als Repräsentanten einer geradezu prophetischen Gestalt mit einer grundlegenden Profilierung eines erwählten und glaubenden Menschen vor Gott nachzeichnen lässt.

Die sieben Szenenbereiche des nichtpriesterschriftlichen Bilderzyklus sind:

    1. Provokation und Vision (Gen 12)
    2. Landbesitz und Teilung (Gen 13)
    3. Politik und Kult (Gen 14)
    4. Glaube und Bundesschluß (Gen 15)
    5. Gastlichkeit und Anwaltschaft (Gen 18)
    6. Gericht und Verschonung (Gen 19)
    7. Abrahams Opfergang (Gen 22)

---

[19] Vgl. dazu M. Görg, Das Menschenbild in der Priesterschrift, in: Bibel und Kirche 42, 1987, S. 21-29. S. auch H.D. Preuß, Theologie des Alten Testaments, Band 2: Israels Weg mit JHWH, Stuttgart 1992, S. 124-126.
[20] Zur Vergegenwärtigung der Forschungslage am Textmaterial vgl. weiterhin Ruppert, Genesis.

III. Menschenbilder

Mit diesen narrativen Szenen auf zunächst irritierende Weise vermengt erscheinen jedoch auch Erzählstücke, die Abra(ha)m in einem negativen Licht erscheinen lassen, untereinander jedoch eine gewisse Verwandtschaft offenbaren. Es handelt sich um sogenannte „Preisgabegeschichten", die Defizite des Erzvaters im Umgang mit den Frauen thematisieren[21]:

    1. Sara und der Pharao (12,10-20)
    2. Sara und Hagar (16,1-16)
    3. Sara und Abimelech (20)
    4. Sara, Hagar und Ismael (21)

Das jetzige Bild des Zyklus der Abrahamerzählungen ist also auf den ersten Blick facettenreich und verwirrend. Überlieferungen von einem glaubensstarken Abra(ha)m mischen sich offenbar mit Episoden und Affären eines glaubensschwachen Abra(ha)m. Eine gewisse Ordnung der gegenwärtigen Komposition lässt sich allerdings erzielen, wenn man die erste und die letzte Szene, d.h. Abra(ha)ms Berufung und Abra(ha)ms Opfergang als die beiden Pole ansieht, die das Ganze zusammenhalten. Zwischen diesen Grenzpfeilern sind zum einen Kontaktszenen eingeblendet, die in einer ersten Folge der Konsolidierung der Position Abra(ha)ms in Kanaan nach innen (Landbegehung und Landzuteilung) und außen (Kriege gegen Nachbarkönige) sowie der Begegnung mit dem exemplarischen Priesterkönig (Melchisedech) von Salem d.h. wohl Jerusalem dienen, schließlich einer erneuten Begegnung mit seinem Gott, die mit einem Vertrag endet und das berühmte Wort vom Glauben Abra(ha)ms enthält: „Abram machte sich fest in Gott und er (Gott) rechnete es ihm als Richtigkeit an" (15,6). Dieser Text, im jetzigen Verlauf der Erzählungskette wohl mit nachpriesterlichen Elementen ausgestattet, gibt sich als vorläufiger Höhepunkt in der Mitte des Abra(ha)mszyklus.

Trotz der augenscheinlich tiefen Verankerung in Gottes Verheißung tritt jedoch gleich nach der Beauftragungsszene (Gen 12) eine irritierende Szene in Gestalt eines Ereignisses auf, wonach Abra(ha)m das Land in Richtung Ägypten verlässt und seine Frau dem Pharao preisgibt. Solche Irritationen und Querschüsse im Abra(ha)msbild wiederholen sich im weiteren Verlauf, jedes Mal wenn es zuvor zu einer Neuorientierung Abra(ha)ms vor seinem Gott gekommen ist. Auf den Bundesschluß Abra(ha)ms (Gen 15) folgt unmittelbar die Absprache mit Sara zu Gunsten der Nebenfrau Hagar, die einen Familienstreit provoziert und zeitweise in die Wüste entfliehen muß, wo sie den Ismael zur Welt bringt. Der besonderen Gottesbeziehung Abra(ha)ms soll dann aber wiederum die vielbedachte Begegnung mit den drei Männern dienen, die für eine qualifizierte Erfahrung mit dem göttlichen Geheimnis des Andersseins steht, das auch auf eine genuine Weise die gnädige Gerechtigkeit Gottes manifestiert. Nach der Erfahrung des göttlichen Gerichtes über die Städte Sodom und Gomorra mit der Verschonung der Wohnorte des Lot (Gen 19) werden

---

[21] Vgl. hierzu I. Fischer, Die Erzeltern Israels. Feministisch-theologische Studien zu Genesis 12-36: Beihefte zur Zeitschrift für die alttestamentliche Wissenschaft 222, Berlin 1994. Dies., Gottesstreiterinnen. Biblische Erzählungen über die Anfänge Israels, Stuttgart 1995.

dann wieder weitere Irritationen eingeblendet, da Abra(ha)m erneut seine Frau Sara preisgibt (Gen 20), diesmal einem lokalen Stadtfürsten (Abimelech von Gerar), schließlich sogar mit Hagar und dem gemeinsamen Kind Ismael ‚reinen Tisch macht' und beide endgültig in die Wüste verabschiedet (Gen 21), und dies nach dem jetzigen Wortlaut selbst auf Gottes Befehl hin (V.12f.). Diese Darstellung, die alle bisherigen Irritationen transzendiert und gar nicht mit dem in Einklang zu bringen ist, was Abra(ha)m an die Gottesverheißung binden soll, ja sogar für den Hagar-Sohn Ismael trotz der Vertreibung eine segensreiche Zukunft prognostiziert, ist offenbar auch der unmittelbare Anlaß, die allerletzte Chance als Glaubensprobe schlechthin ins Bild zu setzen: Abra(ha)ms gottgegebene Verpflichtung, seinen Sohn zu opfern. Die intermittierende Sequenz der bisherigen „Preisgabegeschichten" kann insgesamt als Manifestation des wiederholten Unvermögens Abra(ha)ms gewertet werden, der göttlichen Verheißung ein vorbehaltloses und uneingeschränktes Zutrauen zukommen zu lassen. Wie wir sehen werden, steht eine solche Intention in diametralem Gegensatz zum tiefgreifenden und radikalen Anspruch der in Gen 12,2 gegebenen göttlichen Zusage an Abram, ihn „zu einem großen Volk" zu machen und ihn „ein Segen" sein zu lassen.

Mit der hier näher zu besprechenden Szene Gen 22[22], die im christlichen Raum meist „Opferung Isaaks", im Judentum ᶜAqedat Yisḥaq („Bindung Isaaks") genannt wird, schließt sich der Bilderzyklus der zentralen Abrahamserzählungen und greift erneut das Thema auf, das schon am Anfang bestimmend war. Die Gegenüberstellung von Gen 12 und Gen 22[23] zeigt in eindrücklicher Weise, dass hier eine absichtliche Parallele und zugleich Überhöhung angezielt wird. In Gen 12 geht es um das radikale Verlassen des angestammten Zuhause und der Vergangenheit, wie dies dann auch in der jüdischen und islamischen Tradition als Bruch mit jeder Fremdorientierung ausgedeutet und weiter entfaltet wird. Jetzt, in Gen 22, geht es um den radikalen Verzicht auf die Nachkommenschaft, einen Bruch mit den Zukunftshoffnungen, die in der Sequenz der Zwischenszenen so sorgsam genährt worden sind, immer wieder aber auch durch das Versagen Abra(ha)ms vor der unbedingten Gottestreue gefährdet worden waren. Nunmehr wird Abra(ha)m zugemutet, sich auch vom dem zu trennen, was Inbegriff seiner Erwartungen und Verheißungen sein sollte. So tiefgründig und provokativ ist das, was Gott von einem Menschen fordert, dass dieser alles darangeben soll, was den eigenen Vorstellungen von Sicherheit und Lebenserfüllung entspricht und dafür ganz auf seinen Gott setzt, auch ohne dass er diesen oder seinen Anspruch versteht, geschweige denn nachvollziehen kann. Abra(ha)ms Rettung besteht darin, dass er auch diese in das Intimste eingreifende Herausforderung des Glaubens im Sinne des Sich Festmachens in Gott annimmt. In diesem Sinn darf von einer „Preisgabe" Isaaks geredet werden, insofern sich diese jüngste Provokation in Ver-

---

[22] Zur interreligiösen Deutung des Textes vgl. vor allem den Sammelband B. Greiner – B. Janowski – H. Lichtenberger (Hg.), Opfere deinen Sohn! Das Isaak-Opfer in Judentum, Christentum und Islam, Tübingen 2007. Eine neue Interpretation des Verhältnisses von Gen 21 zu 22 bietet hier die anregende Untersuchung von Th. Naumann, Die Preisgabe Isaaks. Genesis 22 im Kontext der biblischen Abraham-Sara-Erzählung (S. 19-50).

[23] Vgl. dazu zuletzt u.a. die Beobachtungen von G. Steins, Die Bindung Isaaks im Kanon (Gen 22). Grundlagen und Programm einer Kanonisch-Intertextuellen Lektüre: Herders Biblische Studien 20, Freiburg 1999, S. 135-147.

bindung zur vorangehenden „Preisgabe Ismaels" (Gen 21)[24] zu einer nahezu absurd anmutenden und verstörenden „Preisgabe" der Verheißungen Gottes, und damit des Verheißenden selbst zu verdichten scheint.

Doch nicht in der Frage nach der schier unverständlichen Konfrontation mit einem grausamen Gott besteht hier das Thema, sondern in der Vergangenheit und Zukunft distanzierenden, ganz und gar unberechnenden Übereignung an den Willen des lebensfreundlichen und doch bleibend verborgenen Gott. Abraham kann letztlich bei aller abgründigen Tiefe des Geschehens die Höhe des Berges Morija als Stätte des „ersehenden" d.h. erwählenden Gottes erfahren, wobei Morija wohl für den Tempelberg in Jerusalem steht (vgl. 1Chr 3,1). So schließt sich der Kreis des Abrahamszyklus, da das Land, wo JHWH nach Gen 12,1 „sich sehen lässt", in dem Ort seine Mitte bekommt, den JHWH erwählt hat.

3. Abraham: Prototyp des Glaubens

Die Kette der Abrahamsbilder lässt sich ungeachtet der bei jeder Texteinheit zu erfragenden Geschichte und Tradition im einzelnen auch noch in der Semantik der beiden Verben „gehen"[25] und „sehen" beobachten und in ihrer theologischen Tiefe erfassen. Diese beiden metaphorischen Ausdrucksweisen sind gewissermaßen das Leitmotiv von Gen 12 bis Gen 22, das für das Profil der Abrahamsgestalt konstitutiv ist, allerdings eben nicht einer geschichtlich, besser historisch, greifbaren Grundgestalt, sondern einer visionären, ja prophetischen Figur, wie sie ausdrücklich in Gen 20 benannt wird. Hier greife ich Gedanken von Martin Buber auf, der in einem erstmalig in Tel Aviv im Jahre 1939 erschienenen Beitrag „Abraham der Seher" (in hebräischer Sprache) den Wesenszug des Prophetischen an Abraham erkannt hat[26]. Diese Charakteristik darf gelten, auch wenn Schatten auf die Kontinuität des Bildes zu fallen scheinen. Das Prophetentum kennt eben auch Phasen des Versagens.

Die folgende Übersicht möge den charakteristischen Zusammenhang belegen:

Gen 12,1.4   **„Geh heraus... in das Land, das ich dich sehen
lassen werde... Und Abram ging"**
Gen 12,7   Und JHWH ließ sich Abram sehen...
und er baute dort einen Altar für
JHWH, der sich ihm sehen ließ...
Gen 13,14   „...Sieh von dem Ort aus, wo du stehst,

---

[24] Vgl. hierzu besonders die Beobachtungen von Naumann, Preisgabe Isaaks, 33ff. mit der Übersicht über die „Parallelität von Gen 21 und Gen 22" S. 49f.

[25] Zur prägenden Position des „Gehens" im Abrahamszyklus vgl. bereits H. Gross, Zur theologischen Bedeutung von *halak* (gehen) in den Abraham-Geschichten (Gen 12-25), in M. Görg (Hg.), Die Väter Israels, S. 73-82.

[26] M. Buber, Abraham der Seher, in: Ders., Werke. Zweiter Band: Schriften zur Bibel, München 1984, S. 871-894. Erstveröffentlichung in deutscher Sprache zuerst in M. Buber, Sehertum, Köln 1955. Vgl. jetzt auch Naumann, Preisgabe Isaaks, 38, Anm. 47.

	nach Norden und Süden, nach Osten und Westen, das ganze Land, das du siehst – dir will ich es geben"
Gen 15,5	„Blicke doch zum Himmel auf und zähle die Sterne, wenn du sie zählen kannst!"
Gen 18,2	Als er seine Augen erhob und schaute, siehe, da standen drei Männer vor ihm
Gen 20,7	Er ist ein Prophet...
Gen 22,2	**„Geh...in das Land Morija!"...**
Gen 22,4	Am dritten Tage hob Abraham seine Augen auf und erblickte die Stätte von weitem...
Gen 22,13	Da erhob Abraham seine Augen und sah einen Widder...
Gen 22,14	Und Abraham nannte die Stätte: JHWH ersieht", daher sagt man noch heute: „der Berg, wo JHWH sich sehen lässt"

Nach Gen 12,1 soll Abram „herausgehen" und „das Land schauen", Gen 12,4 heißt es nur „und er ging". Ähnlich Gen 22: auch hier soll Abraham „gehen" („in das Land Morija" 22,2) und gleich darauf „Am dritten Tage hob Abram seine Augen" (22,13). „Gehen" und „schauen" ist eine Grunddevise prophetischer Existenz, so dass Abra(ha)m mit Fug und Recht ein „Prophet" genannt werden kann (Gen 20,7).

„Sehen" ist vom Beginn des Abrahamszyklus bis zu dessen Ende ein durchgehend belegtes Qualitätszeichen, das die visionäre Kompetenz anzeigt und zugleich ein Merkmal des Erwähltseins darstellt, weil der Prophet in der Geschichte Israels seinem Ursprung nach ein „Seher" ist (*ḥozaeh* bzw. *ro'aeh*).

Dieses charakteristische Signum verliert der Prophet auch nicht, wenn er an seiner Berufung versagt. Abrahams „Sehertum" bleibt offenbar Signal seines Erwähltseins, obwohl er nach Ausweis der irritierenden Hinweise auf Abrahams Umgang mit Sara und Hagar offenkundig Schwächen im Glauben an die Nachkommenszusage Gottes zeigt. Die Abrahamsbilder bewegen sich aufs Ganze gesehen eben nicht auf einer einsamen und ungebrochenen Höhenlinie eines unangefochtenen und unanfechtbaren Glaubens, sondern vergegenwärtigen stets auch das Problem des Sich-Einlassens auf den verborgenen Gott. Im Rahmen einer Kritik am ethischen Verhalten der Väter Israels hat man zu Beginn der NS-Zeit die Ethik des Judentums geißeln wollen. Der noch immer wohlbekannte Theologe Gerhard von Rad hat schon 1934 gegen diese abwertenden Angriffe auf Abraham und die Väter des Judentums darauf aufmerksam machen können, dass der Gott der Bibel gerade den Schwachen seine Erwählung zukommen lässt²⁷. Abrahams Schwächen sind für den erwählenden Gott kein Hindernis.

Was macht also die Substanz des so erwählten Abraham aus? Er ist ein „Gehender" und ein „Sehender", beides nicht wegen seiner Verdienste, sondern aufgrund göttlicher Gnade. Mit dem „Gehen" öffnen sich die Augen. Wie das „Gehen" ist auch das „Sehen" nur kraft der Initiative JHWHs möglich. Dies ist auch die zweifache Kennzeichnung einer Haltung, die mit dem ebenfalls im biblischen Abra(ha)mszyklus belegten Wort vom „Glauben" charakterisiert ist (Gen 15,6), das bekanntlich auch im Römerbrief des Apostels Paulus zitiert wird (Röm 4,3). Wann auch immer das Kapitel Gen 15 zu seinem jetzigen Formulierungsstand gelangt sein wird, in ihm, und speziell in der Glaubensaussage, kulminiert alles Bemühen um eine bindend-verbindliche Ausdruckform, was denn den „Glauben" Abra(ha)ms ausmacht. Die Gabe des „Gehens" und „Schauens" ist nämlich gleichgewichtig mit dem Geschenk des Glaubens, weswegen das „Sich-Festmachen" (*hae-ᵃᵉmin*) „in" (*bᵉ*) Gott als Wesensmerkmal einer „gerechten" d.h. richtigen Befindlichkeit gelten kann. Es mag sein, dass der formal irritierende Nachsatz (Subjekt?) von einer anderen Hand nachgefügt wurde, die mit der Idee einer „Anrechnung des Glaubens als Gerechtigkeit" vertraut erscheint. Wesentlich ist aber, dass Abraham zunächst mit einer verbalen Ausdrucksform belegt wird, wie sie in prophetischer Rede in Jes 7,9, und zwar in absoluter Form, bezeugt ist: „Wenn ihr nicht glaubt, habt ihr keinen Bestand!" oder (mit Luther) „Gleubet ihr nicht, so bleibet ihr nicht!". Diese Charakteristik des Glaubens Abrahams erscheint mir nach wie vor Anlass genug, seine Gestalt zum gemeinsamen Bezug der drei Religionen zu erheben, die den gelebten Glauben im Sinne eines „Sich Festmachens" in Gott zum Programm und Wesenszeichen ihrer Existenz machen wollen, was auch immer ihre Unterschiede und jeweils differierenden Auffassungen im Detail bestimmen mag. Es geht letztlich um eine Grundhaltung eines religiösen Menschen gegenüber dem absoluten Gegenüber, das E. Jüngel bekanntlich als „Gott als Geheimnis der Welt" benannt hat. In der grundsätzlichen Anerkenntnis dieser Verwiesenheit sollten sich die „drei abrahamischen Religionen" immer wieder treffen und besser verstehen lernen.

Ich schließe mit dem Blick auf eine Kathedralplastik des 13. Jh. n. Chr. im Kaiserdom von Bamberg. Sie trägt die Bezeichnung „Abrahams Schoß" und erinnert den Christen an das aus dem Neuen Testament bekannten Gleichnis vom „reichen Prasser und dem armen Lazarus", wonach Lazarus nach seinem Tod von Engeln in den „Schoß Abrahams" getragen worden sei (Lk 16,22), den „Schoß Abrahams": Inbegriff der Seligkeit. Die Vorstellung vom „Schoß Abrahams" findet sich bereits in einem jüdischen Midrasch zum Wort der Mutter der makkabäischen Brüder²⁸: „Willst du, dass alle deine Brüder in der zukünf-

---

[27] G. von Rad, Der Gott Abrahams, Isaaks und Jakobs, in: Neues Sächsisches Kirchenblatt 41, Nr. 49, 1934, Sp. 774-780. Dazu vgl. auch M. Görg, Der Gott Abrahams, Isaaks und Jakobs. Zur Aktualität eines gleichnamigen Artikels von Gerhard von Rad aus dem Jahre 1934, in: Blätter Abrahams. Beiträge zum interreligiösen Dialog 7, 2008, S. 49-53.

[28] Vgl. dazu H.L. Strack – P. Billerbeck, Kommentar zum Neuen Testament aus Talmud und Midrasch, Zweiter Band, Das Evangelium nach Markus, Lukas und Johannes und die Apostelgeschichte, München 1924, S. 226.

tigen Welt im Schosse Abrahams liegen sollen, du aber nicht?" und ist dort bereits Ausdruck für ein letzterfülltes Dasein, freilich nicht einfach in einer jenseitigen Welt, sondern in einem von Gott neu geschaffenen Diesseits. In ähnlicher Weise redet das „Testament Abrahams", eine ursprünglich jüdische Schrift aus dem 1. Jh., wenn sie anlässlich des Todes Abrahams Gott sprechen lässt: „Hebt nun meinen Freund, den Abraham, auf zum Paradies; dort sind die Zelte meiner Gerechten und die Wohnungen meiner heiligen Isaak und Jakob, in seinem Schoß, dort ist nicht Leid, nicht Trauer, nicht Seufzen, sondern Frieden, Frohlocken und Leben ohne Ende"[29]. Die Vorstellung von „Abrahams Schoß" beruht letztlich auf der grundlegenden Stelle Gen 12,2f. „Ein Segen sollst du sein ... durch dich sollen alle Geschlechter der Erde Segen erlangen": Abraham – ein Archetyp des von Gott erwählten Menschen und der Vision einer vor und von Gott geeinten Menschheit. Warum sollten wir uns von ihm verabschieden, wo doch auch Jesus ein „Sohn Abrahams" ist (Mt 1,1)? Mag auch die Vielfalt von Divergenzen in den diversen Religionen, die sich auf Abraham berufen, sich einer gemeinsamen Orientierung am Ursprung scheinbar in den Weg stellen, darf doch nach wie vor Abraham als Gestaltwerdung einer umfassenden und totalen Überantwortung an den rettenden Schöpfergott aufgefasst und in diesem Sinn als ideeller „Stammvater des Glaubens" an den einen Gott in den sogenannten abrami(ti)schen Religionen bedacht und vor Augen gestellt werden[30]. Es ist seine überlieferte Glaubenshaltung, die „fides qua", die das einigende Band bildet, nicht schlichtweg der Glaubensinhalt, die „fides quae", die in den Religionen unterschiedlich entfaltet worden ist, deren Differenzierung aber, inspiriert vom „Gehen" und „Sehen" Abrahams, den interreligiösen Dialog bei allem Respekt vor den jeweils anderslautenden Interpretationswegen auch in Zukunft befruchten und beleben wird.

---

[29] Vgl. die Wiedergabe bei E. Janssen, Testament Abrahams, in: W.G. Kümmel (Hg.), Jüdische Schriften aus hellenistisch-römischer Zeit, Band III, Gütersloh 1975, S. 254.

[30] Man mag zwar wie der muslimische Referent der Tagung, Jamal Malik, ähnlich wie Wolffsohn und Beinert auf dem jeweils unterschiedlichen Kontext der Abrahamzitationen insistieren, vgl. die Wiedergabe des Vortrags „Abraham im Islam" in: zur debatte. Themen der Katholischen Akademie in Bayern 6/ 2008, S.17-19, um zugleich die „gesellschaftsformierende Kraft" religiöser Überzeugungen zu relativieren. Wenn aber die Reflexionen über das „Glauben" im Sinne einer existenziellen Überlassung von Vergangenheit und Zukunft an den einen rettenden Schöpfergott in den „abrami(tis)chen" Religionen verankert sind und im Prinzip geteilt werden können, kann und muß der interreligiösen Begegnung der gemeinsame Blick auf den exemplarischen „Geher" und „Seher", den Propheten Abraham im Sinne eines gesellschaftsverändernden Aufbruchs in eine bessere Zukunft vergönnt bleiben.

Mose – Name und Namensträger

Versuch einer historischen Annäherung

Mit dem Buchtitel „Mose der Ägypter" von Jan Assmann[1] ist nicht nur das öffentliche Interesse an einer zentralen Gestalt der biblischen Überlieferungen aus dem Dornröschenschlaf aufgeweckt, sondern auch ein Mosebild präsentiert worden, das erneut die kritische Frage nach der Identität dieser Figur aufwirft. Eine Orientierung an Mose als einer Gestalt ägyptischen Ursprungs und ägyptischer Überlieferung hat zwar ihre eigene Geschichte, befremdet den heutigen Bibelleser und Interpreten doch gerade dadurch, daß Mose als genuiner Vermittler der Tora ausschließlich von Israel her zu verstehen und legitimerweise zu deuten sei. Mose auf die Seite der ägyptischen Kultur- und Religionsgeschichte zu ziehen, bedeute doch eine Enteignung Israels und des Judentums, wie sie einschneidender kaum gedacht werden kann. Gerade dem gläubigen Judentum mag es als vollkommen unakzeptable Zumutung erscheinen, Mose in dem Land verwurzelt zu sehen, wo die Verkörperung widergöttlicher Pluralität ihre Heimat hätte. Dieser massive Vorbehalt würde gerade auch dann nicht wesentlich gemildert, daß Mose als innerägyptischer Rebell und religiöser Revolutionär im eigenen Umfeld charakterisiert wird. Zu sehr, so scheint es, ist Mose auf Verwurzelung im genuinen Geschichtsbild Israels zu Hause, um diese Originalität noch mit der These einer fremden Abkunft oder nationalen Abstammung relativieren zu lassen.

Das Problem einer Profilierung des historischen Mose hat freilich nicht erst mit der Möglichkeit des Rückgriffs auf außerbiblische Materialien zur Kultur und Religion Ägyptens zu tun, sondern verdankt sich bereits der kritischen Betrachtung alttestamentlicher Überlieferungen, seit es die historisch-kritische Arbeit gibt. Die Anfänge dieser Zugangsweise liegen noch im Vorfeld des Datums der Ägyptologie als Wissenschaft, d.h. der Entzifferung der Hieroglyphen durch J.F. Champollion (1822), dem selbst eine Auseinandersetzung mit den bibelkritischen Vorbehalten in der zeitgenössischen Theologie Frankreichs fremd war. Hier hatte die späte Aufklärung unter dem nachhaltigen Einfluß Voltaires bereits Signale gesetzt, die zu einer durchgängigen Überprüfung des kanonischen Mosebildes hätten führen können. Erst recht fand eine Auseinandersetzung mit den Thesen des S. Reimarus oder J.G. Eichhorns u.a. im Zusammenhang mit der wachsenden Etablierung der Ägyptologie kein Echo; im Gegenteil erwartete man offenbar gerade von der neuen Wissenschaft eine Flut von Bestätigungen biblischer Informationen. Paradigmatisch für diese apologetische Vereinnahmung v.a. der Ägyptologie in Frankreich und Deutschland steht etwa das vierbändige Werk von F. Vigouroux[2], das auch ins Deutsche übertragen worden ist. Der im deutschen Sprachraum wachsenden Kritik am traditionel-

---

[1] J. Assmann, Mose der Ägypter. Entzifferung einer Gedächtnisspur, München - Wien 1998. Originalausgabe: Moses the Egyptian. The Memory of Egypt in Western Monotheism, Cambridge, Mass. 1997.

[2] F. Vigouroux, La Bible et les découvertes modernes en Palestine, en Égypte et en Assyrie, Paris 1882 (als „autorisirte Übersetzung" von J. Ibach: Die Bibel und die neueren Entdeckungen in Palästina, in Ägypten und in Assyrien, Mainz 1885).

len Mosebild stellt sich nicht zuletzt das an der zeitgenössischen Ägyptologie orientierte Werk von E.W. Hengstenberg entgegen[3]. Durch diese eher revisionistischen Versuche ist eine konstruktive Auseinandersetzung der historisch-kritisch arbeitenden Exegese mit den Einsichten der ägyptologischen Forschung erheblich verzögert worden, so daß die Konsequenzen bis zur Stunde zu spüren sind.

Eine Annäherung an Mose unter dem Eindruck der literar-geschichtlichen Sichtweise biblischer Texte und der mittlerweile gewonnenen Einblicke in die historischen Abläufe Altägyptens ist ein notwendiges Experiment, das von Zeit zu Zeit wiederholt werden muß. Dazu ist ein kritisch abwägendes Studium der jeweiligen Quellenlage und des Informationsmaterials nach wie vor erforderlich[4]. Ein angemessener Zugang zur Konturierung des Mose kann nur mit dem fundamentalen und begleitenden Blick auf den „Mose" der Bibel geschehen, die als die Primärquelle das Spektrum der Traditionen anbietet, die Namengebung ‚Mose' narrativ thematisiert und sukzessiv das Wachsen dieser Persönlichkeit in die Mitte israelitischer Erinnerung an die Anfänge seiner Glaubensgeschichte setzt[5]. Wie verhält sich der „Mose" der Tora zum „Mose" einer Geschichte, deren Erbe nicht nur die Tora, sondern auch ein kritisch zu sichtendes Wissen um Vergleichsfiguren ist, deren Aktionsradius sich nicht auf innerägyptische Prozesse beschränken läßt. Gerade diese Perspektive eines übergreifenden Engagements muß dann im Vordergrund der Urteilsfindung zu Gestalten stehen, die in der Forschungsgeschichte bislang mit Mose in Verbindung gebracht worden sind.

1. Der Name

Für die biblische Deutung des Namens wird in der Regel auf den Kommentar zur Namengebung in Ex 2,10 verwiesen, wonach die ‚Tochter Pharaos' die Namensform mit dem Hinweis begründet: „Ich habe ihn aus dem Wasser gezogen" (*mešitehu*). Diese Operation mit dem Grundstamm der hebräischen Basis MŠY „herausziehen", die sonst nur noch in 2Sam 22,17 und Ps 18,17 (jeweils im Kausativ) begegnet, ist freilich immer wieder mit der Schwierigkeit konfrontiert worden, daß die Namenbildung morphologisch nicht mit einer Form kompatibel zu sein scheint, die am ehesten partizipial zu deuten und auf die Funktion des Mose bei dem Auszug aus Ägypten zu beziehen sei. Ob diese Auffassung in der Tat für die überlieferte Lautung des Namens *Mošaeh* konstitutiv ist, steht nach wie vor zur Diskussion.

---

[3] E.W. Hengstenberg, Die Bücher Mose's und Ägypten nebst einer Beilage: Manetho und die Hyksos, Berlin 1841.

[4] Vgl. die grundsätzlichen Erwägungen bei H. Donner, Geschichte des Volkes Israel und seiner Nachbarn in Grundzügen, ATD Ergänzungsreihe 4/2, Göttingen 2. Auflage 1995, 21-32. Zum Verhältnis von „Fiktion" und „Fakten" in der „Exoduserzählung" vgl. zuletzt v.a. H. Utzschneider, Gottes langer Atem. Die Exoduserzählung (Ex 1-14) in ästhetischer und historischer Sicht, SBS 166, 1996, 77-91.

[5] Zur Rolle des Mose im Erzählgang des Buches Exodus vgl. u.a. H. Schmid, Die Gestalt des Mose. Probleme alttestamentlicher Forschung unter Berücksichtigung der Pentateuchkrise, EdF 237, Darmstadt 1986. G.W. Coats, Moses, Heroic Man, Man of God, JSOT.S 57, Sheffield 1988. G. Fischer, Jahwe, unser Gott. Sprache, Aufbau und Erzähltechnik in der Berufung des Mose (Ex 3-4), OBO 91, Freiburg/Schweiz-Göttingen 1989. H. Utzschneider, Atem, 92-107.

Mit Recht hat J. Gwyn Griffith[6] auf einen methodischen Vorbehalt aufmerksam gemacht, den J. Černý im Blick auf die masoretische Fassung משה einerseits und die griechische Wiedergabe Μωυσης (mit Varianten) andererseits eingebracht habe[7]. Man hätte demnach konsequent zwischen dem Problem der hebräischen oder ägyptischen Etymologie des Namens und der Frage zu unterscheiden, welche ägyptischen Wörter den griechischen Bestandteilen μω und υσης entsprechen, wie sie von Josephus Flavius benannt worden sind.

Eine ägyptologische Erklärung des Namens Mose ist bereits ohne Kenntnis und Einbeziehung des mittlerweile gut zugänglichen hieroglyphisch-hieratischen Quellenmaterials auf dem ‚Umweg' über das Koptische versucht worden, um dann aber der Argumentation mit älterem Material Platz zu machen[8]. Während hier die assoziativen Bemühungen, Kombinationen z.T. vermeintlicher ägyptischer Wörter beizubringen[9], nicht überzeugen konnten, hat sich bis heute die Etymologie auf der Basis des hieroglyphischen *ms* den meisten Respekt verschaffen können. Sie findet sich anscheinend erstmals[10] bei R. Lepsius, der in seiner „Chronologie" eine Beurteilung des Namens nach dem Muster der Königsnamen wie Tuthmosis u.a. vorgenommen hat, um so eine Verwandtschaft mit dem Nomen *ms/msw* „Kind" zu vertreten[11]: „Moses würde also nur ‚das Kind' bedeuten und könnte von jemand auf seine Aussetzung und Findung im Wasser gedeutet werden". In der bibelwissenschaftlichen Lexikographie wird diese ägyptische (noch nicht hieroglyphisch ausgewiesene) Ableitung jedoch bereits im „Thesaurus" von G. Gesenivs geltend gemacht[12]. Nach der Vorstellung der auf Josephus Ant. 2,9 zurückgeführten Deutung der griechischen Namensgestalt Μωυσης mit Hilfe der koptischen Bestandselemente ⲘⲰ „Wasser" und ⲞⲨⲬⲀⲒ „heil, gesund" sowie weiterer Konstellationsproben wird einer Verbindung mit dem koptischen Äquivalent für „Sohn" der Zuschlag gegeben, um analog zu bekannten Namensformen mit diesem Bestandteil im alten Ägypten mit einer früheren Vollform zu rechnen, die um ein Anfangselement (nicht ausdrücklich um einen Gottes-

---

[6] J. Gwyn Griffith, The Egyptian Derivation of the Name Moses, JNES 12, 1953 (225-231) 226.

[7] Vgl. J. Černý, Greek Etymology of the Name of Moses, ASAE 41, 1942, 352.

[8] Vgl. etwa Jablonski, Opuscula I, Leiden 1804, 152-157.

[9] Vgl. dazu die kritische Bewertung einer Reihe von Vorschlägen bei Griffith, Derivation, 226.

[10] Vgl. auch Griffith, Derivation, 227.

[11] Vgl. R. Lepsius. Die Chronologie der Ägypter. Einleitung und Erster Theil. Kritik der Quellen, Berlin 1849, 325f. Anm. 5. Nach W. Spiegelberg, Eine Vermutung über den Ursprung des Namens יהוה, ZDMG 53, 1899 (633-643), 634, Anm. 1 ist die Erklärung erstmals von F. Lauth versucht worden. Lauth hat jedoch zwar eine Identifizierung des Mose mit Mesu vorgenommen (vgl. Ders., Mose der Ebräer nach zwei hieratischen Papyrus-Urkunden, 1868), dachte aber nach eigenem Eingeständnis weniger an den Namen als an die Person des Namensträgers, den er in dem Papyrus Anastasi I. wiederfinden wollte (vgl. Ders., Aus Aegyptens Vorzeit. Eine übersichtliche Darstellung der ägyptischen Geschichte und Cultur von den ersten Anfängen bis auf Augustus, Berlin 1881, 330). Ohne Lepsius zu nennen, tritt auch G. Ebers, Durch Gosen zum Sinai. Aus dem Wanderbuche und der Bibliothek, 2. Auflage, Leipzig 1881, 539f. für die Ableitung des Namens von ägypt. „Mes, mesu, Kind" und die Vergleichbarkeit mit dem Königsnamen ein. L. Diestel nennt in seinem Artikel „Moses" in: E. Riehm (Hg.), Handwörterbuch des Biblischen Altertums für gebildete Bibelleser II, Bielefeld/Leipzig 1884 (1019-1026) 1019 als Gewährsleute nur Lepsius und Ebers. Seit der 13. Auflage werden im ‚klassischen' Gesenius stattdessen Lauth, Ebers und Spiegelberg benannt.

[12] G. Gesenivs, Thesaurus Philologicus Criticus Linguae Hebraeae et Chaldaeae Veteris Testamenti, Tomi Secundi Fasciculus Primus, Lipsiae 1839, 824.

namen) verkürzt worden wäre[13]. Ein vergleichbares Votum findet sich auch bei J. Fürst, der zwar eine wahrscheinliche Zusammensetzung aus den Bestandteilen „ⲘⲞⳠ Sohn und ⲈⳠⲈ Isis" und die Bedeutung „Sohn der Isis" ansetzt, aber eben auch auf den bekannten Namen Thutmosis als analoge Bildung hinweist[14].

Bei konsequenter Trennung der Beobachtungsebenen muß zwar beachtet werden, daß die Deutung des hebräischen Mose-Namens über ägyptologische Basiselemente losgelöst von der Diskussion eines ägyptischen Hintergrundes für die griechische Namensfassung betrieben werden muß. Dennoch darf davon ausgegangen werden, daß die griechische Fassung mit ihren Varianten sowohl eine hebräische Vorlage von Ex 2,1-10 zu interpretieren sucht als auch ägyptische Namensbestandteile im Visier hat. Die bisherige Deutung der Namensgestalt Μωυσης auf der Basis der Elemente μω und υσης, die sich an die implizite Deutung in der Rede der Tochter Pharaos halten möchte, läßt indessen keinen klaren Ansatz zur Verbindung des Namens mit dem ägyptischen Nomen *ms* „Kind" erkennen. Bisher stehen neben dem ägypt. *mw* die beiden ägypt. Verben *wḏ3* „heil sein" u.ä. und *ḥsj* „the favored, praised one" zur Wahl[15], wobei jeweils eine stativisch zu verstehende Bildung im Pseudopartizip oder Qualitativ angesetzt wird: „der im Wasser Heile" bzw. „im Wasser Selige" oder (mit weiterer Ausdeutung): der „aus dem Wasser Gerettete". Diese Vorschläge sind nicht nur aus lautgeschichtlichen Gründen nicht unproblematisch[16], sie nehmen auch die Bedeutung der hebräischen Basis *MŠY* „herausziehen" nicht exakt auf. Es sollte deswegen nach einer anderslautenden Fügung gesucht werden dürfen, die auch eine Brücke zu dem bekannten und auch den LXX-Autoren bewußten ägyptischen Nomen *ms* schlagen läßt.

Daß die mit Hilfe der ägyptischen Etymologie gewonnene Bedeutung „Kind" der hebräischen Interpretation keineswegs entgegenstehen muß, hat schon H. Brugsch zu erkennen geglaubt, wonach die biblische Deutung ‚extraxit e ventre matris' mit der Rückführung des Namens auf ägypt. *ms* kompatibel sei[17]. Dieser Harmonisierungsversuch muß allerdings mit einer metaphorischen Sinngebung rechnen, wie sie bei ägyptischen *mw* „Wasser" bzw. „Fruchtwasser" zweifellos gegeben ist.

Neben den bekannten Vorschlägen, die nicht zuletzt an fehlender Bezeugung in ägyptischem, näherhin zeitgenössischen Textmaterial leiden, sollte man sich einer Fügung be-

---

[13] „Sed reputanti tamen mihi nominum propriorum apud veteres Aegyptios usitatorum, quae pleraque cum deorum nominibus coniuncta sunt, rationem, animadvertenti insuper, vocabulum mos (ⲘⳠ), quod filium significant ... tum in regum antiquissimorum (v.e. Thutmosis...) tum in privatorum hominum nominibus ... longe usitatissimum esse, credibile videtur, etiam Mosis Hebraei nomen nil aliud significasse, vulgarem tamen eius formam non plenam et nativam esse, sed priore parte orbatam ... esse suspicor".

[14] J. Fürst, Hebräisches und Chaldäisches Handwörterbuch über das Alte Testament I, Leipzig 1857, 794. Fürst setzt sich dabei ebenfalls von der älteren Auffassung ab.

[15] Die letztere Deutung geht auf A.H. Gardiner, The Egyptian Origin of English Personal Names, JAOS 1936, 195f., Anm. 28 zurück; vgl. Griffith, Derivation, 226.

[16] Für das ägypt. *ḏ* sollte man ein griech. τ erwarten, vgl. E. Edel, Neue Deutungen keilschriftlicher Umschreibungen ägyptischer Wörter und Personennamen, Wien 1980, 12. Ein griech. υ steht nicht nur für ägypt. *ḥ*, sondern auch für ägypt. *w*, vgl. Edel, ebd.

[17] Vgl. H. Brugsch 698 (Hinweis bei Ebers, Gosen, 539).

dienen dürfen, die im Ägyptischen der griechisch-römischen Zeit nachweisbar ist. Hier bietet sich die Phrase *ts mw* an, die in der Bedeutung „den Samen eingeben" u.a. in den Inschriften des Tempels von Edfu zu finden ist[18]. Das Verbum *ts*, das phonetisch und semantisch mit den Verbbasen *tsj* und *wts* verwandt ist, hat bei transitiver Verwendung im wesentlichen zwei Bedeutungsebenen: es meint einmal den mythisch-kreativen Akt des Erhebens, zum anderen den der physischen Zeugung[19]. Ähnlich doppelt orientiert ist das Wort *mw*, das sowohl das Flußwasser wie auch den Samen und das Ergebnis der Zeugung signifizieren kann. Die Umstellung *mw ts*, die als Fügung mit dem Nomen *mw* und der Passivform von *tsj/wts* in griechischer Transkription als Μωυσης erschienen wäre, dürfte dementsprechend als „Erzeugter" oder „Sohn" aufgefaßt werden können. Für die griechische Fassung wäre damit eine Erklärung gewonnen, die sich nicht mehr in einer Spannung zur Deutung der hebräischen Vorlage bewegen müßte und zugleich dem ‚philologischen' Kenntnisstand der LXX-Autoren in angemesener Weise Rechnung tragen würde.

Mit der Erklärung der griechischen Fassung ist man allerdings von der ägyptologischen Deutung des masoretischen Namens immer noch relativ weit entfernt. Denn die meist vertretene Anbindung an das ägyptische *ms* „Kind" ist phonetischen Problemen ausgesetzt, für die noch keine verbindliche und überzeugende Lösung gefunden worden ist, zumal die rekonstruierbare Lautung des Nomens im Anschluß an einschlägige Nominalbildungsgesetze mit *mes* vgl. kopt. ⲘⲀⲤ (als passivischer Nominalbildungstyp der Verba III j) von der Basis *msj* „gebären") zu bestimmen ist[20]. Hier sind in erster Linie die Wiedergabe des Sibilanten[21], die Längung der ersten Silbe und die Gestalt der zweiten Silbe zu nennen. Der ägyptische Sibilant entspricht in der Regel nur dann einem hebräischen Zischlaut, wenn dieser auf ein *t* zurückgeht. Für die erste Silbe dürfte die griechische Wiedergabe relevant sein, die unzweifelhaft eine Längung voraussetzt. Das auslautende *h* mit vorangehendem Vokal hat in der ägyptischen Nominalgestalt keinerlei Entsprechung. Die Schwierigkeiten, die sich vor allem im Vergleich mit der hebräischen Wiedergabe des Ortsnamens Pi-Ramesse mit רַעְמְסֵס offenbaren, hat v.a. Griffith zu beheben versucht, während sich W. Helck[22] in Auseinandersetzung mit D.B. Redford[23] ausschließlich um die Schreibung des ON bemüht, um zur „Ausnahme msw: משה" lediglich zu erklären, daß er dafür „bisher keine sichere Parallele finden konnte".

Die Kompatibilität der Sibilanten wird mit einer Liste ägyptisch-hebräischer Lexeme begründet, bei denen eine offensichtliche oder vermutete Entsprechung des ägypt. /s/ zum

---

[18] Vgl. P. Wilson, A Ptolemaic Lexicon. A Lexikographical Study of the Texts in the Temple of Edfu, OLA 78, Leuven 1997, 418.

[19] Zu den Bedeutungsnuancen vgl. die Einträge in A. Erman - H. Grapow, Wörterbuch der ägyptischen Sprache, Berlin V 1931 (Neudruck 1971), 405-407. R. Hannig, Großes Handwörterbuch Ägyptisch-Deutsch (2800-950 v. Chr.), Mainz 1995, 964.

[20] Vgl. J. Osing, Die Nominalbildung des Ägyptischen, Mainz 1976, 228.

[21] Auf die problematische Kompatibilität der Sibilanten hat m.W. zuerst W.M. Müller in seinem Beitrag zum Lexem משה in Gesesnius-Buhl (14. Auflage; Leipzig 1905), 466 aufmerksam gemacht.

[22] W. Helck, *Tkw* und die Ramses-Stadt, VT 15, 1965 (35-48), 40-47.

[23] D.B. Redford, Exodus I 11, VT 13, 1963, 401-418.

hebr. /š/ erkennbar ist[24]. Die Liste zeigt jedoch Wörter, die allem Anschein nach entweder einem semito-hamitischen Vokabularsubstrat oder einer frühen Übernahme aus ägyptischem Wort- oder Namensbestand entstammen, jedenfalls vor einem charakteristischen Lautwandel im westsemitischen Bereich. Auch für E.A. Knauf ist der Name Mose noch vor diesem Lautwandel übernommen: „Im Namen des Mose erscheint ägyptisches /s/ noch als s_1 (traditionell, aber für das 2. Jahrtausend v. Chr. unzutreffend, /š/), im Namen der Ramses-Stadt jedoch als s_3 (Samek)", so daß der Mosename „noch vor der kananäischen Lautverschiebung s_1: s > š/s_3: ^{t}s > s in die hebräische Tradition eingegangen" sei, der Name der Ramsesstadt dagegen „erst danach"[25]. Knauf macht auch ausdrücklich geltend, daß die Lautgestalt auch ein Indiz für die „Historizität eines Mannes namens Moses und seine Verbindung mit dem Exodus" sei, was für die Erwähnung des später übernommenen Namens der Ramsesstadt nicht zutreffe[26].

Dennoch muß weiterhin mit der Möglichkeit gerechnet werden, daß die Lautgestalt des Mosenamens mit dem dem Sibilanten /s/ auch nach der erwähnten Lautverschiebung zum Zischlaut in die hebräische Tradition eingegangen sein kann. Die überlieferte Fassung mit dem Zischlaut könnte dann, wie schon seit langem vermutet, auf das Konto der innerisraelitischen Etymologie mit Hilfe der Basis *MŠH(Y)* gehen, wie sie ja dann in Ex 2,10 vorausgesetzt wird. Im Unterschied zur Rezeption des Namens der Ramsesstadt hat der Mosename selbstverständlich einen außerordentlichen Stellenwert, der eine genuine Interpretation auch in einer Modifikation des Namens selbst nahelegt, zumal es zumindest im ägyptenkritischen Teil der Bevölkerung schwer zu vermitteln gewesen sein dürfte, Mose eine nur aus dem Ägyptischen erklärbare Namengebung zukommen zu lassen. Wenn man eine primäre Übernahme des Mosenamens ohne Zischlaut ansetzt, ließe sich auch die wahrscheinlich ältere Fassung der Kurzgeschichte in Ex 2,1-10 besser verstehen, die noch ohne die Namenskommentierung der ‚Tochter Pharaos' auskommt und offenbar mit dem Zusammenhang des Mosenamens mit dem ägyptischen Nomen *ms* (bzw. einer Nominalvariante) „Kind" operiert, um so eine Kindheitsgeschichte des Mose als narrative Deutung anzubieten[27].

Gerade die Frühgeschichte der Rezeption des Mosenamens ist im Blick auf ägyptische Namensbildungen mit der Basis *msj* „gebären" und deren keilschriftlichen Äquivalenten

---

[24] Griffith, Derivation, 229 orientiert sich hier an der Beispielsammlung von A. Ember, Zeitschrift für Ägyptische Sprache 51, 1913, 111. Als weiteres Indiz, sogar als „decisive confirmation" wertet Griffith, Derivation, 230 auch das Vorkommen eines Namens ᶜ*NMS/Š* in den Inschriften von Samaria, den er im Anschluß an W.F. Albright, AJSL 41, 1925, 83f. als Parallele mit der Wiedergabe eines ägyptischen Sibilanten durch den Zischlaut deutet. Von der fehlenden Eindeutigkeit des hebräischen Alphabetzeichens abgesehen, ist der Name sowohl ägyptisch anders wie auch semitisch erklärbar, vgl. dazu J. Renz, Die althebräischen Inschriften, Teil 2: zusammenfassende Erörterungen, Paläographie und Glossar, in J. Renz/W. Röllig, Handbuch der althebräischen Epigraphik II/1, Darmstadt 1995, 80.

[25] E.A. Knauf, Midian. Untersuchungen zur Geschichte Palästinas und Nordarabiens am Ende des 2. Jahrtausend v. Chr., ADPV, Wiesbaden 1988, 105.

[26] Knauf, Midian, 105.

[27] Vgl. dazu auch Görg, Beziehungen, 145f.

Gegenstand einer bis heute anhaltenden Diskussion gewesen[28]. Aus dem einschlägigen Namensinventar Ägyptens sind besonders zwei Typen von Bildungen mit der Basis *msj* zu Rate gezogen worden:

Typ (1): GN-*msj-sw* „(Gott) x ist es, der ihn geboren hat"

Typ (2): GN-*ms* „(Gott) x ist geboren"

Für die Namensbildungen mit Nennung des Gottes Re (R^cw) sind aus den zeitgenössischen Keilschriftbriefen der Korrespondenz Ramses II. mit Hattusilis[29] folgende meist vertretene Schreibungen nachweisbar:

(1) R^cw-*msj-sw* = *Rea-ma-še-ša*

(2) R^cw-*msj.w* = *Rea-maš-ši*

Die Beleglage für die erstgenannte Namensform im keilschriftlichen Kontext ist natürlich optimal, da es sich um den Geburtsnamen Ramses' II. handelt[30]. Für den zweiten Namen gilt, daß hier eine naturgemäß weniger bezeugte Namengebung eines Ägypters als Hethiterboten vorliegt[31]. Grammatikalisch stellt die Verbform in Namensform (1) ein aktives Partizip dar, während in Namensform (2) das Pseudopartizip gewählt ist. Namenstyp (1) ist natürlich auf die göttliche Abkunft des Pharao bezogen und so nur in Bezug auf den königlichen Namensträger nachweisbar; Namenstyp (2) kann dagegen, da er die Gottesgeburt selbst ausdrückt[32], sowohl auf einen königlichen wie auf einen nichtköniglichen Träger bezogen werden.

Die mit den keilschriftlich überlieferten Wiedergaben angezeigte Vokalisation in *-maše-* bzw. in *-mašši* läßt nun eine Antwort auf die Frage nach einer lautlichen Entsprechung zum tradierten Mosenamen relativ leicht finden, wenn man die Gesetze der ägyptischen Lautverschiebung bedenkt, wonach nur aus *-mašši* jene Bildung nach dem Typ *másj-w* entstehen konnte, die als Qualitativform ⲘⲞⲤⲈ im Koptischen erhalten ist[33] und so eine relativ deutliche Affinität zur tradierten Form des Namens Mose erkennen läßt. Nimmt man diese Analogie zum Maßstab, ließe sich am ehesten an eine Kurzform des geprägten ägyptischen Namenstyps GN-*msj.w* denken. Man stünde allerdings dann vor der Schwierigkeit, neben der Unklarheit über den Gottesnamen der Vollform, für den in der ägypti-

---

[28] Dabei sind die syntaktischen Verhältnisse der ägyptischen Namensbildung nicht immer korrekt dargestellt worden, vgl. dazu S. Herrmann, Israels Aufenthalt in Ägypten, SBS 40, Stuttgart 1970, 66, Anm. 6.

[29] Dazu vgl. jetzt die ausführliche Dokumentation mit Kommentar aus der Hand von E. Edel, Die ägyptisch-hethitische Korrespondenz aus Boghazköi in babylonischer und hethitischer Sprache, Band I: Umschriften und Übersetzungen, Band II. Kommentar, Abhandlungen der Rheinisch-Westfälischen Akademie der Wissenschaften 77, Opladen 1994.

[30] Vgl. die Belegliste bei Edel, Korrespondenz, 361f.

[31] Vgl. die Belegliste bei Edel, Korrespondenz, 363.

[32] Vgl. dazu H. Ranke, Die ägyptischen Personennamen II, Glückstadt/Hamburg 1952, 217f.

[33] Vgl. bereits grundlegend E. Edel, Neue keilschriftliche Umschreibungen ägyptischer Namen aus den Bogazköy-Texten, JNES 7, 1948 (11-24), 17f. Ders., Neue Deutungen keilschriftlicher Umschreibungen ägyptischer Wörter und Personennamen, Wien 1980, 12f. Die Doppelschreibung des Zischlauts in den ägyptischen Wiedergaben von Typ (2) ist demnach nach kurzem Tonvokal angezeigt.

III. Menschenbilder

schen Namengebung eine beträchtliche Anzahl belegt ist, gerade nicht eine Akzentsetzung auf dem Kindsein des Namensträgers notieren zu können.

Vielleicht kommt man hier weiter, wenn man zwar weiterhin von der Namensform *msj.w* < **masj.w* > ⲘⲞⲤⲈ ausgeht, diese Bildung aber ohne strenge Bindung an die Namenskonstellation des Typs (2) versteht und als offene und verbreitete Kurznamenbildung[34] ernster als bisher üblich nimmt, die mit der Bedeutung „Geborener" bzw. „Erzeugter", „Sohn" zu isolieren wäre, auch ohne, daß eine genuine Gottheit insinuiert werden müßte.

Warum sollte also nicht ein Name supponiert werden dürfen, dem genau diese Bedeutung entspräche, unter welcher der Name dann in die hebräische Überlieferung gelangt sein könnte? Der vermutliche Grundtext von Ex 2,1-10 jedenfalls scheint mit der Namengebung *msw* in der oben angesetzten Lautgestalt und der Assoziation zum Nomen *msw* „Kind" bzw. besser „Sohn" operiert zu haben. Um es noch einmal zu sagen: die jetzige Deutung in Ex 2,10 beruht auf einer sekundären Interpretation, auf deren Konto zugleich die Modifizierung des Sibilanten zum Zischlaut, ferner die Längung der ersten Silbe und schließlich die Lautgestalt der letzten im Zuge der Hebraisierung des prominenten Namens geht.

Spätestens jetzt muß man sich allerdings vergegenwärtigen, daß die literarische Rezeption des Mosenamens in der Grundfassung von Ex 2,1-10* und damit wohl im AT überhaupt nicht allein nach einschlägigen Vorgaben der Lautentwicklung der Namensform beurteilt werden darf. Die narrative Etymologie knüpft auch hier an Prozesse der Anspielung an bekannte Nomina an, wie sie bereits in der ägyptischen Tradition zur Genüge bezeugt sind. Erinnert sei hier nur an die bekannte illustrative Deutung des Geburtsnamens Ramses' II. in der Skulptur des Königs als Kind, von hinter her beschützt durch den falkengestaltigen Gott Hauron[35]. Diese zwar in Tanis gefundene, möglicherweise aber ursprünglich vor dem großen Sphinx in Gizeh aufgestellte Konstellation zeigt nicht nur das königliche Kind mit den üblichen Kennzeichen (Hand am Mund, Jugendlocke), sondern auch die drei Teile des Namens *Rᶜw-msj-sw*, wiedergegeben mit der Sonnenscheibe über den Kopf des Kindes, der *sw.t*-Pflanze in der linken Hand und in der Darstellung des Kindes selbst. Mit sprachgeschichtlich korrekter und etymologisch sachgemäßer Betrachtungsweise hat diese Interpretation so gut wie nichts gemein. Eine grammatikalisch als Partizipialform aufzufassende Bildung *msj* (Subjekt: Re!) kann demnach zwanglos in das Bild des Kindes (ägypt. *ms*) umgesetzt werden, weil sich der Pharao als göttliches Kind versteht, selbst wenn er längst im Besitz der Regierungsgewalt ist.

Diese schon in Ägypten wirksame ‚theologische Etymologie' hat in Israel auf der narrativen Ebene die Deutung des Namens „Mose" durch das Kind als Gegenstück zur Seite. Überdies wird klarer, daß auch noch in der biblischen Kurzerzählung das aus Ägypten

---

[34] Zu diesem Gebrauch im Neuen Reich vgl. Ranke, Personennamen II, 121 (Eintrag *ms*), wo zudem anmerkungsweise darauf hingewiesen wird, daß der Kurzname *ms* auch als Frauenname belegt ist.

[35] Vgl. dazu u.a. R. Stadelmann, Ramses II., Harmachis und Hauron, in: J. Osing (Hg.), Form und Mass. Beiträge zur Literatur, Sprache und Kunst des alten Ägypten, Festschrift für Gerhard Fecht, ÄAT 12, Wiesbaden 1987, 436-449.

stammende Mythologem der voraufgreifenden Erwählung im Schema der königlichen Legitimation mit Hilfe der ‚Erwählung als Kind' eine Rolle spielt. Die Annahme des Kindes zum Sohn durch die ägyptische Prinzessin in Verbindung mit seiner Erziehung durch die leibliche Mutter verschafft Mose eine Autorität, die ihn später nicht nur zwanglos als Widerpart des Pharao in Erscheinung treten läßt, sondern auch als bevollmächtigte Alternative zur königlichen Instanz überhaupt. Damit reiht sich auch Ex 2,1-10* in die biblischen Textformen ein, die unter der Inspiration der ägyptischen Königsideologie stehen[36].

Auf der Basis dieser Erwägungen kann nunmehr auch die Beiziehung des Namenstyps GN-*msj-sw* erneut an Interesse gewinnen, da nunmehr die grammatikalische Differenz nicht mehr als ausschließliches Kriterium gelten kann. Bei näherem Zusehen könnte man sich auch mit dem lautlichen Unterschied abfinden, wenn man in dem Element *msj* = *mase'* die Tonstelle auf der zweiten Silbe ansetzt, wie sie beim „Status praencliticus" angezeigt ist[37].

Zusammenfassend darf festgestellt werden, daß der Name des Mose formal zwar immer noch am ehesten als Kurzname zur Vollform des Typ GN-*msj.w* statt zur Vollform des Typs GN-*msj.sw* aufgefaßt werden darf, jedoch so daß in jedem Fall mit der Rezeption des verbalen Namensbestandteils die Möglichkeit einer deutenden Anspielung an das ägyptische Nomen *ms* „Kind" (= hebr. *yld*) gegeben war, wie dies einer ‚theologischen Etymologie' entsprach. Die jetzige Deutung des Namens im Bibeltext setzt den Prozeß der theologischen Ausdeutung fort, um zugleich auch eine lautliche Modifikation zur Namensgestalt einzuführen.

2. Vergleichsfiguren

Nach dem Vorstehenden könnte es als müßig erscheinen, für den literarischen Mose nach einer Vergleichsgestalt aus der historischen Erforschung des alten Ägypten zu suchen. Dieser Vorbehalt würde sich noch verstärken, wenn man für das Gesamtspektrum des kanonischen Mose eine Persönlichkeit aus den zahlreichen Nachrichten über profilierte und in die Geschichte eingegangene Amtsträger königlicher und nichtköniglicher Abkunft benennen würde. Anders liegen die Dinge, wenn man sich nach möglichen Anwärtern umsieht, die mit dem Kurznamen *Msj* in die Erinnerung eingegangen sein können, auch wenn nicht mehr klar erkennbar ist, ob überhaupt ein und welcher Vollname dem Namensträger von Haus aus zukommt.

---

[36] In den Prinzengeschichten Ägyptens, die im Zusammenhang mit dem großen Sphinx stehen, manifestiert sich ein Erwählungsbewußtsein, das die Herrschaft in die Kindheit ‚vordatiert', was wiederum im Zuge der vorgeburtlichen Ausstattung im Vorfeld späterer Präexistenzvorstellungen zu verstehen ist. Die Nachwirkung im AT ist u.a. in 1Kön 3,5-15 (vgl. dazu u.a. M. Görg, Gott-König-Reden in Israel und Ägypten, BWANT 105, Stuttgart 1975, 76-81) und in Ps 8 (vgl. dazu u.a. M. Görg, Der Mensch als königliches Kind nach Ps 8,3, BN 3, 1977, 7-13 = ÄAT 11, 1991, 309-315) spürbar.

[37] Vgl. dazu G. Fecht, Wortakzent und Silbenstruktur, Glückstadt 1960, § 225, zuletzt J. Zeidler, Die Entwicklung der Vortonsilben-Vokale im Neuägyptischen, in: L. Gestermann/H. Sternberg-El-Hotabi, Per aspera ad astra (Fs W. Schenkel), Kassel 1995 (195-237).

III. Menschenbilder

Gerade aus der Ramessidenzeit sind diverse nichtkönigliche Amtsträger mit dem Namen *Msj* dokumentiert[38], so daß man ohne weiteres eine erhebliche Anzahl von Namensträgern unterstellen darf, freilich ohne daß irgendeine Information über eine vergleichbare Funktion zur Verfügung stünde. So ist beispielsweise in der satirischen Schrift des Papyrus Anastasi I (18,4) von einem *Msw* die Rede, der bereits von D.I. Heath und Lauth mit Mose verbunden wurde[39], allem Anschein nach aber nur der Name eines „Hausverwalters" und Vaters eines dort genannten Adressaten namens Amenemope darstellt, ohne daß irgendein Konnex zum biblischen Mose spürbar wäre[40].

Wenn auch an teilweise abenteuerlichen Kombinationen kein Mangel war[41], hat doch bereits die beginnende und ernsthafte Ägyptologie nach Individuen Ausschau gehalten, die sich am ehesten nicht nur mit ihrer Namengebung, sondern auch mit ihrer Funktionsverwandtschaft als attraktive Vergleichsfiguren ausweisen könnten. Hier käme es darauf an, ein möglichst breites Mose-Spektrum der Bibel mit historisch belegten Gestalten der Ramessidenzeit zu konfrontieren.

In methodischer Hinsicht ist hier allerdings erneut der schon anfangs angedeutete Vorbehalt anzumelden. Es kann nicht darum gehen, Nachrichten über spezielle Funktionsträger in Ägypten und deren Aktivitäten mit diesem oder jenem Detail der mannigfaltigen Mosetraditionen zusammenzustellen, wie dies immer wieder versucht wurde und versucht wird. Für einen Vergleich mit Mose können nur Faktoren benannt werden, die zur biblischen Elementarausstattung des Mose gehören. Hier muß vor allem der tradierten Parteilichkeit des Mose zugunsten ethnisch verwandter Gruppen gegenüber den Ägyptern Rechnung getragen werden.

2.1 Mose = Amenmesse?

Schon Lepsius hat im Zuge seiner Namensdeutung auf einen kuschitischen Prinzen namens Messui (*Msswjj*) hingewiesen[42], der als „Statthalter von Aethiopien ... unter dem Pharao des Auszugs Nubien verwaltete und zugleich ‚königlicher' Schreiber" gewesen sei. Der genauer mit dem Titel „Vizekönig von Kusch" (*z3-nswt n K3š*) unter den Phara-

---

[38] Vgl. u.a. die bekannte Stele des Offiziers „Mose" im Pelizäus-Museum Hildesheim, vgl. den Katalog: Pelizäus-Museum Hildeheim. Die ägyptische Sammlung, Mainz 1993, 72f.

[39] Vgl. J.D. Heath, The Exodus Papyri, London 1855, 163f. Lauth, Moses. Ders., Vorzeit, 330.

[40] Gardiner, JAOS 56, 1936, 193 und Griffith, Derivation, 226 denken wohl an den Pharao Ramses II. selbst, der mit seinem Kurznamen zitiert wäre. Vgl. dagegen vgl. R. Krauss, Untersuchungen zu König Amenmesse, 1. Teil, SAK 4, 1976, 161-199, 2. Teil, SAK 5, 1977, 131-174, hier 184f. Zur Identität des *Msw* bzw. *P3-Msw* vgl. zuletzt H.-W. Fischer-Elfert, Die satirische Streitschrift des Papyrus Anastasi I. Übersetzung und Kommentar, ÄgAbh 44, Wiesbaden 1986, 285.

[41] Exemplarisch stehen dafür die phantastischen Eisegesen von Heath, Exodus Papyri, der nicht davor zurückscheut, auch das bloße Vorkommen des Nomens *ms* „Kind" (z.B. in Pap. Anastasi V, für einen Hinweis auf Mose zu halten. Zur bereitwilligen Rezeption vgl. man etwa die Erklärungen von J. Foulkes Jones, Egypt in its Biblical Relations and Moral Aspect, London 1860, 313-318. Kaum weniger kühn sind die Suggestionen von Lauth, Vorzeit, 330-332.

[42] Lepsius, Chronologie, 325f, Anm. 5.

onen Merenptah und Sethos II. ausgewiesene Mann hat dann auch in der Folgezeit immer wieder als Bezugsfigur für Mose eine Rolle spielen können. So liegt nach A. Wiedemann eine traditionsgeschichtliche Verbindung des Mose mit diesem Messui vor[43], deren Identifikation zwar „naturgemäss ausgeschlossen" sei, obwohl ihm „sehr wahrscheinlich" sei, daß die „Kunde von diesem Statthalter Aethiopiens, der in der Zeit des ihm so gut wie gleichnamigen biblischen Moses lebte, den Späteren durch eine der zahllosen ägyptischen halbhistorischen Sagen vermittelt ward", um so zu einer „Legende vom Aethiopenkriege Moses" zu führen, wie sie uns „in der einfachsten Form bei Josephus, Ant. II.10 erhalten geblieben" sei. Auf das Konto rabbinischer Autoren gehe dann der „wenig geschickte Versuch", den „Äthiopenzug in Verbindung zu dem IV. Mos. 12.1 genannten kuschitischen Weibe Mosis zu bringen". Diese von Wiedemann trotz Ankündigung anscheinend nicht weiter explizierte These hat Griffith zu der Wertung veranlaßt, daß „it may well explain the later traditions about the prowess of Moses as a warrior and his part in the Ethiopian war, and it links up with the statement in Num. 12:1 that Moses married a woman from Kush"[44]. Zuletzt ist R. Krauss für eine Verbindung des ‚Vizekönigs von Kusch' Messui mit der Mosetradition eingetreten.

Mit Krauss ist die Schreibung des Namens dieses Messui mit hoher Wahrscheinlichkeit als abkürzende Variante eines Namens zu fassen, wie ihn Pharao Amenmesse (*Jmn(-Rˁ)-msj-sw* „Amun ist es, der ihn geboren hat") trägt[45], der der 19. Dynastie angehört und eine Regierungsdauer von 4-5 Jahren aufzuweisen haben soll[46]. Damit ist freilich noch nicht gesichert, daß Messui mit dem Pharao selbst identisch ist[47], wenn auch eine gewisse Attraktivität der These nicht abzusprechen sein wird, zumal beide, Messui und Amenmesse, „bürgerlicher Herkunft" gewesen sein können[48].

Immerhin zeigt eine Belegschreibung im Papyrus Salt 124 eine entsprechende Kurzform des Pharaonennamens mit dem Determinativ des Feindes, was eindeutig auf die Existenz eines innerägyptischen Widerparts nach Art eines Gegenkönigs schließen läßt, der einen mit Mose hinlänglich (s.o.) kompatiblen Namen getragen hat[49]. Pharao Amenmesse ist offenbar als Usurpator und Opponent Sethos II. in die ägyptische Tradition eingegangen.

---

[43] Vgl. A. Wiedemann, Zu den Felsgraffiti in der Gegend des ersten Katarakts, OLZ 1900 (171-175), 173. Hinweis auf Wiedemanns Position bei Griffith, Derivation, 227.

[44] Griffith, Derivation, 227.

[45] Krauss, Amenmesse, Studien zur altägyptischen Kultur 5, 1977, 136-141.

[46] Vgl. zuletzt Th. Schneider, Lexikon der Pharaonen, Die altägyptischen Könige von der Frühzeit bis zur Römerherrschaft, Zürich 1994, 71f. Als absolute Regierungszeit wird zuletzt 1203–1200/1199 angesetzt, vgl. dazu J. von Beckerath, Handbuch der ägyptischen Königsnamen, Mainz 1999, 286.

[47] Vgl. die kritischen Bemerkungen von J. Osing, Zur Geschichte der späten 19. Dynastie, SAK 7, 1979, 253-271 sowie von M. Gutgesell/B. Schmitz, Die Familie des Amenmesse, SAK 9, 1981, 131-141. Die Repliken von Krauss, Zur historischen Einordnung Amenmesses und zur Chronologie der 19./20. Dynastie, Göttinger Miszellen. Beiträge zur ägyptologischen Diskussion 45, 1981, 27-33. Ders., Untersuchungen zu König Amenmesse: Nachträge, Studien zur altägyptischen Kultur 24, 1997, 161-184.

[48] Gutgesell/Schmitz, Amenmesse, 140.

[49] Krauss, Nachträge, 172-174 liest die Namensform des pSalt 124 nunmehr *Ms-sw-y*, um freilich auf der Identifikation dieses Namensträgers Amenmesse mit dem nubischen Vizekönig zu beharren. Über eine Hypothese kommt man wohl nach wie vor nicht hinaus.

III. Menschenbilder

Ob und in welchem Ausmaß er von Nubien (Buhen?) aus Oberägypten kontrolliert hat, kann und muß hier nicht entschieden werden.

Die von Krauss angenommene Operation des Pharao von Nubien aus sowie seine Identität mit dem kuschitischen Statthalter Messui sind freilich keine überzeugende Handhabe, um eine Beziehung zur biblischen Nachricht von der kuschitischen Frau des Mose herzustellen. Gerade hier gilt, daß nicht mit scheinbar passenden Versatzstücken aus Bibeltexten gearbeitet werden darf, um eine traditionsgeschichtliche Anbindung der Mosegestalt zu konstruieren. Es empfiehlt sich vielmehr, eine innerisraelitische Motivation für die angehende Mitteilung im Kontext von Num 12 zu suchen, wonach es offenbar um eine Opposition zu Mose geht, der mit seiner Beziehung zu einer Kuschitin auf Pfaden wandelt, wie sie die Salomotradition begeht, wenn sie dem König Israels Kontakte zur ägyptischen Prinzessin nachsagt, zumal Kusch in der fortgeschrittenen Königszeit praktisch als Synonym für Ägypten gelten konnte (vgl. die 25. Dynastie der Äthiopen)[50].

Von einschlägigem Interesse würde dagegen sein, wenn Amenmesse nach einem Vorschlag R. Giveons auch im Heiligtum von Timna im südlichen Negev bezeugt wäre[51]. Die vorgeschlagene Lesung des „prenomen of Amenmesse" (Mn-mj-R^c) könnte den Befürwortern einer Gleichung Amenmesse = Mose entgegenkommen, obwohl Giveon selbst an der Gleichsetzung zweifeln will, um auch eine wirkliche Präsenz des Amenmesse an Ort und Stelle in Frage zu stellen: „As for Amenmesse in Timna – it seems extremely unlikely that this king should have been able to send mining expeditions to Sinai (where his name was not found) or to Timna"[52].

Allem Anschein nach darf man sich gegenüber der These einer simplen Gleichsetzung des Mose mit Massui oder Amenmesse große Zurückhaltung auferlegen. Über die genauen Aktivitäten des sogenannten Ursupators ist zu wenig bekannt, ganz zu schweigen von einer irgendwie gearteten Protektion semitischer Bevölkerungsteile.

Festzuhalten ist allerdings, daß der mit Mose unter den aufgezeigten Umständen vergleichbare Name des Amenmesse in Kurzform mit einem Feinddeterminativ (vgl. Pap. Salt 124) ausgestattet (zeitweise?) ägyptischerseits im Kurs gewesen zu sein scheint, wie auch immer das Verhältnis des Amenmesse zu Messui zu bestimmen sein mag. Dieser Umstand kann dafür sprechen, daß man in dieser eigentümlichen Fassung eine Erinnerung bewahrte, die alle Anlagen gehabt hätte, zu einem Topos zu werden, etwa so wie wenn wir von einem „enfant terrible" sprechen. Vielleicht darf man in dieser Typisierung einen wesentlichen Teilbeitrag zum Werden des Mose aus ägyptischer Perspektive sehen.

---

[50] Vgl. dazu einstweilen M. Görg, Der sogenannte Exodus zwischen Erinnerung und Polemik, in: I. Shirun-Grumach, Jerusalem Studies in Egyptology, ÄAT 40, Wiesbaden 1998 (159-172), 171.

[51] R. Giveon, Amenmesse in Canaan?, Göttinger Miszellen. Beiträge zur ägyptologischen Diskussion 83, 1984, 27-29.

[52] Giveon, Amenmesse, 28. In einem Brief Giveons vom 23.10.1984 heißt es dazu: „Wenn Sie die Amenmesse-Moses Theorie ernst nehmen und die Lesung mn-mi-R^c auch (ich tu es in beiden Fällen nicht) und dazu nehmen, dass die Bibel sagt, Moses sei in Elath (bei Timna) gewesen, dann haben Sie die schönste Geschichte".

2.2 Mose = *By/Beja*?

Den meisten Anklang hat bisher offenbar eine Anbindung der Mosefigur an einen Politiker gefunden, der als Zeitgenosse des Amenmesse in den Quellen der auslaufenden 19. Dynastie unter der Namensschreibung *B3-jj* belegt ist[53]. Es handelt es offenbar um eine bedeutende und einflußreiche Persönlichkeit, die Pharao Siptah zur Königswürde verholfen und in Verbindung mit der Stiefmutter des Siptah, Tausret, das politische Zeitgeschehen maßgeblich bestimmt haben soll. Seine ägyptische Rolle wird näherhin als die eines „Schatzmeisters" (*mr sd3wt*) bzw. mit „Großer Schatzmeister des ganzen Landes" (*mr sd3wt ꜥ3 n t3 r dr.f*), d.h. wohl eines Chefökonomen oder Wirtschaftsministers angegeben, ohne daß diese Funktion genauer illustriert worden wäre. Das reichhaltige Inschriftenmaterial bezeugt ihn zudem als Besitzer eines Grabes im Tal der Könige (KV 13) und eines Weingutes im Delta. Eine Verbindung mit der Figur des Mose hat offenbar zuerst E.A. Knauf hergestellt[54].

Von genuinem Interesse ist zunächst die eigentümliche Namengebung des Amtsträgers, der neben dem zitierten Namen einen ägyptischen allerdings nur einmal in Assuan belegten Hofnamen führt, nämlich *Rꜥ-msj-sw-ḥꜥ-m-nṯrw*, woraus nach W. Helck „geschlossen werden kann, daß er Ausländer war", d.h. wohl zur Gruppe der ausländischen Truchsesse zu rechnen ist[55]. Der besondere Anlaß für die Bestimmung der ethnischen Herkunft sollte aber der Erstname *B3-jj* sein, der allem Anschein nach nicht ägyptischen Ursprungs ist, wie man erst in jüngerer Zeit gesehen hat.

Die Namensschreibung *B3-jj*, die früher *Baj* gelesen wurde, kann nach Auffindung eines (leider noch nicht publizierten) keilschriftlichen Briefes an Ammurapi, König von Ugarit (RS 88.230)[56], im Namen des Absenders *Be-e-ja* ein lautliches Äquivalent finden, so daß die hieroglyphische Schreibung nach Art der für semitische Fremdnamen im Ägyptischen üblichen ‚Gruppenschreibung' interpretiert werden darf. Der Name *B3-jj* (= *By*), der also keilschriftlich transkribiert worden ist, kann seinerseits semitischen Ursprungs sein, ohne daß über die Bedeutung eine einhellige Meinung erzielt worden ist[57]. Sehr kühn und mit religionsgeschichtlichen Vorurteilen belastet erscheint daher die Deutung als Kombination der semitischen Präposition *b* mit dem alttestamentlichen Gottesnamen: „In YH (is my trust)" durch J.C. de Moor[58]. Stattdessen darf hier wenigstens vermutet werden, daß eine abkürzende Schreibvariante des theophoren Namenstyps „*A-bi-ja* (-GN)" (Mein Vater ist

---

[53] Zur Position und Funktion vgl. die Angaben bei Schneider, Lexikon, 275f.

[54] Knauf, Midian, 136f. Dazu zuletzt Utzschneider, Atem, 85f.

[55] W. Helck, Bai, in: Lexikon der Ägyptologie I, Wiesbaden 1975, 604.

[56] Vgl. dazu einstweilen D. Arnaud, bei P. Bordreuil, Les découvertes épigraphiques récentes à Ras Ibn Hani et à Ras Shamra, CRAIBL 1987, 297. Ders., Les ports de la 'Phenicie' à la fin d'age du Bronze Récent (XIV-XIII siècles) d'après les textes cunéiformes de Syrie, Studi Micenei ed Egeo-Anatolici 30, 1992, 181, Anm. 6.

[57] Knauf, Midian, 136, Anm. 578 verweist auf den punischen Namen *Byy* (bei F.L. Benz, Personal Names in the Phoenician and Punic Inscriptions, Studia Pohl 8, Rom 1972, 286), wonach „offensichtlich ein Hypokoristikon" vorliege.

[58] Vgl. J.C. de Moor, the Rise of Yahwism. The Roots of Israelite Monotheism. Revised and Enlarged Edition, Leuven 1997, 215 mit Anm. 26.

die Gottheit X) vorliegt[59]. Vergleichbare Kurznamen semitischen Ursprungs sind für das Neue Reich gut bezeugt[60].

Die angenommene keilschriftliche Wiedergabe des Namens *B3-jj* findet sich in einem Dokument, das für die Versuche einer Rekonstruktion der zeitgeschichtlichen Verhältnisse von gewisser Relevanz ist, da hier nicht nur eine internationale Aktivität des *By* signalisiert wird, sondern eine besondere Beziehung zu einem Potentaten des palästinisch-syrischen Raums[61].

Mit der Identifikation des Kanzlers *By* mit dem Autor des Briefes an den König von Ugarit hat sich freilich K.A. Kitchen nicht einverstanden erklärt, da nach ihm die keilschriftliche Präsentation des Absenders als LU.GAL ERIN.MES *hurade sa* LUGAL. GAL. LUGAL KUR MISRI „Chef der Leibwache des großen Königs, des Königs von Ägypten" einen Wesir namens *Piay fordere, der jedoch nicht nachgewiesen sei[62]. Dagegen hat W. Helck die keilschriftliche Titulatur als Wiedergabe von GAL *mesedi* interpretiert, was mit dem Titel eines Kanzlers kompatibel sei[63]. Bei der Vergleichung der Titulaturen muß man allerdings bedenken, daß der „Schatzmeister" im Zuge der 18./19. Dynastie nur noch „für die inneren Angelegenheiten des *pr nswt*" d.h. des königlichen Palastes zuständig und schließlich lediglich für Harimsvorsteher im Gebrauch ist, bis er in der Ramessidenzeit zum bloßen Ehrentitel wurde[64], so daß die keilschriftliche Titulatur möglicherweise den tatsächlichen Gegebenheiten entspricht[65]. Wie sich die Titelfassungen im Detail auch zueinander verhalten mögen, ein vernünftiger Zweifel an der Identität beider Namen und Titelträger ist wohl nicht gerechtfertigt.

Die weiteren Nachrichten zu *By/Beja* aus ägyptischen Quellen sind bei de Moor Gegenstand eines eingehenderen Vergleichs mit biblischen Mose-Traditionen, der in der These gipfelt, daß *By/Beja* mit Mose zu verbinden sei. Schon der ägyptische Hofname des *By* zeige „the element *mssw*", was einer „shortened form" des ägyptischen Namens des Mose entspreche[66], was freilich nach dem oben Gesagten aus lautlichen und semantischen Gründen nicht einfachhin gelten kann.

---

[59] Vgl. dazu Görg, Beziehungen, 160.

[60] Vgl. Th. Schneider, Asiatische Personennamen in ägyptischen Quellen des Neuen Reiches, OBO 114, Freiburg/Schweiz - Göttingen 1992, 16. Dazu auch M. Görg, Die Prinzessin mit der Maske, BN 96, 1999, 19f.

[61] Vgl. dazu und zum Folgenden zuletzt J. Freu, La fin d'Ugarit et de l'empire Hittite. Données nouvelles et Chronologie, Semitica 47, 1997, 17-39.

[62] K.A. Kitchen, JSS 40, 1995, 86f.

[63] W. Helck, Die Beziehungen Ägypten-Ugarit, ALASP 7, 1995, 93f. Der Titel LU bzw. GAL *mesedi* ist allerdings nach W. von Soden, Akkadisches Handwörterbuch II, 648 hethitischen Beamten vorbehalten, so daß er hier wohl nicht herangezogen werden kann.

[64] Vgl. B. Schmitz, Schatzmeister, in: Lexikon der Ägyptologie V (539-543), 540f.

[65] Es ist daher mir nicht sicher, ob *By/Beja* „dem Amt noch einmal neue Bedeutung" gegeben hat, wie Schmitz, Schatzmeister, 541 meint, da er als „Königsmacher" des Siptah (H. Altenmüller) eher seinen Ausweis als ‚Palastminister' denn als Chefökonom genutzt haben wird.

[66] De Moor, Rise, 216.

Die früheste Nachricht über *By/Beja* ist auf dem hieratischen Ostrakon CC 25766 zu finden, das ihn als „königlichen Schreiber und königlichen Diener des Pharao Sethos-Merenptah" bezeichnet, überdies aber ein Gebet an Amun-Re, in dem sich offenbar *By/Beja* selbst als „Fremder aus dem Nordland" präsentiert, der die Stadt (Theben) ihrer Frauen wegen zu sehen begehrt. Die Seriosität des Schreibens wird von J. Černý[67] bejaht, von G. Posener[68] bezweifelt, was de Moor aber nicht hindert anzunehmen, daß *By/Beja* „lacked respect for the greatest god of Egypt and for the holy city of Thebes"[69]. *By/Beja* könne näherhin in der Deltaresidenz Pi-Ramesse einen Anhänger kanaanäischer Götter in Gestalt des späteren Pharao Sethnacht gefunden haben, um so ein willkommenes Gegenstück zur biblischen Nachricht von der Präsenz des Mose am Pharaonenhof abzugeben. Über eine solche ‚Kollegenschaft' kann man freilich nur waghalsig spekulieren.

Nach dem Tode Pharao Sethos II. konnte sich *By/Beja* als „Königsmacher" betätigen, indem er mit Unterstützung der Tausret dem jugendlichen Siptah zur Pharaonenwürde verhalf. Ob sein Aufstieg zum „Schatzmeister des ganzen Landes" wirklich mit einer Charakteristik des Mose wie „der Mann Moses war sehr groß im Lande Ägypten" (Ex 11,3) vergleichbar ist, wage ich angesichts der Titelproblematik einerseits und der späteren Rückschau andererseits doch sehr zu bezweifeln, vom formalen Unterschied der Wertung ganz zu schweigen. So kann man auch nicht die angebliche Parallelität zwischen Mose und *By/Beja* problemlos plakatieren, zumal die Rolle des Mose in der Bibel in keiner Weise der eines „Königsmachers" nahesteht[70]. Für eine weitere Bestätigung des Verhältnisses zwischen *By/Beja* und Siptah läßt sich auch nicht auf eine leider sehr mitgenommene Skulptur aus der Münchener Glyptothek (Gl 122) verweisen, die angeblich den „Schatzmeister" mit Siptah auf seinen Knien zeigt[71], höchstwahrscheinlich aber Tausret und ihren Stiefsohn Siptah, der offenbar eine asiatische Mutter hatte[72]. Würde man hier wild weiter spekulieren, müßte man eher Siptah für Mose halten[73].

Mit großer Zurückhaltung ist auch eine Charakteristik zu gewichten, die *By/Beja* in den einschlägigen Inschriften zur Inthronisation des Siptah als jemanden würdigt, „der die Falschheit meidet und die Wahrheit stützt", „which renders it likely that he had to elimi-

---

[67] Vgl. J. Černý, A Note on the Chancellor Bay, ZÄS 93, 1966 (35-39), 36f.

[68] G. Posener, La complainte de l'échanson Bay, in: J. Assmann u.a. (Hg.), Fragen an die altägyptische Literatur. Studien zum Gedenken an Eberhard Otto, Wiesbaden 1977, 385-397.

[69] De Moor, Rise, 218.

[70] De Moor, Rise, 220 möchte folgende Übereinstimmungen erkennen: „the right time, the right name, the right, education, the right city, and now: the right description of the man's position in Egypt".

[71] So de Moor, Rise, 220 im Anschluß an R. Drenkhahn, Die Elephantine-Stele des Sethnacht und ihr historischer Hintergrund, Wiesbaden 1980, 220.

[72] Vgl. zuletzt A. Grimm/S. Schoske, Hatschepsut. KönigIN Ägyptens, München 1999, 61.

[73] Der schwer deutbare Name der Mutter mit der hieroglyphischen Schreibung *Swtrj- r'y* u.ä. (nach W. Helck, Königin, Lexikon der Ägyptologie III, 466: „Sutailja" = „Pflänzchen", demnach eine Diminutivbildung mit zusätzlicher Koseendung zu hebr. *šatil* „Wurzelschössling"?) hat mit der semitischen Gottesbezeichnung El nichts zu tun (gegen de Moor, Rise, 219, Anm. 44). Einen anderslautenden Deutungsversuch unternimmt Schneider, Personennamen, 194f. Die Annahme einer ganz besonderen Intimität zwischen Tausret und *By/Beja* führt de Moor, Rise, 222 sogar dazu, seine These von der Identität von *By/Beja* mit Mose zur möglichen Grundlage der Tradition in Ex 2,1-10 zu machen, obwohl hier ganz andere Motive eine Rolle spielen (s.o.).

III. Menschenbilder

nate some opposition to the choice of this child as Pharaoh of all Egypt"[74]. Die Phrase gehört mit Posener in den Sprachbereich königlicher Hoftheologie; sie dürfte ihr Gegenstück in biblischen Wendungen zur (königlichen) Unterscheidungsgabe von Gut und Böse haben (z.B. Jes 7,14). Zum Glück kommt de Moor nicht ausdrücklich auf die Idee, hier eine Andeutung der „Mosaischen Unterscheidung" zwischen Wahr und Unwahr vorzufinden, wie sie jüngst J. Assmann als charakteristisches Merkmal in der „Gedächtnisgeschichte" angezeigt hat[75].

Noch ein Wort zu den Beziehungen des *By/Beja* und der Tausret zum asiatischen Nordosten. Die Bezeugung der Tausret in Serabit el-Hadim und Timna und sogar in Jordanien ist nach de Moor Anlaß genug, um seine Theorie von der Identität des *By/Beja* mit Mose bestätigt zu sehen, da sich hier der Fluchtweg der Exodus-Leute wiederfinden lasse[76]. Nicht nur Mose gerät hier unter den Zwang zur historischen Gleichsetzung, sondern auch die Schwester Mirjam, die de Moor mit Tausret aufgrund des Epithetons *Mry(t)-Jmn* zusammenstellen möchte[77].

H. Altenmüller hat in mehreren Arbeiten überzeugend klargestellt, daß *By/Beja* noch während der Regierungszeit des Siptah, vielleicht in dessen 4. Jahr verstorben sein muß[78]. Von einer akuten Auseinandersetzung zwischen *By/Beja* und den Nachfolgern des Siptah kann daher wohl keine Rede sein. Damit entfallen auch frühere Versuche, den Begründer der 20. Dynastie, Pharao Sethnacht, zum politischen Gegenspieler des *By/Beja* zu erklären[79]. Es erübrigt sich daher auch eine weitere Auseinandersetzung mit vermeintlich identitätsstiftenden Analogien zwischen Mose und *By/Beja* in der 20. Dynastie.

Die einschlägige Annahme stützt sich insbesondere auf die bekannten Angaben in Papyrus Harris I und in der Stele des Sethnacht von Elefantine[80]. Während der auf die Zeit Ramses III., des Sohnes des Sethnacht, zurückblickende Text des Papyrus aus der Zeit Ramses IV. von einem rebellischen „Syrer *Jrsw*" redet, der lange Zeit mit *By/Beja*

---

[74] De Moor, Rise, 219f.

[75] Vgl. das 1. Kapitel in J. Assmann, Mose, 17-23.

[76] De Moor, Rise, 231-233.

[77] Die Namengebung *Mrjt-Jmn* mit Mirjam zu verbinden, ist nicht neu, vgl. M. Görg, Mirjam – ein weiterer Versuch, BZ 23, 1979, 285-289. An eine historisierende Deutung im Sinne de Moors habe ich jedoch nicht zu denken gewagt. Im übrigen halte ich nach wie vor an der Möglichkeit fest, daß die ägyptischen Nachrichten über eine Ausweisung von Asiaten zu Beginn der 20. Dynastie, besonders die Elefantine-Stele des Sethnacht, im Prinzip mit den biblischen Exodusüberlieferung liiert werden können, vgl. M. Görg, Ausweisung oder Befreiung. Neue Perspektiven zum sogenannten Exodus, Kairos 20, 1978, 272-280, vgl. u.a. auch Knauf, Midian, 135. Das heißt aber nicht, daß die biblischen Traditionen auf Gedeih und Verderb mit ägyptischen Daten kombiniert und durch diese bestätigt werden müssen.

[78] Vgl. H. Altenmüller, Untersuchungen zum Grab des Bai (KV 13) im Tal der Könige von Theben, Göttinger Miszellen 107, 1089, 43-54. Ders., Zweiter Vorbericht über die Arbeiten des archäologischen Instituts der Universität Hamburg am Grab des Bay (KV 13) im Tal der Könige von Theben, Studien zur Altägyptischen Kultur 19, 1992, 15-36. Ders., Dritter Vorbericht über die Arbeiten des Archäologischen Instituts der Universität Hamburg am Grab des Bay (KV 13) im Tal der Könige von Theben, Studien zur altägyptischen Kultur 21, 1994, 1-18. Ders., Das präsumptive Begräbnis des Siptah, Studien zur altägyptischen Kultur 23, 1996, 1-9.

[79] Gegen de Moor, Rise, 228.

[80] Vgl. dazu u.a. die Mitteilungen in Görg, Beziehungen, 63-67.

gleichgesetzt worden ist, weiß der Stelentext von Asiaten, die mit auswärtigen Verwandten gemeinsame Sache gegen die ägyptische Herrschaft gemacht, einen Aufstand angezettelt und deswegen aus dem Lande vertrieben worden seien, ohne daß hier eine bestimmte Führungspersönlichkeit herausgestellt wird. Ob der „Syrer *Jrsw*", dessen Name vielleicht als Spottname („der, der sich [zum König] machen wollte" o.ä.) zu deuten ist, mit *By/Beja* identisch ist, kann wohl nicht mehr ohne weiteres bejaht werden. Nach Altenmüller sind die „im historischen Abschnitt des pHarris I erwähnten und mit dem Syrer *Irsu* verbundenen Unruhen", „sofern sie überhaupt auf Bay bezogen werden dürfen, in die frühen Jahre des Siptah zu datieren"[81].

Vielleicht liegt im Schicksal des apostrophierten *Jrsw* ein ähnlicher Prozeß vor, wie im Falle des Zeitgenossen Amenmesse, der ja als *msj/mssw* (mit Feinddeterminativ) diskreditiert worden ist. Es ist trotz des zeitlichen Abstands nicht ausgeschlossen, daß *By/Beja* erst nach seinem physischen Verschwinden aus der Geschichte im Nachhinein mit diesem Spottnamen belegt worden ist, um den Herrschern der 20. Dynastie den eigenen Anteil an der Rückkehr zur Ordnung ins rechte Licht zu rücken. So wäre auch *Jrsw* als eine Art Typenbezeichnung zu fassen, die die selbstherrliche Rebellion gegen die gottgewollte politische Ordnung und den Anwalt des Chaos symbolisiert. Das Ägypten der 20. Dynastie hätte mit der Überwindung dieser sich aufdrängenden Figur aus dem Nordosten die asiatische Gefahr ein weiteres Mal bezwungen, um damit die politische Situation im Sinne der Weltordnung zu stabilisieren. Der möglicherweise aus *By/Beja* gewordene *Jrsw* ist wohl schon in Ägypten eine Erinnerungsfigur geworden, mit der die Genese des frühen Mose partiell verbunden werden kann, ohne deshalb schon einer Identifikation zu dienen.

2.3 Mose = Ramsesemperre?

Als die wahrscheinlich mit der längsten Amtszeit behaftete Persönlichkeit ist ein weiterer Zeitgenosse zur Kandidatur für eine frühe Orientierung des Mose-Bildes zugelassen worden. Der Truchseß Ramsesemperre (R^cw-*msj.sw-m-pr-R^c* „Ramses im Hause des Re") ist nach dem Spektrum der Nachrichten aus der Ramessidenzeit bereits unter Ramses II. in Erscheinung getreten, um noch unter Ramses III. epigraphisch bezeugt zu sein. Wenn es sich um ein und dieselbe Gestalt und nicht um zwei Generationen mit demselben Namen handelt, muß dieser Ramsesemperre die Unruheperioden erlebt haben, ohne dabei nachweislich politischen Schiffbruch zu erleiden. Dies ist um so erstaunlicher, als Ramsesemperre asiatischer Herkunft ist, genauer daß er aus einem Ort in Baschan, d.h. dem nördlichen Ostjordanland namens *D3-r'-b3-š3-n3* (= *Ḏrbšn*) stammt, der auch schon in den keilschriftlichen Amarnabriefen als *Ṣiribašani* „Zer (hochgelegener Ort?) des Baschan" (EA 201,4) belegt ist[82]. Das Territorium des Baschan war schon seit Tuthmosis III. nachweislich für Ägypten von strategischem Interesse, so daß man sich über Abkömmlinge aus diesem Gebiet im ägyptischen Herrschaftsbereich nicht wundern muß. Bevor diese

---

[81] Altenmüller, Begräbnis, 9.
[82] Vgl. dazu zuletzt M. Görg, Namenkundliches zum nördlichen Ostjordanland, BN 92, 1998, 12-15.

Herkunftsangabe auf eine religionsgeschichtliche Perspektive hin betrachtet werden soll, muß den Angaben über die persönlichen und biographischen Verhältnisse[83] des Beamten nähere Aufmerksamkeit zukommen.

Nach einer in Abydos gefundenen und im Museum Kairo aufbewahrten Stele[84] trägt Ramsesemperre noch zwei weitere Namen, nämlich die ebenfalls ägyptische Bildung *Mrj-Jwn* „Geliebt von Heliopolis", dazu aber den semitischen Namen *B3-n'-'-ṯ3-n3* (= *Bn-'zn* „Sohn des *'zn*", der einen Angehörigen des Stammes *'zn* (vgl. den PN *'Ozni*) meinen kann, wahrscheinlicher noch aber als eine Art Ehrenname „Sohn des Ohrs", d.h. wohl „Sohn des Hörens, bzw. Gehorsams" gedeutet werden darf[85]. Hier mag es von Bedeutung sein, daß die ägyptischen Dokumente auch mehrfach den Namen des Vaters nennen, der, wie bisher bekannt[86], hieroglyphisch in mehreren Variantschreibungen, in der ausführlichsten Form als *Jjw-p3-'3* (= *Jwp'*)[87] „Es strahlt bzw. läßt strahlen (die Gottheit)" erscheint. Der zuletzt bekannt gewordene Beleg[88] zeigt allem Anschein nach auch den Anfang des Namens der Gottheit, wobei vielleicht an Baal, wahrscheinlich eher noch an *Bšn* Baschan (als Gottesname) zu denken sein wird[89]. Auf jeden Fall sind Vater und Sohn aus dem Baschangebiet in exzeptioneller Weise in die ägyptische Dokumentation eingegangen. Es kann nur die Frage gestellt werden, ob der semitische Name *Bn-'zn* das besondere Verhältnis des Sohnes zum Vater für die Nachwelt festhalten soll und so den Sohn als exemplarischen Gefolgsmann oder Diener im Gehorsam der Erinnerung empfiehlt. Vielleicht aber ist der semitische Name als Ehrenname noch grundsätzlicher als „Sohn der Weisheit" zu verstehen, um dem Namensträger einen paradigmatischen Platz in der nichtägyptischen Tradition zu sichern[90].

Am Pharaonenhof ist Ramsesemperre als königlicher Butler (*wb3 nswt*), sogar als „Erster Truchseß des Königs" tätig, d.h. mit einer Funktion behaftet, mit der offenkundig bevorzugt Männer asiatischer Herkunft beauftragt worden sind[91]. Das hohe Amt ist demnach zugleich mit außenpolitischen Kompetenzen ausgestattet, die sich in einer exquisiten Diplomatentätigkeit des Beamten äußern, so etwa in der Beauftragung zur Inspektion ägyptischer Interessen im Ausland.

---

[83] Vgl. dazu vor allem die Präsentation der Nachrichten von J. Berlandini-Grenier, Le Dignitaire Ramesside Ramsès-em-per-Re, Bulletin de l'Institut Francais d'Archéologie Orientale 74, 1974, 1-19, Pl. I-IV.

[84] Vgl. die Abbildung in: J. Janssen, Functionnaires sémites au service de l'Égypte, Chronique d'Égypte 26, 1951 (50-62), 55, Fig. 11.

[85] Vgl. dazu Schneider, Personennamen, 89f. Görg, Namenkundliches, 15.

[86] Vgl. die Schreibungen bei Schneider, Personennamen, 53 und Ders., Asiatic Personal Names from the New Kingdom. An Outline with Supplements, in: Sesto Congresso Internazionale di Egittologia, Atti II, Turin 1993 (453-470), 462.

[87] Vgl. S. Sauneron/ J. Yoyotte, Traces d'établissements asiatiques en moyenne-Égypte sous Ramseès II, Reveue d'egyptologie 7, 1950 (67-70), 68. Berlandini-Grenier, Dignitaire, 9.

[88] Vgl. Schneider, Names, 462.

[89] Vgl. dazu vorläufig Görg, Namenkundliches, 14.

[90] Dazu vorläufig Görg, Namenkundliches, 15.

[91] Vgl. dazu u.a. W. Helck, Das Bier im Alten Ägypten, Berlin 1971, 99f.

Von einschlägigem Interesse wird gerade bei diesem diplomatischen Sektor sein, daß auch Ramsesemperre in Timna bezeugt ist, nicht im Naos des Heiligtums der Hathor, wohl aber auf einer benachbarten Felswand, die den Pharao Ramses III. vor Hathor zeigt, darunter aber in einer einzeiligen Inschrift den „Vollzug der Inspektion(?) durch den königlichen Truchseß, den seligen Ramsesemperre"[92]. Vielleicht ist der wohl schon sehr betagte Beamte dazu ausersehen gewesen, zwischen den lokalen Facharbeitern, wohl aus den Sippen der „Schasu"[93], und den ägyptischen Minenkontrolleuren zu vermitteln, wozu ihn nicht nur diplomatische Erfahrung, sondern auch die beiderseitige Sprachenkenntnis befähigt gemacht haben wird. Natürlich ist auch dies mit Spekulationen behaftet, wenn sich auch kaum anders denken läßt, weswegen sonst für eine derart diffizile Mission die Wahl des Hofes Ramses' III. gerade auf diesen Semito-Ägypter gefallen sein sollte.

Unter den bisher genannten Kandidaten für einen Vergleich mit Mose kommt Ramsesemperre immerhin die Rolle eines Funktionärs zu, der aktiv in die Interessenssphäre der Schasu-Region eingegriffen hat, die für die frühe Religionsgeschichte Prä-Israels eine zwar partielle, aber doch wohl prägende Bedeutung gehabt haben muß. Wenn sich hier mit einem genuinen Erfahrungshorizont eine Abwehr ägyptischer Dominanz weiter etabliert haben mag, mag dies mit der Aktivität des Ramsesemperre an Ort und Stelle zu tun haben, da sich danach anscheinend keine Intensivierung der gegen die Schasu gerichteten Strategie Ägyptens nachweisen läßt, obwohl Ramses III. sich noch mit dem Epithet „Bezwinger der Schasu" ausgestattet hat. Der Diplomat hat sich möglicherweise als Vermittler durchsetzen können. Als Mann des Widerstands jedenfalls ist er nicht in die ägyptische Tradition eingegangen.

Vater *Jpwꜥ* und Sohn *Bnꜥtn* haben aus ihrem Heimatort *Ḏrbšn*/Širibašani[94] zweifellos eine andere religiöse Orientierung nach Ägypten mitgenommen als die, der sie sich im Dienste der Ramessiden hochoffiziell zu widmen hatten. Dabei dürfte an eine Variante der Verehrung von Wettergöttern zu denken sein, wie sie unter wechselnder Namengebung in den sich abzeichnenden Sektionen des Ostjordanlandes realisiert worden sein mag. Auch hier gibt es keine Anzeichen einer religiös motivierten Opposition.

Die bisher greifbaren Informationen über Ramsesemperre lassen immer noch kein hinreichendes Bild über die verzweigten Tätigkeitsfelder einerseits oder die ideologische Position andererseits gewinnen. Klar ist aber auch, daß von einer direkt erkennbaren Verbin-

---

[92] Zur Lesung mit einem Versuch zur Rekonstruktion des Anfangs M. Görg, Ein asiatisch-ägyptischer Inspektor in Timna, in: Ders., Beiträge zur Zeitgeschichte der Anfänge Israels, ÄAT 2, 1989, 175-179.

[93] Vgl. dazu M. Görg, Punon – ein weiterer Distrikt der *Š3sw*-Beduinen? BN 19, 1982, 15-21 (= ÄAT 2, 1989, 188-194). Knauf, Midian, 110-114.

[94] Mit gutem Grund ist es still geworden um eine These, die B. Grdseloff, Les débuts du culte de Rechef en Egypte, Le Caire 1942, 39-43 zur Verbindung des ON mit *S3-rꜥ-bjj-ḫi-n3* (= Srbjḫn) mit Varianten, einem hieroglyphisch überlieferten PN aus der 18. Dynastie, eingebracht hat (vgl. jedoch noch Janssen, Fonctionnaires, 54f). Namensträger ist ein Baalspriester(!) aus Memphis wohl in der Nachamarnazeit. Zur Deutung des Namens (vgl. dazu zuletzt Schneider, Personennamen, 187-189) sind bisher wenig befriedigende Vorschläge gemacht worden. Vielleicht ist trotz des Sibilanten (vgl. die mögliche Urverwandtschaft zwischen semit. *šlm* und ägypt. *snb*) an eine Bildung wie etwa *Šr/lm-jḫn* „Friede wird sich niederlassen" oä. zu denken.

dung oder gar Gleichstellung mit dem Mose der biblischen Tradition keine Rede sein kann. Immerhin steht aber auch dieser Zeitgenosse zusammen mit den vorbehandelten Figuren der Ramessidenzeit als eine Gestalt da, an deren historische Dimension ein Teil der Erinnerungsprozedur anknüpfen konnte, um in die Traditionsgeschichte des frühen Israel hineinwachsen zu lassen. Auf den Nachweis einer einzigen Persönlichkeit allerdings mit all den Anlagen, die zu dem außerordentlichen Spektrum der Konturen in der Bibel geführt haben, ist man nicht zwingend angewiesen, wenn etwa die präsumptive Existenz eines Stammeshäuptlings der Schasu um die Konturen prominenter Semito-Ägypter im ramessidischen Ägypten angereichert worden sein kann. Mose als einer genuinen Variante einer ‚Korporativpersönlichkeit' ergeht es wohl nicht anders als jenen „Vätern Israels", deren überlieferte Existenz sich als Formung aus einer möglichen Pluralität von Namens- und Funktionsträgern des ‚tiefen Brunnens der Vergangenheit' in der Vorzeit Israels ergeben hat. Vielleicht tauchen noch weitere Vergleichsfiguren auf, die Züge des späteren „Mose" tragen und ihren Anteil an der Gestaltung transparent werden lassen.

Die hoffentlich nicht ganz obsolete Spurensuche läßt natürlich nicht nur einen Spielraum versuchsweiser Annäherung an Zeitgenossen begehen, sondern erschließt sich auch den Rezeptionsvorgängen, die sich in Ägypten und darüber hinaus an ältere Erfahrungen geheftet haben, um den Typ des unerwünschten Ausländers oder gar des Apostaten im eigenen Land zu pflegen. Den Anfang solcher Maßnahmen der Ausgrenzung bildet wohl nach wie vor die Fremdherrschaft, wie sie in Ägypten wohl unter den Hyksos exemplarisch erfahren und erlitten worden ist[95]. Mit der Rückorientierung auf die nationale, kulturelle und religiöse Identität mußte eine Radikalwendung zum einen und einzigen Gott, wie sie Amenophis IV. Echnaton vollzog, wie eine Apostasie wirken, die erneut den Verlust der religiösen Dignität zu bringen drohte. Beide Faktoren, die Angst vor Überfremdung und die Furcht vor Identitätsverlust, lassen Ägypten gerade auch in der Ramessidenzeit und danach immer wieder zu Maßnahmen der Abgrenzung greifen, um sich der eigenen Identität im Einklang mit der Weltordnung zu vergewissern. So kann durchaus mit einer kumulativen Anreicherung von Erfahrungswissen gerechnet werden, das auch in der Ramessidenzeit den Grad der Spannungen nicht unwesentlich geprägt und letzten Endes zum Abklingen ägyptischer Dominanz und zum allmählichen Wachstum Israels inmitten des altorientalischen Machtgefüges geführt hat. Aus dieser Frühphase der Geschichte Israels ist „Mose" als ein Teil von ihr nicht wegzudenken, auch wenn historische Annäherungen bestenfalls nur begrenzt erfolgreich sind.

---

[95] Vgl. dazu Th. Schneider, Ausländer in Ägypten während des Mittleren Reiches und der Hyksoszeit. Teil 1: Die ausländischen Könige, ÄAT 42, Wiesbaden 1998, 76-98. Görg, Exodus, 159-172.

„Schreiten über Löwe und Otter"

Beobachtungen zur Bildsprache in Ps 91,13a

Mit seinen lebhaften Bekenntnissen zur engagierten Fürsorge Gottes und Geborgenheit des Beters hat sich der 91. Psalm einen besonderen Platz bei den Freunden des Psalters und in dem Gebetsschatz der christlichen Liturgie erworben. Die gewachsene Vertrautheit mit der Sprache des Psalms hat ihren Grund vor allem in den vertrauenstiftenden Bildern, deren Gestalt immer wieder zu Weiterdichtungen und künstlerischer Rezeption überhaupt angeregt hat. Die Attraktivität bezieht der Psalm gerade aus dem Bedürfnis des Menschen, in den nicht ausbleibenden Gefahrensituationen des Lebens und den existenzbedrohenden Herausforderungen einen Anwalt zu haben, der eine fundamentale und gläubige Gelassenheit gewährt und zugleich geradezu zum Widerstand gegen das Chaos animiert.

Bei all dieser gegebenen Fülle wohltuender und anregender Symbolik können freilich für den heutigen Leser gewisse Irritationen nicht ohne weiteres übergangen werden. Solche Problemanzeigen werden nicht zuletzt an Übersetzungsvarianten erkennbar, die auf Unsicherheiten in der Interpretation hinweisen. Die Aufmerksamkeit möge hier einem Bildwort gelten, dessen Wiedergaben vom Bedarf nach weiteren Klärungen besonders augenfällig Zeugnis ablegen. Wir befassen uns mit 91,13, welchen Vers die sog. Versuchungsgeschichte des NT (Mt 4,1-11 Lk 4,1-13) aufgenommen[1] und H.-J. KRAUS mit gutem Grund als „das kühnste aller Worte" bezeichnet hat[2]. Hier zunächst der Wortlaut mit den wichtigsten Versionen:

Ps 91,13MT   עַל־שַׁחַל וָפֶתֶן תִּדְרֹךְ תִּרְמֹס כְּפִיר וְתַנִּין׃

    LXX   ἐπ' ἀσπίδα καὶ βασιλίσκον ἐπιβήσῃ καὶ καταπατήσεις λέοντα καὶ δράκοντα

    V   Super aspidem, et basiliscum ambulabis: et conculpabis leonem et draconem

Die Textkritik hat bekanntlich an zwei Tierbezeichnungen mit ihrer unterschiedlichen Wiedergabe in den Versionen Anstoß genommen, um Änderungsvorschläge einzubringen[3]. Dazu wird auch unter sachkritischer Perspektive vermerkt, daß ein Überschreiten wohl für ein Kriechtier, nicht aber für den König der Tiere angemessen wäre. Das Nomen *šaḥal* soll etwa in *šoleʰḥ* emendiert werden, was gr. ασπις entspräche und die Bedeutung „Natter" rechtfertige[4]. Leider ist aber ein Nomen *šoleʰḥ* mit der postulierten Bedeutung im AT nicht belegt. Nach einem anderen Vorschlag soll *zoḥel* „Reptil" zu lesen sein[5].

---

[1] Vgl. dazu zuletzt E. Zenger, in: F.-L. Hossfeld/ E. Zenger, Psalmen 51-100, Herders Theologischer Kommentar zum Alten Testament, Freiburg 2000, 625f.

[2] H.-J. Kraus, Psalmen, 2. Teilband: Psalmen 64-150, Neukirchen-Vluyn 1972, 639.

[3] Zum Befund zuletzt Zenger, Psalmen, 617f.

[4] So etwa F. Wutz, Die Psalmen textkritisch untersucht, München 1925, 245.

[5] Vgl. B. Duhm, Die Psalmen, 2. Auflage 1922, 346. K. Seybold, Psalmen, 361.

Abgesehen von der nötigen Konsonantenänderung ist im AT ist jedoch nur die Basis *ZḤL* in verbaler Rektion „kriechen (im Staub)" belegt (Dt 32,24)[6]. Auch für die Bezeichnung *kpir* ist ein ähnlicher Maßstab angelegt worden, um eine Emendation in *korap* vorzuschlagen, welches Nomen „Schlange" bedeute[7]. Hier aber müßte mindestens mit einer Metathese gerechnet werden, wozu überhaupt kein Anlaß besteht. Insgesamt konnten die Emendationsvorschläge nicht überzeugen, so daß man bei der Verfassung des MT mit seiner kontinuierlichen Tradition als der lectio difficilior bleiben sollte[8]. Sachkritische Perspektiven erscheinen auf dieser Ebene nicht am Platze.

Dennoch muß weiter nach der Bedeutung der gegebenen Tierbezeichnungen gefragt werden, wobei zu beachten sein wird, daß es nicht darum gehen kann, einer Spezies nach den Klassifikationen zoologischer Systematik nachzuspüren, sondern die Möglichkeit einer deutenden Namengebung im Auge zu behalten. Da die Tierbezeichnungen in 13b, *kpir* „Löwenjunges" und *tannin* „Seeschlange" in ihrer etymologisch-semantischen Orientierung grundsätzlich konsensfähig zu sein scheinen[9], muß zunächst versucht werden, v.a. der umstrittenen Wortbedeutung von *saḥal* und *paetaen* nachzugehen, um dann der Kontextsemantik weitere Informationen abzugewinnen.

שַׁחַל: In der jüngsten Lexikographie[10] als „Primärnomen" präsentiert und eingehend kommentiert wird die Bezeichnung eindeutig auf die Löwengattung bezogen, um zugleich die Bedeutung „Eidechse" auszuschließen. Die Diskussion der Alternative „Löwe" oder „Löwenjunges" anhand der ungleichgewichtigen Parallelismen in Hos 5,14 13,7 Ijob 4,10 28,8 führt hier zur Präferenz der Bedeutung „Löwe". Die Ableitung von arab. *saḥala* mit der angeblichen Bedeutung „brüllen" wird für obsolet erklärt[11]; ebensowenig nachvollziehbar erscheint ein Zusammenhang mit arab. *saḥlal* „das Junge des Löwen"[12] oder arab. *saḥl* „Lamm". So scheint es keine plausible Etymologie zu geben, die sich zudem auf eine Kontextsemantik stützen könnte. Eine voreilige Mixtur von Etymologie und Kontextsemantik ist freilich nicht hilfreich.

Die etymologische Frage darf indessen noch nicht als erledigt angesehen werden. Wenn die semitistischen Erklärungsversuche nicht hinreichend zufriedenstellen, wird es statthaft sein, auch auf die ägyptische Sprachtradition zu rekurrieren. Hier sieht es gleichermaßen schlecht aus, wenn man nicht eine Basis benennt, die in poetischer Weiterbildung zu der

---

[6] Vgl. Ges18, 298.

[7] Vgl. Wutz, Psalmen, 245.

[8] Vgl. auch HALAT 1356.

[9] Vgl. zuletzt P. Riede, Tierliste, in: NBL III, 2001, 873 B.

[10] Vgl. HALAT 1355f.

[11] In GesB wird für diesen Versuch auf F. Nöldeke, ZDMG 40, 1886, 725 verwiesen, der den Zusammenhang allerdings nicht hergestellt hat, wie HALAT 1355 zu Recht feststellt. Die Deutung nach dem Arabischen: „der Brüllende" wird jedoch schon von W.M.L. de Wette, Commentar über die Psalmen in Beziehung auf seine Uebersetzung derselben, 3. Auflage Heidelberg 1829, 466, für wahrscheinlich gehalten. Zur Polysemantik des arab. Verbums vgl. HALAT 1355. Eine Derivation des Nomens von einem hebr. Verbum „brüllen" findet sich u.a. auch bei E. Meier, Hebräisches Wurzelwörterbuch, Mannheim 1845, 183 und J. Fürst, Hebräisches und chaldäisches Handwörterbuch II, 3. Auflage, Leipzig 1876, 432.

[12] Vgl. L. Köhler, Lexikologisch-Geographisches, ZDPV 62, 115ff. 121

angehenden Lexemgestalt geführt hätte. Es wäre nicht ausgeschlossen, daß die ägypt. Basis *shrj* „überwinden", „niederwerfen", häufig vom König zur Überwindung des Gegners gebraucht[13], den Anlaß zu einer solchen Rezeptionsgeschichte gegeben hätte, die freilich dem biblischen Schriftsteller nicht mehr bewußt gewesen sein muß. Die poetische Tierbezeichnung würde morphologisch eine innerhebräische Lautmodifikation ($s > š$ und $r > l$) voraussetzen, wäre also kein Fremdwort und könnte von Haus aus auf die aggressive Rolle des Löwen abheben. Dabei wäre an einen substantivierten Infinitiv „Das Niederwerfen" oder an eine nominalisierte Bildung wie „der Niederzuwerfende" zu denken, wie sie in spätzeitlichen Belegen erscheint[14]. Dieser Weg bleibt freilich noch immer sehr hypothetisch, so daß die etymologische Frage nach wie vor als nicht gelöst betrachtet werden muß.

Ähnliche Probleme zeigen sich bei der Nachfrage zu פֶּתֶן:
Auch hier scheint sich die Rückfrage nach der Etymologie einer attraktiven Lösung zu versagen, obwohl das Nomen in der neueren Lexikographie als Lehnwort eingestuft wird[15]. Der einschlägige Eintrag bei M. Wagner möchte ein ursemit. *btn ansetzen, das in den älteren Sprachbereichen durch akk. *basmu* „mythische Giftschlange" und ugar. *btn* „Schlange" vertreten sei (vgl. auch arab. *baṯan*), in den jüngeren Dialekten (jungaram., syr.) aber den Konsonantenwechsel $b > p$ und $s > t$ zeige, um so auch der Morphemkombination im hebr. *ptn* zu entsprechen[16]. Als Bedeutung wird „Hornviper" vermutet, „der der äußere Gehörgang fehlt"[17], aber auch „Giftotter" bzw. „eine gefährliche Vipernart"[18]. Die Interpretation der alten Versionen läuft auch auf die Annahme einer „giftigen Schlangenart" hinaus, wobei gr. βασιλίσκος mit dem Augustinuszitat „Rex est serpentium basiliscus sicut diabolus est daemoniorum" kommentiert worden ist[19]. Die ‚königliche' Perspektive könnte in der LXX allerdings von der Kenntnis der königlichen Stirnschlange (Uräus) inspiriert sein. P. Riede sieht in der Bezeichnung sogar die „bis zu 2 m lange

---

[13] Vgl. A. Erman/W. Grapow, Wörterbuch der Ägyptischen Sprache, IV, 257(3)-258. Vgl. auch R. Hannig, Die Sprache der Pharaonen. Großes Handwörterbuch Ägyptisch-Deutsch (2800-950 v.Chr.), Mainz 1995, 748. P. Wilson, A Ptolemaic Lexikon, A Lexicographical Study of the Texts in the Temple of Edfu, Orientalia Lovaniensia Analecta 78, Leuven 1997, 908.

[14] Vgl. Erman/Grapow, Wörterbuch, IV, 258,7. Die Zaubertexte kennen auch ein Verbum mit Reduplikation: *shrhr* mit der Bedeutung „(Löwen) zurücktreiben o.ä.", vgl. Erman/Grapow 261,8. Hannig, Handwörterbuch, 749.

[15] HALAT 930.

[16] Vgl. M. Wagner, Die lexikalischen und grammatikalischen Aramaismen im alttestamentlichen Hebräisch, BZAW 96, Berlin 1966, 97 mit Referenzen, denen in HALAT 930 noch u.a. der Hinweis auf W. Eilers, Akkadisch *zananum*. Ein Versuch, in: M.A. Beek/A.A. Kampman/C. Nijland/J. Ryckmans (Hg.), Symbolae biblicae et Mesopotamicae Francisco Mario Theodoro De Liagre Böhl dedicatae, Leiden 1973, 129-136, hier 134 mit Anm. 16, hinzugefügt wird.

[17] HALAT 930. Vgl. auch die Tabelle bei P. Riede, Glossar der hebräischen und aramäischen Tiernamen/Tierbezeichnungen, in: B. Janowski/U. Neumann-Gorsolke/ U. Gleßmer (Hg.), Gefährten und Feinde des Menschen. Das Tier in der Lebenswelt des alten Israel, Neukirchen-Vluyn 1993, 361-381, hier 371.

[18] Eilers, *zazanum*, 134. Vgl. schon Meier, Wurzelwörterbuch, 492, der eine Verbalwurzel mit der Bedeutung „stechen" annimmt und so auf die Wiedergabe „Otter" (eigentlich „Stösser oder Stecher") kommen will.

[19] Vgl. etwa J. Ecker, Porta Sion. Lexikon zum lateinischen Psalter (Psalterium Gallicanum) unter genauer Vergleichung der Septuaginta und des hebräischen Textes, Trier 1903, 156.

Kobra oder Uräus-Schlange (*Naha haia, Cerastes candidus*), mit der die Schlangenbeschwörer arbeiten"[20], um auch an der angehenden Stelle *ptn* mit „Kobra" wiederzugeben[21]. Es scheint mir jedoch problematisch, eindeutige Kriterien für diese Deutung ausmachen zu können. In den neueren deutschen Kommentaren und Übersetzungen hat sich offenbar „Otter" durchgesetzt[22].

Auch in diesem Fall könnte sich der Blick öffnen, wenn man die ägyptische Schlangenterminologie heranzieht, die in einem außergewöhnlichen Maß entfaltet und bezeugt ist. Mit der angenommenen Grundform **bṯn* ließe sich vielleicht noch am ehesten das Lexem *bṯw* zusammenstellen, das sich in der Lautgeschichte früher zu *btw* entwickelt hat und als Bezeichnung der „Giftschlange" gebucht wird[23]. S. Sauneron behandelt in seiner Bearbeitung eines Schlangenpapyrus aus Brooklyn auch die Schlangenart *bṯṯ*, die er als „vipéridé" erklärt[24]. Eine lautliche Verbindung mit dem im Papyrustext am häufigsten und in mehreren Fügungen belegten Nomen *fy* für gefährliche Vipernarten kommt für unser Nomen trotz des anlautenden Konsonanten mangels Vergleichbarkeit der verbleibenden Basismorpheme kaum in Frage, obwohl dem „f-Laut als konstitutivem Bestandteil mancher Schlangennamen"[25] einiges Interesse zukommen darf oder auch die Fügung fy-tj-'m die „vipère asiatique" meint[26]. Eine semantische Nähe von *paetaen* zu dieser Schlangenart ist damit keineswegs ausgeschlossen, kann im Gegenteil sogar als wahrscheinlich gelten.

Die Formkritik kann nun nach unserem Versuch zur etymologischen Klärung der beiden umstrittenen Lexeme in 13a den Kontext mit größerer Sicherheit beschreiben. Der Psalmvers zeigt einen deutlich chiastischen Parallelismus, der überdies mit einer unterschiedlichen Valenz der PK-Verbformen arbeitet. Die unmittelbar aufeinander folgenden Verben der Basis *DRK* und *RMS* sind im ersten Fall mit einer Präpositionsverbindung und einem 3. Aktanten („intransitiv"), im zweiten Fall mit einem Nomen als 2. Aktanten („transitiv") ausgestattet. Die futurischen und mit der Modalität der Gewißheit behafteten PK-Formen erlauben gleichwohl keine weitere Differenzierung, so daß Wiedergaben wie „du schreitest" (13a) bzw. „du kannst zertreten" (13b) u.ä.[27] nicht zwingend geboten sind.

Sollten nun in 13a der „Löwe" und die „Otter" gemeint sein, d.h. ein großes Tier und ein kleines, würde ein kontextsemantischer Chiasmus zum syntaktischen Chiasmus hinzutre-

---

[20] P. Riede, Im Netz des Jägers. Studien zur Feindmetaphorik der Individualpsalmen, WMANT 85, Neukirchen-Vluyn 2000, 231.

[21] Riede, Netz, 252. Vgl. jetzt auch Ders., Tierliste, in NBL III, 873 D.

[22] Kraus, Psalmen, 634. Zenger, Psalmen, 616.

[23] Erman/Grapow, Wörterbuch, 485, 11. Hannig, Handwörterbuch, 266. Sollte es sich um eine Entlehnung handeln, müßte man mit einer *n*-Erweiterung im Semitischen rechnen.

[24] S. Sauneron, Un traité Égyptien d'ophiologie. Papyrus du Brooklyn Museum Nos 47.218.48 et .85, Publications de l'Institut Francais d'Archéologie Orientale. Bibliothèque Génerale, T. XI, Le Caire 1989, 163.165.

[25] G. Vittmann in seiner Rezension des Werkes von Sauneron in: WZKM 81, 1991, 237-241, hier 239.

[26] Vgl. Sauneron, Ophiologie, 152f.

[27] Vgl. etwa Kraus, Psalmen, 634.

ten. Dem „Löwen" stünde so der „Seedrache" (*tannin*) und der „Otter" das „Löwenjunge" (*kpir*) gegenüber. Zugleich würden auf diese besondere Weise die eher mythologischen und die ‚nur' natürlichen Bezeichnungen jeweils aufeinander bezogen, wenn diese semantische Zuordnung überhaupt zulässig ist.

Schließlich bedarf die Semantik der Verben einer genaueren Betrachtung. Die Fügung *DRK* im G-Stamm in Verbindung mit der Präposition *'l* ist außer an unserer Stelle nur noch dreimal belegt, wo sie in formelhafter Weise ein „Schreiten über den Höhen" meint, und zwar in der partizipialen Prädikation einer Doxologie YHWHs, „der über die Höhen der Erde dahinschreitet" (Am 4,13) sowie einer Zukunftsansage ebenfalls zum Wirken YHWHs: „Er wird über die Höhen der Erde dahinschreiten" (Mi 1,3). Außerdem spricht Dtn 33,29 von dem kommenden „Schreiten" des Stammes Ascher „über ihre (d.h. seiner Feinde) Höhen". In all diesen Fällen kann nur eine Metapher für herrschaftliches und souveränes Agieren gegeben sein, das nicht nur der Gottheit vorbehalten ist, sondern auch menschliches Regieren signalisieren kann. Die Parallelität zur Rede von der Überwindung der Feinde in Dtn 33,29 ist für unseren Textzusammenhang wichtig, da sich eine relativ verbindliche Aussage über den Charakter unseres Bildwortes treffen läßt. Es geht auch hier um potentielle Kontrahenten, die diesmal unter den tierischen Symbolen des „Löwen" und der „Otter" erscheinen. Im Vordergrund steht freilich nicht so sehr die Vorstellung, daß die Tiere „leblos oder friedlich" vor dem Beter liegen, „so daß er über sie hinwegschreiten kann"[28], sondern das Bild eines dominanten Herrschers, der die nach wie vor gefährlichen und aggressiven Lebewesen transzendiert. Natürlich stimmt die inhaltsbezogene Deutung, daß „sogar todesgefährliche Tiere, wie der Menschen zerreißende bzw. verschlingende Löwe und die mit tödlichem Gift beißende Otter" dem Beter „nichts anhaben" können, sie verläßt aber vorschnell das konkrete Szenario des Überschreitens und wird so der Intention der bildsprachlichen Ausdrucksweise nicht vollends gerecht. Erst dadurch nämlich wird die Ermächtigung des Frommen greifbar, daß es bei der lebensbedrohenden Rolle der genannten Tiere bleibt, und er sie trotzdem überwinden kann, ja bereits überwunden hat. Vielleicht ist hier eine stilistische Charakteristik dienlich, die J. Assmann gefunden und B. Janowski in die Exegese eingeführt hat, die der „behobenen Krise"[29] nämlich, wonach im bildlichen Ausdruck das Resultat des Prozesses bereits eingefangen ist. Eine weitere Profilierung könnte das Bild im Gegenüber zur Vorstellung des in 13b dominanten Verbums *RMS* gewinnen.

Die Basis *RMS* – bisher anscheinend ohne Möglichkeit einer Anbindung an den übrigen altorientalischen oder ägyptischen Sprachbereich – deckt das semantische Feld des Tretens über das Niedertreten bis hin zum Zertreten ab. Tierische Lebewesen, die häufig das Subjekt darstellen (2Kön 9,33 14,9 Mi 5,7 Dan 8,7), können „mit ihren Hufen und Klauen" eine „verheerende Wirkung" auslösen[30]. Die Übertragung auf den Menschen drückt

---

[28] Zenger, Psalmen, 623.

[29] J. Assmann, Re und Amun. Die Krise des polytheistischen Weltbilds im Ägypten der 18.-20. Dynastie, OBO 51, Freiburg/Schweiz- Göttingen 1983, 75, Anm. 71. B. Janowski, Rettungsgewißheit und Epiphanie des Heils. Das Motiv der Hilfe Gottes „am Morgen" im Alten Orient und im Alten Testament, Band I: Alter Orient, WMANT 59, Neukirchen-Vluyn 1989, 149, Anm. 759.167.

[30] G. Waschke, *ramas*, in: ThWAT VII, 532-543, hier 533.

nicht minder schwere Konsequenzen aus, wenn auch unterschiedliche Objekte notiert werden müssen. Ps 91,13 scheint die einzige Stelle zu sein, wo unzweideutig ein Mensch als Vollzieher des *RMS* an Tieren präsentiert wird. Dabei wird man den Vorgang selbst in der Weise eines „Niedertretens"[31] oder „Zu-Boden-Reißens" deuten dürfen, wie dies dem Löwen in Mi 5,7 nachgesagt wird. Das Niedertreten bedeutet gleichwohl noch nicht die totale Vernichtung oder Auslöschung, wie dies wohl auch die Versionen zu Recht wahrnehmen[32]. Es ist vielmehr mit einer Beibehaltung der Dimension zu rechnen, wie sie sonst aggressiven Tieren zugemessen wird, d.h. dem Menschen wird in metaphorischer Weise eine immer wieder an tierischem Verhalten beobachtete Angriffslust zugesprochen. Ob die semantische Dimension von *RMS* in 13b über die Dominanz des *DRK 'l* in 13a hinausgeht[33], kann auf dieser Ebene noch nicht entschieden werden.

Nach diesen formkritischen Vorstudien kann nun der Weg zur Exegese den Horizont der Bilddimensionen zu eröffnen suchen, der sich vor dem Auge des Lesers und Hörers zu entfalten beginnt. Dabei hat es sich schon bald als hilfreich erwiesen, die altorientalische und ägyptische Darstellungskunst und Ikonographie entschiedener in die Auslegung einzubringen.

Der Psalmenkommentar von H.-J. Kraus versucht bereits für unseren Fall einen Brückenbau zur außerbiblischen Dokumentation: „Man wird sich hier daran erinnern dürfen, daß auf altorientalischen Abbildungen die Götter bisweilen als Überwinder schrecklicher Ungeheuer dargestellt werden; sie stehen auf dämonischen Untieren wie auf einem Postament. Eine solche alle finsteren Mächte überwindende Kraft wird dem Schutzbefohlenen Gottes zugesagt"[34]. Auf der Ebene des bildlichen Vergleichs in der gleichen Richtung bewegt sich auch O. Keel, der eine Darstellung der bekannten Konstellation des jugendlichen Harpokrates auf zwei Krokodilen stehend, die auf den über Ägypten hinaus verbreiteten „Sched-Stelen" beruht, mit unserem Psalmvers unterschreibt[35]. Dagegen begrenzt Zenger den Vergleichszusammenhang allem Anschein nach auf 13b, nachdem er dieser Aussage zugleich eine steigernde Rolle zuschreibt: „Mehr noch: In der ihn begleitenden Kraft Gottes tritt er ‚Junglöwen' und ‚(Meeres-)Drachen' nieder. Hier wird der in der altorientalischen Mythologie und Ikonographie, aber auch in der politischen Propaganda breit bezeugte Topos von der Bändigung der wilden Tiere als göttlicher oder königlicher Machterweis aufgegriffen, um am Ende des Abschnitts in poetisch kunstvoller Weise dem

---

[31] Zuletzt mit Recht Zenger, Psalmen, 616.623.

[32] So bemerkt schon P. Schegg, Die Psalmen uebersetzt und erklärt für Verständniß und Betrachtung, Zweiter Band: Achtundsechzigster bis hundertundfünfzigster Psalm, München 1847, 288, Anm. 2, daß das lat. conculcare „nicht: zertreten, sondern einfach: ‚treten auf...'" bedeute, weil „nur die Unverletzlichkeit des Frommen hervorgehoben werden" solle.

[33] Vgl. Zenger, Psalmen, 623.

[34] Kraus, Psalmen, 638f.

[35] O. Keel, Die Welt der altorientalischen Bildsymbolik und das Alte Testament. Am Beispiel der Psalmen, Zürich-Einsiedeln-Köln 1972, Taf. XXVIII.

vormals Bedrängten und Verfolgten, der Schutz braucht, nun selbst die Rolle des Kämpfers gegen das Chaos zuzuschreiben"[36].

So wegweisend diese Stellungnahmen auch sein mögen, sie treffen noch nicht ganz den Kern der Bildaussage, zumal dann, wenn nur ein Teil des Psalmverses in einen Bildvergleich gesetzt wird. Die Sched- bzw. Harpokratesfiguration entspricht deutlich der Vorstellung der „behobenen Krise" und nimmt den gewünschten Effekt vorweg, um den apotropäischen Schutz auch für den Betrachter zu garantieren. Das „Stehen" über den Feindsymbolen verhilft zur Idee der bleibenden Sicherung, die nicht mehr den Prozeß der Überwindung als solchen im Blick hat. Die schreitende Haltung konturiert den dynamischen Weg der souveränen Kontrolle als anhaltenden Vorgang und entspricht damit noch eher dem gewünschten und aktuellen Bedürfnis nach fortwährendem Beistand.

Für die Vorstellung des erhabenen Überschreitens durch eine göttliche Autorität kann die Dekoration auf einem vor einiger Zeit im ägyptischen Tell el-Dab'a gefundenen altsyrischen Hämatit-Rollsiegel (Abb. 1)[37] eine gewisse Verstehenshilfe bieten. Inmitten eines Spektrums von Bildelementen[38] mit wohl apotropäischer Rektion erscheint eine Darstellung vom Typ eines „schlagenden Gottes"[39], der über zwei Höhen hinwegschreitet, darunter eine Schlange, die wiederum von einem Löwen von hinten her angegriffen wird. Da noch weitere szenische Details begegnen, etwa hinter dem schlagenden Gott ein Stier mit gesenkten Hörnern und ein Schiff[40], ist es problematisch, eine stimmige und gleichgerichtete Gesamtkomposition des Siegels zu erschließen, was wiederum nicht bedeuten muß, daß wir mit einer geprägten „Primärkomposition" zu rechnen hätten, die von einer Assoziation von „Nebenmotiven" mehr oder weniger deutlich isolierbar wäre[41]. Es ist m.E. denkbar, daß sich die diversen Segmente der Siegeldekoration zur kumulierenden und so ‚potenzsteigernden' Konstellation von Apotropaika zusammenfügen lassen, die wohl in erster Linie dem Seefahrer und dem Schiff zugute kommen sollen. Dabei würde sich die über die Höhen schreitende Gottheit, wohl Ba'al, u.U. auch mit der darunter befindlichen kriechenden Schlange auf dem Podest, die ihrerseits von einem Löwen attackiert wird, zusammensehen lassen, zumal diese als Repräsentation des Leviathan be-

---

[36] Zenger, Psalmen, 623.

[37] Ausschnitt aus einer Zeichnung von S. Mlinar in: M. Bietak, Zur Herkunft des Seth von Avaris, Ägypten und Levante I, Wien 1990, 9-16, hier 15, Abb. 5.

[38] Zur näheren Deskription vgl. Bietak, Seth, 15, und v.a. C. Uehlinger, Leviathan und die Schiffe in Ps 104, 25-26, Bibl 71, 1990, 499-526, hier 512-522. Vgl. auch O. Keel, Das Recht der Bilder gesehen zu werden. Drei Fallstudien zur Methode der Interpretation altorientalischer Bilder, OBO 122, Freiburg/Schweiz - Göttingen 1992, 214.

[39] Vgl. dazu u.a. D. Collon, „The Smiting God": A Study of a Bronze in the Pomerance Collection in New York, Levant 4, 1972, 11-134.

[40] Näheres dazu bei Uehlinger, Leviathan, 512f. 520f.

[41] So Uehlinger, Leviathan, 513, der aber auch nachher zugesteht, daß das Siegel „insgesamt den Eindruck eines spannungsvollen Nebeneinanders verschiedener göttlicher Mächte" vermittele: „Die Fronten zwischen lebensfördernden und lebensbedrohenden Mächetn bleiben relativ unscharf" (519).

trachtet werden darf[42], aber auch nicht ausschließlich so verstanden werden muß, da ihr im Bild nicht unzweideutig die Dimension eines Seeungeheuers zugemessen wird.

Abb. 1

Die oben benannte Szenenfügung entspricht nun einerseits der formelhaften Vorstellung vom Gott, der über die Höhen hinwegschreitet (vgl. Am 4,13 Mi 1,3 s.o), wie sie andererseits dem Bildausdruck vom von Gott ermächtigten Menschen, der über Löwen und Schlangen hinwegschreitet, nahekommt, ohne freilich mit dieser ohne weiteres ineinsgesetzt werden zu dürfen.

Im Raum des spätbronzezeitlichen Palästina ist die Vorstellung präsent, daß der Pharao in Gestalt eines Sphinx über den gefallenen und quasi auf dem Rücken daliegenden Feind förmlich hinwegschreitet. Dafür stehe hier die offenbar unter Tuthmosis III. und Amenophis II. mehrfach bezeugte Konstellation, die auf Skarabäenunterseiten zusammen mit dem Thronnamen des jeweiligen Königs belegt ist[43]. Das Exemplar einer sog. ovalen Platte aus Tell el-'Aǧul (Scharuhen?) zeigt auf der einen Seite Gestalt und Thronnamen Tuthmosis' III. (mit Epithet: „Bild Amuns") und auf der anderen die besagte Szene neben dem Thronnamen Amenophis' II. und hieroglyphischen Epitheta „Guter Gott" (nṯr nfr) und „Herrscher" (ḥq3)[44]. Leider gibt die ungenaue Wiedergabe bei Jaeger und Der Manuelian die Haltung des Sphinx nicht deutlich an und verzichtet auf die Wiedergabe der rechten Vorderpranke, die über den Gefangenen hinausreicht[45]. So kommt Der Manuelian zu der irreführenden Kennzeichnung des Sphinx mit „trampling foe", während die Zeichnung bei O. Keel das charakteristische Überschreiten immerhin noch erkennen läßt,

---

[42] Uehlinger, Leviathan, 513.

[43] Vgl. B. Jaeger, Essai des classification et datation des Scarabées Menkhéperre, OBO.SA 2, Freiburg/Schweiz - Göttingen 1982, 152-154 (§ 1137- § 1142).

[44] Vgl. Jaeger, Essai, 324 (Nr. 620, Fig. 824). P. der Manuelian, Studies in the Reign of Amenophis II, Hildesheimer Ägyptologische Beiträge 26, Hildesheim 1987, 27, Fig. 9..

[45] Bei der von Jaeger daneben gebotenen Illustration einer analogen Plattenseite ist die über den Gefangenen reichende Vorderpranke dagegen deutlich erkennbar.

die zugehörige Beschreibung sich freilich mit der Angabe „König als Sphinx über einem gefallenen Feind" begnügt[46]. Zur weiteren Klarstellung des für unseren Zusammenhang nicht ganz unwichtigen Zugs füge ich die Darstellung der Unterseite eines in Jerusalem erworbenen und im Privatbesitz befindlichen Skarabäus aus der Zeit Amenophis II.[47] an, wo die angehende Szene mit überdeutlicher Kennzeichnung des überschreitenden Vorderbeins des Sphinx ausgestattet ist (Abb. 2).

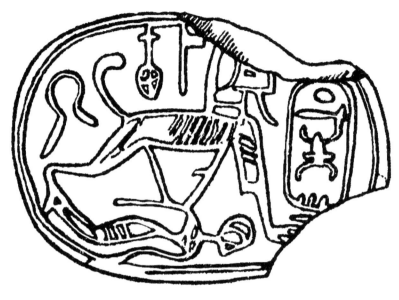

Abb. 2

Der schreitende Sphinx verkörpert die gottkönigliche Souveränität, die den König instandsetzt, sich über seine Widersacher hinwegzusetzen. Auch hier gilt offenbar das „Stilmittel der ‚behobenen Krise'", da der Feind am Boden liegt, während der Herrscher letztlich ungestört weiter agiert. Auch wenn gegenüber der Ausweitung einer Bezugnahme von Skarabäendekorationen auf geschichtliche Ereignisse nach Art der sogenannten „Gedenkskarabäen" Zurückhaltung angezeigt ist[48], wird doch gerade die Feldzugstätigkeit der beiden Pharaonen Tuthmosis III. und Amenophis II. in Palästina-Syrien[49] von spezifischem Einfluß auf die genuine Gestaltung der Szenerie gewesen sein.

Noch aber fehlt in der bisher greifbaren Ikonographie ein eindeutiger Beleg für die unmittelbare Überschreitung einer Schlange, der die Merkmale einer natürlichen Otter oder

---

[46] O. Keel, Corpus der Stempelsiegel-Amulette aus Palästina/Israel. Von den Anfängen bis zur Perserzeit. Katalog Band I: Von Tell Abu Farag bis 'Atlit, OBO.SA 13, Freiburg/Schweiz-Göttingen 1997, 270f., Nr. 492.

[47] Nachzeichnung: M. Bürgle. Die Einzelbeschreibung folgt in einem von mir vorbereiteten Katalog.

[48] Vgl. dazu u.a. auch O. Keel, Corpus der Stempelsiegel-Amulette aus Palästina/Israel. Von den Anfängen bis zur Perserzeit, OBO.SA 10, Freiburg/Schweiz-Göttingen 1995, 276f.

[49] Vgl. dazu u.a. M. Görg, Die Beziehungen zwischen dem alten Israel und Ägypten. Von den Anfängen bis zum Exil, Darmstadt 1997, 26-31.

Giftschlange attestiert werden können. Hier bietet sich m.E. eine weitere Skarabäendekoration als Interpretationshilfe an, die der noch nicht veröffentlichten Konstellation Ausdruck gibt (vgl. Abb. 3). Das Stück, erworben in Jerusalem[50], zeigt einen Sphinx, ausgestattet mit der unterägyptischen Krone, darüber ein Ensemble von Hieroglyphen, die dem traditionellen Repertoire der Siegeldekorationen[51] zugehören: ein anscheinend doppelt gesetztes *nfr*-Zeichen, linksseitig die *ḫʿw*- Hieroglyphe, darunter das *ḫpr*-Zeichen, möglicherweise zu beiden Seiten von einem Symbol des Re begleitet. Vielleicht kann die Konstellation zu Namenbildungen zusammengefügt werden. Die beiden *nfr*-Zeichen lassen sich mit den weiteren Hieroglyphen sowohl zu einer Bildung *Nfr-ḫʿw-Rʿ* „Schön ist das Erscheinen des Re" wie auch zu *Nfr-ḫpr-Rʿ* „Schön ist das Werden des Re" o.ä. koordinieren. Doch sind auch weitere Assoziationen denkbar.

Abb. 3

Von augenfälliger Bedeutung für unseren Zusammenhang ist aber die Schlange, die sich unterhalb des dahinschreitenden Sphinx findet und die der Darstellung der Hieroglyphe für den ‚Buchstaben' *f* des ägyptischen Hieroglyphenalphabets entspricht[52]. Das bisher anscheinend nur in Nominalfügungen belegte Wort *fy* ist wohl durchweg auf die giftige Viper zu beziehen[53]. Das Tier ist auf unserem Stück offenkundig mit Hörnern versehen,

---

[50] Nachzeichnung: M. Bürgle. Die Einzelbeschreibung folgt in einem von mir vorbereiteten Katalog.

[51] Vgl. dazu die Liste bei Keel, Corpus, 1995, 169-174.

[52] Vgl. dazu u.a. L. Störk, Schlange, in: W. Helck/W. Westendorf (Hg.), Lexikon der Ägyptologie V, Wiesbaden 1984, 644-652, hier 647.

[53] Dazu vgl. Sauneron, Ophiologie, 164f.

so daß an die Hornviper (Cerastes cerastes) gedacht werden darf. Die gehörnte Schlange gehört allerdings insbesondere zum vorderasiatischen Bildrepertoire, wo sie „spätestens seit dem 13. Jh. als Erscheinung der vom Wettergott bekämpften chaotischen Macht fest etabliert ist"[54]. Die Szenerie zeigt insgesamt also im Vordergrund das Überschreiten einer (asiatischen?) Giftschlange, und zwar wiederum deutlich so, daß von einem massiven Zertreten keine Rede sein kann, sondern, da die linke Vorderpranke über den Kopf hinaus reicht, ein Signal der majestätischen Überwindung statuiert wird: Der Gottkönig setzt sich über die lebensbedrohende Repräsentantin des Unheils souverän hinweg.

Nach allem kennt gerade die von Ägypten her inspirierte Ikonographie Darstellungen, die recht nahe an die in Ps 91,13a gebotene Bildsprache heranführen. Dennoch gebietet es die kritische vergleichende Betrachtung von bildsprachlichem Text und der ‚Sprache' der Bilder, daß auch im Fall des Bibeltextes die Möglichkeit einer weitergreifenden Interpretation in der die Bilder deutenden und integrierenden Sprache des Textes bedacht wird. Denn der Psalm läßt ja nicht nur die Schlange, sondern auch den Löwen von jemandem überschritten werden, der sich nicht als König oder hoher Beamter ausweist, sondern geradezu im Gegenteil die Schutzbedürftigkeit in Person ist. Der einfache Beter wird ermächtigt, unter der göttlichen Protektion noch mehr an bedrohlichem Potential zu übersteigen, als es durch zeitgenössische oder langzeitlich tradierte Vorstellungen der ikonographischen Tradition vor Augen gestellt worden ist. Der Beter transzendiert wortwörtlich die gegebenen Konstellationen, da er sowohl den Löwen, der nachweislich als Überwinder der Giftschlange gelten kann, als auch diese selbst überwindet. Damit wird er selbst auf eine gottkönigliche Ebene gehoben, eine Idee, die uns bereits u.a. aus der priesterschriftlichen Diktion zur Gottesbildlichkeit (vgl. Gen 1,26-28) oder der Bildsprache im 8. Psalm geläufig ist.

Für einen solchen Umgang mit dem zeitgenössischen ikonographischen Material kann man durchaus auf die Art und Weise der Integration der Serafim in die Szenerie des thronenden Gottes im Rahmen der sog. Berufungsvision Jesajas (Jes 6,1-4) hinweisen, da dort eine formale Aufwertung der begleitenden Schutzwesen (u.a. drei Flügelpaare) mit einer spezifischen Entmächtigung einhergeht[55], da die Wesen dem Thronenden dienen und vom ihm autorisiert werden können. Auch in unserem Fall wird ein gesteigertes Potential von gefürchteten Mächten aufgeboten, um so gerade die von YHWH geschenkte Dominanz und Vollmacht des Beters ins Blickfeld treten zu lassen.

---

[54] Keel, Bilder, 218.
[55] Näheres dazu bei O. Keel, Jahwe-Visionen und Siegelkunst. Eine neue Deutung der Majestätsschilderungen in Jes 6, Ez 1 und 10 und Sach 4, SBS 84/85, Stuttgart 1977, bes. 110-124.

IV. Geschichtsbilder

Abraham und die Philister

Abraham mit den Philistern zusammen zu bringen, mutet wie ein Angriff auf die seriöse Geschichtsforschung an. Wie kann eine Überlieferungsgestalt wie Abraham, die dem Werden Israels in der Selbstdarstellung biblischer Schriftsteller vorausgeht, auch nur annähernd jener Periode zugeordnet werden, in der sich mit den Philistern anerkanntermaßen eine Größe präsentiert, die zur größten Herausforderung des noch jungen Gemeinwesens und so auch zum Anlass für die Institutionalisierung des Königtums in Israel geworden ist? Sollten die Philister, wie die Geschichtsforschung zeigt[1], erst im Laufe des 12. Jahrhunderts v. Chr. die Bühne der Weltgeschichte betreten und im 11. Jahrhundert im Durchgangsland zwischen Asien und Afrika Fuß gefasst haben, wie kann ihnen da noch ein „Patriarch" oder „Erzvater" mit dem überkommenen Profil eines Abraham über den Weg laufen? Und selbst dann, wenn man, wie es in der neueren bibelexegetischen Forschung mehr und mehr geschieht, auf eine Rückfrage nach der historischen Existenz eines Abraham verzichtet und dafür an eine nachexilische figürliche Konstruktion mit dem Ziel einer gesamtisraelitisch motivierten Rückbindung an eine idealisierte und mit Projektionen behaftete Ahngestalt denken möchte, wäre doch eine Assoziation mit den Philistern eine ebensolche Geschichtsklitterung, die mit einer ernsthaften Rekonstruktion der Geschichte Israels und des Judentums nichts zu tun hätte. Ein Abraham der bloßen religiösen Phantasie könnte nur als Fremdkörper empfunden werden, wenn sie in die Nähe der fest in der Historie verankerten Bedrohung des werdenden Israel gerückt würde.

Und doch erwecken biblische Traditionen durchaus den Eindruck, als wenn die Zeit der Patriarchen, mithin auch die Zeit der Sippe Abrahams, auf der gleichen Ebene zu stehen kommen, wie eine zeitgenössische Philisterherrschaft. Der Blick in das Nebeneinander und Nacheinander einer bestimmten und qualifizierten Motivtradition mag dies verdeutlichen. Es wird sich zeigen, dass die Erinnerung an Abraham so wirkmächtig erscheint, dass sie einen Brückenschlag zu einer scheinbar unvereinbaren Konstellation ermöglicht, um so eine überzeitliche, womöglich noch für heutige Verhältnisse relevante Perspektive erkennen zu lassen.

Im 1. Buch Mose (Genesis) sind drei miteinander verwandte Erzählungen überliefert, die in der Auslegungsgeschichte und Bibelwissenschaft unter der nicht gerade überzeugenden Bezeichnung „Ahnfraugeschichten" geläufig sind, weil sie von einem nahezu gleichartigen Geschehen um die scheinbar im Zentrum stehenden „Ahnfrauen" der „Ahnherren" Israels handeln. Die Jetztfassungen der Erzählungen in Gen 12, 10-20 Gen 20 Gen 26,1-13 widmen sich näherhin durchweg einer mehr oder weniger kritischen Begegnung zwischen einem der Väter Israels und einem benachbarten Herrscher, wobei es jedes Mal um den Anspruch auf die als besonders attraktiv empfundene Frau eines der Väter geht. Während die beiden erstgenannten Texte die Rivalen Abraham und einen ungenannten Pharao

---

[1] Vgl. dazu zuletzt u.a. M. Görg, Philister, in. M. Görg – B. Lang (Hg.), Neues Bibel-Lexikon III, 2001, 141-143 mit Lit. Ders., Philister, in: D.O. Edzard (Hg.), Reallexikon der Assyriologie und vorderasiatischen Archäologie X, Lieferung 7/8, 2005, 526-528.

IV. Geschichtsbilder

(Gen 12,10-20) sowie wiederum Abraham, nunmehr aber im Kontrast mit dem Stadtfürsten Abimelech von Gerar (Gen 20) ins Bild setzen, gehört die Szenerie in Gen 26, 1-13 einerseits dem Abrahamssohn Isaak und wiederum Abimelech, der diesmal aber ausdrücklich als König der Philister erscheint. Im Blickfeld der ersten beiden Episoden steht Sara, ohne dass sie jeweils handelt oder zu Wort kommt, in der dritten Fassung dann Rebekka, ebenfalls ohne subjektive Aktivität. Dabei ist offensichtlich, dass das Interesse von Seiten der Potentaten Pharao und Abimelech an Sara bzw. Rebekka nicht auf disparate Events verteilt werden kann, sondern eine charakteristische Erinnerung zum Beziehungsfeld Israels mit seinen Nachbarn reflektiert. Die wechselseitige Verflechtung der Varianten wird schon darin erkennbar, dass Abraham in allen drei Varianten zitiert wird, doch nur in den ersten beiden handelnd auftritt, während Abimelech lediglich in der zweiten und dritten Variante aktiv ist.

Das literarische Verhältnis der drei „Ahnfraugeschichten"[2] zueinander wurde in der Regel so verstanden, dass die Textfassungen als „unterschiedliche Ausprägungen einer gemeinsamen, nicht mehr erhaltenen Grundtradition" gelten sollten, wobei entweder Gen 12, 10-20 oder Gen 26,1-13 als früheste „Ausprägung" zu sehen wären. Neuerdings wird jedoch bervorzugt ein „wechselseitiges, literarisch bestimmtes Abhängigkeitsverhältnis" angenommen, das am ehesten auf einer Deutung von Gen 26,1-13 als einer „Grundfassung" beruht. In dieser Ausgangserzählung sei das „spannungsgeladene Verhältnis zwischen Israel und den Philistern angesprochen" worden, um dann über die nächstjüngere Variante in Gen 20 mit dem Thema der Kontrahenten Abraham und Abimelech unter dem Gebot der „Gottesfurcht" zur jüngsten Gestalt in der Erzählfassung Gen 12,10-20 mit ihrer grundsätzlichen und übergreifenden Orientierung zur Rollenbestimmung Abrahams in Verbindung mit Gen 12,1-3 einzumünden[3].

Betrachten wir den überlieferungsgeschichtlichen Gang der verwandten Darstellungen einmal besonders unter dem Aspekt der kritischen Begegnung des nicht ortsgebundenen Erzvaters mit dem etablierten Machthaber.

In der Isaak-Abimelech-Variante in Gen 26 zeigt sich ein erzählerisches Nacheinander der Episode um die „Ahnfrau" und einer weiteren Szenenfolge mit einer ihrerseits mit Hindernissen verbundenen Annäherung zwischen den Parteien. Die mit dem Rückgewinn Rebekkas verbundene Erstarkung der Position Isaaks provoziert zwar seine vorläufige Trennung von Abimelech, die jedoch wiederum über eine mehrstufige Streitszenerie um der beiderseitigen Wasserversorgung willen zu einem Pakt hinüberleitet. Es geht also primär um einen paradigmatischen Akt der Auseinandersetzung zwischen städtischen und nicht-städtischen Ambitionen, die den Philisterkönig zur Anerkennung der Interessen der außerurbanen Bevölkerung führt. Isaaks Rolle ist die eines „Ger" (vgl. 26,3), d.h. eines mobilen Sippenführers, der sich um Protektion seitens eines mächtigeren Nachbarn be-

---

[2] Vgl. dazu vor allem den Artikel „Ahnfraugeschichten" von P. Weimar in M. Görg – B. Lang (Hg.), Neues Bibel-Lexikon I, 1991, 67f. L. Ruppert, Genesis. Ein kritischer und theologischer Kommentar 2. Teilband: Gen 11.27-25,18 (Forschung zur Bibel 98), Würzburg 2002, 131-134.

[3] Weimar, Ahnfraugeschichten, 67.

müht. Es ist jedoch schließlich die Anerkenntnis des Mitseins Gottes mit Isaak, die den Philisterkönig eine Vereinbarung mit Isaak schließen lässt, die einem förmlichen Friedensschluss gleichkommt (vgl. 26, 28-31). Der Philister als Friedensstifter! Diese Perspektive eines gottgläubigen und versöhnungswilligen Philisters bedeutet nicht nur eine Kehrtwende gegenüber einem allzu negativen Philisterbild, wie es sich angesichts trüber Erfahrungen Israels nahe legen mochte, sondern vor allem auch eine Aufwertung des Abrahamssohnes, der zum Träger der Verheißung an Abraham geworden ist. Eben diese Zusage an Abraham geht letztlich in der Friedensbegegnung mit dem Philisterkönig in Erfüllung.

Von eigentümlicher Signifikanz ist nicht zuletzt die namentliche Präsentation der am Friedensschluss beteiligten Personen in Gen 26,26. Der Erzähler nennt hier nicht nur die beiden Bündnispartner, sondern auch die Begleitung des Abimelech, bestehend aus einer als „sein Freund" (*mr'=hw*) titulierten Person namens Achusat und dem als „Militärchef" (*sr ṣb3=w*) bezeichneten Mann namens Pichol, der bereits in Gen 21,22.32 mit dem gleichen Titel genannt wird, dort aber wohl erst auf Grund seiner Erwähnung in Gen 26,26 seinen Platz gefunden hat. Hier entsprechen die Titel von Achusat und Pichol aller Wahrscheinlichkeit nach der sprachlichen Bedeutung der Namen[4], allerdings nur wenn man sie auf der Basis einer Sprache deutet, die der Erzähler als Herkunftssprache der Philister ansieht. Die Philister sind nicht nur als Vorposten der Ägypter gedacht und gedeutet, sondern als eine Bevölkerung, die auch kulturell mit den Ägyptern originär liiert ist. So ist es kein Wunder, wenn die weitere Überlieferung die Philister wie auch Ägypter und selbst die Kanaanäer in der sogenannten Völkertafel (Gen 10) zu den Hamiten zählt, d.h. einen gemeinsamen Stammbaum benennt.

So kann nunmehr auch der mit Gen 20 gegebene nächste Schritt der Traditionsbildung nachvollzogen werden[5]. Nicht erst Isaak, sondern schon Abraham soll in einer analogen Angelegenheit gegenüber dem gleichen Kontrahenten agiert haben. Abraham tritt jetzt als eigentlicher Garant für ein gleichstimmiges Bemühen um eine gelassene Beurteilung der Situation auf die Bühne. Schon er kann demnach als Sachwalter eines konfliktelösenden und geordneten Zusammenlebens mit den gefährlichen Nachbarn gelten, gerade wo es um Eingriffe in interne und intime Beziehungen geht. Abimelech steht hier in noch stärkerem Maße als ein gottesfürchtiger Nicht-Israelit da, der in einem Traum erfährt, dass seine Annahme, Sara sei Abrahams Schwester, auf einem Irrtum beruht. Diese Variante lässt dann ebenfalls eine Vereinbarung Abimelechs folgen, diesmal mit Abraham, bei dem wie in Gen 26 ein weiterer Streitpunkt, nämlich zur Wasserversorgung, geklärt wird. Abimelech ist freilich nicht mehr ausdrücklich als Philisterkönig ausgewiesen, sondern

---

[4] Näheres dazu bei M. Görg, Die Begleitung des Abimelech von Gerar (Gen 26,26), in: Biblische Notizen. Beiträge zur exegetischen Diskussion 35, 1986, 21-25.

[5] Eine in methodischer Hinsicht exemplarische Studie zu diesem Textbereich liegt noch immer vor in der Arbeit von Th. Seidl, „Zwei Gesichter" oder zwei Geschichten? Neuversuch einer Literarkritik zu Gen 20, in: M. Görg (Hg.), Die Väter Israels. Beiträge zur Theologie der Patriarchenüberlieferungen im Alten Testament (Festschrift für Josef Scharbert), Stuttgart 1989, 305-325. Für eine tiefgreifende Verhältnisbestimmung zwischen den Varianten wäre eine ähnlich eingehende Gesamtanalyse aller angehenden Textbereiche wünschenswert.

IV. Geschichtsbilder

schlicht als Stadtfürst von Gerar, der somit als ein Vertreter des in Erinnerung gebliebenen Stadtstaatensystems der Kanaanäer erscheint. Gerar soll demnach als ein exemplarischer Grenzort angesehen werden, bei dem sich auch ein vitales Interesse der nichtstädtischen Bevölkerung mit dem Anspruch der Stadtbewohner manfestiert. Schon Abraham ist, wie die gewählte Terminologie erkennen lässt, als „Ger" vorgestellt, d.h. als jemand, der eine Art Schutzbürgerschaft anstrebt.

Mit der dritten Stufe in Gen 12 schließlich weitet sich das geographische und politische Blickfeld aus, da nunmehr ein namenloser Pharao zum Widerpart Abrahams wird. Damit ist Ägypten zum Inbegriff einer mächtigen Nachbarschaft geworden, mit der sich sogar schon Abraham zu verständigen wusste. Für die Erinnerung Israels verliert demnach auch Ägypten seine Schrecken, da sich der vemeintliche Erzfeind Israels zu einer Partnerschaft mit dem Vater Israels verbinden kann. Die Nähe dieser jüngsten Fassung der „Ahnfraugeschichte" zu den übergreifenden Formulierungen in Gen 12,1-3 bezeugt einen Stand der Interpretation, der gerade auch die Ägypter in den Kreis der Völker einbeziehen kann, für die Abraham ein Segen sein wird.

Auch der Ort der Begegnung zwischen Abimelech und Isaak/Abraham unterliegt allem Anschein nach einer metaphorischen Sichtweise. Zum einen könnte in dem Ortsnamen eine Anspielung auf den Anspruch auf Schutzbürgerschaft (*ger*) gesehen worden sein, zum anderen spielt dieser Ort auch in anderen Konstellationen eine bezeichnende Rolle. So soll das Tal von Gerar nach 1Chr 4,34-41 von dort friedlich lebenden Hamiten bewohnt gewesen sein[6]. Nach den Angaben der „Völkertafel" erstreckt sich das Gebiet der Kanaanäer von Sidon bis in den Zugangsbereich von Gerar (Gen 10,19). Die Kanaanäer werden überdies zusammen mit den Kuschiten/Ägyptern und den Philistern zu den Hamiten gezählt. Die ägyptische Präsenz in Gerar würde auch archäologisch fassbar, wenn die Identität des biblischen Ortes mit dem modernen Tel Haror/arab. *tell abu hurêre* im westlichen Negev gesichert wäre, da im Zuge der dortigen Grabungen ägyptische Objekte gefunden worden sind. Auf jeden Fall dürfte Gerar als bewusst gewählter Grenzfixpunkt zwischen „dem Weidegebiet der Kleinviehnomaden und dem Kulturland der Sesshaften"[7] betrachtet worden sein.

In diesem Zusammenhang möchte es erlaubt sein, der in der Bibel bezeugten Konstellation Erzvater – Stadtfürst als eines möglichen Erinnerungselements zur frühen Siedlungsgeschichte und Bevölkerungsstuktur in Südpalästina weiteres Material zur Anschauung der Verhältnisse hinzuzufügen. Seit einiger Zeit ist bekannt, dass zum Erscheinungsbild vorisraelitischer Landesbewohner auch der Typ des Herdenbesitzers in Gestalt des sogenannten „Wulstsaummantelträgers" gezählt werden darf[8]. Dieser Darstellungstyp findet

---

[6] Vgl. dazu u.a. S. Mittmann, Ri. 1,16f. und das Siedlungsgebiet der kenitischen Sippe Hobab, in: Zeitschrift des Deutschen Palästina-Vereins 93, 1977 (213-235) 218.

[7] O. Keel – M. Küchler, Orte und Landschaften der Bibel. Ein Handbuch und Studien-Reiseführer zum Heiligen Land, Band 2: der Süden, Zürich-Göttingen 1982, 136.

[8] Zu diesem Typus vgl. S. Schroer, Der Mann im Wulstsaummantel. Ein Motiv der Mittelbronze-Zeit II B, in: O. Keel – S. Schroer, Studien zu den Stempelsiegeln aus Palästina / Israel I (Orbis Biblicus et Orientalis 67) Freiburg Schweiz / Göttingen 1985, 49-107. O. Keel, Corpus der Stempelsiegel-Amulette aus Palästi-

sich in bemerkenswert deutlicher Ausprägung auf einer Anzahl von Skarabäen der Mittleren Bronzezeit, offenbar in einem Stadium der Vorgeschichte Israels, das noch im Vorfeld der Hyksosherrschaft über Palästina/Ägypten liegt. Bisher ist der „Wulstsaummantelträger" als wohlhabender Herdenbesitzer und Repräsentant der kleinvielzüchtenden Bevölkerung noch nicht in einer Zusammenstellung mit einem Vertreter der Stadtbevölkerung bezeugt.

Ein kürzlich bei einer einschlägigen Auktion erworbener Skarabäus zeigt auf seiner Unterseite (Abb. 1)[9] sowohl einen „Wulstsaummantelträger" (rechts) wie auch eine thronende Gestalt (links), die mit einem ganz anderen, mehrfach gestuften Gewand und vor allem einer hohen, sich nach oben ebenmäßig verjüngenden Kopfbedeckung ausgestattet ist. Der „Wulstsaummantelträger" überreicht offenbar dem Thronenden, der nicht ohne weiteres einer bekannten syrisch-palästinischen oder ägyptischen Gottheit zugeordnet werden kann, eher wohl einen (göttlich legitimierten?) Stadtkönig oder dessen (vergöttlichten?) Ahnherrn darstellt, eine Art Blumenstrauß bestehend aus Zweig und Lotosblüte. Unterhalb des Straußes erkennt man die Hieroglyphen nb und ʿnḫ, die sich zu der Titulatur „Herr des Lebens" zusammenfügen lassen, wie sie in Ägypten Göttern zugemessen wird, was aber nicht in gleicher Weise für den syrisch-palästinischen Raum gelten muss. Ein weiteres Lebenszeichen steht offenbar zur Seite des „Wulstsaummantelträgers". Beide Gestalten sind demnach allem Anschein nach durch die Symbolik des Lebens und der Vegetation verbunden, zumal die Lebenshieroglyphe im Ägyptischen lautlich mit der Bezeichnung des Blumenstraußes zusammengeht. Es scheint mir daher erwägenswert zu sein, hier eine Illustration der Gegenüberstellung eines nichturbanen Repräsentanten und eines Stadtfürsten zu sehen, eine Konstellation, die gerade durch ein beidseitiges Interesse an einer schöpferischen und friedlichen Koexistenz geprägt wäre. Vielleicht ist hier von Seiten des „Wulstsaummantelträgers" gerade auch an eine Bemühung um eine Schutzbürgerschaft im Sinne einer besonderen Protektion durch den Landesherrn zu denken.

Natürlich sind wir mit diesem attraktiven Dokument wohl aus dem 18./17. Jh. v. Chr. noch nicht einem historischen Abraham auf der Spur, dessen Profil sich weiterhin dem Zugriff des Geschichtsforschers entzieht. Den gleichwohl weiterhin legitimen Bemühungen um historische Anknüpfungen in nicht-biblischem Textmaterial[10] kann aber mit unserer Illustration ein Hinweis hinzugefügt werden, der eine vielleicht zeitgenössische Vergesellschaftung widerspiegelt und darüber hinaus eine prägende Nachwirkung auf das Vorstellungsgut von einschlägigen Vätergeschichten entfaltet haben mag.

---

na/Israel. Von den Anfängen bis zur Perserzeit (Orbis Biblicus et Orientalis. Series Archaeologica 10), Freiburg Schweiz/Göttingen 1995, 218f. Zur Forschungsgeschichte sei hier angemerkt, dass offenbar erstmals W.M. Müller, Ein neuer Hetiterkönig?, in: Mitteilungen der Vorderasiatischen Gesellschaft, 1896/4, 192f. auf die Besonderheit dieser Darstellungsweise hingewiesen hat, um dafür allerdings irrtümlich hethitischen Ursprung zu erwägen. Sein Studienobjekt war das Stück British Museum EA 4152, das auch Keel, Corpus, 207 ohne Hinweis auf die frühe Publikation mit der vorläufigen Nachzeichnung erwähnt.

[9] Die nähere Beschreibung folgt in einem von mir vorbereiteten Katalog.

[10] Vgl. zuletzt etwa D. Carpin, „Ein umherziehender Aramäer war mein Vater". Abraham im Lichte der Quellen aus Mari, in: R.G. Kratz – T. Nagel (Hg.), „Abraham, unser Vater". Die gemeinsamen Wurzeln von Judentum, Christentum und Islam, Göttingen 2003, 40-52. Ruppert, Genesis, 40-53.

Abb. 1

Kehren wir zurück zu den „Ahnfraugeschichten", die ja nicht zuletzt deswegen die Überlieferung beschäftigen, weil sie ein ausnehmend anziehendes Bild der Patriarchengattin zeichnen, nicht ohne einen kritischen Seitenblick auf die, gelinde gesagt, unaufmerksame Haltung des Erzvaters[11] werfen zu lassen. Schon in der älteren Exegese ist beobachtet worden, dass die „Ahnfraugeschichten" als „dichterische Ausspinnungen der als selbstverständlich geltenden Gewissheit" zu betrachten seien, „dass die Patriarchenfrauen überaus schön gewesen sind und daher die Begehrlichkeit der Großen dieser Welt wachrufen mussten"[12]. Dass die Rolle der Frau in der Mittleren Bronzezeit, anders als etwa in der späteren Geschichte Israels, und dass darüber hinaus das Verhältnis der Geschlechter zueinander unter einem unerwartet positiven Licht gestanden haben dürfte, ist in der religionsgeschichtlichen Forschung mit Hilfe vor allem der ikonographischen Quellen aus Palästina/Israel eindrücklich herausgestellt worden[13].

---

[11] Zur Kennzeichnung der einschlägigen „Preisgabegeschichten" als Kritik am Abrahamsbild vgl. besonders I. Fischer, Die Erzeltern Israels (Beihefte zur Zeitschrift für die alttestamentliche Wissenschaft 222), Berlin 1994.

[12] O. Eissfeldt, Achronische, anachronische und synchronische Elemente in der Genesis, in: Jaarbericht van het Vooraziatisch-Egyptisch Genootschap Ex Oriente Lux: Annuaire de la Societé Orientale „Ex Oriente Lux", No. 17 (1963), Leiden 1964 (148-164), 153.

[13] Vgl. hier vor allem O. Keel – C. Uehlinger, Göttinnen, Götter und Gottessymbole. Neue Erkenntnisse zur Religionsgeschichte Kanaans und Israels aufgrund bislang unerschlossener ikonographischer Quellen (Quaestiones Disputatae 134), Freiburg 1992, 21-54. O. Keel, Corpus, 218f.

Abb. 2

Von diesem Befund ausgehend mag es von Interesse sein, die besondere Herausstellung von Frauen auf Skarabäen der gleichen Periode einzubringen, zumal von solchen Stücken, die der speziellen Attraktivität des weiblichen Geschlechts Rechnung tragen. In ein solches längst vergangenes Umfeld auf dem Boden Kanaans könnten dann auch biblische Erinnerungen führen, wie wenn sie mit dem Motiv der schönen „Ahnfrau" operieren. Als Beispiel einer solchen Präsentation einer Frau offenbar um der sexuellen Stimulation willen sei hier ein entsprechender Skarabäus aus der Mittleren Bronzezeit (II B) präsentiert (Abb. 2)[14]. Er fügt sich offenbar gut in eine Reihe von Belegen ein, die einer Gleichstellung von Mann und Frau und der sexuellen Beziehung der Geschlechter sinnfällig Ausdruck verleihen[15], auch wenn hier „nur" eine Frau zur Darstellung kommt, ohne dass man dabei gleich an eine weitere Variante der vielfach belegten „Zweiggöttin"[16] denken müss-

---

[14] Eine nähere Beschreibung des Stücks folgt in dem von mir vorbereiteten Katalog.

[15] Vgl. etwa die Gruppe „zwei einander gleichgestellte Figuren" Keel, Corpus, 218 § 595.

[16] Vgl. dazu die grundlegende Arbeit von S. Schroer, Die Göttin auf den Stempelsiegeln aus Palästina/Israel, in: O. Keel – H. Keel-Leu – S. Schroer, Studien zu den Stempelsiegeln aus Palästina/Israel II (Orbis Biblicus et Orientalis 88), Freiburg Schweiz / Göttingen 1989, 89-207. Keel, Corpus, 210-213.

te. Die aufreizende Pose der sich wendenden Gestalt ist begleitet von den Symbolen üppiger Vegetation, dem Zweig und der Lotosblüte. Leider sind die hieroglyphischen Zeichen noch nicht mit Sicherheit bestimmbar, so dass wir uns hier eines Urteils enthalten.

Wenn es eine relativ frühe Periode gegeben hat, in der die Wahrnehmung der schönen Frau besonders akzentuiert erscheint, wie sie im übrigen ja auch durch die zahlreichen Belege für die sogenannte Zweiggöttin zum Ausdruck kommt, könte man bei den „Ahnfraugeschichten" an ein entsprechendes Erinnerungsmotiv denken, das letztlich aus dieser Periode stammte, um dann in biblischer Rückschau den Traditionen um die Erzeltern Israels eingeflochten zu werden.

Die scheinbar ungeschichtliche Verbindung der Abrahamsippe mit den Philistern gewinnt auf dem hier aufgezeigten Hintergrund eine übergeschichtliche Dimension, da es letzten Endes um die Koexistenz Israels mit den mehr oder weniger etablierten Nachbarn geht. Gerade angesichts schier unlösbar erscheinender Probleme in der politischen Gemengelage des Nahen Ostens heutzutage könnte es von Interesse sein, das biblische Modell einer Partnerschaft in der Vorvergangenheit der eigentlichen Volkwerdung Israels zum Anlass für eine Neubesinnung zu nehmen, um sich so die Unverzichtbarkeit eines überlebenswichtigen Arrangements zwischen den Bevölkerungsteilen vor Augen stellen zu lassen. Dass es gerade die Palästinenser sind, die den Namen der Philister als Namengeber für „Palästina" weitertragen, ohne mit diesen ethnisch verwandt zu sein, ist vielleicht ein bemerkenswertes Signal der Geschichte an die Träger des politischen Lebens, die sich immer wieder zur Aufgabe machen müssen, dem erwählten Volk inmitten seiner Nachbarn ein Wohnen in Sicherheit zu garantieren.

Israel in Hieroglyphen

Mit der Entdeckung der Stele CG 34035 (JE 31408) des Kairiner Museums[1] und der auf einer Seite derselben befindlichen Siegesinschrift des Pharao Merenptah durch den britischen Archäologen W.M. Flinders Petrie im Frühjahr 1896[2] sowie der im gleichen Jahr erfolgten Edition durch W. Spiegelberg[3] ist der bisher einzige und älteste hieroglyphische Beleg für einen Namen bekannt geworden, den die Erstbearbeitung und die absolute Mehrheit der weiteren Interpretationen mit „Israel" identifiziert haben. Im Folgenden soll zunächst wieder einmal die Schreibung des Namens zur Diskussion stehen, um zugleich die Debatte um die ursprüngliche Lautung ein wenig weiter zu bringen. Die Graphie hat folgende Gestalt:

Obwohl die Zahl der Kommentare zu diesem Namen Legion ist, dürfen doch einige Feststellungen im Anschluß an die neueren Einsichten zur Schreibung von Fremdnamen im ägyptischen Neuen Reich getroffen werden. An der in der sogenannten Gruppenschreibung[4] gehaltenen Gestalt ist zunächst bemerkenswert, daß die erste Gruppe mit dem

---

[1] Vgl. die jüngste Aufnahme bei H. Sourouzian, Les Monuments du roi Merenptah, Deutsches Archäologisches Institut, Abteilung Kairo, Sonderschrift 22, Mainz 1989, Pl. 31.

[2] Zur genaueren Erfassung des Auffindungsdatums vgl. H. Engel, Die Siegesstele des Merenptah. Kritischer Überblick über die verschiedenen Versuche historischer Auswertung des Schlussabschnitts, in: Biblica 60, 1979 (373-399), 373, Anm. 1, der auf Grund der Angaben von W. Spiegelberg, Der Siegeshymnus des Merneptah auf der Flinders Petrie-Stele, ZÄS 34, 1896 (1-25) 11 an eine Entdeckung „in den ersten Februartagen 1896" denkt, da Spiegelberg seine „erste" Abschrift „im Februar d.J. etwa 14 Tage nach der Auffindung der Stele" angefertigt haben will. Vgl. auch H. Engel, Die Vorfahren Israels in Ägypten. Forschungsgeschichtlicher Überblick über die Darstellungen seit Richard Lepsius (1849), Frankfurter Theologische Studien 27, Frankfurt/Main 1979, 46, Anm. 3. Noch genauere Informationen liefert leider auch die von Flinders Petrie selbst mitgeteilte und von Engel nicht eingesehene Darstellung nicht, vgl. Ders., Egypt and Israel, in: The Contemporary Review No. 365, May 1896 (617-627), 618, wo lediglich vom Dezember 1895 als Datum der Ankunft Petries in Ägypten und der Grabungsgenehmigung, dann von „three months of excavation" die Rede ist. Auch die Grabungspublikation Flinders Petrie, Six Temples at Thebes 1896, London 1897 bietet keinen exakten Aufschluß über das Auffindungsdatum. Zur Bibliographie der Erstmitteilungen zum Fund von Flinders Petrie trage ich hier nach: W. Spiegelberg, Ägypten (1894/6), in: Jahresberichte der Geschichtswissenschaft 1896 I (255-266), 263. G. Steindorff, Israel auf einer altägyptischen Inschrift, in: Mitteilungen und Nachrichten des Deutschen Palaestina-Vereins 1896, 45f.

[3] W. Spiegelberg, Die erste Erwähnung Israels in einem aegyptischen Texte, in Sb Berlin 25, 1896, 593-597. Vgl. Ders., Siegeshymnus, 9. Die dem erstgenannten Beitrag unter Anm. 1 gegebene Ankündigung, der „ganze Text" werde „in der Gesammtpublication der von Flinders Petrie gefundenen Denkmäler erscheinen, mit deren Bearbeitung der Unterzeichnete beauftragt" worden sei, ist offenbar schon vorher realisiert worden, da die Gesamtbearbeitung der Merenptah-Inschrift bereits in dem Beitrag Spiegelbergs, Siegeshymnus, 1-25 erschienen ist. In der Publikation von Flinders Petrie, Temples, bietet Spiegelberg dann nur noch einmal eine Übersetzung (26-28). Unter den Rezeptionen in der Bibelwissenschaft sei wegen der Datumsangabe „Winter 1895/96" hervorgehoben: B. Stade, Die Entstehung des Volkes Israel, Rektoratsrede am 1. Juli 1897, publiziert u.a. in Ders., Ausgewählte akademische Reden und Abhandlungen, Giessen 1899 (97-121), 102. Die Beziehung auf die Kampagne ist wohl die Ursache für die gelegentliche Falschdatierung der Stelenauffindung in das Jahr 1895.

[4] Ich bleibe bei dieser graphisch orientierten Kennzeichnung, da die oft gewählte Bezeichnung „Syllabische Orthographie" unterstellt, daß wir es durchgängig mit der Wiedergabe von Silben, noch dazu mit einer bestimmten oder geprägten Vokalsetzung, zu tun hätten.

IV. Geschichtsbilder

Doppelschilfblatt grundsätzlich vokalisch indifferent ist, wenn auch eine überdurchschnittliche Affinität zur Wiedergabe des Vokals *a* belegt erscheint. Die zweite Zeichenkonstellation, mit dem liegenden *s*, dem unmittelbar darunter befindlichen Doppelstrich (vertikal ausgeführt) und dem mit leichtem Abstand darunter folgenden *r* gehört dagegen wohl nicht der ‚Gruppenschreibung' an, sondern stellt allem Anschein nach nur die Sequenz *s-ï-r* dar. Dies darf gelten, obwohl der Doppelstrich zwar meist auf den Vokal *i* deutet, gelegentlich aber auch die Vokale *a* und *u*, sogar Vokallosigkeit anzeigen kann[5]. Die Gruppe des „silbenschließenden *r*"[6], die mit dem (meist diagonalen) Doppelstrich, dem *r* und einem Beistrich gekennzeichnet ist, liegt dagegen nicht vor, da der Beistrich zum *r* fehlt. Man könnte natürlich an eine Auslassung des Beistrichs denken, hat aber keine sichere Handhabe dazu, zumal der leichte Abstand zwischen dem vertikalen Doppelstrich und dem *r* nicht gerade für eine Verbindung spricht. So kann man nach wie vor bei der Zeichenlesung *s-ï-r* bleiben, sollte aber auch den indifferenten Charakter des Doppelstrichs bedenken, so daß eine bloße Konsonantenfolge *s-r* mit offenem Vokalismus unterstellt werden könnte. Wir begnügen uns daher hier mit der Wiedergabe *s( )r*.

Zur Frage der Entsprechung des Sibilanten im Semitischen gibt es erwiesenermaßen die beiden Möglichkeiten einer hieroglyphischen Wiedergabe von *š* und *s*, wobei die Äquivalenz mit dem Zischlaut absolut überwiegt, während eine Entsprechung zu einem semit. *z* bestenfalls eine Ausnahme darstellt. Die ältere Wiedergabe des südpalästinischen Ortes Socho, der im AT mit der Lautung *Soko* begegnet, beginnt in den älteren hieroglyphischen Formen unter Tuthmosis III., Amenophis II. und Amenophis III. mit einer *s*-haltigen Gruppe, während der ON in der Scheschonk-Liste mit einem anlautenden *š* geschrieben wird[7]. Der Name Assur begegnet in den Listen des Totentempels Amenophis III. sowohl mit *s* wie mit *š*[8]. Die Schreibung läßt also die Möglichkeit zu, daß der Name ‚Israel' ursprünglich mit einem Zischlaut versehen war[9].

Da die verbleibenden Konstellationen ‚Schilfblatt (*j*)-Geier (*3*)' und ‚*r* mit Strich' zusammengenommen zweifelsfrei für eine Lautung *j3-r'* (= *jr/l*) stehen, wobei das Geierzeichen (*3*) in der 18. Dynastie noch nicht unbedingt geschrieben werden muß[10], ist ein weiterer Kommentar unnötig. Über die Setzung der Determinative sei hier nur so viel gesagt, daß sie ein brauchbares Signal für die Verbindung des Namens mit einem Stamm hergeben, daß diese Kennzeichnung jedoch keineswegs die Orientierung auf einen geographisch eingrenzbaren Lebensraum ausschließt, wie dies auch die zeitgenössischen

---

[5] Vgl. E. Edel, Die Ortsnamenlisten aus dem Totentempel Amenophis III., BBB 25, Bonn 1966, 67. In ‚vokalkritischer' Deutung der Schreibung unseres Namens bewegt sich bereits E. Sachsse, Die Etymologie und älteste Aussprache des Namens ישראל, ZAW 34, 1914 (1-15), 12f.

[6] Vgl. dazu weiterhin Edel, Ortsnamenlisten, 68f.

[7] Vgl. dazu auch E.A. Knauf, War „Biblisch-Hebräisch" eine Sprache?, ZAH 3, 1990 (11-23), 17, Anm. 24.

[8] Vgl. dazu u.a. Edel, Ortsnamenlisten, 30.

[9] Vgl. schon Sachsse, Etymologie, 13.

[10] Vgl. dazu Edel, Ortsnamenlisten, 14.

Schreibungen für die ‚Schasu' (*Š3św*) zeigen, die bekanntlich teils mit dem Fremdlanddeterminativ teils mit dem Stammesdeterminativ ausgestattet sind[11].

Die kritische Gewichtung der Schreibung läßt nach wie vor ein deutliches Votum zu Gunsten der traditionellen Identifikation mit Israel rechtfertigen, wenn auch Zweifel an der Originalität der hebräisch überlieferten Fassung aufkommen dürfen. In der Belegschreibung der Merenptah-Stele sollte die Transliteration *jj-s( )r-j3r'* (= *ys( )r'l*) am ehesten Anspruch auf Akzeptanz haben[12], so daß etwa eine innerhebräische Entwicklung wie: *yaś(i)r-'il* bzw. *yaš(i)r-'il > yiśra'il > yiśra'el* als plausibel anzusetzen wäre.

Da wir jetzt für die Auseinandersetzung mit neueren Stellungnahmen hinreichend gerüstet sind, kann einer Position begegnet werden, wie sie O. Margalit vorgebracht hat, der den Beleg auf der Merenptah-Stele dem ON Jesreel zuordnen möchte[13]. Margalit beruft sich ohne sonderliches Differenzierungsvermögen auf G.R. Driver, der der Meinung gewesen sei, daß das ägyptische liegende *s* auch das hebr. *z* repräsentiere[14], so daß einer Identifikation mit Jesreel nichts im Wege stünde, „which might be an inexperienced scribe's way of rendering Iezreel, the valley in the north of the country"[15]. Einen Gewährsmann für seine These der Nicht-Identität mit Israel will er ohne ausreichende Legitimation auch in J.A. Wilson finden, der ebenfalls auf die „errors in the orthography of this stele" hingewiesen habe[16], sowie in W. Helck, nach dem nicht klar sei, „whether it refers to a tribe or any other ethnic body of that name"[17]. Die Schreibung des Namens in der Stele ist jedoch so lange nicht als fehlerhaft anzusehen, als gute Gründe für ihre Kompatibilität bestehen. Bei der Bewertung der Graphie im Blick auf eine mögliche Identität mit Israel dürfen noch keine sachkritischen Erwägungen eine Rolle spielen.

Die Frage, ob Israel oder Jesreel gemeint sei, hat schon Flinders Petrie in seiner eigenen Stellungnahme (1896) zu seinem Fund angesprochen. Er kommt zu dem Ergebnis, daß

---

[11] Vgl. dazu die Schreibungen der 19. Dynastie bei R. Giveon, Les bédouins Shosou des documents égyptiens, Documenta et Monumenta Orientis Antiqui 22, Leiden 1971, 39-134.

[12] Vgl. zuletzt auch M. Görg, Israelstele, in: NBL II (247-249), 248 sowie Ders., Die Beziehungen zwischen dem alten Israel und Ägypten. Von den Anfängen bis zum Exil, EdF 290, Darmstadt 1997, 59, wo die Möglichkeit einer Vertretung des Zischlauts in der hieroglyphischen Schreibung jedoch nicht eigens zur Sprache gekommen ist (hierzu vgl. bereits G. Steindorff, Israel in einer altägyptischen Inschrift, ZAW 16, 1896 (330-333), 331. Sachsse, Etymologie,12.

[13] O. Margalit, On the Origin and Antiquity of the Name „Israel"; ZAW 102, 1990 (225-237) 228f. Die Wiedergabe der leider fast völlig verunglückten Hieroglyphen hätte sich an der exzellenten Druckweise in dem über ein Dreivierteljahrhundert älteren ZAW-Beitrag von Sachsse, Etymologie, 9-13 ein Beispiel nehmen sollen.

[14] Margalit, Origin, 229, mit Verweis auf G.R. Driver, Semitic Writing,Oxford 1948, 135. Drivers Vergleich des liegenden *s* als *z*, vgl. G.R. Driver, Semitic Writing, Third Edition, Oxford 1976, 135, entspricht aber der altägyptischen Trennung des stehenden *s* vom liegenden *z*, ein graphisch-lautlicher Unterschied, der im Neuen Reich keine Gültigkeit mehr und auf die Fremdwortschreibung keine Auswirkung hat.

[15] Margalit, Origin, 229.

[16] Mit Hinweis auf J.A. Wilson, Egyptian Hymns and Prayers, ANET 378, n. 18. Wilson hat jedoch die Identität der Namensschreibung mit Israel überhaupt nicht in Frage gestellt.

[17] Margalit, Origin, 229 mit Hinweis auf W. Helck, Die Beziehungen Ägyptens zu Vorderasien im 3. und 2. Jahrtausend v. Chr., 2. Auflage, Wiesbaden 1971, 537, 557, 568. Auch Helck hat die Vereinbarkeit der Schreibung mit Israel in keiner Weise bezweifelt.

„we cannot, for two reasons, take the city of Jezreel as being the reference intended by Merenptah, first, because the name is written with *s*, not *z*, and secondly, because it is not a city that was destroyed, but a people that were left without seed"[18]. Er hält es aber für „not impossible", daß „in Jezreel we have the capital of a northern branch of Israel that did not go into Egypt, this name having been adopted as a play upon the race-name of Israel". Auf solche Erwägungen muß aber nicht rekurriert werden, da die überlieferte Schreibung von Jesreel (*YiZR'ae'L*)[19] nicht nur das hebräische *Zajin*, sondern auch ein *'Ajin* enthält, was offenbar selbst von Margalit nicht in Rechnung gestellt wird[20]. Auf einen kontextbezogenen Zusammenhang in Form einer Anspielung auf die hebräische Basis *ZR'* in der Namengebung zu schließen, ist denn doch eine fiktive Überforderung des ägyptischen Verfassers, zumal phraseologische Geprägtheit vorzuliegen scheint. Zu einer Alternative gegenüber der üblichen Identifikation mit Israel besteht jedenfalls kein zwingender Anlaß.

Es ist Margalit denn auch entgangen, daß er auch die Schreibung der Merenptah-Steleninschrift hätte weiter nutzen können, etwa um zu demonstrieren, daß die hieroglyphische Lautung seiner an keilschriftlichem Material gewonnenen These, daß der Name Israels ursprünglich „Išrael" gelautet habe[21], wenigstens nicht abträglich sein müßte, da das liegende (oder auch stehende) *s* im NR eben mehrheitlich den semitischen Zischlaut *š* (< *$\underline{t}$) wiedergibt.

So bleibt er in diesem Punkt noch hinter Sachsse zurück, der gerade unter Einschluß des Merenptah-Belegs für eine Ansetzung des Zischlauts plädiert hat[22]. Einer weiteren Begründung für die ältere Aussprache mit dem Zischlaut mögen nun die folgenden Hinweise dienen.

In den Magazinen des Ägyptischen Museums Berlin befindet sich ein weithin unbeachtet gebliebenes Sockelfragment (Nr. 21687) mit einer ebenfalls fragmentarischen Ortsnamenliste, die, obwohl längst in einer Nachzeichnung (Abb. 1) wiedergegeben[23], erst in jüngerer Zeit mit einem Photo publiziert und kommentiert worden ist[24].

---

[18] Flinders Petrie, Egypt and Israel, 626.

[19] Zu den Basiselementen des ON (*ZR'* „säen" + *'l*) vgl. zuletzt Ges18, 457.

[20] Zur Kritik an einer Verbindung mit Jesreel vgl. auch M.G. Hasel, Israel in the Merenptah Stela, BASOR 296, 1994, 45-61. Görg, Beziehungen, 59.

[21] Vgl. auch den Nachtrag des Verfassers in ZAW 103, 1991, 274.

[22] Vgl. Sachsse, Origin, 13. Zur Diskussion vgl. auch die zusammenfassende und kritische Übersicht u.a. bei S.A. Loewenstamm, Encyclopedia Biblica III, 940 (Hinweis von Margalit, Origin, 227).

[23] Vgl. G. Roeder, Aegyptische Inschriften aus den Staatlichen Museen zu Berlin II, Leipzig 1924, 597.

[24] Vgl. R. Giveon, Three Fragments from Egyptian Geographical Lists, EI 15, Jerusalem 1981 (137-139), 137f. mit Tafel 12: 1. Giveons Angaben sind kritiklos von S. Ahituv, Canaanite Toponyms in Ancient Egyptian Documents, Jerusalem-Leiden 1984, 15 übernommen worden.

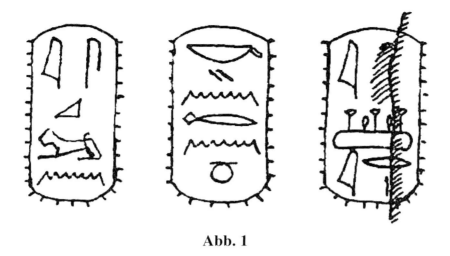

Abb. 1

Die Schreibung der in der genannten Nachzeichnung gebotenen Namen ist immerhin in der Forschung gelegentlich bedacht worden, ohne dabei eine genauere Kontrolle am Original vorzunehmen[25]. In einer eigenen Stellungnahme[26] habe ich in meiner Dissertation[27] die beiden einwandfrei erkenn- und identifizierbaren ON *j-s-q-rw-n* (= *jsqr/lwn*) ‚Aschkelon' (x+1) und *k-i-n-'3-n-nw* (= *kn'nw*) „Kanaan" als weitgehend konsonantische und ‚gruppenschreibungsfreie' Schreibungen qualifiziert und wegen ihrer Nähe zu ON-Schreibungen unter Amenophis II. der frühen 18. Dynastie (Amenophis II., vielleicht noch Tuthmosis III.) zugewiesen. Die nur noch teilweise erhaltene Schreibung des dritten Namens (x+3), den die Nachzeichnung mit dem Doppelschilfblatt am Anfang, der Teich-Hieroglyphe *š3* darunter und der Gruppe *j+r'* versieht, habe ich seinerzeit versuchsweise mit dem Namen *jj-š3-p-j-r'* (= *yšp-'l*) der Palästinaliste Tuthmosis III. (I, 78a) in Verbindung gebracht. Dieser Identifikation hat sich Giveon angeschlossen, zugleich jedoch eine Zuweisung der Liste zu Amenophis III. vorgeschlagen, obwohl der Namenseintrag in den Listen des Totentempels anders gestaltet ist[28]. Bevor nun Konsequenzen für die Liste zu ziehen sind, bedarf die Fragmentschreibung des dritten Namens noch besonderer Aufmerksamkeit.

Eine genauere Betrachtung, u.a. mit Hilfe des schon von Giveon veröffentlichten Photos (vgl. hier Abb. 2), läßt indessen begründete Zweifel an der Richtigkeit einer Identifikation mit dem Namen I, 78a aufkommen. Zwei Beobachtungen sprechen aber gegen eine entsprechende Rekonstruktion:

---

[25] Vgl. etwa Helck, Beziehungen., 259, der irrigerweise ein anlautendes *m* erkennen will, um so eine Gleichsetzung mit dem Toponym Palästinaliste I,39 zu vertreten.

[26] Anläßlich der Teilnahme an einem Meroitistenkongreß im damaligen Ostberlin hatte ich die Gelegenheit, das Fragmentstück im Magazin des Museums zu sehen, was ich der besonderen Freundlichkeit von Herrn Dr. U. Luft verdanke.

[27] M. Görg, Untersuchungen zur hieroglyphischen Wiedergabe palästinischer Ortsnamen, Bonner Orientalistische Studien NS 29, Bonn 1974, 47f.

[28] Vgl. dazu Edel, Ortsnamenlisten, 14.

1. Das angeblich sichere zweite Schilfblattzeichen ist mit keiner Spur greifbar; stattdessen zeigt sich oben ein leicht gebogener Einschnitt[29], der m.E. nur zum Schnabel eines sonst nicht mehr erhaltenen 3-Vogels gehören muß, so daß insgesamt die Gruppe *j + 3* anzusetzen sein wird.

2. Die *š3*-Hieroglyphe ist in der Nachzeichnung zweifellos zu groß ausgefallen. Dennoch bietet sie mit der bei ihr typischen Lotosblumenfolge keinen Platz mehr für die Ansetzung eines *p*-Zeichens, so daß es bei dem *š3*-Zeichen in seiner ganzen Breite bleiben muß. Ein Vergleich mit Gestalt und Anordnung der Hieroglyphen in Eintrag der Liste Tuthmosis Ia, 78 bestätigt diesen Eindruck. Ich möchte daher folgende Lesung rekonstruieren:

Die hier vorgeschlagene Lesung lautet demnach auf *j3-š3-j-r'* (= *js'r/l*), die natürlich in dieser Lautung immer noch nicht zu einer Identifikation führt. Interessanter wird der Sachverhalt aber, wenn man *š3* als archaisierende Schreibung für *š-r* ansieht, eine Praxis, die in analoger Weise bei einigen ON-Schreibungen des NR in Beibehaltung mittelägyptischer Gepflogenheiten mit hoher Wahrscheinlichkeit nachweisbar ist. Es sei hier nur auf Schreibungen wie *b3-ḏ3-n3* (= *bd(r/l)n*), Liste Ia, 23 für Busruna[30], *J-k3-tï* (= *Jk(r/l)t*) (Stele Amenophis II.) für Ugarit[31], *Q-n-tj-k3-m-r* (= *Kntk(r/l)mr/l*) für Ginti-Kirmil[32] hingewiesen. Auf dieser Basis läßt sich eine Lesung *jš(r/l)'l* supponieren, die bis auf die Anlautschreibung mit der möglicherweise älteren Fassung des Namens Israel kompatibel wäre. Die Schreibung mit einem anlautenden *j* (nicht *jj = y*) und folgendem 'Alef kann jedoch als Wiedergabe eines anlautenden *'i* bzw. *'e*[33] verstanden werden, so daß wir eine Lesung *'i/e-š( ) r-'il* guten Gewissens vertreten können. Diese Lesung ist allem Anschein nach mit Israel kompatibel, auch wenn man die bekannten keilschriftlichen Wiedergaben (u.a. mit Aphärese des Anlauts) zu Rate zieht, wie sie zuletzt Margalit behandelt hat[34].

Die hiernach im Ansatz mögliche und den Ursprüngen wohl nähere Deutung des Namens Israel würde bei Annahme dieses möglicherweise neuen Belegs in älterer Schreibung einen Weg gehen, wie ihn bereits Sachsse gegangen ist, nämlich eine Verbindung des Elements *jšr* (vgl. akk. *ešēru*) „in Ordnung (sein)" u.ä. mit der Gottesbezeichnung *'l* anzusetzen: „In Ordnung ist El". Eine solche ‚Grundbedeutung' des Namens würde in kei-

---

[29] Dieser Einschnitt ist bereits E. Edel (nach einer unpublizierten Handkopie) aufgefallen, ohne daß er jedoch daraus irgendwelche Schlüsse gezogen hat.

[30] Vgl. dazu bereits B. Maisler (Mazar), Untersuchungen zur alten Geschichte und Ethnographie Syriens und Palästinas I., Gießen 1930, 43. S. auch u.a. M. Görg, ÄAT 1, 1979, 169 bzw. ÄAT 2, 1989, 43.

[31] Vgl. dazu E. Edel, ZDPV 69, 1953, 149f.

[32] Vgl. dazu E. Edel, Die Ortsnamenlisten in den Tempeln von Aksha, Amarah und Soleb im Sudan, BN 11, 1980 (63-79) 78. Die Gleichsetzung des Amarah-Beleges mit Ginti-Kirmil hat bereits B. Grdseloff in einem noch unpublizierten Manuskript vorgenommen.

[33] Vgl. u.a. T. Schneider, Asiatische Personennamen in ägyptischen Quellen des Neuen Reiches, OBO 114, Freiburg/Schweiz - Göttingen 1992, 364.

[34] Margalit, Origin, 227f. 230f. 234.

ner Weise hindern, daß das geschichtliche Israel die Fassung seines Namens später auf Grund einer anderen und genuinen Interpretation zu der Gestalt modifiziert hat, wie sie im AT und noch heute vorliegt.

Die erhaltene Konstellation des Namens mit der anscheinend archaisierenden Orthographie mit Aschkelon und Kanaan ließe Israel in einer Reihe mit eben den Namen erscheinen, die auch am Anfang der Reihung in der Steleninschrift des Merenptah erscheinen, wobei nur die Sequenz nicht genau übereinstimmt. Vielmehr steht dort Aschkelon hinter Kanaan, worauf nach zwei Zwischengliedern Israel folgt. Doch schon die Konstellation Aschkelon – Kanaan ist sonst in keiner einzigen Liste mehr greifbar. Nur in der Soleb-Liste Amenophis III. (und in der davon abhängigen Liste von Amarah-West) sind beide Namen vorhanden gewesen, aber an unterschiedlicher Stelle (Soleb: Aschkelon sicher unter VII a 5, Kanaan sicher unter VI a 3)[35]. Leider ist ein etwa an Israel erinnernder Name oder ein Namensfragment dort nicht zu fassen.

Die hier vermutete Nähe der ‚Berliner' Namensfolge zur Steleninschrift des Merenptah legt natürlich nahe, auch die Liste in die 19. Dynastie zu legen[36]. Wegen der andersartigen Schreibung des Namens Israel wird aber man kaum an eine Gleichzeitigkeit mit Merenptah denken dürfen. Weit eher käme die Zeit Ramses' II. in Frage, nicht zuletzt weil auch noch unter ihm in Listen ‚archaisierende' Schreibungen wie in Amara-West übernommen worden sind. Dazu käme vielleicht, daß die Ikonographie im Tempel von Karnak eine der Merenptah-Inschrift nahestehende Szenenkonstellation aufweist[37], die möglicherweise auf Vorgaben Ramses' II. beruht. Wie sich also Merenptah szenische Elemente Ramses' II. angeeignet haben könnte, hätte sich Ramses II. eine ältere Namensfolge, vielleicht aus der 18. Dynastie, zu eigen gemacht, wie er sich etwa auch in Amarah-West der Liste Amenophis' III. aus dem Tempel von Soleb bedient hat.

Die Lesung *'I-š ()r-'il* könnte sich zudem wohl auch mit einem Befund zu keilschriftlichen Namen wie *I-šar-il* oder gar auch *Iš-ra-il* vertragen, wie sie M. Krebernik aus dem Personennamenbestand von Ebla vorgestellt und kommentiert hat[38]. Ist dort ein nicht weiter eingrenzbarer PN als Vorstufe des späteren Volksnamens Israel auszumachen, wäre nunmehr auch die gleichlautende Gestalt eines Regional- oder Völkernamens in hieroglyphischer Fassung aus alter Zeit ans Tageslicht getreten. Israel wäre demnach aus einem PN sukzessiv zu einem Sippennamen bzw. einem Toponym geworden.

---

[35] Vgl. Edel, Sudan, 67f.

[36] Die englischsprachige Kurzfassung des Beitrags von Giveon hat diesem die Annahme einer ramessidischen Abfassung unterstellt, was allerdings Giveon zu einer Korrektur veranlaßt hat, vgl. R. Giveon, A Date Corrected: If it is Hebrew to you, in: GM 69, 1983, 95.

[37] Vgl. dazu u.a. F.J. Yurco, Merenptah's Canaanite Campaign, JARCE 23, 1986, 189-215. I. Singer, Merneptah's Campaign to Canaan and the Egyptian Occupation of the Southern Coastal Plain of Palestine in the Ramesside Period, BASOR 269, 1988, 1-9.

[38] Zum eblaitischen PN *Iš-ra-il* vgl. M. Krebernik, Prefixed Verbal Forms in Personal Names from Ebla, in: A. Archi (ed.), Eblaite Personal Names and Semitic Name-Giving. Papers of a Symposium held in Rome July 15-17, 1985, Archivi reali di Ebla, Studi - I, 1988 (45-69), 48.67, Ders., Die Personennamen der Ebla-Texte, Berlin 1989, 29,231. Zu *I-šar-il* vgl. Ders., Personennamen, 7,208. Vgl. dazu besonders den Nachtrag O. Margalits zu seinem Beitrag in: ZAW 103, 1991, 274.

IV. Geschichtsbilder

Über die näheren geschichtlichen, geographischen und politischen Folgen der Annahme, daß Israel eventuell bereits in einer Liste der 18. Dynastie als Name (ohne Determinative) in der Nachbarschaft von Aschkelon und Kanaan anzusetzen wäre, werde ich mich an dieser Stelle lieber nicht auslassen[39]. Meine Beobachtungen hatten hier lediglich zum Ziel, die Möglichkeit eines weiteren ramessidischen Beleges für Israel anzudeuten, der seinerseits einer älteren Vorlage entstammen könnte.

Abb. 2

---

[39] Zur Annahme einer hinter Merenptah zurückreichenden Präsenz Israels vgl. u.a. E. Meyer, Die Israeliten und ihre Nachbarstämme, Halle 1906, 224f. H. Rösel, Israel in Kanaan. Zum Problem der Entstehung Israels, Frankfurt/Main 1992, 52.

Der sogenannte Exodus zwischen Erinnerung und Polemik

Nach langem Stillschweigen ist es in jüngster Zeit wieder relativ laut geworden um den sogenannten Exodus, d.h. um jene überkommenen Nachrichten der Bibel, die von der Herausführung Israels aus Ägypten handeln. Hatte man bis vor kurzem überwiegend, wenn nicht ausschließlich den alttestamentlichen Perspektiven Rechnung zu tragen gesucht, kommt nunmehr verstärkt die Seite der Rückschau auf ägyptischem Boden zur Geltung. Dabei zeigt sich ein merkwürdiges Bild. Während auf dem Sektor der Alttestamentlichen Wissenschaft ein Trend zur historischen Relativierung und absoluten Enthistorisierung gerade der exilischen und – wenn überhaupt vermutet – vorexilischen Traditionen spürbar wird, stellt die Ägyptologie überraschend einschlägigen Informationen aus griechisch-römischer Zeit ein auffallend positives Zertifikat aus. Mit einem Schlage gewinnt hier nämlich ein Vorstellungsvermögen ein Profil, das unter Verzicht auf die Kriterien für die Annahme eines literargeschichtlichen Kontinuums eine Erinnerung postuliert, die den Exodus mit historischen Grunddaten der Religionsgeschichte Ägyptens und deren innerägyptischer Rezeption in Verbindung bringt. Hier wird zum Unterschied vom „biblischen" Mose ein „ägyptischer" Mose kreiert und identifiziert, der ein ganz anderes Gesicht als der traditionsbelastete Protagonist der Exodusversionen haben soll.

Die sich allmählich etablierende Zurückhaltung gegenüber einer geschichtlichen Auswertung oder gar Rekonstruierbarkeit des Exodus auf der Seite der Bibelwissenschaft ist eine natürliche Folge der textorientierten Skepsis im Zuge der historisch-kritischen Arbeit am Alten Testament, verstärkt durch die literaturwissenschaftliche Betrachtung, die sich der Kontrolle des sachlichen Befundes erst gar nicht aussetzt, sowie durch archäologische Einsichten, die für den Übergang von der Spätbronzezeit in die Eisenzeit keine spektakulären, für den Tatbestand eines umfassenden Exodus aus Ägypten keinerlei sprechende Signale oder Indizien bereithalten.

Die Exodusüberlieferungen manifestieren sich auf diversen Ebenen alttestamentlicher Literatur[1]; ihr Spektrum reicht von der poetischen (Ex 15,21) oder formelhaft bekennenden Kurzaussage über den rettenden Gott bis hin zur breitangelegten narrativen Entfaltung des Geschehens vor allem in der Priesterschrift. Je älter die textlichen Nachrichten, um so schemenhafter präsentiert sich das Geschehen, je jünger, desto detailverliebter tritt die Illustration der Rettungstat vor Augen.

Die in älterer Zeit verzweifelt angestrengten Bemühungen um die historische Verifizierbarkeit der Stationen des Exodus sind wohl endgültig passé[2]. Ein nicht unbeträchtlicher Teil der lokalen Hinweise läßt sich mit den exilischen Vorstellungen von der Landkarte

---

[1] Vgl. dazu die Bestandaufnahme und naturgemäß vorläufige Urteilsfindung in M. Görg, Die Beziehungen zwischen dem alten Israel und Ägypten von den Anfängen bis zum Exil, Erträge der Forschung 290, Darmstadt 1997, 124-142.

[2] Dazu Görg, Beziehungen, 134-141.

IV. Geschichtsbilder

des Deltagebiets verbinden, wie sie den einschlägigen Imfomationen durch die Kontakte mit Exiljudäern in Ägypten und eventuellen Rückwanderern zu verdanken sein mögen.

Die jüngsten Versuche zur Ortung der Exodusüberlieferung auf ägyptologischer Seite berufen sich vor allem auf Darstellungen in Werk Contra Apionem des Josephus Flavius, die dem ptolemäerzeitlichen Priester Manetho zugeschrieben werden und dessen Werk Aigyptiaka entnommen sein sollen, ihrerseits allerdings nicht ohne redaktionelle Bearbeitung seitens des ‚Herausgebers' geblieben sind. Diese seit langem und schon im Vorfeld der historischen Ägyptologie behandelten Hinweise zu einem innerägyptischen Rezeptionsprozeß galten und gelten weithin als perspektivisch gefärbte Interpretationen der biblischen Überlieferungen, nicht zuletzt mit dem Ziel, eine Ehrenrettung der Ägypter zu betreiben und eine Verschuldung der jüdischen Bevölkerung zu proklamieren, so daß Josephus als Apologet des Judentums redigierend und umdeutend hätte eingreifen müssen. So bringt eine erste Rückschau (Contra Apionem I,73-105) den Exodus Israels mit dem Schicksal der Hyksos in Zusammenhang, die nach einer über ein halbes Jahrtausend währenden Dominanz in Isolation geraten und auf Initiative eines Pharao „Thummosis" entlassen worden sein sollen, um sich zunächst in Syrien, dann in Südpalästina anzusiedeln. Die ebenfalls von Manetho behauptete Gründung Jerusalems durch die Hyksos hat Josephus offenbar zur Ineinssetzung der Hyksos mit den Juden geführt[3], so daß die Vertreibung der Hyksos mit der Exodusüberlieferung zu verbinden sei[4]. Die mit der Dominanz der Hyksos gegebene Unstimmigkeit soll Josephus über eine andere ihm gefälligere Etymologie des Hyksosnamens zu beheben versucht haben, indem er die Bezeichnung irrtümlich als „Gefangene Hirten" aufgefaßt habe. Wie auch immer die Ehrenrettung des Josephus ausgefallen ist, es bleibt bei einer von Josephus auf Manetho zurückgeführten Version, wonach die Hyksos unfreiwillig das Land verlassen hätten.

Eine weitere Illustration des Manetho (Contra Apionem I,229-252) bezieht sich dem Augenschein nach auf eine von der genannten unabhängige Vertreibungsaktion, die sich auf 80000 Aussätzige bezogen habe, wie sie unter einem gewissen Amenophis im Zusammenwirken mit seinem Ratgeber Amenophis, Sohn des Hapu, geschehen sei. Diesen Ratgeber, der das Schauen der Götter als Lohn für die Ausweisung der Aussätzigen in Aussicht gestellt habe, habe gleichwohl nachträglich die Reue gepackt, so daß er, nicht ohne einen Bericht zu verfassen, verzweifelt aus dem Leben geschieden sei. Die Leprösen hätten sich in der alten Hyksos-Hauptstadt Auaris etablieren dürfen, hätten einen Anführer namens Osarsiph gewählt, der ihnen einen Verbots- und Gebotskatalog konträr zum ägyptischen Kult und Ethos serviert habe. Die Kranken hätten sich mit dieser ihrer Kontrasthaltung zu einem Machtfaktor entwickelt und mit den Jerusalemern über Ägypten geherrscht, um mit ihrer Brutalität sogar noch die Hyksos in den Schatten zu stellen. Osarsiph habe den Namen Moses angenommen. Amenophis und sein Enkel Ramses hät-

---

[3] Vgl. Assmann, Exodus und Amarna, 14. Nicht einsichtig wird freilich, wie Assmann Josephus attestieren kann, dieser habe „mit Recht" aus den Angaben Manethos die Identität zwischen Hyksos und Juden gefolgert. Von einer de facto gültigen Ineinssetzung kann doch überhaupt keine Rede sein.

[4] Nach Assmann, Exodus und Amarna, 13 soll die „Vertreibung der Hyksos" von Josephus „wie allgemein üblich mit der biblischen Exodus-Überlieferung identifiziert" worden sein. Eine solche Verknüpfung ist freilich überhaupt kein Gemeingut in den Darstellungen der Geschichte Israels.

ten aber schließlich doch der 13-jährigen Herrschaft der Leprösen ein Ende bereitet und sie des Landes verwiesen.

Nachdem diese Darstellung aus der Feder des Manetho lange Zeit im Sinne seines Editors Josephus als Variante der Hyksoserinnerungen und zugleich der biblischen Exodustradition betrachtet wurde[5], darüber hinaus als Version mit antijüdischer, von Josephus kritisch bedachter Tendenz, wird sie in jüngster Zeit unter Anknüpfung an ältere Stimmen als legendarischer Versuch zur Bewältigung einer religionsgeschichtlichen Episode empfunden, die das traditionsbewußte Ägypten aufs Äußerste erschüttert habe, nämlich die sogenannte Amarnazeit mit ihrer Extravaganz im Kult des einen Gottes Aton. Unter den Leprösen seien die Anhänger dieser „entarteten" Religiosität zu verstehen, von der Krankheit eines in Wahrheit unägyptischen Glaubens befallen. Echnatons vermeintlich menschenfreundliche Reform sei in Ägypten als Umwertung aller Werte verstanden worden, als schockierender Eingriff und als Vergewaltigung des religiösen Bewußtseins mit einem Pantheon des Einen und der Vielen. So möchte Assmann in dem zweiten Manetho-Exzerpt eine „verdrängte Erinnerung" an eine „schwere traumatische Erschütterung" erkennen, die eine „Krypta" gebildet habe, aus der heraus „die Erinnerung an die Amarazeit produktiv" geblieben sei[6]. Die Geschichte der Aussätzigen soll dann nicht nur mit den Umständen der Hyksoszeit, sondern auch mit den Ereignissen beim spannungsreichen Übergang von der 19. zur 20. Dynastie „angereichert" worden sein, wozu besonders die Reminiszenzen an die Einfälle der Assyrer und Perser mit der Verschleppung der Götterbilder bzw. Diskreditierung des Tierkults eine qualifizierte Rolle gespielt hätten, so daß auch „der ikonoklastische Impuls des jüdischen Monotheismus ... in die Semantik der Geschichte" hineinpasse[7]. Grundlegend und maßgebend sei jedoch die Prägung durch „einen innerägyptischen religiösen Konflikt", der sich am ehesten mit der Rückführung auf „das ikonoklastische Trauma der Amarnazeit" erklären lasse.

Die Rezeption der als Sondertradition einzustufenden Geschichte vonseiten projüdischer Autoren, wie Hekataios von Abdera, Strabon, Lysimachos oder Chairemon, läßt eine Reduktion der narrativen Details wahrnehmen. Die perspektivischen Varianten können jedoch der Vermutung nicht entgegengehalten werden, daß die Manetho-Passage der Reaktion auf das Amarna-Ereignis entstammt. Mit dieser innerägyptischen Anbindung tritt Assmann einer Einschätzung von A. Funkenstein entgegen, wonach die Manetho-Version exemplarisch für die „counter-history" stünde[8], d.h. eine Verkehrung der ursprünglichen Intention einer überkommenen Geschichte in ihre gegenteilige Tendenz, was im anstehenden Fall einer gegenläufigen Lektüre der biblischen Exodusversion gleichkomme.

---

[5] Einer der entschiedensten Befürworter einer Verbindung der Leprosenerzählung mit der Geschichte der Hyksos und der Israeliten war E.W. Hengstenberg, Die Bücher Mose's und Ägypten nebst einer Beilage: Manetho und die Hyksos, Berlin 1841, 271-273, nach dem die Erzählung aus biblischen Elementen kompiliert ist.

[6] Assmann, Exodus und Amarna, 26f.

[7] Assmann, Exodus und Amarna, 26f.

[8] A. Funkenstein, Perceptions of Jewish History, Berkeley 1993, 36-38.

IV. Geschichtsbilder

Stattdessen sei die Beziehung der Erzählung zu den Juden „höchst marginal und beiläufig"[9].

Die Beurteilung des Manetho-Zitats fällt freilich schon in der älteren Ägyptologie durchaus differenziert aus, so daß die hyksosorientierte, projüdische und zugleich manethokritische Interpretation des Josephus als tendenzielle Modifikation einer älteren und authentischen Tradition aufgefaßt werden konnte, die ihrerseits mit einer ägyptischen Erinnerung, nämlich dem Exodusgeschehen dargestellt aus ägyptischer Perspektive verbunden werden konnte.

So hat bereits R. Lepsius im Zuge einer ausführlichen Präsentation der Erzählvarianten die Leprösen-Erzählung Manethos mit dem Exodus Israels aus Ägypten verbunden und die Züge benannt, die nach ihm „die Identität jener Erhebung der Aussätzigen unter Osarsiph mit dem Auszuge der Israeliten unter Moses außer Zweifel setzen"[10]:

„Denn ich halte es allerdings für mehr als wahrscheinlich, daß der Name Moses ursprünglich sich nicht in der ägyptischen Erzählung fand; daß diese nur von einem abtrünnigen Priester Osarsiph gewußt und daß Manethos die Vertauschung des Namens erst in Folge der längst vor ihm gemachten Vergleichung mit den hebräischen Berichten hinzugefügt habe. Diese Annahme spricht aber nur noch mehr für das Alter und die Unabhängigkeit der Manethonischen Erzählung, deren ächt- und altägyptischer Charakter überdies aus dem ganzen übrigen Inhalte für den aufmerksamen Leser hervorgeht. In dieser Beziehung erinnere ich nur an den eigenthümlichen Zug des Götterschauens, und die Anknüpfung desselben an einen früheren König, ferner an den Namen der Stadt Abaris, der in späterer Zeit gänzlich verschollen war, und daher nicht wohl im Munde des Volkes erhalten sein konnte, sondern aus alten Schriften entnommen sein mußte. Auch die für die Aegypter so unglückliche und schmähliche Wendung der Begebenheit, die feige Flucht des Königs nach Aethiopien und die empörende Behandlung, der sich das ganze untere Land und namentlich die Priesterschaft dreizehn Jahre lang ausgesetzt sah, vor allem aber die völlige Abwesenheit aller Anspielungen und Angriffe auf die Juden als solche, beweist hinreichend, daß das Ganze ein einfacher treuer Bericht aus den alten Schriften war"[11].

Nach Lepsius ergänzen sich die ägyptische Erzählung und die biblische Darstellung des Exodus „zu einem vollständigeren Bilde", wobei „das ausziehende Volk" von Manetho „und nach allen übrigen ägyptischen Traditionen vorzüglich als ein Geschlecht von ‚*unreinen, aussätzigen, gottlosen und gottverhaßten*' Aegyptern beschrieben" worden sei[12]:

„Hierdurch waren deutlich genug die Leute fremder Abstammung, die andersgläubigen, folglich gottlosen Ansiedler in Aegypten, bezeichnet, die Hirtenfamilien, die schon we-

---

[9] Assmann, Exodus und Amarna, 25: Die Verbindung hängt nach ihm „eigentlich nur an der Glosse, die den ägyptischen Priester Osarsiph mit Moses identifiziert" und „möglicherweise auf Josephus' eigenes Konto" geht.
[10] R. Lepsius, Die Chronologie der Ägypter, Einleitung und Erster Theil. Kritik der Quellen, Berlin 1849, 327.
[11] Lepsius, Chronologie 328.
[12] Lepsius, Chronologie, 324.

gen dieser Beschäftigung, im Andenken an die alten Erbfeinde, den reinen Aegyptern, namentlich den Priestern verhaßt waren, *„denn ein Gräuel der Aegypter sind alle Schaafhirten"*[13].

Lepsius' Sicht wird offenbar auch von G. Ebers geteilt, der es unter Berufung auf die Aussätzigengeschichte als Kunde „von guter Seite" qualifiziert, „dass in der Zeit des Exodus Hebräer in die Steinbrüche geschickt worden sind"[14]. Auch für Ebers kommt eine ursprüngliche Ineinssetzung der Aussätzigen mit den Hyksos nicht in Frage. Unter den Lösungen, die eine Verbindung der Leprösen mit den Hebräern befürworten[15], findet sich auch eine Kombination der Erzählung mit Herrschern der 18. Dynastie[16], u.a. auch Pharao Amenophis II., der mit seinem höfischen Berater, dem berühmten und gefeierten Amenophis, Sohn des Hapu, im Hintergrund des Geschehens stehe[17].

Anders sieht das Verhältnis der schon von Assmann als Vorläufer seiner These benannte E. Meyer, der schon im ersten Band seiner „Geschichte des Altertums" von 1884 feststellt, daß sich die einschlägige Version des Manetho „auf die Reformation Chuenatons bezieht und nur von ihm – oder vor ihm – völlig willkürlich auf Moses und den Exodus bezogen ist", was „hätte nie verkannt werden sollen"[18].

Andererseits sieht etwa A.H. Sayce eine mehrschichtige Überlieferung, ohne freilich das Amarnageschehen einzubeziehen[19]:

„The tradition is a curious mixture of fact and legend. Osarsiph is but an Egyptianised form of Joseph, the first syllable of which has been explained as representing the god of Israel (as in Ps. lxxxi. 5), and has accordingly been identified with Osar or Osiris. The ancient Egyptian habit of regarding the foreigner as impure has been interpreted to mean that the followers of Osarsiph were lepers. The Exodus of the Israelites has been confounded with the invasion of the northern barbarians in the reign of Meneptah, as well as with the troublous period that saw the fall of the nineteenth dynasty when the throne of Egypt was seized by the Syrian Arisu. And, lastly, the hated Hyksos have been introduced into the story; their fortress Avaris is made the rallying-place of the revolted lepers, and it

---

[13] Lepsius, Chronologie, 324 mit Zitat von Gen 46,34.

[14] G. Ebers, Durch Gosen zum Sinai. Aus dem Wanderbuche und der Bibliothek, 2. Auflage, Leipzig 1881, 165.

[15] J. Foulkes Jones, Egypt in its Biblical Relations, London 1860, 310 statuiert: „There can be no doubt that Manetho's report of the expulsion of the lepers, is, in fact, an account of the Exodus of the children of Israel from the Egyptian point of view".

[16] Vgl. dazu die Diskussion der Thesen bei G. Trevor, Ancient Egypt. Its Antiquities, Religion, and History, London 1863, 287-291.

[17] So bei G.A.F. Knight, Nile and Jordan being The Archaeological and Historical Inter-relations between Egypt and Canaan. From the Earliest Times to the Fall of Jerusalem in A.D. 70, London 1921, 166.

[18] E. Meyer, Geschichte des Altertums I, Geschichte des Orients bis zur Begründung des Perserreichs, Stuttgart 1884, 270.

[19] A.H. Sayce, The Egypt of the Hebrews and Herodotos, 2nd Edition, London 1896, 93f.

IV. Geschichtsbilder

is through the help they send from Jerusalem that the rule of Osarsiph or Moses is established in the valley of the Nile"[20].

Die Kritik an diesen Konzeptionen zur Historisierung eines Nukleus der Manetho-Überlieferung darf auf die Notwendigkeit strikter Unterscheidung der methodischen Ebenen rekurrieren, wie sie von der neueren Bibelexegese, d.h. der literaturwissenschaftlichen Arbeit an biblischen Texten seit einigen Jahrzehnten eingefordert wird. Dabei gilt es, dem literargeschichtlichen Stadium den nötigen Stellenwert zuzuerkennen, der in unserem Zusammenhang mit der Urteilsfindung zu den überlieferten Textfassungen verbunden ist. Auf der literarkritischen Ebene lassen sich zwei Fassungen unterscheiden. Wenn auch die Jetztgestalt der Darstellungen des Josephinischen Manetho den Eindruck einer beidseitigen Verknüpfung mit den Hyksos nahelegt, gibt doch die Disparität einzelner tragender Bestandteile der Aussätzigenerzählung keine Legitimation zur Annahme einer gleichgerichteten Tendenz beider Textbereiche her. Das heißt aber noch lange nicht, daß mit den Sondergutelementen auch eine Tradition verbunden sein müsse, die über ein Jahrtausend ihre wesentliche Orientierung bewahrt hätte. Zu einem einschlägigen Urteil kann man sich erst dann bekennen, wenn sich eine formal geprägte Kontinuität erkennen und nachweisen läßt.

Einen wichtigen Schritt in dieser methodenkritisch ausgewiesenen Richtung ist bereits R. Krauss gegangen, der auf der Textebene zwei pseudomanethonische Redaktionsstufen beobachtet, eine ältere Osarsepherzählung aus der Feder eines ersten Pseudo-Manetho (PsM1) und eine Hyksoserzählung von einem zweiten Pseudo-Manetho (PsM2), der auch die Redaktion beider Fassungen besorgt habe. Für diese literargeschlichtliche Sicht bemüht Krauss auch die einschlägigen Varianten der antiken Schriftsteller.

Die literargeschichtlich orientierte Sichtweise von Krauss läßt nach Assmann ein Defizit an Integration der mündlichen Überlieferungskapazität erkennen; andererssseits gilt aber auch, daß die These einer oralen Tradition unbedingt geprägte und formelhafte Überlieferungselemente oder Schemata namhaft machen muß. Assmanns Postulat eines amarna-bezogenen Erbsubstrats in der Leprösen-Erzählung bleibt allerdings solange hypothetisch, als die Kriterien einer traditionsgeschichtlichen Untersuchung unerfüllt sind. Es muß wenigstens ein geprägter Kernbereich aufweisbar werden, um den sich weitere Erzählelemente kristallisiert haben. Es ist aber kein Zweifel, daß die von Assmann benannten Elemente einer mündlich umherlaufenden Erzählung rein inhaltlich definiert sind. Von einer formalen Geschlossenheit eines Traditionszusammenhangs mit einem unveränderlichen Nukleus kann nicht die Rede sein.

So kann man sich nur mit einem erheblichen Vorbehalt an eine traditions-geschichtliche Auswertung der Leprösen-Geschichte Manethos heranwagen, um so auch ein kritisches Pendant oder gar ein Interpretament für die biblischen Exoduserzählungen zu gewinnen. Sollte die Version Manethos auf der Rezeption der Amarna-Episode beruhen, um erst im

---

[20] Sayces Position zur Erklärung des Namens Osarsiph ist demnach ein früher Beleg für die Deutung „Osiris Joseph", die wir also nicht erst, wie Assmann, Exodus und Amarna, 16, Anm. 16 meint, Thomas Mann verdanken.

Nachhinein mit weiteren Akzenten der negativen Auslandskontakte Ägyptens angereichert zu werden, liegt der Gedanke an eine formale und inhaltliche Relativierung der biblischen Exodusdarstellungen nicht fern. So hält Assmann die biblische Version ohne weitere Differenzierung der literarischen Ebenen für das „genaue Gegenstück zu der von Manetho referierten Version": „Wie bei Manetho die zu Aussätzigen abgestempelten Juden, so kommen hier die zu gottlosen Folterknechten und Menschenschindern gemachten Ägypter schlecht weg. Beide Fassungen sind von Haß diktiert bzw. begünstigen eine xenophobe Affektmodellierung"[21]. Diese durchaus globale Charakteristik verlangt gleichwohl für den alttestamentlichen Part ein genaueres Hinsehen, ohne daß bestritten werden soll, daß die Exodustraditionen Israels grundsätzlich qualifizierbaren Intentionen und Tendenzen unterliegen.

Von den hier zum Vergleich geeigneten Erzählfassungen der Bibel wird man am ehesten die vorexilischen Darstellungen heranziehen, um einer Grundstruktur der narrativen Exoduserinnerung auf die Spur zu kommen. Hier gilt weiterhin die Überzeugung, daß die sogenannte „jahwistische" Fassung, deren originärer Bestand innerhalb einer wenigstens zwei Generationen umfassenden Schreiberschule allem Anschein nach sukzessiv erweitert worden ist, in ihrem Grundkonzept zwei elementare Phasen vorsieht, nämlich die Szenerie der Bedrängung und Auflehnung Israels einerseits und die Szenenfolge der aufgenötigten Entlassung und Verfolgung durch die Ägypter. Der überraschende Wechsel zwischen den beiden Szenenfolgen hat bereits früher zu der Vermutung geführt, das Motiv der Vertreibung oder „Ausweisung" könne sekundär überlagert worden sein[22]. Diese Annahme hat sich freilich zunächst nur durch die Beobachtung einer Diskontinuität zwischen erzwungener Entlassung und nachheriger Verfolgung eingestellt, um dann mit dem Hinweis auf eine außerbiblische Ausweisungsnachricht der Zeit des Übergangs von der 19. zur 20. Dynastie (Stele des Sethnacht) erläutert zu werden[23]. Die biblische Version deutet das Gesamtgeschehen als Rettungstat des Gottes Israels, nicht im strengen Sinn als Unternehmen der „Befreiung"[24]. Daß dabei die Israeliten „nicht die Objekte einer Vertreibung, sondern die Subjekte ihrer eigenen Befreiung" seien[25], verkürzt die biblische Perspektive auf eine rein menschliche Aktivität, die so gewiß nicht intendiert ist. Dennoch ist nicht zu verkennen, daß hier eine genuine Sichtweise an die Stelle einer kritischen Reflexion zur eigenen Ausweisung getreten ist.

Die vorexilischen Exodustraditionen lassen allem Anschein nach auch keinen Raum für die Annahme, hier stünde der „Monotheismus" Israels gegen den Götterglauben der

---

[21] Assmann, Exodus und Amarna, 24f.

[22] Vgl. dazu M. Görg, Ausweisung oder Befreiung. Neue Perspektiven zum sogenannten Exodus, in: KAIROS, Zeitschrift für Religionswissenschaft und Theologie 20, 1978, 274-280, besonders 276. Vgl. auch Ders., Exodus, in: M. Görg - B. Lang (Hg.), Neues Bibel-Lexikon I, 631-636, besonders 634.

[23] Auch Assmann, Exodus und Amarna, 24 bemerkt in der Abfolge der Exodusdarstellung einen „Widerspruch, der darauf hindeuten könnte, daß das Vertreibungsmotiv älter ist und hier aus naheliegenden Gründen in das Festhaltungsmotiv invertiert wurde".

[24] Dazu Görg, Ausweisung, 277, so auch E.A. Knauf, Midian. Untersuchungen zur Geschichte Palästinas und Nordarabiens am Ende des 2. Jahrtausends v. Chr., Wiesbaden 1988, 139.

[25] So Assmann, Exodus und Amarna, 24.

IV. Geschichtsbilder

Ägypter. Es bedarf hier keines Nachweises, daß die Entwicklung zum „Monotheismus" sowohl nach einschlägigen Studien zur Literar- wie zur Religionsgeschichte[26] auf dem Boden Palästina/Israels erst mit dem Beginn der exilisch-nachexilischen Reflexionen einsetzt, sofern überhaupt von einem „Monotheismus" im strengen Sinn die Rede sein kann[27]. Auch die exilisch-nachexilischen Versionen zum Thema Exodus sollten nicht generell und apodiktisch als Kritik an der angeblichen Gottlosigkeit Ägyptens gelesen werden, da es in ihnen weithin, vor allem in den priesterschriftlichen Ausführungen nicht zuletzt um ein „Gericht" über die Götter Ägyptens, also nicht um einen vermeintlichen Atheismus Ägyptens geht[28].

Demzufolge muß auch mit einer frühzeitigen Verbindung ikonoklastischer Konzeptionen mit der Exodustradition sehr zurückhaltend operiert werden. Das Bilderverbot des Dekalogs begründet sich in beiden überlieferten Fassungen nicht von der Exoduserinnerung her, so daß diese nicht primär für eine Aversion gegenüber dem Götterkult Ägyptens in Anspruch genommen werden kann. Im übrigen spricht die vorexilische Religionsgeschichte auf der Basis ikonographischer Quellen ihre eigene Sprache, die sich keineswegs in einen abrupten Gegensatz oder in eine unversöhnliche Konfrontation mit dem Bilderdienst Ägyptens hineinziehen läßt. Die biblische Polemik gegen die Götterbilder – vorgetragen vor allem in der exilisch-nachexilischen Prophetie – hat in erster Linie um der Herausstellung der Einzigartigkeit des Gottes Israels willen ihren Ort, nicht etwa, um der Erinnerung an die Herausführung aus Ägypten als begleitende Apologetik zu dienen.

Eine „vom Exodusmythos geprägte jüdische Xenophobie", die „im Ägypter den Tyrannen, Unterdrücker, Zauberer und Götzendiener" sehe[29], läßt sich in den kanonischen Exodustraditionen des Alten Testaments nicht als ausschließlich gültiges Phänomen nachweisen. Die massiv antiägyptischen Assoziationen, wie sie etwa in der Sapientia Salomonis zum Ausdruck kommen, dürfen nicht ohne weiteres in die ältere israelitisch-jüdische Haltung gegenüber Ägypten eingetragen werden. Gerade das Buch Exodus ist mitsamt der Tora keineswegs von einem generellen und allgegenwärtigen Ägyptenhaß befallen. Zu erinnern wäre hier an die Grundfassung der zweiphasig entstandenen Kurzerzählung von der Kindheit des Mose in Ex 2,1-10. Hier steht die „Tochter Pharaos" in einem außerordentlich günstigen Licht da, das auch nicht durch die literarisch jüngere Rehabilitierung der levitischen Kindesmutter verdunkelt wird. Vor allem aber muß die reflektierte Stellung zum Fremden und Ausländer in angemessener Weise bedacht wer-

---

[26] Vgl. hierzu zuletzt die Arbeiten von O. Keel - C. Uehlinger, Götter, Göttinnen und Gottessymbole. Neue Erkenntnisse zur Religionsgeschichte Kanaans und Israels aufgrund bislang unerschlossener ikonographischer Quellen, Freiburg 1992, sowie H. Rechenmacher, „Außer mir gibt es keinen Gott!". Eine sprach- und literaturwissenschaftliche Studie zur Ausschließlichkeitsformel, Arbeiten zu Text und Sprache im Alten Testament 49, St. Ottilien 1997.

[27] Vgl. die jüngst geäußerte kritische Sicht von O. Loretz, Des Gottes Einzigkeit. Ein altorientalisches Argumentationsmodell zum ‚Schma Jisrael', Darmstadt 1997.

[28] Vgl. dazu die zutreffenden Beobachtungen von P. Weimar, Die Meerwundererzählung. Eine redaktionskritische Analyse von Ex 13,17 - 14,31, ÄAT 9, Wiesbaden 1985, 216-223.

[29] Assmann, Exodus und Amarna,

den[30], um nicht ein negatives Gleichgewicht im Sinne einer beidseitigen Xenophobie festzuschreiben. Hier steht für Israel gerade der Aufenthalt in Ägypten als lehrendes Beispiel da: „Wenn sich ein Fremder bei euch in eurem Lande aufhält, so dürft ihr ihn nicht bedrücken! Wie ein Einheimischer von euch selbst sei euch der Fremde, der sich bei euch aufhält; du sollst ihn lieben wie dich selbst, denn auch ihr seid Fremdlinge gewesen im Lande Ägypten" (Lev 19,33f).

Natürlich können die hier nur angedeuteten Hinweise auf alternative Haltungen in der alttestamentlichen Literatur nicht die Ägyptenkritik der Exoduspassagen und schon gar nicht die Gerichtssprüche in der jüngeren Prophetie (Jeremia/Ezechiel) relativieren. Die Andersartigkeit der Reflexionen gebietet es aber, die biblische Exodus-Erinnerung von einem massiv antiägyptischen „Exodusmythos" abzuheben. Im übrigen ist es auch ein Gebot der Fairneß gegenüber dem ägyptischen Umgang mit den Fremden, daß selbst dort nicht nur der Haß auf alles Ausländertum regiert, sondern daß man sehr wohl auch den kulturellen Reiz des Fremden zu schätzen wußte. Gerade die Ramessidenzeit, die nicht nur asiatische Sprache und Güter ins Land gelangen, sondern sogar dem asiatischen Baal-Seth als Assistenten des Sonnengottes Verehrung zukommen ließ[31], kann nicht ohne weiteres als fremdenfeindlich eingestuft werden. Dennoch ist angesichts der offiziellen Polemik gegen das Asiatentum[32] nicht zuletzt wegen der in Ägypten fehlenden Selbstkritik keine simple Gleichstellung der Motivik in Israel und Ägypten vertretbar.

Zur Beurteilung der biblischen Exodustraditionen kann der Hinweis auf den mythischen Charakter des Exodusmotivs nicht genügen. Selbstverständlich ist es der ägyptischen Traditionsbildung vorbehalten gewesen, vor allem in der griechisch-römischen Zeit ein antijüdisches Programm des einstigen Geschehens zu entwerfen und zu variieren. Der Antijudaismus eines Manetho wird sich freilich nicht ohne weiteres auf die vorangehende Gewichtung der Auseinandersetzungen übertragen lassen, die das historische Beziehungsfeld zwischen Ägypten und den Asiaten bestimmen. Auch aus israelitisch-jüdischer Sicht muß zwischen den weiterhin möglichen geschichtlichen Dimensionen und den immer dichter und spektakulärer werdenden Überlieferungsformen unterschieden werden. So spricht auf den ersten Blick nichts für eine auslösende Motivationskraft der Amarnazeit, so sehr sie auch als radikaler Eingriff in die ägyptische Religionskultur empfunden worden sein mag. Auch die Aussätzigengeschichte zeigt keinerlei antiisraelitische oder antijüdische Züge, die es erlauben würden, schon im Frühstadium ihrer Rezeption von einer Variante der Asiatenüberwindung zu sprechen. Stattdessen ist die Dynamik des „Hyksos-Traumas" weit elementarer und wirkkräftiger, so daß man weiterhin unbedingt mit der ägyptischen Angst vor Überfremdung rechnen muß. Dabei spielt die religiöse Verfassung der „Herrscher der Fremdländer" keine entscheidende Rolle, der durch sie vermittelte Baal kann ja durch sie mit Seth liiert und für eine begrenzte Zeit hohes Ansehen genie-

---

[30] Vgl. dazu u.a. M. Görg, Fremdsein in und für Israel, in: O. Fuchs (Hg.), Die Fremden, Theologie zur Zeit 4, Düsseldorf 1988, 194-214.

[31] Vgl. dazu auch Assmann, Exodus und Amarna, 32.

[32] Vgl. dazu u.a. auch Th. von der Way, Göttergericht und „Heiliger" Krieg im Alten Ägypten. Die Inschriften des Merneptah zum Libyerkrieg des Jahres 5, SAGA 4, Heidelberg 1992, 25-27.

IV. Geschichtsbilder

ßen. Vielleicht ist es angemessener, von einer Anreicherung der Hyksoserfahrung u.a. in der Aussätzigengeschichte zu reden, nicht umgekehrt[33]. Im Nachhinein gehen die Hyksoserinnerung und die Amarnazeit als Negativphänomene eine Symbiose ein, um zugleich für die geschichtlich folgenden Prozesse der ungeliebten Dominanz der Assyrer, Perser und Griechen als überkommene Folie und als mythosbildende Konstellation zu dienen. Die politische und religiöse Überfremdung gilt fortan als Grundübel und als Grundmuster für die Konturierung einer Asiatenhysterie. In seiner jüngsten Untersuchung zur ägyptischen Mosegestalt[34] drückt sich Assmann auch bereits vorsichtiger aus: „The Amarna experience retrospectively shaped the memories of the Hyksos occupation, and it also determined the way in which later encounters with foreign invaders were experienced and remembered"[35]. Dennoch besteht kein zwingender Anlaß, von einer Orientierung an der fundamental relevanten Sequenz Hyksos-Amarna als komplementärem Modell abzusehen und das traditionsprägende Gewicht einseitig auf die Rezeption des Amarnageschehens zu legen. Daß die Basis des angeblichen „Exodusmythos" ausgesprochen religiös ausgewiesen sein muß, ist in keiner Weise gefordert. Die politische Erfahrung der Hyksoszeit reicht vollkommen aus, um auch die religionsgeschichtliche Erfahrung der Amarnazeit in ein negatives Orientierungsbild zur Asiatengefahr zu integrieren.

Für die Enstehung der biblischen Exodusüberlieferung muß sowohl das historische Gefüge wie auch die innerisraelitische Emanzipation bedacht werden. Wie seit längerem vermutet, bieten die Auseinandersetzungen mit den Š3sw-Sippen und den ꜥprw-Gruppen in besonderer Verbindung mit den Übergangswirren von der 19. zur 20. Dynastie[36] die plausibelsten Konditionen für einen Vorgang oder für Vorgänge, die unmittelbarer oder mittelbarer Auslöser für die innerisraelitische Exodustradition gewesen sein können. Neben den Impressionen, die die Š3sw und ꜥprw in ägyptischer Sicht hinterlassen, kommt dem Schlußabschnitt des Pap. Harris I und vor allem der Stele des Sethnacht[37] in diesem Zusammenhang eine besondere Zeugniskraft zu, wenngleich eine in allem überzeugende Wiedergabe der hier einschlägigen Passagen noch aussteht. Alles in allem darf man nach wie vor mit einem mehrschichtigen Prozeß einer Absetzbewegung asiatischer Gruppen aus dem Deltagebiet rechnen, die vor allem unter dem Vorzeichen der Flucht und der Vertreibung das Land in Richtung Ostwüste und Sinai verlassen haben[38]. Dieser historisch verifizierbare Kontext liefert die Basis für eine autonome Überlieferungsfigur, die sich in Israel vor allem in zeitgeschichtlich konturierten narrativen Textzusammenhängen artikuliert hat und schließlich zur Grundlage des „Kleinen geschichtlichen Credo" (Gerhard von Rad) erheben konnte.

---

[33] Ähnlich offenbar bereits R. Weill, La fin du Moyen Empire égyptien I-II, Paris 1918.

[34] Vgl. J. Assmann, Mose the Egyptian. The Memory of Egypt in Western Monotheism, Cambridge, Mass. - London 1997.

[35] Assmann, Moses, 30.

[36] Vgl. dazu zuletzt Görg, Beziehungen, 39-71.

[37] Vgl. dazu die Angaben bei Görg, Beziehungen, 65f.

[38] Vgl. auch Görg, Exodus, 634f.

Ein weiterer Blick muß der jüngsten Charakteristik der Mosegestalt gewidmet sein, die im Zuge der Beleuchtung der Exodustraditionen in Ägypten in besonderer Weise in ein eigentümliches Zwielicht geraten zu sein scheint. Auch hier ist es J. Assmann, der soeben mit einer eigenen Monographie den „ägyptischen Mose" zu profilieren versucht hat[39]. Auf der Basis der schon präsentierten Beobachtungen zur ägyptischen Exodusversion in Anbindung an das Amarnageschehen will Assmann auch die Mosegestalt in ihrer ägyptischen Ausprägung von der israelitischen unterscheiden, um so in den ägyptischen Konturen der Mosegestalt „a typical example of counterhistory" zu entdecken[40]. Unter dem Eindruck dieser „counter-memory", die Assmann also im Gegensatz zur Leprösengeschichte des Manetho für die Mosegestalt selbst reklamiert, soll Mose als Figur definiert werden, die aus Ägypten stammt: „there may be excellent evidence ... that Moses, if there ever existed a historical figure of that name, was indeed an Egyptian"[41].

Wenn die Aussätzigen-Geschichte des Manetho mit dem Amarnageschehen zu tun hat, liegt der Gedanke nahe, ob nicht auch der Protagonist Osarsiph-Mose mit dem nachträglich verfemten Echnaton identifiziert werden könne. So scheut Assmann zwar davor zurück, Mose vorderhand mit Echnaton gleichzusetzen, er macht aber nicht nur darauf aufmerksam, daß „the identification of Moses with a dislocated memory of Akhenaten had already been made in antiquity"[42], sondern hält eben dafür, daß Mose primär aus ägyptischem Umfeld stammt. Die Frage, ob sich hinter der Moseüberlieferung nicht doch eine Gestalt greifbar machen läßt, die entsprechend der biblischen Tradition aus semitischer Bevölkerung stammt, aber in Ägypten zu Rang und Namen kommt, wird auf diese Weise suspendiert, wenn nicht für obsolet erklärt.

Wie auch immer die Sekundärinterpretation des Mose in den spätägyptischen und antiken Quellen ausgefallen sein mag, sie darf nicht dazu genutzt werden, der Ursprungsdimension der Mosegestalt den Charakter des religiösen Antagonisten in Analogie zu Echnaton aufzuprägen oder ihn schlichtweg (auch geschichtlich) zu einem Ägypter zu erklären. Ein solcher Rückschluß würde außer acht lassen, daß es bislang keinen sicheren Anhalt gibt, an einem originären Konnex des Mose mit semitischen Bevölkerungsgruppen zu zweifeln, wo doch solche Prozesse der ‚Einbürgerung' von Nichtsemiten, insbesondere von Asiaten zur Genüge bekannt sind. Der „Mose" der ägyptischen Rezeptionsgeschichte ist allem Anschein nach so wenig der eigentliche, historisch-geschichtliche Mose wie dies der biblische „Mose" sein kann.

Die neueren Hinweise auf in Texten der Ramessidenzeit belegte Vergleichsgestalten wie der „Königsmacher" *By* bzw. *Bi/eja* oder der Truchseß und Inspektor $R^c mss$-m-pr-R^c verdienen nach wie vor einschlägige Aufmerksamkeit, da für beide die asiatische Abkunft außer Zweifel steht. Das nötige Kriterium einer nachweisbaren semitischen Originalität

---

[39] Vgl. Anm. 34. Das Buch ist soeben auch in deutscher Übersetzung erschienen: J. Assmann, Moses der Ägypter, München 1998.
[40] Assmann, Moses, 12.
[41] Assmann, Moses, 12.
[42] Assmann, Moses, 24.

macht es dagegen eher unwahrscheinlich, daß etwa eine Gestalt wie der rebellische „Gegen-Pharao" Amenmesse[43] in die engere Wahl der Auswahlkandidaten für eine Vergleichsfigur zu ziehen ist. Dennoch ist Amenmesse in neuerer Zeit wieder verstärkt ins Rampenlicht getreten, um erneut mit Mose ineinsgesetzt zu werden. Sollte sich für Amenmesse die in pSalt 124 belegte Kurzform *ms.j* in der nachherigen Überlieferung etabliert haben[44] und eine Identifikation mit dem nubischen Vizekönig Messui erlaubt sein[45], mögen sich in Verbindung mit den Informationen um den Aufstand und die Vertreibung des Herrschers Traditionselemente gebildet haben, die im Nachhinein auch auf die ägyptische Zeichnung des Mose eingewirkt haben mögen. Ob freilich der „biblische" Mose auch von Amenmesse her konturiert worden ist, muß offen bleiben, zumal auch die Nachricht über Mose und seine kuschitische Frau in Num 12,1[46] kaum auf eine Zweigüberlieferung außerhalb der Traditionen Israels zurückgeht, sondern wohl im Rahmen der Legitimationsansätze zu den Ägyptenbeziehungen im Königtum Judas (unter Rückschau auf die Heiratspolitik Salomos?) zu beurteilen sein wird. In der Ägyptenreflexion der fortgeschrittenen Königszeit gilt „Kusch" anscheinend als Umschreibung für Ägypten in einer Periode, da dieses Land von den Äthiopen beherrscht wird[47]. Eine Beziehung des Mose zum nubischen Herrschertum kann von daher nicht unterstellt werden. Von einigem Interesse mag auch eine Beobachtung sein, die R. Giveon zur Lesung des Namens Amenmesse in einer Naosinschrift von Timna gemacht hat[48]. Der Befund könnte wegen der Exodusroute Wasser auf die Mühlen der Vertreter einer Gleichsetzung von Amenmesse mit Mose leiten, einer These, die allerdings auch Giveon für zweifelhaft hält, „though we have not seen an exposition of the theory yet". In Timna sind Namen mehrerer Pharaonen der Ramessidenzeit belegt, so daß Amenmesse keine Sonderrolle einnimmt. Irgendein Hinweis auf Asienkontakte dieses Herrschers liegt nicht vor; von Annäherungen an den östlichen Gegner wissen ägyptische und vorderasiatische Überlieferungen nichts.

---

[43] Vgl. dazu die Dokumentation von R. Krauss, Untersuchungen zu König Amenmesse, SAK 4, 1976, 161-199 (1. Teil) und SAK 5, 1977, 131-174 (2. Teil), und die Vorbehalte bei J. Osing, Zur Geschichte der späten 19. Dynastie, SAK 7, 1979, 253-271.

[44] Nach Krauss, Untersuchungen (2. Teil), 136, Anm. 22, ist „offen, ob die Namensform *Ms.j* noch während der thebanischen Regierungszeit Amenmesses im Umlauf war oder erst nach seiner Vertreibung".

[45] Vgl, dazu Krauss, Untersuchungen (2. Teil), 136-145.

[46] Vgl. dazu u.a. B.J. Diebner, „... er hatte sich nämlich eine kuschitische Frau genommen" (Num 12,1), in: Dielheimer Blätter zum Alten Testament und seiner Rezeption in der Alten Kirche 25 (Dezember 1988), 75-95. H. Seebass, Numeri, Biblischer Kommentar IV/1, Neukirchen-Vluyn 1993, 62.

[47] Seebass, Numeri, 62 möchte wie viele andere Kusch mit dem in Hab 3,7 genannten Kuschan verbinden, was nicht ohne weiteres statthaft ist, vgl. dagegen Diebner, Frau, 89-95, der allerdings selbst an „die (ver-)-schwindende Diaspora an der Südgrenze Ägyptens" denken möchte.

[48] R. Giveon, Amenmesse in Canaan?, GM 83, 1984 27f.

Mose und die Gaben der Unterscheidung

Zur aktuellen Diskussion um Jan Assmanns Buch „Moses der Ägypter"

Zum Gegenstand einer aktuellen kulturgeschichtlichen Kontroverse ist für nicht wenige überraschend eine zentrale biblische Gestalt geworden, die man meist nur noch in religiösen und kirchlichen Kreisen anzutreffen glaubte. Das Buch „Mose der Ägypter" des Heidelberger Ägyptologen Jan Assmann, jüngster Träger des Deutschen Historikerpreises, wartet mit einer bedenkenswerten These auf: Unser abendländisches Denken in den Kategorien „wahr" und „falsch" verdankt sich einem rigiden Monotheismus, der sich kontrovers zu einem toleranten Kosmotheismus in Ägypten herausgebildet hat und an Mose als einer „Erinnerungsfigur" haftet.

Als Mose vor dem brennenden Dornbusch stand und auf göttliches Geheiß genötigt wurde, die Schuhe auszuziehen, hätte er sich nicht träumen lassen, daß Jahrtausende später um seine Person soviel Aufhebens gemacht worden ist. So etwa könnte ein unbefangener Bibelleser denken und empfinden, wenn er gegenwärtig zu seinem Erstaunen wahrnehmen muß, daß eine biblische Gestalt unversehens in das Blickfeld eines übergreifenden Interesses an der Identität unserer abendländischen, auf jüdisch-christlichen Pfeilern ruhenden Kulturgeschichte tritt. Gerade Mose, dem die Kunstgeschichte bekanntlich mit der Plastik Michelangelos die „Hörner aufgesetzt" hat, freilich nicht um ihn zu diskreditieren, sondern ihm mit einem folgenreichen Mißverständnis den Widerschein des Göttlichen auf dem Angesicht zu nehmen, zieht eine ungeahnte Aufmerksamkeit auf sich, um zugleich wieder zur Symbolfigur eines Dämmerungszustands zu werden, der dem scheinbar so hellen Licht der aufgeklärten Religiosität entgegensteht. Urheber des neu erwachten Bühnenauftritts[1] einer in weiten Kreisen längst totgeglaubten Figur ist Jan Assmann mit seinem bereits berühmt gewordenen Buch „Mose der Ägypter"[2], das ein Kritiker nicht ganz zu Unrecht als einen „philosophischen Roman" charakterisiert hat[3].

Daß sich ein „Roman" mit Mose beschäftigt, ist nicht neu. Ein relativ frühes Beispiel aus der Zeit vor der Zeitenwende vor über 2000 Jahren ist das uns indirekt überlieferte Werk des Alexandriners Artapanus[4], eines aufgeklärten hellenistischen Juden oder jüdischen Hellenisten, das kaum weniger den Titel „Mose der Ägypter" verdient hätte. Artapanus

---

[1] D. van Biema, In Search of Moses, in: Time 14.12.1998, S. 51-58, hier S. 52, will sogar von einem gegenwärtigen „Moses boom" sprechen.

[2] J. Assmann, Moses der Ägypter. Entzifferung einer Gedächtnisspur, München-Wien 1998 (zuerst erschienen in englischsprachiger Fassung unter dem Titel: Moses the Egyptian. The Memory of Egypt in Western Monotheism, Cambridge-London 1997).

[3] P. Bahners, Die Sendung Assmanns. Der Autor von „Moses der Ägypter" erläutert seine Motive, in: Frankfurter Allgemeine Zeitung vom 22.11.2000. Assmanns jüngste kritische Reaktion auf diese Kennzeichnung (vgl. unten Anm. 10) leugnet eine entsprechende Intention, da er „mit der Lupe philologischer und historischer Analyse eine Gedächtnisspur", die „nur von Ägypten aus sichtbar" werde, aufzeigen wolle.

[4] Vgl. dazu die kommentierende Wiedergabe von N. Walter, Fragmente jüdisch-hellenistischer Historiker, in: W.G. Kümmel (Hg.), Jüdische Schriften aus hellenistisch-römischer Zeit, I/2, Gütersloh 1976, S. 121-136.

versteigt sich in kreativer Umdeutung von Ex 2,1-10 zu einer Ineinssetzung des Mose mit einem jüdischen Kind, das sich eine unfruchtbare ägyptische Prinzessin namens Merris untergeschoben habe. Das Kind sei von ihr Moysos geheißen worden, die Griechen hätten den erwachsenen Mann aber Musaios genannt, der wiederum der Lehrer des Orpheus gewesen sei. Mose sei sozusagen der Stifter der ägyptischen Kultur gewesen, ein göttlicher Mensch (gr. *theios aner*), ja sogar mit dem ägyptischen Gott der geheimen Künste und Wissenschaft namens Thot identisch, den die Griechen wiederum mit ihrem Hermes identifizierten. In weiterer phantastischer Ausdeutung der biblischen Texte weiß Artapanus dann von Moysos als loyalem Gefolgsmann seines Herrschers Chenephres, dessen Aktivitäten zugunsten Ägyptens jedoch mit Undank belohnt worden seien. Aus den folgenden Auseinandersetzungen sei Moysos dann endlich aber als wunderbarer Sieger hervorgegangen, der die ihm anvertrauten Juden in Ägypten gerettet habe. Artapanus erweist sich damit als apologetischer Parteigänger des durch seinen Mose verkörperten Judentums, um zugleich die Souveränität der jüdischen Kultur über die ägyptische Kultur zu erweisen. Wohl in Anküpfung an antike Heroenbeschreibungen teilt Artapanos schließlich mit, Moysos sei „groß gewesen, habe frische Gesichtsfarbe gehabt, weißes, langes Haar getragen und sehr ehrwürdig ausgesehen"[5].

„Mosaische Unterscheidung"?

Nicht ganz so ehrwürdig kommt Mose daher, der in den Ausführungen von Jan Assmann konturiert wird. Hier erscheint er zwar auch als Zögling der Ägypter, eher aber als der klassische Apostat, und zwar in den Fußspuren jenes revolutionären Pharao, der meist Echnaton genannt wird und den die Ägyptologen in der Regel Achenaton nennen. Die offenbar abrupt beendete Periode der Wirksamkeit dieses Pharao, der sich einer exquisiten Gestalt eines Ein-Gott-Glaubens verpflichtet sah, versteht Assmann als eigentlichen Hintergrund und Auslöser einer unbewußten Gedächtnisgeschichte, die in der Tradition von Mose und seinem Engagement für den JHWH-Kult wiederum zum Vorschein gekommen sei. Mose sei aber nicht der dominante und kulturprägende Heros, sondern der Antagonist, der vor allem eine ideologische Spezifikation geschaffen habe, eine Differenzierung nämlich, die es nunmehr zur Auflage mache, zwischen Wahrheit und Falschheit zu unterscheiden, wie dieser Versuch erstmals in Ägypten mit der Reform Echnatons geschehen sei, dort aber einen Schiffbruch erlitten habe. Echnatons Fall habe gleichwohl einen Abstieg seiner Ideenwelt in die „Krypta" einer verdrängten Erfahrung zur Folge gehabt, deren genuine Aktivität darin bestehen soll, daß sie „phobisch besetzte Feindbilder hervorbringen kann, in denen das Verdrängte in verwandelter Gestalt wiederkehrt"[6].

Mit Mose und dessen Monotheismus sei so eine „Unterscheidung" auf die Bühne der Weltgeschichte getreten, die zwar schon durch Echnaton programmiert, nunmehr aber zu einer vehementen und kontinuierlichen Prägung geführt habe, nämlich zu einer jüdisch-

---

[5] Vgl. Walter, Fragmente, S. 136.
[6] Assmann, Moses, S. 67.

christlichen Differenzierung zwischen richtiger und falscher Religion. Aufkommen und Dominanz des Monotheismus hätten der dynamischen Entwicklung einer toleranten Konzeption von vornherein alle Chancen genommen, im Gegenteil die Eruption religiös ausgewiesener Gewalttaten sei nun erst ermöglicht worden, da es nunmehr darum gegangen sei, die Wahrheit gegen die Unwahrheit in die Offensive zu drängen. Und weiter: erst mit der Wiederentdeckung des Monotheismus sei der Boden für ein Verständnis für Sünde und Schuld bereitet worden, das sich in der jüdisch-christlichen, aber auch islamischen Theologie, und damit in der morgen- und abendländischen Theologiegeschichte als charakteristisches Merkmal etabliert habe. Schließlich sei der rigorose Stil des radikalen monotheistischen Denkens letztlich verantwortlich für Ausgrenzungen jeder Art, selbst auch der Verfolgungen, die das Judentum in seiner selbstaugurierten Isolation zu erleiden gehabt habe. Das „ägyptische Phantasma des religiösen Feindes" habe sich auf die Juden fokussieren lassen: der Antisemitismus habe letztendlich den Feind aus dem Osten, beginnend bei den Hyksos, weiter repräsentiert durch Assyrer und Perser, zum geschichtlichen Vorspiel, um in der Judenfeindschaft der Antike zu einer spektakulären Manifestation zu gelangen.

Das differenzierte Bild, das die Antike im Spektrum der Auseinandersetzungen um „Mose" bietet, ist Assmann Anlaß genug, um die Sichtweise der proägyptischen Version der Rolle jener ‚Gallionsfigur' des jüdischen, freilich in Echnaton vorgebildeten „Monotheismus" erneut bewußt zu machen, um zugleich für die Wiederentdeckung einer Phase der frühen Religionsgeschichte zu werben, die noch im Vorfeld und außerhalb der „mosaischen Unterscheidung" existiert habe.

Die von Assmann apostrophierte „neue Gegenreligion", die zugleich eine „interkulturelle Übersetzbarkeit" verhindert habe, knüpft insbesondere an einem von ihm als Wahrzeichen der Intoleranz gewerteten Antagonismus zwischen „wahrer Religion und Götzendienst", der eine interreligiöse Kommunikation ausschließe: „Unwahre Götter kann man nicht übersetzen"[7]. Als erste biblische Basis wird dabei der Dekalog bemüht, näherhin das sogenannte Fremdgötterverbot, das mit dem Bilderverbot einhergeht (Ex 20,2-5). Eine sich steigernde Antipathie und Animosität gegenüber der Idolatrie wird geradezu als Kennzeichen jüdischer Religiosität gesehen. Mose wird dadurch zum Anwalt und zur Verkörperung einer introvertierten, kompromißlosen und konsensunfähigen Ideologie, da seine Hinterlassenschaft letztendlich einer interkulturellen Kooperation auf Dauer widerstreitet. Von dieser hier zugespitzten Interpretation ist nicht nur das Judentum betroffen, das sich mit seiner Identifikation mit Mose im Grunde selbst dialogunfähig gemacht haben soll, sondern vornehmlich auch das Christentum, vom Islam ganz zu schweigen, weil sich die Profilierung des nicht integrierbar Anderen, einer Separation von dem Bedürfnis nach umfassenden und wechselseitigem Verstehen Vorschub leistet und ein für allemal festschreibt, was wahr und falsch ist.

Zwischen den Thesen Assmanns zur Rehabilitation der antiken Polytheismen und jüngst geäußerten Überlegungen des Kardinals Ratzinger zur regulativen Distinktionsfähigkeit

---

[7] Assmann, Moses, S.20f.

des Christentums besteht so eine unausgesprochene Allianz, wenngleich Ratzinger naturgemäß für eine Legitimation der jüdisch-christlichen Zuwendung in einer Opposition gegen den Mythos zu einer vernunftorientierten Wirklichkeitssicht Partei ergreift, um damit ebenfalls an die scheinbare Mythenkritik in der klassischen Antike anzuknüpfen. Beide kommen darin einander nahe, daß sie an der jüdisch-christlichen Traditionslinie gerade den Unterscheidungsanspruch wahrnehmen, der das Verbleiben in der Wahrheit und zugleich die Natur der Apostasie definieren läßt. Die kirchliche Erklärung „Dominus Iesus" wirkt geradezu wie eine hochaktuelle Bestätigung der These Assmanns, daß monotheistische Religionen eine Klassifikation nach den Kriterien von Wahrheit und Falschheit im Gefolge hätten, ja daß sogar innerhalb einer Religion wie dem Christentum die Entscheidung über wahre und falsche Konfessionen gefällt werden kann. Die wertenden Vorzeichen werden jedoch unterschiedlich verteilt. Während Ratzinger den mythischen Weltanschauungen eine irrationale Poesie und eine Verhaftung mit bloßer Idololatrie in Verbindung mit interessengebundener Orientierung vorwirft, wogegen das Christentum als der Anwalt für die eigentliche, nämlich rationale Aufklärung zu gelten habe, will Assmann zwar nicht für eine simple Rückkehr zu den vorklassischen Weltbildern, wohl aber für deren Stimmigkeit und Akzeptierbarkeit plädieren. Der Polytheismus von einst sei eben keine von vornherein negativ belastete Vielgötterei, sondern drücke eine am kosmischen Geschehen orientierte Verzweigtheit von Wirklichkeitsreflexionen aus, die eben auch von Nachbarkulturen und -religionen grundsätzlich geteilt worden sei, wie diese hinwieder auch in Ägypten ohne dogmatische Kontroverse integriert werden konnten.

Wie steht es gleichwohl um die „mosaische Unterscheidung"? Zweifellos hat Assmann Recht, wenn er am Dekalog und in dessen Traditionslinie eine Parteilichkeit wahrnimmt, die sich gegen jedwede Art von Götterverehrung ausspricht. Die hier akzentuierte Aversion ist in erster Linie der deuteronomischen Reformbewegung zu danken, die unter dem König Joschija hoffähig geworden ist und offiziell proklamiert wurde, um dann der Theologie der deuteronomistischen Autoren in exilischer und nachexilischer Zeit als konzeptionelle Grundlage zu dienen. Obschon in dieser Schriftstellerei die Akzente variieren, so daß man in der Regel unterscheidbare Phasen annehmen möchte, ist die gemeinsame Zielrichtung doch deutlich: es geht um die Grundorientierung an dem einen und einzigen Gott, die fortan als Identitätsmerkmal der israelitisch-jüdischen Tradition zu gelten hat.

Kritik der „Unterscheidung"

Hier darf indessen die Rückfrage ansetzen, ob es sich schon um eine Distinktion zwischen „wahrer" und „falscher" Religion handelt, suggeriert diese doch, daß es eine dogmatistische Fixierung auf einen Lehrinhalt und zugleich eine systematische Religionskritik gegeben habe, die eine Ausrichtung auf ein theoretisches Gebilde wie den „Monotheismus" als notwendige Begleiterscheinung gefordert hätte. Es ist in Wahrheit zu kühn, einen im Abendland geborenen Begriff wie „Monotheismus" auf die religiöse Lebenswelt des spätvorexilischen und nachexilischen Israel bzw. des Judentums zu übertragen, wie denn diese Bezeichnung sich zunehmend als ungeeignet zu erweisen beginnt, das Phänomen des Ein-Gott-Glaubens im Alten Orient und Ägypten zutreffend zu erfassen[8].

Zunächst gilt dies von dem Glauben Israels, der sich in den eindrucksvollen Zeugnissen des Kleinen geschichtlichen Credo manifestiert. Die göttliche Instanz ist demnach zwar mit einem Namen bedacht, der sowohl dem Gott der Väter wie auch dem Gott des Mose und Israels zukommt, aber keineswegs im Sinne einer erkenntnistheoretisch erfaßbaren Größe, die eine klare Falsifikation anderer Systeme ermöglichen würde. Die wachsende Exklusivität JHWHs besteht vielmehr in der Überzeugung, daß es für Israel und das werdende Judentum keine andere und überzeugendere Lebensgarantie gibt, als eben dieses Festhalten an dem genuinen Anspruch durch JHWH. Fremde Gottheiten können und dürfen nicht deshalb von der Verehrung ausgeschlossen werden, weil sie eine Verkehrung von Wahrheit versinnbilden, sondern weil sie der Akkehr Israels von seinem allein zuständigen Gott förderlich sind und das Volk um sein Überleben betrügen. Auch für die wachsende Konzentration auf den Einen und Einzigen bleibt eine Devise von fundamentaler Bedeutung, wie sie bei Jesaja 7,9 formuliert ist: „Glaubt ihr nicht, so bleibt ihr nicht". Die hier verwendete und gleichbleibende Verbbasis, ins Deutsche am ehesten nur durch verschiedene, wenn auch klanglich analoge Wortwahl übertragbar, liegt bekanntlich auch dem Wort „Amen" zugrunde und signalisiert eine unerschütterliche Referenz. Nicht anders ist auch die Semantik jenes Bekenntnisses, das sich im berühmten „Höre Israel" (Dtn 6,4f) der unbedingten Einzigkeit Gottes widmet, weil nur die Anerkennung dieser Exklusivität für das Überleben Israels als konstitutiv angesehen wird.

So müssen wir uns nicht wundern, daß die Begriffsopposition „wahr" versus „falsch" im Arsenal der hebräischen Ausdrucksformen kein Äquivalent hat. Nun könnte man meinen, aus späterer Warte zu dieser eben in der logischen Begriffswelt geschaffenen Alternative greifen zu dürfen, um den ursprünglichen Sachverhalt in der biblischen Sprache angemessener zu definieren. Dies ist aber eine verhängnisvolle Entscheidung, da sie gerade Vorverständnissen Tür und Tor öffnet, die nicht von biblischer Rede gedeckt sind. Um ein klassisches Beispiel sofort anzufügen: die berühmte, aber dem geschaffenen Menschen autoritativ versagte Kompetenz, vom „Baum der Erkenntnis von Gut und Böse" essen zu dürfen (Gen 2,17), kann bei aller umsichtigen Diskussion darüber, was von Haus mit diesem Vermögen gemeint sei, auf keinen Fall zu einer Fähigkeit, zwischen „wahr" und „falsch" zu scheiden, umstilisiert werden. Hier geht es vielmehr um Vorbehalte, die mit der grundsätzlichen Verwiesenheit des Menschen auf seine geschöpfliche Konstitution verbunden sind, so daß ihm die göttliche Dominanz einer Einsicht in das, was „gut" und „böse" d.h. für den Menschen lebensfördernd oder lebensschädlich ist, verwehrt sein muß. Auch wenn Assmann diese Dimension des Erkennens in der Sündenfallgeschichte nicht thematisiert, sei doch auf den gravierenden Aspektunterschied aufmerksam gemacht, der die biblische Rede von dem, was für den Menschen angemessen und zuträg-

---

[8] Näheres dazu jetzt bei O. Loretz, „Des Gottes Einzigkeit". Ein altorientalisches Argumentationsmodell zum „Schma Jisrael", Darmstadt 1997. Vgl. auch die Rezension von J. Assmann, Der eifersüchtige Gott. Konkurrenz belebt das Geschäft: Oswald Loretz glaubt nicht an die monotheistische Religion, in der Frankfurter Allgemeinen Zeitung.

lich ist, von dem besagten Oppositionspaar außerbiblischer Provenienz trennt. Auch in der nicht minder berühmten Gottesrede bei Deuterojesaja, die JHWH sich selbst als „Bildner von Licht und Schöpfer von Finsternis" sowie als „Macher von Heil" und als „Schöpfer von Unheil" präsentiert (Jes 45,7), ist nicht eine göttliche Souveränität bei der Kreation von „Wahrheit" und „Falschheit" im Visier des Propheten, sondern die unauslotbare und keinesfalls zur nachvollziehbaren Verträglichkeit verwandelte Überzeugung, daß JHWH als der Eine und Einzige die unverfügbare Kontrolle über das besitzt, was für sein Volk „Licht" und „Finsternis", „Heil" und „Unheil" bedeutet. Nur aus dieser so verstandenen Unvergleichlichkeit heraus wird auch begreiflich, daß sich der gleiche Prophet so außerordentlich vehement einer Polemik gegen den Götzendienst widmen kann. Mit „wahrem" und „falschem" Glauben hat diese Leugnung einer Alternative zum lebensbedingenden Gottesglauben Israels kaum etwas gemein.

Mit gutem Grund hat G. Kaiser in einer Besprechung des Buches Assmanns auf den Tatbestand hingewiesen, daß in der von Assmann zitiertem Dekalogzitat „keine Aussage" vorliege, vielmehr eine „Indienstnahme", die „nicht wahr oder falsch, sondern verpflichtend" sei[9]. Genauer müßte man sagen, es handelt sich um ein Verbot der Verehrung von Fremdgöttern, deren Kult der elementaren Verwiesenheit Israels auf seinen Gott JHWH im Wege steht. In seiner konzedierenden Erwiderung auf Kaisers Kritik will Assmann „das zentrale Thema des Buches Exodus" in der „Unterscheidung zwischen Freiheit und Unterdrückung" sehen[10]. Doch auch hier unterliegt er einer externen Differenzierung, die sich im Gefolge der Begriffsfindung einer Politikgeschichte ergeben hat und der nächstliegenden Perspektive des kanonischen Exodusbuches nicht hinreichend entspricht. Im Vordergrund steht vielmehr auch im Blickfeld der abschließenden Redaktion die Erinnerung an einen geschichtsmächtigen JHWH, der, eben weil er sich Israels angenommen und die Rettung aus der Hand der Ägypter bewirken konnte, sich gegenüber den ägyptischen Göttern als der für Israel nachweislich kompetente Gott zu erkennen gegeben hat. Nicht „Freiheit" gegenüber „Unterdrückung" ist das beherrschende Thema, sondern Rettung und Überlebensgarantie für Israel durch JHWH.

Dennoch beharrt Assmann auf der These von der „Unterscheidung", nunmehr mit Hinweis auf die Szene vom Goldenen Kalb (Ex 32), die er als exzessive Gewaltgeschichte verstehen möchte, denn für ihn ist Gewalt eine notwendige Begleiterscheinung einer monotheistischen Religion: „Die monotheistische Religion weiß und will sich selbst als gewalttätig, als ‚Gegenreligion'". Doch verhilft da wirklich die Tradition vom Goldenen Kalb zu einer einschlägigen Interpretation? Wie man auch immer die literarische Entfaltung des Kapitels zu deuten versuchen mag, es führt kein Weg daran vorbei, auch hier eine existentielle Frage des königszeitlichen Israel angesprochen und verhandelt zu sehen. Was nämlich hat Israel mit denen gemein, die im Verdacht stehen, der sowohl im ägypti-

---

[9] G. Kaiser, War der Auszug aus Ägypten der Sündenfall? Der Mann Moses, die monotheistische Religion und die Unterscheidung von „wahr" und „falsch": Kritische Fragen an Jan Assmanns Gedächtnisgeschichte, in: Franfurter Allgemine Zietung vom 2. November 2000, S. 58.

[10] J. Assmann, Es bleibt die Unterscheidung zwischen wahrer und falscher Religion. Auf der Gedächtnisspur der Toleranz kommt man als Dienstspürhund nicht weiter: eine Replik auf die Kritiker der Monographie „Moses der Ägypter", in: Frankfurter Allgemeine Zeitung vom 28. Dezember 2000, S. 54.

schen Raum (Apis) wie im kanaanäischen Raum bezeugten Verehrung eines Stiers in Beziehung auf JHWH Tür und Tor zu öffnen. Die Erzählung kennt bereits die Umorientierung Jerobeams, des ersten Königs des Nordreiches Israel, der dort Stierbilder aufstellen läßt, freilich nicht, wie ihm nachherige Polemik als Ursünde anrechnet, um den Stier als Ersatzgottheit zu feiern, sondern dessen Symbolik in Bezug auf den über ihm thronenden JHWH ins Licht zu setzen. Den religionsgeschichtlich durchaus nachvollziehbaren Aspekt der Modifikation der Jerusalemer Vorstellung von dem über der Lade thronenden Gott zur Idee vom Stierpostament als Träger des naturmächtigen Gottes transformiert die Erzählung zu der für Israel grundlegend wichtigen Konkurrenz zwischen JHWH und den Göttern der Umwelt. Die Ausübung von Gewalt im erzählenden Kontext dieses rückschauend interpretierenden Textes ist keineswegs eine zwangsläufige Folgeerscheinung eines „Monotheismus", der das Stierbild nicht verträgt, sondern wiederum ein Zeichen der rettend und richtend eingreifenden Majestät JHWHs.

Dieser JHWH wird in der Rückschau Israels im Übrigen keineswegs anders aktiv als es die ägyptische Quellen immerzu vom Hochgöttern wie Amun-Re wissen, der die militärischen Aktivitäten der Pharaonen des ägyptischen Neuen Reichs vor allem in Vorderasien nach Ausweis großer und kleinformatiger Darstellungen kontinuierlich und in vielfältigen Varianten unterstützt und begleitet. So kann auf keinen Fall der ägyptischen Religion die Neigung zur Verherrlichung der Gewalttat abgesprochen und der israelitisch-biblischen Darstellungsweise als Wesenszug unter vermeintlich maßgebendem Einfluß des „Monotheismus" zugesprochen werden. In beiden Fällen handelt es sich doch primär um bildliche, d.h. metatphorische und mythisch begründete Symbolik der Überwindung des Lebensbedrohlichen durch eine Instanz, die der Förderung des Lebens zugeordnet ist. Der „schlagende" Gott ist in Ägypten unabweisliches Thema wie in Israel und der Bibel[11]. Wiederum geht es nicht um Wahrheit und Falschheit im Sinne einer Kreuzzugsmentalität, sondern um grundlegende Erfahrungen, die sowohl Religionen unter dem „Ein-Gott-Glauben" wie solche unter multigöttlicher Orientierung betreffen.

Ein neues Sündenbewußtsein?

Assmanns Überlegungen zielen freilich auch darauf hin, nicht nur ein „Konfliktpotential", sondern ein qualifiziertes „Sündenbewußtsein" sei mit dem „Monotheismus" aufgekommen. Bezeichnend für diese Position sind die letzten Sätze des Buches: „Von Ägypten aus betrachtet sieht es so aus, als sei mit der Mosaischen Unterscheidung die Sünde in die Welt gekommen. Vielleicht liegt darin das wichtigste Motiv, die Mosaische Unterscheidung in Frage zu stellen. Unsere Untersuchung hat versucht, den Charakter dieser Sünde aufzudecken. Ihre Namen sind Ägypten, Idolatrie, Kosmotheismus. Wer Gott in Ägypten entdeckt, hebt diese Unterscheidung auf"[12]. In weiterer Interpretation dieser Sicht will

---

[11] Vgl. dazu u.a. M. Görg, Der „schlagende" Gott in der „älteren" Bibel, in: Bibel und Kirche 51, 1996, S. 94-100.
[12] Assmann, Moses, S. 282.

IV. Geschichtsbilder

Assmann freilich eine Einschränkung gelten lassen, wonach die „Ausbildung eines verfeinerten und vertieften Schuldbewußtseins" eine „hohe zivilisatorische Errrungenschaft" darstelle, die man von der Warte Ägyptens aus besser einschätzen könne, ohne diese relativierende Perspektive überzeugend zu begründen. Er „plädiere nicht dafür, zum Kosmotheismus zurückzukehren", wolle nur darauf aufmerksam machen, „daß die Unterscheidung zwischen wahr und falsch sowie die damit verbundene zwischen Kosmotheismus und Monotheismus zu den Weichenstellungen gehört, die uns zu dem gemacht haben was wir sind, und daß der vom Monotheismus verdrängte Kosmotheismus die abendländische Religions- und Geistengeschichte als Schatten begleitet und immer wieder, schubweise, heimgesucht hat"[13]. Nun sind in der Tat Ägypten, Idolatrie und Kosmotheismus gerade für die prophetische Zeitkritik provozierende Erscheinungen, denen die Treue zu JHWH widerstehen soll. Das genuine Sündenbewußtsein Israels resultiert jedoch nicht aus einer wie immer gearteten Falsifikation der Fremdgötterwelt, sondern aus dem Akt einer undankbaren Loslösung vom Gott des Bundes, die letztlich den Absturz in die Gottesferne nach sich zieht. „Sünde" ist in Israel in erster Linie selbstsüchtiger Verzicht auf die geschuldete Antwort auf den entgegenkommenden Gott. Mit dem Bestehen des „Monotheismus" hat „Sünde" insoweit zu tun, daß es in einer solchen partnerschaftlichen Gottesbeziehung einen Bruch des Dialoges geben kann, der auf Seiten des Menschen schwerwiegend genug empfunden wird, wie dies vor allem die Klagepsalmen bezeugen. Von der Sünde als direkter oder indirekter Folgeerscheinung des „Monotheismus" kann keine Rede sein.

So kann ich der These Assmanns, der biblische und nichtbiblische Monotheismus gründe „sich selbst auf die Unterscheidung von wahr und falsch", um zugleich „das Gewaltpotential der mosaischen Unterscheidung" zu repräsentieren und ursächlich für „Sünde" und „Schuld" zu sein, in keiner Weise zustimmen. Es ist zu allen Zeiten vielmehr der interessengeleitete Machtanspruch von Gemeinschaften und Individuen, der über Wahrheit und Falschheit autoritativ befinden will und dadurch immer wieder gewalttätige Auseinandersetzungen bewirkt. Der jüdisch-christlich-islamische „Monotheismus" kann freilich zu diesem Zweck mißbraucht werden, ist aber nicht primärer Auslöser einer Ideologie mit ausschließlich intoleranten Konsequenzen. Immerhin gesteht Assmann neuerdings zu, daß es sich lediglich um ein verändertes „Sündenbewußtsein" handele, welches im Gefolge des „Monotheismus" stehe[14]. Dies ist freilich eine ganz andere, durchaus vertretbare Sicht, da sie der zuvor von Assmann deklarierten ‚sündenfreien' Zone Ägypten durchaus entgegensteht. Sowohl in Ägypten wie auch in Israel konnte ein wie auch immer entwickeltes Gewissen anzeigen, was „Sünde" ist, um so eher dann, wenn es um die Begegnung mit einem persönlichen Gott ging. Für beide Kulturen ist grundlegend, daß es ein Wissen um „Sünde" gibt, in Ägypten z.B. dokumentiert im „negativen Sündenbekenntnis", in Israel vielfach manifestiert im Versagen vor dem Anspruch von „Recht und Gerechtigkeit". Trotzdem erscheint es hilfreich, auf weitere grundlegende Aspekte, die gerade in den fünf Büchern Mose, der jüdischen Tora angelegt sind, hinzuweisen.

---

[13] Assmann, Unterscheidung, S. 54.
[14] Assmann, Unterscheidung, S. 54.

Die alttestamentlichen Gottesvorstellungen lassen sich zunächst keinesfalls auf einen „Monotheismus" festschreiben, dessen allererstes und auschließliches Kennzeichen eine Art „numerischer" Einzigkeit wäre, die es nur in fundamentalistischer und kämpferischer Weise zu verteidigen gelte. Zweifellos stehen die theologischen Konzeptionen der deuteronomischen und deuteronomistischen Texte oder auch Deuterojesajas einer solchen Perspektive am nächsten, so daß sich der Eindruck der Exklusivität als der die Bibel beherrschende einstellen mag. Dennoch gilt, daß gerade in denjenigen Texten, die der Priesterschrift und der mit ihr verbundenen Literatur zugehören, eine Auffassung von der Wirklichkeit Gottes spürbar wird, die weitaus differenzierter ausfällt, da sie die Konzeption einer Art ‚Vielfalt in der Einheit' erkennen läßt. Schon der erste Schöpfungstext, der sich von seiner Grundlage her von ägyptischen Kosmogonievorstellungen inspirieren läßt[15], deutet mit der Pluralform der Gottesbezeichnung Elohim diese Perspektive an, bestätigt durch das Wir in der Gottesrede Gen 1,26 und die Vorstellung der Gottesbildlichkeit des Menschen, die sich in Mann und Frau realisiert (1,27). Die priesterliche Urgeschichte weiß um die Sündhaftigkeit des Menschen, führt sie aber in keiner Weise auf die Wirklichkeit Gottes zurück, sondern auf ein in der Welt vorhandenes Potential, das in dem Ausbruch von Gewalt als einer Art Rückkehr des vorweltlichen Chaos besteht (vgl. Gen 6,3). Das königliche Menschenbild des Anfangs, komplementiert durch Menschenbilder des Typs Noah, Abraham und schließlich Mose, ist königsideologischen Vorgaben aus Ägypten durchaus verpflichtet, um sich jedoch zugleich allen Geschöpfen zu öffnen. Auch die ägyptenfreundliche Josefsgeschichte läßt nichts von einer Aversion gegen Ägypten und dessen Gottesideen spüren, im Gegenteil, hier werden ausgesprochene Sympathien mit einer heterogenen Religionswelt greifbar, die der Mehrdimensionalität der biblischen Gottesauffassung durchaus zuträglich gewesen ist. Neben der in Teilbereichen der Bibel fraglos vorhandenen Tendenz zur zuweilen monoman anmutenden Fixierung auf den Einen und Einzigen muß nach allem unbedingt auch die verborgene Dynamik eines Gottesbildes wahrgenommen werden, das sich mit der kosmischen Orientierung weitaus besser verträgt, als es in Assmanns Gewichtung des biblischen „Monotheismus" zum Ausdruck kommt. Der biblische „Monotheismus" steht einer Art Kosmo-Theologie nicht im Wege, wenn auch der Kosmotheismus Ägyptens nicht geteilt wird. Dennoch hat in der alttestamentlichen und jüdischen Literatur jenes Gottesbild das formale Übergewicht erhalten, das zu dem generellen Eindruck eines apodiktischen „Monotheismus" verführt, wie ihn Assmann wahrnehmen möchte. Auf der Basis des von Assmann vorgezeichneten Modells einer verdrängten Konzeption, die sich erst später wieder zu Wort meldet, kann man vielleicht die Öffnung des Gottesbildes verstehen, die sich im Kontext weiterer Rezeptionen aus der Bildsprache ägyptischer Mythologie im beginnenden Christentum ausmachen lassen[16].

---

[15] Näheres dazu bei M. Görg, Genesis und Trinität. Religionsgeschichtliche Implikationen des Glaubens an den dreieinen Gott, Münchener Theologische Zeitschrift 47, 1996, S. 295-313 (wieder abgedruckt in: M. Görg - G. Hölbl (Hg.), Ägypten und der östliche Mittelmeerraum im 1. Jahrtausend v. Chr., Ägypten und Altes Testament 44, Wiesbaden 2000, S. 47-68).

[16] Vgl. dazu u.a. M. Görg, Altägyptische Theologie im Abendland, in: Biblische Notizen. Beiträge zur exegetischen Diskussion 98, 1999, S. 13-18.

IV. Geschichtsbilder

Mose als „Erinnerungsfigur"

Assmann fühlt sich im Einklang mit der neueren Mose-Forschung, wenn er die Frage der Historizität des biblischen Mose zurückhaltend beurteilt und im Vergleich mit dem ihm durch eigene Forschungen näher stehenden Echnaton bekennt, Mose sei eine „Figur der Erinnerung, aber nicht der Geschichte", während Echnaton eine verdrängte „Figur der Geschichte, aber nicht der Erinnerung" darstelle[17]. Zur Identifikation dieses heterogenen Mose beruft sich Assmann auf die antike und vom ptolemäischen Priester Manetho überlieferte Erzählung von einem rebellischen Ägypter namens Moses-Osarsiphos, der sich mit einer Schar von „Aussätzigen" über dreizehn Jahre hin ägyptischer Kulttradition aktiv widersetzt habe, um schließlich aus dem Lande vertrieben zu werden. Diese in mancherlei Varianten überlieferte (vgl. u.a. den oben zitierten Roman des Artapanus) und schon in der Antike umstrittene Version bezieht Assmann im Gefolge u.a. von Eduard Meyer auf die religionspolitische Revolte Echnatons, um diese Interpretation nunmehr sogar als in die Nähe einer „communis opinio" in der Ägyptologie zu rücken[18]. Es sei jedoch darauf hingewiesen, daß diese scheinbare Einhelligkeit in der Deutungsgeschichte nicht besteht, daß vielmehr weiterhin ernsthaft damit zu rechnen ist, daß die Erzählung von Haus aus von der Überwindung der Hyksosherrschaft her inauguriert ist, um dann allerdings sowohl durch die Episode des Apostaten Echnaton wie auch durch weitere Erfahrungen mit Fremdherrschaften angereichert zu werden[19]. Daß die Echnaton-Episode einen prägenden Eindruck hinterlassen hat, soll hier nicht bestritten werden.

Der Mose der Exodusüberlieferungen ist m.E. ebenso eine Figur der Erinnerung wie der Moses-Osarsiphos der ägyptogenen Aussätzigenerzählung trotz dessen temporärer Ausgrenzung. Die historische Frage muß für beide Traditionsbereiche vom Studium der diachronen und synchronen Interpretationswege strikt unterschieden werden. An dem zwischenzeitlichen Resultat solcher Untersuchungen kommt man indessen nicht mehr vorbei: Mose ist als historische Gestalt mit dem uns zur Verfügung stehenden Quellenmaterial nicht eindeutig greifbar. Dieses Urteil schließt die Annahme einer historischen Existenz einer Gestalt wie Mose, die eine führende und exemplarische Rolle in dem komplizierten Beziehungsfeld zwischen Ägypten und Vorderasien im Verlauf des 13. und 12. Jahrhunderts vor Christus gespielt haben könnte, keineswegs aus[20]. Ja, es können semito-ägyptische Vergleichsfiguren benannt werden, die vor allem in der Ramessidenzeit Ägyptens in einer kritischen Relation zum Pharaonenhof gestanden haben oder in eine solche geraten konnten. Es ist aber bisher jeder Versuch erfolglos geblieben, eine der genannten Per-

---

[17] Assmann, Moses, S. 18

[18] Vgl. Assmann, Unterscheidung, S. 301.

[19] Näheres dazu in: M. Görg, Der sogenannte Exodus zwischen Erinnerung und Polemik, in: I. Shirun-Grumach, Jerusalem Studies in Egyptology, Ägypten und Altes Testament 40, Wiesbaden 1998, S. 159-172. Vgl. auch die Artikel des Autors zum Stichwort „Exodus" in: M. Görg - B. Lang (Hg.), Neues Bibel-Lexikon, I, 1991, Sp. 631-636 und in: H.D. Betz - D.S. Browning - B. Janowski - E. Jüngel (Hg.), Religion in Geschichte und Gegenwart, Vierte Auflage, II, Tübingen 1999, Sp. 1823-1826.

[20] Vgl. zum Folgenden zuletzt M. Görg, Mose – Name und Namensträger. Versuch einer historischen Annäherung, in: E. Otto (Hg.), Mose – Ägypten und das Alte Testament, Stuttgarter Bibel-Studien 189, Stuttgart 2000, S. 17-42.

sönlichkeiten, sei es der vielzitierte Kanzler Beja, der ‚Gegenpharao' Amenmesse oder auch der Truchseß und Inspektor Ramsesemperre, mit dem Mose der Auszugstraditionen zu identifizieren. Immerhin darf weiterhin bedacht werden, daß für die allmähliche Verdichtung der Auseinandersetzungen zwischen Ägypten und dem palästinischen Raum in Form der Herausbildung von Exoduserzählungen gerade das Schicksal nomadisierender Gruppen des 13./12. Jahrhunderts wie der sogenannten Schasu-Leute von ausschlaggebender Bedeutung gewesen ist, um in späterer Erinnerungsarbeit zu einer hinreichend geschlossenen Auszugsversion gebündelt zu werden. Die differenzierte Rezeptionsgeschichte hat um „Mose" ein Netzwerk von folgenreichen Innovationen geknüpft, zu denen auch und insbesondere die Einführung eines von den Göttern Ägyptens unterscheidbaren und palästinischen Verhältnissen nahestehenden Wettergottes JHWH gehört, der allenfalls zwischen den Lebensinteressen Israels und denen der Nachbarvölker unterscheidet.

Immer wieder wird im Zuge der Historisierungsversuche mit dem Namen „Mose" operiert, der nachweislich ägyptischen Ursprungs sei und so eine autochtone Beheimatung verbürge. Man verweist insbesondere auf Pharaonennamen, die ein mit der ägyptischen Wurzel *msj* „gebären, zeugen" gebildetes Namenselement enthalten, aber auch auf Kurznamen innerhalb der höfischen Beamtenschaft, die sich fraglos auf das gleiche Grundverbum zurückführen lassen. Dennoch ist angesichts der komplizierten Lautverschiebungsgesetze im Vergleich des Ägyptischen mit dem Hebräischen davor zu warnen, die biblische Form des Namens Mose, nämlich *Moschaeh*, unmittelbar auf eine ägyptische Primärfassung zurückzuführen. Es muß vielmehr damit gerechnet werden, daß bei aller berechtigten Etymologie mit Hilfe des Ägyptischen ein genuin israelitisch-biblischer Interpretationsprozeß anzusetzen ist, der sich endlich auch eines ganz anderen, diesmal hebräischen Verbums bedienen kann, um den Mosenamen zu erklären. Es ist eben jene Deutung, die in Ex 2,10 überliefert ist, wonach die Tochter Pharaos als Retterin des ausgesetzten Kindes dem zu sich genommenen Hebräerkind den Namen *Moschaeh* gegeben haben soll, und zwar mit der Begründung, sie habe es aus dem Wasser gezogen. Mit der hier vorliegenden Operation mit dem hebräischen Verbum *MŠH* (im sog. Kausativ: „herausziehen") spielt die Erzählung bereits auf die künftige Funktion des Mose als Rettergestalt an, die Israel aus Ägypten führt. Schon in der Namengebung des Mose zeichnet sich demnach ab, worin es allenthalben in der einschlägigen Überlieferungsgeschichte geht, um ein Hineinwachsen der sich im Dunkel der Geschichte verlierenden Ursprungsgestalt oder gar mehrerer Protagonisten nach dem Modell einer korporativen Persönlichkeit in eine „produktive Erinnerung", die in unserem Fall Mose letztlich weder nur als Hebräer oder nur als Ägypter, sondern als einen paradigmatischen Grenzgänger zwischen den Kulturen Ägypten und Israel sowie der Welt Gottes und der Menschen erscheinen läßt, an der sich bis zur Stunde die Geister scheiden.

Der Dämon im Ritualgesetz des Yom Kippur

Das Ritual vom Versöhnungstag (Lev 16) enthält bekanntlich Hinweise auf Namen und Funktion eines Dämons, der auch in sprach- und religionsvergleichender Betrachtung, speziell unter ägyptologischer Perspektive nach wie vor besonderes Interesse verdient. Die folgenden Ausführungen aktualisieren und komplementieren eigene Überlegungen, die den Streit der „Asaselologen" zum Thema hatten[1].

Asasel – ein dämonisches Wesen in der Bibel, das „Züge des ägyptischen Gottes Seth trägt und wohl auch in seinem Namen zum Ausdruck bringt", so eine ausdrücklich als „Möglichkeit" präsentierte Überlegung in einem kurzen Beitrag, der erstmals in der Zeitschrift „Biblische Notizen" erschienen ist[2]. Die Idee habe ich dann noch einmal in dem Artikel „Asasel" des Neuen-Bibel-Lexikons mit fast den gleichen Worten und der gleichen Zurückhaltung zum Ausdruck gebracht: Asasel als dämonisches Wesen, „das Züge des ägypt. Gottes Seth als der Verkörperung des Bösen trägt und vielleicht auch in seiner Namengebung zum Ausdruck bringt"[3]. Da diese Vermutung eine mit erheblichem Einsatz geführte, aber durchaus spannende und bezeichnende Nachgeschichte gehabt hat und wohl auch weiterhin haben wird, sei es zunächst erlaubt, kurz den Vorstufen und Anfängen dieser religionsgeschichtlichen Hypothese einer qualifizierbaren Anbindung des Asasel-Kultes an ägyptische Vorstellungen nachzugehen, um dann die neueren Wege der Auseinandersetzung näher zu kennzeichnen und zu charakterisieren.

Nach der Entzifferung der Hieroglyphenschrift und dem Beginn der Ägyptologie als wissenschaftlicher Fachrichtung ist in einem erheblichen Ausmaß die Frage der Kompatibilität biblischer informationen mit transparenten Befunden aus der nunmehr zugänglichen Welt Ägyptens Gegenstand des Interesses gewesen. Seitdem sich schon in der vorausgehenden Zeit der kultur- und religionsgeschichtlichen Spekulationen vor allem J. Spencer im Schlussabschnitt seines bekannten Werks *De legibus Hebraeorum*[4] für eine Deutung des Asasel-Ritus auf dem Hintergrund ritueller Gepflogenheiten im alten Ägypten erklärt hatte, konnte dann u.a. E.W. Hengstenberg im Gefolge des bibelwissenschaftlichen Interesses an der erwachenden Ägyptologie die These aufstellen, der Asasel-Ritus sei in Kenntnis der ägyptischen *Typhonia sacra*, aber zugleich in polemischer Abgrenzung von diesen zu verstehen[5]. Auch W. Pleyte sieht eine Korrespondenz zu ägyptischem Brauch-

---

[1] M. Görg, „Asaselologen" unter sich – eine neue Runde? In: Biblische Notizen (= BN). Beiträge zur exegetischen Diskussion 80, 1995, 25-31.

[2] M. Görg, Beobachtungen zum sogenannten Azazel-Ritus, BN 33, 1986, 10-16 = Ders., ÄAT 11, 1991, 153-159.

[3] M. Görg, Asasel in M. Görg – B. Lang (Hg.) Neues Bibel-Lexikon, Lieferung 2, 1989, 181 (= NBL I, 1991, 181f.).

[4] J. Spencer, De legibus Hebraeorum ritualibus et earum rationibus libri tres. Editiotertia, Lipsiae MDCCV, 1425-1504.

[5] E.W. Hengstenberg, Die Bücher Mose's und Ägypten nebst einer Beilage: Manetho und die Hyksos, Berlin 1841, 179f.

IV. Geschichtsbilder

tum⁶, währen L. Diestel offenbar einer Verbindung des Asasel mit dem ägyptischen Seth-Typhon ablehnend gegenübersteht⁷. Für G.A. Frank Knight steht hinwieder die Anbindung an ägyptische Kultpraxis ausser Zweifel⁸. Dieser knappe Rückblick lehrt, dass die Kontroverse um die religionsgeschichtliche Beziehung in die Frühzeit der bibelwissenschaftlichen Orientierung an ägyptischem Matarial hinweist und schon deswegen nicht als eine künstliche und obsolete Problemsicht zu betrachten sein wird. Die Verwunderung über die somit erneut vorgebrachte These zugunsten einer ägyptogenen Gestaltwerdung des Asasel mag mit der langen Zeit der Abstinenz der Bibelwissenschaft von Rückfragen an ägyptische Vorgaben erklärbar sein.

Meine Erwägungen sind zunächst von B. Janowski in einer sehr aufmerksamen und eingehenden Weise referiert und diskutiert worden, wofür ich sehr dankbar bin, ganz ungeachtet der kritischen Stellungnahme und einer anderslautenden These, die Janowski schließlich vorgetragen hat⁹. Trotz der Auseinandersetzung im Detail, auf die ich nachher einzugehen gedenke, kann Janowski nicht umhin, einerseits zuzugestehen, dass mein Deutungsversuch „phonetisch vielleicht nicht unmöglich" sei¹⁰, andererseits zum Ende seiner Argumentation einzuräumen, dass meine „These" „nur unter der Voraussetzung Sinn" mache, „daß die Azazel-Gestalt mit dem ‚Sündenbock' zusammenzusehen" sei¹¹.

Allein diese beiden Einsichten sollten eine weitere Diskussion der Sache erwarten lassen. Dennoch nimmt der Prozess der Problembehandlung einen erstaunlichen Weg. Zunächst erhält der eben genannte Beitrag mit nahezu wörtlicher Wiederholung des bereits veröffentlichen Passus eine andere Gewichtung innerhalb einer von Janowski zusammen mit G. Wilhelm verantworteten Abhandlung¹², indem meine Erwägungen nunmehr als „These eines ägyptischen Ritualtyps" im Anschluss an die „These eines nomadischen Ritualtyps" klassifiziert werden und in Gestalt eines südanatolisch-nordsyrischen Ritualtyps" eine vermeintliche Alternative erhalten, zu deren Begründung Janowski sich diesmal einer ausführlichen, scheinbar unterstützenden Dokumentation G. Wilhelms vergewissern möchte. Auf diese Weise ist mein ohnehin mit Zurückhaltung¹³ vorgetragener Vorschlag

---

⁶ W. Pleyte, La Religion des Pre-Israelites, Leyden 1865, 154.

⁷ L. Distel, Set-Typhon, Asasel und Satan, in: Zeitschrift für die historische Theologie, 1860, 159ff., nach zustimmendem Hinweis in E.C.A. Riehm (Hg.), Handwörterbuch des Biblischen Altertums für gebildete Bibellese, Bielefeld und Leipzig 1884, 93.

⁸ G.A. Frank Knight, Nile and Jordan being The Archaeological and Historical Interrelations between Egypt and Canaan from the Earliest Times to the Fall of Jerusalem in A.D. 70, London 1921, 180f.

⁹ Vgl. B. Janowski, Azazel – Biblisches Gegenstück zum ägyptischen Seth? Zur Religionsgeschichte von Lev 16,10.21f. in E. Blum – Chr. Macholz – E.W. Stegemann, Die hebräische Bibel und ihre zweifache Nachgeschichte. Festschrift für Rolf Rendtorff zum 65. Geburtstag, Neukirchen-Vluyn 1990, 97-110.

¹⁰ Janowski, Azazel, 105.

¹¹ Janowski, Azazel, 107.

¹² B. Janowski – G. Wilhelm, Der Bock, der die Sünden hinausträgt. Zur Religionsgeschichte des Azazel-Ritus Lev 16,10.21f., in B. Janowski – K. Koch – G. Wilhelm (Hg.), Religionsgeschichtliche Beziehungen zwischen Kleinasien, Nordsyrien und dem Alten Testament. Internationales Symposion Hamburg 71.-21. März 1990, OBO 128, Freiburg Schweiz/Göttingen 1993, 109-169.

¹³ Die von mir geübte „Zurückhaltung" ist bei Janowski immerhin konstatiert worden, vgl. Janowski, Azazel, 105, bzw. Janowski-Wilhelm, Bock, 126.

einer gewissen Parallelisierung des Asasel mit dem ägyptischen Seth von beiden Seiten nicht nur eingerahmt, sondern sozusagen auch abgeschottet worden, so dass ihm nach Möglichkeit jede Wirkung verwehrt sein soll. Doch damit nicht genug. Ein dritter Schritt der allmählichen Ausgrenzung wird mit dem jüngsten Aufsatz Janowskis zum Thema Asasel greifbar[14], der die bereits vorgenommene Typisierung und Klassifizierung früherer Lösungsversuche, darunter auch meiner Idee, zunächst in lexikalischer Komprimiertheit blockartig voranstellt[15], um dann nochmals – zum drittenmal – die Auseinandersetzung mit meinem Vorschlag folgen zu lassen. In dem neugeschriebenen Vorbau wird ein knappes Referat geboten, das mit dem apodiktischen Urteil schließt, meine „These" sei „problematisch", weil sie „weder zur Perspektive von Lev 16 passt noch durch das beigebrachte ägyptische Vergleichsmaterial gestützt wird". Als Referenz gilt jetzt die obengenannte Gemeinschaftsarbeit von Janowski-Wilhelm[16]. Der vorläufig letzte Stand in dieser Rezeptionsgeschichte ist mit der englisch-sprachigen Fassung eben des zitierten Vorbaus in einem neuerschienenen Wörterbuch zu den Gottheiten und Dämonen in der Bibel markiert[17], wo nunmehr ein endgültiger Schlussstrich unter mein „thesis" gezogen werden soll: für „problematisch" steht jetzt „inacceptable"[18] da[19].

Welch geradezu faszinierende Wirkung diese sukzessive „Elimination" auf die wissenschaftliche Diskussion bereits zu einem früheren Stadium gehabt hat, lässt sich einem zur Asasel-Problematik erschienenen Beitrag von M. Loretz und O. Dietrich[20] ablesen. Nachdem Loretz selbst bereits früher eine eigene These zu Asasel mit Hilfe ugaritischen Textmaterials zu begründen versucht hat[21], die ich seinerzeit noch nicht eigens berücksichtigen konnte, die aber inzwischen von Janowski kritisch bedacht wurde[22], um freilich dann erneut verteidigt zu werden[23], können Dietrich-Loretz nunmehr auf eine Diskussion meiner Idee gänzlich verzichten. Dabei bedienen sie sich in ihrem Hinweis auf meine Erwägungen nicht etwa einer originalgetreuen Zitation, sondern bringen im Anschluss an Janowskis Kurzreferat eine nahezu sklavisch-wörtliche Wiedergabe der Formulierung Janowskis[24], die sich bis auf die indirekte Rede nicht unterscheidet und ohne Zitationsmerkmale auskommt. So schlimm muss es wohl um meine „These" bestellt sein, dass

---

[14] B. Janowski, Azazel und der Sündenbock. Zur Religionsgeschichte von Leviticus 16, 10.21f. in Ders., Gottes Gegenwart in Israel. Beiträge zur Theologie des Alten Testaments, Neukirchen-Vluyn 1993, 285-302.

[15] Janowski, Gegenwart, 285-290.

[16] Janowski, Gegenwart, 287.

[17] B. Janowski, Azazel, in: K. van den Toorn – B. Becking – P.W. van der Horst, Dictionary of Deities and Demons in the Bible (DDD), Leiden-New York –Köln 1995, 240-248.

[18] Janowski, Azazel (1995), 243.

[19] Ich stelle gern fest, dass die soeben erschienene 2. Auflage des genannten Lexikons unter dem Eintrag „Azazel" (128-131) in der Bibliographie auch die Publikation in BN 80 (1995) nennt, freilich mit einer (bezeichnenden?) Fehlzitation: statt „enge Runde" muss es „neue Runde" heißen.

[20] O. Loretz – M. Dietrich, Der biblische Azazel und AIT * 126, in: Ugarit-Forschungen 25, 1993, 99-117.

[21] O. Loretz, Leberschau, Sündenbock, Asasel in Ugarit und Israel, UBL 2, 1985.

[22] Vgl. Janowski, Bock, 132f.

[23] Dietrich-Loretz, Azazel, 103-105.

[24] Vgl. Janowski, Gegenwart, 287.

IV. Geschichtsbilder

man nicht einmal mehr zum Originalbeitrag greifen mag. So kann es nicht wundernehmen, wenn Dietrich-Loretz kategorisch feststellen: „Diese ägyptisierende Deutung wird mit einer Reihe von überzeugenden Einwänden falsifiziert, so daß sie im folgenden außer Betracht bleiben kann"[25].

Die sich alternativ gebenden Unternehmen stehen sich freilich gegenseitig im Wege. Hatte zunächst Janowski die Deutung von Loretz zurückgewiesen, sahen sich alsdann Dietrich-Loretz verpflichtet, die überaus angestrengten Expeditionen von Janowski-Wilhelm in die Welt der Hurriter einer empfindlichen Kritik zu unterziehen[26]. Da ist es natürlich interessant, die erneute Präsentation der eigenen Argumente von Dietrich-Loretz zu testen, die ihrerseits auf weitere Ausflüge ins Innere Vorderasiens verzichtet haben. Wie zwanghaft freilich das Koalitionsbedürfnis ist, lässt sich daran erkennen, dass es Dietrich-Loretz schließlich und endlich als „erfreulich" bezeichnen, dass am Ende der Untersuchung von Janowski-Wilhelm „letztlich nach allen historischen Umwegen über Nordsyrien und Anatolien doch noch die uneingeschränkte Anerkennung der biblischen Tradition des Dämons ‚Azazel' von Lev 16 steht"[27].

Die Geister scheiden sich bereits in der Auffassung der syntagmatischen Beziehung der Asasel-Vorkommen in Lev 16,8.10.26. Im Anschluss an H. Kaupel erklärt Janowski definitiv, dass „in Lev 16 nur das Forttreiben des lebendigen Bocks in die Wüste, nicht aber die Wüste als Aufenthaltsort Azazels erwähnt werde". Die Präposition $l=$ vor dem EN in 16,8.10 könne nur mit der Bedeutung „für" versehen werden, so dass in Analogie zur Wendung $l=YHWH$ „für JHWH" eine lokale Orientierung ausscheide. Hier haben Dietrich-Loretz immerhin den lexikalischen Sachverhalt klargestellt: von einer Ausgrenzung des lokalen Bezuges in der Verwendung der Präposition darf grundsätzlich keine Rede sein[28].

Aber auch von der Annahme einer Art Analogiezwang sollte man tunlichst Abstand nehmen. Die Orientierungsbreite im semantischen Feld von $l=$ darf auch in nächster Nachbarschaft nicht unzulässig eingeschränkt werden. Aber selbst wenn man der semantischen Engführung von $l=$ folgt und in allen Fällen „für" ohne lokalen Bezug verbindlich ansetzt, ist man doch überhaupt nicht genötigt, die Erwähnung Asasels so einzugrenzen und vom Kontext zu lösen, dass er nicht mehr zur folgenden Lokalangabe $mdbr=h$ „zur Wüste hin" in Relation zu bringen wäre. Der Kontext nennt jedoch eindeutig die Faktoren „Ziegenbock", „Wüste" und „Asasel" in einem syntaktischen Zusammenhang. Wer die Relevanz dieser syntaktischen Verbindung für die semantische Deutung leugnet, trägt allein die Beweislast. Alle anderslautenden Erwägungen dienen letztlich einer *petitio principii*.

---

[25] Dietrich-Loretz, Azazel, 99
[26] Dietrich-Loretz, Azazel, 102-103.
[27] Dietrich-Loretz, Azazel, 116.
[28] Vgl. Dietrich-Loretz, Azazel, 100f. mit Anm. 15.

Eine unvoreingenommene Sicht des Wortlauts muss zunächst von einer intendierten Zusammengehörigkeit der tragenden Elemente „Ziegenbock", „Wüste", „Asasel" ausgehen. Erst wenn eine eindringliche Bemühung um eine plausible Sinnträgerschaft zu keinem Erfolgt führt, kann man nach weiteren Hypothesen Ausschau halten, die freilich das Defizit der syntaktisch-semantischen Inkongruenz mit sich schleppen würden. Es muss zuallererst methodisch korrekt alles versucht werden, dem durch die Folge der Syntagmen indizierten Sinnzusammenhang auf die Spur zu kommen. So kann es nur darum gehen, Asasel einerseits als Orientierungsgestalt der Bestimmung des „Sündenbocks", andererseits als Figur im ‚Blickfeld' der Wüste näher bestimmen zu lassen. Andere Informationsquellen liefert das Alte Testament leider nicht.

Mit dieser formkritischen Grundentscheidung ist eine andere aus methodisch-kritischen Gründen verbunden. Die Autoren Janowski-Wilhelm, aber auch Dietrich-Loretz, nehmen eine Konsonantenmetathese in der Gestalt des EN an, freilich mit unterschiedlichen Intentionen oder schon eher Vorurteilen. Während Janowski-Wilhelm ein positives Verständnis des Ausdrucks *l='Z'ZL* mit der Herleitung aus angeblich vorausgehendem *l='ZZ'L* mit der supponierten Bedeutung „für (die Beseitigung) von Gotteszorn" verfolgen und damit nicht nur eine Metathese, sondern auch noch eine semantische Komplementierung mit fragwürdiger Basis in Kauf nehmen müssen (von der kontextuellen Problematik erst gar nicht zu reden), sprechen Dietrich-Loretz anstandslos von „der allgemein angenommenen Erkenntnis, dass *'z'zl* eine Kakophemie darstellt und auf *'ZZ'L* zurückgeht"[29]. Um aber – in Respekt vor den textkritischen Grundregeln – von der *lectio difficilior* abzuweichen, muss man doch wohl Argumente ganz anderen Kalibers einbringen. Bedarf es nicht aller Anstrengung, um eine geprägte, wenn auch aufs erste schwer verständliche Textgestalt eines Namens ausschließlich in ihrer überlieferten Fassung zu interpretieren? Auch hier trägt der Konstrukteur einer abweichenden Vorform die Beweislast.

Gleiches gilt von der zuletzt von Dietrich-Loretz revitalisierten Behauptung, dass der angehende Name „einem Namenstypus wie *rp''l* zuzuordnen" sei, woraufhin dann „angenommen" werden könne, dass das Element *il* ‚El, Gott' nahelege, ein Engel- oder Dämonenwesen *'zz'l* dem Kreis der höheren Wesen um El zuzuordnen und dass sich diese Schlussfolgerung an Hand ugaritischer Texte als bestens begründet erweisen lasse"[30]. Sind aber die beiden Grundpfeiler, nämlich der Emendationsversuch des EN sowie dessen angenommene Strukturanalogie von brüchiger Konstitution, fällt das ganze Gebäude mit seiner „Schlussfolgerung" wie ein Kartenhaus zusammen. Da helfen auch die schönsten ugaritischen Texte nicht weiter, zumal sie absolut nichts zum Verständnis der Koordination der tragenden Elemente in Lev 16,10.21ff. beizutragen vermögen. Ebenfalls rein imaginärer Natur sind Argumente, die mit einer temporären Beziehung daherkommen und entweder ein hohes Alter der Asasel-Gestalt als solcher (Janowski-Wilhelm) oder einen einschlägigen Konnex mit dem „ugaritisch-kanaanäischen Hintergrund der nachexil-

---

[29] Dietrich-Loretz, Azazel, 104.
[30] Dietrich-Loretz, Azazel, 104.

IV. Geschichtsbilder

ischen jüdischen Engel- und Dämonenlehre" (Dietrich-Loretz) empfehlen[31], zumal über die hier unterstellten Vermittlungsvorgänge für unseren Fall keine nachvollziehbaren Wege gewiesen werden.

Wenn also davon auszugehen ist, wie Janowski-Wilhelm immerhin unangetastet lassen, dass in „Lev 16,10.21ff die Aussendung des ‚Sündenbocks' mit der Azazel-Gestalt verbunden ist"[32], kann man nicht umhin, bei der Suche nach einer plausiblen Anbindung bei einer Vorstellung anzusetzen, die den Bock, die Wüste und einen mit Asasel vergleichbaren Adressaten als Konstituenten vorweisen können. Im ganzen Orient wie in Ägypten bietet sich kein anderer Vorstellungskomplex als derjenige um den Gott Seth an. Nur dort kommen die genannten Faktoren zur Geltung.

Hier ist nun der Ort, die scheinbaren Gegenargumente von Janoswki zu prüfen. Obwohl zugestanden wird, dass die Seth-Gestalt dem Deutungsmuster „Der Schuldiggesprochene gehört dorthin, wo die Schuld letztlich herstammt" entsprechen könne, gelte dies für die Asasel-Gestalt „kaum, weil es nicht zur Perspektive der Ritualüberlieferung von Lev 16 passt: ‚schuldig' ist dort nicht Azazel, sondern Israel, dessen Schuld mittels eines rituellen Unheilträgers, des ‚Sündenbocks' (und nicht Azazels!) aus der Gemeinschaft eliminiert wird". Hier ist die *petitio principii* besonders augenfällig, dass die künstliche Differenzierung an den Gegebenheiten der Seth-Vorstellungen vorbeigeht. Wenn Janowski trotz des einschlägigen Wortlauts defacto eine Eliminierung des Asasel aus dem Kontext verfolgt und die enge Verbindung mit „Sündenbock" und „Wüste" neutralisiert, kommt aber nicht mehr in den Blick, dass gerade bei den jüngeren Seth-Vorstellungen die Seth-Gestalt die beiden Elemente „Ziegenbock" und „Wüste" assoziieren lässt. Ägypten lädt seine Verschuldung auf Seth in Verbindung mit dem Ziegenbock ab, Seth wird und bleibt der eigentliche „Sündenbock": „In general, we may observe in the Egyptian cult an increasing need to assign a permanent abode to evil. The Egyptians, captive to a glorious but crushing tradition, as is evident in the Saite renaissance, could not do without a scape-goat. No longer would they admit their own negative qualities, integrate them and so rob them of their dangerous potentiality. Their own negative aspect was now violently disowned, cut off, castrated and thrown out to the far country of the Asiatics. That which had been their own became there perverted into something foreign, into rampant destructiveness: into evil"[33].

Der "Ziegenbock" ist dasjenige Tier, das in bevorzugter Weise als "Abbild des Seth" gilt[34]. Im ägyptischen Ritualwesen wird zunächst durch die Schlachtung und Verbrennung des Opfertiers eine Vernichtung des Bösen intendiert, so dass das Opfer des Ziegen-

---

[31] Vgl. dazu die Kritik von Janowski-Wilhelm, Bock, 133, die freilich aus begreiflichen Gründen den fehlenden Kontextbezug nicht eigens thematisiert.

[32] Janowski-Wilhelm, Bock, 132.

[33] H. te Velde, Seth, God of Confusion. A Study of his Role in Egyptian Mythology and Religion (Probleme der Ägyptologie 6), Leiden 1977, 67.

[34] Hierzu vgl. vor allem die wegweisende Abhandlung von H. Kees, Bemerkungen zum Tieropfer der Ägypter und seiner Symbolik, in: Nachrichten der Akademie der Wissenschaften in Göttingen, Phil.-Hist. Kl. 1943, Nr 11, 55-88.

bocks in die Reihe der „Vernichtungsrituale"³⁵ gehört. Bereits in Ägypten können aber die Schlachtopfer auch zu fiktiven Brandopfern umfunktioniert werden³⁶. In Lev 16 liegt bestenfalls eine Anspielung auf den Ritus vor, die mit der Vorstellung einer Vertreibung des schuldhaften Ziegenbocks für und zu Asasel operiert.

Ein weiterer Kritikpunkt betrifft meine Hinzuziehung eines bestimmten hymnischen Textes aus der Ramessidenzeit (pAnastasi II,6,7, papBologna 1094:2,6f.), wonach Amun als Richter „den Schuldigen (ʿḏꜣ) dem ‚Osten' (ḫʿw), den Gerechten aber dem Westen" zuweist. Nach Janowski hätte ich hier den Ausdruck ḫʿw mit der zitierten Wiedergabe ‚East?' uminterpretiert zu „östliche Wüstenregion" unter „Verwechslung von ḫʿ ‚Aufgang (sc. der Sonne) > Osten' mit der östlichen, negativ qualifizierten Wüstenregion"³⁷. Von Umdeutung oder Verwechslung kann aber überhaupt keine Rede sein, so dass hier zu emsig zwischen den Zeilen gelesen worden ist. Mein Zitat des hymnischen Schultextes sollte zunächst der Einsicht dienen, dass der Weltengott als Richter das Böse in den „Osten" vertreibt und dann der virulenten Vorstellung, dass die „Schuld" im Osten, d.h.im asiatischen Raum zu platzieren ist. Der zweifellos „mythopoetische"³⁸ Ausdruck ḫʿw steht doch offensichtlich in Antithese zu jmnt.t, d.h. dem „(schönen) Westen" und ist von der politischen Dimension des sich sukzessiv entfaltenden „Ost-West-Gegensatzes" untrennbar. Schon im Mittleren Reich kann der „Herr der östlichen Wüste" in Seth-Gestalt auftreten³⁹. Der Horusmythos von Edfu stellt den vorläufigen Höhepunkt einer Entwicklung dar, die Seth in die östliche Wüste verbannt. Von der nachramessidischen bis in die persische Zeit ist der asiatische Raum, dessen bedrohliches Potential traditionsgemäß durch die Ostwüste in die Lebenswelt der Ägypter eingetreten ist, der besondere Ort des Seth als der Verkörperung des Unheils⁴⁰. Der Mythos steht hier wie so oft in Relation zu den politischen Prozessen. Die endgültige Verfemung des Seth wohl ab der zweiten Hälfte des 7. Jh. läßt auch die östliche Wüste als Sphäre der Bedrohung im Bewußtsein.

Bleibt nur noch der Name „Asasel". Hier möchte Janowski offenbar den Eindruck erwecken, als sei mein Erklärungsversuch mit den Elementen ʿḏꜣ und dr/l und der Bedeutung „der beseitigte bzw. ferngehaltene Schuldige", „ein wenig abenteuerlich" und allzu willkürlich aus ägyptischem Sprachmaterial kompiliert⁴¹. So sei der Ausdruck ʿḏꜣ dem zitierten Hymnus entnommen. Es sei mir hier aber erlaubt, auf die breite Bezeugung dieses Ausdrucks für den „Schuldigen" in ägyptischen Texten zu verweisen⁴². Zur weiteren

---

³⁵ Vgl. S. Schoske, Vernichtungsrituale, in: Lexikon der Ägyptologie VI, 1986, 1009-1012.
³⁶ Vgl. dazu Kees, Tieropfer, 86.
³⁷ Janowski, Azazel, 106 mit Anm. 48.
³⁸ So Janowski, Azazel, 106, mit Recht im Anschluss an S. Morenz, Rechts und links im Totengericht, in: Ders., Religion und Geschichte des Alten Ägypten. Gesammelte Aufsätze, Köln-Wien 1975 (281-294), 283.
³⁹ Vgl. dazu u.a. H. Kees, Kultlegende und Urgeschichte. Grundsätzliche Bemerkungen zum Horusmythos von Edfu, Göttinger Gesellschaft der Wiss., Nachrichten, Phil.-Hist. Kl. 1930, Heft 3 und 4 (65-82), 76.
⁴⁰ Vgl. dazu u.a. Kees, Kultlegende, 77f. G. Soukassian, Une étape de la proscription de Seth, in: Göttinger Miszellen. Beiträge zur ägyptologischen Diskussion 44, 1981, 59-68.
⁴¹ Janowski, Azazel, 105.
⁴² Eine breitangelegte und ausführliche Dokumentation der Vorkommen bietet R. Parant, Recherches sur le droit penal égyptien. Intention coupable et responsabilité penale dans l'Égypte du IIᵉ millenaire, in: Le droit

IV. Geschichtsbilder

Verdeutlichung sei darauf aufmerksam gemacht, daß Seth selbst als der ⁽d3, d.h. der „Schuldige" schlechthin gilt. Das Göttergericht in der ramessidischen Erzählung von Horus und Seth erklärt ausdrücklich[43]:

m3⁽tj Ḥr ⁽d3 Stj
„Gerecht ist Horus, schuldig ist Seth"!

Für das zweite Element *dr/l* verweise ich auf die seit den Pyramidentexten geprägte Bannerterminologie[44]. Im übrigen erinnert die Namenstruktur formal an Fremdwortkombinationen und Univerbierungen im Hebräischen wie bei den fünfradikalen Lexemen *mḥps* (Ex 16,14)[45] und *š⁽ṭnz* (Lev 19,19; Dt 22,11)[46]. Was somit an der von mir nach wie vor für vertretbar gehaltenen Etymologie von 'ZZ'L „abenteuerlich" sein soll, vermag ich nicht einzusehen. Ganz am Rande sei auch darauf aufmerksam gemacht, daß das Ritualgesetz in Lev 16 noch weitere zewifelsfrei ägyptische Fremdwörter wie z.B. 'abneṭ „Gürtel"[47] (V.4) aufweist.

Erst nach dieser konsequenten Spurensuche im Bereich von Vorstellungen, die der priesterschriftlichen und nachpriesterschriftlichen Autorenschaft zeitgeschichtlich und räumlich ungleich näherliegen als jede andere aus dem vorderasiatischen Raum, kann die Exegese der Asasel-Notizen von Lev 16 weitergeführt werden. Das Spezifikum dieser innerbiblischen Reflexion liegt m.E. darin, im Rahmen des monotheistischen Systems dem *mysterium iniquitatis* nachzugehen. „Asasel" ist eine literarische Figur mit mythologischem Hintergrund, wie sie auf ihre Weise etwa der „Maschchit" (Ex 12,23)[48] oder der „Satan" (Sach 3,1f; Ijob 1,6 u.ö.)[49] darstellen, sein „Ritual" der Versuch zur theologischen „Verortung" der Schuld, die in der deuterojesajanischen Prädikation JHWHs als des „Schöpfers von Unheil" (Jes 45,7) eine deutliche Zuspitzung findet. Nur unter dieser Perspektive läßt sich m.E. plausibel machen, weshalb Asasel formal im präpositionalen Ausdruck mit JHWH parallelisiert wird. Asasel ist weder ein simpler „Kakodämon" noch als Anti-Gott der schlechthinnige Widersacher JHWHs. Auch Seth war zunächst bekanntlich nicht die exklusive Verkörperung des Bösen[50]. Die Beziehung Asasel-Seth ist daher nach wie vor gut vertretbar.

égyptien ancien. Colloque organize par l'Institut des Hautes Études de Bélgiques 18 et 19 mars 1974, Bruxelles 1974, 25-55.

[43] Horus und Seth 13,1 und 2; vgl. A.H. Gardiner, Late-Egyptian Stories, Bibliotheca Aegyptiaca 1, Bruxelles 1932, 54, Z.9-11.

[44] Vgl. etwa Pyr 235a und dazu K. Sethe, Übersetzung und Kommentar zu den Altägyptischen Pyramidentexten, I, 2. Auflage, Hamburg 1962, 204. Te Velde, Seth, 93.

[45] Vgl. dazu M. Görg, Ägyptologische Marginalien zur Deutung des Vokabulars in Ex 16,14, in: P. Maiberger, Das Manna. Eine literarische, etymologische und naturkundliche Untersuchung, ÄAT 6/1, Wiesbaden 1983, 320-322.

[46] Vgl. dazu M. Görg, Eine rätselhafte Textilbezeichnung im Alten Testament, BN 12, 1980, 13-17 (= ÄAT 11, 1991, 132-136); HALAT 1487.

[47] Vgl. dazu Th.O. Lambdin, Egyptian Loan Words in the Old Testament, JAOS 73, 1953, 146.

[48] Vgl. dazu M. Görg, *Paesaḥ* (Pascha): Fest des „schlagenden" Gottes?, BN 43, 1988, 7-11.

[49] Vgl. dazu M. Görg, Der „Satan" – der „Vollstrecker" Gottes, BN 82, 9-12.

[50] Vgl. neben Te Velde, Seth, u.a. J. Zandee, Seth als Sturmgott, in: Zeitschrift für Ägyptische Sprache und Altertumskunde 90, 1963, 133-156. E. Hornung, Seth. Geschichte und Bedeutung eines ägyptischen Gottes, in: Symbolon, NF 2, 1975, 49-63.

V. Glaubensbilder

Vom Wehen des Pneuma

Die Verwendungsweise des Ausdrucks πνευμα in Joh 3,8 scheint angesichts der sonstigen Semantik des Wortes im vierten Evangelium singulär zu sein, da die hier naheliegende Bedeutung „Wind" mit der dominanten Sinngebung „Geist" auf den ersten Blick nicht kompatibel ist. So hat denn u.a. auch die verbreitete „Einheitsübersetzung" des NT nur an dieser Stelle die Wiedergabe „Wind" gewählt, obwohl das gleiche Lexem im unmittelbaren Kontext (V.5f.8b) mit der Bedeutung „Geist" übersetzt wird. Anmerkungsweise wird immerhin auf die beidseitige Identität des Lexems im Griechischen aufmerksam gemacht.

Natürlich haben die großen Kommentare das Problem der semantischen Zweideutigkeit wahrgenommen. So erkennt etwa R. Bultmann einen „Vergleich": „wie der Wind ungreifbar ist und man seinen Ausgang und sein Ziel, sein Woher und Wohin, nicht kennt, und wie man doch seine Wirklichkeit nicht leugnen kann, so steht es auch mit dem, der aus dem Geist geboren ist"[1]. Mit ausdrücklichem Hinweis auf die „doppelte Bedeutung von רוּחַ – πνευμα will R. Schnackenburg ein „kleines Gleichnis" erkennen, dessen „Kerngedanke" sei: „Auch der Wind *bleibt nach* seinem Ursprung und Ziel geheimnisvoll und ist doch eine Realität, in seinem Rauschen (seiner ‚Stimme') vernehmbar, an seinen Wirkungen erkennbar". So verhalte es sich auch bei dem „Geistgezeugten": „Herkunft und Ziel der verliehenen Gotteskräfte, Wesen und Art des Vorgangs sind göttlichgeheimnisvoll; aber diese Kräfte sind da, der göttliche Geist wirkt in ihm"[2]. Der „Vergleich" bildet nach F. Porsch einen „guten Übergang von der natürlichen Ebene zur übernatürlichen"[3]. Porsch möchte aber auch nicht ausschließen, daß „ein allegorischer Gebrauch (also ein Doppelsinn) vorliegt, wie manche meinen"[4]. J. Kremer will nicht nur in Joh 3,8, sondern auch Hebr 1,7 und 2 Thess 2,8 „die allg. Bedeutung (mächtiger Wind/Hauch)" ansetzen, um dieser jedoch zu attestieren, sie weise „eine Nähe zu der Bedeutung Gott bzw. Engel auf"[5].

Den unbefriedigenden Befund einer divergierenden Übersetzung des gleichen Lexems in Joh 3 hat erst unlängst G. Schwarz zum Anlaß genommen, auch für unsere Stelle die Bedeutung „Geist" zu veranschlagen, da man sonst sehr wohl über Herkunft und Ziel eines „Windes" Bescheid wisse, wie das „Lehrgedicht" Lk 12,54-56 beweise[6]. Schwarz möchte daher folgende Wiedergabe empfehlen:

> „Der Geist inspiriert, wo er will;
> es ist nur seine Stimme, die du hörst.

---

[1] R. Bultmann, Das Evangelium des Johannes, Göttingen 1962, 101.
[2] R. Schnackenburg, Das Johannesevangelium 1 (Kap.1-4), Freiburg-Basel-Wien 1965, 387.
[3] F. Porsch, Pneuma und Wort. Ein exegetischer Beitrag zur Pneumatologie des Johannesevangeliums (Frankfurter Theologische Studien 16), Frankfurt 1974, 100 mit Hinweis auf Bultmann, Schnackenburg u.a
[4] Porsch, 1974, 100, Anm. 94 mit Hinweis auf Cullmann u.a.
[5] J. Kremer, πνευμα, in: EWNT 111, 1992, 282.
[6] Vgl. G. Schwarz, „Der Wind weht, wo er will"?, BN 63, 1992, 47f.

V. Glaubensbilder

    Aber du weißt nicht, woher er kommt,
        und du weißt nicht, wohin er geht"[7].

Die Orientierung am griechischen Wortlaut läßt uns allerdings weiterhin fragen, ob ein Pendelschlag zu anderen Seite hin, d.h. zur Herausstellung einer Identität der Bedeutungslage verbunden mit einer verbalen Anpassung („inspirieren") eine überzeugendere Lösung darstellt, so sehr man anerkennen möchte, daß der Ausdruck πνευμα im ganzen Kapitel gleichermaßen übersetzt wäre.

Es sei hier vorgeschlagen, mit Schwarz bei einer gleichbleibenden Wiedergabe des Lexems πνευμα zu bleiben, die anschließenden Funktionsaussagen jedoch auf der metaphorischen Ebene zu belassen, der sie unzweifelhaft zugehören. Es geht um das unbegreifliche „Wehen" des Geistes Gottes.

Zur näheren Erläuterung der Diktion soll der phraseologische Hintergrund erneut ins Gespräch gebracht werden. Es genügt nämlich nicht, lediglich auf angebliche inhaltliche Entsprechungen u.a. innerhalb des AT (so etwa Koh 11,5 Spr 30,4) oder in der griechischen Klassik (etwa Xen. Mem. IV, 3,14) hinzuweisen, da hier keinerlei formale Verwandtschaft auszumachen ist.

Bultmann hat immerhin erkennen wollen, daß „eigentümliche Parallelen" zur „Formel" in 3,8 in der patristischen Literatur (Ignatius, Clemens Al.) nicht von Joh 3,8 abhängig seien, sondern als Formulierungen gnostischer Herkunft zu deuten seien. Daraus folgert er: „Daß Joh 3,8 auf gnost. Tradition zurückgeht, dürfte also klar sein"[8]. Auch H.-M. Schenke verweist zu Joh 3 auf „den gnostischen Hintergrund der johanneischen Christologie", wobei das „interessante Phänomen" begegne, daß „nicht die gnostische Erlöser-Vorstellung, sondern die gnostische Anthropologie (die ja aber in der Gnosis ganz eng mit der Erlöser-Vorstellung zusammenhängt) die johanneische Christologie bestimmt"[9]. Wenn aber der Blick auf die Gnosis gerichtet ist, muß es legitim sein, auch die Vorstufen gnostischer Spekulationen in Ägypten im Auge zu behalten.

Von einer „Formel" in 3,8 sollte erst dann gesprochen werden, wenn sich eine charakteristische Entsprechung in anderen Literaturen findet. Formelhaft ist hier speziell die Rede von der Erfahrungsdimension des Pneuma. Schon der Ägyptologe K. Sethe[10] hat eine Verwandtschaft zwischen Joh 3,8 und einer Formulierung aus dem Großen Amuns-Hymnus vom Dariustempel in der Oase El-Hibe (Dachla) erkannt:

---

[7] Schwarz, 1992, 48. Nach Schwarz ist dies der „aufgrund einer Rückübersetzung ins Aramäische gewonnene Wortlaut", eine problematische Rekonstruktion, die hier nicht zur Debatte stehen soll.

[8] Bultmann, 1962, 102, Anm. 1.

[9] H.-M. Schenke, Die neutestamentliche Christologie und der gnostische Erlöser, in: H. Tröger (Hg.), Gnosis und Neues Testament. Studien aus Religionswissenschaft und Theologie, Gütersloh 1973, 205-229, hier 227.

[10] K. Sethe, Amun und die acht Urgötter von Hermopolis. Eine Untersuchung über Ursprung und Wesen des ägyptischen Götterkönigs, Berlin 1929, 96 mit Anm. 2.

„Man hört seine Stimme, aber kann ihn nicht sehen"[11].

Die hier in einem perserzeitlichen Hymnus enthaltene Phrase charakterisiert den Hochgott Amun, der als „Gott des Lufthauches" und als „Geis" verehrt wird[12]. S. Morenz hält den „äg. Einfluß auf 3,81" unter Berufung auf Sethe für „fast zwingend" nachweisbar[13].

Wie schon Sethe notiert hat, erscheint die nach ihm „fast wie eine Formel" anmutende Formulierung in ihrer ägyptischen Fassung *sḏm-tw ḫrw-f n m3-tw-f* ebensogut in Anwendung auf den mit Amun verwandten Luftgott Schu, und zwar im Tempel von Kom Ombo, wo der Gott Haroeris als Erscheinungsform des Schu verehrt wird[14]. Dazu bemerkt A. Gutbub: „Si Sethe a rapproché le verset de Jean 3,8 pour la formule du souffle dont on entend la voix sans le voir, il est certain que le rapprochement pour notre passage de οπον δελει est encore plus significatif, surtout qu'il s'agit dans nos textes de Kom Ombo d'une prise de possession par le Ba (voir aussi la conception du dieu fils par le dieu Chou souffle dans le mammisi). On voit ainsi se développer une notion très originale du dieu de l'air"[15].

Dazu begegnet die Phrase – wiederum bereits nach Sethe – im ptolemäerzeitlichen Tempel des Ptah in Karnak, wo sie auf den mit Amun gleichgesetzten Gott Ptah-Tatenen[16] übertragen wird, sowie in dem Tempel von Edfu, wo sie dem Hochgott Horus mit den Eigenschaften des Schu zugesprochen wird[17].

Für Kenner der Verhältnisse ist es unnötig zu betonen, daß wir es bei den Formelbelegen nicht nur mit Wendungen zu tun haben, die um Jahrhunderte oder gar Jahrtausende von der Zeit der Entstehung des Joh entfernt sind, sondern um Inschriften der *griechisch-römischen Zeit* Ägyptens. Selbst der Tempel mit den spätesten Inschriften, der Tempel von Esna, kennt folgende Verherrlichung des Ortsgottes Chnum, in die Prädikationen des Amun eingegangen sind:

> "Le dieu de vie, qui fait vivre toute chose
> Eau et Air sont enfermés dans son poing,
> il en donne à qui lui plait,
> de sorte que tout ventre est courbé devant lui.
> Il donne fils et fille à toute narine.

---

[11] Wiedergabe hier nach J. Assmann, Ägyptische Hymnen und Gebete, Zürich-München 1975, 293.

[12] Vgl. dazu Sethe, 1929, 90ff. bzw. 109ff.

[13] S. Morenz, Ägypten und die Bibel, in RGG³ I, 117-121, hier 121. Zur Rolle des Götterkönigs Amun als „Gott der bewegten Luft, des Windes" vgl. auch S. Morenz, Ägypten und die altorphische Kosmogonie, in: Ders., Religion und Geschichte des alten Ägypten. Gesammelte Aufsätze (hg. von E. Blumenthal und S. Herrmann unter Mitarbeit von A. Onasch), Köln-Wien 1975, 452-495, hier besonders 475f.

[14] Vgl. Sethe, 1929, 98f.108.

[15] A. Gutbub, Textes fondamentaux de la théologie de Kom Ombo, Le Caire 1973, 283f.

[16] Zur Verbindung des Amun mit Tatenen vgl. u.a. M. Sandman-Holmberg, The God Ptah, Lund 1946, 166ff. H.A. Schlögl, Der Gott Tatenen. Nach Texten und Bildern des Neuen Reiches (OBO 29), Freiburg/Schweiz-Göttingen 1980, 75-78.

[17] Beide Hinweise mit Stellenangaben bei Sethe, 1929, 99. Vgl. dazu auch Gutbub, 1973, 282.

Il est loin des visages,
   mais perceptible à l'oreille de multitudes entières,
      sans pourtant qu'on puisse connaître son aspect physique"[18].

R. Reitzenstein hat seinerzeit bekanntlich auf die ägyptischen Prädispositionen aufmerksam gemacht, die der hermetischen Gnosis innewohnen, aber auch im Johannes-Evangelium spürbar sein sollen[19]. Mit gutem Grund hat er dabei auf das Gewicht der geprägten Formen hingewiesen: „Wort und Formel üben ihren eigenen Zwang, der sich im Fortschritt der Zeit und in der allmählichen Ausgestaltung der Lehre verstärkt". Gerade für Joh 3 ist eine Beziehung zur hermetischen Gnosis und damit auch zum Formelgut spätägyptischer Theologie wahrscheinlich gemacht worden, wobei die Textfunde von Nag Hammadi eine entscheidende Rolle gespielt haben[20], so daß es nicht wundernehmen muß, wenn sich die Phrase vom Wehen des Pneuma in den Bahnen bewegt, die die ägyptische Vorstellung von der geheimnisvollen Kraft des göttlichen Geistes vorgezeichnet hat.

---

[18] Nach S. Sauneron, Les Fêtes religieuses d'Esna aux derniers siècles du paganisme, Le Caire 1962, 220f.

[19] R. Reitzenstein, Poimandres. Studien zur griechisch-ägyptischen und frühchristlichen Literatur, Leipzig 1904 (Nachdruck: Darmstadt 1966), 244ff. Vgl. auch M. Krause, Ägyptisches Gedankengut in der Apokalypse des Asclepius, ZDMG Suppl. 1, 1969, 48-57. K.-W. Tröger, Die hermetische Gnosis, in: K.-W. Tröger (Hg.), Gnosis und Neues Testament. Studien aus Religionswissenschaft und Theologie, Gütersloh 1973, 97-119. M. Krause, Das christliche Alexandrien und seine Beziehungen zum koptischen Ägypten, in: Alexandrien. Kulturbegegnungen dreier Jahrtausende im Schmelztiegel einer mediterranen Großstadt (Aegyptiaca Treverensia 1), Mainz 1981, 53-62.

[20] Vgl. auch R. Kuntzmann - J.-D. Dubois, Nag Hammadi. Évangile selon Thomas. Textes gnostiques aux origines du christianisme, Saint-Etienne 1987, 162f. Zur kritischen Begegnung mit der Gnosis im Joh vgl. auch K.M. Fischer, Der johanneische Christus und der gnostische Erlöser, in: K.W. Tröger (s. Anm. 19), 1973, 245-266. Zur Rechtfertigung Reitzensteins durch die Funde von Nag Hammadi vgl. u.a. W. Ullmann, Apokalyptik und Magie im gnostischen Mythos, in: K.-W. Tröger (Hg.), Altes Testament – Frühjudentum – Gnosis. Neue Studien zu „Gnosis und Bibel", Gütersloh 1980, 169-194, bes. 171. Zum gnostischen „Synkretismus" als ein altägyptisches Erbe vgl. M. Krause, Christlich-gnostische Texte als Quellen für die Auseinandersetzung von Gnosis und Christentum, in: M. Krause (ed.), Gnosis and Gnosticiam. Papers read at the Eighth International Conference on Patristic Studies (Nag Hammadi Studies XVII), Leiden 1981, 47-65, bes. 48f. Zu den methodischen Problemen bei der Identifikation altägyptischer Ströme in der Gnosis vgl. u.a. auch R. McL. Wilson, Gnostic Origins. An Egyptian Connection, in: M. Görg, Religion im Erbe Ägyptens. Beiträge zur spätantiken Religionsgeschichte zu Ehren von Alexander Böhlig (ÄAT 14), Wiesbaden 1988, 227-239.

Die „Heilige Familie"

Zum mythischen Glaubensgrund eines christlichen Topos*

Nach einer neueren Charakteristik im jüngsten Wörterbuchartikel zum Stichwort „Heilige Familie" gehört das seit dem Jahre 1893 offiziell zugelassene, zwischenzeitlich aus dem Festkalender gestrichene (1911), dann 1920 auf den 3. Sonntag nach Epiphanie und 1970 auf den Sonntag in der Weihnachtsoktav verlegte „Fest der Heiligen Familie" zu den „Ideenfesten, die kein Ereignis der Heilsgesch(ichte), sondern nur einen Frömmigkeitsaspekt zum Inhalt haben und daher nicht in den universalen Kalender gehören"[1]. Dieses doch recht deutlich eliminierende Urteil spricht der im Abendland immerhin anscheinend seit dem 11. Jh. tradierten Vorstellung eine Dignität ab, die seine Aufnahme in die kirchlichen Gedächtnisfeiern des Kirchenjahres hätte legitimieren können. Das Fest soll näherhin deswegen keinen Platz im liturgischen Festkalender verdienen, weil es keine heilsökonomische Relevanz habe, ohne daß klar erkennbar würde, weshalb nicht auch die Überlieferung von Eigenart und Schicksal dieser „Familie" ein Spiegelbild von ‚Heilsgeschichte' sein könnte, wie man diesen Begriff auch immer definieren mag. Zugleich fragt es sich, weshalb ein vermeintlich „nur" frömmigkeitsbezogener Gesichtspunkt sozusagen von Natur aus keine Chance haben darf, in das Gesichtsfeld einer liturgischen Erinnerung an die ‚Heilstaten' Gottes am Menschen einbezogen zu werden.

Die knappe Darstellung im Rahmen eines Wörterbuchartikels bringt notwendigerweise die Ausklammerung mancher Aspekte mit sich. Dennoch möchte man gern wissen, warum die liturgische Praxis im ökumenischen Bereich nicht eigens bedacht worden ist. Die „Heilige Familie" ist bekanntlich in der koptischen Kirche mit ihren diversen Verzweigungen ein zentrales Objekt der Verehrung, ohne das die koptische Liturgiegeschichte nicht auskommt. Die zahlreichen Besucher von Alt-Kairo, dort vielfach erstmals mit der koptischen Kirche konfrontiert, besichtigen u.a. die Kirche des heiligen Sergius, die als die wohl älteste Kirche daselbst nach dem Volksglauben an der Stelle des Aufenthalts der Heiligen Familie in „Babylon" d.h. dem alten Kairo errichtet ist. O. Meinardus beginnt seine Ausführungen zu „Christianity in Egypt" nicht ohne Grund mit dem Urteil: „The flight of the Holy Family to Egypt is both a significant and a living tradition for the people of this land"[2]. Auf die in Mt 2,13 überlieferte „Flucht nach Ägypten" rekurriert ein wichtiges Fest der koptischen Liturgie, das sowohl in der Hymnensammlung „Difnar" wie auch im „Synaxarion", d.h. dem alexandrinischen Martyrologium, genannt wird[3]. Das Koptentum legt dazu großen Wert auf die Tradierung der verschiedenen Stationen des

---

* Ich widme diesen Beitrag dem langjährigen Freund sowie Begleiter in Bamberg und – nicht zuletzt – auf einer unvergessenen Reise in Ägypten.

[1] K. Richter, Art. Familie, heilige, in: Religion in Geschichte und Gegenwart, 4. Auflage, Band 3, Tübingen 2000, 25.

[2] O.F.A. Meinardus, Christian Egypt Ancient and Modern, Second revised Edition, Cairo 1977, 1.

[3] Vgl. dazu den Artikel von Bischof Gregorios, Flight into Egypt, in: A.S. Atiya (Hg.), The Coptic Encyclopedia, New York, NY, 1991, 1117f.

Aufenthalts der heiligen Familie, die vor allem das Deltagebiet erfassen, aber bis nach Oberägypten nachweisbar sein sollen[4]. So mag es auch als eine legitime Rückfrage im Interesse an einer ökumenischen Begegnung mit der koptischen Kirche erscheinen, wenn dem augenfälligen und charakteristischen Phänomen der Verehrung der Heiligen Familie im Koptentum mehr als eine lokale Qualifizierung zuerkannt werden könnte.

Natürlich möchte sich die ägyptische Lokaltradition auf den biblischen Grundtext berufen, dessen Auslegung wie in den östlichen Exegesen üblich keiner historisch-kritischen oder gar literaturwissenschaftlichen Sichtung unterliegt. So kann der koptische Interpret kein Interesse daran haben, die angenommenen historischen Grundlagen auf irgendeine Weise in Frage zu stellen oder stellen zu lassen, muß er doch befürchten, einen vermeintlich wesentlichen Aspekt seiner Legitimation in der Kontinuität seit den Tagen der Urkirche aufs Spiel zu setzen. Dennoch ließe sich versuchen, die nun einmal gegebene Traditionslinie im Koptentum zu respektieren und zugleich auf ihre wirklich maßgebenden Wurzeln zu prüfen, um so auch eine Brücke zur kritischen Analyse des biblischen Basistextes schlagen zu lassen.

Die neuere Kommentarliteratur[5] ist sich darin einig, daß der einschlägige Text Mt 2,13-15 eine Kurzerzählung bietet, die gewisse Beziehungen zur Kindheits- bzw. Fluchtgeschichte des Mose (vgl. Ex 2) aufweist, ohne daß eine detaillierte Abhängigkeit zu notieren wäre. Auch mit Anspielungen an die Tradition vom Zug Jakobs nach Ägypten (vgl. Gen 46,2-7) wird gerechnet, obwohl auch hier Differenzen greifbar sind. Angesichts der bestehenden Unterschiede zur Mose- oder Jakob-Haggada verbleibt man bei einer Positionierung der Geschichte im Bereich der frühchristlichen Legendenbildung[6], der eine gewisse historische Anknüpfung nicht versagt werden könne, da auch rabbinische Quellen von einem Ägyptenaufenthalt Jesu gewußt hätten. In seiner Schrift des Origenes gegen Celsus (I, 28) und in der frühen rabbinischen Literatur wird das Wirken Jesu als Wundertäter auf eine Art Lehrzeit in den Zauberkünsten der Ägypter zurückgeführt[7], was freilich noch nicht auf eine historisch greifbare Präsenz Jesu in Ägypten schließen läßt.

Entscheidend ist indessen die theologische Gewichtung, die aufgrund des Zitats aus dem Buch des Hosea 11,1 („Aus Ägypten habe ich meinen Sohn gerufen") an eine Zuordnung Jesu zum Erfahrungspotential Israels denkt: „In Jesus wiederholt und vollendet sich der Auszug aus Ägypten"[8]. Schon diese nicht nur originelle Beziehung Jesu zur Herkunftstradition seines Volkes, zur Einbindung in das identitätsstiftende Grundbekenntnis des

---

[4] Vgl. dazu O.F.A. Meinardus, In the Steps of the Holy Family from Bethlehem to Upper Egypt, Cairo 1963. Ders., Egypt, 606-649. Ders., Auf den Spuren der Heiligen Familie von Bethlehem nach Oberägypten, Koblenz 1978. Gregorios, Flight, 1118.

[5] Vgl. vor allem U. Lutz, Das Evangelium nach Matthäus (Evangelisch-katholischer Kommentar zum Neuen Testament 1), Zürich-Einsiedeln-Köln 1985, 127f.

[6] Vgl. dazu u.a. E. Landolt, Legenden um die Flucht nach Ägypten, in: Sandoz Bulletin 36, 1974, 23-44.

[7] Vgl. dazu u.a. E. Hornung, Das esoterische Ägypten. Das geheime Wissen der Ägypter und sein Einfluß auf das Abendland, München 1999, 82 mit dem weiteren Hinweis auf M. Smith, Jesus der Magier, München 1981, der ein Nachwirken ägyptischer Zaubertexte in den Evangelien erkannt und vermutet habe, die Fluchtperikope wende sich gezielt gegen die außerchristlichen Legenden.

[8] Lutz, Evangelium, 129.

Judentums macht Überlegungen darüber unabweislich, ob nicht gerade auch der Weg der „Heiligen Familie" als einer Art Analogon zur Größe Israel ein Stadium der Heilsgeschichte abbilden würde, dem eine Rezeption im Festkalender gerecht werden müßte. Die elementare Verbindung des frühen Christentums mit dem Geschick Israels und des Judentums – ohnehin in der liturgischen Erinnerung immer noch stiefmütterlich behandelt – fände nicht zuletzt darin einen eindrucksvollen Widerhall, wenn sich auch die Christen durch nachhaltige Vergegenwärtigung im Festgeschehen mit dem Bekenntnis Israels zur Herausführung ineinssetzen würden.

Noch immer umstritten ist, ob sich über mögliche biblische Anbindungen hinaus auch religionsgeschichtliche Beziehungen oder gar Dependenzen von außerbiblischen Vorstellungen erkennen lassen. Vielleicht sind durch Ausweitung des Blickfeldes auf das Phänomen der Konstellation Jesus-Maria-Josef im biblischen Kontext überhaupt weitere Anknüpfungen diskutabel, die auch eine neue Ortung der angehenden Ägyptentradition zulassen könnten.

Eine vielversprechende Linie zur Erhellung des Hintergrundes bietet möglicherweise der erneute Blick auf eine in koptischer und arabischer Sprache überlieferte und spätestens aus dem 7. Jh. n. Chr. stammende Erzählung, die unter dem Titel „Josef, der Zimmermann" in die altchristliche Literaturgeschichte eingegangen ist. Für dieses Werk, das das Sterben, Tod und Bgeräbnis des ‚Nährvaters' Jesu zum Inhalt hat, hat seinerzeit S. Morenz im Anschluß an G. Klameth[9] einen besonderen Grad an Einbettung in eine vorchristliche Vorstellungswelt zu begründen versucht und darin der Forschung eine wichtige Anregung zum kritischen Nachdenken über das Weiterleben altägyptischer Vorstellungen im Koptentum gegeben[10]. Nach Morenz spiegelt sich in der Erzählung eine Rezeption des bekannten Mythos um den Todesgott Osiris, der durch seine göttliche Gemahlin Isis zum Leben erweckt wird und in seinem Sohn Horus nicht nur einen Rächer, sondern einen exemplarischen Retter findet. Der „Mythus vom Schicksal des Osiris im Kreis der Seinen ist auf Joseph und die heilige Familie übergegangen. Bis in die Gruppierung der Personen hinein bilden Joseph, Maria und Jesus den Osiriskreis nach"[11]. Zum besseren Verständnis dieser These sind einige Erläuterungen am Platz.

Der sogenannte Osiriskreis umfaßt die zentralen Gestalten der ägyptischen Mythologie, soweit sie mit den Vorstellungen von Tod und Weiterleben, vom Verhältnis des Diesseits zum Jenseits, vom Totengericht der Rechtfertigung, Verklärung und Regeneration verbunden sind. Schon die vor dem Aufkommen der Ägyptologie als Wissenschaft bekannten Darstellungen des antiken Schriftstellers Plutarch haben dem Abendland eine Idee von der mythischen Grundkonstellation vermittelt, die sich insbesondere an die Triade Osiris-Isis-Horus als eines der Elementarmodelle einer göttlichen Familie im ägyptischen

---

[9] G. Klameth, Über die Herkunft der apokryphen Geschichte Josephs des Zimmermanns, in: Angelos 3, 1928, 6-31.

[10] S. Morenz, Die Geschichte von Joseph dem Zimmermann (Texte und Untersuchungen zur Geschichte der altchristlichen Literatur 56/1), Berlin 1951.

[11] Morenz, Joseph, 124.

Pantheon knüpft und in einem Spektrum von variierenden Einzelszenen entfaltet worden ist. Osiris ist von seinem Bruder Seth getötet worden; dem zerstückelten Leichnam kann seine Schwestergemahlin Isis gleichwohl mittels ihrer Zauberkraft noch soviel Leben entlocken, daß sie schwanger wird und das Götterkind Horus gebären kann. Obwohl sie und besonders das Kind den Nachstellungen des Seth ausgesetzt ist, vermag sie das Kind im Verborgenen aufzuziehen, bis es stark genug geworden ist, Seth als den Urheber des Bösen zu vernichten. Das Bild von Horus als dem Sieger „über Tod und Teufel" ist in die Literatur und Kunst eingegangen und gilt mit Recht als der Prototyp der Auseinandersetzung zwischen Gut und Böse mit dem Sieg des Guten. Von der bildhaften Konstellation profitiert nicht nur u.a. der Mythos des griechischen Apollo, der die Pythonschlange überwindet, sondern vor allem auch die Gestalt des hl. Georg, der den Drachen unter sich besiegt[12]. Letztlich spiegelt sich aber hier nach christlichem Verständnis das Heilsereignis wider, das in der Überwindung des Todes durch die Auferstehung Jesu grundlegend initiiert und in der Nachfolge Jesu jedem Gläubigen eröffnet wird. Diese im Glauben manifestierte Überzeugung schließt freilich die religionsgeschichtliche Einsicht nicht aus, daß es für die Idee der vom Schöpfergott inaugurierten Auferstehung zum eigentlichen Leben vorausgehende Modelle gibt. Dem christlichen Bekenntnis geht der ägyptische Glaube an den gottgewirkten Übergang in ein neues Leben voraus. Im Blick auf das Geheimnis um Tod und Auferstehung Jesu hat das Osirismysterium[13] die religionsgeschichtliche Präzedenz, ohne daß durch Anerkennung dieser Gegebenheit die genuine Dimension der Botschaft Jesu auch nur im Geringsten relativiert würde.

Das Osirismysterium ist im Blick auf die beteiligten Gestalten unmittelbar mit der Konzeption von der Götter-Triade, d.h. der göttlichen Familie Osiris-Isis-Horus verknüpft. Hier zeigt sich nach Morenz der vielfach zu beobachtende Prozeß der Integration vorchristlicher Vorstellungen in das christliche Gedankengut. Die These von Morenz weitet eben diese allgemein anerkannte Inkulturation einer ägyptischen Konzeption in den Strom der jüdisch-christlichen Traditionslinie aus auf den Bereich der christlichen Legendenbildung: „Jesus und Maria stehen bei dem sterbenden Joseph, wie Horus und Isis bei dem toten Osiris; in beiden Fällen ist der Platz des Sohnes zu Häupten des Vaters, die Gattin steht jeweils zu Füßen"[14].

Der einschlägigen Rezeptionsidee kommt u.a. zugute, daß die mythischen Gestalten Osiris und Isis im Laufe der Adaptation des Christentums in der hellenistisch-römischen Welt jeweils in christlichen Zentralgestalten eine Entsprechung finden, so daß ihre Rollen in modifizierter, jedoch nach wie vor identifizierbarer Weise weiterleben. Der unter der Schirmherrschaft des Sonnengottes Re zu neuem Leben erwachte Osiris, der eigentlich Re in der Unterwelt verkörpert, ist zu einem Garanten eines Auferstehungsgeschehens

---

[12] Vgl. dazu zuletzt die Beiträge von O. Keel, M. Sauer-Gaertner, P. Steiner u.a. im Katalog der Ausstellung ‚Sanct Georg – Der Ritter mit dem Drachen' im Diözesanmuseum Freising, Lindenberg i. Allgäu 2001.

[13] Näheres zum Mysterium Re-Osiris jüngst bei J. Assmann, Tod und Jenseits im Alten Ägypten, München 2001, besonders 252-256.

[14] Morenz, Joseph, 61. Zitiert auch in der zustimmenden Besprechung von J. Leipoldt, in: Theologische Literaturzeitung 77, 1952, 42f.

und einer Verklärung geworden, wie diese Dimension im Christentum dem Herrn über Leben und Tod zugemessen wird, der seinen Sohn Jesus von den Toten erweckt und seinerseits zum Urbild der Auferstehung erhebt. Wie Isis zur prominentesten Gottesmutter im Mittelmeerraum der vorchristlichen Zeit geworden ist, konnte Maria in der christlichen und urkirchlichen Welt die Gottesmutter schlechthin werden. Schließlich tritt mit Jesu Auferstehung der Überwinder des Todes in Erscheinung wie ihn die Welt zuvor nur in der mythischen Rolle des Horus geglaubt und gesehen hat. Es sei hier nur auf die außerordentliche Verbreitung der sogenannten Horusstelen[15] verwiesen, die den jugendlichen Gott als Dompteur von Krokodilen und Skorpionen zeigen und so den Chaosbändiger ikonographisch profilieren.

Selbstverständlich ist die Umdeutung mit Akzentverschiebungen verbunden. So hat Morenz verdeutlicht, daß in der Gestalt des legendarischen Josef eine Modifikation der Osiriskonzeption vollzogen wird: Josef ist „sterbender Mensch, aber zugleich wie Osiris, im göttlichen Schutz und damit wenn auch nicht Gott, so doch Heiliger durch besonderen Verwandtschaftsgrad", so daß man von Josef nunmehr sagen könne: „Er ist nicht, sondern er wird ein Osiris". Damit ist auch angezeigt, daß von einem simplen Weiterexistieren der gleichen Konzeption keine Rede sein kann, wohl aber von einem „survival" von elementaren Kategorien der ägyptischen Jenseitserwartung, wobei sich in diesem Fall des Todes Josefs die gleichen Intentionen wiederfinden, die auch den ägyptischen Bestattungsvorgängen innewohnen, da es auch hier bereits darum geht, die „Bedeutung des Totenkults für die Lebenden" wahrzunehmen[16]. So findet Morenz, daß „die Legende von Josephs Tod eine Umbildung ägyptischer, auf den Osiriskreis bezogener Riten und Mythen darstellt und daß sie den Zweck hatte, Sterbenden Trost zu bieten"[17]. Insgesamt gibt die Umprägung zu erkennen, daß die ‚Zeitenwende' in Ägypten sich vor allem dadurch charakterisieren läßt, daß neben und anstatt der hohen spekulativen Gewichtung der offiziellen Tempeltheologie nunmehr eine an den religiösen Bedürfnissen des Volkes orientierte Revision der Gottesverehrung einsetzt, wobei neben dem Lokalkult gerade der elementare Lebensraum der Familie zum Zentrum einer alternativen Religiosität wird[18].

Morenz' Thesen haben allerdings nicht nur Befürworter, sondern auch entschiedene Gegner gefunden. Gegen ein Weiterleben des Osirismythos in der Vorstellung von der heiligen Familie haben sich zunächst P. Devos[19], dann eingehender H. Engberding[20] ausge-

---

[15] Vgl. dazu zuletzt H. Sternberg-El Hotabi, Untersuchungen zur Überlieferungsgeschichte der Horusstelen. Ein Beitrag zur Religionsgeschichte Ägyptens im 1. Jahrtausend v.Chr. (Ägyptologische Abhandlungen 62), Wiesbaden 1999.

[16] Vgl. dazu zuletzt Assmann, Tod und Jenseits, 517: „Totenkult und Totengedenken sind rituelle und spirituelle Exerzitien, die die Kraft haben, vom Joch der Vergänglichkeit zu erlösen".

[17] Morenz, Joseph, 100.

[18] Zur „Domestic Religion" der Umbruchperiode in der Römerzeit vgl. vor allem D. Frankfurter, Religion in Roman Egypt. Assimilation and Resistance, Princeton NJ, 1998, 131-142.

[19] P. Devos, in: Analecta Bollandiana 70, 1952, 382-385.

[20] H. Engberding, Der Nil in der liturgischen Frömmigkeit des christlichen Ostens, in: Oriens Christianus 37, 1953, 56-88. Dem Autor geht es vor allem um die Ablehnung der hier nicht zu diskutierenden These Morenz', die Josef-Zimmermann-Erzählung lasse eine Verbindung zum Nilschwellenfest am 26. Epiphi erkennen.

sprochen. Der Osirismythos könne nämlich nicht auf die Hl. Familie übertragen werden, zumal die Umstände beim Sterben des Joseph bei aller Ähnlichkeit nicht mit dem Ambiente des ermordeten Osiris identifiziert werden könnten. Auch Morenz selbst gesteht später zu, er sei bei der einschlägigen Auswertung der Geschichte von Joseph dem Zimmermann „zu weit gegangen"[21]. Es geht freilich nicht um eine bis in die Details gültige Deckungsgleichheit der Szenen, sondern um die Bewahrung der signalgebenden Konstellation der drei Akteure einer prominenten „Familie" einerseits und andererseits um eine gewisse Kontinuität der Grundidee, daß die Gemeinschaft des ums Leben gekommenen Osiris mit der klagenden Isis[22] und dem Hoffnungsträger Horus der negativen Wirklichkeit des Todes ein grundlegendes Signal des Lebens und des Trostes gegenübersteilt, wie dies auch auf genuine Weise die Verbindung Joseph-Maria-Jesus in der Erzählung manifestiert. Die Annahme, daß die Erzählung den Osirismythos rezipiert und in christliche Tradition integriert habe, verträgt sich im übrigen gut mit dem Fortleben ägyptischer Vorstellungen und Bräuche im koptischen Totenwesen, wie es u.a. M. Krause dargestellt hat[23].

Eine zustimmende Gewichtung der These von Morenz hat G.J. Baudy vollzogen, der wiederum in Auseinandersetzung mit Engberding zur Vermutung findet, die alexandrinischen Christen hätten „den Vater Jesu nur dem gleichnamigen Jakobssohn Joseph substituiert, den schon die Juden der Stadt (und ihrem Beispiel folgend die Christen selbst) mit Sarapis gleichgesetzt hatten. Dieser ältere Joseph war nun in der Tat eine dem Osiris-Sarapis typologisch eng verwandte Figur"[24]. Dieser Position hingegen kann zuletzt P. Nagel überhaupt keine positive Wertung abgewinnen, da die „Hypothese" eine „nicht stichhaltige Gleichsetzung durch eine noch weniger stichhaltige" ersetze: „Zum einen setzt sie eine nicht nachweisbare Typologie zwischen den beiden J(osephs)gestalten voraus, zum anderen ist der atl. Erzählkreis um Joseph ... in keiner Weise typologisch mit dem Osirismythos verwandt (weder ‚eng' noch weit)"[25]. Doch hier sind wiederum einschränkende Beobachtungen am Platz, die Nagels Verdikt wenigstens z.T. widerraten. Eine Anspielung auf den Osirismythos bleibt m.E. weiterhin diskutabel.

---

[21] Vgl. S. Morenz in: Handbuch der Orientalistik I/1.2, Leiden - Köln 1970, 240. S. jetzt auch A. Eberle, Ethos im koptischen Mönchtum. Christliches Gedankengut oder kulturelles Erbe Altägyptens? (Ägypten und Altes Testament 52), Wiesbaden 2001, 3 mit Anm. 6.

[22] Zur Position und Funktion der klagenden Isis und der Klage überhaupt vgl. nunmehr Assmann, Tod und Jenseits, 186-204.

[23] M. Krause, Das Weiterleben ägyptischer Vorstellungen und Bräuche im koptischen Totenwesen, in: Das römisch-byzantinische Ägypten. Akten des internationalen Symposions 26.-30. September 1978 in Trier (Aegyptiaca Treverensia. Trierer Studien zum griechisch-römischen Ägypten 2), Mainz 1983, 85-92. Vgl. auch G. Fischhaber, Mumifizierung im koptischen Ägypten. Eine Untersuchung zur Körperlichkeit im 1. Jahrtausend n. Chr. (Ägypten und Altes Testament 39), Wiesbaden 1997. Zur ägyptischen und christlichen Orientierung auf ein Leben nach dem Tode vgl. weiter K. Koch, Geschichte der ägyptischen Religion. Von den Pyramiden bis zu den Mysterien der Isis, Stuttgart-Berlin-Köln 1993, 638-641. M. Görg, Ein Haus im Totenreich, Jenseitsvorstellungen in Israel und Ägypten, Düsseldorf 1998, 176-197.

[24] G.J. Baudy, Die Wiederkehr des Typhon, in: Jahrbuch für Antike und Christentum 35, 1992, 76 mit Anm. 198.

[25] P. Nagel, Joseph II (Zimmermann), in: Reallexikon für Antike und Christentum, Band XVIII, Stuttgart 1998, 749-761, hier 758.

Das Neue Testament läßt zwar keine eindeutigen Anzeichen für eine Typologie zwischen den beiden Namensträgern, dem Patriarchen und dem ‚Nährvater' Jesu erkennen, wohl aber vermag die angehende koptische Erzählung einige Indizien im Vorfeld einer Typologie zu geben, da in ihr mehrfach Bezüge zum alttestamentlichen Josef hergestellt werden. So steht die Altersangabe (111 Jahre) in Kap. 15,1 der in Gen 50,22 gegebenen (110 Jahre) des Erzvaters nahe[26]. Die Geburt Jesu „in der Höhle Rachels" (Kap. 7,3) spielt offenbar auf Rachel als die Mutter des älteren Josef an[27]. Die Vorstellung von einer Verwandlung des Sterbenden (Kap. 15,3) berührt sich mit entsprechenden Angaben zur Bestattung Jakobs, die Josef nach dem Midrasch Rabba zu Gen 50,10 vollzieht[28]. Wie der Leichnam des alttestamentlichen Josef (vgl. Gen 50,26) wird auch der tote ‚Vater' Jesu in Ägypten (Kap. 25,3 27,1) eingewickelt und bestattet[29]. Vor allem aber ist es die Redeform des letztzitierten Wunsches, der nicht nur bei Jakob (vgl. Gen 49), sondern auch bei dessen Sohn Josef eine Rolle spielt (vgl. Gen 50,24f), im jüdisch-hellenistischen ‚Testament Josefs'[30] expliziert und in der koptischen Erzählung zu einem christlichen Testament Josefs umfunktioniert wird. Für den im Alten Testament bewanderten Leser sollte schließlich die parallele Namengebung im jeweiligen Vater-Sohn-Verhältnis mit Jakob-Josef nicht ohne zeichenhafte Wirkung geblieben sein.

Deutlicher scheinen gleichwohl noch die Bezüge zu sein, die die alttestamentliche Josefsgestalt innerhalb des jüdischen Reflexionsprozesses mit dem Osirismythos verbinden, wenn nicht schon das Alte Testament selbst Einflüsse oder Spuren einer einschlägigen Interpretation Josefs seitens des ägyptischen Judentums erkennen läßt[31]. Nicht ohne Grund ist der von dem ptolemäischen Priester Manetho überlieferte Name *Osarsephos* bzw. *Osarsiph* für den Anführer einer Gruppe von Aussätzigen, die sich gegen den Pharao empören und ausgewiesen werden, mit einer durchaus plausiblen Namensdeutung, nämlich „Osiris-Josef", ausgestattet worden. Der Namensträger soll sich nach Manetho später Mose genannt haben, womit die biblische Exodusdarstellung ein kritisches Pendant

---

[26] Morenz, Joseph, 28.

[27] Nagel, Joseph, 756 weist selbst auf die in 7,3 implizierte Beziehung Josefs auf den Erzvater Jakob hin, der „den gleichen Namen trägt wie sein eigener Ziehvater", übersieht aber den Kontakt mit der Mutter des Josef.

[28] Vgl. Morenz, Joseph, 51.

[29] Krause, Weiterleben, 89 meint sogar, in der Erzählung werde „Jesus mit der Mumifizierung in Verbindung gebracht", wobei die Erzählung wohl beweisen wolle, „daß Joseph durch Jesu Ausspruch mumifiziert worden ist". Immerhin lenkt auch die alttestamentliche Darstellung mit der vermutlichen Wahl eines ägyptischen Fremdworts für den einschlägigen Vorgang den Blick auf die Vorstellung vom Bekleiden und Umwickeln des Leichnams (mit den Mumienbinden), vgl. dazu M. Görg, „Bindung" für das Leben. Ein biblischer Begriff im Licht seines ägyptischen Äquivalents, in: Ders., Studien zur biblisch-ägyptischen Religionsgeschichte (Stuttgarter Biblische Aufsatzbände 14), Stuttgart 1992, 108-116 (erstmals erschienen in S.I. Groll (ed.), Studies in Eygptology presented to Miriam Lichtheim I, Jerusalem 1990, 241-256).

[30] Zum „Testament Josephs" vor allem J. Becker, Die Testamente der zwölf Patriarchen (Jüdische Schriften aus hellenistischer Zeit III/1), Gütersloh 1974, 118-130. Die Gestalt Josefs steht auch in der Mitte der übrigen Testamente, dazu Becker, Testamente, 27f.

[31] Vgl. dazu M. Görg, Wohin ist Josef? Weitere Anfragen anläßlich einer Spurensuche, in: Biblische Notizen. Beiträge zur exegetischen Diskussion 107/108, 2001, 15-21. Vgl. auch schon Ders., Die Lade als Sarg. Zur Traditionsgeschichte von Bundeslade und Josefssarg, in: Biblische Notizen. Beiträge zur exegetischen Diskussion 105, 2000, 5-11.

aus ägyptischer Perspektive erhalten hat. Hier kommt es darauf an, zu sehen, daß der Name *Osarsephos/Osarsiph* aller Wahrscheinlichkeit nach als Osiris-Josef zu deuten ist, d.h. als eine Bezeichnung des toten Josef, der in Mose gewissermaßen eine Verlebendigung oder Vergegenwärtigung erfahren hätte. Mose ist es ja, der nach biblischer Tradition die von Josef erstrebte Rückkehr nach Palästina ermöglicht hat. Auf dem Boden des ägyptischen Judentums wäre so der Boden bereitet worden, die ehrwürdige Gestalt des Patriarchen weiterhin als Orientierungsfigur im Blick zu behalten, so daß es einer aus dem Judentum Alexandriens hervorgehenden Christengemeinde nicht allzu schwer fallen mußte, den Nährvater Jesu eben dieser aktualisierten Gestalt des alttestamentlich-jüdischen Josef zu substituieren.

Es ist nach allem daher keineswegs ein abwegiger Gedanke, den ägyptischen und im Judentum in modifizierter Gestalt weiterlebenden Osirismythos im weiteren Vorfeld der Herausbildung einer Rede von der Heiligen Familie zu sehen. Dabei kann naturgemäß von einer ungebrochenen Kontinuität ägyptischer Vorstellungen keine Rede sein, zumal die frühen Zeugnisse koptischer Kunst und Literatur der Heiligen Familie keinerlei Sonderstellung einzuräumen scheinen. Dazu kommt die selbstverständliche Reserve, ja Abwehr gegenüber altägyptischen Ideen, die dem koptischen Glauben an die Einzigkeit des Vatergottes, die Einmaligkeit und Einzigartigkeit der Gottessohnschaft Jesu und der ausschließlichen Gottesmutterschaft Mariens im Wege stehen. Hier kann es nur um ein Wiedererwachen von Vorstellungsmustern gehen, die in der Bevölkerung Ägyptens bei allen theologischen Wandlungen und Überlagerungen ein unbewußtes Eigenleben geführt haben. Dieses hat sich nicht verdrängen lassen, wie ja auch die altägyptische Anhänglichkeit an die Ideen des Totenkultes letztlich nicht über Bord geworfen werden konnte[32].

Wenn also die Konstellation der Heiligen Familie im entfernten Hintergrund den Todes- und Auferstehungsgott Osiris erkennen läßt, dazu Maria als die auf geheimnisvolle Weise schwangere Frau die Göttin Isis mit ihrer zaubergewirkten Schwangerschaft und vor allem Jesus als Vergegenwärtigung des exemplarischen Gottessohns Horus, dann stünde in der Tat eine mythische ‚Familie‘ im religionsgeschichtlichen Unterbau des Gebäudes einer christlichen Prosopographie, die sich wie keine andere in die koptische und später abendländische Frömmigkeitsgeschichte eingenistet hat. Die mythische Konstellation nimmt dabei geradezu den Charakter einer archetypischen Vorwegnahme einer Figuration an, deren theologische Bedeutung gerade in der dem Tod widerstehenden, rettenden und tröstenden Funktion bestünde, um so die Aspekte der heilsökonomischen Relevanz und lebensorientierten Devotion miteinander zu verbinden[33].

Die abendländische Frömmigkeitsgeschichte hat der Heiligen Familie sogar den ‚Hoheitstitel‘ einer ‚irdischen Trinität‘ gegenüber der ‚himmlischen Trinität‘ der Heiligsten Dreifaltigkeit zuerkennen wollen, um dabei das Bild des „Heiligen Wandels" vor Augen zu

---

[32] Vgl. dazu Krause, Weiterleben, 85-92.

[33] Den Titel P. Schilm, Der Osiris-Mythos als Medium von Lebensführung und Lebensdeutung, Hamburg 1999, konnte ich leider nicht mehr einsehen, so daß eine Stellungnahme noch ausstehen muß.

stellen[34], d.h. wie es im Tagesgebet heißt, „ein leuchtendes Vorbild in Frömmigkeit, Eintracht u(nd) verbindender Liebe" zu präsentieren[35]. Vielleicht kann unsere religionsgeschichtliche Betrachtungsweise dazu beitragen, Dimensionen früherer Verständnisweisen und Zugänge nicht aus dem Auge zu verlieren, damit Titulatur und Vorstellung wieder in die Nähe einer Aussage über die lebensspendende Wirklichkeit und Vielfalt des einen Gottes gerückt werden. Das Fest der Heiligen Familie, wann immer es zu feiern wäre, könnte so nicht mehr bloß als „Ideenfest" deklariert und zugleich von den Stationen der ‚Heilsgeschichte' gelöst werden müssen, sondern wäre eine interreligiös begründbare und ökumenisch relevante Erinnerungsfeier an die gottgesetzten Grundpfeiler menschlicher Gemeinschaft, ausgestattet mit einer ermutigenden Botschaft gegen Verfolgung und Tod sowie für ein Leben und Überleben in Frieden.

---

[34] Vgl. G. Nitz, Heilige Familie II. Ikonographie, in: Lexikon für Theologie und Kirche IV, 1995, 1277. Vgl. auch Richter, Familie, heilige, 25.

[35] A. Adam, Heilige Familie I. Verehrung, in: Lexikon für Theologie und Kirche IV, 1995, 1276f.

Die Göttin Isis und die Heilige Maria

Gottesmütter im Vergleich

Wer in seinem Leben mit der Marienverehrung groß geworden ist, dem ist die sogenannte Lauretanische Litanei wohl vertraut, jene Sequenz von Anrufungen und Prädikationen, die ein Spektrum eines Bilderreigens vor Augen stellt, wie es mit seiner Verwurzelung in der katholischen Volksfrömmmigkeit seinesgleichen sucht. Dabei ist es nicht nur das kirchliche Andachtsleben, das von der Fülle der aus unterschiedlichen Strömen gespeisten Sprache inspiriert worden ist, sondern auch die christliche Kunstgeschichte, ja selbst die Kultur- und Geistesgeschichte außerhalb des innerkirchlichen Raums. Kann schon die Litanei als solche als eine Gattung angesprochen werden, die ein „Urphänomen der Religionsgeschichte" (B. Fischer)[1] darstellt, das schon in den altorientalischen Kulturen bezeugt ist, können insbesondere auch die Teilelemente der Lauretanischen Litanei trotz ihrer zusammenhängenden Erstbezeugung in der kirchlichen Liturgie von Loreto (1531) und ihrer offenbar vorausgehenden Traditionsgeschichte innerhalb der Ostkirchen[2] auch ein religionsgeschichtliches Interesse beanspruchen.

Die Prädikationen der Litanei haben freilich bisher nur im Blick auf ihre innerchristliche Überlieferung Betrachtung gefunden, verdienen aber gerade auch wegen ihrer teilweisen Anbindung an alttestamentliche Bilder und Metaphern und deren Übertragung auf Maria eine spezielle Würdigung. Darüber hinaus tragen einige der am besten bekannten Titulaturen ein altehrwürdiges Erbe mit sich, das allem Anschein nach dem östlichen Mittelmeerraum bereits aus vorchristlicher Zeit zu eigen gewesen ist und in Verbindung mit der Rezeption von Bildern aus dem Judenchristentum in das Arsenal der Hoheitstitel Mariens in der Alten Kirche Eingang finden konnte. Von diesen, aus dem nichtchristlichen Raum übernommenen Sprachformen soll im Folgenden die Rede sein, insoweit ihr Traditionsgrund nicht im innerbiblischen, also auch jüdischen Kontext verankert ist, sondern in der Religionswelt des Alten Orients, speziell des Alten Ägypten, beheimatet ist.

1. Marianische Hoheitstitel

Zu den Kerntiteln der Mariologie gehören die Anreden der Litanei, die gleich im Anschluß an die Prädikationen zur trinitarischen Einheit Gottes zur Sprache kommen, welcher Umstand gewiß zugleich auf diese theologische Relation aufmerksam machen läßt: eine christliche Mariologie ist nur auf der Grundlage einer geprägten Gotteslehre als Trinitätslehre und einer damit verbundenen Christologie möglich. Die *Sancta Dei Genetrix*

---

[1] Vgl. B. Fischer, Art. Litanei, in: LThK 2, VI, 1961, Sp. 1075-1077.

[2] S. dazu vor allem die Studien von G.G. Meerseman, Der Hymnus Akathistos im Abendland, Freiburg 1958-1960 mit weiteren Literaturhinweisen.

("Heilige Gottesgebärerin"[3], neuere Fassung: "Mutter Gottes") und die *Sancta Virgo virginum* ("Heilige Jungfrau über allen Jungfrauen"; jüngere Fassung "Heilige Jungfrau") eröffnen im Anschluß an die Anrufung "Heilige Maria" zusammen zwei Reihungen von Näherbestimmungen, die zunächst der Mutterschaft, dann der Jungfrauschaft Mariens gewidmet sind. Auf diese Gruppen folgen dann Bildprädikationen, die sich zu einem erheblichen Teil auf den Pfaden biblischer Metaphorik bewegen und schließlich in eine weitere und abschließende Kette von Hoheitsbezeichnungen unter Führungsposition des Titels "Königin" übergehen, um am Ende in die Anrufung des "Lamm Gottes" zu münden. Die dominanten Titel sind demnach "Mutter", "Jungfrau" und "Königin". Diese erhabene Trias möge auch unsere weiteren Rückfragen nach Herkunft und Geschichte begleiten.

Vor einem großen Sprung in die Frühzeit und Vorzeit des Christentums sei eine Erinnerung erlaubt, die sich mit meinen beiden Bonner Lehrern in der Alten Kirchengeschichte einerseits, nämlich Prof. Theodor Klauser, und in der Ägyptologie andererseits, nämlich Prof. Elmar Edel, verbindet. Theodor Klauser, dem wir einen zentralen Beitrag zur Marienforschung in Gestalt des Artikels "Gottesmutter" im Reallexikon für Antike und Christentum verdanken, hat sich vor Abfassung seines Beitrags am 18.5.1972 an seinen Kollegen Edel gewandt[4] mit der Frage, "ob ausserchristliche ‚Gottesmutter'-Vorstellungen den Anstoss dazu gegeben haben, dass Maria den gleichen Titel erhielt" und "ob Isis etwa von ihren ägyptischen Verehrern ein Prädikat des gleichen Inhalts erhalten hat". Leider habe ihn das bis dahin bekannteste Wörterbuch zur ägyptischen Religion[5] in der angehenden Frage im Stich gelassen. Edels prompt gelieferte und detaillierte Information (20.5.1972) weist auf eine einschlägige Zitation des Titels "Gottesmutter" für Isis in Bonnets Lexikon hin[6] und zählt dann eine Reihe von altägyptischen Belegen für den Titel und auch der Titelvariante "Gottesgebärerin" mitsamt einiger Literaturhinweise auf. Seinen Dank für die Mitteilung Edels verbindet Klauser im Schreiben vom 30.5.1972 mit der Feststellung: "Wenn, wie jetzt klar wird, der Titel Gottesgebärerin in Ägypten so alt und so stark eingebürgert war, spricht Entscheidendes für die von mir vertretene und begründete These, dass Origenes den Titel für Maria eingeführt hat".

---

[3] Lateinische Fassung und deutsche Wiedergabe zitiert nach dem "Einheitstext für alle Bistümer (1950)" in: Sursum corda. Gesang- und Gebetbuch für das Erzbistum Paderborn, Paderborn 1948, S. 594-601. Die jüngere, nicht unproblematische Vereinfachung in der Wiedergabe des nicht mehr gebotenen lateinischen Textes findet sich z.B. im "Gotteslob", Katholisches Gebet- und Gesangbuch mit dem Anhang für das Erzbistum Paderborn, Paderborn 1975, S. 738-740.

[4] Die Zitate entnehme ich aus der Korrespondenz Edels mit Klauser, deren Einsicht mir u.a. mit dankenswerter Unterstützung durch die Nordrhein-Westfälische Akademie der Wissenschaften, Düsseldorf, ermöglicht worden ist.

[5] H. Bonnet, Reallexikon der ägyptischen Religionsgeschichte, Berlin 1952. Dieses Wörterbuch ist unverändert wieder aufgelegt (1972) und erst jüngst erneut nachgedruckt worden (1999), welcher Umstand der Bedeutsamkeit des Lexikons vor allem für Nicht-Ägyptologen Nachdruck verleiht. Eine bearbeitete Neuauflage mit den von Bonnet selbst noch vorgesehenen Erweiterungen und Modifikationen sowie den nötigen Aktualisierungen zum Forschungsstand befindet sich in Vorbereitung.

[6] Bonnet nennt in seinem Werk S. 328 (rechte Spalte) "das Beiwort ‚Gottesmutter' für Isis". In seinen handschriftlichen Ergänzungen zum Artkel "Isis" geht er auch ausführlicher auf die angehenden Titel ein. Für die Mitarbeit an den Vorbereitungen zur Neubearbeitung des "Bonnet" danke ich bereits jetzt Frau Dr. Andrea Eberle, München, sehr herzlich.

Nach dieser für die Forschungsgeschichte wohl signifikanten ‚Wendemarke' im Urteil über ägyptische Vorgaben zur Entwicklung christlicher Glaubensinhalte ist es angezeigt, der Bedeutung der Göttin Isis für die Mariologie näher nachzugehen und einige zentrale Beziehungen aufzuweisen, nicht ohne freilich auch Akzentunterschiede und deren Relevanz aufzudecken.

2. Hoheitstitel der Isis

Die Charakteristik der Isis muß bei der versuchsweisen Deutung ihres Namens sowie den frühen Formen und Kontexten ihrer Darstellung einsetzen. Trotz des bis in die Gegenwart hinein hohen Bekanntheitsgrades der Göttin als der Repräsentantin des weiblichen Götterhimmels überhaupt sind die elementaren Grundlagen ihres Hineinwachsens in diese exemplarische Position immer noch Gegenstand der kritischen Forschung. Der Name „Isis" wird meistenteils und wohl zu Recht mit der ägyptischen Bezeichnung für den „Thronsitz" (*jst*) verbunden, eine sprachliche Assoziation, die auch durch die Plazierung eines Thronsitzzeichens auf dem Kopf der Göttin unterstützt wird, wie diese bereits in den frühesten Darstellungen der Göttin aus dem Alten Reich belegt ist[7]. Name und Attribut können möglicherweise insofern zueinander in eine ideelle Beziehung gesetzt werden, als das „Thronen" in der bildsprachlichen Vorstellungsgeschichte seit jeher eine erhabene Position und Funktion suggeriert, wie sie offenbar Isis seit den im einzelnen noch dunklen Wurzeln ihrer Verehrungsgeschichte anhaftet[8]. Die Verbindung der figürlich dargestellten Isis mit dem Thronsitzzeichen entspricht so offenbar einer elementaren Relation, die im Anschluß an Jan Assmann als „mythische Konstellation"[9] bezeichnet werden kann. Die Verbindung mit dem „Thron" bleibt bis in die jüngste Periode des Göttinnenkultes erhalten. Bereits darin ergibt sich eine Kontinuität zur Bildtradition der thronenden Maria. Von der „thronenden" Isis ist der Weg zur Vorstellung der *Sedes sapientiae* grundsätzlich nicht allzu weit, mögen auch die Glaubensinhalte einem Wandel unterliegen.

Die frühesten textlichen Hinweise[10] auf die Rolle der Isis finden sich in den sogenannten Pyramidentexten des Alten Reichs, d.h. in einer Textgattung, die der Weiterexistenz der verstorbenen Pharaonen im Jenseits gewidmet ist. Hier erscheint Isis als Förderin der

---

[7] Vgl. dazu u.a. K.P. Kuhlmann, Der Thron im alten Ägypten, Abhandlungen des Deutschen Archäologischen Instituts, Abteilung Kairo 10, Glückstadt 1977, S. 3ff.

[8] Zu den Versuchen zur Namensdeutung und deren Kritik vgl. zuletzt R. Schulz, Warum Isis? Gedanken zum universellen Charakter einer ägyptischen Göttin im Römischen Reich, in: M. Görg - G. Hölbl (Hrsg. unter verantwortlicher Mitwirkung von S. Wimmer), Ägypten und der östliche Mittelmeerraum im 1. Jahrtausend v. Chr. Akten des Interdisziplinären Symposions am Institut für Ägyptologie der Universität München 25.-27.10.1996, Ägypten und Altes Testament 44, Wiesbaden 2000, S. 251-279, hier S. 252f.

[9] Vgl. dazu J. Assmann, Die Zeugung des Sohnes. Bild, Spiel, Erzählung und das Problem des ägyptischen Mythos, in: J. Assmann - W. Burkert - F. Stolz, Funktionen und Leistungen des Mythos. Drei altorientalische Beispiele, Orbis Biblicus et Orientalis 48, Freiburg Schweiz und Göttingen 1982, S. 13-61.

[10] Zur Bezeugung der Isis in der ägyptischen Religionsgeschichte vgl. M. Münster, Untersuchungen zur Göttin Isis vom Alten Reich bis zum Ende des Neuen Reiches: Münchner Ägyptologische Studien 11, Berlin 1986. Die Ergebnisse dieser Untersuchung hat H. Bonnet in seine noch ungedruckte Überarbeitung des Stichworts „Isis" einbezogen (vgl. oben Anm. 5f).

Transformation in ein neues Leben, indem sie unter dem Bild der Morgensonnenbarke die Sonne hervorbringt. Bekannter ist der Osirismythos in der von Plutarch vermittelten späten Gestalt, die sich aber in wesentlichen Phasen auf die ältesten, in den Pyramidentexten bewahrten Vorstellungen zurückführen läßt: aus dem Samen des von seinem Bruder Seth getöteten Osiris bringt Isis als „Tochter" des Sonnegottes Re den Sohn Horus zur Welt, der zugleich als Erneuerer des irdischen Königtums gilt. Isis ist also als diejenige göttliche Instanz zu verstehen, die sowohl eine kosmische wie auch eine irdisch-politische Regeneration garantiert. Die Göttin steht mithin als Inbegriff der totalen, für das Diesseits und das Jenseits relevanten Erneuerung des Lebens da. In den Totentexten des Mittleren Reichs Ägyptens, den sogenannten Sargtexten verstärkt sich diese Tendenz, da Isis in die Rolle einer „Muttergemahlin des Re" hineinwächst, d.h. sie gilt nunmehr auch als eine Art Urmutter, da sie den Schöpfergott schlechthin, den durch die Sonne repräsentierten Hauptgott des altehrwürdigen Kultortes Heliopolis, gebiert und diesem zugleich als Gattin zur Seite steht, um so als „Auge des Re" die gesamte Lebenswelt, das Reich der Lebenden und das Totenreich unter ihrer wachsamen und wirksamen Begleitung der allerhöchsten Instanz zu gestalten. Die Dokumentatiu im Neuen Reich bietet weitere Aspekte zu Isis als Patronin der Lebenswelt und der Schutzsuchenden in ihr. Von erheblichem Gewicht ist dabei ihre apotropäische Funktion, d.h. ihre Übel abwehrende und Schutz gewährende Kompetenz, die sie vor allem als Göttin mit einer grenzenlosen, die Schranken zwischen dieseits und Jenseits überwindenden Zaubermacht profiliert.

Dem so gewonnenen Entwicklungsstand entsprechen dann auch die wesentlichen mythologischen Hoheitstitel: von der „Tochter" des Sonnengottes wird Isis als Schwester und Gattin des Osiris zur „Mutter" des Horus und auf kosmischer Ebene zur „Urmutter" als Mutter des Schöpfergottes. Isis ist so in vielfacher Dimension „Gottesmutter" geworden. Überdies gilt sie als „Herrin des Himmels". Ihre herausragende Position im ägyptischen Götterpantheon wird mit Epitheta wie „größte Göttin" und „Unvergleichliche" manifestiert.

3. Die „Gottesmutter"

Von nachhaltiger Relevanz ist vor allem das Vorstellungsgut von der königsbezogenen Mutterschaft der Isis, das besonders augenfällig in den vom Neuen Reich bis in die späteste Zeit Ägyptens bezeugten Illustrationssequenzen zur „Geburt des Gottkönigs" zum Ausdruck kommt. In noch heute erhaltenen Teilbereichen ägyptischer Tempelbauten des Neuen Reichs, etwa in der sogenannten Geburtshalle des Totenkulttempels des Königin Hatschepsut von Deir el-Bahari oder in der Geburtskammer des Amun-Tempels von Luxor stellen sich noch dem heutigen Betrachter Szenenfolgen dar, die die Empfängnis und Geburt des Königs zum Inhalt haben und hier die Königin zur Gottesmutter werden lassen. Wird hier noch die mit Isis weitgehend gleichrangig verehrte Göttin Hathor mit der Königin als „Gottesmutter" auf ein und dieselbe Ebene erhoben, ist mit den strukturverwandten Szenenfolgen der griechisch-römischen Zeit in den sogenannten Mammisis d.h. den Geburtstempelchen u.a. von Dendera, Edfu, Philae die Verschmelzung der Isis mit der Hathor längst vollzogen, so daß in dieser Zeit der ptolemäischen-griechischen Könige und der römischen Kaiser in der Nachfolge der Pharaonen Isis noch immer und erst recht als göttliche Mutter des gottköniglichen Herrschers vor aller Augen in Erscheinung tritt.

Die besondere Mutterschaft der Göttin Isis steht seit jeher in qualifizierter Beziehung zur Doppelnatur des Pharao[11]. Der regierende König ist einerseits – ob dynastiegebunden oder nicht – eingeordnet in die menschliche Lebenswelt, ihren Vorzügen und Unbilden unterworfen, vor Auseinandersetzungen nach innen und außen nicht gefeit, auf den Beistand der Götterwelt angewiesen: er ist Verkörperung des geschaffenen Menschseins. Andererseits stellt er die Inkarnation des Horus dar, d.h. er ist in die Sohnschaft des Re hinein erwählt und trägt seit dem Alten Reich den Titel „Sohn Gottes", den auch noch die ptolemäischen und römischen Herrscher für sich beanspruchen, um an der Dignität der Vorfahren teilzuhaben. Als Horus ist er auch Sohn der Isis und so in seiner Doppelnatur Mensch und Gott. Für ein besseres Verständnis der sich in der Theologiegeschichte der Alten Kirche entwickelnde Christologie und der damit verbundenen Auseinandersetzungen ist somit der Blick auf das Denkmodell der pharaonischen Konstitution unentbehrlich, obwohl sich eine unvoreingenommene Integration dieser Jahrtausende alten Konzeption noch immer kein Heimatrecht in der christlichen Perspektive verschafft hat. Gerade die vertiefende Positionierung des chalkedonensischen Bekenntnisses zu Jesus Christus als „wahrer Gott und wahrer Mensch" in der Glaubensgeschichte bedarf des grundlegenden Respektes vor einer zeitgeschichtlich relevanten Tradition, die den erwählten Herrscher mit einer Doppelnatur ausstattet und ihn zugleich in eine herausragende Beziehung zur Gottesmutter Isis hineinstellt. Ausdrücklich sei darauf verwiesen, daß das berühmte Wallfahrtsheiligtum der Isis in Philae/Oberägypten bis in die byzantinische Zeit aufgesucht wurde, und dies trotz weitgehender Christianisierung Oberägyptens: erst in justinianischer Zeit wurde die Isisverehrung in Philae durch den Marienkult abgelöst, der seinerseits auch dem Ansturm der islamischen Religion lange Zeit widerstand. Nicht minder interessant ist der Bau einer koptischen Kirche inmitten zweier Geburtstempelchen in Dendera, ebenfalls in Oberägypten, aus „heidnischer" Zeit. Auch hier tritt im Sinne des ‚Gesetzes' von der ‚Sukzession der Kultstätten' die Marienverehrung der Kopten an die Stelle der zuvor extensiv in der auslaufenden Pharaonenzeit und der Periode der Griechen und Römer in Ägypten an die Stelle und in die Nachfolge des Isiskultes. Die Ausdehnung des Isiskultes in den mediterranen Raum im Vorfeld eines geprägten Marienkultes braucht ebenfalls nicht zu verwundern. Auch Italien kennt die Isisverehrung bis ins 6. Jh. n. Chr., selbst das römische Deutschland bezeugt sie noch in der 1. Hälfte des 4. Jh.s n. Chr., so daß ein relativ nahtloser Übergang zur Verehrung Mariens in Europa möglich geworden ist. Wie Theodor Klauser zu Recht festgestellt hat, gehört Origenes zu den frü-

---

[11] Zur Doppelnatur des Pharao als Mensch und Gott vgl. zuletzt M. Görg, Der Pharao als Mensch und Gott – zu einem prä-christologischen Modell in der ägyptischen Religionsgeschichte, in: L. Mödl - J. Rohls - G. Wenz (Hrsg.), Das Wesen des Christentums: Münchener Theologische Forschungen 1, Göttingen 2003, S. 59-79. S. auch M. Görg, Fleischwerdung des Logos. Auslegungs- und religionsgeschichtliche Anmerkungen zu Joh 1,14a, in: R. Hoppe - U. Busse (Hrsg.), Von Jesus zum Christus. Christologische Studien. Festgabe für Paul Hoffmann zum 65. Geburtstag, Beihefte zur Zeitschrift für die neutestamentliche Wissenschaft und die Kunde der älteren Kirche 93, Berlin - New York 1998, S. 467-482.

hesten Textzeugen Mariens als „Gottesgebärerin". Das Konzil von Ephesus (431 n. Chr.) hat diesen Titel („Theotokos") offiziell proklamiert.

4. Die stillende Gottesmutter

Nicht nur die Tempeldekoration der griechisch-römischen Zeit zeugt von einer zunehmenden Intensivierung der Isisverehrung, sondern auch die kunsthandwerkliche Multiplikation von Isis-Statuetten als Votivgaben sorgt für eine Verbreitung des volksnahen Kultes in Ägypten und weit darüber hinaus. Hier hat der Typus der sogenannten *Isis lactans*, der ‚stillenden Isis' über allen Maßen Anklang gefunden[12], wovon kaum zu zählende Exemplare der mit oder ohne Thron dargestellten Göttin mit dem Horuskind vor allem im Miniaturformat und Bronzeguß Zeugnis ablegen. Mit der Popularisierung des Motivs geht geradezu eine umfassende und verfeinerte Fertigungstechnik einher. Die Variante der Isis mit dem Horuskind (ohne Thron) wird in einem „Wachsschmelzverfahren" hergestellt, d.h. in Wachs modelliert, mit einem Tonmantel versehen und gebrannt, anschließend das verflüssigte Wachs entfernt und der Hohlraum mit Metall ausgegossen. Zum Schluß wird der Tonmantel zerschlagen, die Figur gesäubert und nachbearbeitet. Die Isis-lactans-Figuren konnten als Stiftungen und Weihgaben in Tempel deponiert werden, zuweilen versehen mit persönlicher Widmung mit Namen des Stifters. Wegen zunehmender Massierung der Exemplare konnten sie auch aus dem Sakralraum herausgenommen und vergraben werden, wie man dies in Ägypten seit alters auch mit größeren oder kleineren Götterfiguren betrieb, ohne diesen dadurch eine Mißachtung zukommen zu lassen. Im Gegenteil: das Vergraben war fast schon eine Art ‚Bestattung' im Vertrauen auf eine fortwährende Wirksamkeit der stillenden Isis. Die Isis-Horus-Figuren erfüllen somit alle Erwartungen, wie sie an ein ‚Ex-voto' gestellt und religionsübergreifend geglaubt werden. Hinter all den vielseitigen Bemühungen um ein lebendiges Bild der stillenden Gottesmutter steht die Frömmigkeit der Volksreligion, die sich in Ägypten komplementär und zuweilen konkurrierend zum Tempelkult entwickelt hat und mit der allmählichen Reduktion der staatlichen Selbstständigkeit des Landes immer mehr Boden gewann, um schließlich als Basis für die Ausbreitung des Christentums gerade in den ärmeren Volksschichten zu dienen. Isis ist hier die Gottheit, die Fruchtbarkeit im umfassenden Sinn garantiert: sie ist nicht nur Patronin der Schwangeren, sondern Schutzherrin aller, die am Leben hangen und in Not geraten sind. Es ist in der Kunstgeschichte mittlerweile unumstritten, daß der Typus der Isis lactans auch in den frühen Darstellungen Mariens mit dem Jesuskind vor allem in der koptischen Bildkunst weiterlebt, insofern als die Verehrung Mariens als Theotokos („Gottesgebärerin") zunächst in Verbindung mit Bildkompositionen der Majestas Domini nachweisbar ist, wie etwa in der Mu'allaqa Kirche in Alt-Kairo, in Sakkara oder Bawit[13]. Die Maria lactans rückt dann ins Zentrum der Dekoration, u.a. umgeben von Engeln, Heiligen oder floralem Schmuck. Als möglicherweise frühester Beleg

---

[12] Über die immense und differenzierte Ausgestaltung des Typus der Isis/Maria Lactans informiert zuletzt L. Langener, Maria Lactans, Arbeiten zum spätantiken und koptischen Ägypten 9, 1996.

[13] Vgl. dazu Langener, Maria Lactans, S. 167f.

für die Maria lactans darf der wohl aus dem Konstantinopel des 4. Jh.s stammende Marmorkrater in Rom gelten. Er ist als der „missing link" bezeichnet worden, „der von den ägyptisch-alexandrinischen Isis lactans-Darstellungen überleitet hin zu den christlichen Maria lactans-Darstellungen"[14]. Im übrigen besteht guter Grund für die Annahme, daß die angehende Ikonologie eben auf dem Wege der ikonographischen Tradition von Ägypten her vermittelt worden ist, und nicht auf einem schriftlichen Transfer beruht, wenn auch der früheste Beleg für die stillende Gottesmutter Maria in dem um 200 n. Chr (in Ägypten?) entstandenen Protoevangelium des Jakobus zu finden ist[15].

5. Die „Jungfrau"

Schon Isis ist Trägerin der Bezeichnung „Jungfrau" (ägypt. ḥwnt), ein Titel, der offenbar bei aller mythologischen Bindung an den ‚Bruder' und ‚Gatten' Osiris und ihrer mutterschaftlichen Beziehung zu Horus uneingeschränkt Anwendung finden kann. So heißt es in einer Rede des Gottes Re-Atum an Isis in den Sargtexten: „Dein Empfangener, dein Verborgener (im Leib), Jungfrau, ist es, den du empfängst und gebären wirst den Göttern"[16]. Und Isis selbst bekennt in einer Beischrift im Sethostempel von Abydos: „Ich bin die Mutter des Horus, ich bin die Schwester des Gottes ... ich bin die große Jungfrau"[17].

Diese ungezwungene Nebeneinanderstellung von Bezeichnungen, die sich auf der natürlichen Ebene zu widersprechen scheinen, gehört zum Charakteristikum einer theologischen Bildsprache, die ihre Verwurzelung im mythischen Vorstellungsgut nicht verleugnet. Isis ist „Mutter" und „Jungfrau" zugleich, eine ‚mythische Konstellation' eigener Art, deren Stellenwert auch in einer systematisch-dogmatischen Rezeption niemals mißachtet werden sollte.

Die Übertragung der Bezeichnung „Jungfrau" als Hoheitstitel auch auf die Gottesmutter Maria geschieht in der Regel mit besonderem Rückblick auf die neutestamentliche Tradition der Kindheitsgeschichten Jesu bei Matthäus und Lukas, die in einer genuinen Rezeption der sog. Immanuelweissagung von Jes 7,14 gehalten ist. Während die alttestamentliche Perspektive die Bezeichnung 'alma eher als „junge Frau" denn als „Jungfrau" zu verstehen lehrt, geht die neutestamentliche Wortwahl mit „partenos" offenbar unmittelbarer auf die Bedeutung „Jungfrau" zu, wenn hier auch letzte Verbindlichkeit zur Semantik noch aussteht. Die neutestamentliche, ihrerseits auf der Wiedergabe der griechischen Übersetzung (Septuaginta) von Jes 7,14 gründende Interpretation kann allerdings einem einschlägigen Vorstellungshintergrund aus dem ptolemäischen Herrscherhaus in Alexandria nahestehen, diesem sogar verpflichtet sein, wonach die Isis-Verehrung mit der Apotheose der Arsinoe, Schwester Ptolemäus' II. Philadelphos, einen besonderen Höhe-

---

[14] Langener, Maria lactans, S. 280.
[15] Vgl. Langener, Maria lactans, S. 281.
[16] Wiedergabe im Anschluß an M. Münster, Untersuchungen, S. 7.
[17] Wiedergabe nach Münster, Untersuchungen, S. 193.

punkt erlebt hat, da die Königin zur „Isis" erhoben worden ist: „Ähnlich wie Isis sagte: ‚Ich bin Frau und Schwester des Königs Osiris', konnte Arsinoe II. nun sagen: ‚Ich bin Frau und Schwester des Königs Ptolemaios'"[18]. Ptolemäus IV. hat sich der Göttin Isis „in besonderer Weise verbunden gefühlt"[19]. Die besondere Erwählung der Königin mit ihrer mythologischen Nähe zur „Isis" hat bekanntlich auch zum Vorstellungsgut der berühmtesten Königin der Ptolemäerzeit, Kleopatra VII., gehört, die sich als „irdische Erscheinungsform" der *Isis regina* verstand[20]. Wie die Vorstellungen über Isis die biologischen Differenzierungen sprengen, lassen auch die frühchristlichen Konzeptionen von Maria, der Mutter Jesu, die gängigen Anschauungen über natürliche Empfängnis hinter sich und das Unmögliche möglich werden.

6. Die Allherrscherin

Es muß nach allem nicht verwundern, daß Isis zu einer Schutzgöttin ersten Ranges aufgestiegen ist, deren Bedeutung gerade in der griechisch-römischen Zeit nicht hoch genug veranschlagt werden kann. Seit dem 2./1. Jh. vC ist Isis endgültig zur Universalgöttin geworden, die Herrin der göttlichen-kosmischen Ebene ebenso wie der irdischen Welt. Sie gilt als Göttin mit tausenden Namen d.h. sie ist überall präsent und von überall her ansprechbar. Der Typus der vielfach in hellenisierter Volkstracht gekleideten Göttin zeigt die Nähe zu den Bedürfnissen der Verehrer weit über das höfische Ambiente hinaus. Ein wichtiges Zeugnis für das expandierende Verständnis der Isis sind die sogenannten Aretalogien, d.h. Offenbarungsreden der Göttin, die nicht zuletzt ihre Kompetenz auf dem Gebiet der Rechtsordnung und Rechtspflege, des Ethos und jedweden Geschicks zum Ausdruck bringen[21]. Dazu läßt gerade die „Popular Religion" der römischen Zeit Isis an ganz unterschiedlichen Orten verehrt sein sein, wobei ihre Lokalkulte blühen, ohne ihrer universalen Orientierung grundsätzlich Eintrag zu tun[22]. Ein exquisites Merkmal ist die Macht über die Wasser, das Meer und die Schiffahrt, dies allerdings wohl ein Zug, der nicht mehr auf ägyptische Tradition, sondern auf griechische Inspiration zurückgeht[23].

Die Fülle der Namen, die universale Kompetenz als Herrin der kosmischen und irdischen Welt, von Himmel und Erde, die offenbare und anerkannte Fürsorglichkeit für das Alltagsleben, all dies wird auch zum Eigengut der universalen Mutter Maria, der Himmelskönigin. Die vielgestaltige Anrede der Isis legt auch die formale und religions-geschichtliche Grundlage für die vielseitige Anrufbarkeit Mariens, wie sie in der eingangs ange-

---

[18] Vgl. dazu W. Huß, Ägypten in hellenistischer Zeit 332-30 v.Chr., München 2001, S. 309.

[19] Huß, Ägypten, S. 453.

[20] G. Hölbl, Geschichte des Ptolemäerreiches. Politik und religiöse Kultur von Alexander dem Großen bis zur römischen Eroberung, Darmstadt 1994, S. 266. Dazu auch M. Görg, Die indirekten Adressaten der Religionskritik in Weish 13,1f., in: Biblische Notizen. Beiträge zur exegetischen Diskussion 117, 2003, S. 15-18, hier S. 17f.

[21] Vgl. dazu zuletzt R. Schulz, Warum Isis?, S. 267.

[22] Dazu etwa D. Frankfurter, Religion in Roman Eygpt. Assimilation and Resistance, Princeton 1998, S. 100f.

[23] Dazu Schulz, Warum Isis?, S. 269.

sprochenen Lauretanischen Litanei zum Ausdruck kommt. Sogar die Herrin der Meere feiert in der *Stella maris* ihre Wiederkehr.

In den sogenannten Isismysterien[24] der spätesten Perioden Ägyptens finden sich besondere Verehrergemeinden zusammen, um die Bindung an Isis durch intensive Vergegenwärtigung des grundlegenden Mythos rituell zu begehen. Die hier geübten Rituale können durchaus auf ägyptischen Initiationsriten beruhen. Nach einer wohl noch in Ägypten bestehenden und eingehaltenen Exklusivität der Teilnahme von Priestern als „Mysten der Isis" „eröffnen die griechisch-römischen Mysterien den Einweihungswilligen sehr viel freier Zugang", was wohl mit dem „unterschiedlichen Menschenbild der beiden Kulturen begründet" sein mag[25]. Mit der Präsentation Mariens als Mutter aller Bedürftigen erschließt sich freilich noch eine weitere Dimension, die keinerlei Beschränkung nötig hat.

7. Die Schutzpatronin

Mit der Trauer der Isis über den sterbenden Bruder und Gatten Osiris hat die Göttin auch die Sympathie der Trauernden gewonnen, sie ist darin wie eine Wegbereiterin der Pietà geworden[26]. Dies ist nur eine von den unzähligen Patronaten, die ihr eigen gewesen sind und in der Patronin voller Güte und „Trösterin der Betrübten" aufgenommen und überboten werden.

Es bietet sich an, im Zusammenhang mit dem allumfassenden Patronat der Isis einerseits und Mariens andererseits auf das noch immer offene und weiterhin diskutierte Phänomen der „Schwarzen Madonna" Bezug zu nehmen. Religionsgeschichtliche Studien zur Attraktivität gerade dieses Typs der Mariengestaltung und dessen Präsenz an berühmten Wallfahrtsstätten wie Altötting, Einsiedeln, Tschenstochau u.a. mögen auf mancherlei Vorstellungen zur Einbindung des dunklen Äußeren in die geheimnisvollen und tiefensinnigen Kräfte der Natur verweisen wollen, wobei die Position und Funktion der schon im Alten Orient geschätzten Erdmutter durchaus Beachtung verdient.

Es ist aber auch an eine Traditionslinie zu erinnern, die über den vielzitierten Bezug zur schwarzen Schönheit der Partnerin des Hohenlieds (Hld 1,5: „Schwarz bin ich, und schön")[27] in das Mutterland der Isisverehrung führt, da auch hier die dunkle Färbung der Gottesmutter nicht unbekannt ist, wie u.a. schwarzbronzene Isisfiguren zeigen. In Ägyp-

---

[24] Dazu u.a. F. Junge, Isis und die ägyptischen Mysterien, in: W. Westendorf (Hrsg.), Aspekte der spätägyptischen Religion, Göttinger Orientforschungen, IV. Reihe: Ägypten, Wiesbaden 1979, S. 93-115. J.F. Quack, Königsweihe, Priesterweihe, Isisweihe, in: J. Assmann - M. Bommas (Hrsg.), Ägyptische Mysterien? München 2002, S. 95-108.

[25] J.F. Quack, Königsweihe, S. 108.

[26] Vgl. dazu bereits die Bemerkungen von J. Assmann, Tod und Jenseits im Alten Ägypten, München 2001, S. 190. Dazu auch M. Görg, Die Barke der Sonne. Religion im alten Ägypten, Freiburg 2001 (Neudruck 2003), S. 137.

[27] Vgl. dazu u.a. O. Keel, Das Hohelied, Zürcher Bibelkommentare, Zürich 1986, S.53-55, der in der Schwarzfärbung etwa der verklärten Königin Ahmes Nefertari (Gemahlin Ramses' II.) in Theben eine Evokation des „ganz Anderen" sehen möchte (S. 55).

ten, welches Land in der altägyptischen Sprache das „Schwarzland" bedeutet, ist Isis nach allem zunächst eine Verkörperung der Landesmutter. In Analogie zur Übertragung der ‚Landesfarbe' könnte auch der Aspekt der schutzgewährenden Instanz eine Rolle spielen. die schwarze Farbe ist auch die Farbe der Nacht, wie die Finsternis zu den chaotischen Verhältnissen vor Beginn der Schöpfung gehört. Nacht und Finsternis werden aber auch in ihrer ‚Doppelnatur' zu sehen sein: sie stehen immer auch im Übergang zur Helle des Tages und zum Licht der Sonne, die gerade für den Ägypter die Zuversicht auf eine Auferstehung zu neuem Leben gewährt und garantiert. Diese der schwarzen Färbung inhärente Symbolik der Hoffnung mag auch bei der „Schwarzen Madonna" nachwirken, wie auch immer die Traditionswege zu beschreiben sein werden[28]. Bei allem indessen, was die vergleichende Religionsgeschichte als ägyptisch-ptolemäisches Erbe im Marienverständnis und Marienkult ausfindig machen konnte und noch kann, es bleibt ein fundamentaler Unterschied, der letztlich mit der differierenden Gottesidee verbunden ist. Der Welt des sich verzweigenden Götterhimmels im Alten Ägypten steht nunmehr im Christentum die Welt des Einen und Einzigen gegenüber, der die für den Menschen unauslotbare Verbindung von Einheit und Vielfalt in unvergleichlicher Weise in sich aushält und (ver-)birgt.

Isis ist von Anfang an und immer Göttin gewesen und niemals Mensch geworden. Maria ist immer Mensch gewesen und niemals Göttin geworden oder zu göttlichen Ehren aufgestiegen. Wie Maria aber nach dem Vorgang Jesu in die himmlische Herrlichkeit erhoben worden ist, ist jedem Glaubenden die Welt Gottes geöffnet, freilich nur, weil Gott sich auf die Ebene des Menschen herabgelassen und selbst Mensch geworden ist.

---

[28] In einem von Th. Staubli herausgegebenen Sammelband mit dem Titel „Werbung für die Götter, Heilsbringer aus 4000 Jahren" (Freiburg/ Schweiz 2003), wird bezeichnenderweise im Anschluß an einige wichtige Arbeiten zur altorientalisch-ägyptischen Ikonographie auch ein ein Beitrag zur Marienverehrung von Einsiedeln geboten: A. Senti, Die Wallfahrt zur schwarzen Madonna von Einsiedeln, S. 117-153.

Gottes Sohn und Gottes Kind

Ein Beitrag zum Verhältnis Mythologie und Mystik

Das Geheimnis der Menschwerdung Gottes in der Person des Juden Jesus ist seit jeher ein Wahrzeichen der Botschaft des christlichen Glaubensbekenntnisses und zugleich ein entscheidendes Kriterium zur christlichen Identitätswahrung im interreligiösen Dialog. Insbesondere unter den drei monotheistischen Religionen, die wegen ihrer jeweiligen Inanspruchnahme des Erzvaters Abraham auch als „abrahamischen" bzw. „abrahamitische" Religionen bezeichnet werden können, ist die Gleichsetzung des „Sohnes Abrahams", wie Jesus seiner Abstammung nach zu Beginn des Matthäusevangeliums tituliert wird, mit dem „Sohn Gottes" für Juden und Muslime eine provozierende These, mit deren Akzeptanz nach menschlichem Ermessen nie und nimmer zu rechnen sein wird. Dennoch führt der Weg zur Verständigung unter den Religionen, die sich dem Glauben an den einen Gott verschrieben haben, dem sie allein Allmacht und Allbarmherzigkeit zuerkennen, nicht nur über die wechselseitige Wahrnehmung der unaufgebbaren Eigenheiten und offenkundigen Differenzen, sondern auch über die Erkenntnisse gemeinsamen Suchens nach sprechenden Bildern und Symbolen in den älteren, den genannten Religionen zugrunde liegenden Formen und Inhalten religiöser Äußerungsweise, wie sie sich vor allem in den Kulturen des Alten Orients und Ägyptens über Tausende von Jahren in vielfältigen Varianten erhalten haben und uns heute ungleich besser als unseren Vorfahren zugänglich geworden sind.

Gerade im Blick auf das religiöse Potenzial der Mittelmeerkulturen wird es in jüngster Zeit immer wichtiger, den Einfluß uralter Vorstellungen um Anfang und Ende des menschlichen Lebens, über Geburt und Tod überhaupt, über die Relation von Schöpfer und Geschöpf, über Himmel und Erde, über Kosmos und Natur so ernst zu nehmen, wie deren Urheber und Anhänger sie ernstgenommen haben. Die Kernfrage des mythischen Denkens lautet nach wie vor: „Wie gewinne ich Leben und Frieden, jetzt und in Zukunft"?

Die Vorstellungswelt der alten Religionen war im wesentlichen geprägt von einem Geflecht von teilweise ineinander greifenden Ideen, die wir in der Regel mit der noch immer kaum definierbaren Bezeichnung „Mythos" belegen[1]. Damit sind näherhin bildhafte Systeme eines Zusammenwirkens von überirdischen und irdischen Instanzen und Phänomenen, ein vielfach unentwirrbar scheinendes Zusammenspiel von Göttern und Menschen, die den Ablauf des Weltgeschehens in geheimnisvoller Weise dirigieren. Im Unterschied zu den Mythen selbst sind alle Bemühungen um den Mythos in Gestalt der sprachlichen und bildenden Kunst nichts anderes als „Arbeit am Mythos" (H. Blumenberg)[2], die dem-

---

[1] Vgl. dazu vor allem J. Assmann, Die Verborgenheit des Mythos in Ägypten. Jüngste Fassung in: J. Assmann, Ägyptische Geheimnisse, München 2004, S. 31-57. Zur Scheidung von Mythos und Mythologie vgl. zuletzt M. Görg, Religionen in der Umwelt des Alten Testaments III: Ägyptische Religion: Wurzeln – Wege - Wirkungen, Stuttgart 2007, S. 32f.

[2] Vgl. H. Blumenberg, Arbeit am Mythos, Frankfurt 1979.

nach in den Geschäftsbereich der „Mythologie" fällt. Dabei gilt es, sich von vorneherein zu vergewissern, dass „Mythos" und „Mythologie" (als „Arbeit am Mythos") zu einer urtümlichen, lebensnahen Deutung der Welt um uns herum und deren Hintergründe gehören, dass solche basisorientierten Muster des Verstehens nicht zwingend rationalen Denkoperationen zugänglich oder gar gefügig sein müssen, schon gar nicht ohne weiteres abschätzig behandelt oder gar im Anschluß an die bereits in der klassischen Antike praktizierte Mythenkritik als nutzlose Fabeleien und Träumereien abgetan und entwertet werden dürfen. Ohne eine unkritische Rückkehr zur Bilderwelt der Mythen zu verfolgen, wohl aber um einer elementaren, dem Lebensgewinn dienenden Würdigung überkommener Bildelemente zu dienen, müssen auch die alten Symbole und Metaphern aus biblischem Kontext in unseren Verstehenshorizont zurückgeholt werden, weil nur so die Vitalität der ursprünglichen Glaubensprache wiederentdeckt werden kann.

Dies möge hier an einem Kernzitat aus der Fülle bildsprachlicher Wendungen aus dem Schatz der Psalmen demonstriert werden, einem Textbeispiel, das gerade in der Weihnachtsliturgie fest verankert ist und mit seiner geprägten Gestalt tief in die Mythologie altorientalischen, näherhin ägyptischen Glaubens an die Gottessohnschaft des Königs hineinführt. Als Gottesrede stilisiert gibt sich der Wortlaut von Ps 2,7b als Anrede an den inthronisierten Herrscher zu verstehen:

Mein Sohn bist du, heute gebäre ich dich!

Die hier vorgeschlagene Wiedergabe vermeidet die üblicherweise gewählte Übersetzung des zweiten Versteils: „heute habe ich dich gezeugt", da diese die Bedeutung der hebräischen Wortwurzel ausschließlich in eine semantische Analogie zum menschlichen Zeugungsvorgang lenkt. Daß für die göttliche Vaterschaft oder Mutterschaft eine andere Bedeutungsebene betreten werden muß, lehrt uns das entsprechende Sprach- und Formelgut in zahlreichen Texten der altägyptischen Kultur, deren einschlägige Phraseologie bis in die Zeit der Griechen und Römer als der spätesten Herrscher über Ägypten reicht und in den materialreichen Tempelinschriften bewahrt ist. Hier kann die Gottheit als Vater oder als Mutter des Königs in Erscheinung treten und eben jene zweigeteilte Deklaration zugesprochen erhalten, die auch in dem Psalmwort beggenet. Der „Geburt" des Königs, dem Initiationsritus der Thronbesteigung wohnt ein genuines Mysterium inne, dessen Dimensionen nicht in simpler Vergleichbarkeit mit der Geburt irgendeines gewöhnlichen Zeitgenossen ausgeschöpft werden können.

Der Ägypter wählt für die Bezeichnung dieser „Geburt" ein Wort (*msj*), das auch der bekannten Namenbildung „Mose" zugrunde liegt und so allem Anschein nach von Göttern und Menschen ausgesagt werden kann, um so die mythische Einheit von „Zeugen" und Gebären eines göttlichen Kindes auf höchster Ebene zu signalisieren und die letztlich unvorstellbare Würde einer göttlichen Vater- oder Mutterschaft für eine erwählte Persönlichkeit geltend zu machen. Schon nach ägyptischer Vorstellung kommt der Sonnengottheit Re in Verbindung mit dem Lebens- und Geistgott Amun als der allerhöchsten Instanz, in der ägyptischen Götterwelt im Doppelnamen Amun-Re angesprochen und vielfach hymnisch verehrt, die den Kosmos erfüllende Herrschaft zu, die sich Amun-Re mit dem König als dem Gottessohn teilt, um mit ihm den Ablauf des Weltgeschehens zu gestalten und vor dem Rückfall in die Bodenlosigkeit des Nichtseins und der totalen Unordnung zu bewahren. „Geburt" aus der Gottheit ist also in der ägyptischen Mythologie ein Signalwort für außerordentliche Erwählung, welcher erhabene Vorgang in der ägyptischen Sprache meist mit dem Wort *mrj* angezeigt wird, das zugleich „lieben" bedeutet. In zahllosen Fällen wird der König als „Geliebter" einer Hochgottheit wie Re, Amun oder Ptah bezeichnet. Ein bekannter Beleg für diese Konzeption ist der Beiname des Pharao Ramses II.: *mrj Jmn* „Geliebter d.h. Erwählter des (Gottes) Amun", eine Namensbildung, die allem Anschein nach auch dem bekannten biblischen Namen Mirjam zugrunde liegt[3], so dass auch mit dem Namen der Gottesmutter Maria letztlich und eigentlich die Vorstellung vom Geliebtsein von Seiten des göttlichen Geistes verbunden sein würde.

Unsere Betrachtung der mythologischen Dimension der Bildaussage von Ps 2,7 erhält dadurch eine besondere Aktualität, dass auch das neuerschienene Jesus-Buch Papst Benedikts XVI. auf das Psalmwort Bezug nimmt, um mit Hilfe der neutestamentlichen Rezeptionen eine graduelle Überhöhung in einer sukzessiv gesteigerten Übertragung auf Jesus wahrnehmen zu wollen[4]. Mit gutem Grund und offenbar erstmalig aus dem Mund eines höchsten Amtsträgers der Katholischen Kirche erfährt der Leser, dass die Ägypter, die nach dem griechischen Geschichtsschreiber Herodot die frömmsten Menschen der Erde gewesen sein sollen, durchaus der Meinung waren, dass dem König und Pharao Titel und Würde eines Gottessohnes gebührt. Allerdings möchte der Papst den Titel „Sohn Gottes" in der „politischen Theologie des Alten Orients" beheimatet sehen, während in Israels Übernahme „die alte Königsideologie, die mythische Zeugung von Gott her, beiseite geschoben und durch die Theologie der Erwählung ersetzt" worden sei[5]. Hier darf in engerer Fühlungnahme mit dem ägyptischen Formulierungs- und Vorstellungsgut angemerkt werden, dass das ägyptische Theologumenon von der Gottessohnschaft des Königs selbstverständlich eine prominente Erwählungsaussage darstellt und nicht zwingend mit seiner Integration in den Kontext von Herrschaftslegitimation und politischem Machtanspruch der tiefbegründeten Glaubensüberzeugung der ägyptischen Gesellschaft und der individuellen Glaubenshaltung des Einzelnen zuwiderläuft. So gesehen bleibt die übernommene Geburtsformel auch nach ihrem Transfer in den Raum Israels dem Mythos verhaftet und mythologisch verortbar. Dies gilt nicht nur von der Übertragung des Sohnestitels auf den König in Israel (vgl. auch 2Sam 7,12ff. Ps 89,27f.37f. 110,2), sondern auch für die einschlägige Erwählungsaussage für das Volk (vgl. Ex 4,22f.). Schließlich dürfte auch das Zitat der Psalmstelle in der antiochenischen Missionspredigt des Apostels Paulus (Apg 13,32f.), das der Papst als weitere „Stufe der Umgestaltung der politischen Theologie des Alten Orients"[6] zu deuten vorschlägt, nicht ohne weiteres zu einer religi-

---

[3] Vgl. dazu u.a. M. Görg, Mirjam – ein weiterer Versuch, in: Biblische Zeitschrift 23, 1979, S. 285-289. Ders., Mirjam, in: R. Bäumer – H. Scheffczyk (Hg.), Marienlexikon, Band IV, 1992, Sp. 467. Ders., Mirjam, in M. Görg-B. Lang (Hg.) Neues Bibel-Lexikon Band II, 1995, Sp. 815f.

[4] Vgl. J. Ratzinger (Benedikt XVI). Jesus von Nazareth, Erster Teil: Von der Taufe im Jordan bis zur Verklärung, Freiburg-Basel-Wien 2007, vor allem S. 386-389.

[5] Vgl. Ratzinger (Benedikt XVI), Jesus, S. 387.

[6] Ratzinger (Benedikt XVI.), Jesus, S. 388.

onskritischen Abwehr einer scheinbar nicht mehr vorhandenen und nunmehr abgebrochenen Kontinuität in der Idee einer Erwählungskonzeption Anlaß geben. Unbestritten sollte jedoch sein, dass die geprägte Erwählungsdiktion in der neutestamentlichen Anwendung auf die Gestalt Jesu in den Dienst einer in Erwartung des messianischen Königtums gewachsenen getreten ist und hier „Ausdruck eines besonderen Einsseins mit Gott" geworden ist, „das sich in Kreuz und Auferstehung zeigt"[7]. Aus dem Blickwinkel des vergleichenden und um ein gerechtes Urteil über Geber und Empfänger der Idee bemühten Interpreten kommt man freilich nicht an der Einsicht vorbei, dass auch in den neutestamentlichen und christlichen Zitaten der Vergangenheit eine „Arbeit am Mythos" zu konstatieren ist. Der Mythos, der nicht ausschließlich dem politischen Interesse zuzuordnen ist, bleibt also nach wie vor wirksam, auch wenn er notwendigerweise immer wieder im Zuge mythologischer Versprachlichung in einer lebendigen Tradition gehalten werden muß. Dabei dürfte auch von Interesse sein, dass in der jüngeren Deutung des Psalmzitats gern auf die Zeitbestimmung „heute" rekurriert wird, die auch in der Erklärung des Papstes als Argument für eine Lösung des Titels „Sohn Gottes" aus einem mythologischen Sinnzusammenhang gesehen werden soll[8]. Die Gestalt der Satzform gebietet es freilich, an eine Aussage mit koinzidenter Intention zu denken, indem mit dem Ausspruch auch die Wirkung einhergeht: die Gottesrede ist hier zugleich initiativ und wirkmächtig im Blick auf das königliche Amt, das Wort „heute" bestätigt den gemeinten aktuellen und unmittelbar wirksamen Anspruch. Unverkennbar ist auch, dass die scheinbar bloße Zeitbestimmung in der deuteronomisch-deuteronomistischen Traditionslinie zu stehen scheint, wo die Akzentuierung des „heute" ein heilsgeschichtliches Datum markiert, das gerade in der durch Mose vermittelten Gottesrede eine für die unmittelbare Gegenwart gültige Relevanz für das Volk Israel zum Ausdruck bringt, die über die Erhebung der Tora zum „Buch des Bundes" eine überzeitliche Verbindlichkeit gewinnt. Und doch muß nach wie vor festgehalten werden, dass schon die Heimat der Phraseologie der Psalmstelle in Ägypten der Gegenwärtigkeit des im Wort vermittelten Handelns der Gottheit im Wortlaut Rechnung trägt, da auch hier bereits die Verbform eine koinzidente Sinngebung nahelegt[9].

Neben der Umsetzung der Idee der Gottessohnschaft vor allem in den Inschriften der Tempelanlagen des alten Ägypten muß jedoch auch den Szenen der „Geburt des Gottkönigs"[10] sowohl in den bekanntesten Tempeln der 18. Dynastie wie aber auch in den späten Anlagen der griechisch-römischen Zeit weit mehr Aufmerksamkeit zukommen als dies bisher der Fall war. Für die weitere Entwicklung und Forschung zu den Ursprüngen religiöser Bildsprache sind die einschlägigen Szenen und Beischriften auf den Tempelwänden von unerschöpflicher Aussagekraft. Selbstverständlich ist auch bei der Dekoration

---

[7] J. Ratzinger (Benedikt XVI.), Jesus von Nazareth, S. 389.

[8] Vgl. Ratzinger (Benedikt XVI.), Jesus, S. 387f.

[9] Vgl. dazu M. Görg, Die „Wiedergeburt" des Königs nach Ps 2,7b, in: Theologie und Glaube 60, 1970, S. 413-426. Nachdruck in M. Görg, Studien zur biblisch-ägyptischen Religionsgeschichte (Stuttgarter Biblische Aufsatzbände Altes Testament 14), Stuttgart 1992, S. 17-31 (mit Literaturnachträgen S. 9).

[10] Vgl. dazu vor allem H. Brunner, Die Geburt des Gottkönigs (Ägyptologische Abhandlungen 10), Wiesbaden 1964. J. Assmann, Die Zeugung des Sohnes. Ikonozität, Narrativität und Ritualität im ägyptischen Mythos, in Ders. Ägyptische Geheimnisse, München 2004, S. 59-98.

der Wände der Mythos von der Gottessohnschaft wirksam und zwar so, dass man in Ägypten wohl um die familiären Zusammenhänge der Dynastien und jeweiligen Herrscher wusste, die Empfängnis und Geburt des aktuellen Herrschers (oder auch der Königin wie etwa Hatschepsut) aber in das geheimnisvolle Ambiente der Begegnung mit dem Hochgott Amun versetzte, um alle Mitwirkenden von dessen lebensstiftenden „Duft" umhüllt sein zu lassen.

Von ganz verschiedenen Seiten ist in der jüngeren Vergangenheit auf die Folge der ursprünglich 15 Szenen hingewiesen worden, die sich im wesentlichen auf die Durchführung eines göttlichen Plans zur Verwirklichung eines königlichen Nachfolgers beziehen, der über die Empfängnis durch den „Geist-Gott" Amun und die Formung auf der Töpferscheibe nach der Art, wie sie später in Gen 2,7 vom anfänglichen Menschen erzählt wird, ins Leben treten kann. Nicht zu Unrecht sind die Sequenzen zur „Geburt des Gottkönigs" auch zu den Episoden der sogenannten Kindheitsgeschichte Jesu im Neuen Testament in Beziehung gesetzt worden, nicht ohne dass auch hier Veränderungen in Perspektive und Aufeinanderfolge der Phasen zu konstatieren waren und sind. Auch wenn man wie bei der Behandlung der Titulatur „Sohn Gottes" in Ägypten politische und religiöse Interessen im Hintergrund ausmachen wird, zeigen die Szenen jedoch in ihrer kanonischen Gestaltung und Abfolge, die sich von der 18. Dynastie (15. Jh. v. Chr.) bis in die römische Zeit Ägyptens im wesentlichen bewahrt, dass es sich um ein mit allem Ernst zu würdigendes religiöses Bekenntnis handelt. Zu diesem Eindruck trägt nicht zuletzt die außerordentlich feine und sensible Arbeit des Künstlers bei, der beispielsweise in der Reliefierung der Empfängnisszene im Tempel von Luxor eine Zärtlichkeit in der Begegnung der Mutter des Königs (Amenophis III.) mit dem Hochgott Amun von Theben zum Ausdruck bringt, die eine bloß politische Interpretation in die Schranken weisen lässt.

So nähern wir uns der durch die Zeitenwende gegebenen Neuorientierung im Raum der christlichen Kirche, deren Ausdrucksformen in Sprache und Kunst mehr denn je in der Aufnahme zeitgenössischer Vorstellungen und Bilder zu sehen sein werden. Der Mythos ist auch nicht erledigt, sondern übt nach wie vor seine Faszination aus, die Mythologie wird auch durch die veränderten, dem griechischen Denken verpflichteten Denkstrukturen nicht im Handumdrehen außer Kraft gesetzt. Ist schon das Wort in der ägyptischen Theologie durch die Herausstellung des durch das Wort schaffenden und wirkenden Gottes Ptah von Memphis in seiner Dynamik erkannt, um in der Worttheologie des Alten Testaments weiter in geschichtstheologische Dimensionen hinein entfaltet zu werden, basiert offenbar auch die Logos-Konzeption wenigstens z.T. auf spätägyptischen Vorgaben (vgl. vor allem Philo von Alexandrien), so dass letztlich auch die gern auch als griechische und zukunftsweisende Alternative zum Mythos apostrophierte Logos-„Vernunft" zunächst eine mythische Größe darstellt und das Phänomen der Konfrontation von Mythos und Logos nichts anderes als eine Phase der „Arbeit am Mythos", d.h. als ein mythologischer Prozeß gelten darf : Theologie ist und bleibt dem Wesen nach zunächst Mythologie.

Schon das Alte Testament hat die Stellung des Menschen zum Schöpfergott als „Bild Gottes" benannt, wie denn diese Idee der ‚Gottesbildlichkeit' wiederum in Ägypten eine über tausendjährige Tradition hat. Die Rezeptionsgeschichte auf dem Boden Israels und des Judentums konnte die Prädikation „Bild Gottes" auf alle Menschen ausdehnen und damit jedem Menschen eine gestaltende Dignität zusprechen (Gen 1,26-28). Auch wird deutlich, dass eine mythologische Diktion ihre eigene Wirkungsgeschichte hat. Es muß darum nicht verwundern, dass die biblische Überlieferung den Titel „Bild Gottes" auch in die Jesus-Charakteristik einträgt und hier das menschenfreundliche Angesicht Gottes in einzigartiger Weise wahrnehmen läßt. Die glücklichste Umsetzung dieser vom Mythos begründeten und in der „Arbeit am Mythos" verfeinerten Sichtweise des Sohns als Ebenbild des Vaters bietet die ostkirchliche Kunst der Ikonenmalerei, da die Vision des Mysteriums der Gottessohnschaft dem innersten Kern der mythischen Reverenz vor der Erhabenheit des Heiligen nahe kommt und entspricht.

Die ägyptischen Tempelszenen zur Geburt des Gottkönigs haben neuerdings noch eine weitere Interpretation erfahren, die auch von weitergehender Bedeutung sein mag. Die Anbringung der anscheinend frühesten Sequenz auf der Rückwand der sogenannten Geburtshalle der Hatschepsut scheint nicht ohne Grund ihren Platz im Totentempel der berühmten Königin erhalten zu haben, da es nicht nur um eine Würdigung der irdischen Thronbesteigung der Königin geht, sondern wohl eher um den Eintritt in die jenseitige Welt, der als Übergang zu einem ganz anderen Leben aufgefasst wird[11]. Der König oder die Königin wird in ein neues Leben hineingeboren. „Geburt" wird demnach schon in Ägypten in einem besonderen Sinnzusammenhang mit Tod und Jenseits gesehen. Wenn in der Bibel Alten und Neuen Testaments die Geburt des Erwählten zeichenhaften Charakter für die messianische Zeit erhält, ist bereits mit der Geburt eines „Sohnes Gottes" und demgemäß auch mit Jesus ein eschatologisches Signal gesetzt worden. Seine Geburt eröffnet den Heilsweg, der über Tod und Auferstehung zum ewigen Leben führt. Die Mythologie in der szenischen Darstellung zur ‚Wiedergeburt' im Tod unterstützt die Idee einer *unio liturgica*, die sich im Zuge des Begräbnisrituals ereignet[12]. Hier handelt es sich um die Vorstellung einer quasi-mystischen Vereinigung des Kultteilnehmers mit dem Toten. Der christliche Glaube kennt die mystische Vereinigung mit Jesus im Leben und im Tod (vgl. Röm 6,1-11). Diese *unio mystica* ist freilich ein Geschenk göttlicher Gnade. Mit Christus sterben heißt auch mit ihm leben, weil wir auf seinen Tod getauft sind und so auch an seiner Auferstehung Anteil haben dürfen. Das Fest der Geburt des Gottessohns steht nach allem bei allen Modifikationen in der Jahrtausende alten Bildtradition der Vorstellung des erwählten Menschen, der zugleich Sinnbild der göttlichen Zuwendung zum geschaffenen Wesen wie auch Begleiter und Repräsentant des Schöpfergottes auf Erden ist. In der Menschwerdung Gottes geschieht ein unbegreiflicher Akt der Erhebung jedes Menschen, der die Menschenfreundlichkeit Gottes am eigenen Leib erfährt. Diese *unio mystica* überhöht alle menschlichen Vorstellungen von einer rituellen Vereinigung in Gestalt der *unio liturgica*, so dass sich der Mythos der Einigung von Gott und Mensch in die „Gottesgeburt in der Seele" (Meister Eckhart) wandelt. Wenn Jesus als die vollkommens-

---

[11] Vgl. dazu H. Altenmüller, Zu Isis uns Osiris, in: M. Schade-Busch (Hg.), Wege öfnen. Festschrift für Rolf Gundlach zum 65. Geburtstag (Ägypten und Altes Testament 35), S. 1-17.

[12] Zur *unio liturgica* im ägyptischen Totenritual vgl. J. Assmann, Tod und Jenseits im Alten Ägypten, München 2001, S. 504-518 und zuletzt Ders., Ägyptische Geheimnisse, München 2004, S. 165-174.

te Entsprechung im Sinne des Ur-Bildes Gottes gelten darf, dürfen alle Menschen auch an dieser Würde Jesu teilhaben und seine Geburt als ihre eigene immer wieder begehen. Die Gottessohnschaft Jesu ist so zur immer sprudelnden Quelle für die Rettung der ganzen Menschheit geworden.

Offenbarung als Mythos?

1. Mythos und Mythologie

In der Generation meiner Studienzeit kam der Ausdruck „Offenbarung" so gut wie ausschließlich in der Einzahl, und zwar als „die Offenbarung" vor, der Ausdruck „Mythos" erschien hingegen meist im Plural: „die Mythen". Während „die Offenbarung" wie selbstverständlich als die christliche Offenbarung verstanden wurde, die sich in der „Heiligen Schrift" zu Wort meldete – wobei als „Heilige Schrift" wiederum ausschließlich die Bibel des Alten und Neuen Testaments galt –, war der Ausdruck „Mythen" von vornerein mit der Qualifikation des Unwirklichen, Phantasievollen, auch des Bedrohlichen, Gefährlichen behaftet. Letzteres geschah im bemerkenswerten Einklang mit Wertungen im Neuen Testament, da dort die Mythen in der fünfmaligen Pluralform „Mythoi" anscheinend anstandslos als „erdichtete Erzählungen" „Fabeleien" u.ä. interpretiert und abgetan werden[1]. Auch wenn es sich bei diesen „Mythen" um „kosmogonische, genealogische und angelologische Spekulationen einer hellenistisch-jüd(ischen) Gnosis"[2] handeln sollte, ist doch offensichtlich, dass „Mythen" demonstrativ dem Gespött ausgesetzt zu sein haben. Demgegenüber hat die „Wahrheit" (griechisch: Aletheia „Entbergung") alleinigen Anspruch auf Wertschätzung, weil sie an die Botschaft und Person Jesu Christi gebunden ist. Da so die Weichen gestellt sind, wundert es nicht, dass auch die Alte Kirche sich äußerst reserviert gegenüber jedwedem „Mythos" gibt (vgl. die Kirchenväter Irenäus, Tertullian u.a.), wobei nicht nur die als für die Gemeindebildung gefährliche Gnosis, sondern auch die jüdische Haggada an den Pranger gestellt wird (etwa Theodor von Mopsuestia, Theodoret, Augustinus)[3].

Mein studienbedingter Widerstand gegen den „Mythos" konnte sich durch die Rezeption bestätigt fühlen, die das sogenannte Entmytholigisierungsprogramm Rudolf Bultmanns mit sich brachte. Hiernach erschien es mir wie vielen Studiengenossen mehr als attraktiv, einer existenzbezogenen („existentialen") Interpretation vor allem der neutestamentlichen Texte zu folgen, um ihnen dabei zugleich das „mythische" Gewand abzustreifen. Bei näherer Betrachtung wurde mir jedoch auch klar, dass Bultmann nicht von „Entmythisierung", sondern von „Entmythologisierung" sprach, was nicht unbedingt ein totales Verdikt über den Mythos an sich impliziert. In dieser begrifflichen Unterscheidung von „Mythos" und „Mythologie"[4] fühlte ich mich bestärkt durch ein tiefer greifendes Studium der altorientalischen-ägyptischen Religionsgeschichte, deren Dimensionen und Einflussnahmen auf das biblische, zunächst alttestamentliche Darstellungsvermögen mir zunehmend

---

[1] 1Tim 1,4 2Tim 4,4 Tit 1,14 3,9 2Petr 1,16.

[2] H. Balz, Exegetisches Wörterbuch zum Neuen Testament, 2. Auflage, Stuttgart-Berlin-Köln 1992, Sp. 1095.

[3] Vgl. die Angaben bei Balz, Sp. 1095.

[4] Dazu M. Görg, Mythos, Glaube und Geschichte, 5. Auflage, Düsseldorf 2005. Ders., Religionen in der Umwelt des Alten Testaments III: Ägyptische Religion: Wurzeln, Wege, Wirkungen, Stuttgart 2007, S. 32f.

eröffnete, wie mythisches Vorstellungsgut in mythologischen Sprachbildern bewahrt und bis in die Bekenntnisformulierungen des christlichen Credo hinein virulent geblieben ist.

Parallel zu meinen eigenen religionsvergleichenden Studien, allerdings in weitaus umfassenderer schriftstellerischer Dokumentation, hat sich mein Studienfreund Eugen Drewermann auf Grund tiefenpsychologischer Beobachtungen einer genuinen Wiederentdeckung des Mythischen angenommen, um dessen Relevanz für das religiöse Erleben von heute in vielfältiger Weise zum Ausdruck zu bringen und auch das Reden von „Offenbarung", vor allem der mit Jesus Christus eröffneten Gottesperspektive, mit dieser Tiefendimension des Mythos zu verknüpfen. Dazu hat es sich längst als legitim erwiesen, nicht mehr von „der Offenbarung" im absoluten Sinn zu reden, sondern das christliche Verständnis von „Offenbarung" von dem jüdischen und muslimischen zu unterscheiden, und darüber hinaus den Ausdruck grundsätzlich für religionsgeschichtliche und religionsphänomenologische Vorstellungen von einer ‚göttlichen Eingebung' offen zu halten.

2. Mythos versus Logos ?

Wenn „Mythologie" primär von „Mythos" zu unterscheiden ist und in Wahrheit den komplexen Bereich der „Arbeit am Mythos"[5] (Hans Blumenberg) erfasst[6], bedarf es einer kritischen Aufbereitung unserer noch immer negativ gefärbten Wertung des Mythos als einer elementaren, authentischen und letztlich nicht substituierbaren Äußerungsform zum Grundverständnis des Menschen in dieser seiner Lebenswelt angesichts der sie begleitenden Erfahrung von Schutz und Bedrohung ihrer Existenz, gemäß der Quasi-Definition Walter F. Ottos: „Der Mythos im Worte ist die Inkarnation des Göttlichen im Menschlichen"[7]. Die Bildung des „Mythos" gründet wie alle Weltanschauungen in der Erfahrung der Kontingenz und der Sehnsucht nach dem Bleibenden[8].

Trotz des vielfach kritischen Echos auf solche Bemühungen ist das positive Interesse an der Rehabilitation des „Mythos" unübersehbar geblieben, um zugleich einer Kritik an pseudomythisch begründeten Ideologien entgegenzutreten[9].

In allerjüngster Zeit ist nun erneut auf eine fundamentale Differenz von vermeintlich nichtchristlichem „Mythos" und der für das Christentum reklamierten „Offenbarung" rekurriert worden. Dafür ist nicht nur das Jesus-Buch Papst Benedikts XVI.[10] signifikant, in dem zwar – von dieser Warte erstmals – von der unaufgebbaren Verwurzelung des

---

[5] Vgl. Hans Blumenberg, Arbeit am Mythos, Frankfurt 1979.

[6] Dazu zuletzt M. Görg, Ägyptische Religion, S. 32f.

[7] W. F. Otto, Der ursprüngliche Mythos, in K. Kerenyi (Hg.), Die Eröffnung des Zugangs zum Mythos, Darmstadt 1969, S. 274.

[8] Dazu zuletzt u.a. L. Hauser, Vom Mythos zum Neomythos. Umgang mit dem Mythischen in der Moderne, in: zur debatte. Themen der Katholischen Akademie in Bayern 37, 2007, S. 14-16.

[9] Vgl. etwa H. Bürkle, Theologische Konsequenzen aus der Wiedereröffnung des Zugangs zum Mythos, in: H.H. Schmid, (Hg.), Mythos und Rationalität, Gütersloh 1989, S. 352-367.

[10] J. Ratzinger – Benedikt XVI., Jesus von Nazaret, Erster Teil: Von der Taufe im Jordan bis zur Verklärung, Freiburg – Basel – Wien 1997, v.a. S. 386-389.

Christentums im Judentum gesprochen, letztendlich jedoch einer formalen und inhaltlichen Überhöhung in der christlichen Botschaft das Wort geredet wird, die einer weiteren Würdigung mythischer Basisideen oder mythologischen Nachgeschichte enthoben sein soll[11]. Stattdessen hätte die im griechischen Denken beheimatete Unterscheidung von „Mythos" und „Logos" ihre nachhaltige Bedeutung für das Verstehen von „Offenbarung" und den Glaubensprozeß in Christentum und Kirche behalten. Die Offenbarung durch und in Jesus Christus stelle somit das Nonplusultra eines entscheidenden „Platztausches" dar, da der „Logos" als das fleischgewordene Wort zu gelten habe. Daß diese dem sog. Logoshymnus zu Beginn des Johannesevangeliums entnommene Vorstellung von der Inkarnation des Logos ihrerseits eine zutiefst mythologische Diktion verrät, kommt in dem neuen Gesamtentwurf nicht zur verdienten Geltung. Von einer bleibenden Wertschätzung des „Mythos" kann nach dieser Perspektive nicht die Rede sein.

Dazu hat die etymologische Betrachtung der griechischstämmigen Ausdrücke „Mythos" und „Logos" vermuten lassen, dass von Mythos vornehmlich dort die Rede sei, wo Konzeptionen der seinerzeitigen Machthaber zu rechtfertigen gewesen seien. Eine solche Reservierung des Mythos als einer Art Poesie der Mächtigen – schon von J. Ratzinger als Kardinal vertreten – sollte einen endgültigen Schlussstrich unter die Bemühungen um eine Ehrenrettung des „Mythos" ziehen lassen, wenn es um die kürzlich erhobene Behauptung gut bestellt wäre, wonach der „Mythos" ursprünglich als autoritär qualifizierbare Größe, im Anschluß an Homer „als „Wort, das Gewicht hat, ein Machtwort" zu bestimmen sein sollte, der „Logos" dagegen seit Heraklit eine von unten her entfaltete Kategorie wäre, d.h. begriffsgeschichtlich als probates Mittel der sachbezogenen Argumentation, des Dialoges zu verstehen, mithin „der gute Grund, die Vernünftigkeit, der Sinn"[12]. Diese terminologische Gegnerschaft lässt sich gewiß zu einer Apologie des philosophisch ausgewiesenen „Logos" gegenüber dem „Mythos" ausspinnen, der vor allem mit dem Aufkommen des Christentums und der Identitätsfindung in der Alten Kirche seinen vermeintlich universalen Machtanspruch verloren hätte.

Mit der nunmehr beherrschenden Positionierung des „Logos" konnte man sich indessen eines neuartigen Machtinstruments bedienen, um von nun an die ehemals sinnstiftende Bedeutung des „Mythos" abzulösen oder mindestens in die Schranken zu weisen. Die griechisch-römische Interpretation des „Logos" wurde so zum regulativen Unterbau in der Entwicklung der abendländischen Theologie und christlichen Philosophie. Die angebliche Macht des Mythos war scheinbar endgültig gebrochen, der „Logos" d.h. die Vernunft hätte ihren Siegeszug angetreten.

---

[11] Vgl. dazu auch die vorläufigen Anmerkungen in: M. Görg, Gottes Sohn und Gottes Kind. Ein Beitrag zum Gespräch zwischen Mythologie und Mystik, in: Meditation. Zeitschrift für christliche Spiritualität und Lebensgestaltung 33, 2007, S. 17-20..25-27.

[12] Dazu M. Lehner, Christus-Glaube und Mythos, in: zur debatte. Themen der Katholischen Akademie in Bayern 37, 6/2007, S. 24-26. hier S. 24f.

3. Mythos und Logos

Mit dem Abwärtstrend des „Mythos" in der Spätantike und in der Alten Kirche ist keineswegs sein tragender Grund erloschen. Rede und Reden von Göttern in der Begegnung mit Menschen gab es weiterhin, auch ohne dass man sich ihrer auf einer Machtebene bedienen musste. Ein sprechendes Beispiel dafür ist nicht zuletzt der Volksglaube („Popular Religion") im römerzeitlichen Ägypten, verbunden mit dem neubewerteten Material der demotischen Literatur[13]. Anderseits hat sich auch der „Logos" nicht derart durchzusetzen vermocht, dass eine radikale Verdrängung des „Mythos" aus dem öffentlichen und privaten Leben gelungen wäre.

Die bildhafte Repräsentanz des Göttlichen in Nachbarschaft zum Menschlichen blieb das Thema in der antiken Kunst und gewann auch Eintritt in die christliche Ikonographie, ja auch in die jüdische Bibelillustration. Die Bildersprache führte dazu lange Zeit ein dynamisches Eigenleben neben der philosophisch-theologischen Fundamentierung des Glaubensbekenntnisses, dessen genuine Metaphorik sich nicht ohne weiteres in das Bett einer Vernunftehe einbringen ließ. Man gestand der Kunst und der Dichtung eine genuine Deutungshoheit zu, maß ihr aber keine regulative Bedeutung zur Neubewertung des biblischen Fundaments zu. Im Raum der jüdisch-christlichen Parallelgeschichte sind vor allem Kult, Liturgie und Mystik zu nennen, worin die elementare Dynamik und tiefgründige Dimension des „Mythos" weiterlebt[14].

Widerständig zeigte sich gerade das biblische „Wort" der hebräischen Tradition mit ihren Versionen. Die Sprachwelt der Heiligen Schriften aus dem Orient ließ sich nicht so ohne Weiteres mit dem Instrument des Vernunftzugangs einfangen und der Autorität des „Logos" unterwerfen. Die aufgetretene und seither nicht zur Ruhe gekommene Sperrigkeit biblischer Redeweise gegenüber einer effektiven Bewältigung durch den griechischen Logosbegriff ist mit der Semantik des hebräischen „dabar" hinlänglich erfassbar, ein Ausdruck, der nicht in erster Linie für „Sinn" oder „Vernunft" steht, sondern für das „schöpferische Wort", das sich zutiefst der göttlichen Autorisation verdankt. Entsprechend muß auch der Ausdruck „Logos" im griechischen Wortlaut des Johannesprologs in bewusster Anspielung auf die hebräische Basis *DBR* im Ersten Schöpfungstext gedeutet werden, nämlich als „von Gott gesprochenes Schöpferwort", dessen Semantik eindeutig nicht mit der im Griechentum gewachsenen Sinndimension von „Logos" deckungsgleich ist[15]. Da-

---

[13] Vgl. dazu D. Frankfurter, Popular Religion in Roman Egypt. Assimilation and Resistance, Princeton NJ 1998, 238-264.

[14] Vgl. dazu die wichtigen Beobachtungen von Bürkle, Theologische Konsequenzen 356-360.

[15] Nach Cl. Schedl, Neue Sicht der Logos-Theologie nach dem aramäischen Targum Neophyti, in: Theologie im Dialog. Gesellschaftsrelevanz und Wissenschaftlichkeit der Theologie. Festschrift zum 400-Jahr-Jubiläum der Katholisch-Theologischen Fakultät der Karl-Franzens-Universität in Graz, Forschungsergebnisse Graz 1985, S. 205-210 berührt sich das Verständnis von „Logos" in Joh 1 mit dem aramäischen „memra" im Targum Neophyti. Daß sich die bildliche Dimension des „Wortes" letztlich mythologisch deuten lässt, und zwar mit Hilfe der sogenannten „Memphitischen Theologie" Ägyptens ist anderenorts gezeigt worden, vgl. M. Görg, Mythos, Glaube und Geschichte. Die Bilder des christlichen Credo und ihre Wurzeln im Alten Ägypten, Düsseldorf, 5. Auflage 2005, S. 75-80.

mit sind wir bei einer erneuten Grundbestimmung des Ausdrucks „Offenbarung" angelangt, dessen Verhältnis zu „Mythos" und „Logos" zu diskutieren sein wird.

Jener andere Begriff von „Logos", der von „Sinn" und „Vernunft" nämlich, wohl zu unterscheiden von „Logos" als mythischem „Wort", bedeutet die Instanz, die in der Aufklärung den provokativen Standort gegenüber einer Absolutsetzung einer „Offenbarung" einnimmt, die sich zum „Mythos" in Gegensatz setzt. Schon Lessing hat dies deutlich erkannt, wenn er die Vernunft nicht gegen die jedwede Form von Offenbarung zu Felde ziehen lässt: Die „Vernunft gibt sich gefangen, ihre Ergebung ist nichts, als das Bekenntnis ihrer Grenzen, sobald sie von der Wirklichkeit der Offenbarung versichert ist"[16]. Gerade weil der Offenbarung ein mythischer Charakter zukommt, bedarf sie der Rationalität, so sehr, dass auch die Vernunft an der Schwelle zur Anerkenntnis der Kompetenz von „Offenbarung" gelangen kann. So gesehen gehört auch die „Vernunft" als der nicht mythische „Logos" zum ‚Geschäftsbereich' der „Arbeit am Mythos" d.h. der Mythologie im zuvor angesprochenen Sinn. Diese „Vernunft" ist u.a. unverzichtbares Arbeitsinstrument der Christlichen Philosophie und Theologie.

4. Nachhaltigkeit des Mythos

Vorerst auch hier ein Blick in gegenwärtige Verhältnisbestimmungen. Einen wissenschaftstheoretischen Meilenstein setzen die einschlägigen Publikationen von Kurt Hübner mit seinen drei Werken „Kritik der wissenschaftlichen Vernunft" (1978 bzw. 1993), „Die Wahrheit des Mythos" (1985) und „Glaube und Denken – Dimensionen der Wirklichkeit" (2001)[17]. Die letztgenannte Arbeit beschreibt und kennzeichnet die biblische Offenbarungsrede eindeutig als eine spezielle Variante mythologischer Rede. Die „Offenbarung" verfüge jedoch über eine Differenz zum „Mythos", da sie nicht die gleiche Ebene teile: „Die Offenbarung ist nur so weit mythisch, als Gott in ihr innerweltlich dem Menschen begegnet; und sie ist nicht mythisch, sofern dieser Gott ein gegenüber dieser Welt transzendenter und verborgener Gott ist"[18]. So richtig allerdings die Feststellung ist, dass „Offenbarung ohne das Mythische" nicht denkbar sei[19], so problematisch ist die These, dass Transzendenz und Verborgenheit keine Mythologumena seien. R. Schaeffler hat hier kritisch zur Geltung bringen wollen, dass das Spezifikum der Offenbarung auf einer Alternative zur Rede von Transzendenz und Verborgenheit beruhe, um seinerseits das Beziehungsfeld zum Geschichtlichen als Eigengut der Offenbarung gegenüber dem Mythos herauszustellen[20]: „Die Numina des Mythos bestimmen das Wirkliche im Ganzen durch

---

[16] Vgl. Gotthold Ephraim Lessing, Werke VII: Theologiekritische Schriften I und II, Darmstadt 1996, S. 463. Ich verdanke diesen Hinweis einem Gespräch mit Prof. Dr. I. Strohschneider-Kohrs, Gauting.

[17] Vgl. auch die jüngste Publikation von K. Hübner, Wissenschaftstheorie – Mythos – Offenbarung: Die Geschichte einer Entdeckung, in: zur debatte 37, 2007, S. 17-19.

[18] Hübner, Glaube und Denken, S. XII. Ähnlich zuletzt auch Hübner Wissenachftstheorie S. 18.

[19] Vgl. hier die umfassende Dimensionierung des Mythischen als Vorbehalt gegenüber dem Anspruch des Wissenschaftsspektrums bei Hübner, Wahrheit, S. 17. Dazu auch Bürkle, Theologische Konsequenzen, S. 360f.

[20] R. Schäffler, Zum Verhältnis von Glaube und Denken. Besprechung von Kult Hübner, Glaube und Denken, in: Philosophische Rundschau 49, 2002, S. 34-43, hier S. 38.

das, was sie in einem vor aller Erfahrungszeit von ihnen gesetzten Anfang gewirkt haben; der Gott der Bibel setzt inmitten der Erfahrungszeit einen neuen Anfang, der sich nicht nur als neue Erscheinungsgestalt dessen verstehen lässt, was ‚vor aller Zeit' gewirkt ist und ‚zu jeder Zeit' seine abbildhafte Gegenwart findet"[21]. Der Beginn des Ersten Schöpfungstextes der Bibel lässt indessen auch Gott einen Anfang vor aller ‚Erfahrungszeit' setzen, (vgl. Gen 1,1), um den Prozeß des göttlichen Schaffens (*BR'*) dann in die Zeit hinein weiter zu vollziehen (Gen 1,26). Doch auch die Geschichte Israels erscheint nicht ohne weiteres geeignet, einen Sonderstatus von „Offenbarung" auszumachen und vom „Mythos" abzugrenzen. Nehmen wir z.B. die biblischen Texte zum Exodus, fraglos das Kernstück der identitätsstiftenden Erinnerungen im alten Israel und nach wie vor zentrale Botschaft bei der Feier des jüdischen Pesach. Hier stehen die Dinge so, daß die in Anspruch genommenen Texte mit mythologischen Ausdrucksformen besetzt sind, die auch Anleihen bei Nachbarkulturen verraten, ohne dass es gelingen will, aus den Texten selbst einen geschichtlichen Ablauf von Ereignissen zu rekonstruieren. Es handelt sich offenbar um Entfaltungen eines grundlegenden Mythos, also „Arbeit am Mythos", als welcher die konstitutive Erfahrung Israels als einer mit Gottes Hilfe überlebenden Nation zu gelten hat. Die Erinnerungskultur in Israel ist zugleich Trägerin und Bewahrerin des elementaren und der Kontrolle des Historikers entzogenen Mythos von der gottgewirkten Rettung und Befreiung vor der Bedrohung durch den übermächtigen Nachbarn.

Die geglaubte Geschichte Israels wird in vielfach ausgedehnten und variierten Bildsequenzen der Tradition übergeben, bis sie schriftlich fixiert wird, aber dann auch weiterhin ausdeutenden und vergegenwärtigenden Tendenzen geöffnet bleibt. Der Grundmythos der gottgewirkten Befreiung prägt also die Geschichte und die aus ihr erwachsene Reflexion im Judentum bis heute. In Israel und im gelebten Judentum manifestiert sich der „Glaube" als ein „Sich-Festmachen" in demjenigen, der den Gründungsmythos dominiert und sich darin „offenbart".

Bevor wir uns der Frage nähern, ob die „Offenbarung" in Jesus Christus sozusagen die letzte Bastion gegenüber der Ausdehnung des „Mythos" wäre, müssen wir uns etwas näher mit dem Begriff „Offenbarung" befassen.

5. „Offenbarung" und „Offenbarungen"

Die hebräische, jüdische Bibel kennt kein geprägtes Äquivalent für den Begriff „Offenbarung". Stattdessen sind Abwandlungen eines Verbstammes häufig belegt, denen deutsche Wiedergaben wie „sich sehen lassen", „sich zu erkennen geben", „erscheinen" entsprechen. Es ist keine Frage, dass dies mythologische Sprache signalisiert, wie sie etwa in den Texten zur Sinaitheophanie, zur Berufung des Mose oder auch in Passagen zur Prophetenberufung oder in Rettungserzählungen in deren ganzen Bandbreite zu finden ist. Hier ist der Offenbarungsvorgang eindeutig als mythologische Manifestation – vielfach formelhaft – ausweisbar. Ihre vielfach vertretene Zuspitzung erfährt die Rede von der Ge-

---

[21] Schäffler, Glaube und Denken, S. 38.

genwart Gottes in den Varianten der sogenannten Beistands- oder Mitseinsformel „Gott ist/sei mit euch" u.ä., die jedem Gläubigen von der Liturgiefeier her als Grußformel bekannt und von Haus aus eine Kurzformel des Glaubens an den sowohl souveränen wie präsenten Gott darstellt, zweifellos eines Spiegelung des „Mythos" in der Urgestalt elementarer Gotteserfahrung in Israel. Das Judentum[22] weiß um die Vergabe der Tora, d.h. der göttlichen Weisung in den Fünf Büchern Mose auf dem Sinai bzw. Horeb, d.h. dem mythischen Ort der Gottbegegnung Israels. Im Talmudtraktat Schemot Rabba heißt es: „Als Gott sich auf dem Sinai offenbarte, um den Israeliten die Tora zu geben, trug er sie dem Mose nach der Ordnung vor, nämlich Schrift, Mischna, Talmud und Aggada" (Schemot Rabba XLVII, 34,27 u.ö.). Bezeichnend ist auch das Bild vom „Spiegel", wonach es eine graduelle „Offenbarung" gibt: „Alle Propheten sahen durch einen trüben Spiegel ... Mose aber sah durch einen feingeschliffenen Spiegel" (Wajikra Rabba I, 1.1). Mit dem letzten der Propheten erlischt nach jüdischer Lehre zur Zeit des Zweiten Tempels der prophetische Geist in Israel.

Das Zeitalter der Schriftgelehrsamkeit und des Rabbinismus bestimmt das Denken des Judentums der Weisen und leitet zum talmudischen Judentum über, in dem nach der jüdischen Mystik u.a. die Offenbarung am Sinai „aus einem einmaligen Akt zu einem dauernd sich wiederholenden" wird[23], so dass „Offenbarung" am Sinai das „Gegenwärtigsein selber" wird[24] oder mit Martin Buber nicht mehr die Sinaioffenbarung, sondern „ihr immer wieder geschehen könnendes Vernommenwerden"[25] in die Mitte gerückt wird. Diese „Offenbarung" wird auf den Augenblick der Wahrnehmung konzentriert.

Auch diese Versuche, den Charakter der „Offenbarung" vom Anflug des Mythischen zu isolieren, vermögen keinen überzeugenden Schritt aus der bleibenden Bindung an die Verborgenheit des Ursprungsgeschehens im Mythos zu tun. Aktualisierung oder Vergegenwärtigung sind nichts anderes als „Arbeit am Mythos" und somit Mythologie.

6. Christliche Mythologie?

Wie steht es mit Mythos und Offenbarung im Christentum? Gewiß ist in der theologischen Sichtweise „die Offenbarung" ein „Schlüsselbegriff des christlichen Selbstverständnisses", näherhin „die radikale und totale Selbstmitteilung Gottes an die Welt in der Menschwerdung Jesu von Nazaret" (H. Waldenfels)[26]. Die in Israel geborene Konzeption vom „Menschensohn" nimmt in Jesus Christus als der Zentralgestalt des Neuen Bundes Gestalt an, wobei nunmehr im Blick auf den Kreuzestod des leidenden Menschensohnes

---

[22] Vgl. hier die Angaben bei D. Vetter, Art. Offenbarung 1. Jüdisch, in: A.Th. Khoury (Hg.), Lexikon religiöser Grundbegriffe. Judentum Christentum Islam, Wiesbaden 2007, Sp. 803-808.
[23] G. Scholem, Die jüdische Mystik in ihren Hauptströmungen, 1957, S. 10. Zitat bei Vetter Sp. 807.
[24] F. Rosenzweig, Der Stern der Erlösung, 4. Auflage, 1976, S. 207. Zitat bei Vetter Sp. 807.
[25] M. Buber, Der Mensch von heute und die jüdische Bibel, in: M. Buber – F. Rosenzweig, Die Schrift und ihre Verdeutschung, Berlin 1936, hier zitiert nach M. Buber, Werke, Zweiter Band: Schriften zur Bibel, München 1964, S. 853. Zitat auch bei Vetter Sp. 807.
[26] H. Waldenfels, Art. Offenbarung 2. Christlich, in: Khoury, Lexikon, Sp. 808-812.

die Selbstentäußerung Jesu als Selbstmitteilung Gottes in der Dimension der dreifaltigen Liebe Gottes gesehen wird. Die traditionelle und neuere christliche Theologie möchte hier die radikale Überwindung des Mythischen wahrnehmen. Die Offenbarung ereignet sich im Heute und Jetzt der Ineinssetzung mit Christus: „In Christus sein", wie dies Paulus umschreibt. Diese als Neuexistenz empfundene Konstitution gilt als Effekt der „Offenbarung" und als endgültige Ablösung vom „Mythos" zugleich. Selbst wenn man diese „Offenbarung" als einzig wahrhafte nehmen möchte und damit die „Offenbarungen" als solche zu relativieren versucht, verbleibt doch auch diese Konzeption im Bereich mythologischer Imagination. Demgemäß kann auch das „In-Christus-Sein" nicht schlichtweg als die antitheistische Innovation (G. Hasenhüttl) gelten, sondern eine Art Heimkehr in die elementare Lebensform, in der der Mensch sich von dem liebenden Schutz Gottes umfangen weiß, wie diese zur Grundbotschaft des jüdischen Jesus gehört. Erst recht kann die islamische Alternative zur Inkarnation Gottes, die sogenannte „Inlibration", die „Offenbarung" im Buch als Buch des Korans, lediglich als originelle Variante der mythologischen Rede von einer Vergegenwärtigung des Göttlichen im menschlichen Wort aufgefasst werden. Die drei sogenannten monotheistischen Religionen können nicht auf eine antimythische Konzeption eingeschworen werden, sondern bleiben eben jener Sprache vom Transzendenten und Verborgenen verhaftet, die wir die Sprache vom Mysterium nennen können, die sich von der Mythologie dadurch unterscheidet, das sie letztlich eine eher „schweigende Sprache" ist.

7. Offenbarung als Mythos und Mysterium

Obwohl sich also alle drei Religionen in ihren Selbstdarstellungen immer wieder vom „Mythos" und auch der „Mythologie" abzugrenzen versuchen, zeigen sich v.a. im Judentum und Christentum doch auch Ansätze zu Differenzierungen. Während der Islam Mythos und Mythologie als pure Götzendienerei einerseits und als verwerfliche Diktion ansieht, die im vollkommenen Gegensatz zum Bilderverbot steht, sind Judentum und Christentum, je nach konservativer oder liberaler Ausrichtung in mancherlei Schattierungen von einer Integration mythischer Vorstellungen in eigene Denksysteme mehr oder weniger um des Verstehens willen angetan. Die religionsgeschichtliche Vergleichsarbeit zeigt indessen, dass sich alle Vorstellungen der drei ‚abrahami(ti)schen Religionen' nicht von der mythischen Sphäre als Ursprung und Mitte religiösen Lebens lösen können. In allen Fällen wird das elementare Geheimnis „Gott" zum Ausdruck gebracht. So malt „Mythos" das letzthin verborgene Sein und Wirken „Gottes" oder einer allumfassenden Instanz. Die Mythologie, als „Arbeit am Mythos" zu verstehen, bietet einen Entzifferungsversuch des Mythos in verschiedenen Dimensionen der Kunst, Musik, Literatur und vor allem der Liturgie. Die alttestamentlichen Reden vom „Erscheinen" bzw. „Sich sehen lassen" usw. Gottes sind Mythologumena, die auch in Vorstellungen der Umwelt eine Rolle spielen. Theophanien sind auch dort bezeugt, sie gehören zum Repertoire von Texten und Illustrationen. Apokalyptische Vorstellungen voller mythologischer Darstellungen sind gang und gäbe in der Umwelt der Bibel.

Selbst das Proprium Christianum, eben die „reale Selbstmitteilung Gottes"[27] in Jesus Christus und in seiner trinitarischen Konstitution, ist nach allem an und für sich genommen immer noch eine radikale Variante mythologischer Diktion. Es handelt sich hier wie dort um eine Art Integration der Geschichte in eine mythische Vorstellungswelt, in der sich Gott einem irdischen Menschen einverleibt. Inkarnation, Fleischwerdung, ist mythologischer Ausdruck für eine spezielle, genuine Form einer Entäußerung des göttlichen Geheimnisses, die immer noch bleibend verborgen ist, obwohl sie als real geschichtlich und gegenwärtig eingestuft, ja sogar ontologisch verankert wird. Auch die Trinitätstheologie beruht letzten Endes auf der mythologischen Vorgabe der altägyptischen Reichstriade, die bereits als Erscheinungsform der göttlichen Einheit verstanden wurde[28]. Der Boden des Mythisch-Mystischen wird jedoch nicht obsolet, wenn eine Metaphysik oder Ontologie die Positionen der Mythologie zu besetzen versucht. Die Bildworte des christlichen Credo, die sich um das brutum factum der Kreuzigung des Jesus von Nazaret ranken, sind zu Glaubensformeln umgetauft und theologisiert worden, bleiben so oder so Ausdruckformen im Vorfeld des Mysteriums, das die menschheitliche Suche nach erschöpfender Aufklärung auf Dauer in die Schranken weist.

Obwohl E. Jüngel den Ausdruck Mythos vermeidet, stimme ich ihm voll zu, wenn er „Gott als Geheimnis der Welt" thematisiert[29]. Für meinen Teil würde ich es jedoch auch verantworten können, die Rede von „Gott als Geheimnis der Welt" als mythologisch, oder als mythologische Metapher zu bezeichnen. Nicht zureichend oder angemessen erscheint es mir, etwa die Rede von Gottes „Geist" als „absolute Metapher" o.ä. zu beschreiben. Obwohl der Sache nach attraktiv, kann man sich mit diesem Versuch nicht an der Urverwandtschaft mit mythologischer Diktion vorbeistehlen. Die Theologie bemüht sich z.T. um Überführung des „Mythos" in Metaphorik, so offenbar die neuere Dogmatik, begibt sich dabei aber der elementaren Einbindung in die „mythische" Vorstellungsweise, um so eine neue Seinsmetaphorik zu konstruieren. Ich plädiere hier stattdessen für eine Rückorientierung an den Elementarformen religiöser Rede, um so den Zusammenhang zwischen dem religiösen Urerlebnis mit der Haltung des Glaubens im Sinne des Sich-Festmachens im Geheimnis der Welt neu zu entdecken. Dieser Prozeß einer Einbindung in die mythisch-mystische Tradition erscheint mir auf Dauer unausweichlich und zuträglich für einen wie immer gearteten Prozeß der Verständigung zwischen den Religionen, vor allem den drei „monotheistischen", vielleicht auch für die Religion überhaupt, die ja vom Wort her eine „Rückbindung" bezeichnet.

In der Religionstheologie des Christentums hat man früher auch den Ausdruck „Ur-Offenbarung" in den Verkehr gebracht. In neuem Licht betrachtet, wäre dies nichts anderes als die Anerkenntnis der bleibenden Verwiesenheit auf den „Mythos" und die Mytho-

---

[27] Dazu u.a. M. Seckler, Zur Interdependenz von Aufklärung und Offenbarung, in: Theologische Quartalschrift 165, 1985, S. 161-173, hier S. 171. Seckler spricht von einem „Paradigmenwechsel im Offenbarungsverständnis", der mit dem 2. Vatikanischen Konzil vollzogen worden sei.
[28] Vgl. u.a. M. Görg, Mythos, Glaube und Geschichte, Düsseldorf 1992.
[29] Vgl. E. Jüngel, Gott als Geheimnis der Welt. Zur Begründung der Theologie des Gekreuzigten im Streit zwischen Theismus und Atheismus, Tübingen 1977.

V. Glaubensbilder

logie, das Mysterium und die Sprache der Mystik, die jeweils das Hineinfinden und Hineingenommenwerden in den „Heiligen" Raum thematisieren, ohne die Grenzen überschreitenden Folgen für die interpersonale Beziehungswelt aus dem Blickfeld zu lassen. Die letzte Stufe der Ineinssetzung ist nicht, wie „eine Wende von der einen mythischen Beinhaltung zu einer anderen" zu verstehen[30], sondern als Ehrfurcht vor der Instanz, die alles Begreifenkönnen, sprich: Rationalität, übersteigt, überdies aber auch die Intensität mythischer Vorstellungsbilder mitsamt deren mythologischer Expansion im letztlich unvorstellbaren Geheimnis aufgehoben sein lässt.

---

[30] So mit Recht Bürkle, Theologische Konsequenzen, S. 366.

Nachweis der Erstveröffentlichungen

I. Gottesbilder

„Menschenwort" und „Gotteswort". Die biblische Ursprache als Gegenstand biblischer Theologie, in: Theologie an der Universität. Zum 525. Stiftungsfest der Ludwig-Maximilians-Universität München, in: Münchener Theologische Zeitschrift 48, 1997, S. 239-253.

Der Eine als der Andere. Der Gottesname im Alten Testament, in: E. Biser – F. Hahn – M. Langer (Hg.), Der Glaube der Christen I. Ein ökumenisches Handbuch, München – Stuttgart 1999, S. 443-457.

YHWH als Toponym? – Weitere Perspektiven, in: Biblische Notizen. Beiträge zur exegetischen Diskussion 101, 2000, S. 8-12.

YHWH als Ehemann und als Löwe. Ambivalenz und Kohärenz in der Metaphorik des Hoseabuches, in: F. Hartenstein – J. Krispenz – A. Schart (Hg.), Schriftprophetie (Festschrift für Jörg Jeremias zum 65. Geburtstag), Neukirchen-Vluyn 2004, S. 283-296.

Gott als König. Die Bedeutung einer komplexen Metapher für das Gottesverständnis in den Psalmen, in: H. Irsigler (Hg.), Mythisches in biblischer Bildsprache. Gestalt und Verwandlung in Prophetie und Psalmen, Quaestiones Disputatae, Band 209, Freiburg – Basel – Wien 2004, S. 64-102.

II. Schöpfungsbilder

Chaos und Chaosmächte im Alten Testament, in: Biblische Notizen. Beiträge zur exegetischen Diskussion 70, 1993, S. 48-61.

Vorwelt – Raum – Zeit. Schöpfungsvorstellungen im ersten Kapitel der Bibel, in: J. Dorschner (Hrsg.), Der Kosmos als Schöpfung. Zum Stand des Gesprächs zwischen Naturwissenschaft und Theologie, Regensburg 1998, S. 132-158.

Das Übersetzungsproblem in Gen 2,1, in: Biblische Notizen. Beiträge zur exegetischen Diskussion 95, 1998, S. 5-11.

Der Granatapfel in der Bildsprache des Hohenliedes. Ein Beitrag zur schöpfungs- und lebensnahen Bibelauslegung, in: H. Stettberger (Hg.), Was die Bibel mir erzählt. Aktuelle exegetische und religionsdidaktische Streiflichter auf ausgewählte Bibeltexte (Festschrift für Franz Laub), Münster 2005, S. 25-31.

„Gegenwelten" – biblisch und religionsgeschichtlich betrachtet, in: Aufgang. Jahrbuch für Denken, Dichten, Musik, Band 2: Sehnsucht, hrsg. von J. Sánchez de Murillo und M. Thurner, Stuttgart 2005, S. 83-98.

III. Menschenbilder

„Ebenbild Gottes" – Ein biblisches Menschenbild zwischen Anspruch und Realität, in: R. Bucher – O. Fuchs – J. Kügler (Hrsg.), In Würde leben. Interdisziplinäre Studien zu Ehren von Ernst-Ludwig Grasmück, Luzern 1998, S. 11-23.

Mensch und Tempel im „Zweiten Schöpfungstext", in: K. Kiesow – Th. Meurer (Hg.), Textarbeit. Studien zu Texten und ihrer Rezeption aus dem Alten Testament und der Umwelt Israels (Festschrift für Peter Weimar zur Vollendung seines 60. Lebensjahres mit Beiträgen von Freunden, Schülern und Kollegen), Alter Orient und Altes Testament, Band 294, Münster 2003, S. 191-215.

Abrahamsbilder in der Bibel. Zum Problem einer interreligiösen Orientierung am „Vater des Glaubens", in: E. Zwick (Hg.), Pädagogik als Dialog der Kulturen. Grundlagen und Diskursfelder der interkulturellen Pädagogik (Reform und Innovation. Beiträge pädagogischer Forschung, hg. von E. Zwick), Band 11, Berlin 2009, S. 207-225.

Mose – Name und Namensträger. Versuch einer historischen Annäherung, in: E. Otto (Hg.), Mose. Ägypten und das Alte Testament (Stuttgarter Bibelstudien 189), Stuttgart 2000, S. 17-42.

„Schreiten über Löwe und Otter". Beobachtungen zur Bildsprache in Ps 91,13a, in: J. Frühwald-König – Fr. Prostmeier – N. Zwick (Hg.), Steht nicht geschrieben? Studien zur Bibel und ihrer Wirkungsgeschichte (Festschrift Georg Schmuttermayr), Regensburg 2001, S. 37-48.

IV. Geschichtsbilder

Abraham und die Philister, in: Blätter Abrahams. Beiträge zum interreligiösen Dialog 4, 2005, S. 26-35.

Israel in Hieroglyphen, in: Biblische Notizen. Beiträge zur exegetischen Diskussion 106, 2001, S. 21-27.

Der sogenannte Exodus zwischen Erinnerung und Polemik, in: I. Shirun-Grumach (Hg.), Jerusalem Studies in Egyptology, Ägypten und Altes Testament. Studien zu Geschichte, Kultur und Religion Ägyptens und des Alten Testaments, Band 40, Wiesbaden 1998, S. 159-172.

Mose und die Gaben der Unterscheidung. Zur aktuellen Diskussion um Jan Assmanns Buch „Moses der Ägypter, in: Religionsunterricht an höheren Schulen 44, 2001, S. 1-9.

Der Dämon im Ritualgesetz des Yom Kippur, in: S. Groll – I. Shirun-Grumach (Hg.), Papers for Discussion Presented by the Department of Ancient Near Eastern Studies/Egyptology. The Hebrew University. Jerusalem, Vol. III, Jerusalem 2003, S. 17-30.

V. Glaubensbilder

Vom Wehen des Pneuma, in: Biblische Notizen. Beiträge zur exegetischen Diskussion 66, 1993, S. 5-9.

Die „Heilige Familie". Zum mythischen Glaubensgrund eines christlichen Topos, in: N. Goldschmidt – G. Beestermöller – G. Steger (Hg.), Die Zukunft der Familie und deren Gefährdungen (Norbert Glatzel zum 65. Geburtstag), Münster 2002, S. 57-65.

Die Göttin Isis und die Heilige Maria. Gottesmütter im Vergleich, in: Una Sancta 2004, S. 374-383.

Gottes Sohn und Gottes Kind. Ein Beitrag zum Verhältnis Mythologie und Mystik, in: Meditation. Zeitschrift für christliche Spiritualität und Lebensgestaltung 33/4, 2007, S. 17-20.25-27.

Offenbarung als Mythos? in: Blätter Abrahams. Beiträge zum interreligiösen Dialog 7, 2008, S. 22-33.